教师招聘考试
系列丛书

教综经典
真题解析

良师研究院　组编

中国人民大学出版社
·北京·

图书在版编目（CIP）数据

教综经典真题解析/良师研究院组编 . —北京：中国人民大学出版社，2018.10
（教师招聘考试系列丛书）
ISBN 978-7-300-26214-7

Ⅰ.①教… Ⅱ.①良… Ⅲ.①教育学-教师-聘用-资格考试-题解 Ⅳ.①G40-44

中国版本图书馆 CIP 数据核字（2018）第 208964 号

教师招聘考试系列丛书
教综经典真题解析
良师研究院　组编
Jiaozong Jingdian Zhenti Jiexi

出版发行	中国人民大学出版社	
社　　址	北京中关村大街 31 号	**邮政编码**　100080
电　　话	010 - 62511242（总编室）	010 - 62511770（质管部）
	010 - 82501766（邮购部）	010 - 62514148（门市部）
	010 - 62515195（发行公司）	010 - 62515275（盗版举报）
网　　址	http://www.crup.com.cn	
	http://www.ttrnet.com（人大教研网）	
经　　销	新华书店	
印　　刷	北京市鑫霸印务有限公司	
规　　格	205 mm×280 mm　16 开本	**版　　次**　2018 年 10 月第 1 版
印　　张	24	**印　　次**　2018 年 10 月第 1 次印刷
字　　数	686 000	**定　　价**　69.00 元

前言 Foreword

"长大后，我就成了你，才知道那间教室，放飞的是希望，守巢的总是你；长大后，我就成了你，才知道那块黑板，写下的是真理，擦去的是功利……"

古人云：师者，所以传道、授业、解惑也！人们常赋予教师以"人类灵魂的工程师""太阳底下最光辉、最崇高的职业"的美誉。的确如此，老师们不辞辛劳，不畏严寒，立德树人，唯愿桃李满天下。

当下，教师成为越来越多莘莘学子的职业选择，正是因为如此，教师招聘考试竞争日趋激烈，有些地区甚至已达到白热化。从各地区历年考试要求及真题来看，教师招聘考试绝大部分都涉及对教育理论基础知识的考查。

教育理论基础知识（简称"教综"）考点众多、覆盖面广、综合性强，试题难度也有增大的趋势。总的来说，包含教育学、普通心理学、教育心理学、教师职业道德、新课程改革和教育法律法规等相关知识。

"操千曲而后晓声，观千剑而后识器。"笔试在一定程度上还是依靠刷题，但是时间是有限的，刷题也需要刷有针对性的精选试题才有效果。只有在有针对性地选择题目的前提下，题海战术才是可取的。为此，行业一线教招名师结合教学经历，从历年真题中精心挑选，依据章节，编订本书。

本书在内容编排上，力求循序渐进、由浅入深，便于教师安排教学，利于学生理解和掌握；在题型安排上，有填空题、判断题、单选题、多选题、案例分析题等，涵盖教综所有题型，形式灵活多样。同时，本书配有行业名师的视频课程，扫码即可随时随地听课学习，是集考点和习题于一体的经典题集。通过练习，考生可以轻松地掌握每章节的主要知识，以此来提高自己的应试能力、解题能力。

科学合理的方法往往能够起到事半功倍的效果。结合我们的教学经验和学生的实际情况，我们认为：看书＋听课＋刷题＋测评，是极为有效而科学的教综复习方法。本书与《教综36记》《教育综合知识主观题辅导》相辅相成，构成了一个高效的复习闭环。

目录 Contents

模块一
教育学

第一章
教育与教育学

一、判断题（正确的填 A，错误的填 B）

1. 教育就是指学校教育和家庭教育。（　　）
2. 广义的教育是指教育者根据一定社会的要求，有目的、有计划、有组织地对受教育者的身心施加影响的活动。（　　）
3. 动物界存在教育现象，因此教育并非人类特有的社会现象。（　　）
4. 教育是人类社会特有的一种社会现象，是培养人的一种社会实践活动。（　　）
5. 在教育的基本要素中，起主导作用的是教育影响。（　　）
6. 社会主义的教育也是具有阶级性的。（　　）
7. 上课听讲，师傅带徒，母鸡带小鸡都是教育现象。（　　）
8. 教育通过影响人的生态意识引发自觉保护环境的行为。（　　）
9. 苏格拉底被誉为西方的孔子。（　　）
10. 赫尔巴特的《普通教育学》标志着教育学作为一门规范、独立的学科正式诞生。（　　）
11. 《学记》被认为是世界上最早的集中论述教育问题的专著。（　　）
12. 捷克教育家夸美纽斯 1632 年出版的《大教学论》是近代第一部系统论述教育问题的专著。他提出了班级授课制。（　　）
13. 美国杜威的《民主主义和教育》强调"儿童中心"，提出了"从做中学"的方法，开创了"现代教育派"。（　　）
14. "道而弗牵，强而弗抑，开而弗达"出自《论语》。（　　）
15. 终身教育主要是指成人教育。（　　）
16. 在我国，教育公平的重点是教育机会的公平，重点是促进义务教育均衡发展。（　　）

二、填空题

1. 狭义的教育是指以＿＿＿＿为直接目标的社会活动，主要指＿＿＿＿。
2. 教育随着＿＿＿＿的产生而产生，随着＿＿＿＿的发展而发展。
3. 正规教育的主要标志是近代以＿＿＿＿为核心的教育制度，又称＿＿＿＿。以制度化教育为参照，之前的非正式、非正规教育都可归为＿＿＿＿，而之后的非正式、非正规化教育都归为_____。

4. 定型的教育组织形式包括古代的前学校与前社会教育机构、近代的_____。

5. _____的形成，即意味着教育制度化的形成。

6. 制度化教育主要指的是_____，也就是指具有层次结构的、按年龄分级的教育制度。

7. 中国近代制度化教育兴起的标志是_____的"废科举，兴学校"，以及颁布了全国统一的教育宗旨和近代学制。中国近代系统完备的学制系统产生于_____年的《钦定学堂章程》（又称_____学制）以及_____年的《奏定学堂章程》（又称_____学制）。

8. 非制度化教育所推崇的理想是教育不应再限于学校的围墙之内。提出_____的理想正是非制度化教育的重要体现。

9. _____世纪末，欧美一些国家开始实行初等义务教育并逐步延长义务教育年限。

10. 普通教育是以_____为目标，以基础科学知识为主要教学内容的学校教育；职业教育是以_____为目标，以从事某种职业或生产劳动的知识和技能为主要教学内容的学校教育。

11. 第二次世界大战后，综合中学的比例逐渐增加，出现了普通教育_____化、职业中学_____化的趋势。

12. 古代学校教育的特征：_____、_____、_____、刻板性，教育的象征性功能占主导地位。

13. 六艺是指_____。

14. 春秋战国时期_____的发展是我国教育史、文化史上的一个重要里程碑，促进和形成了百家争鸣的盛况。

15. 汉代武帝以后，采纳了董仲舒的"_____、_____"的建议，实行了思想专制主义的文化教育和选士制度，对后世产生了深远的影响。

16. 隋唐以后盛行的_____制度使得政治、思想、教育的联系更加制度化。

17. 宋代以后，_____被作为教学的基本教材和科举考试的依据。

18. 古代雅典教育的目的是_____，注重身心的和谐发展，教育内容比较丰富，教育方法也比较灵活。古代斯巴达教育的目的是_____，强调_____和政治道德灌输，教育内容单一，教育方法也比较严厉。

19. 罗马帝国灭亡之后，西欧最受重视和尊重的教育是_____，其次是_____。

三、单项选择题

1. 下列表述中将教育视作一种过程的是（　　）。
A. 教育是经济振兴的基础
B. 我从这个报告中受到了深刻的教育
C. 你的孩子真有出息，你是怎么教育孩子的
D. 我今天听了一场关于愉快教学的学术报告

2. "父母俱存，兄弟无故，一乐也；仰不愧于天，俯不怍于人，二乐也；得天下英才而教育之，三乐也。"这句话出自（　　）。
A. 孔子　　　　　　　　B. 孟子　　　　　　　　C. 韩非子　　　　　　　　D. 老子

3. 下列现象中，不属于教育现象的是（　　）。
A. 妈妈教孩子洗衣服　　　　　　　　B. 初生婴儿吸奶
C. 成人学开车　　　　　　　　　　　D. 木匠教徒弟手艺

4. "生活的磨难教育了我们"中的"教育"指的是（　　）。

    A. 正规教育   B. 非常规教育

    C. 广义的教育   D. 狭义的教育

5. 广义教育与狭义教育（学校教育）的根本区别是（   ）。

    A. 目的性   B. 计划性   C. 实践性   D. 特殊性

6. 教育是在一定社会背景下发生的促使个体社会化和社会个性化的（   ）。

    A. 心理活动   B. 认识活动   C. 实践活动   D. 生产劳动

7. 教育系统是一个复杂的系统，其内部诸多要素之间各种关系具有的非线性复杂性，决定了其特有的过程具有多样性和不确定性，这说明了教育规律的（   ）。

    A. 客观性   B. 或然性   C. 价值性   D. 科学性

8. （   ）是人类特有的社会性活动。

    A. 教育   B. 文字   C. 交流   D. 生存

9. 下列说法中不正确的是（   ）。

    A. 教育将随国家的消亡而消亡

    B. 一个国家或民族的教育常常表现出自身的历史继承性

    C. 教育常常超前或滞后于社会政治经济发展

    D. 学校教育最早出现于奴隶社会

10. 教育既能培养创新精神，也能扼杀创新精神，此观点反映教育具有（   ）。

    A. 显性功能与隐性功能   B. 正功能与负功能

    C. 社会功能与个体功能   D. 政治功能与经济功能

11. 墨子认为："是故国有贤良之士众，则国家之治厚；贤良之士寡，则国家之治薄。"这一思想体现的是教育的（   ）功能。

    A. 政治   B. 经济   C. 文化   D. 育人

12. 下列不属于教育促进个体个性化的功能的是（   ）。

    A. 教育促进人的主体意识的形成和主体能力的发展

    B. 教育培养个体的职业意识和角色

    C. 教育促进个体差异的充分发展，形成人的独特性

    D. 教育开发人的创造性、促进个体价值的实现

13. 克服教育负向功能的关键是树立（   ）的教育理念。

    A. 规范管理   B. 以德为先   C. 发展个性   D. 以人为本

14. 教育的心理起源说否认了教育的（   ）。

    A. 社会性   B. 目的性   C. 文化性   D. 政治性

15. 教育"生物起源说"的代表人物是（   ）。

    A. 斯宾塞   B. 孟禄   C. 利托尔诺   D. 布卢姆

16. 马克思主义认为教育起源于（   ）。

    A. 无意识模仿   B. 人的本能   C. 生理和心理需要   D. 生产劳动

17. 教育的心理起源说认为教育起源于（   ）。

    A. 模仿   B. 生产劳动   C. 语言   D. 神话

18. 教育相对独立形态形成的标志是（   ）。

    A. 专业教师的出现   B. 教育学成为一门独立学科

    C. 学校的出现   D. 社会对教育的需求

19. 学校的出现是社会发展到一定阶段的必然产物，世界上许多国家在进入（   ）后均出现了学校。

　　A. 原始社会　　　　　　B. 奴隶社会　　　　　　C. 封建社会　　　　　　D. 资本主义社会早期

20. 学校教育产生于(　　)。

　　A. 原始社会　　　　　　B. 奴隶社会　　　　　　C. 封建社会　　　　　　D. 现代社会

21. 学校教育与生产劳动相脱离,是从(　　)时期开始的。

　　A. 原始社会　　　　　　B. 奴隶社会　　　　　　C. 封建社会　　　　　　D. 资本主义社会

22. 我国学校最早出现在(　　)。

　　A. 西周　　　　　　　　B. 春秋　　　　　　　　C. 商朝　　　　　　　　D. 夏朝

23. 奴隶社会教育的特点具有(　　)。

　　A. 平等性　　　　　　　B. 阶级性　　　　　　　C. 生产性　　　　　　　D. 民主性

24. "万般皆下品,唯有读书高"反映了封建社会的教育具有的特点是(　　)。

　　A. 崇尚书本,呆读死记　　　　　　　　　　　　B. 学校教育脱离生产劳动

　　C. 等级性　　　　　　　　　　　　　　　　　　D. 阶级性

25. 我国最早的私学出现在(　　)。

　　A. 春秋　　　　　　　　B. 战国　　　　　　　　C. 夏　　　　　　　　　D. 商

26. 我国奴隶社会"学在官府"的现象,体现的教育特点是(　　)。

　　A. 社会性　　　　　　　B. 阶级性　　　　　　　C. 历史性　　　　　　　D. 永恒性

27. 我国封建社会教育的主要内容是(　　)。

　　A. 三科四学　　　　　　B. 四书五经　　　　　　C. 六艺　　　　　　　　D. 七艺

28. 古代中国学校教育的主要内容是六艺,它包括(　　)。

　　A. 礼、乐、射、御、书、数

　　B.《诗》《书》《礼》《乐》《易》《春秋》

　　C. 琴、棋、书、画、诗、词

　　D. 剑术、骑术、游泳、狩猎、棋艺、吟诗

29. 宋朝以后,(　　)成为我国学校教育的基本内容。

　　A. 四书五经　　　　　　B. 六艺　　　　　　　　C. 三科　　　　　　　　D. 四学

30. 等级性是中国(　　)社会最显著的教育特征。

　　A. 原始　　　　　　　　B. 奴隶　　　　　　　　C. 封建　　　　　　　　D. 资本主义

31. 中国最早创办的官方新式学堂是(　　)。

　　A. 时务学堂　　　　　　B. 北洋西学堂　　　　　C. 京师同文馆　　　　　D. 南洋公学

32. 关于古代教育的说法错误的是(　　)。

　　A. 古代斯巴达军队体育训练的基本项目是"五项竞技"——赛跑、跳跃、角力、投标枪、掷
　　　 铁饼

　　B. 印度"古儒"学校课程渗透着婆罗门教神学思想

　　C. 古代雅典在西方最早形成体育、德育、智育、美育、和谐发展的教育

　　D. 古代埃及的文士学校主要目的是培养雄辩家

33. 下列观点不能体现教育平等观念的是(　　)。

　　A. 有教无类　　　　　　　　　　　　　　　　　B. 因材施教

　　C. 学不躐等　　　　　　　　　　　　　　　　　D. 把一切知识教给一切人

34. "以僧为师""以(书)吏为师"是古代(　　)教育的一大特征。

　　A. 印度　　　　　　　　B. 中国　　　　　　　　C. 巴比伦　　　　　　　D. 埃及

35. 古代西方教育中强调身心和谐发展的是(　　)。

　　A. 雅典教育　　　　　　B. 斯巴达教育　　　　　C. 世俗教育　　　　　　D. 骑士教育

36. 在古代欧洲曾经出现过一种旨在培养多方面发展的人的和谐教育，它是（　　）。
    A. 斯巴达教育　　　　B. 雅典教育　　　　C. 教会教育　　　　D. 骑士教育

37. （　　）是我国当今社会赋予教育的根本宗旨，也是我国当代教育的重要使命。
    A. 使受教育者在德智体美等方面得到全面发展
    B. 使人的生存和发展充满内在的活力
    C. 为经济建设和社会全面发展进步培养各级各类人才
    D. 注重提高全民族素质

38. 下列说法不正确的是（　　）。
    A. 现代教学理论关注学生个性的发展
    B. 教师要通过教学来激发每一个学生的主观能动性
    C. 教学要以书本为中心、以教师为中心
    D. 学校教育要培养学生强烈的竞争意识、平等观念和合作精神

39. "吾十有五而志于学，三十而立，四十而不惑，五十而知天命，六十而耳顺，七十而从心所欲，不逾矩。"这句话体现的教育思想是（　　）。
    A. 素质教育　　　　B. 终身教育　　　　C. 全人教育　　　　D. 全面教育

40. 下列不属于20世纪以后世界教育的是（　　）。
    A. 教育技术的现代化　　　　　　B. 教育的世俗化
    C. 教育的全民化　　　　　　　　D. 教育的民主化

41. 20世纪60年代以来，世界上最有影响的教育思潮是（　　）。
    A. 教育的全民化　　　B. 教育的职业化　　　C. 成人教育　　　D. 终身教育

42. 回归教育是一种教育理论，它认为人的一生应是学习和工作不断交替、相互结合的过程。接受义务教育或基础教育乃至高等教育后就业的成年人，应在需要时有机会返回学校学习。下列教育类型属于回归教育的是（　　）。
    A. 九年义务教育
    B. 幼儿园学前教育
    C. 某厂技术人员为充电，到本单位举办的职工夜校学习英语
    D. 中等职业学校的学生在两年全日制学习之后参加一年的实习

43. "教育社会化"是现代教育的特征之一，它决定了学校教育、家庭教育和社会教育的一致性。现阶段要突出加强学校教育与家庭教育的配合。下列说法不正确的是（　　）。
    A. 以诚心诚意的态度主动地尊重所有的学生家长
    B. 虚心听取家长的意见和建议
    C. 正确分析学生的特点，以科学的教育方法指导家庭教育
    D. 教师对学生的社会活动要严格管理

44. "既追求让所有人都受到同样的教育，又追求教育的自由化"体现的教育特点是（　　）。
    A. 教育全民化　　　B. 教育终身化　　　C. 教育多元化　　　D. 教育民主化

45. 当代国际社会中影响最大、传播最广、最具有生命力的教育思想是（　　）。
    A. 教育终身化　　　B. 教育民主化　　　C. 教育国际化　　　D. 教育制度化

46. 联合国教科文组织在《学会生存》一书中主张建设学习化社会，建设学习化社会的关键在于（　　）。
    A. 推行回归教育　　　B. 实施终身教育　　　C. 改革正规教育　　　D. 发展成人教育

47. "人人接受有价值的教育，人人接受适合自己的教育，不同的人接受不同的教育"即（　　）。

A. 大众教育　　　　B. 通识教育　　　　C. 精英教育　　　　D. 特殊教育

48. 教育学的根本任务是（　　）。

A. 研究教育现象　　B. 解释教育问题　　C. 提出教育对策　　D. 揭示教育规律

49. 推动教育学发展的内在动力是（　　）。

A. 教育问题　　　　B. 教育规律　　　　C. 教育价值　　　　D. 教育现象

50. 《学记》明确提出"师严然后道尊"的思想，这反映的是（　　）。

A. 教育观　　　　　B. 教学观　　　　　C. 教师观　　　　　D. 学生观

51. 世界上最早的教育文献是我国的（　　）。

A.《论语》　　　　B.《大学》　　　　C.《学记》　　　　D.《中庸》

52. "教学相长""循序渐进"等教学原则最早出自（　　）。

A.《学记》　　　　B.《论语》　　　　C.《尚书》　　　　D.《孟子》

53. "是故学然后知不足，教然后知困。知不足，然后能自反也；知困，然后能自强也。故曰：教学相长也。"这段关于我国古代"教学相长"的论述出自（　　）。

A.《论语》　　　　B.《学记》　　　　C.《礼记》　　　　D.《中庸》

54. 世界上最早出现的专门论述教育问题的著作是（　　）。

A.《理想国》　　　B.《论语》　　　　C.《论演说家的教育》　D.《学记》

55. "不愤不启，不悱不发"出自（　　）。

A.《孟子》　　　　B.《学记》　　　　C.《师说》　　　　D.《论语》

56. "教育即生长""教育即生活""学校即社会"是教育学家（　　）的观点。

A. 赫尔巴特　　　　B. 皮亚杰　　　　　C. 杜威　　　　　　D. 陶行知

57. 提出"人类之所以千差万别，便是由于教育之故"的是以"白板说"著称的教育家（　　）。

A. 夸美纽斯　　　　B. 卢梭　　　　　　C. 洛克　　　　　　D. 马卡连柯

58. 首次将教育学作为一门学科在大学里讲授的教育家是（　　）。

A. 培根　　　　　　B. 夸美纽斯　　　　C. 康德　　　　　　D. 赫尔巴特

59. 提出"为师要有知识，为表要有美德"的教育家是（　　）。

A. 梁漱溟　　　　　B. 晏阳初　　　　　C. 孙敬修　　　　　D. 黄炎培

60. 最早提出教育要适合儿童的年龄阶段，主张进行德、智、体多方面和谐发展的教育家是（　　）。

A. 苏格拉底　　　　B. 柏拉图　　　　　C. 亚里士多德　　　　D. 皮亚杰

61. 古代的"八目"之说（格物、致知、诚意、正心、修身、齐家、治国、平天下）出自（　　）。

A.《论语》　　　　B.《孟子》　　　　C.《礼记》　　　　D.《中庸》

62. "人之所不学而能者，其良能也；所不虑而知者，其良知也。"提出上述主张的是（　　）。

A. 孔子　　　　　　B. 孟子　　　　　　C. 庄子　　　　　　D. 荀子

63. "上本之于古者圣王之事""下原察百姓耳目之实""废以为刑政，观其中国家百姓人民之利"，此谓"三表法"。它的提出者是（　　）。

A. 老子　　　　　　B. 墨子　　　　　　C. 韩非子　　　　　D. 孔子

64. 1912年发表了《对教育方针之意见》，提出了军国民教育、实利主义教育、公民道德教育、世界教育和美感教育的是（　　）。

A. 梁漱溟　　　　　B. 黄炎培　　　　　C. 蔡元培　　　　　D. 陶行知

65. 朱熹是理学思想的集大成者、儒学发展史上的首要人物。下列观点不属于朱熹的教育主张的是（　　）。

A. 先王之学以明人伦为本

B. 为学之道，莫先于穷理；穷理之要，必先于读书

C. 君子如欲化民成俗，其必由学乎

D. 读书之法，莫贵乎循序而致精。而致精之本，则又在于居敬而持志

66. 下列称号与人物之间对应错误的是（   ）。

A. 现代课程理论之父——泰勒　　　　　B. 现代教育学之父——赫尔巴特

C. 实验教育学之父——斯宾塞　　　　　D. 幼儿教育之父——福禄贝尔

67. 最早提出启发性教学的是（   ）。

A. 孟子　　　　　　B. 孔子　　　　　　C. 老子　　　　　　D. 荀子

68. 西方教育史上第一个明确提出"教育心理学化"的教育家是（   ）。

A. 洛克　　　　　　B. 杜威　　　　　　C. 裴斯泰洛齐　　　　D. 夸美纽斯

69. 除了教育工作计划和课时计划外，教师不写任何别的计划。该条建议是哪位教育家提出的？（   ）

A. 苏霍姆林斯基　　B. 赫尔巴特　　　　C. 卢梭　　　　　　D. 裴斯泰洛齐

70. 20世纪60年代中期，美国出现的"贬抑学校教育"思潮的代表人物是（   ）。

A. 伊里奇　　　　　B. 杜威　　　　　　C. 席勒　　　　　　D. 维多里诺

71. 主张"有教无类"的中国古代教育家是（   ）。

A. 孔子　　　　　　B. 孟子　　　　　　C. 荀子　　　　　　D. 韩非子

72. 认为教师要有"学而不厌，诲人不倦"的良好品德的是（   ）。

A. 孔子　　　　　　B. 墨子　　　　　　C. 孟子　　　　　　D. 荀子

73. "教育即生活""学校即社会""从做中学"是（   ）的重要主张。

A. 实践教学派　　　　　　　　　　　　B. 实证教学派

C. 传统教育学派　　　　　　　　　　　D. 实用主义教育学派

74. 苏霍姆林斯基的教育思想核心内容是（   ）。

A. 认知结构的教育理论　　　　　　　　B. 全面发展的教育理论

C. 范例教学理论　　　　　　　　　　　D. 教学最优化的教育理论

75. 苏联教育家赞科夫的教学理念是（   ）。

A. 最优化理论　　　　　　　　　　　　B. 认知结构的理论

C. 发展性教学的理论　　　　　　　　　D. 范例教学的理论

76. 主张把一切知识教给一切人，提出"泛智"思想的百科教育家是（   ）。

A. 卢梭　　　　　　B. 夸美纽斯　　　　C. 杜威　　　　　　D. 洛克

77. "现代教育学之父"是（   ）。

A. 夸美纽斯　　　　B. 康德　　　　　　C. 赫尔巴特　　　　D. 洛克

78. 西方古代以其雄辩和与青年智者的问答法著名的教育家是（   ）。

A. 柏拉图　　　　　B. 苏格拉底　　　　C. 德谟克利特　　　D. 亚里士多德

79. 杜威和他的《民主主义与教育》是20世纪（   ）的代表。

A. 人文主义教育学　B. 存在主义教育学　C. 实用主义教育学　D. 要素主义教育学

80. 我国第一部以马克思主义观点阐述教育问题的著作是杨贤江的（   ）。

A.《教育学》　　　B.《论共产主义教育》　C.《新教育大纲》　D.《民主主义与教育》

81. 在《论语》中记载着许多孔子关于"仁"的解释，孔子"仁"的中心是（   ）。

A. 爱人　　　　　　B. 人心　　　　　　C. 诚信　　　　　　D. 谦让

82. 近代教育史上，是（   ）首次试图把教育学建立在心理学和伦理学的基础之上。

A. 夸美纽斯　　　　　B. 赫尔巴特　　　　　C. 杜威　　　　　D. 洛克

83. 意大利著名教育家蒙台梭利有一句教育名言："没有哪一个人是由别人教育出来的，他必须自己教育自己。"这句话直接与下列哪一思想、学说相支持？（　　）

A. 实用主义教育　　B. 人本主义教育　　C. 建构主义教育　　D. 自然主义教育

84. 赞科夫在"教学与发展"的实验中，提出教学过程就是促进学生的（　　）。

A. 全面发展　　　　B. 个性发展　　　　C. 持续发展　　　　D. 一般发展

85. 主张回归自然，"复归"人的自然本性，认为一切顺其自然便是最好教育的是（　　）。

A. 孔子　　　　　　B. 墨子　　　　　　C. 荀子　　　　　　D. 老子

86. 对班级授课制首次进行理论论证的教育家是（　　）。

A. 赫尔巴特　　　　B. 夸美纽斯　　　　C. 卢梭　　　　　　D. 裴斯泰洛齐

87. 西方最早专门论述教育的著作是（　　）。

A. 夸美纽斯的《大教学论》　　　　　　B. 昆体良的《论演说家的教育》
C. 亚里士多德的《政治学》　　　　　　D. 柏拉图的《理想国》

88. 德国教育家（　　）接替了康德在哥尼斯堡大学的教育学教席，并于 1806 年出版了《普通教育学》，这标志着教育学成为一门独立的学科。

A. 夸美纽斯　　　　B. 赫尔巴特　　　　C. 卢梭　　　　　　D. 斯宾塞

89. "我们敢说日常所见的人中，十分之九都是由他们的教育所决定的。"该观点出自（　　）。

A. 夸美纽斯的《大教学论》　　　　　　B. 洛克的《教育漫话》
C. 卢梭的《爱弥儿》　　　　　　　　　D. 赫尔巴特的《普通教育学》

90. 表示传统师德非常重视严于律己、身体力行、为人表率的模范作用的先哲名言是（　　）。

A. 三人行，必有我师焉

B. 闻道有先后，术业有专攻

C. 见贤思齐焉，见不贤而内自省也

D. 其身正，不令而行；其身不正，虽令不从

91. 下列对应关系错误的是（　　）。

A. 孔子——有教无类，因材施教

B. 柏拉图——趣味教育思想

C. 亚里士多德——和谐发展教育思想

D. 苏格拉底——启发性教学方法"产婆术"

92. 下列作者与作品对应关系错误的是（　　）。

A. 韩愈——《师说》

B. 夸美纽斯——《大教学论》

C. 赫尔巴特——《普通教育学》

D. 康德——《爱弥儿》

93. 最早提出学习过程是"学—思—行"的教育家是（　　）。

A. 孔子　　　　　　B. 孟子　　　　　　C. 荀子　　　　　　D. 墨子

94. 被誉为"欧洲古代教育理论发展的最高成就"的是（　　）。

A.《理想国》　　　　B.《学记》　　　　C.《大教学论》　　　D.《论演说家的教育》

95. 提出"教育的最终目的就是要培养和选拔出统治国家的哲学家——最高统治者"观点的人是（　　）。

A. 柏拉图　　　　　B. 凯兴斯泰纳　　　C. 卢梭　　　　　　D. 亚里士多德

96. 实用主义教育家杜威的"新三中心"指的是（　　）。

A. 教师、书本、课堂　　　　　　　　　B. 儿童、活动、课堂

C. 儿童、经验、活动　　　　　　　　　D. 儿童、书本、活动

97. 教育学作为一门独立形态的学科形成于（　　　）。

A. 资本主义社会时期　　　　　　　　　B. 封建社会末期

C. 奴隶社会初期　　　　　　　　　　　D. 原始社会末期

98. 最早有"启发式"教学思想的中外教育学家分别是（　　　）。

A. 孔子；苏格拉底　　　　　　　　　　B. 孔子；亚里士多德

C. 孟子；柏拉图　　　　　　　　　　　D. 朱熹；苏格拉底

99. 首次在科学分类中将教育学作为一门独立学科划分出来的英国哲学家是（　　　）。

A. 卢梭　　　　　B. 培根　　　　　C. 拉伯雷　　　　　D. 洛克

100. 孔子是我国古代最伟大的教育家，其教育思想主要收集在（　　　）中。

A.《学论》　　　B.《大学》　　　C.《论语》　　　D.《尚书》

101. 德国教育学家赫尔巴特是（　　　）。

A. 儿童中心论的代表　　　　　　　　　B. 教师中心论的代表

C. 劳动教育中心论的代表　　　　　　　D. 活动中心论的代表

102. 传统教育学认为教育学有两个基础：一是心理学；二是（　　　）。

A. 哲学　　　　　B. 伦理学　　　　　C. 人类学　　　　　D. 社会学

103. "教育即生活""教育即生长""教育即经验的不断改造"的提出者是（　　　）。

A. 苏格拉底　　　B. 柏拉图　　　　C. 夸美纽斯　　　D. 杜威

104. 下列说法与苏格拉底的"产婆术"最接近的是（　　　）。

A. 温故而知新　　　　　　　　　　　　B. 拾级登梯，循阶而上

C. 不愤不启，不悱不发　　　　　　　　D. 纸上得来终觉浅，绝知此事要躬行

105. 在西方教育史上，被认为是现代教育代言人的是（　　　）。

A. 赫尔巴特　　　B. 卢梭　　　　C. 洛克　　　　D. 杜威

106. 在中国教育史上，提倡问难与距师并主张学知与闻见、思考与求是的教育家是（　　　）。

A. 墨翟　　　　　B. 孟轲　　　　C. 王充　　　　D. 韩愈

107. 德国教育家（　　　）试图根据心理学来阐述教学过程，提出了明了、联想、系统、方法四个阶段，揭示了课堂教学的某些规律。

A. 赫尔巴特　　　B. 塞涅卡　　　　C. 卢梭　　　　D. 亚里士多德

108. （　　　）不属于教学活动的基本要素。

A. 教师　　　　　B. 教学环境　　　　C. 学生　　　　D. 教学媒介

109. "教育与生产生活相融合，教育内容主要为生产生活经验。"这话反映了（　　　）的教育特征。

A. 原始形态　　　B. 现代形态　　　　C. 封建形态　　　D. 古代形态

110. 教育是人类特有的社会现象，随着人类社会的产生而产生，又随着人类社会的发展而发展，只要有人类社会存在，就离不开教育。以上观点体现出了（　　　）。

A. 教育的历史性　B. 教育的相对独立性　C. 教育的永恒性　D. 教育的阶级性

111. 人的发展与社会发展发生关系和形成互动的中介是（　　　）。

A. 社会环境　　　B. 人的社会实践　　C. 社会文化　　　D. 个体努力

112. 对教育的等级化、特权化和专制化否定的教育特征是（　　　）。

A. 教育的终身化　B. 教育的多元化　　C. 教育的民主化　D. 教育的全民化

113. 教育学史上第一个正式提出教育起源的学说是（　　　）。

A. 神话起源说 　　　　 B. 生物起源说 　　　　 C. 心理起源说 　　　　 D. 需要起源说

114. 孔子学说的核心和最高道德标准是（　　）。

A. 礼 　　　　　　　　 B. 义 　　　　　　　　 C. 仁 　　　　　　　　 D. 乐

115. "不愤不启，不悱不发"的教育思想出自以下哪位思想家？（　　）

A. 朱熹 　　　　　　　 B. 孟子 　　　　　　　 C. 孔子 　　　　　　　 D. 荀子

116. 法国启蒙思想家卢梭在其教育名著《爱弥儿》中系统阐述的教育思想是（　　）。

A. 绅士教育 　　　　　 B. 自然教育 　　　　　 C. 和谐教育 　　　　　 D. 武士教育

117. 教育学的任务在于（　　）。

A. 揭示教育规律 　　　 B. 总结教育经验 　　　 C. 制定教育方针 　　　 D. 发现教育问题

118. 杜威最主要的教育代表作是（　　）。

A.《普通教育学》 　　 B.《民主主义与教育》 C.《教育目的》 　　　 D.《大教学论》

119. 下列可以作为因材施教的重要依据的是（　　）。

A. 最近发展区 　　　　　　　　　　　　 B. 关键期

C. 敏感期 　　　　　　　　　　　　　　 D. 心理发展的年龄特征

四、多项选择题

1. 广义的教育主要包括（　　）。

A. 家庭教育 　　　　　 B. 学校教育 　　　　　 C. 社会教育 　　　　　 D. 模仿学习

2. 教育要素包括（　　）。

A. 教育者 　　　　　　 B. 受教育者 　　　　　 C. 教材内容 　　　　　 D. 教育手段

3. 教育的社会属性，包括（　　）。

A. 教育的阶级性 　　　 B. 教育的永恒性 　　　 C. 教育的历史性 　　　 D. 教育的主导性

E. 教育的相对独立性

4. 与家庭教育、社会教育相比较，学校教育在人的发展中起主导作用。其原因是（　　）。

A. 学校教育是有目的、有计划地培养人的活动

B. 学校教育对人的影响全面而且系统

C. 学校教育有专门的教师来负责教育教学活动

D. 学校有运动场所、图书资料

5. 近代教育的基本特征包括（　　）。

A. 国家加强对教育的重视干预 　　　　　 B. 初级义务教育的实施

C. 教育的世俗化 　　　　　　　　　　　 D. 重视教育的立法

6. 下列关于洋务运动的说法中，正确的有（　　）。

A. "中学为体，西学为用"是洋务派核心的教育思想

B. 洋务教育带有浓厚的封建性和买办性，是中国半殖民地半封建教育的开端

C. 洋务教育介绍西学，培养早期科技人才，客观上是有积极作用的

D. 洋务教育中开设的"西文"主要指外国文学，"西艺"主要指西方的艺术知识

7. 下列关于我国近现代教育的说法中，正确的有（　　）。

A. 陈鹤琴主张"活教育"

B. 梁漱溟提出了"创造新文化，救活旧农村"的思想

C. 蔡元培提倡"大职业教育主义"

D. 晏阳初被称为"国际平民教育之父"

8. 下列选项中属于奴隶社会教育特点的是（　　　）。

A. 平等性　　　　　　　　　　　　　　B. 阶级性

C. 等级性　　　　　　　　　　　　　　D. 产生学校

E. 目的的双重性

9. 下列属于中国古代官学的有（　　　）。

A. 西周国学　　　　B. 汉代太学　　　　C. 唐代国子学　　　　D. 宋代书院

10. 下列属于中国古代学校名称的有（　　　）。

A. 庠　　　　　　　B. 序　　　　　　　C. 校　　　　　　　D. 塾

11. 现代教育的特征主要是（　　　）。

A. 公共性和生产性　　　　　　　　　　B. 公益性和免费性

C. 终身性和未来性　　　　　　　　　　D. 国际性

12. 从技术层面看，信息化教育的特征可以归结为（　　　）、即时化等多个方面。

A. 数字化　　　　　B. 智能化　　　　　C. 多媒体化　　　　　D. 网络化

13. 20 世纪之后，现代教育的主要特点是（　　　）。

A. 开始实施初等义务教育　　　　　　　B. 教育的技术手段回归传统

C. 教育逐渐走向民主化　　　　　　　　D. 教育普及化程度越来越高

14. 夸美纽斯的主要教育思想有（　　　）。

A. 教育适应自然的原则　　　　　　　　B. 普及初级教育

C. 第一次论述了班级授课制　　　　　　D. 教育心理学化

15. 下列说法正确的是（　　　）。

A. 荀子主张"性善论"　　　　　　　　B. 孟子主张"性恶论"

C. 墨子主张"兼爱非攻"　　　　　　　D. 孔子重视"仁""礼"的思想

16. 以下属于杜威的观点的是（　　　）。

A. 教育即生活　　　　　　　　　　　　B. 教育即生长

C. 教育即经验的不断改造　　　　　　　D. 教育即身心发展

E. 教育即教学发展

17. 中国近代教育史上著名的教育家有（　　　）。

A. 陶行知　　　　　B. 徐特立　　　　　C. 蔡元培　　　　　D. 杨贤江

18. 陶行知"生活教育"理论的主要内容有（　　　）。

A. 生活即教育　　　B. 社会即学校　　　C. 教学做合一　　　D. 知行统一

19. 与传统教育主张的以教师、课堂、书本为中心针锋相对的现代教育派的"三中心"思想有（　　　）。

A. 学生中心　　　　B. 经验中心　　　　C. 理论中心　　　　D. 活动中心

20. 批判教育学的代表人物有（　　　）。

A. 鲍尔斯　　　　　B. 布厄迪尔　　　　C. 金蒂斯　　　　　D. 斯普兰格

21. 在教育发展过程中，针对传统教育中学校教育与儿童现实生活经验相割裂的问题，杜威提出的观点有（　　　）。

A. 从做中学　　　　B. 回归教育　　　　C. 教育即生活　　　　D. 学校即社会

五、不定项选择题

1. 属于我国古代教育内容的是（　　　）。

A. 四书　　　　　　　B. 六艺　　　　　　　C. 七艺　　　　　　　D. 五经

2. 教育民主化是指（　　）。

A. 教育起点的机会均等　　　　　　　　　B. 教育过程中享受教育资源的机会均等

C. 教育结果均等　　　　　　　　　　　　D. 优质教育机会均等

3. 教育学是一门以（　　）为研究对象，探索教育规律的科学。

A. 教育现象　　　　　B. 教育问题　　　　　C. 教育规律　　　　　D. 教育理论

六、简答题

1. 第二次世界大战后，教育改革和发展的新特点是什么？

2. 现代教育制度的发展趋势是什么？

七、案例分析题

有人主张，动物尤其是略微高等的动物，完全同人一样，生来就有一种由遗传而得到的潜在的教育，其效果见诸个体的发展过程。他认为，从观察得到的、互相有联系的许多事实已无争辩地证实兽类教育和人类教育在根本上有同样的基础：强加的人为的教育，可移动甚至改变动物的被称为本能的倾向，并反复教其具有一些新的倾向。为取得这一结果，通常只要让年幼动物反复地练习并恰当地利用奖励就够了。按照这一观点，教育就是基于生物生存与繁衍的本能而产生的。

1. 提出上述主张的代表人物是（　　）。

A. 利托尔诺　　　　　B. 孟禄　　　　　　　C. 马克思　　　　　　D. 恩格斯

2. 上述观点体现了对教育起源的认识中（　　）的主张。

A. 心理起源说　　　　B. 劳动起源说　　　　C. 生物起源说　　　　D. 多因素说

3. 持上述观点的代表人物的主要主张是（　　）。

A. 人类教育起源于动物界中各类动物的生存本能活动，教育是一种生物现象，教育活动是按生物学规律进行的本能的传授活动

B. 教育起源于儿童对成人的无意识的模仿

C. 教育起源于劳动，起源于劳动过程中人的生产需要和发展需要的辩证统一

D. 教育起源于有意识的模仿

4. 上述材料观点的局限性在于（　　）。

A. 依据人类的无意识模仿心理来判定教育起源于模仿

B. 认为教育起源于劳动

C. 过分强调人的生物属性和动物本能，抹杀了任何动物的区别，否认了教育的社会性

D. 劳动把人从动物界提升出来

5. 关于教育的起源，马克思提出（　　）的观点。

A. 心理起源说　　　　B. 劳动起源说　　　　C. 生物起源说　　　　D. 多因素说

第二章
教育科学研究

一、判断题（正确的填 A，错误的填 B）

1. 行动研究的基本过程大致分为循序渐进的四个环节，即计划、考察、反思、行动。（　　）
2. 测量的效度是指测量的正确性和有效性。（　　）
3. 论文引用的参考文献要注意其影响力及时代性。（　　）
4. 实验法是教育科学研究中广泛使用的基本的研究方法。（　　）

二、单项选择题

1. 美国心理学家华生为了研究儿童的恐惧心理，在儿童抚摸小白兔时，大声敲锣，结果使这个儿童不但对白兔，甚至对其他白色的东西都产生了畏惧心理。这种行为违反了教育心理学研究的哪项原则？（　　）
   A. 客观性原则　　　　B. 教育性原则　　　　C. 理论联系实际原则　　D. 系统性原则
2. 教育研究过程中，教师确定研究问题的设计和行动，属于（　　）。
   A. 文献综述　　　　　B. 数据收集　　　　　C. 问题确定　　　　　　D. 研究设计
3. 从教育研究对象上看，既要看到过去，又要看到现在，更重要的是看到将来。即要坚持（　　）。
   A. 科学性的研究原则　B. 客观性的研究原则　C. 发展性的研究原则　D. 创新性的研究原则
4. 中小学教师与教育专家、学者合作，围绕教育教学实践中的问题，不断地计划、行动、观察和反思，通过解决实际问题，以达到改进教育教学实践的目的。这种教育研究属于（　　）。
   A. 观察研究　　　　　B. 调查研究　　　　　C. 行动研究　　　　　　D. 实验研究
5. 在教育过程中，身处教育实践第一线的研究者与受过专门训练的科学研究者密切合作，以教育实践中存在的某一问题作为研究对象，通过合作研究，再把研究结果应用到自身从事的教育实践中去的研究方法属于（　　）。
   A. 比较研究法　　　　B. 行动研究法　　　　C. 实验研究法　　　　D. 调查研究法
6. 宋老师发现教学中的某一问题并对其进行描述继而形成解决计划并实施，随后收集数据和材料以分析计划的有效性，最后把结果应用于处理后续课堂中出现的类似问题，这种研究方法是（　　）。

A. 叙事   B. 行动   C. 文献   D. 实验

7. 某教师响应学校号召积极进行课程改革，为了考察哪一种教学方法更适合其课程内容，他在两个平行班级分别采用不同的教学方法进行授课，然后评价学生对内容的掌握情况，这种方法属于（   ）。

A. 观察法   B. 调查法   C. 实验法   D. 测量法

8. 由教育工作者（通常是教师）担任研究者，以学校或教室内亟待改进的实际教育问题为研究内容，以改进这些教育活动为目的的研究方法是（   ）。

A. 实验法   B. 观察法   C. 访谈法   D. 行动研究法

9. 要求研究者进行隐蔽性观察研究的是（   ）。

A. 参与式观察   B. 非参与式观察   C. 直接观察   D. 间接观察

10. 教育调查研究选取的对象必须（   ）。

A. 不可控制   B. 不同性质   C. 有典型代表意义   D. 最大数量

11. 基于解决实际问题的需要，对问题进行系统研究，以解决实际问题为目标的教育研究方法是（   ）。

A. 教育调查法   B. 教育行动研究法   C. 教育叙事研究法   D. 教育实践研究法

12. 下列对教育行动研究表述不正确的是（   ）。

A. 它适用于解决实际问题   B. 它适用于解决理论问题

C. 它是一个不间断的螺旋、反复的过程   D. 它要求实践者与研究者相互协作

13. 有目的、有计划地对处于自然状态下的研究对象进行研究的方法是（   ）。

A. 观察法   B. 案例法   C. 实验法   D. 调查法

14. 研究者以讲故事的方式表达对教育的理解和解释的方法是（   ）。

A. 访谈法   B. 问卷法   C. 个案分析法   D. 叙事法

15. 教师想了解学生对某些问题的态度，让学生填了调查问卷，并与部分学生进行了座谈，与个别学生谈话，找到了存在的问题及其原因。这位教师所用的方法属于（   ）。

A. 观察法   B. 调查法   C. 测验法   D. 实验法

16. 研究者通过查阅、鉴别、整理、分析有关资料，从而探索相关教育问题的教育研究方法是（   ）。

A. 观察法   B. 问卷法   C. 实验法   D. 文献研究法

17.（   ）是学习者通过亲自接触和广泛了解教育现状，对取得的第一手资料进行分析和研究，以发现某些规律或倾向性问题的学习方法。

A. 自学法   B. 比较研究法   C. 调查研究法   D. 系统思考法

18. 教师通过记录课外活动中学生的攻击行为来研究攻击和性别的关系，这种研究方法是（   ）。

A. 个案法   B. 实验法   C. 调查法   D. 观察法

19. 在教育调研中，为获取相关资料而对一所学校或一个学生进行专门调查属于（   ）。

A. 全面调查   B. 重点调查   C. 抽样调查   D. 个案调查

20. 在教育研究中，通过考察事物发生和发展的过程，揭示其本质和发展规律的研究方法是（   ）。

A. 调查法   B. 访谈法   C. 历史法   D. 实验法

21. 在比较讲授法和讨论法的教学效果时，教师分别选用两个班级，一个班采用讲授法，另一个班运用讨论法，两个班学生在智力、学业基础等方面尽量保持均衡，期末时测量其成绩差异。这种教育研究方法属于（   ）。

A. 观察法   B. 实验法   C. 个案研究法   D. 调查法

三、多项选择题

1. 教育实验共同具备的基本特征(　　)。

A. 有变革   B. 可重复性   C. 有理论假说   D. 变量控制

2. 下列关于质性研究和量化研究说法正确的是(　　)。

A. 质性研究是采用演绎而非归纳的思路来分析资料和形成结论

B. 量化研究重在对事物可以量化的特性进行测量和分析

C. 质性研究是理论思辨、个人见解或经验总结

D. 质性研究和量化研究都强调以"事实资料"为基础

3. 测验的质量指标有(　　)。

A. 测验的效度   B. 测试的信度   C. 测试的难度   D. 测试的区分度

第三章

教育与社会的发展

一、判断题（正确的填 A，错误的填 B）

1. 教育的发展必然能够推动社会的发展。（　　）
2. 生产力对教育的发展具有制约作用，生产力水平低意味着教育发展水平低。（　　）
3. 经济发展水平决定着社会成员的受教育权利。（　　）
4. 教育不直接创造物质财富，所以教育是消费事业，是公益事业。（　　）
5. 教育对文化既有推动作用又有阻碍作用。（　　）
6. 人力资本理论认为，学校教育是一种重要的人力资本投资形式。（　　）
7. 教育对文化的选择是直接选择的。（　　）
8. 学校文化是一种组织文化，是一种整合性较强的文化，是文化的"容器"。（　　）
9. 教育既有社会依存性，也有自身的相对独立性。（　　）

二、填空题

1. 教育的根本任务是_____。
2. 通过_____实现对政治经济的影响，是教育作用于政治经济的主要途径。
3. _____直接制约着教育的性质和发展方向，教育又对一定的政治经济有不可忽视的影响。
4. _____是教育发展的物质基础，同时也对教育提出与一定生产力相适应的要求。
5. 教育对生产力的促进作用主要通过两个方面来实现：_____。
6. 美国经济学家舒尔茨提出人力资本理论。人力资本理论的核心概念是_____。

三、单项选择题

1. 教育与社会发展相互制约的规律主要表现为两个方面：一是教育与生产力相互制约；二是（　　）。
   A. 教育与社会制度相互制约
   B. 教育与社会政治经济制度相互制约
   C. 教育与社会文化相互制约
   D. 教育与人口发展相互制约
2. 教育活动、教育系统对个体发展与社会发展所产生的各种影响和作用指的是（　　）。

A. 教育方针   B. 教育功能

C. 教育制度   D. 教育内容

3. 自然科学的教育内容之所以不能在古代社会占据主导地位，主要是因为古代社会（   ）。

A. 教育规模的限制   B. 教育数量的限制

C. 教育水平的限制   D. 生产力水平的限制

4. 决定教育规模、速度、人才规格的是（   ）。

A. 生产关系   B. 政治经济制度

C. 社会文化   D. 生产力水平

5. 教育对经济发展的促进功能表现为（   ）。

A. 培养合格的政治人才   B. 劳动力再生产

C. 促进文化的融合   D. 减少人口数量

6. 决定教育的规模和速度并制约着教育结构变化的社会因素是（   ）。

A. 法律制度   B. 政治经济制度

C. 精神文明   D. 社会生产力

7. 下列不属于教育对社会民主起推进作用的是（   ）。

A. 教育启迪人的民主思想

B. 教育民主化本身是政治民主化的重要组成部分

C. 民主的教育是政治民主化的孵化器

D. 教育可以化解社会矛盾和冲突

8. "建国君民，教学为先"体现了哪两者之间的关系？（   ）

A. 教育与经济   B. 教育与政治

C. 教育与文化   D. 教育与科学技术

9. 下列关于教育与社会政治经济制度关系的表述不正确的是（   ）。

A. 社会政治经济制度决定教育的目的

B. 社会政治经济制度决定受教育的领导权

C. 社会政治经济制度决定受教育的权利

D. 社会政治经济制度决定教育的规模和速度

10. 学校文化以传递文化传统为己任，这一点突出表现在它所传递的（   ）。

A. 教学思想   B. 教学内容

C. 教学方法   D. 教学手段

11. 我国从汉代开始，罢黜百家、独尊儒术，儒家经典成为学校教育的主要内容，说明了教育（   ）。

A. 能够传递与保存文化   B. 能够选择文化

C. 能够创造文化   D. 能够更新文化

12. 学校文化的核心部分是（   ）。

A. 学校的精神文化   B. 学校的物质文化

C. 学校的正规文化   D. 学校的非正规文化

13. 校风是学校中物质文化、制度文化和（   ）的统一体。

A. 社会文化   B. 精神文化

C. 人文文化   D. 地方文化

14. 教育优先发展又称教育先行或教育超前发展，其内涵主要是指（   ）。

A. 社会用于发展教育的投资要适当超越于现有生产力和经济发展水平而超前投入

B. 教育发展要先于或优于社会上其他行业和部门而先行发展

C. 社会用于发展教育的投资不要超越现有生产力和经济发展水平而投入，教育发展不要先于社会上其他行业和部门而发展

D. 社会用于发展教育的投资要适当超越于现有生产力和经济发展水平而超前投入，教育发展要先于或优于社会上其他行业和部门而先行发展

15. 一个社会的教育发展进程与其政治经济发展进程之间的关系是（　　）。

A. 教育超前于政治经济发展　　　　　　B. 教育滞后于政治经济发展

C. 教育常常与社会政治经济发展不平衡　　D. 政治经济制度决定教育发展状况

16. 教育按照其价值目标和理想，对社会现实的文化状况进行分析，作出肯定或否定的评价，引导社会文化健康的方向，这是教育的（　　）。

A. 文化创造功能　　　B. 文化传递功能　　　C. 文化传播功能　　　D. 文化选择功能

17. 下列哪一方面并不受政治经济制度所决定？（　　）

A. 教育的方法与手段　　B. 教育的领导权　　C. 受教育的权利　　D. 教育目的的确立

18. 教育功能是教育活动和教育系统对（　　）。

A. 科技发展和社会发展所产生的各种影响和作用

B. 经济发展和科技发展所产生的各种影响和作用

C. 个体发展和社会发展所产生的各种影响和作用

D. 个体发展和群体发展所产生的各种影响和作用

四、多项选择题

1. 教育的社会功能主要包括（　　）。

A. 人口功能　　　　　B. 政治功能　　　　　C. 经济功能　　　　　D. 文化功能

2. 人、社会与教育三者的关系，下列说法正确的有（　　）。

A. 教育把人的发展水平与社会发展要求的矛盾转化为教育要求与受教育者发展之间的矛盾

B. 教育必须适应和促进社会的发展，把社会的发展放在第一位，把人的发展放在第二位

C. 教育可以有效地把社会发展的要求转化为人的素质

D. 教育促进人的社会化，教育为社会造就有一定素质的人

3. 下列各项不属于学校文化核心内容的是（　　）。

A. 物质文化　　　　　B. 精神文化　　　　　C. 组织文化　　　　　D. 制度文化

4. 教育与文化的联系密不可分，它对整个文化的作用有（　　）。

A. 保存　　　　　　　B. 传承　　　　　　　C. 改造　　　　　　　D. 创新

E. 分化

5. 生产力对教育的制约作用体现在（　　）。

A. 制约教育事业发展的规模和速度　　　　B. 制约教育的性质

C. 制约人才的培养规格和教育的结构　　　D. 促进教育内容的发展和更新

五、不定项选择题

据统计，美国25～64岁劳动力的平均受教育年限为13.17年，居全球首位，100多年以来，美国始终保持全世界人力资本积聚的强国和教育最发达的国家的地位；日本25～64岁劳动力的平均受教育年限为12.78年，第二次世界大战后日本仅用10年的时间就从战争的创伤中恢复过来，并

迅速发展成为世界第二大经济强国；韩国 25～64 岁劳动力的平均受教育年限为 11.50 年，是一个依靠快速发展教育来实现经济追赶的新兴国家。

以上材料说明（　　）。

A. 教育应置于国家优先发展的战略地位

B. 教育程度与人口社会的积极变动呈正相关

C. 劳动力的受教育年限与其生产效率呈正比

D. 教育对经济的正向功能

六、简答题

1. 生产力对教育的决定作用表现在哪些方面？

2. 政治经济制度对教育的制约表现在哪些方面？

3. 教育对政治经济制度的影响表现在哪些方面？

第四章
教育与人的发展

一、判断题（正确的填 A，错误的填 B）

1. 遗传是影响个体在心理发展过程中的来自环境方面的最主要因素，是在个体心理发展中占据主导作用的因素。（　　）
2. 学校教育是指增进人们的知识和技能、影响人们思想观念的活动。（　　）
3. 个体主观能动性在人的身心发展中起主导作用。（　　）
4. 教育是个体发展的物质前提。（　　）
5. "近朱者赤，近墨者黑"是指教育因素对人发展的影响。（　　）
6. 关键期是一个相对短暂的时期，在此期间，个体对某种刺激特别敏感；过了这一时期，同样的刺激则对之影响很小或没有影响。（　　）
7. 人发展的顺序性要求教育根据人发展的成熟机制，抓住发展的关键期，以促进其发展。（　　）

二、填空题

1. _____与_____是个体身心发展的两个高速发展期。
2. 影响个体身心发展的因素主要有_____、教育、_____和主观能动性等。
3. "给我一打健康的婴儿，不管他们祖先的状况如何，我可以任意把他们训练成从领袖到小偷等各种类型的人。"这是_____的观点。
4. 双生子爬楼梯实验的操作者是_____，他认为_____对人的发展起决定作用。

三、单项选择题

1. 精神分析学派认为人的性本能是最基本的自然本能，是推动人的发展的潜在的、无意识的、最根本的动因。这是（　　）的观点。
   A. 内发论　　　　　B. 外铄论　　　　　C. 多因素相互作用论　　D. 综合论
2. 强调人的身心发展的力量主要源于人自身的内在需要的是（　　）。
   A. 外铄论　　　　　B. 内发论　　　　　C. 环境决定论　　　　D. 多因素相互作用论
3. 英国教育家洛克的"白板说"体现了人身心发展动因理论的（　　）。

A. 内发论　　　　　B. 外铄论　　　　　　C. 内外因交互作用论　D. 多因素论

4. 有大器晚成者也有少年早慧者，这体现了个体身心发展的（　　）。

A. 顺序性　　　　　B. 个别差异性　　　　C. 互补性　　　　　　D. 阶段性

5. 华生提出，给他一打健康的婴儿，不管祖先状况如何，他可以任意把他们培养成各种类型的人。这种观点反映的身心发展动因理论是（　　）。

A. 原发论　　　　　B. 内发论　　　　　　C. 外铄论　　　　　　D. 多因素相互作用论

6. 即使人们对长大后的狼孩进行再好的教育，也很难令其用人类的语言进行顺畅交流。这反映了个体身心发展具有（　　）。

A. 阶段性　　　　　B. 差异性　　　　　　C. 不平衡性　　　　　D. 互补性

7. 人或动物的某些行为与能力的发展有一定的最佳时间，我们称之为关键期。如果在此时给予适当的良性刺激，会促使其行为和能力得到更好的发展，反之，则会阻碍其发展。提出"关键期"概念的学者是（　　）。

A. 劳伦兹　　　　　B. 加德纳　　　　　　C. 斯滕伯格　　　　　D. 卡特尔

8. 在教育过程中，切勿"揠苗助长""陵节而施"，这是人的身心发展（　　）的要求。

A. 阶段性　　　　　B. 顺序性　　　　　　C. 不均衡性　　　　　D. 差异性

9. "失明者一般在听觉、触觉、嗅觉等方面具有超常水平"体现了人身心发展的（　　）。

A. 阶段性　　　　　B. 顺序性　　　　　　C. 不平衡性　　　　　D. 互补性

10. 教育要因材施教，因为学生身心发展具有（　　）。

A. 顺序性　　　　　B. 阶段性　　　　　　C. 不平衡性　　　　　D. 个别差异性

11. 人身心发展的顺序性决定了教育工作必须（　　）。

A. 因材施教　　　　B. 把握关键期　　　　C. 统一要求　　　　　D. 循序渐进

12. 小学阶段的教学多运用直观形象的方式，中学以后可进行抽象讲解，这体现了儿童身心发展（　　）的规律和特点。

A. 顺序性　　　　　B. 个别差异性　　　　C. 不平衡性　　　　　D. 阶段性

13. 教育要遵循个体身心发展的规律，《学记》中"当其可之谓时""时过然后学，则勤苦而难成"这话反映了人身心发展过程中存在的（　　）现象。

A. 关键期　　　　　B. 依恋期　　　　　　C. 混沌期　　　　　　D. 最近发展期

14. 机体某一方面的机能受损甚至缺失后，可以通过精神力量、意志、情绪状态对整个机体起到调节作用，帮助人战胜疾病和残缺，使身心依然得到发展。这表明个体身心发展具有（　　）。

A. 阶段性　　　　　B. 顺序性　　　　　　C. 互补性　　　　　　D. 不平衡性

15. 狼孩卡玛拉心理障碍的主要原因是（　　）。

A. 缺乏营养　　　　B. 遗传因素　　　　　C. 狼的影响　　　　　D. 缺乏社会性刺激

16. 人的发展是指（　　）。

A. 身心发展　　　　B. 身体发展　　　　　C. 心理发展　　　　　D. 社会发展

17. 教育活动要注意由浅入深，由简单到复杂，由具体到抽象，由低级到高级，是指教育要适应（　　）。

A. 人的身心发展的顺序性　　　　　　　B. 人的身心发展的阶段性

C. 人的身心发展的不平衡性　　　　　　D. 人的身心发展的个别差异性

18. 在教育教学的细节中如何做到尊重学生的个别差异？（　　）

A. 对学生一视同仁，一样要求

B. 辩证地看待学生的优缺点，不绝对化

C. 在学生之间进行横向的比较与学习

D. 不同的学生犯了同样的错误，不考虑动机与原因就进行处理

19. "给我一打健康的婴儿，一个由我支配的特殊的环境，让我在这个环境里养育他们，我可担保，任意选择一个，不论他父母的才干、倾向、爱好如何，他父母的职业及种族如何，我都可以按照我的意愿把他训练成为任何一种人物——医生、律师、艺术家、大商人，甚至乞丐或强盗。"这是（　　）的观点。

A. 遗传决定论　　　　B. 环境决定论　　　　C. 家庭决定论　　　　D. 儿童决定论

20. 影响人的身心发展的因素是多种多样的，促进个体发展从潜在的可能状态转向现实状态的决定性因素是（　　）。

A. 遗传素质　　　　B. 环境　　　　C. 个体主观能动性　　　　D. 教育

21. 遗传素质为人的发展提供了（　　）。

A. 现实性　　　　B. 必然性　　　　C. 方向性　　　　D. 可能性

22. 在良好的环境中，有的人却没有什么成就，甚至走向与环境要求相反的道路；恶劣环境中，有的人却出淤泥而不染。这种现象说明了（　　）。

A. 人的发展不受环境影响

B. 人们接受环境不是消极被动的，而是积极能动的实践过程

C. 好的环境不利于人的发展，坏的环境对人的发展更有利

D. 人是环境的奴隶，个人发展的好坏完全由环境来决定

23. 格赛尔有关双生子爬楼梯的比较实验证明了（　　）因素对人的发展有关键影响。

A. 遗传素质　　　　B. 生理成熟　　　　C. 环境　　　　D. 教育

24. 学校教育在个体身心发展过程中起（　　）。

A. 辅助作用　　　　B. 主导作用　　　　C. 强化作用　　　　D. 促进作用

25. "龙生龙，凤生凤，老鼠生来会打洞。"这种观点是典型的（　　）。

A. 教育万能论　　　　B. 环境决定论　　　　C. 发生认识论　　　　D. 遗传决定论

26. "蓬生麻中，不扶而直。白沙在涅，与之俱黑。"这句话反映了（　　）因素对人的身心发展的影响。

A. 遗传素质　　　　B. 环境　　　　C. 学校教育　　　　D. 个体主观能动性

27. 个体身心发展中某一方面机能和能力最适宜形成的时期是（　　）。

A. 关键期　　　　B. 机能期　　　　C. 发展期　　　　D. 差异期

28. 当代生物社会学家威尔逊认为决定人的一切行为的本质力量是（　　）。

A. 个体本能　　　　B. 外在环境　　　　C. 机体成熟　　　　D. 基因复制

29. 因材施教的原则反映了人的身心发展的（　　）。

A. 阶段性　　　　B. 不平衡性　　　　C. 个别差异性　　　　D. 顺序性

30. 关于人的身心发展动因的理论中，内发论的代表人物是（　　）。

A. 孟子　　　　B. 荀子　　　　C. 洛克　　　　D. 华生

31. 中小学生对环境影响的接受过程是（　　）。

A. 被动的过程　　　　B. 乐观的过程　　　　C. 能动的过程　　　　D. 恶观的过程

四、多项选择题

1. 教育上的外铄论认为，人的身心发展取决于外在环境的影响。持这种观点的教育思想家有（　　）。

A. 荀子　　　　B. 洛克　　　　C. 孟子　　　　D. 华生

2. 历史上持"环境决定论"的人物有（ ）。

A. 华生　　　　　　B. 霍尔　　　　　　C. 洛克　　　　　　D. 柏拉图

3. 下面能够说明"关键期内的教育是相当重要的"这一观点的是（ ）。

A. 双生子爬梯实验

B. 狼孩

C. 为了有一个更好的学习外语的环境，小燕 3 岁时，父母带她到美国念书

D. 教学要关注学生的最近发展区

4. 下列关于"出淤泥而不染"的说法中，正确的有（ ）。

A. 环境是推动人身心发展的动力　　　　　B. 遗传因素是人身心发展的前提

C. 人对环境的作用是能动的　　　　　　　D. 环境不能决定人的发展

5. 人的主观能动性是人类发展的内在动力，其包括（ ）。

A. 人的创造性　　　　B. 人的积极性　　　　C. 人的自觉性　　　　D. 人的社会性

6. 影响人类身心发展的客观因素主要有（ ）。

A. 遗传因素　　　　　B. 个人因素　　　　　C. 环境因素　　　　　D. 教育因素

7. 个体心理发展的不平衡性体现在（ ）。

A. 不同系统在发展速度上的不同

B. 不同个体发展优势的领域不同

C. 不同系统在到达成熟时期上的不同

D. 同一机能特性在发展的不同时期有不同的发展速度

8. "染于苍则苍，染于黄则黄。所入者变，其色亦变。"与这话强调的人的发展因素相同的有（ ）。

A. 近朱者赤，近墨者黑　　　　　　　　　B. 昔孟母，择邻处

C. 蓬生麻中，不扶则直　　　　　　　　　D. 龙生龙，凤生凤

五、不定项选择题

老师、家长都反映彬彬是个"不开窍"的孩子。一道应用题，老师课堂上讲过，家长又帮他复习过，可他做起来还是出错；别的同学背课文，一下子就背会了，可他读了好多遍，还是记不住；常用字也常会出错，到了考试就更糟了，渐渐地，彬彬失去了学习兴趣。但他的手工却做得十分精巧，还代表班级参加了学校的比赛。从学生身心发展的原理分析这一现象，下列观点正确的是（ ）。

A. 遗传素质是人身心发展的物质基础，彬彬天生笨

B. 教师可以通过组建学习互助组来帮助彬彬改善学习

C. 教师要考虑学生是否存在学习心理问题

D. 主观能动性是人身心发展的内部动力，彬彬的学习兴趣没有被激活

六、案例分析题

季羡林在山东大学附属高中读书的时候，曾获校长王寿彭嘉奖。王校长赠了他一副对联和一个扇面。对联是"能将忙事成闲事，不薄今人爱古人"。扇面上王校长录了一首励志的诗，关键是落款，写的是"羡林老弟正"，王寿彭。季羡林说："我从此才有意识地努力学习，要追究动机，并不堂皇，无非是想保持自己的面子，决不能从甲等第一名落到第二名，如此而已。"

请根据材料，简要分析学校与个人在个体成长中的关系。

第五章

教育目的

一、判断题（正确的填 A，错误的填 B）

1. 教育方针通常由政府或政党提出，对教育实践具有强制性。（　　）
2. 社会本位论认为，教育的目的应由人的本性来决定。（　　）
3. 马克思认为，教育与生产劳动相结合是实现人的全面发展的唯一途径。（　　）
4. 智育在人的全面发展教育中起统摄作用。（　　）
5. 我国全面发展教育的组成部分是德育、智育、体育、美育和劳动技术教育。（　　）
6. 我国教育的根本使命是以经济建设为中心，培养经济建设所需要的各类专门人才，在知识经济时代，知识显得很重要，因此，学校教育的目的就是将已成定论的知识教给学生。（　　）
7. 有人打比喻说：智育不合格是次品，德育不合格是危险品，体育不合格是废品，美育和劳动技术教育不合格是半成品。（　　）
8. 素质教育的全面性是指为全体适龄儿童开放接受正规基础教育的大门。（　　）
9. 教育现代化的最高目的是实现教育观念现代化。（　　）
10. 素质教育是以培养创新精神和实践能力为重点的教育。（　　）
11. 全面发展就是要求学生在德智体美劳等方面都均衡发展，各方面都得到充分发挥。（　　）

二、填空题

1. 我国教育目的建立在＿＿＿＿＿＿＿学说的基础上。
2. ＿＿＿＿＿＿＿决定教育工作的出发点，并成为教育活动的归宿。
3. 素质教育是面向全体学生的教育，是＿＿＿＿＿＿＿的教育，是促进学生个性发展的教育。
4. ＿＿＿＿＿＿＿是实现人的全面发展的方法。
5. 教育目的的层次结构包括＿＿＿＿＿＿＿、＿＿＿＿＿＿＿、＿＿＿＿＿＿＿。

三、单项选择题

1. "教育对人的肉体和精神都要关心，但主要关心的应当是灵魂，教育应当建立在精神本质占优势的基础上。"这一观点是（　　）的教育目的论。

A. 神学   B. 科学本位
C. 社会本位   D. 个人本位

2. 对一切教育工作具有指导意义，是教育的根本性问题的是（   ）。
A. 教育规律   B. 教育任务
C. 教育内容   D. 教育目的

3. 教育目的所要回答的根本问题是（   ）。
A. 要把教育引向何方   B. 教育为谁服务
C. 教育要培养什么样的人   D. 教育要怎样培养人

4. 荀况认为"人性恶"，因此教育要从"礼"这一需要出发，需以"礼义"加以教化，这体现的教育目的价值取向是（   ）。
A. 社会本位论   B. 个人本位论
C. 无目的本位论   D. 生活本位论

5. 主张教育目的要根据社会需求决定，认为个人只是教育加工培养的对象，强调把受教育者培养成符合社会要求的公民。这种观点属于（   ）。
A. 个人本位论   B. 社会本位论
C. 形式教育论   D. 实质教育论

6. 教育的最高理想是通过（   ）体现出来的。
A. 课程目标   B. 教育目的
C. 教学目标   D. 培养目标

7. 在教育目的问题上，实用主义教育流派的代表人物杜威所持的观点是（   ）。
A. 个人本位论   B. 社会本位论
C. 教育无目的论   D. 国家利益论

8. （   ）也称理想的教育目的，表示各种教育及其活动在人的培养上最终要实现的结果。
A. 价值性教育目的   B. 操作性教育目的
C. 终极性教育目的   D. 发展性教育目的

9. 在教育目的的问题上，"是故古之王者建国君民，教学为先"的主张体现了（   ）。
A. 社会本位论思想   B. 个人本位论思想
C. 社会效益论思想   D. 教育无目的论思想

10. 裴斯泰洛齐认为："为人在世，可贵者在于发展，在于发展个人天赋的内在力量，使其经过锻炼，使人能尽其才，能在社会上达到他应有的地位。这就是教育的最终目的。"这句话反映了（   ）。
A. 教育无目的论   B. 个人本位的教育目的论
C. 社会本位的教育目的论   D. 效能主义的教育目的论

11. 选择和确立教育目的时，在基本价值取向方面，长期存在的对立是（   ）。
A. 神本位与人本位   B. 个人本位与社会本位
C. 社会本位与自然本位   D. 个人本位与自然本位

12. 涂尔干说过："教育是成年一代对社会生活尚未成熟的年青一代所实施的影响。其目的在于使儿童的身体、智力和道德状况都得到激励与发展，以适应整个政治社会在总体上对儿童的要求，并适应儿童将来所处的特定环境的要求。"这种论断指出了教育的目的是促进个体的（   ）。
A. 社会化   B. 全面发展
C. 个性化   D. 可持续发展

13. 下列是关于素质教育与应试教育的区别叙述，其中说法错误的是（   ）。

A. 二者教育目的不同，素质教育以提高国民素质为宗旨，应试教育以考取高分为目的

B. 二者教育对象不同，素质教育是精英教育，只面对部分精英，应试教育主要为了满足学生考试和升学需要

C. 二者教育内容不同，素质教育立足社会需求，应试教育主要为了满足学生考试和升学需求

D. 二者评价标准不同，素质教育以多种形式全面衡量学生，应试教育以分数作为唯一判断标准

14. 制定我国教育目的的理论基础是（　　）。

A. 邓小平理论 　　　　　　　　　　　B. 社会主义初级阶段理论

C. 新课程改革理论 　　　　　　　　　D. 马克思主义关于人的全面发展理论

15. 应试教育和素质教育的本质区别是（　　）。

A. 是否面向全体学生 　　　　　　　　B. 是否促进学生个性发展

C. 能否培养学生的创新精神和实践能力 　D. 是否能提高学生的成绩

16. 20 世纪，我国提出教育发展总目标的"两基"指的是（　　）。

A. 基础知识和基本技能

B. 基础知识和基本素质

C. 基本普及义务教育，基本实现素质教育

D. 基本普及义务教育，基本扫除青壮年文盲

17. 智育的任务之一是发展学生的智力，包括观察力、想象力、思维力、记忆力和注意力，其中（　　）是决定性的因素。

A. 思维力 　　　　　B. 想象力 　　　　　C. 记忆力 　　　　　D. 注意力

18. 现阶段我国教育目的的重点是（　　）。

A. 发展学生的智力 　　　　　　　　　B. 发展学生的个体特长

C. 培养学生的思想政治素质和道德品质 　D. 培养学生的创新精神和实践能力

19. 素质教育在本质上是一种（　　）。

A. 教育政策 　　　　　　　　　　　　B. 教育价值取向

C. 教育模式 　　　　　　　　　　　　D. 教育方法

20. 世界上最早的师范教育于（　　）年诞生于（　　）。

A. 1619 年；德意志魏马邦 　　　　　　B. 1632 年；捷克

C. 1681 年；法国 　　　　　　　　　　D. 1897 年；中国

21. 教育目的的个人本位论主张（　　）。

A. 根据人的本性和发展需要来规定教育目的　B. 社会价值高于个人价值

C. 教育目的应以学校需要为出发点 　　　D. 根据社会的需要来确定教育目的

22. 我国全面发展教育的基本内容始终强调把（　　）放在最优先位置。

A. 德育 　　　　　B. 智育 　　　　　C. 体育 　　　　　D. 美育

23. 美育就是对学生进行（　　）。

A. 审美教育 　　　　　　　　　　　　B. 五讲四美教育

C. 美好生活教育 　　　　　　　　　　D. 美好思想教育

24. （　　）是"培养目标"的具体化，它主要是通过学校所设置的课程表教学活动来达成的。

A. 教育目的 　　　B. 教育方针 　　　C. 教育目标 　　　D. 课程与教学目标

25. "目标即价值，假如目标有价值，并且人们愿意获得它，那么它便能使学生付出为达到该目标所需要的力量。"体现了教育目的的（　　）。

A. 导向作用 　　　B. 评价作用 　　　C. 激励作用 　　　D. 指导作用

四、多项选择题

1. 科学主义教育目的观的基本特征是（   ）。
   A. 追求永恒化的教育
   B. 注重社会功利性的教育目的
   C. 注重社会适应性的教育目的
   D. 注重科学性的教育目的

2. 我国教育目的的精神实质是（   ）。
   A. 教育为社会主义事业建设服务
   B. 培养全面发展的人
   C. 建立学习型社会
   D. 教育与生产劳动相结合是实现教育目的的根本途径

3. 实施素质教育是一个系统工程，建立素质教育的保障机制需要（   ）。
   A. 充分发挥政府作用
   B. 提高校长的素质
   C. 加大教育督导力度
   D. 提高教师的素质

4. 人的全面发展的内涵可以概括为哪几个方面？（   ）
   A. 完整发展
   B. 和谐发展
   C. 多方面发展
   D. 自由发展

5. 教学与智育的关系是（   ）。
   A. 有所联系、有所区别
   B. 教学包含了所有的智育活动
   C. 智育是教学活动所要达到的目的之一
   D. 在一定程度上，教学等同于德育

6. 素质教育的特征具体包括（   ）。
   A. 教育价值的多元化
   B. 教育对象的全体性
   C. 教育空间的开放性
   D. 教育内容的基础性
   E. 教育目标的全面性

7. 我国教育目的的基本精神是强调培养（   ）。
   A. 劳动者或生产者
   B. 社会主义事业的接班人
   C. 具有独立个性的人
   D. 德智体美劳等方面全面发展的人

8. 教育目的对小学教育的作用主要表现为（   ）。
   A. 导向作用
   B. 约束作用
   C. 激励作用
   D. 评价作用
   E. 相互作用

9. 导致个人价值与社会价值发生矛盾或冲突的情形有（   ）。
   A. 自我中心的个人主义
   B. 独善其身的个人主义
   C. 专制主义社会
   D. 民主主义社会

10. 教育目的的功能指教育目的对实际教育活动所具有的作用。教育目的的功能包括（   ）。
    A. 导向功能
    B. 激励功能
    C. 调控功能
    D. 评价功能

11. 教育目的的层次包括（   ）。
    A. 社会的价值取向
    B. 各级各类学校的培养目标
    C. 教师的教学目标
    D. 国家的教育目的

12. 素质教育理念是高中班主任必须树立和坚持的最基本的教育理念，因为素质教育是（   ）。
    A. 一种全新而深刻的教育哲学理念
    B. 一种进步的教育价值取向

C. 契合了全面发展的马克思主义人本观　　　　D. 体现了学校、家庭、社会的需要

E. 体现了时代发展的要求

五、不定项选择题

1. "钱学森之问"是指钱学森生前在各种场合不止一次提出的问题：为什么我们的学校总是培养不出杰出人才？2005 年 7 月 29 日，钱学森曾向时任总理温家宝进言："现在中国没有完全发展起来，一个重要原因是没有一所大学能够按照培养科学技术发明创造人才的模式去办学，没有自己独特的、创新的东西，老是'冒'不出杰出人才。这是很大的问题。"从"钱学森之问"可以看我国教育目的的实施存在的问题有（　　　）。

A. 单纯社会本位的教育传统　　　　　　　　B. 强调个人服从社会

C. 强调共性，忽视个性　　　　　　　　　　D. 重视合作与创新

2. 教育目的对教育活动的定向功能具体体现为（　　　）。

A. 对教育社会性质的定向作用　　　　　　　B. 对人培养的定向作用

C. 对课程选择及其建设的定向作用　　　　　D. 对教师教学方向的定向作用

六、简答题

1. 简述教育目的的功能。

2. 怎样正确理解素质教育的内涵？

3. 简述美育对促进学生全面发展的意义。

七、案例分析题

一个有智力缺陷的男孩，平时语文、英语的成绩都不太好。有一天，班主任老师发现这个男孩很喜欢劳动，于是想出一个"两全其美"的办法：让他打扫办公室的卫生。这样既保证了办公室的清洁，又让学生从中得到乐趣。但是，孩子的家长知道后就不愿意了，认为老师不该这样对待学生。

你是如何看待这个老师"两全其美"的做法的？

第六章

学校教育制度

一、判断题（正确的填 A，错误的填 B）

1. 规定一个国家各级各类学校教育系统，包括各级各类学校的性质、任务、入学条件、修业年限以及它们之间的关系的制度是学校教育制度。（　　）

2. 双轨制主要存在于 19 世纪的亚洲国家。（　　）

3. 学校教育制度简称学制。（　　）

4. 我国现代第一个学制是 1903 年清政府颁布的《奏定学堂章程》。（　　）

5. 1903 年颁布癸卯学制，标志着我国开始实行近代学校教育制度。（　　）

6. 在义务教育阶段，对违反学校管理制度，学校可以采取批评教育、警告处分和开除等惩罚手段。（　　）

7. 义务教育阶段的教学计划具有强制性、基础性、普遍性的特点。（　　）

8. 成人教育就是终身教育。（　　）

9. 现代教育制度的核心部分是学校教育制度。（　　）

10. 癸卯学制颁行之后，班级组织便逐渐开始成为我国学校中普遍的教育教学组织形式。（　　）

二、单项选择题

1. 允许智力超常学生跳级，设立特殊学校与特殊班，说明学制设立是受（　　）。

A. 社会政治制度影响 　　　　　　　　　　B. 人口的影响

C. 身心发展规律的影响 　　　　　　　　　D. 文化的影响

2. 学制在大中小学阶段的入学年龄方面，许多国家基本上是一致的，这是因为学制的设置受（　　）因素的影响。

A. 政治经济 　　　　　　　　　　　　　　B. 生产力和科技

C. 人的身心发展规律 　　　　　　　　　　D. 民族文化传统

3. 制度化教育建立的典型表征是（　　）。

A. 学校的产生 　　　　　　　　　　　　　B. 学制的建立

C. 教育实体的出现 　　　　　　　　　　　D. 定型的教育组织形式出现

4. 有利于教育普及的学制是( )。

A. 双轨制 　　　　B. 单轨制 　　　　C. 分支型学制 　　　　D. 多轨学制

5. 春秋战国时期出现在中国教育发展史上具有里程碑式意义的学校教育制度是( )。

A. 国学 　　　　B. 私学 　　　　C. 太学 　　　　D. 乡学

6. 20世纪初，在西方的影响下，体育的重要性已被国人所认识。( )正式确立了体育在新式学校中的地位，这也是中国首次实行的现代学制。

A. 壬寅学制 　　　　B. 癸卯学制 　　　　C. 壬子癸丑学制 　　　　D. 壬戌学制

7. 1922年颁布的"壬戌学制"借鉴的蓝本是( )。

A. 日本学制 　　　　B. 美国学制 　　　　C. 德国学制 　　　　D. 苏联学制

8. 下列选项不属于现代学制的是( )。

A. 单轨制 　　　　B. 双轨制 　　　　C. 多轨制 　　　　D. 分支制

9. 从形态上看，我国现行的学校教育制度是( )。

A. 单轨学制 　　　　B. 双轨学制 　　　　C. 分支型学制 　　　　D. 综合型

10. 我国学制改革和发展的基本方向是重建和完善( )。

A. 分支型学制 　　　　B. 单轨学制 　　　　C. 双轨学制 　　　　D. 混合学制

11. 下列特性中，不属于义务教育特征的是( )。

A. 强制性 　　　　B. 免费性 　　　　C. 公平性 　　　　D. 普及性

12. 以下关于义务教育表述不正确的是( )。

A. 义务教育是一种强制性教育 　　　　B. 义务教育可以保障公民的基本权利

C. 义务教育体现了一个国家现代文明的水平 　　　　D. 义务教育就是普及教育

13. 义务教育的战略性任务是( )。

A. 全面发展 　　　　B. 均衡发展 　　　　C. 能力为重 　　　　D. 德育为先

14. 现代教育制度的核心部分是( )。

A. 学校教育制度 　　　　B. 职业教育制度 　　　　C. 成人教育制度 　　　　D. 教育评估制度

15. "教育不应只限于学校的围墙之内"是( )的教育理想。

A. 前制度化 　　　　B. 非制度化 　　　　C. 制度化 　　　　D. 义务教育

16. 最早提倡终身教育的学者是法国教育家( )。

A. 布鲁纳 　　　　B. 斯金纳 　　　　C. 保罗·朗格朗 　　　　D. 赞科夫

17. 以下不属于终身教育特征的是( )。

A. 民主性 　　　　B. 民族性 　　　　C. 连贯性 　　　　D. 自主性

18. 为适应科学知识的加速增长和人的持续发展要求而逐渐形成的教育思想和教育制度称为( )。

A. 终身教育 　　　　B. 普通教育 　　　　C. 职业教育 　　　　D. 义务教育

19. 终身教育理论体系最终形成是以联合国教科文组织的( )为标志的。

A.《终身教育导论》 　　　　B.《终身教育——21世纪的教育改革》

C.《教育——财富蕴藏其中》 　　　　D.《学会生存——教育世界的今天和明天》

20. 我国现阶段中小学的管理体制是( )。

A. 党支部领导下的校长负责制 　　　　B. 党支部领导下的校长分工负责制

C. 校长负责制 　　　　D. 校务委员会制

21. 欧美现代学制最早出现在欧洲，主要有三种类型，英国等欧洲国家的学制属于( )。

A. 单轨制 　　　　B. 中间型 　　　　C. 双轨制 　　　　D. 分支型学制

三、多项选择题

1. 我国实行的教育基本制度有(　　)。

A. 国家教育考试制度　　B. 学业证书制度　　　　C. 学位制度　　　　　　D. 教育督导制度

2. 现代学制类型主要有(　　)。

A. 单轨学制　　　　　　B. 双轨学制　　　　　　C. 三轨学制　　　　　　D. 分支型学制

E. 多支型学制

3. 下列关于九年义务教育,说法正确的是(　　)。

A. 九年义务教育具有强制性

B. 普及九年义务教育是学校系统的基础

C. 普及九年义务教育是提高民族文化、心理素质的保证

D. 九年义务教育尊重受教育者的自由选择

4. 我国现行的学制改革包括(　　)。

A. 重视发展学前教育　　　　　　　　　　B. 全面普及义务教育

C. 继续调整中等教育　　　　　　　　　　D. 大力发展高等教育

第七章

教师与学生

一、判断题（正确的填 A，错误的填 B）

1. 教师享有的最基本的权利是管理学生权。（   ）
2. 教师是教育工作的组织者、领导者，在教育过程中起决定性作用，教书育人是教师的根本任务。（   ）
3. 在教育实践中，"言教"要重于"身教"。"言教"会让学生更能理解老师的教育目的，更具有说服力和感染力。（   ）
4. 从职业分类的角度看，教师属于专业人员、技术人员。（   ）
5. 具有一定的研究能力属于教师的人格素养。（   ）
6. 教师知识水平与教师专业发展水平一致。（   ）
7. 受教育权是儿童与生俱来的一项基本人权，其基础在于学习权。学习权是享有生存权、幸福追求权、参政权等权利的基础。（   ）
8. 强调学生的主体地位必然削弱教师的主导作用。（   ）
9. 良好的专业自我能够使教师形成符合自己志趣、能力和个性的独特教学风格。（   ）
10. 教师专业发展是指教师个体成长为优秀教师的过程。（   ）

二、填空题

1. 教师职业是一种_____职业，教师是_____人员。
2. 教师是教育者，教师职业是_____的职业。
3. 教师职业的最大特点在于_____，包括传道者角色，授业、解惑者角色，示范者角色，管理者角色，朋友角色，研究者角色。
4. _____是当代教师质量的集中体现。
5. 教育活动是一种_____的社会活动，教育系统是一个以_____为主要构成要素的社会系统。在诸种要素中，_____是最基本的要素。
6. 学生发展的可能性与可塑性转变为现实性的条件是_____。
7. 学校教育是有计划、有目的、有组织的_____的社会活动，学校教育对学生的成长起着_____的作用。

8. _____是教育活动中的基本关系。

三、单项选择题

1. 教师对学生指导、引导的目的是促进学生的(   )。

A. 自由发展　　　　　B. 自主发展　　　　　C. 自愿发展　　　　　D. 自动发展

2. "亲其师，效其行，听其言，信其道"所体现的教师职业角色是(   )。

A. 传道者　　　　　B. 示范者　　　　　C. 教育工作实施者　　　　　D. 教育活动组织者

3. 教师职业的最大特点在于职业角色的(   )。

A. 系统化　　　　　B. 多样化　　　　　C. 复杂化　　　　　D. 专门化

4. 教师的言论、行动、为人处世的态度，对学生具有耳濡目染、潜移默化的作用，这是教师的(   )。

A. 传道者角色　　　　　B. 管理者角色　　　　　C. 朋友角色　　　　　D. 示范者角色

5. 教师是教育者，其根本任务是(   )。

A. 教书育人　　　　　B. 传道授业　　　　　C. 答疑解惑　　　　　D. 管理学生

6. 教师要从过去作为单纯灌输者的角色中解放出来，推动以学习能力为中心的学生整个个性的和谐、健康发展，这属于教师角色中的(   )。

A. 研究者　　　　　B. 设计者　　　　　C. 促进者　　　　　D. 终身学习者

7. 教师的行为在学生眼中往往具有放大效应。教师的"身正为范"不仅体现在品德课堂中，而且体现在学校日常生活的各个环节中，这是由教师劳动的(   )决定的。

A. 创造性　　　　　B. 示范性　　　　　C. 复杂性　　　　　D. 长期性

8. "学为人师，行为示范"体现了教师工作的(   )。

A. 复杂性、创造性　　　　　　　　B. 连续性、广延性

C. 长期性、间接性　　　　　　　　D. 主体性、示范性

9. "孩子是由一百组成的。孩子有一百种语言，一百只手，一百个念头，一百种思考方式、游戏方式及说话方式。"这话表现出教师劳动的(   )。

A. 复杂性　　　　　B. 示范性　　　　　C. 持续性　　　　　D. 长期性

10. 教师在教学活动中应注重因材施教，这体现了教师劳动的(   )。

A. 长期性　　　　　B. 示范性　　　　　C. 主体性　　　　　D. 创造性

11. 老师不仅要把知识传授给学生，而且必须在教育内容、形式和方法上不断创新，这体现教师劳动的(   )。

A. 复杂性　　　　　B. 创造性　　　　　C. 长期性　　　　　D. 主体性

12. "十年树木，百年树人"说明教师劳动具有(   )。

A. 示范性　　　　　B. 长期性　　　　　C. 创造性　　　　　D. 复杂性

13. 美国有一位教育家说："走上讲台，我就是课程。"这话深刻地揭示了教师的劳动具有(   )。

A. 复杂性　　　　　B. 创造性　　　　　C. 长期性　　　　　D. 示范性

14. 第斯多惠指出："教师本人是教学里最重要的师表，是最直观的、最有教益的模范，是学生最活生生的榜样。"这段话体现的教师劳动特点是(   )。

A. 复杂性　　　　　B. 示范性　　　　　C. 长期性　　　　　D. 创造性

15. 教育机智体现教师工作具有(   )。

A. 复杂性　　　　　B. 示范性　　　　　C. 创造性　　　　　D. 长期性

16. "教学有法，教无定法"说明了教师的教育活动具有( )。

A. 示范性　　　　　B. 创造性　　　　　C. 连续性　　　　　D. 个体性

17. 叶圣陶指出："教师以身作则，教师本身的行为就是标准和规范，也是一种及时有效的'不言之教'。"这句话体现了教师劳动的( )。

A. 复杂性　　　　　B. 创造性　　　　　C. 长期性　　　　　D. 示范性

18. 教师是一门专业性很强的职业。在教师的知识结构中，具有核心地位、最能体现教师职业专业性质的知识是( )。

A. 学科知识　　　　B. 课程知识　　　　C. 学科教学知识　　D. 教学法知识

19. 教师的教育专业素养不仅要求教师具有先进的教育理念、良好的教育能力，而且要求教师具有一定的( )。

A. 交往能力　　　　B. 学习能力　　　　C. 研究能力　　　　D. 管理能力

20. 教师应对学生"感人之所感，知人之所觉"。这是一种( )技能。

A. 期望　　　　　　B. 移情　　　　　　C. 调适　　　　　　D. 同化

21. 习总书记提出的有理想信念、有道德情操、有扎实学识、有仁爱之心的"四好老师"更多地体现了对老师( )。

A. 专业技能要求　　B. 专业思想要求　　C. 专业素养要求　　D. 专业知识要求

22. 教师的专业能力是教师顺利地从事教学的一种效能特点，它主要包括教学能力、组织能力、科研能力和( )。

A. 表演能力　　　　B. 写作能力　　　　C. 计算能力　　　　D. 信息获取能力

23. 教师的本体性知识包括( )。

A. 文化科学知识、学科专业知识　　　　B. 教育理论知识、班级管理知识

C. 学科专业知识、教学能力　　　　　　D. 文化科学知识、教学技巧

24. 在教育部印发的《小学教师专业标准》中，要求教师"掌握所教学科的课程标准和教学知识""掌握教育教学基本理论""掌握学生品行养成的特点和规律"等。这些知识属于( )。

A. 学科知识　　　　B. 教育教学知识　　C. 通识性知识　　　D. 发展性知识

25. 教学中，对正在进行的教学活动进行自我认知和自我反思的能力是( )。

A. 教学设计能力　　B. 教学组织能力　　C. 教学决策能力　　D. 教学监控能力

26. 某位教师要求学生回答某个问题却发现没有人回应，此时这位教师立即转换教学内容与问题引起了学生的热烈讨论。这说明教师需要( )。

A. 教学设计能力　　B. 教学情境创设能力　C. 教学应变能力　　D. 教学实施能力

27. "为了使学生获得一点知识的亮光，教师应吸进整个光的海洋。"这话是指教师应该具备( )。

A. 广博的专业知识　B. 崇高的专业理想　C. 精湛的专业技能　D. 勤勉的专业态度

28. 在教师职业素养中，学生的年级越高，教师的威信越取决于教师的( )。

A. 专业知识　　　　B. 文化科学知识　　C. 实践知识　　　　D. 教育理论知识

29. 教师义务的实质是教师的职责( )。

A. 在行为上的体现　B. 在意志上的体现　C. 在信念上的体现　D. 在意识上的体现

30. 以下属于教师一般权利的是( )。

A. 文化教育权利、学术自由权利、受聘权

B. 受聘权、获得报酬权、政治权利

C. 名誉权、培训进修权、教育教学权

D. 政治权利、文化教育权利、公民人身自由权

31. 现代教育教学理念应更加注重学生的（　　　）地位。

A. 主导　　　　　　　B. 客体　　　　　　　C. 主体　　　　　　　D. 媒体

32. 在实际教学中，教师是学生的榜样，学生会模仿教师的言行举止；学生信服教师的教导胜过父母的话，年龄越小越是如此。这种现象说明学生具有（　　　）的心理特点。

A. 发展性　　　　　　B. 依赖性　　　　　　C. 独立性　　　　　　D. 向师性

33. （　　　）是学生在学校各项权利中最主要、最基本的一项权利。

A. 隐私权　　　　　　B. 名誉权　　　　　　C. 人身权　　　　　　D. 受教育权

34. 教师履行教育教学职责必须具备的基本权利是（　　　）。

A. 民主管理权　　　　B. 教育教学权　　　　C. 获取报酬权　　　　D. 科学研究权

35. 男同学小张平时自由散漫，学习不认真，一天在课堂上他用手机给班上的女同学发短信"曾某，我爱你"。王老师发现后便当场收缴了小张的手机，并将其短信向全班同学宣读，同时指责其"思想堕落，道德败坏"。下课后小张要求王老师归还手机，王老师说，这是罪证不能归还，要交学校德育处。校长指出王老师犯了以下错误：①未经学生同意翻看短信侵犯学生的隐私权；②批评的话语侵犯学生的人格权；③收缴手机侵犯学生的财产权；④作为老师不能以违法方式对待学生的违纪行为。你认为校长的说法正确的有（　　　）。

A. ①②③　　　　　　B. ②③④　　　　　　C. ①②④　　　　　　D. ①②③④

36. 花园中学某班发生了钱财被盗事件，经调查，班主任怀疑是 A 同学所为，于是班主任强行对其搜身，结果找到被盗钱财，班主任遂要求 A 同学在全班同学面前做检讨。该班主任的行为（　　　）。

A. 违反了处理突发事件的公正性原则

B. 对 A 同学进行搜身体现了处理班级突发事件时当机立断

C. 违反了处理突发事件的主体人格性原则

D. 违反了处理突发事件的因材施教原则

37. 学生享有受教育权，包括宪法规定的受教育机会权、受教育条件权和（　　　）。

A. 名誉权和荣誉权　　B. 公正评价权　　　　C. 隐私权　　　　　　D. 人格尊严权

38. （　　　）是教师最神圣的权利。

A. 管理学生权　　　　B. 民主管理权　　　　C. 教育教学权　　　　D. 获取报酬待遇权

39. 近年来，部分城市建立了"婴儿安全岛"，这主要是为了维护儿童（　　　）。

A. 生存的权利　　　　B. 受教育的权利　　　C. 受尊重的权利　　　D. 安全的权利

40. 在"对话、互动"式的教学过程中，教师和学生的关系是（　　　）。

A. 教师是主体、学生是客体　　　　　　　　B. 学生是主体，教师是客体

C. 教师与学生都是客体　　　　　　　　　　D. 教师与学生都是主体

41. 在心理上协调一致，在教学过程中教师与学生平等合作，体现了新型师生关系的（　　　）。

A. 民主平等　　　　　B. 教学相长　　　　　C. 尊师爱生　　　　　D. 心理相容

42. 专制型教师对学生的态度会使学生形成下列哪一种人格特点？（　　　）

A. 情绪紧张，冷淡，攻击性强，自制力弱

B. 无组织纪律性，无团体目标

C. 情绪稳定，态度积极友好，有领导能力

D. 乐观活跃，具有创意，直觉力强，人际关系很好

43. 教师在职业活动中要处理好各种各样的关系，其中最核心的关系是（　　　）。

A. 师长关系　　　　　B. 师生关系　　　　　C. 同事关系　　　　　D. 师教关系

44. 一位教师在进行《两条小溪的对话》的教学时，让学生分角色表演。有一位学生问："老

师，我能不用书上的原话吗?"老师和蔼地问:"为什么呢?""因为书中的原话太长,我背不下来,如果拿着书来表演,又不太好!"孩子说出了原因。"你的意见很好,用自己的话来表演吧!"老师高兴地抚摸了下孩子的头,果然这个孩子表演得非常出色。这位教师与学生之间最集中反映的师生关系是(   )。

    A. 心理相容   B. 教学相长   C. 民主平等   D. 尊师爱生

45. 某中学对违反校规的学生进行罚款,该校的做法(   )。

    A. 合理,学校可以自主管理学生

    B. 合法,是塑造良好校风的有效手段

    C. 不合法,侵犯了学生及其监护人的财产权

    D. 不合法,罚款之前应得到主管部门的许可

46. 班主任张老师按照学生的期中考试成绩调整座位,将考试成绩后 5 名的学生安排在教室的最后一排。张老师的做法(   )。

    A. 是激励学生的重要手段   B. 侵犯了学生的人格尊严

    C. 是管理班级的有效手段   D. 侵犯了学生的受教育权

47. (   )决定了教师需要终身学习。

    A. 教师劳动特点   B. 学生成长特点   C. 教师职业特点   D. 社会发展特点

48. 新任教师有强烈的自我专业发展的忧患意识,这时其处于教师专业发展的(   )。

    A. 自我更新关注阶段   B. 任务关注阶段   C. 生存关注阶段   D. 虚拟关注阶段

49. 教师专业发展过程中,形成自己独特的教学风格的时期是(   )。

    A. 准备期   B. 稳定期   C. 适应期   D. 创造期

50. 中学生王某偶然得知同学李某有尿床之疾,便在同学中广而告之。王某的做法侵犯了李某的(   )。

    A. 人格尊严   B. 隐私权   C. 人身安全   D. 名誉权

51. 教师自我完善的重要途径是(   )。

    A. 勇于创新   B. 勇于实践   C. 严谨治学   D. 更新观念

52. 王某从事教师工作 20 余年,热爱自己的教师职业,对学生富于热情,且善于了解学生的差异并充分发挥每个人的特长和优势。王某通过认真钻研教学技术,具备了独特的教育思想和理念,形成了成熟又独特的教学风格。这个事例属于(   )。

    A. 教师专业理想的建立   B. 教师专业知识的拓展

    C. 教师专业能力的发展   D. 教师专业自我的形成

53. 有的教师在完成应该完成的工作之后,不会再多做一点,不再追求完美与成长,他们的工作往往就是遵照聘用合同的条款,缺少热情和持续成长与追求卓越的劲头。上述现象属于教师职业发展阶段的(   )。

    A. 能力建构期   B. 职业挫折期   C. 职业稳定期   D. 职业上升期

54. 影响师生关系的核心因素是(   )。

    A. 教师的素质   B. 学校的管理   C. 国家的政策   D. 学生的认识

四、多项选择题

1. 教师职业角色的多样化是教师职业的一个最大特点。一般来说,教师所扮演的职业角色包括(   )。

    A. 授业、解惑者角色   B. 朋友角色

C. 研究者角色   D. 示范者角色

2. 我国新型师生关系的特点是(　　)。

A. 尊师爱生   B. 民主平等

C. 教学相长   D. 心理相容

E. 师道尊严

3. 下列各项对教师及教师职业认识正确的有(　　)。

A. 教师是专业人员

B. 教师职业是一种专门职业

C. 教师职业是以教书育人为目的的职业

D. 教师职业是以提高学生学习成绩为目的的职业

4. 学生本质属性的内涵包括(　　)。

A. 学生具有思想与情感   B. 学生具有与成人相同的身心特点

C. 学生有获得教育与关爱的需要   D. 学生以学习为主要任务

5. 素质教育倡导建立(　　)的师生关系。

A. 平等   B. 和谐   C. 互助   D. 民主

6. 某知名幼儿园教师回忆道:"我在读师范时,认真学好各门功课,还认真学画画、练美术字、参加诗词朗诵、创作舞蹈等,我也很喜欢音乐,学指挥,练习钢琴。夏天在小小的琴房里练钢琴,尽管蚊子咬,浑身是汗,却乐趣无穷,整个身心都沉醉在琴声中了,这些在我后来的工作中都发挥了很大的作用。"可以看出一名优秀教师应具备(　　)。

A. 丰富的专业知识   B. 广博的文化知识

C. 终身学习的能力   D. 深厚的教育科研能力

7. 以下表述正确的有(　　)。

A. 学生具有巨大的发展潜能   B. 学生是发展中的人

C. 学生是独特的人   D. 学生是具有独立意义的人

E. 学生的发展是全面的发展

8. 教师职业的专业化体现在(　　)。

A. 从业人员需要经受长期的专门训练,具备专业化的知识和技能

B. 工作上具有权威性及独立自主性

C. 有自己的专业团体和明确的职业道德

D. 具有高度的自律性和自我提高精神

9. "严慈相济"的"严"体现在(　　)。

A. 严而有理   B. 严而有度   C. 严而有恒   D. 严而有方

10. 从我国当前的实际来看,促进教师专业发展的途径有(　　)。

A. 职前教育   B. 入职教育   C. 在职教育   D. 自我教育

11. 影响教师威信形成的客观因素是多方面的,其中最主要的有(　　)。

A. 教师职业的社会地位   B. 教师职业的经济地位

C. 学生对教师职业的态度   D. 社会对教师职业的态度

五、不定项选择题

1. 一位外语教师在教 cock(公鸡)一词时,班上有一个学生突然怪声怪调地说:"有没有母鸡?"顿时,全班一片哗然。教师平静地说:"有。不仅有母鸡还有小鸡这个单词。"接着一一讲解,

并表扬了这位学生的勤学好问，但也批评了他说话的方式。这样机智的处理，既没有干扰正常教学，还使学生掌握了更多的知识，受到了教育。此材料表现出该教师善于(　　)。

A. 因势利导　　　　　B. 与时俱进　　　　　C. 自我反思　　　　　D. 随机应变

2. 一位教师在教学《两条小溪的对话》时，让学生分角色表演。有一位学生问："老师，我能不用书中的原话吗?"老师和蔼地问："为什么呢?"学生说："因为书中的原话太长，我背不下来，如果拿着书表演，又不太好。""你的意见很好，用自己的话来表演吧。"老师高兴地抚摸了一下这位学生的头。果然，这个学生表演得非常出色。从师生关系角度分析这一现象，下列说法正确的是(　　)。

A. 此案例体现了教师对学生的尊重与教育民主

B. 这样不利于教师威信的树立

C. 理解与包容有利于良好师生关系的建立

D. 教学相长是在良好的师生关系中实现的

六、简答题

1. 简述《中华人民共和国教育法》规定学生应尽的义务。

2. 简述教师的学科专业素养。

3. 简述教师的教育专业素养。

4. 简述师生关系。

七、案例分析题

新入职的张老师对学生的要求十分严格，有一次晓明迟到一分钟，张老师没问原因就不准晓明坐回座位，让他在教室后面站了一上午。平时学生向张老师礼貌问好，感觉张老师都不理不睬的，慢慢地，越来越多的学生对张老师敬而远之。有一天，学校组织学生与老师说心里话活动。晓明对张老师说了自己与同学们的感受，张老师进行了深刻反思，也调整了自己的做法。渐渐地，张老师发现学生们发生了变化，笑容多了，上课认真了，连最不爱说话的陈舒儿也对张老师有话说了，张老师对自己说"我也进步了"。

请结合师生关系的作用以及新型师生关系特点对上述材料加以分析。

第八章

课程

一、判断题（正确的填 A，错误的填 B）

1. 课程是先于教学过程预先编制好的、现成的知识体系。（　　）

2. 课程与课是同一个概念，课是课程的简称。（　　）

3. 必修课程与选修课程的实质是学生"一般发展"与"个性发展"之间的关系。（　　）

4. 校本课程是学校领导、教师参与研究开发的课程，一般以选修课的形式出现。（　　）

5. 课程是教师、学生、教材、环境四个因素动态交互作用的"生态系统"。（　　）

6. 拓展型课程注重培养学生的探究态度和能力。（　　）

7. 国家课程在实施上具有选择性。（　　）

8. 儿童中心课程主张依据儿童的兴趣和动机，通过儿童的主动活动和探究获得经验，这意味着完全取消了教师的指导作用。（　　）

9. 基础教育的各科课程标准都由国家统一制定。（　　）

10. 必修课的本质特点是强制性。（　　）

11. 教材是唯一的课程资源。（　　）

12. 课程编制是指课程的开发和设计。（　　）

13. 课程目标是教育者在教学过程中完成某一阶段的工作时，希望受教育者达到的要求或产生的变化结果。（　　）

14. 小学阶段以综合课程为主。（　　）

15. 研究性学习既是一种学习方式，也是一种课程形态。（　　）

16. 在研究性学习中，学生是学习活动的主体，教师则承担学习的组织者、支持者以及控制者的角色。（　　）

17. 综合性实践活动的根本特点就是自主性、实践性、逻辑性、生成性。（　　）

18. 三级课程管理顺应世界各国课程管理既相对统一，又相对分散的发展趋势。（　　）

19. 外语是学校教育中的工具学科，新课程改革规定从小学三年级开设外语课程。（　　）

20. 新课程改革要求实行国家、地方和学校三级课程管理，因此，学校要根据自身实际情况制定相应的课程标准。（　　）

21. 新课程标准将中小学阅读与欣赏放到核心的位置。（　　）

22. 多一把尺子衡量学生，就多一批好学生。（　　）

23. 教师是既定课程的阐述者和传递者，学生是既定课程的接收者和吸收者，这是新课改倡导的教学观。（　　）

24. 新课改倡导教师应从传统教学中的主角转向"平等中的首席"。（　　）

25. 在新课改背景下，教师应从"教教材"走向"用教材教"。（　　）

26. 新课改强调的三维目标，也是教师教学设计、教学开展的基本标杆，因此，教师在所有教学设计中都必须体现这三个维度，缺一不可。（　　）

27. 我国基础教育课程改革重在改变甄别与选拔的评价功能，注重学生的发展。（　　）

28. 转变学习方法，要以培养学生的创新精神和实践能力为主要目的。（　　）

29. 我国新课改课程体系的结构性突破是综合课程的出现。（　　）

30. 新课程标准是一切教育工作的出发点，新课程标准的实现是教育活动的归宿，它贯穿教育活动的全过程，对一切教育工作具有指导意义。（　　）

31. 当前的课程改革中，我们不仅要改革教法，还要研究学法。（　　）

32. 教育改革的核心是课堂教学改革。（　　）

33. 新课改认为，教学从本质上说是一个"沟通＋合作"的活动。对话是教学活动的重要特点。（　　）

二、填空题

1. 把课程用于教育科学的专门术语，始于英国教育家_____。

2. 在我国，课程具体表现为_____、_____和_____。

3. 课程类型是指_____。

4. _____注重学生基础学力的培养，即培养学生作为一个公民所必需的，以"三基"（读、写、算）为中心的基础教养，是中小学课程的主要组成部分。基础课程是必修的、共同的课程。

5. _____注重拓展学生的知识与能力，开阔学生的知识视野，发展学生各种不同的特殊能力，并迁移到其他方面的学习。拓展型课程常常以_____的形式出现。

6. _____的教学是拓展型、研究型课程的学习基础，_____的教学是研究型课程的学习基础。

7. _____、_____和_____是制约学校课程的三大因素。

8. _____是指一定社会培养人的总要求，是根据不同社会的政治、经济、文化、科学、技术发展的要求和受教育者身心发展的规律确定的。它反映一定社会对受教育者的要求，是教育工作的出发点和最终目标，也是制定教育目标、确定教育内容、选择教育方法、评价教育效果的根本依据。

9. _____是对各级各类学校的具体培养要求。它是根据国家的教育目的和自己学校的性质及任务，对培养对象提出的特定要求。

10. _____是否合情合理并具备较强的科学性，直接关系到课程设计和教育教学质量的全面提高。

11. _____是教学计划的中心问题。

12. 我国义务教育的教学计划应当具备三个基本特征：_____、_____、_____。

13. _____是课程计划的分学科展开，它体现了国家对每门学科教学的统一要求，是编写教科书和教师进行教学的直接依据，也是衡量各科教学质量的重要标准，它有利于保证教学的计划性和质量。

14. 学生的学习特点有：_____、_____、_____。

15. 学生的学习特点受三个方面因素的影响：_____、_____、_____。

16. _____是指检查课程的目标、编订和实施是否实现了教育目的，实现的程度如何，以判定课程设计的效果，并据此作出改进课程的决策。

17. _____是在泰勒的"评价原理"和"课程原理"的基础上形成的。

18. _____是由美国学者斯克里文针对目标评价模式的弊病提出来的。

19. CIPP评价模式包括_____、_____、_____、_____。

三、单项选择题

1. 从课程表现形式来看，学校的校风、学风属于（　　）。

A. 显性课程　　　　　B. 隐性课程　　　　　C. 地方课程　　　　　D. 活动课程

2. 任何社会文化中的课程，事实上都是该社会文化的反映，学校教育的职责是要生产对下一代有用的知识和价值，这反映的课程定义，即（　　）。

A. 学习经验　　　　　B. 教学科目　　　　　C. 文化再生产　　　　　D. 社会改造的过程

3. 学生在校期间所学内容的总和及进程安排是指（　　）。

A. 教材　　　　　B. 课程　　　　　C. 学科　　　　　D. 教学计划

4. 课程制定主要考虑的三方面因素是（　　）。

A. 社会发展、学科知识和受教育者　　　　　B. 经济发展、学科知识和教学方法

C. 教学手段、教育者和受教育者　　　　　D. 社会发展、学科知识和教育者

5. 下列表述与现代意义上课程含义最不接近的是（　　）。

A. 维护课程，必君子监之，乃依法治

B. 宽著期限，紧著课程

C. 一切的课程内容都应当从学术（学问）中引申出来

D. 课程是学习者在学校指导下的一切经验

6. 下列选项中，不属于观念性隐性课程的是（　　）。

A. 校风　　　　　B. 学风　　　　　C. 班级管理方式　　　　　D. 教育理念

7. 课程特点在于动手做，在于手脑并用，以获得直接经验，这种课程类型属于（　　）。

A. 学科课程　　　　　B. 活动课程　　　　　C. 学生课程　　　　　D. 教师课程

8. 根据课程内容的组织形式，可以把课程分为（　　）。

A. 学科课程与经验课程　　　　　B. 显性课程与隐性课程

C. 分科课程与综合课程　　　　　D. 选修课程与必修课程

9. 将课程分为国家课程、地方课程、学校课程是从（　　）来进行划分的。

A. 课程功能的角度　　　　　B. 教育阶段的作用

C. 课程制定者或管理制度的角度　　　　　D. 课程核心组织的角度

10. 校本课程是基于每一所学校及学校所在的社区的特殊需要而开发的课程，因此校本课程开发的主体是（　　）。

A. 政府、专家、校长、教师　　　　　B. 专家、校长、家长、社区人员

C. 专家、校长、家长、学生　　　　　D. 专家、校长、学生、其他人员

11. 注重培养学生探究精神与能力的课程是（　　）。

A. 基础型课程　　　　　B. 拓展型课程　　　　　C. 发展型课程　　　　　D. 研究型课程

12. 地方课程属于（　　）。

A. 一级课程　　　　　B. 二级课程　　　　　C. 三级课程　　　　　D. 四级课程

13. 下面课程中属于校本课程的是（　　）。

A. 小学语文　　　　　　　　　　B. 小学科学

C. 小学课程标准　　　　　　　　D. 学校的古诗词选修课

14. （　　）的优点在于有利于学生在较短时间内快速、便捷地了解学科的基本内容，同时也便于组织教学与评价，有助于教学效率的提高。

A. 经验课程　　　B. 研究型课程　　　C. 分科课程　　　D. 综合课程

15. 开设人口教育课、环境教育课、闲暇与生活方式课等新课程，这些课程要融合历史、地理、化学、生物、物理、卫生等学科知识，这是（　　）。

A. 综合课程　　　B. 活动课程　　　C. 学科课程　　　D. 分科课程

16. 经验课程的主导价值在于（　　）。

A. 使学生获得关于现实世界的直接经验和真切感受

B. 传承人类文明，让学生掌握人类积累下来的文化遗产

C. 使学生获得逻辑严密和条理清晰的文化知识

D. 促进学生认知的整体性发展，并形成全面把握和解决问题的视野与方法

17. "拼盘式"课程是指（　　）。

A. 国家课程　　　　　　　　　　B. 简单相加式综合课程

C. 相关课程的综合　　　　　　　D. 一体化课程

18. 经验主义课程理论认为（　　）。

A. 课程应该有益于促进人的尊严和潜能的发展

B. 课程应该打破学科逻辑组织的界限，从儿童的兴趣和需要出发，以活动为中心加以组织

C. 课程不应该帮助学生适应社会，而是应该建立一种新的社会秩序和社会文化

D. 课程标准应该体现丰富性、循环性、关联性和严密性

19. 容易使各门知识发生断裂现象，加重学生的学习负担，忽视学生的兴趣，理论和实践相脱离的是（　　）。

A. 学科中心课程理论　　　　　　B. 存在主义课程理论

C. 后现代主义课程理论　　　　　D. 经验主义课程理论

20. 学生中心课程理论的代表人物是（　　）。

A. 布鲁纳　　　B. 罗杰斯　　　C. 皮亚杰　　　D. 卢梭

21. 以学生主体性活动和经验为中心建立起来的课程理论是（　　）。

A. 要素主义课程理论　　　　　　B. 结构主义课程理论

C. 儿童中心课程理论　　　　　　D. 社会中心课程理论

22. 下列观点不属于儿童中心课程理论的是（　　）。

A. 儿童是课程的核心　　　　　　B. 学校课程以学科分类为基础

C. 学校教学应以活动和问题反思为核心　　D. 课程内容应该与儿童的经验相结合

23. 布鲁纳认为，不论我们教什么学科，务必使学生理解该学科的基本结构。以此而建立的课程理论是（　　）。

A. 百科全书式课程理论　　　　　B. 综合课程理论

C. 实用主义课程理论　　　　　　D. 结构主义课程理论

24. 综合课程打破了学科知识的界限，按照学生身心发展的阶段，以社会和个人最关心的问题为依据将内容组织起来，这种组织形式是（　　）。

A. 垂直组织　　　B. 横向组织　　　C. 纵向组织　　　D. 序列组织

25. 在科学课程中，学生将通过科学探究等方式理解科学知识，学习科学技能，体验科学过程

与方法，初步理解科学本质，形成科学态度、情感与价值观，培养创新意识和实践能力。这话表述的课程目标是（　　）。

    A. 表现性目标　　　　　B. 行为性目标　　　　　C. 普遍性目标　　　　　D. 生成性目标

26. 确定课程目标的主要依据不包括（　　）。

    A. 学习者的需要　　　　　　　　　　　B. 当代社会生活的需求

    C. 学科的发展　　　　　　　　　　　　D. 教师的教学水平

27. 依据一种理论建立起来的课程是不适宜的，是站不住脚的，应该通过平衡和协调教师、学生、内容与环境四个要素之间的联系，对所有的理论进行"择宜"或"折中"，使其成为确定课程的理论依据，这个是施瓦布提出的课程编制模式中的（　　）。

    A. 目标模式　　　　　　B. 过程模式　　　　　　C. 探究模式　　　　　　D. 情景模式

28. 将一门学科的内容按照逻辑体系组织起来，前后内容基本不重复，体现的课程组织形式是（　　）。

    A. 逻辑组织　　　　　　B. 直线式组织　　　　　C. 心理组织　　　　　　D. 纵向组织

29. 美国课程理论家泰勒在《课程与教学的基本原则》中提出了关于课程编制的最主要的问题是（　　）。

    A. 课程内容　　　　　　B. 教学方法　　　　　　C. 课程目标　　　　　　D. 教学评价

30. 课程论研究的是（　　）的问题。

    A. 为谁教　　　　　　　B. 怎样教　　　　　　　C. 教什么　　　　　　　D. 教给谁

31. 课程资源中，具有内生性特征的是（　　）。

    A. 非生命载体形式的课程资源　　　　　B. 生命载体形式的课程资源

    C. 教材　　　　　　　　　　　　　　　D. 现代信息技术

32. 学校教育中最主要的课程资源是（　　）。

    A. 教师　　　　　　　　B. 学生　　　　　　　　C. 教科书　　　　　　　D. 教学参考资料

33. 通常把形成课程的要素来源以及实施课程的必要而直接的条件称为（　　）。

    A. 课程标准　　　　　　B. 课程结构　　　　　　C. 课程评价　　　　　　D. 课程资源

34. 下列关于课程资源的说法中，正确的是（　　）。

    A. 教师与学生不是课程资源　　　　　　B. 课程资源越多越好

    C. 课程资源具有多样性　　　　　　　　D. 课程资源就是教科书

35. 开发课程资源的基础和前提是（　　）。

    A. 多质性　　　　　　　B. 具体性　　　　　　　C. 潜在性　　　　　　　D. 开放性

36. 现代课程理论之父是（　　）。

    A. 布拉海尔德　　　　　B. 布卢姆　　　　　　　C. 泰勒　　　　　　　　D. 罗杰斯

37. （　　）是课程计划构成的核心内容。

    A. 课程设置　　　　　　　　　　　　　B. 课程开设的顺序

    C. 课时分配　　　　　　　　　　　　　D. 学年编制和学周安排

38. 目前我国基础教育实施"一纲多本"的教材使用原则，这里的"纲"指的是（　　）。

    A. 课程标准　　　　　　B. 课程计划　　　　　　C. 教学计划　　　　　　D. 教学原则

39. 关于课程与教材编制、课程与教学实施、课程与教学评价等，下列说法中错误的是（　　）。

    A. 三者的实施主体各不相同，教师只关注课程与教学实施环节即可

    B. 三者之间应该保持尽可能好的一致性，才有利于课程改革初衷的落实

    C. 三者都应该以相应学科的课程标准为根本依据

    D. 教育目标分类学知识对于三者而言均具有指导性意义

40. 课程计划的基本内容不包括(　　)。

    A. 板书设计　　　　　　B. 学年编制　　　　　　C. 学周安排　　　　　　D. 课时分配

41. 国家管理和评价课程的基础是(　　)。

    A. 课程计划　　　　　　B. 课程标准　　　　　　C. 课程整合　　　　　　D. 课程实施

42. 课程的总体规划是(　　)。

    A. 课程设置　　　　　　B. 课程计划　　　　　　C. 课程设计　　　　　　D. 课程要求

43. 编写教材（教科书）的直接依据是(　　)。

    A. 课程计划　　　　　　B. 课程目标　　　　　　C. 课程标准　　　　　　D. 课程说明

44. 编写教科书和教师教育教学的主要依据是(　　)。

    A. 教育目标　　　　　　B. 课程标准　　　　　　C. 教材　　　　　　　　D. 课程计划

45. 课程文件是根据课程设计的原理与方法而制定出的指导教学的各种规定，它的三个层次中不包括(　　)。

    A. 教学计划（课程计划）　　　　　　　　B. 学科课程标准

    C. 教科书　　　　　　　　　　　　　　　D. 课程表

46. 认为教师的角色是课程的开发者，这是课程实施的(　　)。

    A. 忠实取向　　　　　　B. 相互适应取向　　　　C. 主体取向　　　　　　D. 课程创生取向

47. (　　)是指把课程计划付诸实践的过程，是达到预期课程目标的基本途径。

    A. 课程组织　　　　　　B. 课程编排　　　　　　C. 课程评价　　　　　　D. 课程实施

48. 课程实施是通过一系列的教学活动，将已经编订好的课程付诸实践。课程实施的过程不包括(　　)。

    A. 分析教学任务　　　　B. 编制教学结构　　　　C. 安排课程表　　　　　D. 组织教学活动

49. 综合实践活动中实践性学习活动的主要目的是(　　)。

    A. 强调学生对知识的理解和掌握

    B. 激发学生的学习兴趣，培养良好的学习习惯

    C. 发展学生的创新精神和实践能力

    D. 提高学生学习的积极性

50. 《基础教育课程改革纲要（试行）》提出，高中以(　　)。

    A. 综合课程为主　　　　B. 分科课程为主　　　　C. 活动课程为主　　　　D. 经验课程为主

51. 基于学生的直接经验，密切联系学生的自身生活和社会生活，体现对知识综合运用的课程形态是(　　)。

    A. 广域课程　　　　　　　　　　　　　　B. 核心课程

    C. 综合实践活动课程　　　　　　　　　　D. 课外活动课程

52. 综合实践活动课程在义务教育阶段课时占(　　)。

    A. 6%～8%　　　　　　B. 7%～9%　　　　　　C. 8%～10%　　　　　　D. 9%～11%

53. 综合实践活动课程主要包括(　　)。

    A. 信息技术教育、研究性学习、社区服务与社会实践、劳动技术教育

    B. 信息技术教育、合作性学习、社会实践、劳动技术

    C. 劳动技术教育、社区服务实践、研究性学习、合作性学习

    D. 信息技术教育、合作性学习、社区服务与社会实践、劳动技术教育

54. 关于综合实践活动课程，下列说法错误的是(　　)。

    A. 小学低年级不开设综合实践活动课程，五年级以上开设

    B. 综合实践活动课程是国家规定的必须实施的课程

C. 综合实践活动课程的目标之一是培养学生利用学科知识综合解决实践问题的能力

D. 高中综合实践活动课程包括社会实践、社区服务、研究性学习等

55. 为了改变传统课程过分强调学科本位的现象，新课改注重联系学生经验和生活实际，提倡和追求不同学科间的彼此关系，这体现的新课程结构特征是（　　）。

A. 均衡性　　　　　B. 选择性　　　　　C. 独立性　　　　　D. 综合性

56. 教师提出一个问题，让前后桌 4 个人为一组展开讨论。这一合作学习方式违背了（　　）。

A. 组间同质　　　　B. 异质分组　　　　C. 角色轮换　　　　D. 启迪反思

57. 新课程改革中新增加的两个课程是（　　）。

A. 学科课程和活动课程　　　　　　　　B. 必修课程和选修课程

C. 校本课程和地方课程　　　　　　　　D. 显性课程和隐性课程

58. 合作学习最有效的小组人数是（　　）。

A. 2～4　　　　　B. 4～6　　　　　C. 6～8　　　　　D. 8～9

59. 新课改倡导的研究性学习、合作学习、教学对话等教学方式，其主要理论依据是（　　）。

A. 建构学习论　　　B. 结构学习论　　　C. 认识学习论　　　D. 联结学习论

60. 新课改特别关注的教学过程本质观是（　　）。

A. 认识观　　　　　B. 发展观　　　　　C. 交往观　　　　　D. 实践观

61. 新课改强调学习评价要淡化甄别，重视（　　）。

A. 选拔　　　　　　B. 评优　　　　　　C. 发展　　　　　　D. 检查

62. 新课改强调教学过程要（　　）。

A. 重结果轻过程　　B. 重结果更重过程　　C. 重过程　　　　　D. 重结果

63. 新课改要求教师提高素质、更新观念、转变角色，教师的教学行为也就要产生变化，下面有关新课改中教师的教学行为变化的描述正确的是（　　）。

A. 在对待师生关系上，新课改强调尊重

B. 在对待教学关系上，新课改强调传授

C. 在对待自我上，新课改强调服从

D. 在对待与其他教育者的关系上，新课改强调独立

64. 新课程改革要求我们在教学中首先确立起（　　）。

A. 与新课改相适应的、体现素质教育精神的教学观念

B. 以课堂教学为中心的教学观念

C. 教师为主导、学生为主体的教学观念

D. 稳定的教学秩序观念

65. 在新课程改革中，对"课程"含义的理解正确的是（　　）。

A. 课程标准规定的各学科课程

B. 教师和学生共同开发的课程

C. 教学计划、课程标准、教科书等文件

D. 包含学科课程、综合课程、实践活动类课程和隐性课程四大类课程

66. 以下与新课改的开放性、生成性不相适应的课堂教学是（　　）。

A. 教学过程的预定性　　　　　　　　　B. 教学设计预留空间

C. 培养学生多向思维、求异思维　　　　D. 善于利用"突发事件"

67. 在新课改教学活动中，教师负责组织、引导学生沿着正确的方向，采用科学的方法，使其得到良好的发展。这句话的意思是说（　　）。

A. 学生在教育活动中是被动的客体　　　B. 教师在教育活动中是被动的客体

C. 教师在教育活动中不能起到主导作用　　　D. 要充分发挥教师在教育活动中的主导作用

68. 合作学习的主要组织形式是（　　）。

A. 个人学习　　　　　　B. 现场学习　　　　　　C. 班级学习　　　　　　D. 小组学习

69. 贯彻新课改"以人为本"的教育理念，教师首先应做到（　　）。

A. 传授丰富的知识　　　　　　　　　　B. 培养学生正确的学习态度

C. 尊重学生人格，关注个体差异　　　　D. 完全遵从学生自由发展

70. 新课改倡导研究性教学，以下不属于研究性教学的特点是（　　）。

A. 研究性教学是开放的

B. 研究性教学常常需要综合运用知识

C. 研究性教学常常与生活密切联系，鼓励协作性学习

D. 研究性教学就是师生互动

71. 新课改强调问题意识，在教学中以问题为纽带的教育的内涵是（　　）。

A. 教师上课要尽可能多提问

B. 学生上课要提出问题

C. 重视问题解决

D. 学生带着问题走进教室，带着更多的问题走出教室

72. 我国新课改不倡导的教学观念是（　　）。

A. 教学过程的课程创新与开发　　　　　　B. 教学过程的封闭与专制

C. 教学过程的人文关怀　　　　　　　　　D. 教学过程的师生交往与互动

73. 我国新课改的课程评价强调（　　）。

①课程评价是一个动态过程

②课程评价的对象应是多元的

③课程评价的对象是课程内容

④课程评价必须对实现教育目的作出贡献

⑤课程评价的直接意义是对被评价的课程提出疑问并为改进课程指明方向

A. ②③④　　　　　　B. ①②④⑤　　　　　　C. ③④　　　　　　D. ①②③④⑤

74. 新课改倡导的教学观的具体体现是（　　）。

①教学从"以教育者为中心"转向"以学习者为中心"

②教学从"教会学生知识"转向"教会学生学习"

③教学从"重结论轻过程"转向"重结论的同时更重过程"

④教学从"关注学科"转向"关注人"

A. ②③④　　　　　　B. ①②④　　　　　　C. ③④　　　　　　D. ①②③④

75. 新课改要求教师提高素质，更新观念，转变角色，必然要求教师的教学行为产生相应的变化。在对待师生关系上，新课改强调（　　）。

A. 帮助、引导　　　B. 尊重、赞赏　　　C. 合作、开发　　　D. 反思、总结

76. 新课程改革的基本理念是（　　）。

①一切以学生为本

②培养创新精神与实践能力

③培养学生的环保意识

④减轻学生的学业负担

A. ①②　　　　　　B. ③④　　　　　　C. ①②④　　　　　　D. ①②③④

77. 新课程改革中的教学观认为，教学不只是传递和执行的过程，而是（　　）的过程。

A. 单向培养   B. 关注学科发展

C. 注重学生学习成绩   D. 课程创生与开发

78. "无论选教何种学科,务必使学生理解该学科的基本结构。"这是(　　)的观点。

A. 布鲁纳   B. 克伯屈   C. 赞科夫   D. 怀特海

79. 注重培养学生的探究态度与能力的课程是(　　)。

A. 基础型课程   B. 拓展型课程   C. 研究型课程   D. 发展型课程

80. 学科标准是指课程计划中每门学科以纲要的形式编写的、有关学科教学内容的指导性文件,也称(　　)。

A. 教学目的   B. 教学计划   C. 教学课程   D. 教学大纲

81. 在西方,"课程"一词意为跑马道,指学生要沿着学习的"跑道"学习。首先把课程用于教育科学专门术语的人是(　　)。

A. 德国的赫尔巴特   B. 美国的杜威   C. 英国的斯宾塞   D. 俄罗斯的马卡连柯

四、多项选择题

1. 文化发展对学校课程产生的影响主要体现在(　　)。

A. 课程内容的丰富   B. 课程科目的增多

C. 课程改革的控制   D. 课程结构的更新

2. 综合课程分为不同的类型,包括(　　)。

A. 学科本位综合课程   B. 社会本位综合课程

C. 知识本位综合课程   D. 儿童本位综合课程

3. 关于综合课程,下列描述正确的是(　　)。

A. 是由两门或两门以上相邻学科的知识渗透、融合而成的课程

B. 强调学科之间的关联性与统一性

C. 是基于各门学科内在联系编制而成的课程

D. 它是针对学科课程而言的

4. 以课程任务为依据,可把课程分为(　　)。

A. 研究课程   B. 技能课程

C. 核心课程   D. 基础课程

E. 拓展课程

5. "课程即经验"这种观点的特点有(　　)。

A. 强调学习者是课程的主体及能动性   B. 突出课程学科的逻辑性

C. 课程从学习者角度出发和设计   D. 课程联系学习者的个人经验

6. 隐性课程主要是指(　　)。

A. 学生在人际交往中受到的影响

B. 教学过程中的思想品德教育内容

C. 校风、班风等制度文化与非制度文化的影响

D. 学校物质文化所构成的物质文化影响

7. 在中学阶段开设的语文、数学、物理、化学等课程不属于(　　)。

A. 学科课程   B. 综合课程   C. 活动课程   D. 社会课程

8. 现代课程开发理论中的经典"泰勒原理"所回应的问题有(　　)。

A. 学校应该试图达到什么教育目标

B. 提供什么教育经验最有可能达到目标

C. 怎样有效地组织这些教育经验

D. 我们如何确定这些教育目标正在得以实现

9. 课程模式的主要因素是（　　）。

A. 课程目标　　　　B. 课程内容　　　　C. 课程方案　　　　D. 课程评价

10. 课程资源开发与利用的主要策略包括（　　）。

A. 敏于发现　　　　B. 勤于研究　　　　C. 善于捕捉　　　　D. 敢于质疑

11. 学科取向的课程有（　　）课程观。

A. 要素主义　　　　B. 永恒主义　　　　C. 实用主义　　　　D. 儿童中心主义

12. 课程的具体表现包括（　　）。

A. 教科书　　　　B. 课程标准　　　　C. 各门学科　　　　D. 教学计划

13. 教材概括可以分为（　　）。

A. 感性概括　　　　B. 理性概括　　　　C. 综合概括　　　　D. 抽象概括

E. 分析概括

14. 下列不是由国家教育主管部门制定的有关教学和教育工作的指导性文件为（　　）。

A. 课程计划　　　　B. 课程标准　　　　C. 教材　　　　D. 改革方案

15. 我国新课程改革的目标是（　　）。

A. 改变课程过于注重知识传授的倾向

B. 改变课程评价过分强调甄别与选拔的功能

C. 改变课程结构过于强调学科本位、科目过多的状况

D. 改变课程管理过于集中的状况

E. 改变课程内容"繁、难、偏、旧"和过于注重书本知识的现状

16. 当代世界各国的课程改革的共同发展趋势是（　　）。

A. 重视课程的综合化和现代化　　　　B. 重视知识的结构化

C. 重视能力的培养　　　　D. 重视个别差异

E. 重视课程的标准化建设

17. 新课程改革倡导的教师角色有（　　）。

A. 教育教学的研究者　　　　B. 课程的开发者

C. 课程的建设者　　　　D. 学生学习的促进者

E. 社区型开放型教师

18. 探究性学习的特点有（　　）。

A. 自主性　　　　B. 规范性

C. 过程性　　　　D. 实践性

E. 开放性

19. 课程标准的内涵包括（　　）。

A. 对学生学习行为结果的描述　　　　B. 对全体学生的最高要求

C. 服务于评价　　　　D. 作为国家管理课程的基础

20. 在新课改后，教师的角色应转变为（　　）。

A. 教师是灵魂塑造的工作者　　　　B. 教师是学生学习的促进者

C. 教师是课堂教学的主导者　　　　D. 教师是教育教学的研究者

21. 新课改背景下学习方式的基本特征有（　　）。

A. 独立性　　　　B. 主动性　　　　C. 渗透性　　　　D. 体验性

22. 新课改所倡导的学习方式是(　　)。

A. 自主学习　　　　B. 合作学习　　　　C. 探究学习　　　　D. 翻转学习

23. 新课改倡导教师应是学生学习的(　　)。

A. 指导者　　　　B. 合作者　　　　C. 帮助者　　　　D. 支持者

24. 新课改背景下,课堂教学应是课程的(　　)。

A. 忠实传递过程　　B. 执行过程　　　C. 创生过程　　　D. 开发过程

25. 我国新课程改革的基本理念是(　　)。

A. 教育观念现代化

B. 倡导在教师的启发引导下,学生的知识生成方式和自主学习方式

C. 教育管理现代化

D. 增强课程内容的生活化、综合性

26. 下列对新课改中教师教学行为变化的描述错误的是(　　)。

A. 在对待自我上,新课改强调反思

B. 在对待师生关系上,新课改强调权威、批评

C. 在对待教学关系上,新课改强调教导、答疑

D. 在对待与其他教育者的关系上,新课改强调合作

E. 在对待家校关系上,新课改强调学校的主体地位

五、不定项选择题

1. 小维非常喜欢画画,但数学学习有一定的困难。有一天,她在创造绘画作品时突发奇想,能运用绘画表现数学吗?老师知道后,建议她用数学语言和数学关系来表现绘画作品中人物间的对话和场景。在老师的帮助下,小维坚持每天"画数学"。后来她不仅出版了数学漫画集,数学成绩也有了提高。

从学生本质特点的角度分析,下列说法恰当的有(　　)。

A. 相信学生具有发展潜能　　　　B. 每个学生都有独特的个性

C. 学生的学习是由教师主导的　　D. 学生是学习的主体

2. 现在许多学校很重视校本培训,有针对性地请专家进校指导、送教师外出进修、安排网络学习等,同时组织开展教师的娱乐活动。健全的培训机制和教师休闲能力的提高,促进了教师的成长,也提高了学校的教育质量。

从现代教育发展的角度分析,下列说法恰当的有(　　)。

A. 终身教育是社会发展的必然　　B. 教育的公益性日益突出

C. 人的学习与工作、娱乐密切相关　　D. 现代教育技术促进了教育的发展

3. 某校在新课改中,倡导"积极、健康、快乐"的思想,实施"快乐30分钟"大课间主题和"超级考试"活动。大课间由"礼仪操""写字姿势操""书法操"构成,融文化、身体锻炼于一体。"超级考试"则由学生针对上课内容出题,交换做题,由出题的学生批改及辅导。学生在做中学,学中悟,悟中乐。

从现实教育目的的角度分析,上述案例说明(　　)。

A. 不给学生留作业可以减轻学业负担　　B. 教育应使学生全面发展

C. 教育要培养学生的实践能力　　D. 实现教育目的的途径多种多样

4. 某班级开展以"社区存在的问题"为主题的实践活动。调研之前,学生自由组成调查小组,设计调查问卷。进入社区之后,学生很难发现社区存在的问题。教师知道后,提议学生上网查阅资

料。之后，每个学生依据自己的兴趣爱好，制定调查方案，再次深入社区，找到了社区存在的问题并撰写了调查报告。

从综合实践活动的角度分析，上述案例说明（　　　）。

A. 综合实践活动以发展学生实践能力、增强社会责任感为主旨

B. 综合实践活动是一门分科课程

C. 综合实践活动尊重每个学生的特殊要求

D. 综合实践活动注重学生经验的获得

5. 课文《掌声》写的是残疾小女孩小英获得同学们给她的两次掌声，从内心自卑的人变成了活泼开朗的人的故事。课文语言朴实，但饱含充沛的情感。学生朗读体悟后，教师问：你是如何理解这个故事的？对学生的说法，教师没有给出固定的答案。

从自主学习的角度分析，上述案例说明（　　　）。

A. 自主学习中教师的角色可以淡化

B. 自主学习中学生被期待形成自己的知识

C. 自主学习中要避免告诉学生问题的答案

D. 自主学习要求学生学会分析、综合和评价

6. 关于我国的新课改理念，以下说法正确的是（　　　）。

A. 基础教育的课程改革是实施素质教育的核心环节

B. 小学阶段以分科为主，中学阶段和高中阶段以综合为主

C. 综合实践活动具有综合性、实践性、开放性、生成性、自主性

D. 研究性学习是一种以研究或探究为中心的实践性学习活动

7. 新课程改革的主要理论基础是（　　　）。

A. 建构主义的学习理论　　　　　　　　B. 素质教育学习理论

C. 多元智能理论　　　　　　　　　　　D. 探究教学理论

六、简答题

1. 简述对学生研究的主要内容。

2. 简述教科书的作用。

3. 简述课程实施的结构。

4. 简述教学任务的主要内容。

5. 简述课程评价的基本阶段。

七、案例分析题

1. 案例一　当代有位教育专家兼作家这样叹息中国的教育："要想使中国的每一个孩子都有一个好前程，现在中国唯一要做的恰恰不是帮助学校把他们的分数再提高一些，而是保护好他们的天赋别再受学校的侵害。"

案例二　上课时，一名学生觉得李老师的课讲得没意思，不由自主地看起了课外书。被上课的李老师发现后，李老师认为有责任将违纪情况告诉班主任。班主任了解情况后，批评了学生。学生不服，理由是老师讲得不好，不如看书有收获。班主任无法说服他，遂请来家长，家长把孩子带回去，狠狠地打了孩子一顿，最终导致孩子对李老师和班主任的行为产生强烈反感。

（1）案例一中教育家的话引起了你怎样的思考？请你从教育目的出发谈谈你的认识。

（2）请结合新课程改革的相关知识，分析案例二中李老师的行为，并说说如何处理这个学生的问题。

2. 学校一年一度的课本剧比赛开始了，为了能取得好成绩，李老师开了一晚上的"夜车"，为班级选出了一篇课文并编写了剧本。第二天，李老师兴高采烈地走进班里，把计划和大家说了说，全班同学都很高兴，并开始琢磨怎样找服装、做道具。这时，李老师听到了一段小声议论："老师怎么选这篇课文？又长又不好演。""你管呢，让你演什么你就演什么呗。""我可不想演。"听到这儿，李老师心里咯噔一下，回头看，原来是新宇。下课后，李老师把他请到办公室，和他聊了起来："你是咱们班的小艺术家，表演起节目来真棒！我想听听你对这次班里演课本剧有什么看法。"他沉默了一会儿，说："老师，您真让我说？""当然，我非常想。""老师，我觉得您选的课文不好，而且您每次都是写好了剧本让我们演，您应该让我们自己来试一试。"他的话让李老师突然意识到他们并不希望老师什么都是"包办代替"，他们长大了，而老师又总把学生当小孩子，认为他们做不好。既然课本剧是学生的活动，为什么不把选择权还给学生呢？于是，李老师把导演的任务交给了新宇同学。他高兴地接受了任务，和同学商量演哪一课，然后找老师做参谋，帮忙做道具。课本剧表演得非常成功，李老师和学生一同品尝了成功的喜悦。

这个案例给我们留下的思考是什么？请你结合新课改理念谈谈自己的看法。

第九章

教学

一、判断题（正确的填 A，错误的填 B）

1. 备课就是钻研教材，写教案。（　　）

2. 教学评价要坚持全面性原则。（　　）

3. 诊断性评价是在教学过程中对学生的动态状况进行评价，以便及时调整，及时强化，及时鼓励。（　　）

4. 课外辅导是上课的延续和必要补充。（　　）

5. 教师通过复习已有的知识，从中导出新知识的导入方法是复习导入。（　　）

6. 教师在教学中的主导作用就是充分调动学生的积极性。（　　）

7. 教是为了不教。（　　）

8. 教学的任务就是传授科学文化知识，培养基本技能技巧。（　　）

9. 对学生的学业成绩进行评价，主要是通过纸笔测验进行的。（　　）

10. 教学评价就是对学生学业成绩的评价。（　　）

11. 教学目标是评价教学结果的最客观和可靠的标准，但是教学结果的测量可以不依据教学目标。（　　）

12. 翻转课堂强调学生在家里先根据自己的兴趣进行学习，然后再由教师进行课内辅导。（　　）

13. 小班化教学是班级授课制的特殊形式。（　　）

14. 教学环境的优化是对教室、图书馆、校园、宿舍等场所的建设和改善。（　　）

15. 教学方法是由教学内容决定的。（　　）

16. 教学过程是以教师的教为主的单边过程，它通过由若干以教学目标为核心的教学环节组合而成。（　　）

17. 教学设计的依据主要有以下四个方面：现代教育观念、教学理论和学习理论、系统科学的原理与方法、教学的实际情况。（　　）

18. 启发式教学是一种具体的教学方法。（　　）

19. 形成性测验是指在教学过程中实施的测验，注重的是学生学习成绩的等次，而不是评定学生是否达到规定的教学目标，其检测结果可为教师和学生提供反馈信息。（　　）

20. 教学中应提倡鼓励的原则，所有的表扬都能够激发学生信心，有利于他们的成长。（　　）

21. 教学过程是一种特殊的认识过程。（　　　）

二、填空题

1. 教学工作以_____为中心环节。

2. _____是教师教学工作的起始环节，是上好课的先决条件。

3. 制订教学进度计划包括_____、_____、_____。

4. 提高教学质量的关键是_____，_____是教学工作诸环节中的中心环节。

5. _____是上课必要的补充。

6. 试题类型大体有_____和_____两大类。

7. 供答型试题又分_____和_____两种。简答式试题的最简便形式是_____。陈述式试题或称_____。

8. 选答型试题可分为_____、_____与_____三种。

9. 测验的_____，是指一个测验能测出它所要测量的属性或特点的程度。测验的_____，又称测验的可靠度，是指一个测验经过多次测量所得结果的一致性程度，以及一次测量所得结果的准确性程度。测验的_____是指测验包含试题的难易程度。测验的_____是指测验对考生的不同水平能够区分的程度，即具有区分不同水平考生的能力。

10. 古代中国、埃及和希腊的学校大都采用_____形式。

11. 个别教学最显著的优点在于教师能根据学生的特点_____，使教学内容、进度适合于每一个学生的接受能力。

12. _____是一种集体教学形式，它把一定数量的学生按年龄与知识程度编成固定的班级，根据周课表和作息时间表，安排教师有计划地向全班学生集体上课。

13. 夸美纽斯的《_____》最早从理论上对班级授课制做了阐述，为班级授课制奠定了理论基础。

14. 班级授课制在_____中叶已成为西方学校教学的主要形式。

15. 我国最早采用班级授课制的是_____年清政府在北京设立的_____。_____年，清政府颁布《钦定学堂章程》后，班级授课制在全国广泛推行。

16. 分组教学也是集体教学的一种形式，可分为：_____和_____。

17. _____是指教师不再上课向学生系统讲授教材，而只为学生分别指定自学参考书，布置作业，由学生自学和独立作业，学生有疑难时才请教师辅导。学生完成一定阶段的学习任务后，向教师汇报学习情况和接受考查。

18. _____是指在传统的按年龄编班的班级内，按学生的能力或学习成绩等编组。

19. _____就是主张废除班级授课制和教科书，打破传统的学科界限，在教师指导下，由学生自己决定学习目的和内容，在自己设计、自己负责的单元活动中获得有关的知识和能力。

20. _____是在教学目标确定以后，根据已定的教学任务和学生的特征，有针对性地选择与组合有关的教学内容、教学组织形式、教学方法和技术，以便形成具有效率意义的特定的教学方案。

21. 教学策略的基本特征：_____、_____、_____。

22. 教学策略的主要类型：_____、_____、_____、_____。

23. 教学过程中_____是教学策略的核心内容。

三、单项选择题

1. 选用某种测验时，必须首先考虑的质量指标是（　　）。
A. 信度　　　　　　　B. 效度　　　　　　　C. 难度　　　　　　　D. 区分度

2. "语知而不知，虽舍之可也"这话所体现的教学原则是（　　）。
A. 循序渐进原则　　　B. 巩固性原则　　　　C. 量力性原则　　　　D. 启发性原则

3. "不积跬步，无以至千里；不积小流，无以成江海"体现的教学原则是（　　）。
A. 循序渐进原则　　　B. 因材施教原则　　　C. 启发诱导原则　　　D. 直观性原则

4. 以题海战术、时间战术提高学生考试成绩。这种做法违背了教学中的（　　）原则。
A. 直观性　　　　　　B. 循序渐进　　　　　C. 最优化　　　　　　D. 因材施教

5. 形式教育论的基本观点是（　　）。
A. 教育应以获得有价值的知识为主要任务，学习知识本身包含着能力的培养
B. 教育的核心任务是培养学生的道德情感
C. 教育的核心任务是让学生"知善"，即提高学生的道德认知水平
D. 教育的目的在于发展学生的各种官能或能力

6. 在教师指导下，由学生自己确定学习目的和内容，自己负责从自己规划的单元活动中获得有关知识和能力，这种组织形式称为（　　）。
A. 导生制　　　　　　B. 设计教学法　　　　C. 特朗普制　　　　　D. 道尔顿制

7. 掌握学习主张（　　）。
A. 通过消除和避免所有可能压抑学生的因素来增强学生的学习自信心
B. 让学生使用程序教材进行个人自学
C. 给学生提供足够的时间和指导，使绝大多数学生都能获得成功
D. 使学生获得基本性的、基础性的和规范性的知识

8. 在一定教学条件下寻求合理的教学方案，使教师花最少的时间和精力获得最好的教学效果，促进学生的最佳发展，指的是（　　）。
A. 掌握学习　　　　　B. 教学过程最优化　　C. 发展性教学　　　　D. 有效教学

9. 与启发性原则在教学中的贯彻要求不符的是（　　）。
A. 激发学生积极思考　　　　　　　　　　B. 确立学生的主体地位
C. 严格遵守职业道德　　　　　　　　　　D. 建立民主平等的师生关系

10. 第斯多惠有一句名言"一个坏的教师奉送真理，一个好的教师发现真理"。这体现了教学的（　　）。
A. 直观性原则　　　　B. 启发性原则　　　　C. 巩固性原则　　　　D. 因材施教原则

11. 李老师对学生王大鹏的评语是"这段时间你开始主动回答老师的课堂提问，学习态度也更加认真，考试时避免了很多不必要的失分，因此你的学习成绩比以前好多了，继续加油，我看好你哦！"这种评价方式是（　　）。
A. 诊断性评价　　　　B. 形成性评价　　　　C. 总结性评价　　　　D. 全程性评价

12. 通常在一门课程或教学活动结束后进行，对一个完整的教学过程进行测定的评价是（　　）。
A. 形成性评价　　　　B. 总结性评价　　　　C. 正式评价　　　　　D. 非正式评价

13. 泥鳅训练刻苦，跳跃、跑步虽有所长进，但也只得了"C"等，最终没有学会飞行项目。原本的优势项目——游泳，它因为长期没有训练，泳技大不如前，由初期的"A"等降到现在的"B"等。老鹰在飞行项目上以绝对优势得到了"A"等，这反映了教育要遵循（　　）。

A. 因材施教原则   B. 理论联系实际原则

C. 启发性原则   D. 量力性原则

14. 科学教师想要知道学生是否会做载物玻璃片，美术教师要想了解学生的绘画水平，品德教师要想判断学生的道德水平，最适宜的方法是（ ）。

A. 纸笔测验 B. 表现评价 C. 作品评审 D. 现场答辩

15. 在实际工作中，新手教师即使完全模仿专家教师的教学策略，也很难达到同样理想的效果，这说明教学策略具有（ ）。

A. 综合性 B. 可操作性 C. 灵活性 D. 层次性

16. 关于效度与信度等测验指标，下列说法错误的是（ ）。

A. 效度是指测验能够准确测出所需测量的事物的程度

B. 信度是指测验获得的可靠性和一致程度

C. 效度低，信度一定会低

D. 信度低，效度一定会低

17. 某堂课以传授系统知识和理论为主要目的，应选择的教学方法是（ ）。

A. 讲授法 B. 参观法 C. 练习法 D. 陶冶法

18. 科学课上，老师让学生分小组观察自己养的蚕宝宝，了解昆虫的生活习性，并在全班交流学习成果。老师运用的教学方法是（ ）。

A. 谈话法和参观法 B. 演示法和讨论法 C. 讲授法和讨论法 D. 演示法和讲授法

19. "眼过千遍，不如手过一遍"是贯彻（ ）原则的体现。

A. 因材施教 B. 巩固性 C. 启发性 D. 最优化

20. 高中毕业会考是一种达标考试，属于（ ）。

A. 定量评价 B. 相对性评价 C. 形成性评价 D. 绝对性评价

21. 当今教师在教学中提倡反思性教学，这是古代先贤（ ）行为在当代的延伸。

A. 诲人不倦 B. 反躬自省 C. 教学相长 D. 为人师表

22. 课堂教学中最简单和最常用的一种导入方法是（ ）。

A. 直接导入 B. 复习导入 C. 情境导入 D. 问题导入

23. 整个教学技能的核心是（ ）。

A. 备课技能 B. 课堂教学技能 C. 学法指导技能 D. 教学反思技能

24. 课堂教学结构设计的重点环节是（ ）。

A. 组织教学 B. 检查复习 C. 学习新教材 D. 巩固新教材

25. "授之以鱼，仅供一饭之需；授之以渔，则终身受用无穷。"这主要说明了教学应该（ ）。

A. 传授科学知识 B. 反复练习巩固 C. 发展智力、能力 D. 加强"双基"教育

26. 情境教学法的核心是（ ）。

A. 激发学生的情感   B. 培养学生的探究精神

C. 巩固学生的基础知识   D. 减轻学生的学习负担

27. 教学从本质上说是一种（ ）。

A. 认识活动 B. 教师教的活动 C. 学生学的活动 D. 课堂活动

28. 教师在对教具和实验进行演示操作的同时，最重要的是必须（ ）。

A. 讲解操作的要领   B. 讲解相关的书本知识

C. 指导学生观察   D. 激发学生的兴趣

29. "读万卷书，行万里路"体现的教学原则是（ ）。

A. 理论联系实际原则　　　　　　　　B. 循序渐进原则
C. 启发性原则　　　　　　　　　　　D. 巩固性原则

30. 教学设计的最高表现是(　　)。
A. 创造性　　　　B. 易控性　　　　C. 突显性　　　　D. 预演性

31. 讲课中对概念性较强的内容,可用(　　)。
A. 讲授法　　　　B. 演示法　　　　C. 讨论法　　　　D. 读书指导法

32. 确保讲授质量的首要条件是(　　)。
A. 内容的科学性和思想性　　　　　　B. 系统完整
C. 层次分明　　　　　　　　　　　　D. 个体性

33. 个别化教学的典型代表是(　　)。
A. 情境教学　　　B. 支架式教学　　C. 程序教学　　　D. 复式教学

34. "讲授法"经久不衰的主要原因是(　　)。
A. 对教师来说,讲授最为简便　　　　B. 教学是以传授间接经验为主的
C. 它是教学成本最低的方法　　　　　D. 它是一种最古老的方法

35. 教学过程是一种特殊的认识过程,其特殊性表现在认识的间接性、交往性、教育性和(　　)。
A. 有差异性的认识　　　　　　　　　B. 有个性的认识
C. 有指导的认识　　　　　　　　　　D. 有基本的认识

36. 教育活动中,教师负责引导学生沿着正确的方向,采用科学的方法,获得良好的发展,意思是(　　)。
A. 学生是教学活动中的被动客体　　　B. 教师是教学活动中的被动客体
C. 教师在教学活动中发挥主导作用　　D. 学生在教学活动中发挥主导作用

37. 德国教育家赫尔巴特在《普通教育学》中提出的教学过程阶段是(　　)。
A. 模仿、理论、联系　　　　　　　　B. 明了、联想、系统、方法
C. 困难、问题、假设、验证、结论　　D. 分析、综合、联想、系统、方法

38. 全班或小组成员在老师指导下,围绕某一种新问题发表自己的看法和见解,从而进行相互学习的方法是(　　)。
A. 谈话法　　　　B. 讨论法　　　　C. 演示法　　　　D. 讲授法

39. "学不躐等""不陵节而施"体现的教学原则是(　　)原则。
A. 巩固性　　　　B. 循序渐进　　　　C. 启发性　　　　D. 可接受性

40. 下列不属于备课内容的是(　　)。
A. 复习　　　　　B. 研究教材　　　　C. 了解学生　　　D. 写课时计划

41. 通过对教材中的实例进行分析,使学生掌握知识的方法是(　　)。
A. 范例教学法　　B. 程序教学法　　C. 目标教学法　　D. 暗示教学法

42. 教学设计首先要考虑(　　)。
A. 教学内容　　　B. 教学时间　　　C. 教学目标　　　D. 教学媒体

43. 中学阶段为培养学生独立研究问题,获得知识的能力应选用(　　)。
A. 探究方法　　　B. 活动方法　　　C. 直观方法　　　D. 讲授法

44. 把大班上课、小班讨论、个人独立研究结合在一起,并采用灵活的时间单位代替固定划一的上课时间的教学组织形式是(　　)。
A. 活动课时制　　B. 特朗普制　　　C. 开放课堂　　　D. 个别教学

45. 教学的首要任务是(　　)。

A. 使学生掌握系统的科学文化知识　　　　　B. 培养学生的实践能力和创新精神

C. 培养学生良好的思想品德　　　　　　　　D. 培养学生的审美情趣和审美能力

46. 近代教育史上，在掌握知识和发展能力究竟以谁为主的问题上存在争论，一种理论是形式教育论，另一种理论是（　　）。

A. 学科课程论　　　　B. 活动课程论　　　　C. 实质教育论　　　　D. 现代课程论

47. 王老师告诉陈浩妈妈，陈浩语文期中测试的成绩在班上属于中等水平。这种评价属于（　　）。

A. 绝对评价　　　　　B. 相对评价　　　　　C. 内部评价　　　　　D. 个体内差异评价

48. 某小学老师每天下午都会将学生带到小区里，看到花就告诉他们如何区分雄蕊和雌蕊，看见蜜蜂，就告诉他们蜜蜂如何采蜜。这体现的教学方法是（　　）。

A. 实验法　　　　　　B. 演示法　　　　　　C. 参观法　　　　　　D. 练习法

49. 到工厂进行参观访问属于（　　）。

A. 模像直观　　　　　B. 形象直观　　　　　C. 感知直观　　　　　D. 实物直观

50. 在教学策略里，情境教学是一种（　　）。

A. 以教师为主的教学策略　　　　　　　　　B. 以教材为主的教学策略

C. 个别教学　　　　　　　　　　　　　　　D. 以学生为主的教学策略

51. 教学过程中，最基本的部分是（　　）。

A. 检查复习　　　　　B. 布置作业　　　　　C. 讲授新教材　　　　D. 巩固新教材

52. 下列不属于贯彻启发性原则的基本要求的是（　　）。

A. 发扬教学民主　　　　　　　　　　　　　B. 重视组织各种复习

C. 启发学生独立思考　　　　　　　　　　　D. 调动学生学习的主动性

53. 叶老师在结课时为诱发学生的求知欲，留下疑问并对学生说"欲知后事如何，请听下回分解"，这种结课方式为（　　）。

A. 悬念式　　　　　　B. 延伸式　　　　　　C. 讨论式　　　　　　D. 总结归纳式

54. 确定教学目标的依据是（　　）。

A. 课程标准　　　　　B. 教学原则　　　　　C. 教学大纲　　　　　D. 教师教学水平

55. 布卢姆把教学目标分为认知领域、情感领域和（　　）。

A. 智慧技能领域　　　　　　　　　　　　　B. 动作技能领域

C. 知识领域　　　　　　　　　　　　　　　D. 态度领域

56. 凯洛夫把教学过程视为一种（　　）。

A. 交往过程　　　　　B. 认识过程　　　　　C. 实践过程　　　　　D. 学习过程

57. 20世纪90年代后，现代信息技术和课程教学整合的主要表现是（　　）。

A. 以教为中心进行设计　　　　　　　　　　B. 以学为中心进行设计

C. 以教学内容为中心进行设计　　　　　　　D. 以教学方法为中心进行设计

58. 发展型课程评价模式强调评价要注重（　　）。

A. 以学论教　　　　　B. 以教论学　　　　　C. 教师的教　　　　　D. 学生的学

59. 下列不属于质性评价方法的是（　　）。

A. 定性观察　　　　　B. 访谈法　　　　　　C. 成长记录袋　　　　D. 评定量表评价法

60. 目前我国学校教学的基本组织形式是（　　）。

A. 个别教学　　　　　B. 班级授课制　　　　C. 小组学习　　　　　D. 复式教学

61. 教学活动的出发点和归宿是（　　）。

A. 教学评价　　　　　B. 教学大纲　　　　　C. 教学目标　　　　　D. 教学内容

62. 布卢姆认为认知领域六种目标中层次最高的是(　　)。

　　A. 理解　　　　　　　B. 掌握　　　　　　　C. 应用　　　　　　　D. 评价

63. 教学目标陈述的主体是(　　)。

　　A. 教师　　　　　　　B. 学生　　　　　　　C. 教师与学生　　　　D. 校长

64. 对教学结果的预测必须预留一定的空间，这表明教学目标具有(　　)。

　　A. 准确性　　　　　　B. 个体性　　　　　　C. 整体性　　　　　　D. 生成性

65. 赫尔巴特的"教学永远具有教育性"思想反映了(　　)。

　　A. 直接经验与间接经验的关系　　　　　　B. 知识与能力的关系

　　C. 知识与思想品德的关系　　　　　　　　D. 教师与学生的关系

66. 学生学业成就评价中用得最多的评价工具是(　　)。

　　A. 测验　　　　　　　B. 作业　　　　　　　C. 考查　　　　　　　D. 考核

67. 学生的知识主要来源于(　　)。

　　A. 间接经验　　　　　B. 直接经验　　　　　C. 个人经验　　　　　D. 社会经验

68. 讲授法的基本形式有(　　)。

　　A. 讲读　讲述　讲解　报告　　　　　　　B. 讲读　讲述　讲解　讲演

　　C. 讲读　讲述　讲演　谈话　　　　　　　D. 讲读　讲述　讲解　讨论

69. 把两个或两个以上年级的学生编在一个班级，由一位教师分别用不同的教材，在同一节课里对不同年级的学生采取直接教学和自动作业交替方式进行的教学组织形式是(　　)。

　　A. 分层教学　　　　　B. 小班教学　　　　　C. 复式教学　　　　　D. 班级授课制

70. 适用于学生少、教师少、校舍和教学设备较差的农村以及偏远地区的特殊教学组织形式是(　　)。

　　A. 班级授课制　　　　B. 个别教学　　　　　C. 分组教学　　　　　D. 复式教学

71. "矮个子里挑高个"的评价是(　　)。

　　A. 相对评价　　　　　B. 绝对评价　　　　　C. 正式评价　　　　　D. 非正式评价

72. 我国地域辽阔，南北差异较大，为了使教学不脱离实际，必须补充必要的乡土教材。这体现了(　　)。

　　A. 启发性原则　　　　B. 因材施教原则　　　C. 巩固性原则　　　　D. 理论联系实际原则

73. 教师运用图片、图表、模型、幻灯片、录像等进行生动教学的直观手段是(　　)。

　　A. 实物直观　　　　　B. 模像直观　　　　　C. 言语直观　　　　　D. 图像直观

74. 有效教学的实质和核心是(　　)。

　　A. 促进学生的学习和发展

　　B. 激发和调动学生的主动性、积极性和自觉性

　　C. 提供和创设适宜的教学条件，促进学生形成有效的学习

　　D. 达成教学目标

75. 在现行的学生学业评价中(　　)占主流地位。

　　A. 测验法　　　　　　B. 行动观察法　　　　C. 实验法　　　　　　D. 评定法

76. 《学记》中"道而弗牵，强而弗抑，开而弗达"的教学思想，体现的教学原则是(　　)。

　　A. 直观性原则　　　　B. 启发性原则　　　　C. 循序渐进原则　　　D. 巩固性原则

77. 历史上最早的教学组织形式是(　　)。

　　A. 分组教学　　　　　B. 个别教学　　　　　C. 道尔顿制　　　　　D. 复式教学

78. 在一节课的基本构成中，在任何课型中都是必不可少的并且贯彻一节课始终的是(　　)。

　　A. 组织教学　　　　　B. 讲授新知识　　　　C. 巩固新知识　　　　D. 布置作业

79. 班级授课制也叫课堂教学，它以（　　）为教学活动基本单位。

A. 班　　　　　　B. 课时　　　　　　C. 课程表　　　　　　D. 课

80. 能够反映学生认识规律的教学原则是（　　）。

A. 理论联系实际原则　B. 因材施教原则　　C. 巩固性原则　　　　D. 启发性原则

81. 受教育的基本途径是（　　）。

A. 思想教育　　　　B. 教学　　　　　　C. 课外活动　　　　　D. 社会实践

82. 最早提出"班级授课制"的是（　　）。

A. 夸美纽斯　　　　B. 马卡连柯　　　　C. 伊拉莫斯　　　　　D. 赫尔巴特

83. 补充必要的校本教材让教学更加符合（　　）原则。

A. 循序渐进　　　　B. 理论联系实际　　C. 启发性　　　　　　D. 巩固性

84. 教学生识字有很多技巧。有一位老师告诉学生如何区别"买""卖"两个字时说："多了就卖，少了就买"。学生很快记住了这两个字。还有学生把"干燥"写成了"干躁"，把"急躁"写成了"急燥"，老师就教学生记住"干燥必防火，急躁必跺脚"。从此学生对这两个字再也不混淆了。该老师运用的教学原则主要是（　　）。

A. 启发性原则　　　B. 直观性原则　　　C. 因材施教原则　　　D. 理论联系实际原则

85. 班级授课制的实施在我国始于（　　）。

A. 唐朝　　　　　　B. 清末　　　　　　C. 民国初　　　　　　D. 新中国

86. 我国义务教育的教学计划应当具备三个基本特征，除了强制性和普遍性以外，还有（　　）。

A. 发展性　　　　　B. 地域性　　　　　C. 基础性　　　　　　D. 科学性

87. CIPP评价模式包含背景评价、输入评价、过程评价和（　　）。

A. 内容评价　　　　B. 目标评价　　　　C. 模式评价　　　　　D. 成果评价

88. 教师和学生为实现教学目的、完成教学任务所采用的相互作用的手段和一整套方式是（　　）。

A. 教学手段　　　　B. 教学方式　　　　C. 教学方法　　　　　D. 教学原则

89. 计算机等级考试属于一种（　　）。

A. 相对评价　　　　B. 绝对评价　　　　C. 诊断性评价　　　　D. 个体内差异评价

90. 有利于对个人或团体的行为作出量化处理并进行等级评定的品德评价方法是（　　）。

A. 评定量表法　　　B. 个案研究法　　　C. 成长记录袋　　　　D. 操行评语法

91. 在教学活动计划的实施过程中，对教学计划、方案执行的情况进行的评价属于（　　）。

A. 配置性评价　　　B. 形成性评价　　　C. 诊断性评价　　　　D. 总结性评价

四、多项选择题

1. 下列表述中，与"盈科而后进"所体现的教学原则相一致的有（　　）。

A. 不陵节而施　　　　　　　　　　B. 杂施而不孙，则坏乱而不修
C. 不愤不启，不悱不发　　　　　　D. 随人分限所及

2. 思想性和科学性相统一的教学原则的要求有（　　）。

A. 保证教学的科学性　　　　　　　B. 结合教学内容进行思想品德教育
C. 不断提高自己的业务和思想水平　D. 正确选择直观教具和教学手段
E. 抓主要矛盾，解决好重点和难点

3. 教师合理选择教学方法的主要依据有（　　）。

A. 教学目标　　　　B. 教学内容　　　　C. 教学对象　　　　　D. 教学技术

4. 在教学过程中，教师制作多媒体课件，有效激发了学生的学习兴趣，说明了(　　)。

A. 教材是最基本的课程资源　　　　　　B. 教师是最重要的课程资源

C. 我国课程资源匮乏　　　　　　　　　D. 应开发丰富、多样的课程资源

5. 教学言语活动包括(　　)。

A. 教学提问　　　　　B. 刺激　　　　　C. 讨论　　　　　D. 倾听

6. 教案的基本内容包括(　　)。

A. 概况　　　　　　　B. 教学过程　　　C. 板书设计　　　D. 教学后记

7. 教学设计的依据主要是(　　)。

A. 现代教学理论　　　　　　　　　　　B. 系统科学的原理和方法

C. 教学的实际需要　　　　　　　　　　D. 学生的特点

8. 编写教案的基本要求有(　　)。

A. 切合实际，坚持"五性"　　　　　　　B. 优选教法，精设课型

C. 既抓"正本"，又抓"附件"　　　　　　D. 认真备课，不要"背课"

9. 课堂对话的特点主要有(　　)。

A. 民主性　　　　　　B. 生成性　　　　C. 多边性　　　　D. 倾听性

E. 开放性

10. 以直观感知为主的教学方法包括(　　)。

A. 练习法　　　　　　B. 演示法　　　　C. 参观法　　　　D. 实习法

11. 从学生学习的角度看，好课是学生喜欢、质量不错、负担不重的课，在观课中可以从(　　)等方面观察。

A. 课堂的整体氛围　　B. 学生的情绪　　C. 时间的投入与产出　D. 课堂的节奏转换

12. 选择教学方法应考虑的主要因素有(　　)。

A. 教学的目的和任务　　　　　　　　　B. 教学内容的性质和特点

C. 每节课的重点和难点　　　　　　　　D. 学生的年龄特点

E. 校风和班风

13. 根据评价在教学中实施的时间和发挥的作用的不同，教学评价可以分为(　　)。

A. 诊断性评价　　　　B. 形成性评价　　C. 总结性评价　　　D. 目标性评价

14. 下列哪些选项是一节好课的基本要求？(　　)

A. 教学目的明确　　　　　　　　　　　B. 结构自由，上课只要现场生成，不需预设

C. 方法恰当　　　　　　　　　　　　　D. 内容正确，突出重点、难点，抓住关键

15. 在教学过程中，强调教师"吃透两头"所指的是(　　)。

A. 充分理解教材　　B. 认真备课　　　C. 充分认识学生　　D. 仔细批改

16. 检查学生的学习效果可以运用的主要方式有(　　)。

A. 问卷调查　　　　　B. 课堂观察　　　C. 学业考试　　　D. 自学活动观察

17. 布卢姆认为完整的教学目标分类学应当包括(　　)。

A. 交往领域　　　　　B. 动作技能领域　C. 认知领域　　　D. 情感领域

18. 教学手段就是教学活动中师生互动传递信息的方式或工具设备。以下属于传统教学手段的有(　　)。

A. 夸美纽斯的《世界图解》，图画性教科书　B. 裴斯泰洛齐的"算术箱"

C. 粉笔、黑板、模型、标本　　　　　　　D. 福禄贝尔的"恩物"

19. 教育过程的核心是主体参与，教育在培养学生的主体性方面的措施有(　　)。

A. 教育目标要反映社会发展

B. 重视学生主体参与课堂，获得体验

C. 建立民主和谐的师生关系，重视学生自学能力的培养

D. 尊重学生的个性差异，进行针对性教育

20. 关于研究性教学的特点，阐述正确的有（　　）。

A. 需要综合运用知识

B. 需要教师确立课程意识

C. 通过师生的互动研究，形成统一答案

D. 研究性教学的问题经常自发地产生于学生中间，是生活化的、社会的

21. 下面属于以语言为主的教学方法有（　　）。

A. 实验法　　　　　　B. 谈话法　　　　　　C. 讲授法　　　　　　D. 讨论法

22. 在教学工作环节中，备课是上好课的前提和关键。其中，钻研教材包括钻研（　　）。

A. 课程标准　　　　　B. 教科书　　　　　　C. 教学参考书　　　　D. 学生成绩单

23. 根据教学的任务划分，课的类型有（　　）。

A. 传授新知识课（新授课）　　　　　　　B. 培养技能技巧课（技能课）

C. 检查知识课（检查课）　　　　　　　　D. 巩固新知识课（巩固课）

24. 教学的组织形式有（　　）。

A. 复式教学　　　　　B. 个别教学　　　　　C. 分组教学　　　　　D. 全面教学

25. 谈话法的基本要求是（　　）。

A. 不打断别人的谈话　　　　　　　　　　B. 准备好问题

C. 准备好谈话计划　　　　　　　　　　　D. 提出的问题要明确，引出思维兴奋

五、不定项选择题

某教师回到办公室说："二年级二班的学生真笨，课讲了三遍，他们还是不会，我是发挥了教师的主导作用了，他们不会与我也没有关系。"

1. 上述案例中，该教师存在的问题有（　　）。

A. 没有因材施教　　　　　　　　　　　　B. 缺乏自我反思

C. 采用了导学模式　　　　　　　　　　　D. 学生做练习时教师没有指导

E. 对"教师主导，学生主体"理解错误

2. 针对存在的问题，教师应该（　　）。

A. 扮演指导者、组织者等角色，而不是单一的知识传递者

B. 帮助学生学习，培养学生的自主学习能力

C. 明确学生是学习的主体，从学生实际出发设计教学

D. 加强教育反思，注重学生的个体差异

E. 认真分析教材，更耐心地进行讲解

A老师教学《大江保卫战》，安排学生浏览课文后在黑板上写下一句话："大江保卫战是一场_____的战争。"要求学生填上合适的词语，学生纷纷发言，填上了"凶险""惊心动魄""伟大""气壮山河"等词语，教学进行得很顺利，A老师表扬了学生。B老师听了A老师的课后，认真思考，调整了自己的教学设计。他是这样教的：先让学生读课文，让学生想想"你看到了什么，听到了什么"，再把文字转化成一幅幅鲜活的图，如汹涌的洪水、恶劣的环境、威武不屈的官兵、奋不顾身的连长……接着通过提问引导学生交流"看到这样的场景，你们想到了什么？"最后引导学生进行填词练习。

3. 关于 A 老师的教学，以下说法正确的有（　　　）。

A. 善于了解学生的准备状态　　　　　　B. 做好了教学铺垫

C. 预设了教学目标　　　　　　　　　　D. 采用了浅层次的探究性策略

E. 善于根据学生的反馈及时调整教学

4. 关于 B 老师的教学，以下说法正确的有（　　　）。

A. 有明确的教学目标　　　　　　　　　B. 教学预设有弹性

C. 激发了学生的学习兴趣　　　　　　　D. 提升了课堂教学的有效性

E. 减轻了学生的学习负担

六、案例分析题

1. 分析下列材料所揭示的问题及其原因，并论述如何通过课程教学组织形式的改进促进教学过程中的机会均等。

每个教师都知道应努力为班内的所有学生提供均等的学习机会，然而，群体教学中的实际情况与这种理想相差甚远。对师生在课堂里相互作用所进行的观察表明：教师（十分无意识地）针对某些学生进行教学与讲解，而忽视了其他学生。教师给予了某些学生更多的积极强化与鼓励，鼓励他们积极参与课堂讨论以及回答问题，对待其他学生并非如此。一般来说，教师对班内三分之一或四分之一的优秀学生最为关注并给予最多的鼓励，班内半数较差的学生所得到的关注与帮助最少。师生关系的差异使得一些学生得到了（其他学生所得不到的）更多的机会与鼓励。

2. 师：丑小鸭伤心地离开了家，就是离家出走的意思，你们离家出走过吗？

生（齐答）：没有。

师：所以我们体会不到丑小鸭的伤心，现在我们来一起朗读课文 4 到 6 自然段。谁来说说丑小鸭后来怎么办？（师随后指定学生回答，生 1、生 2 都答不上来，师表情严肃）

生 3：丑小鸭很……很……很悲惨。（紧张）

师：悲惨吗？你来说说到底是怎么个悲惨法？（追问）

生 3：不……不知道。（更紧张，声音更小）

师：还有谁能回答这个问题？（全班鸦雀无声）

师：算了，我们还是回到课本，先看看第 4 段是怎么说的，书上说小鸟讥笑他，这时候丑小鸭会有什么样的感觉？

生：紧张。（脱口而出）

师：不对，再猜一猜。（大家七嘴八舌，有学生喊道"害怕"）

师：害怕，对了，就是害怕。（马上给予表扬）

师：现在我要请小 A 回答问题。（走到小 A 面前）丑小鸭白天躲起来，到了晚上才敢出来找吃的，他愿意吗？

小 A：不愿意。

师：那他有办法吗？

小 A：没办法。

师：哪个词语说明他没办法？

小 A：只好。

师：晚上天黑黑的，你会害怕吗？

小 A：不会。

师：丑小鸭会害怕吗？

小 A：可能会。

……（这时，有些学生坐不住了，开始交头接耳，教师停下讲课，转向批评学生）

（1）案例中教师主要采用了哪种教学方法？结合案例分析该教学方法的运用要求。

（2）结合案例分析该教师违背了哪些教学原则？

3. 阅读下面的案例，运用评价理论分析说明"我"的日常教育评价出现了什么问题？如何解决？

学生阳阳（化名），现为六年级学生，原来是所谓的后进生，上课不专心，常捣乱，作业也经常完不成，下课后与同学之间摩擦很多，老师见了头痛，同学们对他敬而远之。他上五年级时，我是他的老师，就想应多鼓励他，让他建立自信，所以在一年多的时间里，我常常对他表扬有加，尤其是在他进步时（哪怕这点进步在别人看来是微不足道的）。一段时间下来，效果果然明显，他对自己的行为已能有所控制，自信心也大大增强。正当我为自己的成功教育而欣喜之时，接连发生的两件事情却让我陷入深思。有同学向我报告，阳阳又犯错误了，和很多劝他的同学吵上了。他还说："邱老师经常表扬我，所以这次他也不会怎么说我，我才不怕你们呢。"而且在一堂课上，他屡次破坏课堂纪律，经多次"激励式"的引导无效后，我对他进行了批评，谁知他竟然离开了教室……

第十章 德育

一、判断题（正确的填 A，错误的填 B）

1. 在我国小学里，德育就是指道德教育。（　　　）

2. 劳动教育不属于学校德育的主要内容。（　　　）

3. 德育目标决定了德育的内容、形式和方法。（　　　）

4. 德育是促进个体道德自主建构的价值引导活动。（　　　）

5. 德育过程就是思想品德形成过程。（　　　）

6. 德育过程是促进学生内部心理矛盾向积极方向转化的过程。（　　　）

7. 道德认识是衡量一个人道德修养水平的重要标志。（　　　）

8. 德育要解决的矛盾主要是求真，是知与不知，以回答"世界是什么"的问题。（　　　）

9. 我们所说的道德教育，是指社会主义道德教育和共产主义道德教育。（　　　）

10. 一般来说，对学生进行品德教育必须按知、情、意、行的顺序进行。（　　　）

11. 德育过程的一般顺序可概括为知、情、意、行，有的班主任根据自己的经验将德育工作总结概括为"晓之以理、动之以情、持之以恒、导之以行"。这是符合德育过程规律的。（　　　）

12. 只要运用正面说服的教育方法，一切学生都能教育好，因此，反对纪律处分等强制性的方法。（　　　）

13. 俗话说，"严师出高徒""严是爱，松是害，不管不问要变坏"，所以爱学生和严格要求学生是相互矛盾的。（　　　）

14. 坚持正面说服教育原则就是要摆事实、讲道理，以正面引导、说服教育为主，不能批评、打压。（　　　）

二、填空题

1. 德育是相对于体育、智育而言，是_____、_____和_____的总称，而不是道德教育的简称或政治教育的代名词。

2. 德育包括_____、_____、_____等形式。

3. 德育具有_____、_____、_____、_____、_____。

4. _____是通过德育活动在受教育者品德形成发展上所要达到的总体规格要求，亦即德育活动所要达到的预期目的或结果的质量标准。

5. _____是指实施德育工作的具体材料和主体设计，是形成受教育者品德的社会思想政治准则和道德规范的总和，它关系到用什么道德规范、政治观、人生观、世界观来教育学生的重大问题。

6. _____是教育者和受教育者双方借助于德育内容和方法，进行施教传道和受教修养的统一活动过程，是促进受教育者道德认识、道德情感、道德意志和道德行为发展的过程，是个体社会化与社会规范个体化的统一过程。

7. 德育要素：_____、_____、_____、_____。

8. _____是人的内在的道德认识和情感的外部表现，是衡量人们品德的重要标志。

9. 班主任德育工作经验可概括为：_____、_____、_____、_____。

10. 知、情、意、行四要素是相互作用的，其中，_____是基础，_____是关键。在德育的具体实施过程中，具有_____，即不一定遵守知、情、意、行的一般教育培养顺序。

11. _____是根据教育目的、德育目标和德育过程规律提出的指导德育工作的基本要求。

三、单项选择题

1. 当前，我国学校德育内容主要有政治教育、思想教育、道德教育和( )。
A. 人生观教育　　　　B. 价值观教育　　　　C. 素质教育　　　　D. 心理健康教育

2. 学校德育就是教师有目的地培养学生( )。
A. 知识的活动　　　　B. 品德的活动　　　　C. 能力的活动　　　　D. 审美的活动

3. 德育内容具有历史性、阶级性和( )。
A. 全面性　　　　　　B. 主动性　　　　　　C. 民主性　　　　　　D. 民族性

4. 下列关于社会主义核心价值观教育的说法错误的是( )。
A. 课程是教育思想、教育目标和教育内容的主要载体，集中体现国家意志和社会主义核心价值观
B. 在基础教育阶段培育和践行社会主义核心价值观的基本途径是推动社会主义核心价值观进教材、进课堂、进头脑
C. 小学生尚不具备价值判断能力，不适宜进行社会主义核心价值观教育，因此我国规定从初中阶段开始进行社会主义核心价值观教育
D. 在基础教育阶段培育和践行社会主义核心价值观的基本内容写入德育等相关学科教材中，渗透到其他学科教材中

5. 我国学校德育内容包含的两个层次为( )。
A. 现实性与理想性　　B. 个性与共性　　　　C. 一般性与特殊性　　D. 形式与内容

6. 思想品德教育的最终目的是培养学生良好的( )。
A. 道德认识　　　　　B. 道德情感　　　　　C. 道德意志　　　　　D. 道德行为

7. 思想品德教育的实质是( )。
A. 将学生的道德认识转化为道德行为
B. 培养学生的道德情感
C. 将一定社会的思想道德转化为受教育者个体的思想道德
D. 提高学生对客观世界的认识

8. 以下不属于学校德育面临的时代挑战的是( )。
A. 物质主义与市场经济的挑战　　　　　　B. 科技进步和网络时代的挑战

C. 传统思想根深蒂固的挑战　　　　　　　　D. 家庭教育功能日趋弱化

9. 教育学生"诚实守信"属于(　　)。

A. 心理教育　　　　　B. 政治教育　　　　　C. 思想教育　　　　　D. 道德教育

10. 狭义的德育是指(　　)。

A. 社会德育　　　　　B. 社区德育　　　　　C. 学校德育　　　　　D. 家庭德育

11. 德育对青少年学生的全面发展具有极其重要的(　　)。

A. 导向作用　　　　　B. 制约作用　　　　　C. 积极作用　　　　　D. 影响作用

12. 颜回说："夫子循循然善诱人，博我以文，约我以礼，欲罢不能。"这反映了德育的(　　)。

A. 导向性原则　　　　　　　　　　　　　　B. 疏导原则

C. 因材施教原则　　　　　　　　　　　　　D. 教育影响的一致性原则

13. 在《小学德育纲要》《中学德育大纲》中(　　)处于核心地位。

A. 思想教育　　　　　　　　　　　　　　　B. 集体主义教育

C. 爱国主义教育　　　　　　　　　　　　　D. 劳动教育

14. 根据学生的身心发展特点，小学、初中、高中不同学段的教育工作有相应的侧重点。其中，小学阶段的德育重点主要是(　　)。

A. 基本道德知识的理解与掌握　　　　　　　B. 日常行为习惯的养成与实践

C. 道德理想信念的培养与指导　　　　　　　D. 人生观、价值观的选择与确立

15. 下列选项不属于德育的个体性功能的是(　　)。

A. 生存功能　　　　　B. 发展功能　　　　　C. 享用功能　　　　　D. 政治功能

16. 通过角色扮演，激发学生自觉地对外在道德作出能动反应。这种教育方式依据的德育规律是(　　)。

A. 学生思想内部矛盾转化规律　　　　　　　B. 知、情、意、行诸因素统一发展规律

C. 长期性和反复性规律　　　　　　　　　　D. 在交往中形成品德的规律

17. 对整个德育过程具有导向、选择、协调和激励作用的是(　　)。

A. 德育原则　　　　　B. 德育效果　　　　　C. 德育目标　　　　　D. 德育标准

18. 德育目标是通过德育活动在受教育者品德形成发展上所要达到的预期结果的(　　)。

A. 数量标准　　　　　B. 质量标准　　　　　C. 形式标准　　　　　D. 内容标准

19. 以受教育者形成一定的思想品德为目的，教育者与受教育者共同参与的教育活动是(　　)。

A. 德育过程　　　　　B. 美育过程　　　　　C. 智育过程　　　　　D. 心育过程

20. 德育的个体性功能的最高境界是(　　)。

A. 个体生存功能　　　B. 个体发展功能　　　C. 个体享用功能　　　D. 社会发展功能

21. 既是德育客体又是德育主体的要素是(　　)。

A. 教育者　　　　　　B. 受教育者　　　　　C. 德育根源　　　　　D. 德育大纲

22. 抵抗外界的诱惑的能力主要体现了个体的(　　)。

A. 道德认知　　　　　B. 道德情感　　　　　C. 道德意志　　　　　D. 道德行为

23. 衡量受教育者道德修养水平的重要标志是(　　)。

A. 道德知识　　　　　B. 道德情感　　　　　C. 道德意志　　　　　D. 道德行为

24. 国家乒乓球队的健儿团结拼搏，为祖国和人民赢得金牌，这种爱国主义和集体主义情感属于(　　)。

A. 伦理的道德情感　　　　　　　　　　　　B. 想象的道德情感

C. 直觉的道德情感　　　　　　　　　　　　D. 记忆的道德情感

25. 德育过程与品德形成过程的关系是(　　)。

A. 一致的，可以等同的　　　　　　　　B. 教育与发展的关系

C. 相互促进的关系　　　　　　　　　　D. 相互包容的关系

26. 一学生决心改掉迟到的毛病，遵守学校纪律。可冬天一到，他迟迟不肯起床，结果又迟到了。对该生的教育应该侧重培养其(　　　)。

A. 道德认识　　　　B. 道德情感　　　　C. 道德意志　　　　D. 道德行为

27. "晓之以理，动之以情，持之以恒，导之以行"所体现的是(　　　)。

A. 智育过程规律　　　B. 体育过程规律　　　C. 德育过程规律　　　D. 美育过程规律

28. 德育过程的基本矛盾是(　　　)。

A. 教育者与受教育者的矛盾

B. 教育者与德育内容和方法的矛盾

C. 受教育者与德育内容和方法的矛盾

D. 社会通过老师向学生提出的道德要求与学生已有的品德水平之间的矛盾

29. 教师引导和促使学生全身心投入德育活动的关键是(　　　)。

A. 促使学生品德结构完善　　　　　　　B. 激发学生道德冲突

C. 促进学生自我教育能力的提高　　　　D. 解决德育过程中的冲突与矛盾

30. 从本质上来说，德育过程是(　　　)。

A. 个体与环境统一过程　　　　　　　　B. 个体与社会统一过程

C. 个体与教育统一过程　　　　　　　　D. 个体社会化和社会规范个体化的统一过程

31. "路遥知马力，日久见人心"表明衡量一个人品德的主要标准是(　　　)。

A. 知　　　　　　　B. 情　　　　　　　C. 意　　　　　　　D. 行

32. 王小二偷拿同学的文具盒，被同学发现后，王小王被老师叫到了办公室。老师问道："王小二，你这是第几次拿别人的东西了？"王小二低着头回答："第九次了。""你为什么不改呢？""我也知道不对，就是有时忍不住。"教师应从下列哪方面入手对王小二进行教育？(　　　)

A. 道德认识　　　　B. 道德情感　　　　C. 道德意志　　　　D. 道德行为

33. 活动和交往是学生品德形成的(　　　)。

A. 关键　　　　　　B. 源泉　　　　　　C. 内容　　　　　　D. 途径

34. 教师对学生进行德育必须遵循的基本要求是(　　　)。

A. 德育目标　　　　B. 德育原则　　　　C. 德育内容　　　　D. 德育方法

35. 在德育过程中，教师充分利用学生的闪光点来克服他们的消极因素，这种教育方式遵循了(　　　)。

A. 长善救失原则　　　　　　　　　　　B. 疏导性原则

C. 因材施教原则　　　　　　　　　　　D. 严格要求与尊重学生相结合原则

36. 学生思想品德形成的基础是(　　　)。

A. 道德认识　　　　B. 道德情感　　　　C. 道德意志　　　　D. 道德行为

37. 小倩自私霸道，同学们都不喜欢和她玩。通过班主任老师和她交谈，循循善诱，小倩逐渐认识到自己的缺点，向同学们道歉，从此她和同学们相处融洽。班主任老师遵循的德育原则是(　　　)。

A. 连贯性原则　　　B. 导向性原则　　　C. 一致性原则　　　D. 疏导原则

38. 某中队一次活动的主题是"做个遵守纪律的好队员"。活动伊始，辅导员机械地逐条朗读学校的规章制度，最后请队员集体签名。其间，队员昏昏沉沉地听理论。这位中队辅导员主要违背了辅导少先队开展活动的(　　　)。

A. 教育性与趣味性结合的原则　　　　　B. 自主性与指导性结合的原则

C. 实践性与创造性结合的原则　　　　　　D. 方向性与全面性结合的原则

39. "一把钥匙开一把锁"反映了德育的（　　　）。

A. 纪律约束原则　　　B. 巩固性原则　　　C. 集体教育原则　　　D. 因材施教原则

40. 德育工作要善于发现闪光点、长善救失，这符合（　　　）。

A. 因材施教原则　　　　　　　　　　B. 依靠积极因素克服消极因素原则

C. 知行统一原则　　　　　　　　　　D. 尊重信任与严格要求相结合原则

41. "要尽量多要求一个人，也要尽可能尊重一个人"，体现了德育的（　　　）。

A. 尊重学生与严格要求学生相结合原则　　B. 复杂性原则

C. 导向性原则　　　　　　　　　　　　　D. 在集体中教育原则

42. 某教师在给学生讲述改革开放成就的同时还鼓励学生通过参加"我和爸爸比童年"的活动，直观地了解改革开放以来社会的发展变化。该教师运用的德育原则是（　　　）。

A. 正面疏导原则　　　B. 因材施教原则　　　C. 长善救失原则　　　D. 知行统一原则

43. 德育的"知行统一原则"指的是（　　　）。

A. 理论和实践相结合　B. 感性和理性相结合　C. 认识和行动相结合　D. 知识和能力相结合

44. 台湾作家三毛小时候数学不太好，考试成绩总是不好。有一次数学老师给了一份很难的考题让她做，结果她交了白卷。数学老师当着全班学生的面讽刺三毛，说她喜欢吃鸭蛋，并在三毛眼睛周围画了两个大黑圈。从此，三毛离开了学校，把自己封闭在家里。这位数学老师的做法主要违背了（　　　）。

A. 理论联系实际原则　　　　　　　　B. 严格要求学生与尊重学生相结合原则

C. 从学生实际出发的原则　　　　　　D. 发扬积极因素，克服消极因素原则

45. 针对我国家庭教育与学校教育中对学生品德要求出现差异甚至对立的现象，德育工作应贯彻（　　　）。

A. 理论联系实际原则　　　　　　　　B. 发扬积极因素，克服消极因素原则

C. 正面启发引导原则　　　　　　　　D. 教育影响的一致性和连贯性原则

46. "视其所以，观其所由，察其所安"，所体现的德育原则是（　　　）。

A. 因材施教原则　　　B. 疏导原则　　　C. 知行统一原则　　　D. 导向性原则

47. 在思想品德教育过程中，如果只看到学生差的地方，认为学生无可救药，这就违背了（　　　）的原则。

A. 统一要求与从实际出发相结合　　　B. 对学生严格要求与尊重信任相结合

C. 正面教育与纪律约束相结合　　　　D. 发扬积极因素与克服消极因素相结合

48. 桂阴小学本学期开展了两次全校性的德育活动，一次是"文明从我做起"评比活动，一次是"我的中国梦"演讲，这种实施德育的渠道或形式是（　　　）。

A. 德育管理　　　B. 德育途径　　　C. 德育模式　　　D. 德育价值

49. 德育方法的运用应该依据德育内容、德育目标和学生的（　　　）。

A. 年龄特点和个性差异　　　　　　　B. 年龄特点和学习效果

C. 个性差异和学习态度　　　　　　　D. 个性差异和学生愿望

50. "其身正，不令而行；其身不正，虽令不从。"这句名言体现出的德育方法是（　　　）。

A. 说服教育法　　　B. 榜样示范法　　　C. 陶冶教育法　　　D. 实践锻炼法

51. 某学校通过组织学生演课本剧，引发学生的内心价值思考，发展学生的同情心和移情能力。该学校所运用的德育方法是（　　　）。

A. 说服教育法　　　B. 榜样示范法　　　C. 角色扮演法　　　D. 品德评价法

52. 在德育过程中，利用或创造一定的教学情境，潜移默化地影响学生，从而使学生自觉地发

生改变。这种德育方法是(   )。

    A. 榜样示范法　　　　B. 陶冶教育法　　　　C. 说服教育法　　　　D. 自我教育法

53. 刘明是七年级新生，小学时品学兼优，但升入初中后，成绩明显下降，开始逃课、抽烟、沉迷网吧。冯老师知道这些情况后，从多方面了解刘明转变的原因，并和他的家长保持密切沟通，一起为刘明的健康成长作出努力。冯老师的做法主要体现的德育原则是(   )。

    A. 知行统一原则　　　　　　　　　　B. 正面教育原则

    C. 集体教育与个别教育相结合的原则　　D. 教育影响的一致性与连贯性原则

54. 教师通过摆事实、讲道理的形式对学生进行思想品德教育的方法是(   )。

    A. 榜样示范法　　　　B. 实践锻炼法　　　　C. 说服教育法　　　　D. 品德评价法

55. 为促进学生良好思想品德的形成，某班开展了"每周一星"的评比活动。通过评价一周内每一位学生的行为表现，选择表现好、进步大的学生为当周小明星，并将其照片贴在"明星墙"上以示奖励。这种德育方法属于(   )。

    A. 说服教育法　　　　B. 品德评价法　　　　C. 指导实践法　　　　D. 陶冶教育法

56. "桃李不言，下自成蹊"这话所体现的德育方法是(   )。

    A. 实践锻炼法　　　　B. 榜样示范法　　　　C. 陶冶教育法　　　　D. 指导自我教育法

57. 学校有目的、有计划、系统地对学生进行德育的最基本途径是(   )。

    A. 各学科教学　　　　　　　　　　　B. 社会实践活动

    C. 班主任工作　　　　　　　　　　　D. 少先队和共青团活动

58. "让学校的每一面墙壁都开口说话"所体现的德育方法是(   )。

    A. 品德评价法　　　　B. 自我修养法　　　　C. 心理咨询法　　　　D. 陶冶教育法

59. "苦其心志，劳其筋骨，饿其体肤，空乏其身"体现的德育方法是(   )。

    A. 实践锻炼法　　　　B. 陶冶教育法　　　　C. 说服教育法　　　　D. 榜样示范法

60. 组织学生参加社区服务的德育方法是(   )。

    A. 说服教育法　　　　B. 榜样示范法　　　　C. 陶冶教育法　　　　D. 实践锻炼法

61. 学校通过开展爱国主义教育主题活动月活动，结合历史课、语文课相关内容及主题团队活动、艺术活动等形式，增强学生为实现中国梦而努力学习的使命感和责任感。这些教育活动所运用的德育方式是(   )。

    A. 说服教育法　　　　B. 榜样示范法　　　　C. 实践锻炼法　　　　D. 品德评价法

62. 对学生进行德育的特殊途径是(   )。

    A. 各科教学　　　　　B. 团队活动　　　　　C. 课外活动　　　　　D. 班主任工作

63. 采用座右铭鼓励学生属于(   )。

    A. 自我教育法　　　　B. 榜样示范法　　　　C. 实践锻炼法　　　　D. 情感陶冶法

64. 学校开展德育工作的基层单位是(   )。

    A. 班级　　　　　　　B. 教研室　　　　　　C. 学科组　　　　　　D. 学习小组

65. "身教胜于言教"，突出的是(   )。

    A. 陶冶教育法　　　　B. 榜样示范法　　　　C. 实践锻炼法　　　　D. 品德评价法

66. "孟母三迁"的故事中孟母采用的德育方法是(   )。

    A. 奖惩法　　　　　　B. 榜样示范法　　　　C. 陶冶教育法　　　　D. 说服教育法

67. 社会是变化发展的，德育不能仅传授给学生固定的价值观点，还要教会学生分析不同的道德价值，这反映的德育模式是(   )。

    A. 体谅模式　　　　　B. 集体教育模式　　　C. 社会学习模式　　　D. 价值澄清理论

68. 体谅模式是由英国德育专家麦克费尔等人创建的一种德育模式，该模式把(   )的培养置于中心地位。

    A. 道德情感   B. 道德认识   C. 道德意志   D. 道德行为

69. "与善人居,如入芝兰之室,久而不闻其香,即与之化矣。与不善人居,如入鲍鱼之肆,久而不闻其臭,亦与之化矣。"这段言论体现的德育方法是(   )。

    A. 陶冶教育法   B. 榜样示范法   C. 两难法   D. 说服法

70. 某小学创造了希望树,让孩子把自己进步的希望以"果子"的形式贴到希望树上,一旦目标达到了,"果子"成熟,就可以拿下来,然后再挂一个希望。这种教育方法属于(   )。

    A. 榜样示范法   B. 实践锻炼法   C. 指导自我教育法   D. 品德评价法

71. (   )是德育过程的组织者、领导者,是一定社会德育要求和思想道德的体现者,在德育过程中起主导作用。

    A. 家长   B. 学生   C. 教育者   D. 受教育者

72. 德育方法很多,榜样示范法是很重要的一种方法。能体现这种方法的是(   )。

    A. 惩前毖后

    B. 言者无罪,闻者足戒

    C. 有则改之,无则加勉

    D. 桃李不言,下自成蹊

73. 由于学生正处在品德形成阶段,可塑性强,这就要求学校德育要坚持(   ),为学校的思想道德发展指明方向。

    A. 导向性原则   B. 疏导原则   C. 一致性原则   D. 连贯性原则

74. 要把德育的理想性和现实性结合起来,这是贯彻德育(   )的基本要求之一。

    A. 连贯性   B. 疏导性   C. 一致性   D. 导向性

75. 在德育模式中,(   )是美国的班杜拉创立的,该模式吸取了认知发展论的某些观点,与行为主义的合理内核相结合,创立了新的认知行为主义学说。

    A. 体谅模式   B. 道德认识模式   C. 社会学习模式   D. 集体主义模式

76. 德育可以使个体实现某种需要、愿望,从中体验到满足、快乐、幸福,获得一种精神上的享受。这体现了德育的(   )功能。

    A. 生存性功能   B. 发展性功能   C. 享用性功能   D. 控制性功能

77. 教师有目的、有计划地安排学生参加一定的实践活动,以形成学生良好道德行为习惯的方法是(   )。

    A. 陶冶教育法   B. 实践锻炼法   C. 情景法   D. 榜样示范法

78. 在学校德育中,"晓之以理,动之以情"体现的德育要素是(   )。

    A. 道德意志和道德行为   B. 道德情感和道德意志

    C. 道德认识和道德情感   D. 道德认识和道德行为

79. 德育过程要"反复抓,抓反复"所依据的德育规律是(   )。

    A. 知、情、意、行诸因素统一发展的规律   B. 长期性和反复性的规律

    C. 学生思想内部矛盾转化的规律   D. 在交往中形成品德的规律

80. 抵抗外界诱惑的能力主要体现了个体的(   )。

    A. 道德认识   B. 道德情感   C. 道德意志   D. 道德行为

81. 既是一切教育的前提,也是教育的最高追求,更是指向人的终极关怀的重要教育理念是(   )。

    A. 生命教育   B. 生存教育   C. 安全教育   D. 生活教育

82. 宋宝独自照顾妈妈的事迹感动了社会,被评为市"十佳青少年"。最近,学校开展了向宋宝学习的活动,该活动的德育方法是(   )。

    A. 说服教育法   B. 榜样示范法   C. 陶冶教育法   D. 品德评价法

83. 个体在道德意识的支配下和一定道德情感的激励下，表现出来的一系列具有价值意义的行为方式和习惯是（　　）。

A. 道德认知　　　　　B. 道德情感　　　　　C. 道德意志　　　　　D. 道德行为

84. 知行统一的德育原则是遵循（　　）而提出来的。

A. 德育过程是对学生知、情、意、行的培养提高过程

B. 德育过程是促进学生思想内部矛盾斗争发展的过程

C. 德育过程是组织学生活动与交往，统一多方面影响的过程

D. 德育过程是长期的、反复的、逐步提高的过程

85. 孩子犯了错，"爹打娘护"现象违背了（　　）。

A. 正面教育与纪律约束相结合原则

B. 依靠积极因素克服消极因素的原则

C. 教育影响的一致性与连贯性的原则

D. 尊重信任与严格要求相结合原则

86. 能较全面地反映被评价者的品德情况，且应用较广泛的品德评价法是（　　）。

A. 加减积分法　　　　　　　　　　　B. 操行评语法

C. 评等评分评语综合测评法　　　　　D. 模糊综合测评法

87. 当代德育理论中，流行最为广泛、占据主导地位的德育模式是（　　）。

A. 认知模式　　　　　B. 体谅模式　　　　　C. 社会模仿模式　　　　　D. 社会交往模式

88. "通过创设良好的情境，潜移默化地培养学生的品德。"这是一种（　　）。

A. 德育基本规律　　　　B. 德育基本途径　　　　C. 德育主要方法　　　　D. 德育主要原则

89. 体谅模式的代表人物是（　　）。

A. 麦克费尔　　　　　B. 拉斯　　　　　C. 班杜拉　　　　　D. 哈明

四、多项选择题

1. 构成德育活动的基本要素是（　　）。

A. 教育者　　　　　B. 受教育者　　　　　C. 德育内容　　　　　D. 德育方法

2. 当前我国学校德育内容除了思想教育、心理健康教育外，还包括（　　）。

A. 政治教育　　　B. 家教教育　　　C. 道德教育　　　D. 法纪教育

3. 集体主义教育主要内容包括（　　）。

A. 养成在集体生活中的习惯

B. 在师生之间、同学之间建立团结友爱、平等互助的人际关系

C. 关心他人，关心集体，为集体、为他人做好事

D. 尊老爱幼

E. 学会与人合作，与人分享

4. 制定我国学校德育目标的主要依据是（　　）。

A. 时代与社会发展需要　　　　　　　B. 国家的教育方针和教育目的

C. 民族文化及道德传统　　　　　　　D. 受教育者思想品德形成及发展的规律

5. 德育目标的作用有（　　）。

A. 导向　　　　　B. 选择　　　　　C. 激励　　　　　D. 规范

E. 评价

6. 在对小学生进行道德教育时，要注意（　　）。

A. 正确估计他们道德动机的自觉主动性

B. 正确估计他们道德动机的独立性

C. 要看到他们的道德认识对实际行为的制约作用

D. 不能高估道德认识对实际行为的制约作用

E. 要善于针对和利用不同年龄儿童的道德需要

7. 小红是一名小学六年级的学生，其数学成绩不佳。经过努力，她的数学成绩突飞猛进，考了很高的分数。数学老师认为她的成绩是抄袭所得，并在课堂上公开讲"你的成绩不属实"。这位老师的行为（　　）。

A. 违背了尊重学生的要求　　　　　　　B. 违背了正面教育的原则

C. 有益于对学生进行因材施教　　　　　D. 有益于客观公正地评价学生

8. 下列说法正确的是（　　）。

A. 教育过程是教育和自我教育的统一过程

B. 思想品德教育过程就是思想品德形成过程

C. 德育过程是一个长期的、反复的、逐步提高的过程

D. 德育过程可以从培养学生的知、情、意、行任何一个方面开始

9. 德育过程是（　　）的过程。

A. 培养知情意行　　　　　　　　　　　B. 教师指导下学生能动的道德活动

C. 促进学生品德发展矛盾的积极转化　　D. 提高学生自我教育能力

10. 德育隐性课程的特点主要有（　　）。

A. 间接性、内隐性　　　　　　　　　　B. 范围的广泛性

C. 影响的不确定性　　　　　　　　　　D. 有意识和无意识的交互作用

E. 内容的明确性

11. 中小学德育工作的基本任务是逐步树立正确的（　　）。

A. 世界观　　　　　　B. 人生观　　　　　　C. 价值观

D. 荣誉观　　　　　　E. 能力观

12. 在教学《谁是最可爱的人》时，老师问："谁是最可爱的人呢？"一个学生站起来说："老师，我是不是最可爱的人呢？"老师说："你热爱劳动，乐于助人，你是可爱的人。如果你能按时完成作业，认真听讲，上课积极发言，那么你也是最可爱的人。"该教师运用了哪些德育原则？（　　）

A. 从学生实际出发的原则　　　　　　　B. 正面教育与纪律约束相结合的原则

C. 疏导原则　　　　　　　　　　　　　D. 教育影响的一致性和连贯性原则

E. 尊重学生与严格要求相结合的原则

13. 贯彻学校德育疏导原则的基本要求是（　　）。

A. 讲明道理，疏导思想　　　　　　　　B. 建立健全规章制度

C. 因势利导，循循善诱　　　　　　　　D. 统一校内教育力量

14. 贯彻德育的因材施教原则，要求教师（　　）。

A. 深入了解学生的个性特点和内心世界　B. 根据学生个人特点有的放矢地进行教育

C. 根据学生的年龄特征有计划地进行教育　D. 统一校内各方面的教育力量

15. 运用品德评价法的要求是（　　）。

A. 目的明确，公正合理　　　　　　　　B. 表扬为主，批评为辅

C. 发扬民主，学生参与　　　　　　　　D. 坚持标准，实事求是

16. 实践锻炼法是指有目的地组织学生进行一定的实践活动以培养良好的品德的方法。此方法

的要求是(　　)。

A. 坚持严格要求　　　　　　　　　　B. 调动学生主动性

C. 坚持实事求是　　　　　　　　　　D. 注意检查与坚持

17. 当教师进行说服时,应当只提出正面材料的情形有(　　)。

A. 面对低年级学生时　　　　　　　　B. 学生没有相反观点时

C. 培养长期稳定的态度时　　　　　　D. 说服的任务是解决当务之急的问题时

18. 德育方法是沟通教育者、受教育者、教育内容三者的桥梁,主要包括(　　)。

A. 榜样示范法　　　　B. 说服教育法　　　　C. 道德叙事法

D. 道德讨论法　　　　E. 实践锻炼法

19. 关于德育方法与德育手段的关系,下列说法正确的是(　　)。

A. 二者是相互独立的两个概念

B. 艺术作品属于德育手段,艺术作品的运用属于德育方法

C. 德育方法在形式上可以理解为一定德育方式和德育手段按某种方式进行的有联系的组合

D. 二者间存在一定联系

20. 德育的体谅模式的特征有(　　)。

A. 坚持性善论,尊重儿童发展需求　　B. 坚持人具有一种天赋的自我实现趋向

C. 把培养健全人格作为德育目标　　　D. 大力倡导民主的德育观

21. 学校德育的功能可以概括地表述为社会功能、个体功能和教育功能。其中教育功能的含义包括(　　)。

A. 德育作为教育子系统对平行系统的作用　　B. 德育的潜移默化的育人功能

C. 德育的“教育”或价值属性　　　　D. 德育对社会发展的客观作用

22. 实践锻炼法是有目的地组织学生进行一定的实践活动,以培养他们的良好品德的方法,包括(　　)。

A. 委托任务　　　　B. 练习　　　　C. 组织活动　　　　D. 制度

23. 思想品德教育过程即(　　)。

A. 德育过程

B. 培养受教育者道德品质的过程

C. 思想教育、政治教育与道德品质教育的过程

D. 受教育者思想内部变化过程

五、不定项选择题

1. 某初中曾组织了这样一次活动,让三十几个学生各持一张 IC 电话卡,到所在县城的公用电话亭去打个电话。结果同学们怀着新鲜好奇的心情走出校门,回来时每人却是一肚子的感慨。座谈会上,同学们纷纷谈了自己的看法:“许多电话根本不能用,有的连电话线都被扯断了,太缺德了!”“简直丢人! 要是外地人来咱这儿,打电话碰到这种情况,对我们这地方和这里的人会是什么印象?”“要招商引资,发展经济,就要从这些小事做起,注重环境建设,每个人都要有公德意识。”“生活告诉我们要讲公德。”

根据德育过程的相关理论,这次德育活动说明(　　)。

A. 学生的道德认识要在生活、实践中亲身体验

B. 学生的道德养成需要将道德认识内化为道德品质,外化为道德行为

C. 学校德育应当走向生活化,创设有利条件让学生体验生活

D. 学校组织引导学生参加社会实践活动，可以加深学生的道德情感体验

2. 本学期，班主任赵老师决定让班上同学轮流做值周班长。当赵老师告诉王健轮到他做值周班长时，他不假思索地说："我不想当!"这让赵老师很吃惊。在赵老师耐心询问下，才知道王健是怕影响学习。王健最近已经多次拒绝参加班级活动，在班里造成了不良影响。此后，班级开展活动赵老师也有意不再找王健，但常常在班里郑重地表扬活动中表现好的学生，这样既鼓励了参加活动的学生，也促使王健逐渐认识到自己的不足。这一招还真灵，看到别人都积极参与班级活动，学习不受影响，王健被触动了，开始主动地参加班级活动。

依据德育过程的相关理论，此材料表明(　　)。

A. 德育过程是组织学生活动与交往的过程

B. 德育过程需要教师不断地说服、灌输和要求

C. 德育过程是统一家庭、学校、社会多方面影响的过程

D. 德育过程是促进学生思想内部矛盾斗争的过程，是教育与自我教育的过程

3. 新学期开学，班主任汤老师发现班上男生头发很长，汤老师琢磨用什么办法能让他们自觉把头发剪短。中午，汤老师特意去理发店把自己不长的头发又精心地理了一次。下午班会课，汤老师问："同学们发现班上有哪些变化? 包括我和你们。"当学生说出老师理发了，汤老师又问："我很想知道你们觉得老师理发后怎样?"于是汤老师听到一片赞扬声，最后，汤老师说："感谢同学们对我真心诚意的夸奖!"交流会在愉快的氛围中结束。第二天，汤老师欣喜地发现那几个长发男生的头发变短了。

依据德育原则和德育方法，此材料表明汤老师(　　)。

A. 运用了榜样示范法，以身作则，为学生树立了典范

B. 运用了说服教育法，对学生进行反复劝导

C. 贯彻了集体教育的原则，注意到集体教育的作用

D. 运用了陶冶教育法，利用环境和自身的教育因素对学生进行熏陶和感染

六、案例分析题

开学不久，陈老师发现杨朗同学有许多毛病。陈老师心想，杨朗这样的同学缺少的不是批评而是肯定和鼓励。一次，陈老师找他谈话说："你有缺点，但你也有不少优点，可能你自己还没有发现。这样吧，我限你在两天内找到自己的一些长处，不然我可要批评你了。"第三天，杨朗很不好意思地找到陈老师，满脸通红地说："我心肠好，力气大，毕业后想当兵。"陈老师听了说："这就是了不起的长处。心肠好，乐于助人，到哪里都需要这种人。你力气大，想当兵，保家卫国，是很光荣的事，你的理想很实在。不过当兵同样需要科学文化知识，需要有真才实学。"听了老师的话，杨朗高兴极了，脸上露出了微笑。请联系相关知识回答1~5题(单选)。

1. 德育过程的基本矛盾是(　　)。

A. 教育者与受教育者之间的矛盾

B. 教育者与德育内容、方法之间的矛盾

C. 受教育者自身思想品德内部诸要素之间的矛盾

D. 社会通过教师向学生提出道德要求与学生已有品德水平之间的矛盾

2. 陈老师运用的德育方法是(　　)。

A. 谈话法　　　　　　　　　　　B. 说服教育法

C. 榜样示范法　　　　　　　　　D. 自我肯定训练法

3. 下列哪项德育原则在陈老师的德育过程中没有体现?(　　)

A. 疏导原则   B. 知行统一原则

C. 因材施教原则   D. 一致性与连贯性原则

4. 下列哪项不属于贯彻疏导原则的基本要求？（   ）

A. 因势利导，循循善诱   B. 以表扬为主，坚持正面教育

C. 把德育的理想性与现实性结合起来   D. 讲明道理，疏通思想

5. 下列关于利用表扬鼓励与批评处分进行教育的描述中，不恰当的是（   ）。

A. 表扬有利于学生自信心的建立

B. 表扬是一把双刃剑，使用时也要注意与学生内部动机的激发相配合使用，培养学生自我教育能力

C. 进行奖励与处分，都是为了教育学生，提高学生的道德修养

D. 对优等生更应严格要求，防止自满，对其进行批评教育

6. 小辉是班上有名的"调皮大王"，他上课在前排同学后背贴字条，课间把口香糖粘在同学的椅子上，还给同学起绰号，用小石头砸坏了邻居的窗户玻璃……他经常遭到老师的批评，他的父亲对他非打即骂。九岁那年，小辉转学遇到新班主任，他的父亲对新班主任说："我这个孩子非常调皮，我拿他没办法，请您帮我严格管教。"班主任好奇地走近小辉，从生活上关心他，学习上帮助他，并尝试与他进行朋友式的交流。在全面了解后，老师对他的父亲说："你的孩子虽然调皮，但是非常聪明，我们要找到发挥他聪明才智的地方。"在老师正确的指导下，小辉成了品学兼优的学生，后来还成了著名企业家。

（1）从学生的特点，分析教师应如何看待并教育小辉这样的孩子。

（2）联系材料，分析在思想品德教育过程中应贯彻的原则。

7. 被誉为"中国当代教育家"的霍懋征老师，讲过这样一个故事。她在北京第二实验小学任教时，一次，她班上的一个男生拿了同桌的钢笔。霍老师知道后没有责难，也没声色俱厉地批评，而是自己掏钱买了支钢笔送给了这位学生。"我知道你喜欢钢笔，这支笔就送给你，我也知道人家的东西你肯定不会要，趁别人不注意，你一定会送回去的。"几十年后，这位学生带着自己的孩子来看老师，一进门就在霍老师面前对孩子说："没有霍奶奶，就没有你爸的今天。"

（1）用教育观念评述"霍懋征老师送钢笔"的故事。

（2）霍老师在解决学生拿同桌钢笔的问题时运用了哪些德育原则？

8. 在第15届多特蒙德世乒赛上，中国女乒运动员丁宁勇夺冠军。当记者问她的榜样人物是谁时，丁宁答"宁姐（张怡宁）。""那你觉得她值得你学习的最重要的品质是什么？"丁宁回答："平时的一点一滴，我们平时在一起，她的为人处事就是对我最大的言传身教。她在赢得大满贯后依然

全身心地投入训练和比赛，没有太多的自我满足。竞技体育就是这样，如果有自我满足，则不会进步，不进则退……"丁宁的榜样人物是一位享誉世界的奥运冠军，但她从榜样身上看到的并不是她头上的"光环"，而是最细微、最普通的"光点"，正是这些光点，让丁宁走向成熟，获得成功。

（1）该案例体现了哪一种德育方法？

（2）结合上述材料分析在学校德育工作中运用该方法时应注意的问题。

第十一章
教师职业道德

一、判断题（正确的填 A，错误的填 B）

1. 评价教师的职业道德，应从教师的职业伦理、个人道德及其相互关系入手。（　　）

2. 与其他职业道德相比，教师职业道德的显著特点是教书育人。（　　）

3. 师爱是师德的灵魂。（　　）

4. 在《中小学教师职业道德规范》中，关爱学生就是尊重和接纳学生的所有行为。（　　）

5. 教师可以利用休息时间个别辅导学生并获取适当的报酬。（　　）

6. 教书育人是教师职业道德规范的重要内容，两者的关系是相辅相成、相互联系、相互促进的辩证统一关系。（　　）

7. "千教万教教人求真，千学万学学做真人"体现了教师团结协作的精神。（　　）

8. 乐观朴实是广义的教师职业道德的范畴。（　　）

9. 教师职业道德最基本、最主要的功能是榜样或示范作用。（　　）

10. 学习并掌握职业道德知识是教师职业道德素养的首要环节和初始阶段。（　　）

11. "教然后知困""知困，然后能自强也"，强调的教师职业道德素养主要是终身学习。（　　）

二、单项选择题

1. 不属于师德规范的是（　　）。

A. 爱国守法　　　　　B. 舍己救人　　　　　C. 终身学习　　　　　D. 爱岗敬业

2. "学为人师，行为世范"体现的是（　　）。

A. 教书育人　　　　　B. 献身教育　　　　　C. 廉洁从教　　　　　D. 为人师表

3. 教师的天职是（　　）。

A. 爱学生　　　　　B. 爱事业　　　　　C. 爱家庭　　　　　D. 爱社会

4. 教师职业道德的核心是（　　）。

A. 热爱教育事业　　　B. 关爱学生　　　　　C. 团结协作　　　　　D. 为人师表

5. "好学不倦""努力精通业务""精益求精"是教师职业道德中的（　　）。

A. 依法执教　　　　　B. 廉洁从教　　　　　C. 严谨治学　　　　　D. 团结协作

6. 教师在履行教育义务的活动中，最主要、最基本的道德责任是（　　）。

A. 依法执教　　　　B. 教书育人　　　　C. 爱岗敬业　　　　D. 团结协作

7. 加里宁说："既然你在今天、明天、后天就得把你们的所有的一切都奉献出去，但同时你们如果不日新月异地补充自己的知识、力量和精力，那你们的任何东西都留不下来了。"这体现了教师职业道德规范的（　　　）。

A. 爱国守法　　　　B. 终身学习　　　　C. 教书育人　　　　D. 为人师表

8. 师德教育要以（　　　）为核心，引导教师热爱教育，关心学生。

A. 爱与责任　　　　B. 严谨笃学　　　　C. 淡泊名利　　　　D. 终身学习

9. "尽职尽责，教书育人"属于《中小学教师职业道德规范》中的（　　　）。

A. 依法执教要求　　B. 严谨治学要求　　C. 爱岗敬业要求　　D. 为人师表要求

10. 当前教师队伍中存在着以教谋私，热衷于"有偿家教"现象，这实际上违背了（　　　）。

A. 爱岗敬业的职业道德　　　　　　　　B. 依法执教的职业道德

C. 严谨治学的职业道德　　　　　　　　D. 廉洁从教的职业道德

11. 教师从事的教育教学活动，应严格按照我国《宪法》和教育方面的法律法规，使自己的教育教学活动合法。这体现的教师职业道德规范是（　　　）。

A. 依法执教　　　　B. 热爱学生　　　　C. 严谨治学　　　　D. 爱岗敬业

12. 学校要求各班推选"三好学生"候选人，张老师就上报了班上考试成绩前三名的同学。张老师这种做法违背了教师职业道德规范中的（　　　）。

A. 教书育人　　　　B. 严于律己　　　　C. 终身学习　　　　D. 知荣明耻

13. 这学期乐乐没有参加刘老师亲戚办的校外补习班，刘老师便经常找乐乐的茬，把乐乐调到教室最后一排坐，乐乐感觉刘老师不如以前那样喜欢自己了。这个材料表明刘老师没有做到（　　　）。

A. 公平待生　　　　B. 言行一致　　　　C. 严慈相济　　　　D. 以身立教

14. 黄老师到上海参加了教学技能培训活动。教研组的其他老师想分享他的培训资料，遭到黄老师的拒绝。这种做法表明黄老师（　　　）。

A. 不能严谨治学　　B. 不能以身作则　　C. 不能团结协作　　D. 不能爱岗敬业

15. 陈老师是某班级的班主任。为做好学生的思想教育工作，陈老师探索出了一种新的工作方式。她将教育过程中发现的班级或个别同学存在的问题加以分析、总结，记在特设的"教师日记"簿上，动员班级的科任老师也积极参与"教师日记"的撰写工作，使科任老师与学生加深理解，再利用课余时间有针对性地让学生传阅这些日记，使他们受到启发，增强自我教育能力。陈老师的做法很好地践行了师德规范中（　　　）的基本要求。

A. "依法教育，严谨治学"　　　　　　　B. "爱岗敬业，尊重家长"

C. "热爱集体，团结协作"　　　　　　　D. "廉洁从教，为人师表"

16. "其身正，不令而行；其身不正，虽令不从。"这句话体现了（　　　）的教师职业道德规范。

A. 爱岗敬业　　　　B. 热爱学生　　　　C. 为人师表　　　　D. 廉洁从教

17. "虚心接受批评，勇于自我批评"体现了教师的（　　　）。

A. 职业责任　　　　B. 职业纪律　　　　C. 职业良心　　　　D. 职业作风

18. 职业道德是指在职业范围内形成的比较稳定的（　　　）、行为规范和习俗的总和，是指从事一定职业的人们在其自身的岗位上应遵循的特定的行为规范。

A. 道德规范　　　　B. 道德观念　　　　C. 道德情感　　　　D. 道德意向

19. 《中小学教师职业道德规范》对教师"终身学习"的具体要求不包括（　　　）。

A. 拓宽知识视野　　B. 更新知识结构　　C. 勇于探索创新　　D. 乐于廉洁从教

20. 陶行知"捧着一颗心来，不带半根草去"的教育信条体现了教师的（　　　）素养。

A. 过硬的教学基本功　　B. 文化科学知识　　　　C. 教育理论知识　　　　D. 高尚的职业道德

21. 学校教育实践中处理教育活动各种关系的行为准则是（　　）。

A. 教师职业标准　　　　B. 教师专业标准　　　　C. 教师职业道德　　　　D. 教师教育原则

22. 关于教师职业道德的特性，下列说法错误的是（　　）。

A. 从内容上看，教师职业道德比一般职业道德更具全面性、先进性

B. 从影响深度和时间上看，教师职业道德比一般职业道德更具深远性

C. 从道德行为的结果上看，教师职业道德可产生直接的功利效益

D. 从行为条件上看，教师职业道德对劳动者心理品质有更高的要求

23. 教师个体基本道德品质主要包括（　　）。

A. 谦虚、朴实、仁爱、自制　　　　　　　B. 谦虚、仁爱、乐观、自制

C. 朴实、仁爱、乐观、自制　　　　　　　D. 谦虚、朴实、仁爱、乐观

24. 我国教师职业道德的基本原则是（　　）。

A. 热爱学生　　　　　　　　　　　　　　B. 注重礼仪，遵守公德

C. 集体主义　　　　　　　　　　　　　　D. 忠诚于人民教育事业

25. 苏霍姆林斯基有一个精辟的比喻：要像对待荷叶上的露珠一样，小心翼翼地保护学生幼小的心灵。这透亮的露珠是美丽可爱的，但十分脆弱，一不小心就会滚落破碎，不复存在。这是贯彻教师职业道德基本原则中的（　　）。

A. 教书育人原则　　　B. 为人师表原则　　　C. 依法从教原则　　　D. 教育人道主义原则

26. 体现教师职业道德的本质属性，统率教师职业道德体系的因素是（　　）。

A. 职业道德原则　　　B. 职业道德规范　　　C. 职业道德修养　　　D. 职业道德评价

27. 衡量教师个人教学行为和品德的最高道德标准是（　　）。

A. 职业道德准则　　　B. 职业道德范畴　　　C. 职业道德规范　　　D. 职业道德修养

28. 下列说法中，有关师德修养的阐述为（　　）。

A. 学而时习之，不亦乐乎　　　　　　　　B. 温故而知新

C. 见不贤而内自省　　　　　　　　　　　D. 立志乐道，甘于奉献

29. 教师职业道德具有纠正人的行为和指导实际活动的作用，不仅指向教育过程，而且指向教师本身。这说明教师职业道德具有（　　）。

A. 教育功能　　　　　B. 社会功能　　　　　C. 调节功能　　　　　D. 认识功能

30. "春蚕到死丝方尽，蜡炬成灰泪始干"现在常常用来描述教师职业道德的（　　）。

A. 创造性　　　　　　B. 无私性　　　　　　C. 社会性　　　　　　D. 教育性

31. 加强教师职业道德修养，必须以（　　）教育为核心。

A. 教育观念　　　　　B. 理想信念　　　　　C. 职业道德　　　　　D. 在职培训

32. 夸美纽斯说："道德的实现是由行动，而不是由文字。"也有人指出："若要成德，须是速行之。"这体现了教师个体职业道德修养中的（　　）。

A. 坚持知行统一　　　　　　　　　　　　B. 坚持动机和效果的统一

C. 坚持自律和他律的结合　　　　　　　　D. 坚持个人和社会的结合

33. 《论语》云："见贤思齐焉，见不贤而内自省也。"这话体现了教师职业道德教育方法中的（　　）。

A. "德育"与"法治"相结合　　　　　　　B. 理论灌输与实践教育相结合

C. 榜样教育与自我教育相结合　　　　　　D. 封闭教育与开放教育相结合

34. 小李老师认为："我拿了教师工资，家长把孩子交给我，我就要教好孩子，对得起自己的良心，如果出现了差错会受到处分和舆论压力，受到自己内心的谴责。"这能看出小李老师的教师职

业道德内化的阶段和层次处于（　　）。

A. 不接受师德规范阶段

B. 接受和遵守师德规范阶段

C. 将师德升华为自身的道德信念阶段

D. 具备自主的道德信仰并充当师德的推行者和捍卫者

35. 某市教委在教师中随机调查，问教师："您热爱学生吗?"90％以上的教师都回答"是"。转而问他们所教的学生："你体会到老师对你的爱了吗?"回答"体会到了"的学生仅占10％! 这说明（　　）。

A. 教师还没有掌握高超的沟通与表达技巧　　　B. 教师尚不具备崇高的道德境界

C. 教师缺乏信心　　　D. 教师缺乏爱心

36. "慎独"是教育的最高境界，也是素质的最高境界。它属于人的（　　）。

A. 知识素养　　　B. 能力素养　　　C. 道德素养　　　D. 心理素养

37. 教师良心是教师在教育过程中发自肺腑的一种精神力量，也是一定道德原则和道德规范在教师身上的体现，这体现了教师良心的（　　）特征。

A. 公正性　　　B. 综合性　　　C. 内隐性　　　D. 稳定性

38. 尊重信任学生是教师的（　　）。

A. 知识素养之一　　　B. 能力素养之一　　　C. 思想品德素养之一　　　D. 基本任务之一

39. 下列关于师幼关系的发展顺序正确的是（　　）。

A. 接近、亲近、共鸣、信赖　　　B. 接近、亲近、信赖、共鸣

C. 亲近、接近、共鸣、信赖　　　D. 亲近、接近、信赖、共鸣

40. "皮格马利翁效应"给教师的启示是（　　）。

A. 教师要善于了解学生　　　B. 教师要善于赞赏学生

C. 教师要有很高的知识水平　　　D. 教师要有自信心

41. 要加强职业道德修养，教师第一要做到（　　）。

A. 勤学　　　B. 慎独　　　C. 内省　　　D. 自律

42. 古人把教师的职责归结为"传道""授业""解惑"，其实质是（　　）。

A. 传承和弘扬　　　B. 改革和发展　　　C. 教书和育人　　　D. 实践和创新

43. 转变后进生应注意不能（　　）。

A. 树立一分为二的观点　　　B. 分析后进生的形成原因

C. 对后进生要满怀期望并给予更多的关爱　　　D. 建议后进生转学以改变教育环境

44. 孔夫子所说的"其身正，不令而行;其身不正，虽令不从。"从教师的角度来说可以理解为（　　）。

A. 走路身体一定要端正

B. 对学生下命令一定要正确

C. 自己做好了，不要教育学生，学生自然会学好

D. 教师自己以身作则，其一言一行都会对学生产生巨大的影响

45. 从培养人和社会择师的要求来说，（　　）是社会对教师职业所赋予的特殊要求。

A. 渊博知识　　　B. 高超技艺　　　C. 为人师表　　　D. 坚定信念

46. 教师的基本职责是（　　）。

A. 教书育人　　　B. 热爱科学　　　C. 诲人不倦　　　D. 以身作则

47. 教师进行职业道德修养的根本途径是（　　）。

A. 理论学习　　　B. 职业实践　　　C. 参考他人经验　　　D. 同事沟通

三、多项选择题

1. 对教师而言，所谓廉洁从教，具体内容包括（　　）。

A. 不贪学生及家长的钱物　　　　　B. 不贪占公共和他人的钱物

C. 不染社会上出现的一些贪、贿、欲等恶习　　D. 不能抱怨自己的薪酬

2. 教师职业道德的特征是（　　）。

A. 鲜明的继承性　　B. 强烈的责任性　　C. 独特的示范性　　D. 严格的标准性

3. 导致师德素养内驱力不足的原因主要是（　　）。

A. 职业认同感　　B. 职业责任感　　C. 职业成就感　　D. 职业幸福感

4. 教师职业道德修养的基本原则有（　　）。

A. 确立可行目标，坚持不懈努力　　　　B. 坚持知与行的统一

C. 坚持动机和效果的统一　　　　　　　D. 坚持继承和创新相结合

5. "爱国守法"的教师职业道德规范规定的具体职业行为要求是（　　）。

A. 全面贯彻国家教育方针　　　　　　　B. 自觉遵守教育法律法规

C. 依法履行教师职责权利　　　　　　　D. 保护学生的生命安全

6. 下列哪些属于教师职业道德修养的基本方法？（　　）

A. 虚心向他人学习，自觉与他人交流　　B. 坚持自律和他律相结合

C. 加强理论学习，注重内省、慎独　　　D. 勇于实践磨炼，增强情感体验

E. 确立可行目标，坚持不懈努力

7. 高尚的师德是对教师职业道德水平的要求。下列表述中正确的有（　　）。

A. 衡量师德水平的高低最终要看其日常行为表现

B. 仅靠纸笔检测来考查入职教师的职业道德的做法比较科学

C. 讽刺、挖苦、体罚学生等行为违反了《中小学教师职业道德规范》

D. 师德是教师考评的底线，可以一票否决

四、不定项选择题

小王是新任职的教师，她不但自学专业知识与教育理论，而且主动向老教师请教。小王还经常去听老教师的课，努力提高自己的教学水平。但是，她特别强调学生的学习成绩，担心学生的成绩会影响到领导和同事对自己教学水平的评价，为此，经常给学生布置大量的作业，经常挖苦、训斥学习落后的学生，放学后还时常把个别不守纪律、学习不用功的学生留在教室写作业。

从教师职业道德规范的角度看，小王老师的行为（　　）。

A. 违反了钻研业务的要求　　　　　　　B. 违反了关爱学生的要求

C. 违反了谦虚好学的要求　　　　　　　D. 违反了素质教育的要求

五、案例分析题

1. 八年级二班女生张某上课时玩手机。罗老师发现后强行收走了手机，并要求张某写检讨书。罗老师看完检讨书后认为张某认错态度不够诚恳，立即把她叫到了办公室。罗老师说："够新潮的嘛，手机比我一个月的工资还贵。家里有钱你就任性了啊，还有，你到底还想不想学习？年纪轻轻就想着谈恋爱……"张某准备开口辩解，但罗老师制止了她，气冲冲地训斥道："别以为我什么都

不知道，我已经翻看了你手机微信里的聊天记录。"张某感到很委屈。张某家长了解情况后，带着张某找到了校长。校长先安抚了张某，接着替罗老师诚恳地向家长道歉，还用充满慈爱的话开导张某。事后，校长又找了罗老师，就如何正确对待学生和处理问题做了充分的交流。

（1）结合案例，分析校长是如何践行教师职业道德规范的。

（2）运用相关教育法律法规，分析案例中张某的行为。

（3）运用相关教育法律法规，分析案例中罗老师的行为。

2. 李老师是某中学小有名气的数学教师。他备课非常认真，自己对课上和作业里的每道习题都事先演练，课堂上讲解清晰明确，教学效果良好。课外作业他坚持全批全改，发现作业上有错误就要求学生订正并罚抄10遍，每次测试都进行细致的质量分析，及时在班上公布每位学生的成绩和排名。他每年都挑选几位成绩优秀的学生，利用周末时间在自己家里进行辅导，被辅导的学生多次获得学科竞赛的好成绩。他的辅导虽然没有明确要求收费，但也没拒绝家长们的礼物。

请从教师职业道德规范的角度，联系材料分析李老师的行为。

3. 广西都安高中校长莫振高老师视学生为儿女，爱生如命，用慈父般的真爱，给予孩子们无微不至的关怀。三十五年来，他用自己微薄的工资，先后资助了三百多名学生上完了高中、大学，并通过各种渠道筹集善款，资助近两万名贫困生圆了大学梦。他对学生的爱，系在前途命运上，落在生活细微处。在宿舍看到学生从厕所出来，他都要叮嘱学生先跺一下脚，不要把水带到床边。他还叮嘱学生晒衣服时，要拧干衣服，太阳出来要晒被子，降温要添衣服。学生们被雨淋湿了，广播里就会传来他的声音："食堂为大家准备了姜糖水，请淋了雨的同学去喝。"他做的这些事，分明怀着一颗父亲的心，学生们亲切地称他为"校长爸爸"。

结合材料分析莫校长受学生尊敬的主要原因。

4. 吃过早饭，几位男同学在宿舍闹着玩，把盛满水的塑料袋放在门上，等着一位同学进门。就在这时聂老师去宿舍，他看门虚掩着就随手推门而进。"哗"的一声，一袋水顺身向下，他的衣服全湿了。房间里的学生都吓得目瞪口呆，静等老师的训斥。谁知道聂老师却笑着说："今天是泼水节吗？我怎么不知道啊！再说我们这里是不过这个节的。"大家都笑了，那位在门上放水的同学不好意思地低下了头。聂老师抚摸着他的头说："同学之间说个笑话是可以的，但不要这样做。"

请运用相关知识评析这位老师的做法。

5. 刚刚毕业的王某到一所幼儿园工作。班里有一个孩子特别爱打小报告，开始时，王老师还耐心地倾听并作出处理，时间久了，就心生厌烦。有一次，这个孩子又跑到办公室，对王老师说："老师，小刚偷偷把玩具拿走了。"王老师不耐烦地说道："你怎么这么讨厌啊？快出去！"从此，这个孩子再也不打小报告了，变得无精打采，上课时常低着头，下课也不爱说话。

请从教师职业道德的角度分析该教师的行为。

6. 小王在大学学习期间品学兼优，成绩一直名列前茅。毕业后，任教于某市一幼儿园。刚上班，他总觉得自己的专业基础比较扎实，教学方法先进，吃老本足够了，备不备课都无所谓。前两学年他还勉强适应教学要求，可是后来发现给幼儿上课时越来越吃力了，教学效果越来越差，于是整天苦闷彷徨，垂头丧气。

试从教师职业道德的角度对小王的想法和做法进行分析。

7. 一位幼儿园园长在教师迎新会上语重心长地讲了下面一段话：各位在座的都是我们幼儿园的新生力量，希望大家在教好书育好人的同时，更加着重培养和增强自身的道德责任感和自我评价能力。因为它在选择教育行为前起着"司令官"的作用；在教育行为实施的过程中起着"检察官"的作用；在教育行为完成后起着"评判官"的作用。

试从教师职业道德的角度对这位园长的话进行分析。

第十二章
班主任与班级管理

一、判断题（正确的填 A，错误的填 B）

1. 问题学生就是差生。（　　）

2. 在班级管理中，班主任是班级的法人。（　　）

3. 在我国班级管理的实践中，当前采用最多的是民主型领导方式。（　　）

4. 班主任因担心安全问题而取消应该组织的班级活动是一种不负责任的表现。（　　）

5. 在班级管理中，学生不仅是被管理的对象，也是管理的主体。（　　）

6. 班主任要努力成为学生的人生导师，是教育部在新时代对班主任提出的要求。（　　）

7. 班级管理要求班主任充分利用班干部和规章制度约束学生，实现对学生思想和行为的控制。（　　）

8. 在制定班规的过程中，需注意科学性、群众性、均衡性、稳定性和宽容性。（　　）

9. 班级活动的选题是班级活动的中心环节，是活动过程的关键。（　　）

10. 开展班级活动的目的在于使学生在德、智、体、美、劳等方面都得到发展，体现了组织班级活动的多样性原则。（　　）

二、单项选择题

1. 建立家长 QQ 群是班主任实现（　　）角色的工作方法。

A. 班级工作的领导者　　　　　　　　B. 学生健康成长的守护者

C. 学校、家庭和社会的沟通者　　　　D. 学校教育计划的贯彻者

2. 班级管理的中心工作是（　　）。

A. 了解和研究学生　　　　　　　　　B. 组织和培养班集体

C. 建立学生档案　　　　　　　　　　D. 班主任工作计划

3. 班级管理的根本价值在于（　　）。

A. 控制学生不良行为　　　　　　　　B. 培养学生良好的纪律

C. 创造环境让学生投身学习　　　　　D. 使学生能服从教师的管束

4. 班级日常管理包括（　　）。

A. 班主任工作计划与总结、建立学生档案、单元测验、个别教育

B. 班主任工作计划与总结、操行评定、批改作业、个别教育

C. 班主任工作计划与总结、建立学生档案、操行评定、个别教育

D. 班主任工作计划与总结、建立学生档案、备课、批改作业

5. 马卡连柯认为："集体是个很大的教育力量。"良好的班集体可以为学生提供个性和谐发展的平台，这体现了良好班集体的何种功能？（　　　）

　　A. 社会化功能　　　　　B. 归属功能　　　　　C. 发展功能　　　　　D. 分化功能

6. 学校中最直接、最有效的学生自我管理的自治组织是（　　　）。

　　A. 学生会　　　　　　　B. 少先队　　　　　　C. 共青团　　　　　　D. 同辈群体

7. 在中小学，与班委会平行并列的班级组织是（　　　）。

　　A. 家长委员会　　　　　　　　　　　　B. 班集体

　　C. 班级非正式组织　　　　　　　　　　D. 团支部或少先队中队

8. 班集体的组织核心是（　　　）。

　　A. 班主任　　　　　　　B. 班干部　　　　　　C. 学生会干部　　　　D. 班长

9. 在班级管理中，评价一个班级好坏的主要依据是（　　　）。

　　A. 优秀的班干部　　　　B. 负责的班主任　　　C. 融洽的同学关系　　D. 良好的班风

10. 班主任既通过对集体的管理去间接地影响个人，又通过对个人的直接管理来影响集体。这种把集体和个人的管理结合起来，以增强管理效果的管理方式被称为（　　　）。

　　A. 常规管理　　　　　　B. 民主管理　　　　　C. 目标管理　　　　　D. 平行管理

11. 班级管理中制定的班干部轮流制度属于（　　　）模式。

　　A. 常规管理　　　　　　B. 平行管理　　　　　C. 民主管理　　　　　D. 目标管理

12. 班级组织构建的首要原则是（　　　）。

　　A. 有利于教育的原则　　　　　　　　　B. 目标一致的原则

　　C. 可接受性原则　　　　　　　　　　　D. 有利于身心发展的原则

13. 班级依赖班主任的组织和指挥，一旦班主任要求不严格，班级就变得松弛、涣散。此时班集体发展处于（　　　）。

　　A. 组建阶段　　　　　　B. 初步形成阶段　　　C. 发展阶段　　　　　D. 成熟阶段

14. 当班集体成为教育的主体，学生个性特长在班级中得到充分发展时，班集体处于（　　　）。

　　A. 组建阶段　　　　　　B. 形成阶段　　　　　C. 发展阶段　　　　　D. 成熟阶段

15. 班级管理的基础和前提是班级的（　　　）。

　　A. 制度管理　　　　　　B. 教学管理　　　　　C. 活动管理　　　　　D. 学习管理

16. 从人本性和互补原则出发，下列座位编排方式最合理的一组是（　　　）。

①任意编排

②将相同家庭背景的学生排在一起

③把知识和能力不同的学生排在一起

④将性别不同的学生排在一起

⑤采取座位轮换方式，将性格、气质不同的学生排在一起

⑥将家庭背景不同的学生排在一起

　　A. ①③④⑤　　　　　　B. ②③④⑤　　　　　C. ③④⑤⑥　　　　　D. ①③⑤⑥

17. 中小学日常思想道德教育和学生管理工作的主要实施者是（　　　）。

　　A. 生活教师　　　　　　B. 任课教师　　　　　C. 班主任　　　　　　D. 学校管理干部

18. 为了给班主任工作打下基础，教师最需要做好的工作是（　　　）。

　　A. 制订班级工作计划　　B. 制定严格的班规　　C. 培养班干部　　　　D. 了解学生

19. 班主任的工作是从（　　）开始的。

A. 评定学生操行　　　　B. 教育个别学生　　　　C. 了解和研究学生　　　　D. 组建班集体

20. 班主任工作的重点是（　　）。

A. 对学生进行思想品德教育　　　　　　　　B. 对学生进行心理健康教育

C. 提高全班学生的学习质量　　　　　　　　D. 协调各方面的教育影响

21. 设计与开展一次好的主题班会必须把握三个要素：主题、内容和（　　）。

A. 载体　　　　　　　B. 形式　　　　　　　C. 人数　　　　　　　D. 原则

22. 少先队员在辅导员的指导下，对感兴趣的问题，通过上网、调查访问等途径，寻找解决问题的办法。这种班级主题活动形式称为（　　）。

A. 竞赛式　　　　　　B. 参观式　　　　　　C. 课题式　　　　　　D. 报告式

23. 班级活动的评估要做到（　　）。

A. 随意性、客观性、全面性　　　　　　　　B. 全面性、客观性、发展性

C. 随意性、全面性、发展性　　　　　　　　D. 发展性、随意性、客观性

24. 班主任在班级管理体制中的领导影响力主要表现在两个方面：一是（　　），二是（　　）。

A. 职权影响力；个性影响力　　　　　　　　B. 个性影响力；学术影响力

C. 年龄影响力；职权影响力　　　　　　　　D. 职权影响力；学术影响力

25. 班主任按照《学生守则》对学生行为提出要求，并使之形成良好的行为习惯。这属于班主任工作方法中的（　　）。

A. 说服教育法　　　　B. 榜样示范法　　　　C. 行为训练法　　　　D. 生活指导法

26. 班主任对学生进行操行评定时应慎用的评定等级是（　　）。

A. 优　　　　　　　　B. 良　　　　　　　　C. 中　　　　　　　　D. 差

27. 班级管理中，对学生的操行评定有助于学生正确地认识自己。教师在进行评定时，要做到长善救失。这体现了哪项评定原则？（　　）

A. 公正性原则　　　　B. 全面性原则　　　　C. 准确性原则　　　　D. 激励性原则

28. 以下不属于班级组织的社会化功能的是（　　）。

A. 传递社会价值观，指导生活目标　　　　　B. 教导社会生活规范，训练社会行为方式

C. 传递科学文化知识，促进发展功能　　　　D. 提供角色学习条件，培养社会角色

29. 班主任要把学生作为交往的主体，研究学生的交往需要，指导学生正确地理解周围的人和事，从而营造良好的（　　）环境。

A. 物质　　　　　　　B. 人际　　　　　　　C. 心理　　　　　　　D. 社会

30. 在班级管理中，一个班级的组织者、领导者和教育者被称为（　　）。

A. 校长　　　　　　　B. 班主任　　　　　　C. 教师　　　　　　　D. 行政干部

31. 优秀班主任首先应立足于增强（　　）。

A. 教学意识　　　　　B. 育人意识　　　　　C. 成就意识　　　　　D. 创新意识

三、多项选择题

1. 班主任应具备的基本素质有（　　）。

A. 思想品德素质　　　B. 知识和能力素质　　C. 身体心理素质　　　D. 较高的综合素质

2. 班级文化是班级中教师和学生共同创造出来的联合生活方式，包括（　　）。

A. 班级环境布置　　　　　　　　　　　　　　B. 班级人际关系和班风

C. 班级制度与规范　　　　　　　　　　　　　D. 教师与个别学生的亲密关系

3. 班级管理的模式包括（　　）。

A. 常规管理　　　　　B. 平行管理　　　　　C. 民主管理　　　　　D. 目标管理

4. 班主任的领导方式可以分为（　　）。

A. 强制型　　　　　　B. 民主型　　　　　　C. 指导型　　　　　　D. 权威型

E. 放任型

5. 班主任了解学生的途径有（　　）。

A. 分析书面材料　　　B. 调查　　　　　　　C. 观察　　　　　　　D. 谈话

6. 一个良好的班级形成的因素有（　　）。

A. 选拔、培养一支强有力的班干部队伍　　　B. 对全班同学提出班级建设目标

C. 制定班规并认真贯彻执行　　　　　　　　D. 培养健康的集体舆论

7. 班会的特点有（　　）。

A. 集体性　　　　　　B. 个体性　　　　　　C. 自主性　　　　　　D. 针对性

8. 班级管理属于微观、具体的一种学校管理形式。班级管理的基本内容有（　　）。

A. 班级教学管理　　　　　　　　　　　　　B. 班级德育管理

C. 班级体育卫生和课外活动管理　　　　　　D. 班级生活指导

9. 班主任对学生的全面发展负有（　　）责任。

A. 教育　　　　　　　B. 培养　　　　　　　C. 发现　　　　　　　D. 激活

E. 夯实

四、不定项选择题

1. 某班有四位同学，号称"四大金刚"，其中一个是班干部，三个是课代表。有同学反映，他们四个人抱成团，个个都很牛，谁对他们提出意见，他们不仅不听，而且态度不友好。如果你是他们的班主任，你该怎么做？（　　）

A. 利用非正式群体成员间的感情基础，增强班集体的凝聚力

B. 利用非正式群体成员间畅通的信息管道，了解学生的思想动态等信息

C. 设法离散他们，杜绝班级形成小圈子

D. 利用非正式群体核心人物作用，形成有效的班干部集体

2. 某语文教师自担任班主任后，经常利用班主任可把握的时间对全班进行语文教学，而且偏爱语文成绩好的学生，每当学生出现违纪行为，就让学生抄生字词、背古文、写作文，导致师生关系不融洽，班级工作难以开展。关于班主任的做法，下列说法正确的是（　　）。

A. 对班主任的任务和职责认识不清

B. 缺乏班级管理的知识和能力

C. 对学生全面发展的理解有偏差

D. 缺乏与其他科任教师的协调

3. 初二（3）班的学生议论纷纷，说班上同学张××和王××正在谈恋爱，班主任不相信。可是一个下雨天的傍晚，在公交车站，班主任看到张××和王××搂腰共伞并向对方嘴里送巧克力。如果你是班主任，你认为以下做法不恰当的是（　　）。

A. 装作没看见，事后另找时间与他们进行有效沟通

B. 当场严厉批评他们

C. 当晚打电话给两位学生的家长，责怪家长为什么不管好自己的孩子

D. 事后在班会上以他俩为例，警告全班学生不许再出现类似现象

4. 某校初一（1）班有个"问题女孩"，该班的班主任让大家投票决定她的去留。全班 49 个同学，有 26 个同学希望家长把她带回家。从班级管理的角度分析，下列说法恰当的有（　　　）。

A. 以投票方式决定学生去留的方法是不恰当的

B. 班主任要树立对全体学生负责的思想

C. 班主任应正确引导班集体的舆论导向

D. 班主任应注重提高学生自我教育的能力

五、案例分析题

1. 有一天，赵老师正在上课，李丽与同桌窃窃私语，赵老师停顿了一下，看了他们一眼，他们马上停止了说话，赵老师继续上课。另一天，赵老师组织学生做练习，发现王伟抄袭邻桌的作业，赵老师看了王伟一眼，但是王伟并没有停止，而是继续抄袭。于是，赵老师说："王伟，自己做！"王伟就自己做作业了。过了一会儿，刘鹏看到前排王强刚理了短发，忍不住在王强头上摸了一下，并喊道："光头强！"引起全班哄堂大笑，王强很生气。赵老师走到刘鹏面前，严肃、坚定而平缓地说："刘鹏，站起来，向王强赔礼道歉。"刘鹏犹豫了片刻，站起来对王强说："对不起，我错了。"赵老师说："请同学们记住，任何时候都应该尊重别人，刘鹏请坐下！"教学恢复了正常。

赵老师对课堂问题行为分别使用了什么处理方法？对课堂轻度问题行为处理的要求有哪些？

2. 据《人民教育》报道，上海某学校举行千人祭祖大典，近 800 名中小学生在《孝亲敬老歌》和《跪羊图》的背景音乐中，现场向父母行三跪九叩大礼，并膝行至父母跟前聆听教诲。当时，不少父母眼泪夺眶而出，一时间，大礼堂内充斥着抽泣声。之后，全体师生三次举臂向父母集体发誓："从今日起，永远真心地孝顺爸爸妈妈！"

近年来，学校搞的孝敬父母的活动越来越多，动静越来越大，从给父母写一封信，直至上千学生汇聚操场给父母同时洗脚，现在又出现千人集体给父母三跪九叩齐发誓的场景，可以说是把这种"秀孝"的活动推到了极致。

（1）请依据心理学相关理论，分析孝敬父母的这种态度的习得需经历哪几个阶段，本案例中的学生处在哪个阶段。

（2）本案例中的"秀孝"活动能否取得实效？请结合教育要遵循人的身心发展规律的教育原理，说明理由并给出合理建议。

（3）设计并组织班会需要遵循哪些原则？请结合"感恩父母"这个主题简要阐述。

第十三章 课外活动

一、判断题（正确的填 A，错误的填 B）

1. 课外活动的基本组织形式是群众性活动。（　　）
2. 课外活动的组织者是学校、学校外教育机构和家长。（　　）
3. 教师和家长作为两种不同的社会角色，两者之间存在不同的教育修养水平，这种差异必然会导致两者的矛盾冲突。（　　）

二、单项选择题

1. "知子莫如父，知女莫若母"说明家庭教育比学校教育更具有（　　）。
   A. 先导性　　　　　　 B. 感染性　　　　　　 C. 权威性　　　　　　 D. 针对性
2. 学校、家庭、社会三结合的教育中，占主导地位的是（　　）。
   A. 自我教育　　　　 B. 社会教育　　　　 C. 家庭教育　　　　 D. 学校教育
3. 我国中小学课外活动与现行课程体系之间存在着（　　）。
   A. 平行关系　　　　 B. 前后关系　　　　 C. 部分与整体的关系　 D. 整体与部分的关系
4. 课外活动可采取多种形式，其基本组织形式是（　　）。
   A. 个别活动　　　　 B. 小组活动　　　　 C. 学科活动　　　　 D. 班级活动
5. 现在很多家长十分重视儿女的家庭教育，但是对处于叛逆期的孩子的教育问题确实心有余而力不足。针对这种情况，教师应该（　　）。
   A. 在孩子面前嘲笑这些家长
   B. 放弃家长配合自己工作的期望
   C. 督促家长，让家长成为自己的"助教"
   D. 尊重家长，树立家长威信，从而与家长一起做好教育工作
6. 学校通过大公报形式组织的课外活动属于（　　）。
   A. 群体活动　　　　 B. 小组活动　　　　 C. 个别活动　　　　 D. 班级活动
7. 外语兴趣小组活动属于（　　）。
   A. 文体活动　　　　 B. 科技活动　　　　 C. 社会活动　　　　 D. 学科活动
8. 学校组织学生利用课余时间对当地河水污染进行调查，这属于（　　）。

A. 体育活动   B. 经济活动   C. 文艺活动   D. 社会活动

9. 教师组织课外活动( )。

A. 比课堂教学要求低   B. 更强调教师的权威   C. 要有明确目的   D. 没有明确目的

10. 课外活动根据各学校、各地区的实际情况或学生的个体意愿开展,说明它具有( )。

A. 实践性   B. 灵活性   C. 自主性   D. 娱乐性

三、多项选择题

1. 教师与学生家长互相联系应注意的三个问题是( )。

A. 要坚持经常联系   B. 双方都采取实事求是的态度

C. 教师与家长联系要注意孩子的心理变化   D. 不让孩子参与两者的谈话

2. 课外活动的全面开展,有利于( )。

A. 培养学生兴趣爱好   B. 培养学生自主能力

C. 培养学生创造力   D. 培养学生社会化

3. 实现有效家访的途径有( )。

A. 确定家访对象,明确家访目标

B. 家访时间越长越好,这样可以聊得更详细

C. 家访时的谈话可以很随意,想说什么就说什么

D. 要做好家访记录并且及时反馈

模块二
教育心理学

第一章
教育心理学概述

一、单项选择题

1. 教育心理学家们进行最早、最多的一项研究内容是(   )。

A. 发展过程   B. 学习过程   C. 教育过程   D. 教学过程

2. 20 世纪 60 年代，苏联的教育心理学家们进行了著名的"教学与发展"的实验研究，其带头人是(   )。

A. 赞可夫   B. 列昂节夫   C. 鲁利亚   D. 鲁宾斯坦

3. 教育心理学的任务是用(   )对教师在教育教学过程中存在的问题作出有科学依据的回答。

A. 问卷调查法   B. 实证研究法   C. 文献研究法   D. 理论分析法

4. 教育心理学主要研究(   )。

A. 学生的学   B. 教师的教

C. 教学环境   D. 学生的学与教师的教

5. 1903 年，在美国出版第一本《教育心理学》之后又将其发展成三卷本的《教育心理学大纲》的心理学家是(   )。

A. 桑代克   B. 斯金纳   C. 华生   D. 布鲁纳

6. 教育心理学的知识是围绕(   )相互作用的过程而组织的。

A. 教学和成长   B. 学习和发展   C. 教学和发展   D. 学习和教学

7. 在影响教学过程的因素中，学生的先前知识基础、学习方式、智力水平、兴趣和需要差异等属于(   )。

A. 文化差异因素   B. 社会差异因素   C. 群体差异因素   D. 个体差异因素

8. 从"人是一个生物的存在"这个角度建立教育心理学体系的心理学家是(   )。

A. 弗洛伊德   B. 巴甫洛夫   C. 斯金纳   D. 桑代克

9. 被称为"俄罗斯教育心理学奠基人"的是(   )。

A. 马卡连柯   B. 苏霍姆林斯基   C. 乌申斯基   D. 谢切诺夫

二、多项选择题

1. 教育心理学的研究对象是(   )。

A. 教育教学过程中的心理现象和规律　　B. 学习者的心理现象和规律

C. 学习者的学习特点、过程和规律　　　D. 现代教育教学活动与变化规律

2. 一个正确的教育心理学实验通常要求研究者做到（　　）。

A. 至少操作一个自变量

B. 至少设置一个安慰剂控制组

C. 随机选派被试者进行实验处理

D. 在实验组和一个或几个控制组之间至少要比较一个因变量

3. 教育心理学需要遵循的基本原则包括（　　）。

A. 客观性原则　　　　　　　　　　　B. 系统性原则

C. 综合创造原则　　　　　　　　　　D. 以学生为中心的原则

E. 实践性原则

4. 教育心理学常用的研究方法有（　　）。

A. 观察法　　　　　B. 实验法　　　　　C. 调查法　　　　　D. 控制法

5. 在定量分析的方法中，描述数据集中趋势的量数是（　　）。

A. 方差　　　　　　B. 众数　　　　　　C. 标准差　　　　　D. 平均数

6. 编制教育心理学调查问卷应注意（　　）。

A. 问卷题目不宜过多　　　　　　　　B. 问卷的编制应尽量生动有趣

C. 在问卷中可加入一些探测题目　　　D. 在正式施测之前进行信度和效度分析

第二章

学生心理

一、判断题（正确的填 A，错误的填 B）

1. 维果茨基的"最近发展区"指的是学生在现有能力的基础上通过教师适当的指导可以达到发展的水平。（　　）
2. 强调心理发展连续性的学者认为人的发展是质变的过程。（　　）
3. 小学儿童的思维以抽象思维为主。（　　）
4. 儿童掰手指计算加法，这是一种动作思维。（　　）
5. 场独立型学习风格的学生优于场依存型学习风格的学生。（　　）
6. 维果茨基提出了"教学应当走在发展的前面"。（　　）

二、单项选择题

1. 当儿童能够认识到一个完整苹果被切成四小块后的质量并没有改变时，儿童的思想已经具备了（　　）。

A. 平衡性　　　　　　B. 同化性　　　　　　C. 顺应性　　　　　　D. 守恒性

2. 某人经常问自己：我是一个怎样的人？按照埃里克森人格发展阶段理论，该个体正处在（　　）。

A. 信任感对怀疑感阶段　　　　　　　　B. 主动感对内疚感阶段

C. 勤奋感对自卑感阶段　　　　　　　　D. 自我同一性对角色混乱阶段

3. 幼儿期、青春期是个体身心发展的两个高速发展期，这体现了个体发展的（　　）。

A. 阶段性　　　　　　B. 不平衡性　　　　　　C. 个别差异性　　　　　　D. 连续性

4. 有的人判断客观事物时容易受到外界因素的影响和干扰，这种认知方式属于（　　）。

A. 冲动型　　　　　　B. 沉思型　　　　　　C. 场依存型　　　　　　D. 场独立型

5. 下面对皮亚杰理论体系理解有误的是（　　）。

A. 图式是一种认知结构　　　　　　　　B. 同化中图式发生根本变化

C. 顺应使认知结构发生变化　　　　　　D. 平衡是顺应和同化的相互平衡

6. （　　）的认知发展阶段理论是目前发展心理学界最具权威的理论亮点之一。

A. 皮亚杰　　　　　　B. 柯尔伯格　　　　　　C. 维果茨基　　　　　　D. 埃里克森

7. 心理学家称之为"危险期"或"心理断乳期"的时期发生在（　　）。

A. 小学阶段　　　　B. 初中阶段　　　　C. 高中阶段　　　　D. 大学阶段

8. 已有研究指出，口头言语发展的关键期是（　　）。

A. 2岁　　　　　　B. 4岁　　　　　　C. 6岁　　　　　　D. 5岁

9. "最近发展区"的提出，说明儿童发展的（　　）。

A. 可能性　　　　　B. 观摩性　　　　　C. 目的性　　　　　D. 可控性

10. 皮亚杰的认知发展阶段理论认为，（　　）的儿童属于形式运算阶段。

A. 0～2岁　　　　　B. 2～7岁　　　　　C. 7～11岁　　　　D. 11～15岁

11. 造成学生心理个别差异的原因是（　　）。

A. 遗传、社会环境、学校教育　　　　　　B. 遗传、社会环境、人际关系

C. 遗传、学校教育、活动特点　　　　　　D. 遗传、学校教育、生长发育

12. 初中学生个性结构的主要变化在于（　　）。

A. 个性结构不断完善　　　　　　　　　　B. 自我意识迅速发展

C. 自我意识有了质的飞跃　　　　　　　　D. 自尊心、自信心增强

13. 根据皮亚杰的观点，守恒观念的形成是儿童认知发展水平达到（　　）的重要标志。

A. 感知运算阶段　　B. 前运算阶段　　　C. 具体运算阶段　　D. 形式运算阶段

14. 家长在辅导孩子做作业时，孩子往往每做完一道题都会回头看一下家长的反应，根据家长的表情来判断自己做得是否正确，从而能迅速更正答案。这样的孩子的认知风格可能属于（　　）。

A. 冲动型　　　　　B. 沉思型　　　　　C. 场依存型　　　　D. 场独立型

15. 需要重点监视学生是否遵守规则和程序的年龄阶段是（　　）。

A. 幼儿园和小学低年级　　　　　　　　　B. 小学中年级

C. 小学毕业和初中阶段　　　　　　　　　D. 高中阶段

16. 李大力最近发现，正读初三的儿子李小力难以始终保持自我一致性，容易丧失信心，依据埃里克森的心理社会性发展理论，李小力个体发展危机没有处理好（　　）。

A. 主动感—内疚感　　　　　　　　　　　B. 勤奋感—自卑感

C. 自我同一性—角色混乱　　　　　　　　D. 信任—怀疑

三、多项选择题

1. 下列关于皮亚杰的"三山实验"的说法中，正确的是（　　）。

A. 2～7岁幼儿处于形式运算阶段

B. 2～7岁幼儿有明显的自我中心倾向

C. 儿童认知发展是分阶段的

D. 幼儿教育教学应该尊重其认知发展规律

2. 人的发展是一种建构的过程，充满着个体与环境不断的相互作用。皮亚杰用来解释这一过程的术语有（　　）。

A. 目标　　　　　　B. 同化　　　　　　C. 顺应　　　　　　D. 平衡

3. 关于皮亚杰的认知发展阶段论，下列属于形式运算阶段特点的有（　　）。

A. 命题思维能力　　B. 假设演绎推理能力　C. 抽象思维能力　　D. 自我中心

4. 下列关于中学生心理发展，说法不正确的是（　　）。

A. 初中时期和高中时期都属于青年初期

B. 初中时期和高中时期都属于少年期

C. 初中时期属于少年期，高中时期属于青年初期

D. 初中时期属于青年初期，高中时期属于青年中期

5. 下列关于性别差异心理说法正确的是（　　　）。

A. 男性与女性在一般智力上没有差异

B. 男性和女性在个性和社会性上没有差异

C. 性别差异心理是由遗传决定的

D. 性别差异心理源于社会文化环境

6. 道德意义上的良心是一种道德心理现象，是指主体对自身（　　）的一种自觉意识和情感体验。

A. 道德活动　　　　　B. 道德责任　　　　C. 道德义务　　　　D. 道德准则

7. 道德情感的表现形式主要有（　　　）。

A. 思维的道德情感　　B. 直觉的道德情感　　C. 想象的道德情感　　D. 伦理的道德情感

8. 我国古代注释家把"德"注释为"得"，认为德是按照道德规范去行事而心有所得，这个解释表达的意思有（　　　）。

A. 道德品质是道德规范在个人行为中的实现

B. 培养良好的道德品质的唯一途径是道德教育

C. 道德品质是道德行为的客观内容和外在表现

D. 道德行为是个人在一次两次的道德品质中表现出来的偶尔的心理特征

9. 影响学生学习态度与品德发展的内部条件是（　　　）。

A. 同伴群体　　　　　B. 认知失调　　　　C. 态度定式　　　　D. 道德认知

10. 下列哪些是小学生道德认识能力的特点？（　　　）

A. 具有依附性　　　　　　　　　　　B. 自我为中心

C. 缺乏原则性　　　　　　　　　　　D. 发展的趋势是稳定的、和谐的

11. 按照科尔伯格的道德发展理论，前习俗水平包括的发展阶段是（　　　）。

A. 自我中心阶段　　　　　　　　　　B. 服从与惩罚定向阶段

C. 朴素的利己主义定向阶段　　　　　D. 权威阶段

12. 儿童道德发展的后习俗水平包括（　　　）。

A. 人际协调的定向阶段　　　　　　　B. 维护权威或秩序的定向阶段

C. 社会契约的定向阶段　　　　　　　D. 普遍原则的定向阶段

13. 对学生学习风格差异的研究发现，场依存型者更感兴趣的是（　　　）。

A. 社会学科　　　　　B. 数学　　　　　　C. 化学　　　　　　D. 人文学科

14.《孙子兵法·虚实篇》中"故备前则后寡，备后则前寡，备左则右寡，备右则左寡。无所不备，则无所不寡。"表现在人的发展方面，说明（　　　）。

A. 每个人都不是全能的

B. 应根据不同人的素质因材施教

C. 现代的个人需要具有更宽厚的基础与更为综合的素质

D. 全面发展会扼杀人的天性

15. 智力差异包括（　　　）。

A. 种族差异　　　　　B. 个体差异　　　　C. 群体差异　　　　D. 认知差异

16. 儿童经常说："我一走路，月亮就跟我走""花儿开了，因为它想看看我"，而他们的思维又具有只能前推不能后退的表现。同时儿童在注意事物的某一方面时往往忽略其他的方面，对物体的认识受其形态变化的影响。此材料说明前运算阶段儿童的认知特点是（　　　）。

A. 自我中心　　　　　B. 他人中心　　　　C. 不可逆性　　　　D. 尚未守恒

第三章

学习心理

一、判断题（正确的填 A，错误的填 B）

1. 思维定式对有效地解决问题来说只有坏处没有好处。（　　）
2. 正强化能增加以后反应发生的概率，而负强化则会减少以后反应发生的概率。（　　）
3. 负强化的实质就是惩罚。（　　）
4. 巴甫洛夫是操作性条件反射的提出者。（　　）
5. 学习动机强度适中，学习效率才高。（　　）
6. 一般来说，由外部动机支配下的行为更具有持久性。（　　）
7. 学生的学习动机越强，学习的效果就越好。（　　）
8. 一种学习中习得的一般原理、方法、态度和策略等迁移到另一种学习中去的是一般迁移。（　　）
9. 学习定式对学生的学习起阻碍作用。（　　）
10. 当学生学习失败时，教师只需要引导他做努力归因就能激发其进一步学习的动力。（　　）

二、填空题

1. 最早提出"自我效能感"这一概念的美国心理学家是_____。
2. 个体品德的核心部分是_____。
3. 班杜拉认为强化可分为_____、_____、自我强化。
4. 奥苏贝尔认为学生在课堂中主要的学习方式是_____。
5. 学生不是空着脑袋走进教室，教师不能无视学生的经验，而要将其作为新知识的生长点。这是_____学习理论的学生观。
6. 开汽车、打篮球、跳健美操等属于_____技能。
7. 奥苏贝尔根据学习进行的方式将学习分为接受学习与_____。
8. 品德心理结构的成分包括道德认知、_____、道德意志和道德行为。
9. 韦纳对行为结果的归因进行了系统探讨，并把归因分为三个维度：内在性、稳定性和_____。
10. 在实际教学过程中直观有三种：实物直观、模像直观、_____。

11. 问题解决的过程分为四个阶段，即_____、理解问题、提出假设和检验假设。

三、单项选择题

1. 观察者因看到榜样受到强化而如同自己也受到强化一样，这称为（　　）。

A. 外部强化　　　　　B. 自我强化　　　　　C. 直接强化　　　　　D. 替代强化

2. 下列不属于建构主义学习观的是（　　）。

A. 学生的主动建构性　　　　　　　　B. 学习的社会互动性

C. 学习的情境性　　　　　　　　　　D. 学习的虚拟性

3. 斯金纳的操作性条件反射的教学应用是（　　）。

A. 结构教学　　　　　B. 程序教学　　　　　C. 认知教学　　　　　D. 情境教学

4. （　　）是在缺乏经验传授的条件下，个体自己去发现并创造经验的过程。

A. 接受学习　　　　　B. 发现学习　　　　　C. 有意义学习　　　　D. 机械学习

5. 强调知识的动态性、学生经验世界的丰富性和差异性、学习的情境性、实现知识经验的重新转换改造，这些观点符合（　　）。

A. 建构主义理论　　　B. 人本主义理论　　　C. 精神分析理论　　　D. 行为主义理论

6. 按照加涅的学习水平分类，学生对相似的、易混淆的单词分别作出正确反应的学习属于（　　）。

A. 信号学习　　　　　B. 系统学习　　　　　C. 言语联结学习　　　D. 辨别学习

7. 桑代克认为学习过程是（　　）。

A. 顿悟的过程　　　　　　　　　　　B. 同化顺应的过程

C. 形成认知结构的过程　　　　　　　D. 尝试错误的过程

8. "一朝被蛇咬，十年怕井绳。"这种现象是（　　）。

A. 刺激分化　　　　　B. 刺激泛化　　　　　C. 刺激比较　　　　　D. 行为强化

9. （　　）提出了"先行组织者"的概念。

A. 奥苏贝尔　　　　　B. 杜威　　　　　　　C. 陶行知　　　　　　D. 班杜拉

10. 社会学习理论是由（　　）提出来的。

A. 巴甫洛夫　　　　　B. 斯金纳　　　　　　C. 班杜拉　　　　　　D. 布鲁纳

11. 加涅的智慧技能层次由低到高分为五个亚类，依次为（　　）。

A. 具体概念、定义性概念、规则、高级规则、辨别

B. 辨别、定义性概念、具体概念、规则、高级规则

C. 具体概念、规则、定义性概念、高级规则、辨别

D. 辨别、具体概念、定义性概念、规则、高级规则

12. 桑代克曾做过一个实验。被试者蒙上眼睛后练习画 4 英寸（约 10 厘米）长的线段，经过 3 000 多次练习，毫无进步。对该实验的结果最适当的解释是（　　）。

A. 被试者缺乏学习动机　　　　　　　B. 练习过多导致疲劳

C. 被试者不知道自己的练习结果　　　D. 主试者未对被试者进行学习评价

13. 掌握学习理论认为，只要给学生足够的时间和适当的教学，几乎所有学生都能完成评价项目的（　　）。

A. 20%～30%　　　B. 50%～60%　　　C. 60%～70%　　　D. 80%～90%

14. 梅耶的学习过程的主要特点是（　　）。

A. 强调新旧知识之间的相互作用　　　B. 强调模仿的作用

C. 强调强化的作用 D. 强调暂时神经联系的建立

15.（　　）认为，学习者学会的是整个刺激情境的相关关系，而非单个刺激的特征。

A. 格式塔的学习理论 B. 行为主义刺激—反应理论

C. 桑代克的联结—试误学习理论 D. 西蒙的狭义心理学理论

16. 李明的妈妈对李明说"只要今天晚上能完成作业，就不用参加明天的大扫除"。李明妈妈的做法属于（　　）。

A. 正强化 B. 负强化 C. 正惩罚 D. 负惩罚

17. 有机体作出了以前曾被强化过的反应，如果在这一反应之后不再有强化物相伴，那么这一反应在今后发生的概率便会降低。这种现象称为（　　）。

A. 惩罚 B. 正强化 C. 负强化 D. 消退

18. 奥苏贝尔和布鲁纳是同时代的美国著名教育心理学家，他们关于学习的实质的基本观点分别是（　　）。

A. 构建一种完形，主动地建构认知结构

B. 主动地建构认知结构，形成刺激与反应的联结

C. 有意义发现学习，主动地建构认知结构

D. 有意义接受学习，主动地建构认知结构

19. 学校为整顿校风，对考试作弊的学生给予严厉处分，以对其他同学起到警示告诫作用。其理论依据可能是（　　）。

A. 替代性惩罚 B. 操作性条件反射 C. 人的悟性 D. 经典性条件反射

20. 根据加涅对学习的分类，识别多种刺激的异同并对其作出不同的反应，这种学习是（　　）。

A. 辨别学习 B. 连锁学习 C. 概念学习 D. 规则学习

21. "教学是教儿童，不是单纯教教材，要展开真正的学习，儿童必须参与教学过程。有意义的学习只是在教材同学生自身的目的发生关系，由学生认知时，才能产生。"持这一主张的是（　　）。

A. 建构主义课程理论 B. 人本主义课程理论 C. 改造主义课程理论 D. 要素主义课程理论

22. 美国心理学家格塞尔提出了遗传素质的成熟水平制约身心发展，得此结论的实验是（　　）。

A. 黑猩猩实验 B. 黑箱装置实验 C. 爬梯实验 D. 刺激—反应实验

23. 学习者根据一定的评价标准进行自我评价和自我监督来强化相应学习，这属于（　　）。

A. 直接强化 B. 间接强化 C. 自我强化 D. 替代强化

24. 根据奥苏贝尔对有意义学习的分类，如果儿童听到"鸟"或看到文字的"鸟"，就知道代表实际的鸟，即使此时并未见到真实的鸟，儿童也能依照语言或文字的形式在大脑里出现关于鸟的形象，这属于（　　）。

A. 概念学习 B. 命题学习 C. 发现学习 D. 符号学习

25. "只要考出好成绩，就不挨骂"，这属于（　　）。

A. 正强化 B. 负强化 C. 惩罚 D. 消退

26. "谈虎色变"是（　　）。

A. 经典条件作用 B. 联结—试误说 C. 完形—顿悟说 D. 认知—发现说

27. 教师对学生充满了信任、关心，真诚地鼓励和帮助学生取得进步，学生因此而学到正面的价值态度和行为。这种学习属于（　　）。

A. 观察学习 B. 自主学习 C. 参与式学习 D. 接受式学习

28. 某同学主动板演解题，可是解错了，老师没有批评他，反而肯定他勇气可嘉。该老师运用的是（　　）。

A. 替代强化　　　　B. 局部强化　　　　C. 延迟强化　　　　D. 符号强化

29. 根据加涅的学习目标分类理论，能将刺激物的一个特征与另一个特征、一个符号与另一个符号加以区分的能力是(　　)。

A. 言语信息　　　　B. 认知策略　　　　C. 智慧技能　　　　D. 动作技能

30. 教师在"光荣榜"上给完成学习任务、表现好的学生贴"红五角星"，属于强化中的(　　)。

A. 替代强化　　　　B. 延迟强化　　　　C. 局部强化　　　　D. 符号强化

31. 认为教育与教学过程就是要促进学生个性的发展，发挥学生的潜能，培养学生学习的积极性与主动性，这是(　　)学习理论的观点。

A. 行为主义　　　　B. 认知主义　　　　C. 建构主义　　　　D. 人本主义

32. 根据学习的定义，属于学习现象的是(　　)。

①膝跳反应　②谈梅生津　③蜘蛛织网　④儿童模仿成人的行为

A. ①②　　　　　　B. ①④　　　　　　C. ②③　　　　　　D. ②④

33. 儿童通过触摸电炉知道了烫的意思，属于罗杰斯的(　　)。

A. 有意义学习　　　B. 无意义学习　　　C. 情境学习　　　D. 无意识学习

34. 低年级的小学生擅自离开座位，老师不予理会，转而表扬那些坐着不动的学生，离开座位的学生也不擅自离开座位了，反映的是(　　)。

A. 直接强化　　　　B. 自我强化　　　　C. 替代强化　　　　D. 间隔强化

35. 学生在数学课上学会了端坐在座位上，认真做作业，在英语课上学生也能作出类似行为，这表明学习行为存在(　　)。

A. 分化　　　　　　B. 泛化　　　　　　C. 类化　　　　　　D. 消退

36. 奥苏贝尔的先行组织者强调(　　)。

A. 直观教学　　　　　　　　　　　　B. 新知识与原有知识的联系
C. 学生的发现　　　　　　　　　　　D. 学生的学习动机

37. 下列属于学习现象的是(　　)。

A. 婴儿吸奶　　　　B. 鸭子游水　　　　C. 学生每天做广播操　D. 猴子骑自行车

38. 根据罗杰斯的观点，促进学习的心理氛围的因素，不包括(　　)。

A. 同理心　　　　　B. 感召力　　　　　C. 真诚一致　　　　D. 无条件的积极关注

39. 教学不再是传递客观而确定的现成知识，而是激发学生原有的知识和经验的成长，促进学生的知识构建活动，以促成知识经验的重新组织、转换和改造。上述教学观的理论流派是(　　)。

A. 行为主义　　　　B. 存在主义　　　　C. 建构主义　　　　D. 人本主义

40. 附属内驱力表现最为突出的时期是(　　)。

A. 儿童早期　　　　B. 少年期　　　　　C. 青年初期　　　　D. 青年晚期

41. 在韦纳的归因理论中运气属于(　　)的因素。

A. 外部、稳定、不可控　　　　　　　B. 内部、稳定、不可控
C. 外部、不稳定、可控　　　　　　　D. 外部、不稳定、不可控

42. 影响学生学习动机差异的关键因素是(　　)。

A. 教学水平　　　　B. 教学方法　　　　C. 自我意识　　　　D. 智力水平

43. 下列表述中属于内部学习动机的是(　　)。

A. 为了获得家长、老师的表扬而学习　　B. 为了超过同学而学习
C. 为了赢得名次而学习　　　　　　　　D. 感到学习过程本身有乐趣而学习

44. 学习效果和学习动机之间存在(　　)。

A. 线性关系　　　　B. "U" 形关系　　　　C. 倒 "U" 形关系　　　　D. 平行关系

45. 影响学习动机的内部因素是（　　　）。

A. 成熟　　　　　　B. 家庭教育　　　　　C. 社会舆论　　　　　D. 教师的榜样作用

46. 下列属于可控的、内部的、不稳定的归因因素是（　　　）。

A. 努力　　　　　　B. 能力　　　　　　　C. 任务难易　　　　　D. 运气

47. 初二学生李某平时学习认真刻苦，成绩却总是忽上忽下。针对这一情况，教师应诱导李某同学做（　　　）归因。

A. 能力高低　　　　B. 努力程度　　　　　C. 任务难易　　　　　D. 运气

48. 下列有关学习动机与学习效果之间关系的描述，正确的是（　　　）。

①学习难度大，学习动机水平高，学习效果好

②学习难度大，学习动机水平低，学习效果好

③学习任务容易，学习动机水平高，学习效果好

④学习任务容易，学习动机水平低，学习效果好

A. ①②　　　　　　B. ①④　　　　　　　C. ②③　　　　　　　D. ②④

49. 著名的耶克斯-多德森定律告诉我们，对于难易适中的任务来说，学习动机水平是中等时，学习效果（　　　）。

A. 最差　　　　　　B. 不明显　　　　　　C. 中等　　　　　　　D. 最好

50. 一个人认为自己考试失败是因为试题太难太偏。这种归因属于（　　　）。

A. 外部、不可控和不稳定归因　　　　　　B. 外部、可控和稳定归因

C. 外部、不可控和稳定归因　　　　　　　D. 外部、可控和不稳定归因

51. 学生努力学习是为了改变自己在班集体中的排名，此成就动机属于（　　　）。

A. 认知内驱力　　　B. 附属内驱力　　　　C. 自我提高内驱力　　D. 交往内驱力

52. 小芳在同学面前表现得很贪玩，不在乎考试，私下里却拼命地学习，根据自我价值理论，这个属于（　　　）。

A. 高驱低避型　　　B. 低驱高避型　　　　C. 高驱高避型　　　　D. 低驱低避型

53. 下列不属于迁移现象的是（　　　）。

A. 闻一知十　　　　B. 触类旁通　　　　　C. 举一反三　　　　　D. 物以类聚

54. 日常教学活动中，教师应该引导学生做到"举一反三""触类旁通""闻一知十"，这种现象在教育心理学上称为（　　　）。

A. 迁移　　　　　　B. 同化　　　　　　　C. 顺应　　　　　　　D. 模仿

55. 学过电子琴的人，再学弹钢琴就会比较容易，这种迁移类型是（　　　）。

A. 水平迁移　　　　B. 垂直迁移　　　　　C. 逆向迁移　　　　　D. 负迁移

56. 我们平时所讲的"举一反三""闻一知十"属于下列迁移中的（　　　）。

A. 顺应性迁移　　　B. 同化性迁移　　　　C. 重组性迁移　　　　D. 具体迁移

57. 下列所列举的迁移种类领域中，错误的是（　　　）。

A. 态度学习迁移　　B. 情感迁移　　　　　C. 知识迁移　　　　　D. 气质迁移

58. 柯尔伯格认为，儿童道德判断的前习俗水平包括的两个阶段是（　　　）。

A. "好孩子"定向，良心或原则的定向

B. 墨守成规和契约定向，良心或原则的定向

C. 使他人愉快或帮助他人的定向，尽义务，重权威和维持现有秩序定向

D. 服从与惩罚的定向，朴素的利己主义的定向

59. 贾德的"水下打靶实验"说明（　　　）。

A. 内容只是次要的，训练官能才是最重要的　　B. 两种情景相同要素越多，迁移的程度越高

C. 概括化原理掌握得越好，迁移的效果越好　　D. 迁移取决于对各要素间关系的理解

60. 在教学中运用变式的主要目的是( )。

A. 激发学习兴趣　　　B. 引起有意注意　　　C. 丰富学生想象　　　D. 突出概念本质

61. 根据知识的不同表征形式，可以将知识分为( )和陈述性知识。

A. 逻辑性知识　　　B. 直觉性知识　　　C. 程序性知识　　　D. 形象性知识

62. ( )也称储存，指已编码的信息，必须在头脑中得到保存，在一定时间后，才能被提取。

A. 保持　　　　　　B. 编码　　　　　　C. 提取　　　　　　D. 记忆

63. 数学学习中形成的认真审题的态度及审题的方法也影响到化学、物理等材料的学习活动。这种迁移属于( )。

A. 正迁移　　　B. 水平迁移　　　C. 一般迁移　　　D. 远迁移

64. 在概念教学中，变换同类事物的非本质特征以突出其本质特征，这种方式为( )。

A. 概括　　　　　B. 比较　　　　　C. 变式　　　　　D. 抽象

65. 一学生已经有了"鸟"的观念，再学习"百灵鸟"这种动物。这种学习是( )。

A. 下位学习　　　B. 上位学习　　　C. 命题学习　　　D. 并列结合学习

66. 根据新知识与原有认识结构的关系，知识的学习可分为下位学习、上位学习和并列结合学习。下列属于下位学习的是( )。

A. 先学习"萝卜、芹菜、油菜"等概念，再学习"蔬菜"的概念

B. 先学习"鱼"这个概念，再学习"带鱼、草鱼、黄鱼"的概念

C. 学习质量与能量、热与体积等概念之间的关系

D. 学过正方体、长方体、拦河坝等体积计算后，再学习一般柱体的体积计算公式

67. 先学习杠杆的力臂原理，再学习定滑轮，得知定滑轮的实质是等臂原理。这种学习是( )。

A. 上位学习　　　B. 下位学习　　　C. 并列学习　　　D. 结合学习

68. 波兰尼的著名命题"我们知晓的比我们能说出的多"强调的是( )。

A. 程序性知识　　　B. 陈述性知识　　　C. 显性知识　　　D. 隐性知识

69. 动作技能形成过程中期有一个明显的、暂时的停顿现象，心理学上称为( )。

A. 低谷期　　　　　B. 高原期　　　　　C. 疲劳期　　　　　D. 潜伏期

70. 最能体现心智技能的是( )。

A. 写作　　　　　　B. 跑步　　　　　　C. 骑车　　　　　　D. 跳舞

71. 熟练的杂技演员一边骑车，一边作出优美、复杂的动作。这说明他的动作技能处于( )。

A. 认知阶段　　　B. 分解阶段　　　C. 联系定位阶段　　　D. 自动化阶段

72. 在操作技能形成阶段中，表现出多余动作消失这一特点的阶段是( )。

A. 操作整合　　　B. 操作熟练　　　C. 操作定向　　　D. 操作模仿

73. 儿童只能用数手指的策略计算 2+3 的结果，该儿童的心智技能处于( )。

A. 物质活动阶段　　　　　　　　　　B. 有声的外部言语活动阶段

C. 无声的外部言语活动阶段　　　　　D. 内部言语活动阶段

74. 王国维在《人间词话》中提到人生三大境界，其中第二个境界，衣带渐宽终不悔，为伊消得人憔悴，相当于动作练习的( )。

A. 起始阶段　　　B. 起伏阶段　　　C. 高原阶段　　　D. 完善阶段

75. 在学习过程中设置学习目标属于学习策略中的( )。

A. 认知策略　　　B. 元认知策略　　　C. 组织策略　　　D. 资源管理策略

76. 在原有学习基础上再过度学习（　　）效果最好。

A. 100％　　　　　　B. 150％　　　　　　C. 50％　　　　　　D. 80％

77. 小学生记汉语拼音常利用具体的事物来帮助自己的记忆，如 m 就像两个门洞，h 就像一把小椅子。这种学习策略属于（　　）。

A. 复述策略　　　　B. 资源管理策略　　　　C. 组织策略　　　　D. 精细加工策略

78. 变式是指（　　），使学生逐渐理解概念的真正含义。

A. 本质特征、非本质特征都不变　　　　B. 本质特征不变，非本质特征变换

C. 本质特征、非本质特征都变　　　　D. 本质特征不变，非本质特征不变

79. 学习策略训练中，直接讲解策略之后，提供不同程度的完整性材料促使学生练习策略的某一个成分或步骤，然后逐步降低完整性程度，直至完全由学生自己完成所有成分或步骤。这种模式是（　　）。

A. 程序化训练模式　　B. 完形训练模式　　C. 交互式教学模式　　D. 合作学习模式

80. 学习者运用缩简和编口诀的方法帮助记忆知识的学习策略属于（　　）。

A. 组织策略　　　　B. 精细加工策略　　　　C. 复述策略　　　　D. 元认知策略

81. 开学之初，教师通过多次考勤点名，很快就记住了所有学生的姓名。这种策略属于（　　）。

A. 精细加工策略　　B. 复述策略　　　　C. 组织策略　　　　D. 元认知策略

82. 用简要的词语写出材料中的主要观点、次要观点，再用金字塔的形式呈现材料的要点及各种观点的直接关系。这种学习策略属于（　　）。

A. 监视策略　　　　B. 复述策略　　　　C. 精细加工策略　　　　D. 组织策略

83. 学生对自己认知过程的认知策略称为学习的（　　）。

A. 认知策略　　　　B. 元认知策略　　　　C. 资源管理策略　　　　D. 记忆策略

84. 学生利用列提纲、画图形、列表格等方法进行复习的做法属于（　　）。

A. 注意策略　　　　B. 组织策略　　　　C. 复述策略　　　　D. 精细加工策略

85. 学生掌握了大量的词汇，能写出通顺的句子，但在写自己熟悉的题材时仍然写不出高水平的作文，原因是学生缺乏（　　）。

A. 陈述性知识　　　B. 认知策略　　　　C. 言语信息　　　　D. 动作技能

86. 人们只想到事物的通常用途，而很少想到其他用途。如大家只把书拿来读，而想不到还能当凳子用。心理学家将这称为（　　）。

A. 学习迁移　　　　B. 问题表征　　　　C. 原型启发　　　　D. 功能固着

87. 问题解决是一个复杂的心理过程，其解决策略主要包括尝试策略和（　　）。

A. 启发式策略　　　B. 经验策略　　　　C. 实践策略　　　　D. 分析策略

88. 格式塔心理学研究发现，人们在知觉一个物体时，倾向于从一般性功能上认识它。这称为（　　）。

A. 经验　　　　　　B. 问题表征　　　　C. 线索　　　　　　D. 功能固着

89. 教师提问学生，要求学生列举砖头的各种用途。学生给出的答案是：建房子用的材料、打人的武器、用于垫高、用于固定某东西……这种寻求答案的思维方式是（　　）。

A. 发散思维　　　　B. 形象思维　　　　C. 抽象思维　　　　D. 直观动作思维

90. 问题解决者原有的知识经验对当前问题解决的心理准备状态，称为（　　）。

A. 知识表征　　　　B. 原型启发　　　　C. 心理定式　　　　D. 功能因素

91. 下列属于问题解决的是（　　）。

A. 记住一个人的名字　　　　　　B. 用一个词语造句

C. 幻想成为"蜘蛛侠"　　　　　　D. 荡秋千

92. 关于智力与创造力的关系，表达正确的是（　　　）。

　　A. 智力是创造力的必要条件　　　　　　B. 智力是创造力的充分条件

　　C. 智力与创造力是线性关系　　　　　　D. 高智力者一定有高创造力

93. 当一个人用画图表、线路图等具体形式表征问题时，表明他处于解决问题的（　　　）。

　　A. 发现问题阶段　　B. 理解问题阶段　　C. 提出假设阶段　　D. 检验假设阶段

94. 由于以前多次运用某一思维加工方式解决同类问题，从而逐步形成习惯性反应，使得在以后的问题解决中仍然沿用习惯反应去解决问题。这种现象是（　　　）。

　　A. 感觉统合　　　　B. 注意转移　　　　C. 记忆再现　　　　D. 思维定式

95. 某学生学习英语"七"时，总是发出汉语拼音字母"七"的音，这种心理现象称为（　　　）。

　　A. 原型启发　　　　B. 功能固着　　　　C. 晕轮效应　　　　D. 思维定式

96. 创造性与智力的关系是（　　　）。

①低创造性的智商水平一定很低

②高创造性必须有高于一般水平的智商，反之亦然

③低智商不可能有高创造性

④高智商可能有高创造性，也可能有低创造性

　　A. ①②　　　　　　B. ③④　　　　　　C. ①③　　　　　　D. ②④

97. 学生品德形成的基础是（　　　）。

　　A. 道德认知　　　　B. 道德情感　　　　C. 道德意志　　　　D. 道德行为

98. 衡量道德水平的重要标志是（　　　）。

　　A. 道德认知　　　　B. 道德情感　　　　C. 道德意志　　　　D. 道德行为

99. 瓦特看到沸腾的水把壶盖掀起，由此发明了蒸汽机。这种现象属于（　　　）。

　　A. 顿悟　　　　　　B. 原型启发　　　　C. 观察能力　　　　D. 定式

100. 思想品德教育的实质是（　　　）。

　　A. 将学生的道德认知转化为道德行为

　　B. 培养学生的道德情感

　　C. 将一定社会的思想品德转化为受教育者个人的思想品德

　　D. 提高学生对宏观世界的认识

101. 小王毕业后成为中学老师，他要求自己的行为与教师角色行为一致。这时他所处的态度阶段属于（　　　）。

　　A. 服从阶段　　　　B. 认同阶段　　　　C. 内化阶段　　　　D. 自动化阶段

102. 一个孩子认为故意打破一个杯子比不小心打破 10 个杯子应该受到的惩罚更大。他的道德评价能力发展水平所属阶段是（　　　）。

　　A. 从他律到自律　　　　　　　　　　　B. 从对人到对己

　　C. 从结果到动机　　　　　　　　　　　D. 从片面到全面

103. 皮亚杰认为，儿童的道德判断从他律进入自律阶段的年龄是（　　　）。

　　A. 3 岁左右　　　　B. 6～8 岁　　　　C. 7 岁左右　　　　D. 10 岁左右

104. （　　　）是衡量个体道德修养水平的外在标志，它在品德结构中发挥关键作用。

　　A. 道德认知　　　　B. 道德情感　　　　C. 道德意志　　　　D. 道德行为

105. 活动和交往是学生品德形成的（　　　）。

　　A. 关键　　　　　　B. 源泉　　　　　　C. 内容　　　　　　D. 途径

106. 态度三元论不包括（　　　）。

　　A. 认知成分　　　　B. 情感成分　　　　C. 意志成分　　　　D. 行为倾向成分

107. 品德中两个最主要的构成部分是( )。
    A. 道德认知和道德意志 　　　　　　　　B. 道德动机和道德观念
    C. 道德认知和道德行为 　　　　　　　　D. 道德感和道德认知

108. 有些学生虽然知道道德规范，也愿意遵守，但是受个人欲望的支配，不能抗拒诱惑因素，结果干出了违背道德规范的事。其主要原因是这些学生( )。
    A. 缺乏正确的道德认知 　　　　　　　　B. 缺乏良好的情感
    C. 道德意志薄弱 　　　　　　　　　　　D. 没有掌握正确的道德行为方式

109. 国家乒乓球队的健儿团结拼搏，为祖国和人民赢得金牌，这种爱国主义和集体主义情感属于( )。
    A. 伦理的道德情感 　　B. 想象的道德情感 　　C. 直觉的道德情感 　　D. 记忆的道德情感

110. 在社会规范学习与道德品质发展的研究中，班杜拉的研究重点是( )。
    A. 道德认知 　　　　　B. 道德情感 　　　　C. 道德意志 　　　　D. 道德行为

111. "望梅生津"是( )的表现形式。
    A. 条件反射 　　　　　B. 第一信号系统 　　C. 第二信号系统 　　D. 非条件反射

112. 如果个体对成功或失败做任务难度归因，那么从归因因素角度讲，这种归因属于( )。
    A. 外部、不可控和不稳定归因 　　　　　B. 外部、可控和稳定归因
    C. 外部、不可控和稳定归因 　　　　　　D. 外部、可控和不稳定归因

113. 形式训练说所涉及的迁移本质是( )。
    A. 正迁移 　　　　　　B. 负迁移 　　　　　C. 特殊迁移 　　　　D. 一般迁移

114. 元认知研究的代表人物是( )。
    A. 加涅 　　　　　　　B. 弗拉维尔 　　　　C. 维果茨基 　　　　D. 列昂捷夫

115. 下列哪种学习策略属于元认知策略？( )
    A. 设置目标 　　　　　B. 列提纲 　　　　　C. 寻求同学帮助 　　D. 做笔记

116. 在学习过程中设置学习目标属于学习策略中的( )。
    A. 认知策略 　　　　　B. 元认知策略 　　　C. 组织策略 　　　　D. 资源管理策略

117. ( )是学生对自己认知过程的认知策略，包括对自己认知过程的了解和控制策略，有助于学生有效地安排和调节学习过程。
    A. 学习策略 　　　　　B. 认知策略 　　　　C. 元认知策略 　　　D. 资源管理策略

118. 学生在解题过程中对题目的浏览、测查、完成情况的监视及对速度的把握主要采用了( )。
    A. 复述策略 　　　　　B. 元认知策略 　　　C. 资源管理策略 　　D. 精细加工策略

119. 在学习过程中制订自我学习计划、实施自我监督以及自我调控的策略，一般称为( )。
    A. 智力技能 　　　　　B. 学习自觉性 　　　C. 元认知策略 　　　D. 自我意识

120. 元认知包括两个相对独立的成分，即元认知监控和( )。
    A. 元认知知识 　　　　B. 元认知计划 　　　C. 元认知控制 　　　D. 元认知调节

121. 弗拉维尔认为，元认知就是对认知的认知，元认知的核心成分是( )。
    A. 元认知知识 　　　　B. 元认知监控 　　　C. 元认知体验 　　　D. 元认知计划

122. 学生根据自己一周内学习效率的变化来安排学习活动，属于学习策略中的( )。
    A. 认知策略 　　　　　B. 组织策略 　　　　C. 资源管理策略 　　D. 元认知策略

123. 以下属于元认知计划策略的是( )。
    A. 学生拿到教材后为自己设定学习目标
    B. 学生在考试中先做简单题目

C. 学生在考试过程中时刻关注自己的做题速度与时间

D. 学生测试结束后检查自己的答案

四、多项选择题

1. 布卢姆的认知目标分类修订版中把知识分为事实性知识、概念性知识、程序性知识、元认知知识四类。下列不属于程序性知识的是(　　　)。

A. 苹果是红色的

B. 数学中的加减乘除四则混合运算法则

C. 一个完整的句子由主、谓、宾三部分组成

D. 直角三角形的两条直角边长度的平方和等于斜边长度的平方

2. 程序教学法是美国著名心理学家斯金纳提出来的，这种教学法主张将教材分成一个个小的部分，按照严格的逻辑编成程序，由学生自己按照程序学习。以下属于程序教学法特点的是(　　　)。

A. 小步子　　　　　　B. 主动积极的反应　　　C. 及时反馈　　　　D. 自定步调

3. 下列对于建构主义学习理论描述正确的是(　　　)。

A. 强调知识的动态性

B. 学生的经验世界是丰富的、差异的，要注重学生的先前经验

C. 认为学习是主动建构的社会性过程，也是刺激—反应的简单过程

D. 教学是促进学生知识的生成，而不是传递客观的现成知识

4. 奥苏贝尔将学生的学习按其方式分为下列哪几种基本形式?(　　　)

A. 接受学习　　　　　　B. 有意义学习　　　　C. 机械学习　　　　D. 发现学习

5. 下列实例中，描述为学习的是(　　　)。

A. 幼儿初入托儿所时害怕生人，几天后就不怕了

B. 老马识途

C. 服用兴奋剂之后，运动员的运动能力提升

D. 成年人每天阅读报纸

6. 下列属于建构主义观点的是(　　　)。

A. 学习是自我的解放　　　　　　　　　B. 学习是不断刺激与强化

C. 知识具有特定的情境性　　　　　　　D. 学习是在某一文化共同体中的自我适应

7. 下列属于机械学习的是(　　　)。

A. 宇航员探索太空　　　　　　　　　　B. 学生尝试错误走迷宫

C. 小学生背诵乘法口诀　　　　　　　　D. 中学生听讲座后弄清了概念之间的关系

8. 韦纳将人们活动成败的原因归结为六个因素，其中属于稳定的、不可控因素的是(　　　)。

A. 能力高低　　　　　B. 努力程度　　　　　C. 任务难易　　　　　D. 运气好坏

9. 某三年级数学老师讲课很生动，使枯燥的数字变成了一串串美丽的音符，因此，该班学生周小明学习积极性很高，取得了好成绩。但换了位讲课死板乏味的数学任课教师后，周小明对数学的兴趣大为降低，变得不怎么用心学习，学习成绩下降幅度很大。据此现象分析，周小明的学习动机主要有(　　　)。

A. 近景的直接性动机　　B. 远景的间接性动机　　C. 内部学习动机　　　D. 外部学习动机

10. 自我效能感是指人们对自己能否成功地进行某一成就行为的主观判断。班杜拉认为，影响自我效能感的因素有(　　　)。

A. 个人的直接经验　　B. 替代性经验　　　　　C. 言语劝说　　　　　D. 情绪唤醒

11. 习得性无助对学生可能产生的影响有（　　　）。

A. 体重明显下降　　　B. 降低学习动机　　　C. 认知出现障碍　　　D. 引起情绪失调

12. 影响概念转变的因素有（　　　）。

A. 学习者的形式推理能力　　　　　　　　B. 学习者的先前知识经验

C. 学习者的元认知能力　　　　　　　　　D. 学习中的动机和对知识、学科的态度

13. 我国教育心理工作者在加里培林研究的基础上提出的心智技能形成的阶段包括（　　　）。

A. 原型模仿　　　B. 原型定向　　　C. 原型启发　　　D. 原型操作

14. 下列属于操作技能的是（　　　）。

A. 写字　　　B. 阅读　　　C. 绘画　　　D. 运算

15. 学生在学习的过程中会产生高原现象，产生这一现象的原因有（　　　）。

A. 学习动机减弱　　　B. 学习方法新颖　　　C. 意志品质薄弱　　　D. 学习任务复杂

16. 根据加涅对学习结果的分类，下列属于智慧技能的是（　　　）。

A. 把小数换算成分数　　　　　　　　　　B. 认识时钟

C. 使动词和句子的主语一致　　　　　　　D. 写字

17. 下列属于精细加工策略的是（　　　）。

A. 做笔记　　　B. 反复诵读　　　C. 创造类比　　　D. 谐音记忆术

18. 下列属于元认知策略的是（　　　）。

A. 考试时考生注意自己的答题速度和时间

B. 王力从头到尾背诵了五遍课文

C. 在阅读时，学生遇到难点立即停下来思考或回到前面重新阅读

D. 利用二十四节气歌熟记各个节气

19. 能促进问题解决的因素有（　　　）。

A. 功能固着　　　B. 创造性思维　　　C. 较强的动机　　　D. 正迁移

20. 属于皮亚杰划分的儿童道德发展阶段的有（　　　）。

A. 自律　　　B. 服从　　　C. 他律　　　D. 内化

21. 认知策略包括（　　　）。

A. 计划策略　　　B. 复述策略　　　C. 精细加工策略　　　D. 资源管理策略

22. 班杜拉认为，行为的结果因素就是通常所说的强化，并把强化分为（　　　）。

A. 效果强化　　　B. 替代强化　　　C. 自我强化　　　D. 直接强化

23. 学习的基本过程包括（　　　）。

A. 注意过程　　　B. 保持过程　　　C. 综合分析过程　　　D. 动作再现过程

E. 动机过程

24. 布鲁纳提出的教学原则有（　　　）。

A. 动机原则　　　B. 结构原则　　　C. 程序原则　　　D. 强化原则

E. 替代原则

25. 建构主义学习理论的四大要素包括（　　　）。

A. 情境与协作　　　B. 会话与意义建构　　　C. 知识与探索　　　D. 能力与行动

26. 建构主义认为，学习者的知识是在一定的情境下，借助他人的帮助，如人与人之间的协作、交流，利用必要的信息等，通过意义的建构而获得的，下列哪几项是建构主义强调的教学环节？（　　　）

A. 创设情境　　　B. 协作与会话　　　C. 练习与巩固　　　D. 意义建构

27. 下列属于建构主义观点的是（　　　）。

A. 学习是自我的解放　　　　　　　　　　B. 学习是不断的刺激与强化

C. 知识具有特定的情境性　　　　　　　　　　D. 学习是在某一文化共同体中的自我适应

28. 知识的应用包括的彼此相连又相互独立的基本环节是(　　)。

A. 审题、联想　　　　　B. 分析、综合　　　　C. 解析、类化　　　　D. 识记、保持

29. 运用程序性知识才可以解决的问题是(　　)。

A. 以"诚信"为题写一篇议论文　　　　　　　　B. 根据能量守恒定律，解决物理问题

C. 绘制人的心脏结构图　　　　　　　　　　　　D. 说出中国最长的河流

30. 动作技能的特征有(　　)。

A. 动作对象的客观性　　　　　　　　　　　　　B. 动作主体的可变性

C. 动作技能的外显性　　　　　　　　　　　　　D. 动作结构的展开性

31. 以下教学要求属于原型定向教学要求的是(　　)。

A. 了解活动的结构　　　　　　　　　　　　　　B. 发挥学生主动性与独立性

C. 变更活动的对象　　　　　　　　　　　　　　D. 教师示范要准确

32. 操作技能培训的要求有(　　)。

A. 准确的示范与讲解　　　　　　　　　　　　　B. 必要而适当的练习

C. 充分而有效的反馈　　　　　　　　　　　　　D. 建立稳定清晰的动觉

E. 原型的完备与概括

33. 培养学生心智技能的主要目的是(　　)。

A. 使学生学会学习　　　　　　　　　　　　　　B. 学会解决问题

C. 成为一个自主的、自我调控的有效学习者　　　D. 获得很多知识

34. 练习曲线规律表明(　　)。

A. 开始进步快　　　　　　　　　　　　　　　　B. 中间有一个高原期

C. 后期进步慢　　　　　　　　　　　　　　　　D. 总趋势是进步，时而暂停倒退

35. 学习动机与学习效果之间的关系是(　　)。

A. 任务较容易，动机水平越高越好

B. 中等程度的动机激起水平最有利于学习效果的提高

C. 任务越难，动机水平越高越好

D. 学习动机强，学习积极性高，学习效果就好

36. 根据马斯洛的需要层次理论，下列属于缺失需要的是(　　)。

A. 求知的需要　　　　　　　　　　　　　　B. 自尊的需要

C. 自我实现的需要　　　　　　　　　　　　D. 归属与爱的需要

37. 成就动机属于(　　)。

A. 外在动机　　　　　　B. 原始动机　　　　　C. 社会性动机　　　　D. 内在动机

38. 美国心理学家韦纳在吸收海德和罗特理论的基础上对行为归因进行了系统的探讨，他认为活动的成败受到多种因素的影响，其中包括(　　)。

A. 能力高低　　　　　B. 努力程度　　　　　C. 任务难易　　　　　D. 身心状态

39. 在学习成功与失败的归因中，内在的因素有(　　)。

A. 能力高低　　　　　B. 努力程度　　　　　C. 任务难易　　　　　D. 运气好坏

E. 身心状态

40. 创设问题情境时需注意，问题要(　　)。

A. 小而具体　　　　　B. 新颖有趣　　　　　C. 富有启发性　　　　D. 有适当的难度

E. 难度较大

41. 在教育情境中，激发学生外在学习动机常用的措施有(　　)。

A. 设置明确适当的学习目标　　　　　　　B. 激发认知好奇心

C. 及时反馈学习结果　　　　　　　　　　D. 进行积极的评价

42. 学生掌握了英语语法之后，可能反过来对掌握汉语语法起干扰作用。这是一种（　　）。

A. 负迁移　　　　　B. 顺向迁移　　　　　C. 正迁移　　　　　D. 逆向迁移

43. 下列选项中，属于迁移作用的例子有（　　）。

A. 鲁班因被带齿的丝毛草划破了皮肤而发明了锯子

B. 先学普通心理学再学心理学的其他内容会觉得容易

C. 练好毛笔字有助于写好钢笔字

D. 瓦特观察到水壶里的水烧开后，壶盖被蒸汽顶开，由此发明了蒸汽机

44. 根据迁移内容的不同，学习迁移可以分为一般迁移和具体迁移。下列属于具体迁移的有（　　）。

A. 对"蚂蚁""蝗虫"等具体概念的理解影响着对"昆虫"这一概念的掌握

B. 举一反三、触类旁通、闻一知十

C. 乒乓球运动学习中，推挡动作的学习可以直接迁移到左推右攻这种组合的动作学习中去

D. 学生学会写"牛"这个字，有助于学习写"彝"字

45. 影响学习迁移的认知结构变量有（　　）。

A. 可利用性　　　　B. 可辨别性　　　　C. 可操作性　　　　D. 稳定性

E. 清晰性

46. 以下属于迁移现象的有（　　）。

A. 物以类聚　　　　B. 人以群分　　　　C. 举一反三　　　　D. 触类旁通

E. 思维敏捷

47. 影响迁移的主要因素有（　　）。

A. 功能固着　　　　B. 原有认知结构　　　C. 心向　　　　　　D. 定式

E. 相似性

48. 以下哪几项是影响迁移的客观因素？（　　）

A. 教师指导　　　　B. 认知结构　　　　　C. 媒体　　　　　　D. 学习材料特性

49. 下列心理现象中，属于学习迁移现象的有（　　）。

A. 学习汉语拼音会对英语学习有影响

B. 学习弹钢琴，有利于学习拉手风琴

C. 后来的学习对先前的学习产生一定的影响

D. 会骑自行车的人比较容易掌握摩托车的驾驶技术

五、案例分析题

1. 心理学家邓克尔设计了一个"蜡烛实验"。在桌子上有三个硬纸盒，盒里分别装着图钉、火柴盒、蜡烛。要求被试者用桌子上的这些物品将蜡烛固定在木板墙上。解决的办法很简单：把纸盒钉在墙上，再以它为台基竖立蜡烛。但许多被试者不会这样解决问题，因为他们把装着东西的纸盒当作容器，看不出纸盒还有别的用途。王老师用这个实验考查班上的同学，同学们反复探索毫无结果，就把这个实验暂时搁置了起来。放学前，张乐同学找到老师说他找到了解决的办法，并在班里成功演示了这个实验。李老师也用这个实验考查另一个班的同学。他鼓励同学们思考和讨论桌上物品的各种用途，对同学们的各种各样的答案不做评论，一直到所有可能想到的答案都提出来为止，再请同学们尝试解决问题，很快有几个同学找到了解决的办法。

（1）（单选）案例中影响"蜡烛实验"问题解决最主要的原因是(　　　)。

A. 反应定式　　　　　　B. 功能固着　　　　　　C. 顿悟　　　　　　D. 认知态度

（2）（单选）张乐同学一开始反复探索问题毫无结果，问题搁置几个小时后，他很快找到解决方法，这种现象称为(　　　)。

A. 酝酿效应　　　　　　B. 詹森效应　　　　　　C. 德西效应　　　　　　D. 暗示效应

（3）（单选）案例中李老师的思维训练方法被称为(　　　)。

A. 分合法　　　　　　B. 自由联想法　　　　　　C. 头脑风暴法　　　　　　D. 自我设计法

（4）（多选）下列关于问题解决说法正确的是(　　　)。

A. 一般问题解决的过程分为发现问题、理解问题、提出假设和检验假设四个阶段

B. 专家更多利用直觉来解决问题

C. 创造性思维影响个体的问题解决能力，其特征表现为流畅性、灵活性、新颖性

D. 新手先明确目的，从尾到头地解决问题

（5）（多选）下列有助于在教学实践中培养学生问题解决能力的是(　　　)。

A. 设置难度较低的问题　　　　　　　　B. 鼓励质疑

C. 帮助学生正确表征问题　　　　　　　　D. 辅导学生从记忆中提取信息

2. 在一个经典实验中，研究者将 3～6 岁的儿童分成三组，先让他们观看一组成年男子对充气玩偶进行攻击，如大声吼叫或拳打脚踢。然后，让第一组儿童看到成年男子攻击玩偶后受到另一成人的表扬和奖励；让第二组儿童看到成年男子攻击玩偶后受到另一个成人的惩罚；第三组儿童只看到成年男子攻击玩偶。之后，研究者把这些儿童一个个单独领到一个房间里去，房间里放着各种玩具，其中包括玩偶。对儿童的行为观察表明，第一组儿童产生较多的攻击性行为，第二组比第三组表现出更少的攻击行为。

请运用班杜拉的社会学习理论对该实验进行分析。

3. 我去一所小有名气的小学听课，休息时走进了三年级的一个班。我被贴在墙上的纸吸引住了。仔细瞧去，纸上赫然写着"保证书"三个字。其内容有："我向全班同学保证，以后再不完成作业，就抄三遍课文""从今天开始，上课时我要再与同学随便说话影响班级，就值日一周""老师、同学们，我的红领巾以后再也不会忘戴了。如果因此给班级扣分，我自愿抄 20 个词，每词五遍"。我寻思，学生写了"保证书"后能保证不犯错误吗？以上案例或许你也曾见过或听过，在学生犯错或反复犯错时，有些教师就会让他们写"保证书"。请你谈谈对这种做法的认识。

4. 王老师在二年级三班上课，问："树上有十只鸟，猎人开枪打死一只，还有几只鸟？""九只。""不对，一只都没有了，鸟全都被吓跑了。""两只，一只是聋哑的鸟，还有一只羽毛没有长全的小鸟，吓得钻进树洞里去了。"王老师说："这孩子光说一些没边际的话，哪里会有聋哑的鸟。"王老师又问："一个桌子，四个角，锯掉一个，还剩几个？"学生回答："三个。""不对，是五个。"学生说："沿着对角线锯就是三个。"老师说："这个孩子，怎么老往歪处想。"这个学生发誓，以后要当上老师，一定给那些回答两只鸟和三个角的学生，打上大大的红勾。

（1）如果你是王老师，你会怎样处理学生的回答？

（2）分析导致上述教学片段发生的原因有哪些？

（3）结合教育实际谈谈如何培养学生的创造性思维。

5. 在一次讨论课上，老师问学生："雪融化后变成什么？"

张红抢先回答："雪融化后变成水。"

黄阳想了想说："雪融化后变成泥土。"

柳丽慢条斯理地回答："雪融化后变成春天。"

老师评价道："张红反应敏捷，回答准确，可以得满分。黄阳和柳丽，真不知道你们是怎么想的，要是给分，只能得 0 分。"

（1）运用心理学知识评价这位教师的教学行为。

（2）这个案例对教师教学有何启发？

6. 研究者设计了一个"两绳问题"的实验。在一个房间的天花板上悬挂着两根相距较远的绳子，让被试者无法同时抓住。这个房间里有一把椅子、一盒火柴、一把螺丝刀和一把钳子。要求被试者把两根绳子系住。问题解决方法是把钳子作为重物系在一根绳子上，使绳子形成单摆运动，当两根绳子离得很近时，抓住另一根绳子，从而把两根绳子系起来，结果发现只有 39％ 的被试者能在 10 分钟内解决这个问题。大多数被试者认为钳子只有剪断铁丝之类的功能，没有意识到还可以当作重物来用。

（1）上述实验主要说明哪种因素影响问题的解决？该实验结果对教学工作有何启示？

（2）问题解决还受哪些因素的影响？

第四章

教师及教学心理

一、判断题（正确的填 A，错误的填 B）

1. 教师的个人教学效能感影响着教师对教育工作的积极性，一般而言，效能感高的教师比效能感低的教师在工作中的努力程度更高。（　　）

2. 教师的个性、情绪、健康以及处理人际关系的品质等统称为教师的人格特征。（　　）

3. 只有心理健康的教师，才能培养出心理健康的学生。（　　）

4. 让教师对实习生进行教学决策的训练可以提高教师的教学能力。（　　）

5. 研究发现，教龄越长的教师，职业倦怠感越低。（　　）

6. 课堂不良行为最常见的强化物一般有两种：一是获得老师或同伴的注意；二是逃避很多不愉快的状态或活动。（　　）

7. 教师使用包括目光接触、手势、身体靠近等非言语线索，能消除学生在课堂上的多种不良行为。（　　）

8. 学生、学习过程和学习情境是课堂的三大要素。（　　）

二、单项选择题

1. 当外部的纪律控制被个体内化之后成为个体自觉的行为准则时，此时处于（　　）。
A. 教师促成的纪律　　　B. 集体促成的纪律　　　C. 自我促成的纪律　　　D. 任务促成的纪律

2. 某一测试在多次施测后所得分数的稳定、一致程度称为（　　）。
A. 信度　　　　　　　B. 效度　　　　　　　C. 难度　　　　　　　D. 区分度

3. 根据测验目的，项目难度一般确定在（　　）。
A. 0.1～0.3 之间　　　B. 0.3～0.7 之间　　　C. 0.7～0.9 之间　　　D. 0.9 以上

4. 对于认知和技能领域的学业，最常用的教学评价手段是标准化成就测验和（　　）。
A. 教师随堂评价　　　B. 教师自编测验　　　C. 随堂考试　　　　　D. 课堂提问测验

5. 选用某种测验时，必须首先考虑的质量指标是（　　）。
A. 信度　　　　　　　B. 效度　　　　　　　C. 难度　　　　　　　D. 区分度

6. 教育目标分类学中的"接受、反应、价值判断或价值观体系的个性化"属于（　　）。
A. 认知领域　　　　　B. 情感领域　　　　　C. 意志领域　　　　　D. 动作技能领域

7. 从教学评价的功能看，可将教学评价分为（　　）。

A. 正式评价与非正式评价　　　　　　　　B. 配置性评价与诊断性评价

C. 形成性评价与总结性评价　　　　　　　D. 常模参照评价与标准参照评价

8. 微博、QQ、BBS、E-mail 等信息技术在教育活动中都可以作为（　　）的工具。

A. 创设情境和自主探索　　　　　　　　　B. 协作学习和讨论交流

C. 学习评价　　　　　　　　　　　　　　D. 获取知识、信息

9. 教师开始关注学生的个别差异和不同需要，并考虑教学方法是否适合学生等问题表明该教师处于专业成长的（　　）。

A. 关注生存阶段　　　B. 关注情境阶段　　　C. 关注学生阶段　　　D. 关注发展阶段

10. 教师的期望体现了（　　）。

A. 晕轮效应　　　　　B. 近因效应　　　　　C. 罗森塔尔效应　　　D. 投射效应

11. 在下列教师行为中，属于心理健康表现的是（　　）。

A. 交往中，将关系建立在互惠的基础上

B. 冷静地处理课堂环境中的偶发事件

C. 将生活中的不愉快情绪带入课堂，迁怒于学生

D. 偏爱甚至袒护学习成绩好的学生

12. 以下说法中，错误的是（　　）。

A. 与新教师相比，专家型教师的课时计划简洁、灵活，以学生为中心，并具有预见性

B. 专家型教师有完善的维持学生注意的方法

C. 专家型教师往往比较注意课堂的细节

D. 专家型教师有丰富的教学策略

13. 教育心理学家认为教师在不同时期关注的焦点问题不同，一般来说，新教师最关注的是（　　）。

A. 教学情境问题　　　B. 自我生存问题　　　C. 学生发展问题　　　D. 自我实现问题

14. 按福勒和布朗的观点，把大量时间花在如何与学生搞好个人关系上的新教师处于教师成长的（　　）。

A. 关注情境阶段　　　B. 关注学生阶段　　　C. 关注待遇阶段　　　D. 关注生存阶段

15. 教师对教学工作采取冷漠的态度，在自身与工作对象间保持距离。这是教师职业倦怠的（　　）特征。

A. 挫折感　　　　　　B. 耗竭感　　　　　　C. 去个性化　　　　　D. 低个人成就感

16. 当今教师在教学中提倡反思性教学，这是古代先贤（　　）行为在当代的延伸。

A. 诲人不倦　　　　　　　　　　　　　　B. 反躬自省

C. 教学相长　　　　　　　　　　　　　　D. 为人师表

17. 以少数学生为对象，在较短的时间内（5~20分钟），尝试做小型的课堂教学，并把教学过程录制下来，课后进行分析。这种形式我们称为（　　）。

A. 磨课　　　　　　　B. 反转课堂　　　　　C. 微格教学　　　　　D. 新教育

18. 小周老师参加了一次教研活动，觉得教研活动的用途不大。她觉得用途不大的原因，错误的是（　　）。

A. 主讲人缺乏实践经验，照本宣科，一味宣讲

B. 小周老师没有唤醒思维，积极思考教研活动与自己教学实际的联系

C. 一线教学教师利用教学原理和教育实践经验指导学生后续的学习

D. 一线教师应该将全部精力用于教学，参不参加教研活动都没关系

19. 教学过程中，教师给学生以足够的关注和希望，学生在得到激励和赏识后，常常表现出积极的学习行为。这种心理效应是（　　）。

A. 南风效应　　　　B. 霍桑效应　　　　C. 皮格马利翁效应　　　D. 巴纳姆效应

20. 美国学者波斯纳提出的教师成长公式是（　　）。

A. 教师成长＝经验＋反思　　　　　　B. 教师成长＝观摩＋分析

C. 教师成长＝培训＋进修　　　　　　D. 教师成长＝学习＋实践

21. 一个测验能测出它所要测量的属性或特点的程度，称为测验的（　　）。

A. 信度　　　　　　B. 难度　　　　　　C. 区分度　　　　　　D. 效度

22. 下列不属于微课典型特征的是（　　）。

A. 短小精致，简便实用　　　　　　　B. 随时随地，重复使用

C. 组织灵活，形式多样　　　　　　　D. 教师控制，标准统一

23. 教师对自己影响学生学习活动或学习结果的能力的一种主观判断称为（　　）。

A. 教师控制点　　　B. 教学反思　　　　C. 教学效能感　　　　D. 教学操作能力

24. 来自不同学校的教师聚集在一起，首先提出课堂上发生的问题，然后共同讨论解决的办法，最后得到的方案为所有教师及其他学校所共享。这种反思方法称为（　　）。

A. 行动研究　　　　B. 详细描述　　　　C. 教学日记　　　　　D. 交流讨论

25. 教师职业倦怠是用来描述教师不能顺利应对（　　）时的一种极端反应。

A. 个人压力　　　　B. 生活压力　　　　C. 工作压力　　　　　D. 社会压力

26. 弗洛德伯格认为，职业倦怠是过分努力去达到一些个人或社会的不切实际的期望的结果，这是一种（　　）。

A. 临床心理学的观点　B. 社会心理学的观点　C. 工作环境的观点　D. 社会历史学的观点

27. 研究表明，容易产生职业倦怠的是某些低自尊或外控的教师，以及有（　　）。

A. A 型人格的教师　B. B 型人格的教师　C. C 型人格的教师　D. D 型人格的教师

28. 教学模式中尤其适合教授那些学生必须掌握的、有良好结构的信息或技能的是（　　）。

A. 适应性教学模式　B. 掌握学习模式　　C. 独立学习模式　　D. 直接教学模式

29. 个别化教学的典型代表是（　　）。

A. 情境教学　　　　B. 支架式教学　　　C. 程序教学　　　　　D. 复式教学

30. 在布罗菲和伊伏特逊划分的课堂管理阶段中，教师要花较多的时间监控和维持管理系统，而不是直接教授规则和程序的是（　　）。

A. 小学低年级阶段　B. 小学中年级阶段　C. 小学高年级阶段　D. 小学整个阶段

31. 下列选项中，常常被用来改善个别学生在课堂上的捣乱行为，也可用于整个捣乱班级行为矫正的最有效方法是（　　）。

A. 以家庭为背景的强化　　　　　　　B. 个人日志卡

C. 整班代币强化　　　　　　　　　　D. 集体绩效系统

32. 罗森塔尔效应强调哪种因素对学生发展的作用？（　　）

A. 教师的知识　　　B. 教师的能力　　　C. 教师的人格　　　　D. 教师的期望

33. 教师角色扮演的先决条件是（　　）。

A. 角色认知　　　　B. 角色体验　　　　C. 角色期待　　　　　D. 角色评价

34. 下列哪一种因素不是影响课堂气氛的主要因素？（　　）

A. 教师的领导方式　B. 教师的情绪状态　C. 教师对学生的期望　D. 教师的教学水平

35. 在认知领域的教学目标中，（　　）代表较高水平的理解。

A. 应用　　　　　　B. 领会　　　　　　C. 分析　　　　　　　D. 综合

36. 个体通过学习，经由前四个阶段的内化之后，所学得的知识观念已成为自己统一的价值观、并融入性格结构之中的情感教学目标是（　　）。

A. 形成价值观念　　　　B. 价值体系个性化　　　C. 反应　　　　　　　D. 组织价值观念系统

37. 很多学生加入共青团后，会按照团员的标准来规范自己的行为，在遵守校规校纪方面也会表现得更加规范，这是由（　　）促成的纪律。

A. 教师　　　　　　　　B. 集体　　　　　　　　C. 任务　　　　　　　D. 自我

38. 王老师坚信自己能教好学生，在教育教学中表现出很高的热情。这反映了她有较高的教学（　　）。

A. 职业认同感　　　　　B. 职业价值感　　　　　C. 操作技能　　　　　D. 效能感

三、多项选择题

1. 班主任白老师对全班学生说："假如同学们平时能认真遵守课堂纪律，且这次期中考试全班平均成绩在 90 分以上，那么这个周末我们就一起去郊游。"白老师在此使用的管理方法有（　　）。

A. 团体行为矫正技术　B. 个体行为矫正技术　C. 代币制　　　　　　D. 团体相倚管理

2. 在教学测验结果统计中，衡量学生成绩离散程度趋势的统计量是（　　）。

A. 原始分数　　　　　　B. 算术平均分　　　　　C. 方差　　　　　　　D. 标准差

3. 教学反思包括哪几种重要的成分？（　　）

A. 认知成分　　　　　　B. 理解成分　　　　　　C. 批判成分　　　　　D. 教师陈述

4. 教师的成长阶段包括（　　）。

A. 关注生存阶段　　　　B. 关注情境阶段　　　　C. 关注学生阶段　　　D. 关注声誉阶段

5. 优秀教师的自我效能感表现为（　　）。

A. 个人成就感　　　　　　　　　　　　　　　B. 认为从事教学活动很有价值

C. 对学生有正向的期望　　　　　　　　　　　D. 对学生的学习负有责任

6. 教育目标分类理论是教学设计、课堂教学、教学评价的基础，通常可以把教学目标分为（　　）。

A. 认知性目标　　　　　B. 技能性目标　　　　　C. 体验性目标　　　D. 学习性目标

7. 教学设计的主要环节包括（　　）。

A. 目标　　　　　　　　B. 策略　　　　　　　　C. 计划　　　　　　　D. 评价

模块三
普通心理学

第一章

概述与感觉

一、判断题（正确的填 A，错误的填 B）

1. 正常人的大脑左半球是言语优势半球。（   ）

2. 对一般人来说，大脑两半球的功能左右是对称的。（   ）

3. 见风流泪属于第二信号系统。（   ）

4. 反射学说认为，一切心理现象按其产生的方式来说都是反射。（   ）

5. 力比多理论是维果茨基的理论观点。（   ）

6. 高一学生的视觉和听觉的感受性已达到成人水平，但是没有超过成人。（   ）

7. 感觉是人关于世界的一切知识的源泉。（   ）

8. 个体所有的心理行为都可以归纳为心理学。（   ）

9. 大脑左半球主要负责形象思维和空间知觉。（   ）

10. 心理学是研究心理现象及其规律的科学，心理现象又称心理活动。它包括心理过程和个性心理。（   ）

11. 不仅人有心理，动物也有。（   ）

12. 必须关心人的尊严，充分重视人的主观性、意愿和观点，以人的价值、创造性和自我实现作为研究对象等是马斯洛人本主义心理学的基本原则。（   ）

13. 精神分析心理学强调的是人性本恶。（   ）

14. 面对耀眼的玻璃墙反光，小黄产生了不适的反应，此时他的视觉感受性提升了。（   ）

二、单项选择题

1. 主张研究人的价值和潜能的发展，被称为心理学的第三势力的心理学流派是（   ）。
A. 行为主义心理学　　B. 技能主义心理学　　C. 精神分析心理学　　D. 人本主义心理学

2. 心理是神经系统的机能，人的心理活动就其产生方式而言，是一种（   ）。
A. 精神活动　　　　　B. 反射活动　　　　　C. 意识活动　　　　　D. 技能活动

3. 在张老师组织的百人大合唱中，如果增加一至两个人，小红感觉不到音量的变化，如果增加到十个人左右时，小红就能明显地感觉到音量的变化，这种刚刚能使小红感觉到的音量变化的最小差异称为（   ）。
A. 绝对感觉阈限　　　B. 绝对感受性　　　　C. 差别感觉阈限　　　D. 差别感受性

4. 对自己的行为似乎有所意识，但又不太清晰；本身要求很少注意，并且不妨碍同时进行的其他活动，此种意识状态称为（　　　）。

A. 白日梦状态　　　　B. 自动化的意识状态　　C. 可控制的意识状态　　D. 睡眠状态

5. 如果掩蔽音和被掩蔽音都是纯音，那么两个声音（　　　）掩蔽作用越大。

A. 频率越接近　　　　B. 强度越接近　　　　C. 频率相差越大　　　　D. 音色相差越大

6. 听觉中枢位于大脑皮层的（　　　）。

A. 颞叶　　　　　　　B. 枕叶　　　　　　　C. 布洛卡区　　　　　　D. 顶叶

7. 精神分析理论之所以被称为深层心理学，其原因是（　　　）。

A. 不承认潜意识层面心理活动的存在　　　　B. 十分强调意识活动对人类心理的作用

C. 十分强调潜意识活动对人类心理的作用　　D. 否认意识层面心理活动的存在

8. 刚能引起差别感觉的两个刺激之间的最小差异量称为（　　　）。

A. 绝对感觉阈限　　　B. 绝对感受性　　　　C. 差别感觉阈限　　　　D. 差别感受性

9. 下列将人的发展归因于后天环境影响的心理学派是（　　　）。

A. 行为主义　　　　　B. 精神分析主义　　　C. 结构主义　　　　　　D. 人本主义

10. 下列选项中哪一项完整地表达了心理学的研究对象？（　　　）

A. 心理过程及其规律　　B. 情绪人格及其规律　　C. 生理现象及其规律　　D. 心理现象及其规律

11. 行为主义的代表学者是（　　　）。

A. 铁钦纳　　　　　　B. 詹姆斯　　　　　　C. 韦特海默　　　　　　D. 斯金纳

12. 心理学是研究人的（　　　）发生、发展及其规律的科学。

A. 心理现象　　　　　B. 认识过程　　　　　C. 心理过程　　　　　　D. 个性心理

13. 如果声音长时间（如数小时）连续作用，引起听觉感受性显著降低，这被称为（　　　）。

A. 听觉适应　　　　　B. 听觉丧失　　　　　C. 听觉疲劳　　　　　　D. 听觉失聪

14. 认为"个体心理的发展，特别是人格的发展是由本我、自我和超我三者相互斗争，相互协调的结果"的心理学家是（　　　）。

A. 维果茨基　　　　　B. 埃里克森　　　　　C. 弗洛伊德　　　　　　D. 皮亚杰

15. 绝对感觉阈限与绝对感受性的大小（　　　）。

A. 成正比例关系　　　B. 成正相关关系　　　C. 无关　　　　　　　　D. 成反比例关系

16. 有关大脑两半球功能单侧化的研究表明，大多数人的言语活动中枢在（　　　）。

A. 杏仁核　　　　　　B. 边缘系统　　　　　C. 大脑左半球　　　　　D. 大脑右半球

17. 属于个性心理特征的是（　　　）。

A. 情感　　　　　　　B. 意志　　　　　　　C. 感觉　　　　　　　　D. 气质

18. 心理学的研究对象主要包括（　　　）。

A. 认识过程和情感过程　　　　　　　　　　B. 意志过程和情感过程

C. 心理过程和个性心理　　　　　　　　　　D. 认识过程和意志过程

19. 根据巴甫洛夫的高级神经活动类型说，强、平衡、不灵活的类型是（　　　）。

A. 安静型　　　　　　B. 活泼型　　　　　　C. 兴奋型　　　　　　　D. 弱型

20. 看同一部电影或上同一堂课，不同的人感受也不同，这说明人的心理具有（　　　）。

A. 客观性　　　　　　B. 主观性　　　　　　C. 现实性　　　　　　　D. 能动性

21. 人因为过度疲劳而打瞌睡。这是（　　　）。

A. 超限抑制　　　　　B. 外抑制　　　　　　C. 消退抑制　　　　　　D. 分化抑制

22. 下列说法中，体现行为主义学派观点的是（　　　）。

A. 人的心理具有整体性　　　　　　　　　　B. 人有自我实现的倾向

C. 学习就是刺激和反应联结 　　　　　　　D. 人的心理是一个信息加工系统

23. 心理学作为一门独立的科学诞生于（　　）年。

A. 1879 　　　　　　B. 1897 　　　　　　C. 1789 　　　　　　D. 1798

24. 行为主义心理学的创始人是（　　）。

A. 考夫卡 　　　　　　B. 华生 　　　　　　C. 罗杰斯 　　　　　　D. 荣格

25. 行为主义心理学的代表人物是美国心理学家（　　）。

A. 霍尔 　　　　　　B. 马斯洛 　　　　　　C. 魏太默 　　　　　　D. 华生

26. 最简单、最低级的心理现象是（　　）。

A. 注意 　　　　　　B. 直觉 　　　　　　C. 感觉 　　　　　　D. 知觉

27. 看到红、橙、黄色使人产生温暖的感觉的现象叫（　　）。

A. 感觉对比 　　　　　　B. 感觉后象 　　　　　　C. 感觉适应 　　　　　　D. 联觉

28. 绝对感觉阈限是指（　　）。

A. 人的一般感觉能力 　　　　　　　　　　B. 最大可觉察的刺激量

C. 最小可觉察的刺激 　　　　　　　　　　D. 差异觉察能力

29. 认为人的性本能是最基本的自然本能，是推动人的发展的潜在的、无意识的、最根本的动因，提出这一观点的学者是（　　）。

A. 弗洛伊德 　　　　　　B. 华生 　　　　　　C. 桑代克 　　　　　　D. 巴甫洛夫

30. 感觉阈限与感受性的大小（　　）关系。

A. 成正比例 　　　　　　B. 成反比例 　　　　　　C. 不成比例 　　　　　　D. 成准比例

31. 当人由亮处走进暗处，刚开始看不清，后来能看清周围的事物，这是适应性能力的（　　）。

A. 提高 　　　　　　B. 降低 　　　　　　C. 没有变化 　　　　　　D. 无法判断

32. 科学心理学诞生的标志性事件是德国心理学家冯特在莱比锡大学建立了世界上第一个心理学实验室，其建立的时间为（　　）。

A. 1879 年 　　　　　　B. 1798 年 　　　　　　C. 1789 年 　　　　　　D. 1779 年

33. 语文成绩好，语文自我概念强，这说明（　　）。

A. 学习成绩与学业自我有较高相关 　　　　B. 学习成绩与学业自我不相关

C. 学习成绩与学业自我相互干扰 　　　　　D. 自我概念决定学习成绩

34. 从亮处到暗处，人眼开始时看不见周围的东西，经过一段时间后才逐渐区分出物体，人眼这种感受性逐渐提高的过程叫（　　）。

A. 明适应 　　　　　　B. 光适应 　　　　　　C. 暗适应 　　　　　　D. 不适应

35. 颜色的基本特征或表现，称为（　　）。

A. 色调 　　　　　　B. 亮度 　　　　　　C. 饱和度 　　　　　　D. 中和色

36. 感觉衰退最早的是（　　）。

A. 触觉 　　　　　　B. 味觉 　　　　　　C. 温度觉 　　　　　　D. 听觉和视觉

37. 按照巴甫洛夫的观点，心理活动的生理基础是（　　）。

A. 无条件反射 　　　　　　B. 条件反射 　　　　　　C. 探究反射 　　　　　　D. 定向反射

38. 1879 年，德国学者（　　），建立了世界上第一个心理学实验室，标志着心理学这门实验新科学的创立。

A. 杜威 　　　　　　B. 冯特 　　　　　　C. 布鲁纳 　　　　　　D. 卡特尔

39. 主张心理学的研究对象是具有适应性的心理活动，强调意识活动在人类的需要与环境之间起重要的中介作用的心理学流派是（　　）。

A. 构造主义学派 　　　　B. 机能主义学派 　　　　C. 精神分析学派 　　　　D. 人本主义学派

40. 弗洛伊德是（　　）心理学派的代表人物。

A. 构造主义　　　　　　B. 机能主义　　　　　C. 精神分析　　　　　D. 人本主义

41. 行为主义心理学的创始人是（　　）。

A. 华生　　　　　　　　B. 铁钦纳　　　　　　C. 詹姆斯　　　　　　D. 罗杰斯

42. "仁者见仁，智者见智"说明心理是（　　）。

A. 脑的机能

B. 对客观世界的反映

C. 对客观现实主观能动的反映

D. 在实践中发展

43. 脑的基本结构单位是（　　）。

A. 12 对脑神经

B. 脑干、间脑、小脑和大脑

C. 脑神经

D. 神经元

44. 外周神经系统可分为（　　）。

A. 突感神经和副突感神经

B. 躯体神经系统和自主神经系统

C. 脑神经和自主神经系统

D. 脊神经和自主神经系统

45. 对于一般人来说，言语功能占优势的大脑半球是（　　）。

A. 左半球

B. 右半球

C. 左右半球没有区别

D. 有人在左半球，有人在右半球

46. 下面哪个现象反映的是视觉适应？（　　）

A. 夜幕下，蓝色物体要比黄色物体更亮

B. 不管在白天还是傍晚，看到树叶的颜色都是绿色的

C. 直升机的螺旋桨高速旋转后，不再能观察到每片桨叶

D. 值夜班的消防员戴红色眼镜在室内灯光下活动

47. 大教室上课，教师借用扩音设备让全体学生清晰感知，这依据的感知规律是（　　）。

A. 差异律　　　　　　　B. 强度律　　　　　　C. 活动律　　　　　　D. 组合律

48. 教师在讲课时，要求有必要的走动和手势，以增强学生感知的效果，所依据的感知规律是（　　）。

A. 强度律　　　　　　　B. 差异律　　　　　　C. 活动律　　　　　　D. 组合律

49. "如入芝兰之室，久而不闻其香"说明人的感受具有（　　）。

A. 适应性　　　　　　　B. 对比性　　　　　　C. 抗拒性　　　　　　D. 排他性

50. 由于刺激对感受器的持续作用而使感受性发生变化的现象是（　　）。

A. 联觉　　　　　　　　B. 感觉后象　　　　　　C. 感觉适应　　　　　D. 感觉对比

三、多项选择题

1. 下列属于内部感觉的有（　　）。

A. 肤觉　　　　　　　　B. 平衡觉　　　　　　C. 嗅觉　　　　　　　D. 运动觉

2. 心理学的研究方法主要有（　　）。

A. 观察法　　　　　　　B. 实验法　　　　　　C. 测验法　　　　　　D. 调查法

3. 下列说法中正确的是（　　）。

A. 脑是心理的器官

B. 心理是脑的机能

C. 心理具有主观能动性

D. 心理反应总是正确的

第二章
知觉与记忆

一、判断题（正确的填 A，错误的填 B）

1. 知觉是在过去的知识和经验基础上产生的，所以要知觉事物必须对事物有所理解。（　　）

2. 在长时记忆中，信息存储的主要形式是语义信息形式。（　　）

3. 凡是发生过的心理活动，都会在人脑中保留一定的影响，留下一定的印象。（　　）

4. 一般来说，学生能回忆的就一定能再认，而能再认的不一定能回忆。（　　）

5. 依照知觉对象的性质不同，可以将知觉分为对他人知觉和对物知觉。（　　）

6. 小丽利用口诀记住了各个历史朝代的先后次序，这是属于有意记忆。（　　）

7. 知觉是人脑对直接作用于感觉器官的事物的各种不同属性、各个不同部分及其相互关系的整体反映。（　　）

8. 错觉就是在特定条件下对客观事物必然会产生的某种固定倾向的歪曲知觉。（　　）

9. 倒摄抑制是指后学习的材料对保持和回忆先学习的材料的干扰作用。（　　）

10. 储存在短时记忆系统的信息主要是以视觉编码为主。（　　）

11. 学生在做问答题时的记忆性活动主要是识记。（　　）

12. 任何一种专业技能的习得，主要依靠的是无意记忆。（　　）

13. 综合利用多重编码有利于提高识记成效而非导致识记内容的混乱。（　　）

二、单项选择题

1. 过去感知过的事物，当前并未出现，但能够把过去对它的反映重新呈现出来，这是记忆过程中的（　　）。

A. 识记　　　　　　　B. 保持　　　　　　　C. 再认　　　　　　　D. 回忆

2. 方位知觉中左右概念发展的最高阶段是（　　）。

A. 固定化地辨认左右方位　　　　　　　B. 初步掌握左右方位的相对性

C. 概括、灵活地掌握左右概念　　　　　D. 能清晰地辨认左右方位

3. 知识的保持是通过（　　）来实现的。

A. 复述　　　　　　　B. 记忆　　　　　　　C. 练习　　　　　　　D. 反馈

4. 学习材料在（　　）的作用下，保持在短时记忆中，并向长时记忆转移。

A. 听觉编码　　　　B. 相似联想　　　　C. 复述　　　　D. 接近联想

5. 初中生往往以第一次见面所产生的印象来评价他人，可能造成认知偏差，这种效应是（　　）。

A. 标签效应　　　　B. 晕轮效应　　　　C. 近因效应　　　　D. 首因效应

6. 丁老师在工作中常以自己的想法代替学生的想法，以自己的思维方式推测学生的思维方式，丁老师的行为体现了哪种效应？（　　）

A. 首因效应　　　　B. 晕轮效应　　　　C. 刻板效应　　　　D. 投射效应

7. 小张待人诚恳，非常诚实。虽然他有时显得比较笨拙，但一提到他，同学们首先想到的是他的诚恳，因此他在班里很受欢迎，这体现了心理现象中的（　　）。

A. 刻板效应　　　　B. 晕轮效应　　　　C. 盲目效应　　　　D. 中心特质效应

8. 教师制作课件时字不能太小，是运用感知觉规律的（　　）。

A. 差异律　　　　B. 活动律　　　　C. 强度律　　　　D. 组合律

9. 人们一般认为，北方人豪放，南方人细腻。这一现象在心理学上被称为（　　）。

A. 投射效应　　　　B. 首因效应　　　　C. 晕轮效应　　　　D. 刻板效应

10. 教师在写板书时，尽量要用白色粉笔，所依据的感知规律是（　　）。

A. 强度律　　　　B. 活动律　　　　C. 差异律　　　　D. 组合律

11. 在感觉记忆中，信息主要以（　　）形式存储。

A. 语义　　　　B. 概念体系　　　　C. 图式　　　　D. 视像和声像

12. 高中生对物体空间移动以及速度变化的知觉属于（　　）。

A. 时间知觉　　　　B. 方位知觉　　　　C. 形状知觉　　　　D. 运动知觉

13. 在英文阅读中遇到生词时，教师一般要求学生联系上下文猜测词义，而不是急于查字典。这体现了知觉的（　　）。

A. 整体性　　　　B. 理解性　　　　C. 选择性　　　　D. 恒常性

14. 胶片电影、霓虹灯活动广告等是按照（　　）原理制作而成的。

A. 时间知觉　　　　B. 真动知觉　　　　C. 似动知觉　　　　D. 错觉

15. 学生在听教师讲解公式原理时，总是在已有知识经验的基础上去把握所学的内容，这属于（　　）。

A. 知觉的选择性　　　　　　　　　　B. 知觉的恒常性

C. 知觉的理解性　　　　　　　　　　D. 知觉的整体性

16. "一好百好" "一坏百坏"，反映出社会认知信息整合过程中的（　　）。

A. 近因效应　　　　B. 刻板效应　　　　C. 首因效应　　　　D. 晕轮效应

17. 在学校中，男生认为女生细心、胆小、娇气，女生则认为男生有心机、胆大、傲气，这是人际认知印象形成中的哪一种心理效应？（　　）

A. 刻板效应　　　　B. 定式效应　　　　C. 投射效应　　　　D. 首因效应

18. 把煤放在日光照射下，把白粉笔放在阴影里，尽管前者反射的光比后者更多，但看起来依然是煤较黑，粉笔较亮，这是（　　）。

A. 知觉的理解性　　　　B. 知觉的选择性　　　　C. 知觉的恒常性　　　　D. 知觉的组织性

19. 丽丽花 10 分钟背会了《山行》这首诗，接着又继续读了 5 分钟，这种知识保持方法属于（　　）。

A. 及时复习　　　　B. 使用记忆术　　　　C. 分散集中结合　　　　D. 适当过度学习

20. 瞬时记忆属于（　　）。

A. 感觉记忆　　　　B. 短时记忆　　　　C. 长时记忆　　　　D. 工作记忆

21. "一朝被蛇咬，十年怕井绳"，这种记忆属于下列哪种记忆类型？（   ）

A. 形象记忆　　　　B. 逻辑记忆　　　　C. 动作记忆　　　　D. 情绪记忆

22. 动画的原理是每秒以数十幅画面连续播放，在（   ）的作用下，造成一种流畅的运动效果。

A. 瞬时记忆　　　　B. 短时记忆　　　　C. 情景记忆　　　　D. 内隐记忆

23. 一个人换了衣服和发型，但是我们仍然能够认出来他，这是（   ）。

A. 知觉的整体性　　B. 知觉的恒常性　　C. 知觉的理解性　　D. 知觉的不变性

24. 人脑对直接作用于感觉器官的客观事物的各个部分和属性的整体的反映叫（   ）。

A. 感觉　　　　　　B. 知觉　　　　　　C. 记忆　　　　　　D. 想象

25. 篮球比赛中，对于如何组织进攻、传球、上篮的记忆属于（   ）。

A. 情景记忆　　　　B. 语义记忆　　　　C. 陈述性记忆　　　D. 程序性记忆

26. "自由联想"或"触景生情"引起的回忆是一种（   ）。

A. 有意回忆　　　　B. 无意回忆　　　　C. 直接回忆　　　　D. 追忆

27. 教师对学生的某个特征产生强烈印象，从而形成以点概面的偏见，这是教育活动中的（   ）。

A. 第一印象　　　　B. 晕轮效应　　　　C. 蝴蝶效应　　　　D. 刻板效应

28. 记忆包括三个基本过程，它们是（   ）、保持和提取。

A. 编码　　　　　　B. 回忆　　　　　　C. 再认　　　　　　D. 遗忘

29. 练书法时，我们所知道的规则和方法是储存在（   ）中的。

A. 陈述性记忆　　　B. 情景记忆　　　　C. 程序性记忆　　　D. 感觉记忆

30. 感受身体运动与肌肉和关节的位置的肌动觉属于（   ）。

A. 远距离感觉　　　B. 外部感觉　　　　C. 近距离感觉　　　D. 内部感觉

31. 校庆时两位老同学相会，虽然叫不出名字，但彼此能认识，此时的记忆活动主要是（   ）。

A. 回忆　　　　　　B. 再认　　　　　　C. 识记　　　　　　D. 保持

32. 情人眼里出西施是一种（   ）。

A. 刻板效应　　　　B. 首因效应　　　　C. 性别印象　　　　D. 光环效应

33. 心理学家用"视崖实验"考察个体的（   ）。

A. 大小知觉　　　　B. 运动知觉　　　　C. 时间知觉　　　　D. 深度知觉

34. 地理老师在黑板上绘制教学地图时，铁路用白色、公路用红色、河流用蓝色，学生便可清晰地将它们区别开来。该教学过程中所体现的心理效应是（   ）。

A. 感觉后象　　　　B. 感觉对比　　　　C. 感觉适应　　　　D. 感觉的相互作用

35. 看书的时候用红笔画重点以便阅读是利用知觉的（   ）。

A. 选择性　　　　　B. 整体性　　　　　C. 理解性　　　　　D. 恒常性

36. 俗话说"一千个读者就有一千个哈姆雷特"，指的是知觉的（   ）。

A. 选择性　　　　　B. 恒常性　　　　　C. 理解性　　　　　D. 整体性

37. "外行看热闹，内行看门道"体现的是知觉的（   ）。

A. 选择性　　　　　B. 整体性　　　　　C. 理解性　　　　　D. 恒常性

38. 人知觉第一客观对象时，总是利用已知知识来认识它，并用词语标志，这是知觉的（   ）。

A. 选择性　　　　　B. 整体性　　　　　C. 理解性　　　　　D. 恒常性

39. 下列关于错觉的表述正确的是（   ）。

A. 错觉是在人们头脑中出现的幻觉

B. 错觉是由客观事物本身的改变引起的

C. 错觉是对事物的一种不正确的知觉

D. 错觉对于人们认识客观世界只有消极作用

40. 我们熟悉的某位身材高大的人，不会因为他站得远，看上去矮小，就把他知觉为一位身材矮小的人。这是知觉的（　　）。

　　A. 整体性　　　　　　B. 意义性　　　　　　C. 恒常性　　　　　　D. 选择性

41. 看见一支玫瑰花并能认识它，这时的心理活动是（　　）。

　　A. 色觉　　　　　　　B. 知觉　　　　　　　C. 感觉　　　　　　　D. 直觉

42. 立体感是利用知觉的（　　）。

　　A. 运动视差　　　　　B. 纹理色差　　　　　C. 双眼视差　　　　　D. 运动透视

43. （　　）是一种有意识、有计划、持久的知觉活动，是知觉的高级形态。

　　A. 感觉　　　　　　　B. 知觉　　　　　　　C. 观察　　　　　　　D. 注意

44. 教师答疑时，能迅速灵活地提取脑中知识，以解决学生当前的问题，这体现了记忆品质的（　　）。

　　A. 准确性　　　　　　B. 持久性　　　　　　C. 敏捷性　　　　　　D. 准备性

45. 根据美国教育心理学家加涅的信息加工理论，在学习、思维和解决问题中起关键作用的环节是（　　）。

　　A. 瞬时记忆　　　　　B. 工作记忆　　　　　C. 长时记忆　　　　　D. 感觉记忆

46. 小刚数学基础很好，对数学中的定理、公式很容易就能记住，这种记忆是（　　）。

　　A. 形象记忆　　　　　B. 逻辑记忆　　　　　C. 情绪记忆　　　　　D. 运动记忆

47. 我们从电话簿上看到一个号码，就能根据记忆去拨号，但事过之后就记不得这个电话号码了，这种记忆类型是（　　）。

　　A. 感觉记忆　　　　　B. 长时记忆　　　　　C. 短时记忆　　　　　D. 动作记忆

48. 短时记忆的容量有限，一般只能存储七个左右的信息项目，如要保持信息，就得采取（　　）。

　　A. 复述　　　　　　　B. 计划　　　　　　　C. 监督　　　　　　　D. 组织

49. 具有容易保持和恢复的特点的记忆是（　　）。

　　A. 语词记忆　　　　　B. 情绪记忆　　　　　C. 动作记忆　　　　　D. 形象记忆

50. 记忆的（　　），是其他三种品质的综合体现。

　　A. 准确性　　　　　　B. 准备性　　　　　　C. 持久性　　　　　　D. 敏捷性

51. 知道某人是东北人，人们会推断他酒量好，豪爽大气。这是（　　）。

　　A. 定式　　　　　　　B. 归因　　　　　　　C. 功能固着　　　　　D. 光环效应

52. 当一个人的外表具有魅力时，他（她）的一些与外表无关的特征也常常被肯定，这种现象被称为（　　）。

　　A. 宽大效应　　　　　B. 晕轮效应　　　　　C. 罗森塔尔效应　　　D. 刻板效应

53. 在印象形成过程中，最初获得的信息比后来获得的信息影响更大的现象称为（　　）。

　　A. 定向作用　　　　　B. 首因效应　　　　　C. 光环效应　　　　　D. 印象管理

54. 在教师与学生交往过程中，如果教师对学生的某个特征产生强烈的印象，并以这个印象为中心形成总体印象，从而掩盖其他特征，这种心理现象叫（　　）。

　　A. 首因效应　　　　　B. 刻板效应　　　　　C. 近因效应　　　　　D. 晕轮效应

55. 人际交往过程中会把自己的认识、情感、意志等特征强加在他人身上，以己度人。其中涉及的主要心理概念是（　　）。

　　A. 第一印象　　　　　B. 光环效应　　　　　C. 定式　　　　　　　D. 投射效应

三、多项选择题

1. 根据记忆的不同内容，可以将记忆分为（　　　　）。

A. 形象记忆　　　　　B. 无意记忆　　　　　C. 情绪记忆　　　　　D. 动作记忆

2. 根据记忆的存储模型，把记忆加工分为三个不同阶段，它们分别是（　　　　）。

A. 感觉记忆　　　　　B. 暂时记忆　　　　　C. 短时记忆　　　　　D. 长时记忆

E. 永久记忆

3. 教师可以从以下（　　　　）方面来培养小学生的意义记忆。

A. 帮助学生很好地理解教材

B. 对高年级学生要教会他们良好的记忆方法

C. 要求学生不用太理解要反复诵读

D. 适当训练学生的机械记忆能力以辅助意义记忆

E. 引导学生对识记的内容进行分析

4. 知觉的种类包括（　　　　）。

A. 空间知觉　　　　　B. 时间知觉　　　　　C. 运动知觉　　　　　D. 静止知觉

E. 短暂知觉

5. 知觉的特性包括（　　　　）。

A. 整体性　　　　　　B. 选择性　　　　　　C. 恒常性　　　　　　D. 间接性

E. 理解性

6. 陈述性记忆处理陈述性知识，如（　　　　）。

A. 字词　　　　　　　B. 人名　　　　　　　C. 时间　　　　　　　D. 观念

E. 怎样骑车

7. 瞬时记忆的特点是（　　　　）。

A. 时间极短　　　　　B. 容量较大　　　　　C. 形象鲜明　　　　　D. 意识清晰

E. 操作性强

8. 知识识记与信息编码的主要方式有（　　　　）。

A. 视觉编码　　　　　B. 语音听觉编码　　　C. 语义编码　　　　　D. 数字编码

E. 语言中介编码

9. 提起某个人时，就能回想起他的样子，这种记忆不属于（　　　　）。

A. 情绪记忆　　　　　B. 运动记忆　　　　　C. 逻辑记忆　　　　　D. 形象记忆

10. 现代认知心理学把记忆系统分为（　　　　）。

A. 瞬时记忆　　　　　B. 内隐记忆　　　　　C. 短时记忆　　　　　D. 长时记忆

11. 记忆是人脑对过去经验的保持和再现的过程，其种类除形象的记忆外，还有（　　　　）。

A. 语言记忆　　　　　B. 语义记忆　　　　　C. 情绪记忆　　　　　D. 动作记忆

12. 下列符合短时记忆特点的有（　　　　）。

A. 记忆容量有限，一般为7±2个组块　　　B. 短时记忆的信息可以被意识到

C. 短时记忆可以自动转入长时记忆　　　　　D. 信息保持的时间是0.25～2秒

13. 短时记忆和长时记忆的区别是（　　　　）。

A. 短时记忆无须意识参与　　　　　　　　　B. 长时记忆中的信息不易受干扰

C. 短时记忆不采用意义编码　　　　　　　　D. 长时记忆中信息不易消退

14. 对下列内容的记忆，属于陈述性记忆的有（　　　　）。

A. 端午节的日期　　　　　　　　　B. 雨的成因
C. 骑车的技能　　　　　　　　　　D. 舞蹈表演

四、案例分析题

针对如何对待自己做过的数学题，王老师引发并组织学生进行讨论，最后同学们决定每个人都建立一个数学题记录本，做得不顺畅、掌握不牢固的题用黑笔写到笔记本上，完全不会或者做错的题用红笔记到笔记本上。

分析教师这样引导学生的目的，阐述用红黑不同颜色的笔记录数学题符合什么规律。

第三章
遗忘、表象与想象

一、判断题（正确的填 A，错误的填 B）

1. 对同一事物有相同表现的两个人无须借助语言就能用表象直接交流。（　　）
2. 表象可以为想象提供素材，因为表象有可操作性。（　　）
3. 幻想常使人想入非非，所以应引导学生立足现实，不要幻想。（　　）
4. 集中复习的效果优于分散复习的效果。（　　）
5. 过度学习是克服遗忘的主要措施。（　　）
6. 人的感受性越高，则人的感觉阈限越高。（　　）
7. 学习中的遗忘速度是不均衡的，其规律是先快后慢，成负加速型。（　　）
8. 识记材料的性质对遗忘的进程有影响。一般来说，有意义材料、形象材料遗忘得较快，抽象材料不容易被遗忘。（　　）

二、单项选择题

1. 关于小学儿童想象的发展，以下表述中错误的是（　　）。
   A. 想象所反映的形象，越发接近现实事物
   B. 想象形象的特征数由少到多
   C. 想象形象结构配置由合理到不合理
   D. 逐渐转向对现实生活的幻想
2. "当我们学到了更高级的概念与规律以后，高级的观念可以代替低级概念，使低级概念遗忘，从而减轻记忆负担。"这种思想和以下的哪一种理论有关？（　　）
   A. 消退说　　　　　　B. 同化说　　　　　　C. 动机说　　　　　　D. 干扰说
3. 下列选项中，（　　）是由感知到思维的必要的过渡环节。
   A. 感觉　　　　　　　B. 知觉　　　　　　　C. 表象　　　　　　　D. 推理
4. 当我们按照顺序识记一系列外语单词时，发现首尾部位的单词容易记住，而中间部位的单词不易记住，这种现象叫（　　）。
   A. 遗忘　　　　　　　B. 首因效应　　　　　C. 近因效应　　　　　D. 系列位置效应
5. 下列选项中，属于再造想象的是（　　）
   A. 鲁迅先生创作的"阿 Q"形象

B. 各种神话、童话中的形象

C. 建筑工人根据建筑蓝图想象出的建筑物的形象

D. 人们看见天上的白云，想象出的各种动物的形象

6. 为了提高学习效率，又不给学生造成多余的负担，教师在学生的学习达到恰能成诵之后，再增加 50% 的学习量，达到的效果最佳，这是（　　）。

A. 过度学习　　　　　B. 低度学习　　　　　C. 适度学习　　　　　D. 强化学习

7. 让小丽先后学习两组难易相当、性质相似的材料，随后的检查发现她对前面组材料的回忆效果不如后面一组好，这是由于受到（　　）。

A. 倒摄抑制　　　　　B. 前摄抑制　　　　　C. 分化抑制　　　　　D. 延缓抑制

8. 英语教师提倡同学们早晨起来记忆单词，这种做法可以避免的干扰是（　　）。

A. 前摄抑制　　　　　B. 倒摄抑制　　　　　C. 双重抑制　　　　　D. 多重抑制

9. 学习新信息对已有旧信息回忆的抑制作用，属于（　　）。

A. 前摄干扰　　　　　B. 倒摄干扰　　　　　C. 双重干扰　　　　　D. 新旧干扰

10. 由火想到热，由久旱逢甘霖想到丰收，由骄兵想到必败，这些联想属于（　　）。

A. 类似联想　　　　　B. 对比联想　　　　　C. 接近联想　　　　　D. 因果联想

11. 早晨的学习效果一般比较好，这是因为这一阶段的学习不受（　　）的干扰。

A. 前摄抑制　　　　　B. 倒摄抑制　　　　　C. 单一抑制　　　　　D. 双重抑制

12. "心理旋转实验"表明表象的（　　）。

A. 可操作性　　　　　B. 直观性　　　　　C. 概括性　　　　　D. 观察性

13. 最佳学习效果的过度学习需达到（　　）。

A. 50%　　　　　B. 100%　　　　　C. 150%　　　　　D. 200%

14. 学习结束之后，遗忘立刻开始，下面遗忘的规律错误的是（　　）。

A. 平稳减少　　　　　　　　　　　B. 先快后慢

C. 先多后少　　　　　　　　　　　D. 达到一定程度保持稳定

15. 科学家提出各种想象模型，文学家在头脑中构思的人物形象，都属于（　　）。

A. 创造想象　　　　　B. 再造想象　　　　　C. 有意想象　　　　　D. 无意想象

16. 根据设计图的描述想象出未来的样子是（　　）。

A. 再造想象　　　　　B. 创造想象　　　　　C. 无意想象　　　　　D. 空想

17. 前摄抑制与倒摄抑制证实了遗忘的（　　）。

A. 动机说　　　　　B. 消退说　　　　　C. 提取失败说　　　　　D. 干扰说

18. 和小学生的概念联系在一起的是（　　）。

A. 感觉　　　　　B. 知觉　　　　　C. 表象　　　　　D. 记忆

19. 在学习了新知识之后，遗忘内容的百分率最大的时期是（　　），因此复习要及时。

A. 两天之内　　　　　B. 一周　　　　　C. 两周　　　　　D. 一个月

20. 人在阅读文艺作品、历史文献，学生在听老师对课文进行生动形象的描述时，头脑中出现的有关事物的形象都属于（　　）。

A. 无意想象　　　　　B. 有意想象　　　　　C. 创造想象　　　　　D. 再造想象

21. 鲁迅在小说《阿Q正传》中塑造阿Q人物形象时所用的想象是（　　）。

A. 无意想象　　　　　B. 创造想象　　　　　C. 再造想象　　　　　D. 言语想象

22. 根据艾宾浩斯遗忘曲线的遗忘规律，下列说法错误的是（　　）。

A. 遗忘在学习之后马上开始　　　　　B. 遗忘的过程最初进展很慢

C. 过了一定的时间之后几乎不再遗忘　　　　　D. 遗忘的发展是不均衡的

23. 想象要处理的信息主要是什么类型的？（　　）。

A. 符号类　　　　　B. 字词同类　　　　　C. 操作类　　　　　D. 表象类

24. 艾宾浩斯遗忘曲线揭示了遗忘过程与（　　）的关系。

A. 学习程度　　　　B. 时间　　　　　C. 记忆材料　　　　D. 记忆方法

25. 鲁迅的小说《狂人日记》属于（　　）的范畴。

A. 再造想象　　　　B. 创造想象　　　　C. 梦想　　　　　D. 幻想

26. 有关过度学习的研究表明，取得最佳学习效果应为刚学会的150%。某同学背一首诗，读12遍的时候刚好成诵，要取得最佳记忆效果，他应该再读（　　）。

A. 6遍　　　　　B. 8遍　　　　　C. 12遍　　　　　D. 18遍

27. 有的小学生在学习英语字母"t"时，常常会发出汉语拼音"t"的音，造成这种干扰现象的原因是（　　）。

A. 前摄抑制　　　　B. 倒摄抑制　　　　C. 消退抑制　　　　D. 双向抑制

28. 李小明同学今天在参加物理考试时，对一些简单而熟悉的力学公式，却怎么也想不起来，其中涉及的遗忘理论主要是（　　）。

A. 衰退理论　　　　B. 干扰理论　　　　C. 动机性遗忘理论　　　D. 提取失败理论

29. 人们偶然看到天上的白云，会下意识地脱口说出它像棉絮、小山等。这种是（　　）。

A. 无意想象　　　　B. 有意想象　　　　C. 幻想　　　　　D. 幻觉

30. 神话中孙悟空的形象运用的想象加工方式是（　　）。

A. 黏合　　　　　B. 夸张　　　　　C. 人格化　　　　　D. 典型化

31. 学生学习《望庐山瀑布》这首古诗时，头脑中呈现诗句所描绘的相关景象，这种心理活动属于（　　）。

A. 无意记忆　　　　B. 有意记忆　　　　C. 再造想象　　　　D. 创造想象

32. 改变客观事物形象中的某一部分，突出其特点，从而产生新形象。这种想象的认知加工方式是（　　）。

A. 黏合　　　　　B. 夸张　　　　　C. 人格化　　　　　D. 典型化

33. 表象的可操作性可以通过实验加以证明，如谢帕德等人所做的（　　）。

A. 表象操作实验　　B. 心理操作实验　　C. 心理旋转实验　　D. 表象运动实验

三、多项选择题

1. 教师在培养初中生想象力时，可采用（　　）等方式。

A. 丰富初中生的表象储备

B. 进行想象训练

C. 利用形象的言语描述

D. 培养正确的、符合实际的想象

E. 通过实物、图片或参观等丰富初中生想象的内容

2. 下列属于再造想象的是（　　）。

A. 樱桃小嘴　　　　　　　　　　B. 白日做梦

C. 发明家设计将要发明的工具　　　D. 根据描写，头脑中呈现阿Q形象

第四章

思 维

一、判断题（正确的填 A，错误的填 B）

1. "灵感和顿悟"属于发散性思维。（　　）
2. 教学中用不同形式的直观材料或事例来说明事物的本质属性称为比较。（　　）
3. 各种各样的水都可以用"水"这个词标志出来，这反映了思维的间接性。（　　）
4. 思维的最基本单位是推理。（　　）
5. 灵感是聚合思维。（　　）
6. 初中生知识经验有限，导致思维的独立性和批判性不够成熟。（　　）
7. 人不能直接感知光的运动速度，但通过实验间接推算出光速为每秒 30 万千米，证明人的思维具有间接性。（　　）
8. 从某种意义上讲，思维的过程就是发现问题和解决问题的过程。（　　）
9. 个体思维的发展，一般都要经历动作思维、形象思维和逻辑思维。因此，逻辑思维比形象思维高级，形象思维比动作思维高级。（　　）

二、单项选择题

1. 我们在解数学题时，通常是根据已知条件朝着目标方向进行分析和综合，最后寻求到答案，这种解决问题的思维方式是（　　）。
   A. 直觉思维　　　　　　　　　　　B. 发散思维
   C. 常规思维　　　　　　　　　　　D. 辐合思维
2. 不落俗套和不循常规的思维能力体现的是思维的（　　）。
   A. 流畅性　　　　B. 变通性　　　　C. 再定义性　　　　D. 独创性
3. 一个人在思维中或者自以为是或者人云亦云都是缺乏（　　）。
   A. 思维逻辑性　　　B. 思维独立性　　　C. 思维灵活性　　　D. 思维批判性
4. 客观事物在人脑中间接和概括的反映是（　　）。
   A. 想象　　　　B. 联想　　　　C. 表象　　　　D. 思维
5. 曹冲称象主要反映出的是（　　）。
   A. 抽象逻辑思维　　　B. 聚合思维　　　C. 动作思维　　　D. 发散思维

6. "础润而知雨，月润而知风"主要体现思维的（　　　）。

　　A. 概括性　　　　　　B. 间接性　　　　　　C. 直接性　　　　　　D. 敏捷性

7. 思维的主要特征为（　　　）。

　　A. 间接性和概括性　　B. 分析性和概括性　　C. 间接性和整合性　　D. 分析性和整合性

8. 在头脑中把事物的各个部分、各个属性、各个特征结合起来，了解它们之间的联系，形成一个整体，反映了思维的哪个过程？（　　　）

　　A. 综合　　　　　　　B. 比较　　　　　　　C. 概括　　　　　　　D. 分析

9. 早上起来，推开窗子发现地面全都湿了，你推断昨夜肯定下雨了。这是思维的（　　　）。

　　A. 概括性　　　　　　B. 间接性　　　　　　C. 合理性　　　　　　D. 整体性

10. 人脑反映事物本质属性的思维形式是（　　　）。

　　A. 推理　　　　　　　B. 规则　　　　　　　C. 判断　　　　　　　D. 概念

11. 小学生的思维（　　　）。

　　A. 正处于具体思维与抽象思维并行发展阶段

　　B. 正处于抽象思维向具体思维过渡阶段

　　C. 正处于具体思维向抽象思维过渡阶段

　　D. 完全属于具体形象思维阶段

12. 根据思维过程所凭借的中介的不同，可以把思维划分为直观动作思维（又称直觉动作思维）、抽象逻辑思维和（　　　）。

　　A. 聚合思维　　　　　B. 发散思维　　　　　C. 创造性思维　　　　D. 具体形象思维

13. "隔墙见角而知有牛""隔岸见烟而知有火"体现了思维的（　　　）。

　　A. 间接性　　　　　　B. 概括性　　　　　　C. 抽象性　　　　　　D. 系统性

14. 小学生概括能力的发展的特点是（　　　）。

　　A. 只能概括事物的外部感性特点

　　B. 能很好地概括事物的本质属性

　　C. 逐渐从对事物外部感性特点的概括转为对本质属性的概括

　　D. 还依赖于事物的直观的形象

15. 利用已有的知识经验，从问题提供的各种信息中寻找最佳答案的思维方式是（　　　）。

　　A. 直觉思维　　　　　B. 聚合思维　　　　　C. 抽象思维　　　　　D. 发散思维

16. 数学家高斯十岁时，通过分析"$1+2+3+4+\cdots+99+100=?$"这道题发现，这一数列两端两数之和总是101，从而提出$101\times100/2=5\,050$的答案。在解决这一问题的过程中，数学家高斯主要运用了（　　　）。

　　A. 再造性思维　　　　B. 模仿性思维　　　　C. 形象性思维　　　　D. 创造性思维

17. 幼儿利用数手指来数数，这是典型的（　　　）。

　　A. 直观动作思维　　　B. 具体形象思维　　　C. 抽象思维　　　　　D. 发散思维

18. 对同一问题，学生能根据不同情境设想出多种答案，或者获得多种解法，这表明其思维有（　　　）。

　　A. 变通性　　　　　　B. 流畅性　　　　　　C. 指向性　　　　　　D. 独创性

19. 如果 A＞B，A＜C，C＞D，C＜E，那结果必然有 B＜E。这种思维是（　　　）。

　　A. 发散思维　　　　　B. 分析思维　　　　　C. 辐合思维　　　　　D. 创造思维

20. 皇帝——"皇帝就是沙皇"，祖国——"美丽的地方"，这说明儿童掌握概念的水平处于（　　　）。

　　A. 第一级水平　　　　B. 第二级水平　　　　C. 第三级水平　　　　D. 第四级水平

21. "夜来风雨声，花落知多少。"反映了思维的( )特点。

　　A. 概括性　　　　　B. 间接性　　　　　　C. 深刻性　　　　　　D. 独立性

22. ( )是指未经逐步的逻辑分析而迅速地对问题的答案作出合理的猜测、设想或突然领悟的思维。

　　A. 抽象思维　　　　B. 形象思维　　　　　C. 逻辑思维　　　　　D. 直觉思维

23. 问："铁受热会膨胀吗?"人们根据"一切金属受热会膨胀"的原理，推出"铁是金属，铁受热会膨胀"的结论。这个过程是( )。

　　A. 思维　　　　　　B. 想象　　　　　　　C. 推理　　　　　　　D. 概念形成

24. 张老师在组织学生思考和讨论时，常常激励学生尽量列举所有可能，这种思维训练方法是( )。

　　A. 分合法　　　　　B. 清单法　　　　　　C. 试误法　　　　　　D. 头脑风暴法

25. 学生利用头脑中的概念、理论知识来解决问题，这种思维是( )。

　　A. 动作思维　　　　B. 形象思维　　　　　C. 逻辑思维　　　　　D. 发散思维

26. "灯是照明的工具"这种认识反映了( )。

　　A. 思维的间接性　　B. 思维的灵活性　　　C. 思维的概括性　　　D. 思维的敏捷性

27. 对同一类型的问题寻找不同类型的答案可以培养学生的( )。

　　A. 活动性　　　　　B. 独创性　　　　　　C. 目的性　　　　　　D. 变通性

28. 善于综合、分析，善于迁移，举一反三，触类旁通，这是思维的哪一品质的体现? ( )

　　A. 思维的广阔性　　B. 思维的深刻性　　　C. 思维的批判性　　　D. 思维的灵活性

29. 创造者经过长期酝酿，新假设突然产生或者对百思不解的问题豁然开朗，这种现象是( )。

　　A. 灵感　　　　　　B. 形象思维　　　　　C. 直觉　　　　　　　D. 联想

30. 幼儿的思维活动往往是在实际操作中，借助触摸、摆弄物体而产生和进行的。这种思维方式是( )。

　　A. 经验思维　　　　B. 抽象逻辑思维　　　C. 直观动作思维　　　D. 具体形象思维

31. 看到月亮的边上有一圈光晕，就推知将要刮风，这是( )。

　　A. 知觉　　　　　　B. 思维　　　　　　　C. 想象　　　　　　　D. 遗觉象

32. 比较固执、爱钻牛角尖是思维缺乏( )的表现。

　　A. 深刻性　　　　　B. 灵活性　　　　　　C. 广阔性　　　　　　D. 批判性

33. 看到墙砖变得潮湿，就推知将要下雨，这种心理活动是( )。

　　A. 思维　　　　　　B. 知觉　　　　　　　C. 想象　　　　　　　D. 遗觉象

34. 受经验与习惯影响而产生的心理活动的准备状态，影响问题解决的倾向性，这种心理现象叫作( )。

　　A. 定式　　　　　　B. 迁移作用　　　　　C. 动机状态　　　　　D. 变式

35. 人的心理机能的高级之处在于( )。

　　A. 人具有言语功能　B. 人会思维　　　　　C. 人会劳动　　　　　D. 人会独立行走

36. 提问者要求列举砖头的各种用途。可能的答案是：做建筑材料、当打人的武器、代替尺子画线等。这种寻找问题答案的思维方式是( )。

　　A. 知觉思维　　　　B. 聚合思维　　　　　C. 抽象思维　　　　　D. 发散思维

37. 先前的思维活动所形成的解决问题的方法成为解决当前问题的一种准备状态，这样的现象称为( )。

　　A. 思维定式　　　　B. 回忆　　　　　　　C. 习惯　　　　　　　D. 联想

38. 下面哪种思维的主要功能是求异创新？（　　）

A. 集中思维　　　　　　B. 发散思维　　　　　　C. 形式逻辑思维　　　D. 动作思维

39. 古希腊学者阿基米德在浴缸洗澡时突然发现了浮力定律，解决了"王冠之谜"。这种思维是（　　）。

A. 直觉思维　　　　　　B. 常规思维　　　　　　C. 分析思维　　　　　　D. 抽象思维

40. 小学生在解答应用题时，推理的间接性不断加强，并能不断掌握运算法则，把握事物数量变化的规律性，这说明小学生思维发展具有（　　）。

A. 敏捷性　　　　　　　B. 深刻性　　　　　　　C. 灵活性　　　　　　　D. 独创性

41. "凡是能言语、能思维、能制造和使用工具的动物都是人。"这属于思维过程中的（　　）。

A. 分类　　　　　　　　B. 概括　　　　　　　　C. 抽象　　　　　　　　D. 综合

42. 天空中出现朝霞就会下雨，出现晚霞就会放晴。人们由此想到"朝霞不出门，晚霞行千里"的结论，这主要体现了思维的（　　）。

A. 间接性　　　　　　　B. 抽象性　　　　　　　C. 概括性　　　　　　　D. 稳定性

三、多项选择题

1. 一题多解是培养学生的（　　）。

A. 逻辑思维　　　　　　B. 辐合思维　　　　　　C. 发散思维　　　　　　D. 求异思维

2. 学生思维能力的培养方式包括（　　）。

A. 鼓励学生的求异思维　　　　　　　B. 发展学生的直觉思维

C. 培养学生的创造性思维　　　　　　D. 激发学生的学习兴趣

3. 思维按照创新程度可以分为（　　）。

A. 抽象思维　　　　　　B. 知觉思维　　　　　　C. 创造性思维　　　D. 常规性思维

4. 发散思维的特点是（　　）。

A. 流畅性　　　　　　　B. 灵活性　　　　　　　C. 独创性　　　　　　　D. 指向性

5. 以下属于认知过程的有（　　）。

A. 信念　　　　　　　　B. 感觉　　　　　　　　C. 记忆　　　　　　　　D. 思维

E. 理想

第五章

注意、情绪与情感

一、判断题（正确的填 A，错误的填 B）

1. "一目十行"属于注意的分配。（　　）

2. 低年级儿童主要是以社会反应作为自己情感体验的依据。（　　）

3. 被注意的对象越分散，排列越有规律，越能成为相互联系的整体，注意的范围就越大。（　　）

4. 激情是在出乎意料的紧张状态下所产生的情绪状态。（　　）

5. 广义的情绪并不包括情感，它是人对客观事物的态度体验。（　　）

6. 学生注意分散到其他活动上，属于注意转移。（　　）

7. 作为一种可贵的品质，注意的集中和稳定主要取决于人有无坚定的目的。（　　）

8. "人逢喜事精神爽"，这种情绪状态属于激情。（　　）

9. 注意的范围是指同一时间内所能清楚把握的对象的数量。（　　）

10. 情绪智力即情商，是影响个体成功的重要因素。（　　）

11. "临危不惧，舍己救人，化险为夷"这种情绪状态被称为心境。（　　）

12. 个人责任感对遵从有很大影响，一般而言，个人责任感越强，遵从性就越强。（　　）

13. 青少年学生的情绪具有爆发性和冲动性、外露性和内隐性的发展特点。（　　）

14. 学生在 45 分钟的课堂时间中，要认真听讲，需要将注意始终维持在与教学有关的活动上，这就是注意的选择性。（　　）

15. 在教学过程中，教师尽量用同一种教学方法把教材讲得详细，这有利于防止学生注意力分散。（　　）

二、单项选择题

1. 有的成年人一遇挫折就哭哭啼啼，或撒娇任性，或装病逃避，这属于心理防御机制中的（　　）。

A. 反向　　　　　　B. 补偿　　　　　　C. 转移　　　　　　D. 退行

2. 针对同一事件或现象人们有不同的反应：有一元钱时甲说还有一元钱，很高兴啊；乙说只有一元钱，好痛苦啊。这反映出情绪有（　　）。

A. 两极性　　　　　B. 独特的主观性　　C. 明显的生理唤醒　　D. 不同的外部表现

3. 听课时思想开小差，听到大家的掌声才回神，是注意的（　　）。

　　A. 转移　　　　　　　　B. 分散　　　　　　　　C. 稳定　　　　　　　　D. 广度

4. 视而不见、听而不闻体现了注意的（　　）。

　　A. 指同性　　　　　　　B. 集中性　　　　　　　C. 转移　　　　　　　　D. 维持

5. 人们在重大刺激作用下产生的勃然大怒、暴跳如雷、欣喜若狂等情绪体验称为（　　）。

　　A. 心境　　　　　　　　B. 激情　　　　　　　　C. 应激　　　　　　　　D. 感情

6. 人们在解决疑难问题后的兴奋、激动和自豪等主要是（　　）的表现。

　　A. 道德感　　　　　　　B. 理智感　　　　　　　C. 美感　　　　　　　　D. 激情

7. 晓东在解决了困扰了他许久的数学难题后出现的喜悦感属于（　　）。

　　A. 道德感　　　　　　　B. 理智感　　　　　　　C. 美感　　　　　　　　D. 效能感

8. 学生临考的怯场属于（　　）。

　　A. 心境　　　　　　　　B. 理智感　　　　　　　C. 应激　　　　　　　　D. 激情

9. MURDER 策略中 M 指的是（　　）。

　　A. 心境　　　　　　　　B. 理解　　　　　　　　C. 回忆　　　　　　　　D. 复习

10. 华生认为婴儿出生时所具有的三种情绪反应是（　　）。

　　A. 恐惧、愤怒、爱　　　　　　　　　　B. 恐惧、愤怒、恨

　　C. 恐惧、爱、恨　　　　　　　　　　　D. 愤怒、爱、恨

11. 学生解出一道难题感到无比的兴奋、内心充满轻松愉悦的体验，这属于（　　）。

　　A. 道德感　　　　　B. 理智感　　　　　C. 美感　　　　　　D. 幸福感

12. 有的人虽然内心自卑感很重，觉得事事不如别人，但总表现出自高自大、傲慢不羁，这种心理防御机制称为（　　）。

　　A. 投射　　　　　　　　B. 反向　　　　　　　　C. 退行　　　　　　　　D. 补偿

13. 从发生早晚的角度看情绪与情感的差异（　　）。

　　A. 情绪发生早，情感产生晚　　　　　　B. 情绪发生晚，情感产牛早

　　C. 情绪情感同时产生　　　　　　　　　D. 情绪情感都是与生俱来的

14. "范进中举"故事中当范进得知考中时的情绪状态是（　　）。

　　A 应激　　　　　　　　B. 心境　　　　　　　　C. 焦虑　　　　　　　　D. 激情

15. 看见他人随地吐痰感到厌恶是（　　）。

　　A. 直觉的道德情感　　　B. 想象的道德情感　　　C. 伦理的道德情感　　　D. 法律的道德情感

16. 初学外语感到枯燥无味，但认识到掌握好外语对将来发展很有用，于是对学习外语产生了兴趣，学习外语时注意也得到了很好的维持，这是由于（　　）。

　　A. 直接兴趣对有意注意保持的促进作用　　B. 间接兴趣对有意注意保持的促进作用

　　C. 直接兴趣对无意注意保持的促进作用　　D. 间接兴趣对无意注意保持的促进作用

17. 采用合理的理由来解释所遭受的挫折，以减轻心理痛苦，这种心理防御机制称为（　　）。

　　A. 压抑　　　　　　　　B. 投射　　　　　　　　C. 退行　　　　　　　　D. 文饰

18. 一名教师走到安静的教室门口故意咳嗽两声，目的是引起学生的（　　）。

　　A. 无意注意　　　　　　B. 有意注意　　　　　　C. 有意后注意　　　　　D. 关注

19. 教师注意力的特点集中表现在（　　）上。

　　A. 注意稳定能力　　　　B. 注意转移能力　　　　C. 注意集中能力　　　　D. 注意分配能力

20. 梦是一种（　　）。

　　A. 可控制的意识状态　　B. 自动化的意识状态　　C. 白日梦状态　　　　　D. 无意识的心理活动

21. 下列哪一种情绪状态具有弥散性特点？（　　）

A. 心境　　　　　　B. 表情　　　　　　C. 应激　　　　　　D. 激情

22. 研究表明，人的注意不能总是长时间地保持固定不变的状态，它经常出现周期性的加强和减弱，这是（　　）。

A. 注意的分配　　　B. 注意的转移　　　C. 注意的范围　　　D. 注意的起伏

23. 在一次暑假夏令营活动中，天气炎热，同学们都感到口干舌燥。此时，小丽会因为自己还剩下半杯水而高兴，而小悦则因为自己还剩半杯水而忧。这说明情绪具有（　　）。

A. 主观性　　　　　B. 感染性　　　　　C. 客观性　　　　　D. 两极性

24. 教师讲课语言生动、形象、简洁、准确、富有吸引力、声音抑扬顿挫，并伴有适当的表情，使学生产生兴趣，易引起学生（　　）。

A. 有意注意　　　　B. 无意注意　　　　C. 兴趣　　　　　　D. 共鸣

25. 小学生随着知识经验积累，思维发展，阅读技巧形成，一次就能看到整个句子，再往后，能同时看到句和句之间的关系，这表明其（　　）。

A. 注意的广度增大了　　　　　　　　　B. 注意的稳定性提高了

C. 注意的分配增强了　　　　　　　　　D. 注意的转移增强了

26. 人类基本的情绪分类是（　　）。

A. 快乐、悲哀、愤怒、恐惧　　　　　　B. 快乐、悲哀、愤怒、妒忌

C. 心境、激情、应激　　　　　　　　　D. 快乐、悲哀、愤怒、愧疚

27. 有些酗酒者认为"喝酒伤身"没有科学根据，照样喝酒，这是心理防御机制中的（　　）。

A. 文饰　　　　　　B. 否认　　　　　　C. 投射　　　　　　D. 反向

28. 小学低年级学生相对高年级学生更容易被一些外界刺激吸引，例如教室外的说话声，这表明（　　）。

A. 低年级学生无意注意发展得不是很好　　B. 低年级学生有意注意发展得不是很好

C. 低年级学生有意注意发展得很好　　　　D. 低年级学生有意后注意发展得很好

29. 听钟表走动的嘀嗒声，时而有时而无的这种周期性变化现象是（　　）。

A. 注意的稳定性　　B. 注意的范围　　　C. 注意的分配　　　D. 注意的起伏

30. 以下说法不正确的是（　　）。

A. 情感可以引发或中断信息加工　　　　B. 情感可以导致选择性加工

C. 情感无法为社会认知输入信号　　　　D. 情感可以影响决策和问题解决

31. 情绪、情感是个体的内心体验，中介是（　　）。

A. 兴趣　　　　　　B. 思维　　　　　　C. 需要　　　　　　D. 客观现实

32. 人们欣赏名画《蒙娜丽莎》时，陶醉在"永恒"的微笑中，感到非常愉悦。这种情感属于（　　）。

A. 道德感　　　　　B. 理智感　　　　　C. 美感　　　　　　D. 自豪感

33. 当同学们获悉本班取得学校合唱比赛第一名的成绩时欣喜若狂，他们的情绪状态属于（　　）。

A. 心境　　　　　　B. 激情　　　　　　C. 应激　　　　　　D. 热情

34. "先天下之忧而忧，后天下之乐而乐。"这体现了下列哪种感情？（　　）

A. 道德感　　　　　B. 美感　　　　　　C. 理智感　　　　　D. 热爱感

35. "手舞足蹈，摩拳擦掌"这种表现说明一个人的情绪正处于（　　）状态。

A. 美感　　　　　　B. 应激　　　　　　C. 激情　　　　　　D. 心境

36. "相见时难别亦难，东风无力百花残。"反映的情绪状态是（　　）。

A. 心境　　　　　　B. 激情　　　　　　C. 应激　　　　　　D. 焦虑

37. 章山同学高考失利后，长期陷于一种消沉的状态中，不能自拔。影响章山的情绪是（　　）。

A. 激情　　　　　　　B. 应激　　　　　　　C. 热情　　　　　　　D. 心境

38. 朱同学在得知父亲因车祸离世的消息后悲痛欲绝、痛哭流涕，还出现了短暂的意识丧失。这种强烈的、爆发式的情绪状态属于（　　　）。

A. 心境　　　　　　　B. 激情　　　　　　　C. 应激　　　　　　　D. 移情

39.《红楼梦》中的林黛玉经常"见花落泪，闻声伤心"，这是一种（　　　）。

A. 应激　　　　　　　B. 情境　　　　　　　C. 心境　　　　　　　D. 激情

40. 适度的紧张和焦虑促使个体积极思考并作出行动，达到成功解决问题的目的。这是情绪的（　　　）。

A. 适应功能　　　　　B. 信号功能　　　　　C. 组织功能　　　　　D. 动机功能

41. 人们喜欢记住自己感兴趣的事物，对不喜欢的事物记忆起来却十分吃力。这表明情绪具有（　　　）。

A. 信号功能　　　　　B. 动机功能　　　　　C. 适应功能　　　　　D. 组织功能

42. "一个小丑进城，胜过一打医生。"这说明情绪具有（　　　）。

A. 信号功能　　　　　B. 健康功能　　　　　C. 激励功能　　　　　D. 调控功能

43. 学生的兴趣、好恶、意志以及其他个性品质等因素实际上是指（　　　）。

A. 智力因素　　　　　B. 理性因素　　　　　C. 非智力因素　　　　D. 感性因素

44. 有经验的教师在讲授课程的同时还能观察学生的反应，及时作出应对，这需要（　　　）。

A. 选择性注意　　　　B. 持续性注意　　　　C. 稳定性注意　　　　D. 分配性注意

45. 学生熟练地阅读课文，既有预定的目的，又不需要或节省意志努力。这种活动中的注意是（　　　）。

A. 随意注意　　　　　B. 不随意注意　　　　C. 随意后注意　　　　D. 选择性注意

46. "吃不到葡萄说葡萄酸，得不到的东西就是不好的"这种心理防御方式是（　　　）。

A. 否认　　　　　　　B. 文饰　　　　　　　C. 投射　　　　　　　D. 幻想

三、多项选择题

1. 下列有关情绪调节的描述，正确的是（　　　）。

A. 某些认知策略如"忽视"，可以预防或减轻抑郁

B. 抑制快乐的表情行为可以增加快乐的感受

C. 父母对孩子发出的情绪信号对孩子的情绪调节有较大作用

D. 情绪调节可以发展为一种能力，称作情绪智力

2. 注意的特点主要有（　　　）。

A. 指向性　　　　　　B. 集中性　　　　　　C. 有意性　　　　　　D. 无意性

E. 稳定性

3. 注意的功能有（　　　）。

A. 调节功能　　　　　B. 保持功能　　　　　C. 抑制功能　　　　　D. 选择功能

E. 启动功能

4. 下列关于注意的品质的叙述中，正确的是（　　　）。

A. 稳定的注意能使任务完成得更好，但在一定条件下，又要求注意发生迅速的转移

B. 在扩大注意范围的基础上，还要善于把注意分配到不同的活动上去

C. 注意的四种品质是相互统一的

D. 注意的四种品质是可分的

5. 同样的刺激，不同的人压力感不同，其原因可以归结为（　　）等几个方面。

A. 经验　　　　　　　B. 准备状态　　　　　C. 认知　　　　　　　D. 性格

E. 环境

6. 情感是与社会性需要相联系的、高级的主观体验，概括地说，它可以分为（　　）。

A. 道德感　　　　　　B. 理智感　　　　　　C. 美感　　　　　　　D. 幸福感

E. 紧张感

7. 下列各项中，属于情感的有（　　）。

A. 道德感　　　　　　B. 美感　　　　　　　C. 理智感　　　　　　D. 爱与恨的体验

E. 愤怒

8. 人类较高级的社会性情感包括（　　）。

A. 道德感　　　　　　B. 理智感　　　　　　C. 心境　　　　　　　D. 美感

E. 激情

9. 一般认为，最原始的四种基本情绪是（　　）。

A. 快乐　　　　　　　B. 愤怒　　　　　　　C. 恐惧　　　　　　　D. 厌恶

E. 悲哀

10. 高中班主任培养高中生健康情绪和良好态度的策略有（　　）。

A. 树立正确的人生态度　　　　　　　　B. 开拓宽广的胸怀

C. 增强对生活的适应能力　　　　　　　D. 培养良好的性格特征

E. 培养幽默感

11. 人的表情可以分为（　　）。

A. 面部表情　　　　　B. 身段表情　　　　　C. 语调表情　　　　　D. 姿态表情

12. 关于情绪和情感的描述，下列说法正确的有（　　）。

A. 情绪与生理需要是否得到满足相联系，是人和动物共有的

B. 情绪依赖于情感，具有稳定性、深刻性

C. 情绪是情感的外在表现，情感是情绪的本质内容

D. 情绪具有外显性、冲动性，而情感具有内隐性

13. 关于情绪与情感的联系，正确的有（　　）。

A. 情感是情绪的基础　　　　　　　　　B. 情感离不开情绪

C. 情感在情绪稳固的基础上发展　　　　D. 情感通过情绪表达

E. 情感是情绪的具体表现

14. 以下属于注意品质的是（　　）。

A. 注意的有意性　　　B. 注意的广度　　　　C. 注意的稳定性　　　D. 注意的分配

E. 注意的转移

15. 引起和维持无意注意的客观刺激物本身的因素很多，一般包括（　　）。

A. 刺激物长时的作用　　　　　　　　　B. 刺激物的强度

C. 刺激物的运动和变化　　　　　　　　D. 刺激物的对比度

四、案例分析题

深谙教学之道的校长建议教师授课时重点内容多用彩色笔标注，不着奇装异服，用抑扬顿挫的声调问问题。

结合案例，运用无意注意规律分析校长建议的依据。

第六章

意志、需要与兴趣

一、判断题（正确的填 A，错误的填 B）

1. 根据马斯洛的需要层次理论，尊重的需要属于成长性需要。（   ）
2. 某初中生习惯中午不休息学习英语，这表明该初中生意志很强。（   ）
3. 初中生优柔寡断是意志坚持性品质差的表现。（   ）
4. 马斯洛将认知、审美的需要列入归属与爱的需要之中。（   ）
5. 鱼和熊掌不能兼得体现的是趋避冲突。（   ）
6. 舒茨提出了人际需要的三维理论。（   ）
7. 集中注意是意志自制性培养的一个有效方法。（   ）
8. 手遇火后迅速缩回，该行为属于意志行动。（   ）

二、单项选择题

1. （   ）是评价一个人意志坚强与否的标准，它是在意志行动过程中形成的。
   A. 意志的果断性　　　B. 意志的自觉性　　　C. 意志的品质　　　D. 意志的自制力
2. 个体对挫折的反应和应对取决于（   ）。
   A. 对挫折的认知　　　B. 情境　　　C. 个体的性格　　　D. 对结果的预期
3. 在学习兴趣发展过程中，（   ）是学习兴趣的高级形式。
   A. 有趣　　　　　　　B. 兴趣　　　　　　　C. 乐趣　　　　　　　D. 志趣
4. 当面对多个岗位选择时，我们需要有各种利弊得失考虑，如工资收入、升值空间、工作性质、生活保障等，这种目标冲突类型为（   ）。
   A. 接近—接近型冲突　　　　　　　　B. 回避—回避型冲突
   C. 接近—回避型冲突　　　　　　　　D. 多重接近—回避型冲突
5. 下面不属于个性倾向性的是（   ）。
   A. 信念　　　　　　　B. 兴趣　　　　　　　C. 动机　　　　　　　D. 气质
6. "鱼，我所欲也，熊掌，亦我所欲也，二者不可得兼，舍鱼而取熊掌者也。生，我所欲也，义，亦我所欲也，二者不可得兼，舍生而取义者也。"这是（   ）。
   A. 双趋冲突　　　　　B. 双避冲突　　　　　C. 趋避冲突　　　　　D. 多重趋避冲突

7. 属于自我实现需要的是（   ）。

   A. 安全需要   B. 尊重需要   C. 归属需要   D. 认知需要

8. 意志的（   ）是指能够自觉、灵活地控制自己的情绪，以约束自己产生与完成任务相反行动的良好意志品质。

   A. 果断性   B. 自觉性   C. 自制力   D. 坚韧（持）性

9. 能控制自我，克制与实现目标不一致的思想和情绪，排除外界诱因的干扰，迫使自己执行已经采取的、具有充分根据的决定，这体现的是意志品质中的（   ）。

   A. 自觉性   B. 果断性   C. 坚韧（持）性   D. 自制力

10. 初中阶段学生正处于青春期，其日益强烈的需要是（   ）。

   A. 安全需要   B. 归属与爱的需要   C. 生理需要   D. 自我实现需要

11. 对于任性的学生应着重培养其意志品质的（   ）。

   A. 自制力   B. 自觉性   C. 果断性   D. 坚韧（持）性

12. 下列选项体现趋避冲突的是（   ）。

   A. 鱼和熊掌不可得兼   B. 人心不足蛇吞象

   C. 前怕狼后怕虎   D. 想吃药治病又怕药苦

13. "化悲痛为力量"是指（   ）。

   A. 积极情绪能促进意志的坚持   B. 消极情绪能促进意志的坚持

   C. 积极情绪能阻碍意志的坚持   D. 消极情绪能阻碍意志的坚持

14. 小学生探索新的知识时，需要很强的意志力的坚持，这体现了（   ）。

   A. 意志对认知的影响   B. 认知对意志的影响

   C. 情绪对认知的影响   D. 认知对情绪的影响

15. （   ）是有机体内部生理与心理的不平衡状态，是有机体活动的动力和源泉。

   A. 动机   B. 需要   C. 诱因   D. 目标

16. 一个人在旅游的过程中，既想多观光风景、游玩，又害怕多花钱的心理冲突属于下列哪一项？（   ）

   A. 双趋冲突   B. 双避冲突   C. 双重趋避冲突   D. 趋避冲突

17. 某些初中生为了实现既定目标，能够克服困难，百折不挠，这体现了意志的哪些品质？（   ）

   A. 坚韧（持）性   B. 自制力   C. 果断性   D. 自觉性

18. 按照马斯洛需要层次理论，希望自己得到别人赏识是（   ）。

   A. 爱的需要   B. 审美需要   C. 尊重需要   D. 求知需要

19. 学生希望自己成为自己所希望的人物，成就自我价值，获得社会认同和尊重，根据马斯洛的需要层次理论，这属于（   ）。

   A. 自我实现的需要   B. 尊重的需要   C. 求知的需要   D. 审美的需要

20. "仓廪实则知礼节，衣食足则知荣辱"反映人的需要具有（   ）。

   A. 整体性   B. 选择性   C. 层次性   D. 动力性

21. 某些初中生愿意选修一些新的、难度较大的课程，但又担心考试的失败，他们所面临的动机冲突是（   ）。

   A. 多重趋避冲突   B. 趋避冲突   C. 双避冲突   D. 双趋冲突

22. 渴求知识的人得到一本好书会感到满意，情绪的产生是以个体的愿望或（   ）为中介。

   A. 认知   B. 意志   C. 思维   D. 需要

23. 个体的意志行动受到无法克服的干扰，预定目标无法实现时所产生的一种紧张状态和情绪体验，这就是所谓的（　　）。

    A. 困难   B. 挫折   C. 理想   D. 信念

24. 小斌既想得高分又不愿意努力学习，这种心理冲突属于（　　）。

    A. 双趋冲突   B. 双避冲突   C. 趋避冲突   D. 多重趋避冲突

25. 培养孩子的意志品质，下列做法错误的是（　　）。

    A. 培养孩子良好的生活习惯   B. 让孩子适当地吃点儿苦

    C. 利用玩具锻炼孩子的意志力   D. 时刻关注孩子，不要让他们有犯错的机会

26. 给高中生设置一个可接受的、具体的、具有一定困难的目标，制订相应的计划，逐步实现目标，这种培养意志品质的方式属于（　　）。

    A. 明确目的，增强责任感   B. 运用集体的力量

    C. 参加实践活动   D. 加强自我培养

27. 下列关于需要的定义，理解正确的是（　　）。

    A. 对食物、空气、水、性和休息的需要

    B. 对安全、秩序、稳定、免除恐惧和免除焦虑的需要

    C. 与他人建立情感联系，追求友谊和爱情的需要

    D. 有机体内部的一种不平衡状态，表现为有机体对内外环境条件的欲求

28. 马斯洛把人的需要分为（　　）。

    A. 生理需要、安全需要、归属与爱的需要、尊重需要、自我实现的需要

    B. 自然需要、社会需要、爱和归属的需要、尊重需要、自我实现的需要

    C. 生理需要、安全需要、人际关系的需要、学习需要、自我实现的需要

    D. 生理需要、安全需要、尊重需要、为他人服务的需要

29. 小学生喜欢亲近老师，渴望得到夸奖，这种需要属于（　　）。

    A. 生理需要   B. 安全需要   C. 归属与爱的需要   D. 自我实现的需要

30. 小明既想参加比赛锻炼自己，又怕自己比赛失败。他面临的心理冲突是（　　）。

    A. 双趋冲突   B. 双避冲突   C. 趋避冲突   D. 多重趋避冲突

31. 在学习和生活中，我们常确定目标，而在目标实现的过程中会遇到各种障碍，这要求我们要通过自己的心理努力克服困难，有意识地把自己的行为调节和控制在与实现目标一致的方向上，这种心理过程是（　　）。

    A. 动机   B. 情绪   C. 意志   D. 思维

32. 意志品质中明辨是非，迅速而合理地作出决定并立即采取相应行动的良好品质是指（　　）。

    A. 果断性   B. 自觉性   C. 自制力   D. 坚韧（持）性

33. 学生自觉地确定学习目的，制订计划并调节、支配自己的行动去克服困难，从而实现预定学习目的的心理过程是（　　）。

    A. 认识   B. 情感   C. 注意   D. 意志

34. 所谓"锲而不舍，金石可镂"，是（　　）的表现。

    A. 意志的自觉性   B. 意志的果断性

    C. 意志的自制性   D. 意志的坚韧（持）性

35. 人际吸引的特征表现为认知协调、情感和谐和（　　）。

    A. 态度一致   B. 行动一致   C. 观点趋同   D. 相互理解与扶持

36. 人际关系是人与人之间在相互交往过程中形成的比较稳定的心理关系或（　　）。

    A. 感情关系   B. 友谊关系   C. 心理距离   D. 互助关系

37. 小学生经常表现出帮助、安慰或救助他人，与他人合作、分享、谦让甚至赞扬他人，使他

人愉快等的行为倾向被称为（ ）。

A. 亲社会行为　　　　B. 侵犯行为　　　　C. 反复无常行为　　　　D. 冲动行为

38. 自我服务偏差的主要成因是（ ）。

A. 利用认知捷径　　　B. 团体极化　　　　C. 维持和保护自尊　　D. 可得性启发

39. 小玲和她的同学都非常喜欢自己的学校，在很多方面能很好地与学校保持一致，这体现了群体的哪种功能？（ ）

A. 归属功能　　　　　B. 支持功能　　　　C. 认同功能　　　　　D. 塑造功能

40. 把已经开始了的事业进行到底，不达目的誓不罢休的意志品质是（ ）。

A. 坚韧（持）性　　　B. 果断性　　　　　C. 自觉性　　　　　　D. 自制性

41. "富贵不能淫，贫贱不能移，威武不能屈"体现的是意志的（ ）。

A. 自觉性　　　　　　B. 果断性　　　　　C. 坚韧（持）性　　　D. 自制性

42. 一个男人想结婚，但又怕结婚后要承担相应的责任和义务。这时他面临的心理冲突是（ ）。

A. 双趋冲突　　　　　B. 多重趋避冲突　　C. 趋避冲突　　　　　D. 双避冲突

43. 某学生既想参加演讲比赛，锻炼自己，又害怕讲不好，被人讥笑。这时他面临的心理冲突是（ ）。

A. 双趋冲突　　　　　B. 双避冲突　　　　C. 趋避冲突　　　　　D. 多重趋避冲突

44. 针对学生做事虎头蛇尾的情况，需要有意识地加强培养其意志品质的（ ）。

A. 自觉性　　　　　　B. 果断性　　　　　C. 自制性　　　　　　D. 坚韧（持）性

45. 成语"百折不挠"体现的意志品质是（ ）。

A. 自制性　　　　　　B. 果断性　　　　　C. 坚韧（持）性　　　D. 自觉性

46. 与自制力相反的意志品质是（ ）。

A. 顽固执拗和见异思迁　　　　　　　　　B. 任性和怯懦

C. 优柔寡断和草率决定　　　　　　　　　D. 易受暗示性和独断性

47. 王老师中途接任某班的班主任，发现学生畏难情绪大，只要作业题目难一点或量大一点，就不能按时完成作业，而且在集体活动中经常叫苦叫累。如果你是王老师的话，可在全班进行（ ）。

A. 学习方法教育　　　B. 意志品质的培养　C. 人际交往教育　　　D. 学习态度的教育

三、多项选择题

1. 马斯洛的需要层次理论中属于缺失性需要的是（ ）。

A. 生理需要　　　　　B. 安全需要　　　　C. 归属与爱的教育　　D. 自我实现

2. 小学生的良好意志品质，有助于（ ）。

A. 在学习过程中自觉地确定目标，有步骤地采取有效的行动方法

B. 加强自己的主观能动性

C. 坚定信心，不为失败而气馁，不为各种困难所吓倒，始终以充沛的精力和毅力投入学习

D. 执行已经采取的决定，并调控自己的行动

E. 把精力集中在学习上，对那些影响学习的事物予以拒绝

3. 意志的品质是评价一个人意志坚强与否的标准，是在意志行动过程中形成的。坚强的意志品质包括（ ）。

A. 自觉性　　　　　　B. 发展性　　　　　C. 坚韧（持）性　　　D. 自制力

E. 果断性

4. 根据勒温的研究，个人的内在动机冲突形式主要有( )。

A. 双趋冲突　　　　　B. 双避冲突　　　　　C. 趋避冲突　　　　　D. 多重趋避冲突

5. 承受一般性压力后人们通常( )。

A. 降低应对各种压力的能力　　　　　B. 积累许多适应压力的经验

C. 提高和改善自身适应能力　　　　　D. 被压力所击垮

6. 教师可以从下列( )方面提高学生的抗挫折能力。

A. 使学生树立辩证挫折观，对挫折持积极态度

B. 提高学生对挫折的容忍力和超越力

C. 调整期望目标，正确认识自我和评价自我

D. 设置挫折情景，锻炼学生心理承受力

E. 经常批评学生

7. 影响个体从众的因素主要有( )。

A. 群体个数　　　　　　　　　　　B. 群体凝聚力和群体吸引力

C. 成员在群体中的地位　　　　　　　D. 人的心理特点

8. 人际关系的功能主要体现在哪些方面？( )

A. 幸福感　　　　　B. 归属感　　　　　C. 心理健康　　　　　D. 身体健康

E. 社会适应良好

9. 挫折产生的相关因素有( )。

A. 挫折认知　　　　　B. 挫折反应　　　　　C. 挫折情境　　　　　D. 挫折体验

10. 培养学生的抗诱惑力，教师可采用的措施有( )。

A. 满足学生的需求　　　　　　　　　B. 说理

C. 榜样的强化　　　　　　　　　　　D. 善于引发和维持学生的心境

第七章
能力与人格

一、判断题（正确的填 A，错误的填 B）

1. 父母以放任型教养方式教育孩子，如果外界与社会环境良好，那么这对提高初中的社会适应能力是有利的。（　　　）

2. 某学生活泼外向，跟谁都能玩得来，但是交情都不是很深，什么活动都积极参加，但总是浅尝辄止。该学生的气质类型属于胆汁质。（　　　）

3. 伴随着人的年龄的增长，晶体能力与流体能力"此消彼长"。（　　　）

4. 能力形成与发展的物质基础是早期营养。（　　　）

5. 神经过程的特点是强但不平衡，这种气质类型是多血质。（　　　）

6. 鼠目寸光、优柔寡断、固执己见体现性格的情绪特征。（　　　）

7. 人格包括气质、性格、自我调控系统。（　　　）

8. 与黏液质的气质类型相对应的高级神经活动类型是开朗型。（　　　）

9. "江山易改，禀性难移"，说明人的性格具有明显的天赋性。（　　　）

10. 自我意识就是指个体对自我外貌、体形、性格的认知。（　　　）

二、单项选择题

1. 有一种人，他们有明确的行动目标，有较强的自我控制能力，能克服消极情绪的影响，能够克服困难，实现预定目标，这种人的性格特征属于（　　　）。

A. 理智型　　　　　B. 意志型　　　　　C. 情绪型　　　　　D. 混合型

2. 卡特尔的智力理论提出（　　　）是在一定社会文化背景中习得的，依赖后天的学习和经验。

A. 流体智力　　　　B. 晶体智力　　　　C. 一般因素　　　　D. 特殊因素

3. 美国著名心理学家（　　　）的三元智力理论是心理学界最为流行的全面解释人类智力的理论。

A. 皮亚杰　　　　　B. 加德纳　　　　　C. 斯滕伯格　　　　D. 格赛尔

4. 智商的计算公式是（　　　）。

A. IQ＝MA（智力年龄即心理年龄）/CA（实际年龄）＋100

B. IQ＝MA（智力年龄即心理年龄）/CA（实际年龄）×100

C. IQ＝MA（智力年龄即心理年龄）/CA（实际年龄）×100%

D. IQ＝MA（智力年龄即心理年龄）/CA（实际年龄）－100

5. 以再测法或复本法求信度，再次测验相隔时间越短，其信度系数越（　　）。

A. 大　　　　　　　　B. 低　　　　　　　　C. 小　　　　　　　　D. 不变

6. 下列哪种选项属于一般能力的范畴？（　　）

A. 记忆能力　　　　　B. 创造能力　　　　　C. 运动能力　　　　　D. 社交能力

7. 在弗洛伊德的人格理论中，他认为人格最原始的部分是（　　）。

A. 自我　　　　　　　B. 本我　　　　　　　C. 超我　　　　　　　D. 理想我

8. 某学生精力旺盛，情绪发生快而强，言语动作急速，热情直率，朴实真诚，急躁，遇事欠思量，鲁莽冒失。他的气质类型属于（　　）。

A. 多血质　　　　　　B. 黏液质　　　　　　C. 胆汁质　　　　　　D. 抑郁质

9. （　　）人格特征的人，往往追求刺激、新奇，好冒险。

A. T－型　　　　　　B. 少阴型　　　　　　C. 少阳型　　　　　　D. T＋型

10. 戴老师很担心同一批学生在第二次参加同样内容的人格测试时分数与上次不同。他所担心的是（　　）概念反映的内容。

A. 信度　　　　　　　B. 效度　　　　　　　C. 区分度　　　　　　D. 难度

11. 神经活动类型属于安静型的人，其气质类型是（　　）。

A. 胆汁质　　　　　　B. 多血质　　　　　　C. 抑郁质　　　　　　D. 黏液质

12. 助人为乐、廉洁奉公，反映性格的（　　）特征。

A. 理智　　　　　　　B. 情绪　　　　　　　C. 意志　　　　　　　D. 态度

13. 在高级神经活动类型中，"强—平衡—不灵活"型与下列哪种气质类型相似？（　　）

A. 多血质　　　　　　B. 胆汁质　　　　　　C. 黏液质　　　　　　D. 抑郁质

14. 考试中，当一个学生想偷看夹带时，经过激烈的思想斗争，最终决定放弃作弊，做一个诚实的人。按照弗洛伊德的人格理论，在此过程中起主导作用的人格成分是（　　）。

A. 本我　　　　　　　B. 自我　　　　　　　C. 超我　　　　　　　D. 现实我

15. 下列哪项特征不属于人格的本质特征？（　　）

A. 稳定性　　　　　　B. 易变性　　　　　　C. 功能性　　　　　　D. 复杂性

16. 人格特征是一个人经常表现出来的稳定的心理特征。它集中反映了人的心理活动的独特性，包括（　　）。

A. 感觉、记忆和想象　　　　　　　　　B. 认知、情感与意志
C. 能力、气质和性格　　　　　　　　　D. 理想、信念和价值观

17. （　　）是人格心理特征的核心，它反映了一个人的基本精神面貌。

A. 气质　　　　　　　B. 能力　　　　　　　C. 兴趣　　　　　　　D. 性格

18. 智力是一种（　　）。

A. 综合认知能力　　　B. 适应能力　　　　　C. 学习能力　　　　　D. 思维能力

19. 个体具有不需要外界的奖励和惩罚作为激励手段，能为设定的目标自我努力工作的一种心理特征是（　　）。

A. 自我评价　　　　　B. 自我激励　　　　　C. 自我定向　　　　　D. 自我反思

20. 心理测验的信度大小一般介于多少之间？（　　）

A. 1～0 之间　　　　B. 1～1 之间　　　　C. 0～1 之间　　　　D. 0～10 之间

21. 青年初期是世界观的（　　）。

A. 初步成熟时期　　　B. 初步形成时期　　　C. 形成时期　　　　　D. 成熟时期

22. 人格决定一个人的生活方式，甚至决定一个人的命运，这是人格的（　　）。

A. 复杂性　　　　　　B. 独特性　　　　　　C. 功能性　　　　　　D. 统合性

23. 某学生待人直率热情，但脾气急躁，易冲动。他的气质类型比较符合（　　）。

A. 多血质　　　　　　B. 胆汁质　　　　　　C. 黏液质　　　　　　D. 抑郁质

24. 人们通常认为"北方人开朗、豪放，南方人含蓄、细腻"。根据奥尔波特的人格理论，上述人格特质属于（　　）。

A. 共同特质　　　　　B. 首要特质　　　　　C. 次要特质　　　　　D. 中心特质

25. 小明思维灵活，行动敏捷，适应性强，但是缺乏耐心和毅力，稳定性差，见异思迁。小明的气质类型是（　　）。

A. 胆汁质　　　　　　B. 多血质　　　　　　C. 黏液质　　　　　　D. 抑郁质

26. （　　）是个人对现实的稳定的态度和相应的习惯化了的行为方式。

A. 气质　　　　　　　B. 需要　　　　　　　C. 动机　　　　　　　D. 性格

27. 兼具敏感、细心、情感体验深刻等积极品质和多疑、孤僻等消极品质的气质类型是（　　）。

A. 胆汁质　　　　　　B. 多血质　　　　　　C. 抑郁质　　　　　　D. 黏液质

28. 人类意识的最高形式是（　　）。

A. 潜意识　　　　　　B. 自我意识　　　　　C. 无意识　　　　　　D. 集体无意识

29. 自觉调节自己，克服困难属于性格的（　　）特征。

A. 态度　　　　　　　B. 意志　　　　　　　C. 情绪　　　　　　　D. 理智

三、多项选择题

1. 人的气质类型的作用是（　　）。

A. 决定人的智力水平的高低　　　　　　B. 决定一个人成就的大小

C. 影响人对环境的适应　　　　　　　　D. 影响工作效率

2. 属于智力因素的有（　　）。

A. 观察力　　　　　　B. 记忆力　　　　　　C. 想象力　　　　　　D. 思维力

E. 注意力

3. 各种智力因素和非智力因素交织在一起共同影响着我们的学习进程，下列属于非智力因素的有（　　）。

A. 思维　　　　　　　B. 兴趣　　　　　　　C. 情感　　　　　　　D. 想象

4. 多血质的人其神经过程具有（　　）的特征。

A. 强　　　　　　　　B. 平衡　　　　　　　C. 灵活　　　　　　　D. 不灵活

5. 智力测验所测量的是（　　）。

A. 语言能力　　　　　B. 数学能力　　　　　C. 记忆能力　　　　　D. 空间知觉

E. 推理能力

6. 性格结构是由人的各种心理特征相互依存、相互联系、相互制约而构成的完整的组织系统。其主要心理特征有（　　）。

A. 性格的态度特征　　B. 性格的情绪特征　　C. 性格的意志特征　　D. 性格的理智特征

7. 对于性格的特征差异，心理学家一般从（　　）几个方面进行分析。

A. 性格的情绪特征　　　　　　　　　　B. 对现实态度的性格特征

C. 性格的理智特征　　　　　　　　　　D. 性格的意志特征

8. 智力测验测量的能力包括（　　）。

A. 记忆能力　　　　　B. 推理能力　　　　　C. 数学能力　　　　　D. 言语能力

E. 空间能力

9. 一般能力是指(   )。

A. 观察力　　　　　　B. 记忆力　　　　　　C. 思维力　　　　　　D. 想象力

E. 注意力

10. 随着社会经济的发展，父母尽自己最大努力给孩子提供最好的生活环境、物质条件，这并不能满足孩子的(   )需求。

A. 生理　　　　　　　B. 安全　　　　　　　C. 归属与爱　　　　　D. 尊重

11. 关于流体智力和晶体智力，说法正确的是(   )。

A. 流体智力需要较少的专业知识

B. 流体智力在人的整个一生中都在增长

C. 晶体智力是在学习、生活和劳动中形成的能力

D. 词汇、审美问题等属于晶体智力

12. 关于能力，下列说法正确的是(   )。

A. 要顺利完成某种活动，人必须具有一般能力和该活动需要的特殊能力

B. 能力是通过行为来体现的，可以只通过考试成绩来判断学生能力的大小

C. 不同类型的能力在不同人身上体现出来的强弱不同

D. 模仿也是一种能力

13. 以下选项，属于加德纳多元智能维度的是(   )。

A. 逻辑—数学智能　　B. 音乐智能　　　　　C. 成功智能　　　　　D. 社交智能

14. 以下哪几项是多元智能理论的观点？(   )

A. 只要给予良好的环境和机会，学生都能把某一项学习发展到满意水平

B. 学生学习的差异性是由智能的不同组合决定的

C. 数学智能可能体现在直觉速算上，也可能体现在逻辑思维上

D. 测智商可以确定一个人的智能水平

15. 性格的态度特征是指个体在对现实生活各个方面的态度中所表现出来的一般特征。由于个体态度的对象是多方面的，因而，性格的态度特征也是多方面的。下面(   )不是对劳动或工作的态度特征。

A. 自私自利　　　　　B. 认真细致　　　　　C. 诚实　　　　　　　D. 正直

16. 教育应当根据人的气质差异因势利导，下列有关叙述正确的有(   )。

A. 黏液质的人沉着冷静，但易固执呆板，教育起不了什么作用，要顺其自然

B. 多血质的人活泼灵活，易于教育，但要防止他重蹈覆辙

C. 胆汁质的人精力充沛，但易暴躁任性，应当采取暗示性教育，以防引起逆反心理

D. 抑郁质的人细心但较敏感，教育者应引导其积极思想，防止其自卑心理

17. 权威型教养方式下成长的孩子容易形成(   )的性格特征。

A. 不诚实　　　　　　B. 依赖　　　　　　　C. 消极　　　　　　　D. 懦弱

18. 斯皮尔曼把人的智力分为(   )。

A. A 因素　　　　　　B. S 因素　　　　　　C. D 因素　　　　　　D. G 因素

四、案例分析题

1. 有一个学生，在上中学时，父母曾为他选择文学这条路。只上了一个学期，老师就在他的评语中写下了这样的结论："该生用功，但做事过分拘礼和死板，这样的人即使有着完善的品德，也

决不能在文学上有所成就。"

此后，他学习油画，可他极不善于构图，又不会调色，对艺术的理解能力也不强，成绩在班级是倒数第一。老师的评语更是难以令人接受："你是绘画艺术方面不可造就之才。"面对如此笨拙的学生，绝大多数老师都认为他成才无望。化学老师了解到他的这个特点后，就建议他改学化学，因为化学实验需要的正是一丝不苟的人。改学化学后，他好像找到了自己的人生舞台，成绩在同学中遥遥领先。后来，他荣获了诺贝尔化学奖，他的名字叫奥托·瓦拉赫。

（1）运用多元智能理论分析上述材料。

（2）假如以后你成为一名教师，奥托·瓦拉赫的成才之路对你的教育教学有什么启发？

2. 肖平、王东、高力、赵翔四个人都喜欢足球，也喜欢看足球，他们看到自己喜欢的球星进球后，肖平手舞足蹈，振臂高呼："好球！好球！"王东也很兴奋，高呼："好球"，但又不像肖平那样激动，高力也觉得球踢得不错，说："是一场好球"，赵翔一直都很安静，没有什么表现。

（1）请指出四个人的气质类型。

（2）请说明四种气质类型的特征。

（3）请说明教师了解学生气质类型在教育教学中的意义。

模块四
教育法律法规

一、判断题（正确的填 A，错误的填 B）

1. 国家不鼓励境内、境外社会组织和个人捐资助学。（　　）

2. 税务机关依法足额征收教育费附加，由教育行政部门统筹管理，主要用于实施义务教育。（　　）

3. 《中华人民共和国教师法》确立了教育优先发展的战略地位。（　　）

4. 《中华人民共和国教育法》规定，国家建立以财政拨款为主、其他多种渠道筹措教育经费为辅的体制。（　　）

5. 《中华人民共和国教育法》规定，必备的办学资金和稳定的经费来源是学校必须具备的基本条件。（　　）

6. 国家财政性教育经费、社会组织和个人对教育的捐款，必须用于教育，不得挪用、克扣。（　　）

7. 凡年满 8 周岁的儿童，其父母或其他法定监护人应当送其入学接受并完成义务教育。（　　）

8. 义务教育学校可以不接收具有接受普通教育能力的残疾适龄儿童、少年随班就读。（　　）

9. 县级人民政府教育行政部门对本行政区域内的军人子女接受义务教育予以保障。（　　）

10. 《中华人民共和国义务教育法》规定，适龄儿童、少年应当在通过考试后入学。（　　）

11. 义务教育的经费保障的具体办法由各级地方政府规定。（　　）

12. 父母认为学校的教育不合理或者不符合家长的要求，有权拒绝让适龄儿童到学校上学。（　　）

13. 如果符合实际工作需要，学校可以聘用曾经因故意犯罪被依法剥夺政治权利的人担任工作人员。（　　）

14. 适当的体罚对学生的品德成长十分有益。（　　）

15. 学生伤害事故发生之后，需要进行调解的，教育行政部门应当在调解受理之日起 90 天内完成调解。（　　）

16. 《国家中长期教育改革和发展规划纲要（2010—2020 年）》提出的教师考核、聘用和评价的首要内容是能力水平。（　　）

17. 博士是我国学位制度中的最高学位。（　　）

18. 《中华人民共和国未成年人保护法》中的"未成年人"是指未满十八周岁的学生。（　　）

19. 我国中小学教师资格由县级以上地方人民政府教育行政部门组织有关主管部门认定。（　　）

20. 新中国成立后颁布的第一个教育法规是《中华人民共和国教师法》。（　　）

21. 教师的教育权利是可以放弃的。（　　）

22. 《中华人民共和国教师法》规定，取得高级中学教师资格必须具备高等师范院校本科及其以上学历，不具备教师资格学历的公民不能获得教师资格。（　　）

23. 被撤销教师资格的，自撤销之日 1 年内不得重新申请认定教师资格。（　　）

24. 学校将操场改为对外开放的临时停车场，并收费管理。该行为违反了《中小学幼儿园安全管理办法》。（　　）

25. 《中小学幼儿园安全管理办法》规定，小学、幼儿园应该建立中低年级学生、幼儿上下学时接送的交接制，不得将晚离学校的中低年级学生、幼儿交与无关人员。（　　）

26. 某私立学校因为经营不善无法继续办学，则该校与学生之间的教育法律关系自动解除。（　　）

27. 不满 10 周岁的学生在校期间发生了伤害事故，应采用过错责任推定原则。（   ）

28. 某校高二学生王某撕毁图书室一本书的 5 页彩图插页，学校根据本校的规定对王某进行了罚款，学校的这一做法是合法的。（   ）

29. 教育法律救济的根本目的是实现合法权益并保证法定义务履行。（   ）

30. 教育行政复议机关的复议结果具有最终的法律效力。（   ）

31. 在教育行政执法中，只要不是国家法律禁止教育行政机关行使的职权，教育行政机关就可以行使。（   ）

32. 在教育行政执法中，违法者必须服从教育行政执法主体单方作出的处置决定。（   ）

33. 教育法律救济以侵权损害事实为前提。（   ）

34. 教育行政机关是政府领导和管理教育事业的行政主体。（   ）

35. 根据我国教育法律责任的归责原则，教育法律关系的主体如果没有过错则不承担法律责任。（   ）

36. 在同一社会中，教育法规与占社会主导地位的教育道德具有共同的作用方向，反映的利益关系一致。（   ）

37. 法律制裁只有民事和刑事两种。（   ）

38. 在我国教育法律监督体系中，社会监督居于主导地位。（   ）

二、单项选择题

1.《中华人民共和国教育法》第十条规定，国家扶持和发展（   ）事业。

A. 老年人教育事业　　　B. 残疾人教育　　　　　C. 体育特长生　　　　D. 流动人员

2. 某天，某校学生陈某趁老师上课写板书之际，偷偷在下面发微信。李老师发现后叫他交出手机，但是陈某不交。于是李老师怒气冲冲地骂了陈某一顿，并扇了他一个耳光，恰好打在他的左耳上，致使其左耳失聪。李老师的行为属于（   ）。

A. 违规行为　　　　　　B. 过失行为　　　　　　C. 违法行为　　　　　D. 不良行为

3. 父母或者其他监护人不履行监护职责或者侵害被监护的未成年人的合法权益，经教育不改的，人民法院可以根据有关人员或者有关单位的申请，撤销其监护人的资格，依法另行指定监护人。被撤销监护资格的父母应当（   ）。

A. 依法继续负担教育费用　　　　　　　　　B. 依法继续负担抚养费用

C. 无须负担任何费用　　　　　　　　　　　D. 依法继续负担教育费用和抚养费用

4. 某中学安排高二年级学生在危房里上课，此行为主要违反了（   ）。

A.《中华人民共和国教育法》　　　　　　　B.《中华人民共和国未成年人保护法》

C.《中华人民共和国预防未成年人犯罪法》　D.《中华人民共和国教师法》

5. 对违法犯罪的未成年人进行教育，应该坚持（   ）。

A. 表扬为主、惩罚为辅　　　　　　　　　　B. 惩罚为主、表扬为辅

C. 教育为主、惩罚为辅　　　　　　　　　　D. 惩罚为主、教育为辅

6.《中华人民共和国未成年人保护法》规定，非法招用未满十六周岁的未成年人，情节严重的，由工商行政管理部门（   ）。

A. 追究民事　　　　　　B. 追究刑事　　　　　　C. 吊销营业执照　　　D. 口头警告

7. 根据《中华人民共和国未成年人保护法》的规定，父母或者其他监护人应当依法履行对未成年人的（   ）。

A. 监护职责和抚养义务　　　　　　　　　　B. 监护职责和照管义务

C. 抚养义务和培养义务　　　　　　　　　　　D. 教育义务和抚养义务

8. 学校、幼儿园、托儿所、公共场所发生突发事件，优先救护（　　）。

　　A. 老人　　　　　　　B. 未成年人　　　　　C. 妇女　　　　　　　D. 妇女儿童

9. 根据《中华人民共和国未成年人保护法》的规定，学校、幼儿园、托儿所的教职员工应当尊重未成年人的（　　），不得对未成年人实施体罚、变相体罚或者其他侮辱人格尊严的行为。

　　A. 个人志愿　　　　　B. 人格尊严　　　　　C. 人身自由　　　　　D. 人身安全

10. 规定"学校、幼儿园、托儿所的教职员工应当尊重未成年人的人格尊严，不得对未成年人实施体罚、变相体罚或者其他侮辱人格尊严的行为。"的是（　　）。

　　A.《中华人民共和国宪法》　　　　　　　　　B.《中华人民共和国义务教育法》

　　C.《中华人民共和国未成年人保护法》　　　　　D.《儿童权利公约》

11. 我国的教育宪法是（　　）。

　　A.《中华人民共和国教育法》　　　　　　　　B.《中华人民共和国宪法》

　　C.《中华人民共和国义务教育法》　　　　　　D.《中华人民共和国教师法》

12. 根据《中华人民共和国教育法》，下列不属于设立学校及其他教育机构必须具备的基本条件是（　　）。

　　A. 有优秀的教师

　　B. 有必备的办学资金和稳定的经费来源

　　C. 有组织机构和章程

　　D. 有符合规定标准的教学场所及设施、设备等

13.《中华人民共和国教育法》规定："学校及其他教育机构具备法人条件的，自（　　）取得法人资格。"

　　A. 批准设立或者登记注册之日起　　　　　　B. 批准登记之日起

　　C. 登记注册之日起　　　　　　　　　　　　D. 办理执照之日起

14. 根据《中华人民共和国教育法》的规定，明知校舍或者教育教学设施有危险，而不采取措施，造成人员伤亡或者重大财产损失的，对直接负责的主管人员和其他直接责任人员，依法追究（　　）。

　　A. 民事责任　　　　　B. 刑事责任　　　　　C. 一般责任　　　　　D. 行政责任

15. 按照《中华人民共和国教育法》的规定，对结伙斗殴、寻衅滋事，扰乱学校及其他教育机构教育教学秩序或者破坏校舍、场地及其他财产的，采用什么方法进行处罚？（　　）

　　A. 由学校进行处罚　　　　　　　　　　　　B. 由教育主管部门进行处罚

　　C. 由校长进行处罚　　　　　　　　　　　　D. 由公安机关给予治安管理处罚

16.《中华人民共和国教育法》颁布于（　　）。

　　A. 1995 年　　　　　B. 1996 年　　　　　　C. 1997 年　　　　　D. 1998 年

17.《中华人民共和国教育法》规定的法律责任是（　　）法律责任。

　　①行政　②民事　③经济　④刑事

　　A.①　　　　　　　　B.②③　　　　　　　　C.①④　　　　　　　　D.①②④

18.《中华人民共和国教育法》规定，学校及其他教育机构违反国家有关规定向受教育者收取费用的，由教育行政部门或者其他有关行政部门责令退还所收费用，对直接负责的主管人员和其他直接责任人员，依法（　　）。

　　A. 责令引咎辞职　　　B. 承担民事责任　　　C. 给予处分　　　　　D. 追究领导责任

19.《中华人民共和国教育法》规定，个人依法举办学校，负责筹措该学校办学经费的主体是（　　）。

A. 举办者个人   B. 当地政府

C. 当地教育行政部门   D. 当地社会团体及其他社会组织

20. 新中国成立以来我国制定的第一部教育基本法是(   )。

A. 1951年颁布的《关于改革学制的决定》

B. 1986年颁布的《中华人民共和国义务教育法》

C. 1993年颁布的《中国教育改革和发展纲要》

D. 1995年颁布的《中华人民共和国教育法》

21. 根据《中华人民共和国教育法》(1995年),我国教育制度包括(   )。

A. 家庭教育、学校教育、社会教育、成人教育

B. 学前教育、初等教育、中等教育、高等教育

C. 学前教育、特殊教育、职业教育、专业教育

D. 初等教育、中等教育、高等教育、远程教育

22. 学校应当把(   )放在首位,促进学生养成良好思想品德和行为习惯。

A. 知识教育   B. 德育教育   C. 能力教育   D. 美育教育

23. 《中华人民共和国义务教育法》第二十六条规定,依法聘任校长的部门是(   )。

A. 省级人民政府   B. 县级人民政府

C. 省级人民政府教育行政部门   D. 县级人民政府教育行政部门

24. 某初中为追求升学率,将年级成绩最差的三名学生除名。该中学侵犯了未成年学生的(   )。

A. 人格尊严   B. 隐私权   C. 受教育权   D. 自由权

25. 适龄儿童、少年的父母或者其他法定监护人无正当理由未依照《中华人民共和国义务教育法》规定送适龄儿童、少年入学接受义务教育的,由(   )。

A. 学校或当地乡镇人民政府给予批评教育,责令限期改正

B. 学校或当地乡镇人民政府向当地法院起诉,责令限期改正

C. 当地乡镇人民政府或县教育局给予批评教育,责令限期改正

D. 当地法院或县教育局给予批评教育,责令限期改正

26. 《中华人民共和国义务教育法实施细则》规定,适龄儿童、少年到非户籍所在地接受义务教育的,经(   )批准,可以按照居住地人民政府的有关规定申请借读。

A. 户籍所在地的县级人民政府

B. 户籍所在地的县级教育主管部门或者乡级人民政府

C. 居住地的县级教育主管部门

D. 居住地的乡级人民政府或者街道办事处

27. 当地基层人民政府或者其授权的实施义务教育的学校至迟在新学年始业前(   ),将应当接受义务教育的儿童、少年的入学通知发给其父母或者其他监护人。

A. 七天   B. 十五天   C. 三十天   D. 六十天

28. 下列说法不符合《中华人民共和国义务教育法》规定的是(   )。

A. 国家实行九年义务教育制度

B. 如有必要,县级以上人民政府及其教育行政部门有权把公办学校变为公私合营学校或民办学校

C. 凡年满六周岁的儿童,其父母或者其他法定监护人应当送其入学接受并完成义务教育;条件不具备的地区的儿童,可以推迟到七周岁

D. 普通学校应当接收具有接受普通教育能力的残疾适龄儿童、少年随班就读,并为其学习、康复提供帮助

29.《中华人民共和国义务教育法》规定，教师的平均工资水平应当（　　）当地公务员的平均工资水平。

A. 相当于　　　　　　　B. 不低于　　　　　　　C. 略高于　　　　　　　D. 略低于

30.《中华人民共和国义务教育法》的立法宗旨是发展（　　）。

A. 高等教育　　　　　　B. 基础教育　　　　　　C. 职业教育　　　　　　D. 专业教育

31. 某初中张老师应朋友要求，在所教班级推销教学辅导资料。其做法（　　）。

A. 侵犯了学生的受教育权

B. 符合按劳分配、多劳多得原则

C. 体现了教师爱岗敬业、关爱学生

D. 违反《中华人民共和国义务教育法》有关规定

32. 适龄儿童、少年因身体状况需要延缓入学或者休学的，其父母或者其他法定监护人应当提出申请，由当地（　　）批准。

A. 学校

B. 市级人民政府或者县级人民政府教育行政部门

C. 市级人民政府或者乡镇人民政府教育行政部门

D. 乡镇人民政府或者县级人民政府教育行政部门

33. （　　）是国家统一实施的所有适龄儿童、少年必须接受的教育，是国家必须予以保障的公益性事业。

A. 义务教育　　　　　　B. 中等教育　　　　　　C. 职业教育　　　　　　D. 高等教育

34. 学生小涛经常旷课，不遵守学校的管理制度。学校对小涛进行教育的恰当方式是（　　）。

A. 将他交给家长批评教育　　　　　　　　B. 了解情况后耐心教育他

C. 等待他自我醒悟并改正　　　　　　　　D. 批评教育无效果开除他

35. 规定不得将学校分为重点学校和非重点学校，学校不得分设重点班和非重点班的法律是（　　）。

A.《中华人民共和国教育法》　　　　　　B.《中华人民共和国义务教育法》

C.《中华人民共和国教师法》　　　　　　D.《中华人民共和国未成年人保护法》

36. 义务教育必须贯彻国家教育方针，为培养（　　）的社会主义建设者和接班人奠定基础。

A. 有理想、有道德、有文化、有创新　　　B. 有理想、有道德、有文化、有能力

C. 有理想、有道德、有文化、有纪律　　　D. 有文化、有道德、有能力、有纪律

37.《中华人民共和国义务教育法》规定义务教育阶段，学校必须做到"两个全面"，即（　　）。

A. 全面普及义务教育，全面扫除青壮年文盲

B. 全面进行教育改革，全面发展职业教育

C. 全面贯彻党的教育方针，全面提高教育质量

D. 全面发展，面向全体

38. 2006 年修订的《中华人民共和国义务教育法》指明了义务教育发展的根本方向是（　　）。

A. 全面发展　　　　　　B. 适当发展　　　　　　C. 整体发展　　　　　　D. 均衡发展

39. 义务教育必须贯彻国家的教育方针，实施（　　），提高教育质量，使适龄儿童、少年在品德、智力、体质等方面全面发展。

A. 素质教育　　　　　　B. 法制教育　　　　　　C. 科学教育　　　　　　D. 创新教育

40. 下列行为中，违反《中华人民共和国义务教育法》规定的是（　　）。

A. 义务教育阶段不收取学杂费

B. 组织开展文化娱乐等课外活动

C. 教科书循环使用

D. 开除违反学校管理体制、屡教不改的学生

41. 《中华人民共和国义务教育法》明确规定，教师不得对学生实施体罚、变相体罚或者其他侮辱人格尊严的行为。下列属于体罚学生情形的是(　　)。

A. 三年级语文老师教完一篇课文后，让学生将课文中的生字每个抄写一行

B. 九年级学生李某等上自习课时违反纪律，老师要李某到学校操场跑 10 圈

C. 八年级学生刘某的英语课文背诵作业没有完成，老师让其放学后留下来继续熟读课文

D. 中学体育老师在课堂上为纠正某学生不规范动作，令其反复练习 4 次

42. 教育教学工作应当符合教育规律和学生身心发展特点，面向全体学生，教书育人，将德育、智育、体育、美育等有机统一在教育教学活动中，注重培养学生(　　)，促进学生全面发展。

A. 掌握知识的能力、分析问题的能力和考试能力

B. 团队合作的能力、考试的能力和实践能力

C. 分析问题的能力、沟通能力和实践能力

D. 独立思考能力、创新能力和实践能力

43. 特殊教育的教师应享有(　　)。

A. 艰苦贫困地区补助津贴　　　　　　　　B. 教师工资福利

C. 社保待遇　　　　　　　　　　　　　　D. 特殊岗位补助津贴

44. 《中华人民共和国教师法》规定，对教师考核的内容不包括(　　)。

A. 工作态度　　　B. 学生意见　　　C. 工作成绩　　　D. 业务水平

45. 《中华人民共和国教师法》明确指出"教师是履行教育教学职责的(　　)"。

A. 从业人员　　　B. 执业人员　　　C. 专业人员　　　D. 工作人员

46. 某小学教师张老师利用晚上的时间有偿辅导学生，而且该老师经常上班迟到、缺课。学校多次对其进行批评教育均无效。根据《中华人民共和国教师法》的规定，可给予张老师(　　)的处理。

A. 批评教育　　　B. 经济处罚　　　C. 行政处分或者解聘　　　D. 拘役

47. 教师有(　　)情形的可以由所在学校、其他教育机构或政府部门给予行政处分或者解聘。

A. 体罚学生，经教育改过的　　　　　　　B. 品行不良、侮辱学生，影响恶劣的

C. 特殊原因不能完成教学任务　　　　　　D. 教学方法不当造成课堂秩序混乱的

48. 教育行政部门在接到教师申诉书后必须作出相关处理的期限是(　　)。

A. 15 天　　　　　B. 20 天　　　　　C. 30 天　　　　　D. 40 天

49. 根据《中华人民共和国教师法》规定，下列情况属于"不能取得教师资格，已经取得教师资格的，丧失教师资格"的是(　　)。

A. 体罚学生，经教育不改的

B. 故意犯罪受到有期徒刑以上刑事处罚的

C. 品行不良、侮辱学生，影响恶劣的

D. 故意不完成教育教学任务给教育教学工作造成损失的

50. 以下哪种形式不属于教师考核结果的依据？(　　)

A. 受聘任教　　　B. 晋升工资　　　C. 实施奖惩　　　D. 提拔管理者

51. 《中华人民共和国教师法》于(　　)起开始施行。

A. 1986 年 9 月 1 日　　B. 1994 年 1 月 1 日　　C. 1995 年 9 月 10 日　　D. 1990 年 9 月 1 日

52. 国家实行(　　)制度。中国公民凡遵守宪法和法律，热爱教育事业，具有良好的思想品德，

具备本法规定的学历或者经国家教师资格考试合格，有教育教学能力，经认定合格的，可以取得教师资格。

    A. 教师资格   B. 教师竞聘上岗   C. 教师选拔   D. 教师淘汰

53. 《中华人民共和国教师法》适用于（   ）。

    A. 在学校中从事教学工作的教师

    B. 在所有教育机构中从事教学工作的教师

    C. 在各级各类学校和其他教育机构中专门从事教育教学工作的教师

    D. 其他教育工作者

54. 教师申诉制度是依据（   ）确定的。

    A. 《中华人民共和国义务教育法》   B. 《中华人民共和国教师法》

    C. 《中华人民共和国教育法》   D. 《义务教育实施细则》

55. 某校一名学生在跑八百米时突然死亡，后查明该生患有严重的心脏病；学生家长事先已将该生情况告知过该生的班主任。该生班主任的行为（   ）。

    A. 触犯了刑法   B. 属于不作为侵权

    C. 侵犯了学生的生命权、身体权和健康权   D. 没有违法

56. 教师对学校或其他教育机构作出的处理不服的或认为其侵犯自己的合法权益的，依据《中华人民共和国教师法》向主管行政机关申诉，请求处理的制度是（   ）。

    A. 教师申诉制度   B. 学生申诉制度   C. 学校事故   D. 法律救济

57. 下列不属于教师权利的是（   ）。

    A. 进行教育教学活动，开展教育教学改革和实验

    B. 从事科研活动，参加学术团体活动

    C. 按时获得工资报酬，享受国家规定的福利待遇及寒暑假的带薪休假

    D. 遵守宪法、法律和职业道德，为人师表

58. 某现任老师，因故意犯罪被判三年有期徒刑，其教师资格（   ）。

    A. 可以保留   B. 自动丧失，且不能重新获取

    C. 撤销，三年后可再获取   D. 撤销，五年后可再获取

59. 教师参与学校民主管理的方式是（   ）。

    A. 全校职工大会   B. 教职工代表大会   C. 教研组会议   D. 年级组会议

60. 下列造成学生伤害事故的情形中，学校应当承担相应责任的是（   ）。

    A. 学校操场施工留下大型建筑垃圾未及时清理也未加防护措施

    B. 学生有特异体质或异常心理状态，学校不知道或难于知道的

    C. 在学生自行外出或者擅自离校期间发生的

    D. 在放学后、节假日或者假期等学校工作时间以外，学生自行滞留学校或者自行到学校发生的

61. 某小学学生小洋，在课外活动结束后从操场回宿舍途中与同学边说边走，上楼时凉鞋前端在楼梯上绊了一下，摔倒在地，头破血流。学校一边将小洋送医院，一边通知家长。在此事故中，应该承担主要责任的是（   ）。

    A. 学校   B. 家长   C. 小洋   D. 聊天同学

62. 14 岁的张某就读于某寄宿制学校，某晚就寝时头朝无护栏的方向（床具等符合国家标准）。宿舍老师巡逻时多次口头提醒张某头应朝向有护栏的方向睡觉，无效。次日凌晨，张某从上铺无护栏处摔下，造成左眼失明。此案例中校方应（   ）。

    A. 承担全部责任   B. 无责任   C. 承担次要责任   D. 承担主要责任

63. 某寄宿制小学派车接送学生，途中有学生提出要上厕所，司机在路边停车 5 分钟，5 分钟过后，司机没有清点人数就将车开走。小学生王某从厕所出来发现车已经开走，急忙追赶，在追赶过程中摔倒在地，将两颗门牙跌落。王某的伤害由（　　）承担责任。

    A. 司机   B. 某寄宿制学校

    C. 司机和某寄宿制学校共同   D. 司机和王某共同

64. 王某担任某县一所学校的高二英语教师期间通过了硕士研究生入学考试。学校以王某服务期未满、学校英语教师不足为由不予批准王某在职学习。王某欲以学校剥夺其参加进修权利为由提出申诉，受理申诉的机构应当是（　　）。

    A. 当地县教育局   B. 当地县人民政府   C. 地市教育局   D. 省教育厅

65. 在学生伤害事故处理中，学校责任适用的归责原则是（　　）。

    A. 过错责任原则   B. 无过错责任原则   C. 严格责任原则   D. 公平原则

66. 下列对事故责任的处理，不正确的是（　　）。

    A. 违反学校纪律，对造成学生伤害事故有责任的学生，学校可以给予相应处分

    B. 触犯刑律的，由学校追究其责任，给予相应处分

    C. 受害者的监护人、亲属或其他有关责任人在事故处理中无理取闹，扰乱学校正常教育教学秩序，学校应报给公安机关，依法处理

    D. 受害者的监护人侵犯学校的合法权益，造成损失的，学校可以要求赔偿

67. 学生在自行上学、放学路上发生交通事故或其他伤害事故，学校承担的法律责任是（　　）。

    A. 行政责任   B. 民事责任   C. 刑事责任   D. 无法律责任

68. 《国家中长期教育改革与发展规划纲要（2010—2020 年）》明确提出，学校一切工作的出发点和落脚点是（　　）。

    A. 促进学生成长成才   B. 以教学为中心

    C. 培养学生的创新能力和实践能力   D. 培养学生的道德品质

69. 规定"完善教师培训制度，将教师培训经费列入政府预算，对教师实行每五年一周期的全员培训"的是（　　）。

    A.《中华人民共和国教师法》

    B.《中华人民共和国教育法》

    C.《基础教育课程改革纲要》

    D.《国家中长期教育改革和发展规划纲要（2010—2020 年）》

70. 负责中小学教师的招聘录用、职务（职称）评聘、培养培训和考核等事务的是（　　）行政部门。

    A. 乡级   B. 县级   C. 省级   D. 国家

71. 下列不属于《国家中长期教育改革和发展规划纲要（2010—2020 年）》中提出的教育发展战略目标的是（　　）。

    A. 教育的国际化   B. 教育的终身化   C. 教育的民主化   D. 教育的全面化

72. 《国家中长期教育改革和发展规划纲要（2010—2020 年）》提出，立德树人，把（　　）融入国民教育全过程。

    A. 爱国主义   B. 集体主义

    C. 民主法制   D. 社会主义核心价值体系

73. 《国家中长期教育改革和发展规划纲要（2010—2020 年）》指出，到 2020 年，基本实现教育现代化，基本形成（　　）。

    A. 创新型社会   B. 和谐型社会   C. 学习型社会   D. 发展型社会

74.《国家中长期教育改革和发展规划纲要（2010—2020年）》中提出，教育的工作方针是把教育摆在优先发展的战略地位，把（　　）作为教育工作的根本要求，把（　　）作为教育发展的强大动力，把（　　）作为国家基本教育政策，把（　　）作为教育改革发展的核心任务。

A. 提高质量，促进公平，育人为本，改革创新

B. 育人为本，改革创新，促进公平，提高质量

C. 育人为本，促进公平，改革创新，提高质量

D. 提高质量，改革创新，促进公平，育人为本

75.《中小学教师专业标准》提出的基本理念是（　　）。

A. 师德为先，学生为本，能力为重，终身学习

B. 师德为先，智育为本，创新为重，改革创新

C. 能力为先，智育为本，创新为重，终身学习

D. 能力为先，学生为本，创新为重，促进公平

76. 教育公平的重点是（　　）。

①机会公平　②保障公民依法享有受教育的权利

③促进义务教育均衡发展　④扶持困难群体

A. ①②　　　　　　B. ②③　　　　　　C. ①③　　　　　　D. ③④

77. 2012年，教育部颁布的《小学教师专业标准（试行）》和《中学教师专业标准（试行）》是小（中）学教师培养、准入、培训、考核等工作的（　　）。

A. 重要目标　　　　B. 重要机制　　　　C. 重要策略　　　　D. 重要依据

78. 2015年，我国全面实行教师资格全国统考，提高教师入职门槛，并打破教师资格终身制，实行定期（　　）。

A. 注册制度　　　　B. 考核制度　　　　C. 淘汰制度　　　　D. 培训制度

79. 弄虚作假、品行不良、侮辱学生影响恶劣的，教师资格撤销后（　　）不能参加考试。

A. 1年　　　　　　B. 2年　　　　　　C. 3年　　　　　　D. 5年

80.《教师资格条例》规定，教育行政部门和受委托的高等学校每年受理教师资格认定申请的次数是（　　）。

A. 1次　　　　　　B. 2次　　　　　　C. 3次　　　　　　D. 4次

81. 教师资格证书的适用范围是（　　）。

A. 全县范围　　　　B. 全市范围　　　　C. 全省范围　　　　D. 全国范围

82. 2008年修订的《中小学教师职业道德规范》体现了教师职业的时代特征和对师德的本质要求，贯穿其中的核心和灵魂是（　　）。

A. 责与权　　　　　B. 义与权　　　　　C. 个体与群体　　　　D. 爱与责

83.《中小学班主任工作暂行规定》指出，班主任是中小学日常思想道德教育和学生管理工作的主要实施者，是中小学生健康成长的（　　），班主任要努力成为中小学生的人生导师。

A. 教育者　　　　　B. 引领者　　　　　C. 代言者　　　　　D. 示范者

84.《国务院关于深化考试招生制度改革的实施意见》提出，2014年启动考试招生制度改革试点，2017年全面推进，到2020年基本建立中国特色现代教育考试招生制度。这一制度的特点不包括（　　）。

A. 分类考试　　　　B. 综合评价　　　　C. 多元录取　　　　D. 全国统考

85.《基础教育课程改革纲要（试行）》中规定的基础教育课程改革的具体目标不包括（　　）。

A. 改变课程过于注重知识传授的倾向

B. 改变课程结构过于强调学科本位、科目过多和缺乏整合的练习

C. 改变课程实施过于强调接受学习、死记硬背、机械训练的现状

D. 改变课程实施过于封闭的现状

86. （　　）明确规定"国家举办各种学校，普及初等义务教育"。这是我国首次以法律形式确定在我国普及初等义务教育。

A.《中华人民共和国义务教育法》　　　　　B.《中华人民共和国宪法》

C.《中国教育改革和发展纲要》　　　　　　D.《中共中央关于教育体制改革的决定》

87.《教育部关于建立中小学幼儿园家长委员会的指导意见》中关于家长委员会的基本职责不包括（　　）。

A. 参与学校管理　　　B. 参与教育工作　　　C. 建议解聘教师　　　D. 沟通学校与家庭

88.《国务院关于深化考试招生制度改革的实施意见》中改革的总体定位是（　　）。

A. 全面发展、科学选才　　　　　　　　　B. 促进公平、择优录取

C. 全面发展、均衡选才　　　　　　　　　D. 促进公平、科学选才

89.《国务院关于深化考试招生制度改革的实施意见》中，高考不分文理，（　　）科目提供两次考试机会。

A. 语文　　　　　　B. 数学　　　　　　C. 外语　　　　　　D. 政治

90. 聘任或任命教师担任职务应当有一定的任期，每一任期一般为（　　）。

A. 三年　　　　B. 三至五年　　　　C. 二年　　　　D. 四年

91. 对民办学校重大问题拥有决策权的是（　　）。

A. 校长　　　　B. 教职工代表大会　　　　C. 学校工会　　　　D. 学校董事会

92. 根据我国《校车安全管理条例》，县级以上地方人民政府应当采取措施，保障获得校车服务的对象是（　　）。

A. 幼儿园学生和小学生　　　　　　　　　B. 小学生和初中生

C. 初中生和高中生　　　　　　　　　　　D. 高中生和大学生

93. "中华人民共和国公民有受教育的权利和义务"出自（　　）。

A.《中华人民共和国教育法》　　　　　　B.《中华人民共和国义务教育法》

C.《中华人民共和国教师法》　　　　　　D.《中华人民共和国宪法》

94. 根据《中华人民共和国预防未成年人犯罪法》的规定，对未成年人犯罪一律不公开审理的年龄是（　　）。

A. 14 周岁以下　　　　　　　　　　　　B. 16 周岁以上不满 17 周岁

C. 14 周岁以上不满 16 周岁　　　　　　D. 18 周岁以下

95. 实施教育行政处罚的机关，除法律、法规另有规定的外，必须是（　　）人民政府的教育行政部门。

A. 当地　　　　　　B. 县级以上　　　　　　C. 市级以上　　　　　　D. 省级以上

96. 根据《中华人民共和国宪法》的规定，国务院有权力制定和发布（　　）。

A. 教育行政法规　　　B. 教育单行条例　　　C. 教育法律　　　D. 教育政府规章

97. 规定基础教育应该从"应试教育"转向"素质教育"的文件是（　　）。

A.《国务院关于基础教育改革与发展的决定》

B.《中华人民共和国义务教育法》

C.《关于深化教育改革全面推进素质教育的决定》

D.《中国教育改革与发展纲要》

98. 按照《中华人民共和国职业教育法》的规定，企业、事业组织应当接纳职业学校和职业培训机构的学生和教师实习；对上岗实习的（　　）。

A. 应当给予适当的劳动报酬　　　　　　B. 可以给予适当的劳动报酬
C. 应当收取适当的实习费用　　　　　　D. 可以收取适当的实习费用

99. 标志着我国新一轮课改正式启动的通知文件是（　　　　）。

A.《义务教育课程设置实验方案》

B.《关于教育体制改革的决定》

C.《关于深化教育改革全面推进素质教育的决定》

D.《全日制普通高中课程改革试行方案》

100. （　　　　）是教育法律救济的主要方式。

A. 行政复议　　　　B. 司法渠道　　　　C. 仲裁渠道　　　　D. 调节渠道

101. 教育法律关系中两个最重要的主体是（　　　　）。

A. 教育部门和下属学校　　　　　　B. 教育机构和非教育机构
C. 教师和学生　　　　　　　　　　D. 教育领导和教师

102. 教育法律关系是根据教育法律规范产生的，以主体之间（　　　　）关系的形式表现出来的特殊社会关系。

A. 共同发展　　　　B. 互利互惠　　　　C. 协调与合作　　　　D. 权利与义务

103. 以下不属于教育法本质特点的是（　　　　）。

A. 强制性　　　　B. 规范性　　　　C. 普遍性　　　　D. 恒定性

104. 中小学校园周围（　　　　）范围内不得设立互联网上网服务营业场所。

A. 200 米　　　　B. 300 米　　　　C. 400 米　　　　D. 100 米

105. 学校、教师（　　　　）对学生家长提供家庭教育指导。

A. 可以　　　　　　　　　　　　　B. 受到家长请求可以
C. 不可以　　　　　　　　　　　　D. 在特定场合可以

106. 《中华人民共和国教育法》第七十二条规定，侵占学校及其他教育机构的校舍、场地及其他财产的，依法承担（　　　　）。

A. 民事责任　　　　B. 行政责任　　　　C. 刑事责任　　　　D. 民事、刑事责任

107. 在民族地区和边远贫困地区工作的教师享有（　　　　）的津贴。

A. 特殊岗位补助　　　　　　　　　　B. 生活补助
C. 艰苦贫困地区补助　　　　　　　　D. 特殊奉献补助

108. 根据国家有关规定，经批准招收适龄儿童和少年进行文艺、体育等专业训练的社会机构或组织应当保证所招收的适龄儿童接受（　　　　）教育。

A. 素质　　　　B. 创新　　　　C. 实践　　　　D. 义务

109. 户籍在某市的小亮要在本地上小学，他应该选（　　　　）。

A. 户籍所在地的任意学校入学　　　　B. 家庭住址所在地的任意学校入学
C. 户籍所在地的学校就近入学　　　　D. 家庭住址所在地的学校考试入学

110. 《中华人民共和国教师法》和修订的《中华人民共和国义务教育法》开始实施的时间分别是（　　　　）。

A. 1993 年 10 月 31 日和 2006 年 9 月 1 日　　　B. 1994 年 1 月 1 日和 2006 年 9 月 1 日
C. 1993 年 10 月 31 日和 2006 年 7 月 1 日　　　D. 1993 年 11 月 1 日和 2006 年 6 月 29 日

111. 2009 年 9 月 27 日，中国政府发布的第三个关于中国民族政策的白皮书是（　　　　）。

A.《中国的民族区域自治》

B.《中国的民族政策与各民族共同繁荣发展》

C.《中国的少数民族政策及其实践》

D. 《中华人民共和国民族区域自治法》

112. 未成年人享有生存权和发展权，国家根据未成年人身心发展特点给予（　　）。

A. 全面保护　　　　　B. 特别保护　　　　　C. 重点保护　　　　　D. 特殊、优先保护

113. 《预防未成年人犯罪法》规定，对未成年人应当加强理想、道德、法制和（　　）教育。

A. 爱国主义、共产主义、社会主义　　　　　B. 共产主义、集体主义、社会主义

C. 爱国主义、集体主义、共产主义　　　　　D. 爱国主义、集体主义、社会主义

114. 对未成年人送工读学校进行矫治和接受教育，应当经（　　）批准。

A. 未成年人原所在学校　　　　　　　　　B. 未成年人父母

C. 教育行政部门　　　　　　　　　　　　D. 公安机关

115. 下列何种情况下发生的学生伤害事故应由学校承担责任？（　　）

A. 学校对事故的发生有过错　　　　　　　B. 学生无力承担损失

C. 事故发生在学校　　　　　　　　　　　D. 找不到事故责任主体

116. 下列关于学生伤害事故的处理的说法中，错误的是（　　）。

A. 事故后，学校负责人应尽快组织人员清理事故现场

B. 学校应当按照《学生伤害事故处理办法》的规定处理事故善后工作

C. 学校应当组成学生伤害事故处理小组

D. 对救治医院作出的伤残程度的诊断有异议，由有异议的一方当事人向调解机关提出鉴定申请

117. 预防未成年人犯罪，应当立足于（　　）。

A. 教育和保护　　　　B. 教育和处分　　　　C. 预防和惩戒　　　　D. 保护和管教

118. 《国家中长期教育改革和发展规划纲要（2010—2020年）》中指出把促进公平作为国家基本教育政策，教育公平是社会公平的重要基础，教育公平的关键是（　　）。

A. 机会公平　　　　　B. 过程公平　　　　　C. 结果公平　　　　　D. 资源公平

119. 学生伤害事故发生后，应（　　）。

A. 及时告知家长、及时救助学生、及时报告上级

B. 及时报告上级、及时告知家长、及时救助学生

C. 及时处理事故、及时救助学生、及时报告上级

D. 及时救助学生、及时告知家长、及时报告上级

120. 根据教育部2009年颁布的《中小学班主任工作规定》，选聘班主任应当在教师任职条件的基础上突出考查若干条件：

①作风正派，心理健康，为人师表

②热爱学生，善于与学生、学生家长及其他任课教师沟通

③爱岗敬业，具有较强的教育引导和组织管理能力

④教学能力强，个性突出，与学生年龄相近

以上列举的条件中（　　）是需要突出考查的。

A. ①②③④　　　　　B. ①②③　　　　　C. ②③④　　　　　D. ①②④

121. 堪称世界上最早的、成体系的教育法著作是德国国际教育大学法律系的汉斯·赫克尔与西普教授合著的（　　）。

A. 《学校法——教师手册》　　　　　　　B. 《学校法学》

C. 《教职员许可证法》　　　　　　　　　D. 《教育法律》

122. 个别小学教师在评价学生时总是将其学习成绩作为参考因素的行为侵犯了学生的（　　）。

A. 人格尊严权　　　　B. 隐私权　　　　　C. 公正评价权　　　　D. 名誉权

123. 某人申请认定教师资格，提交的材料如下：本人填写的教师资格认定申请表一式两份，身份证原件和复印件，学历证书原件和复印件，思想道德情况的鉴定或者证明材料。依据《〈教师资格条例〉实施办法》，其中缺少的材料是（　　）。

A. 户口簿

B. 普通话水平测试登记证书原件和复印件

C. 由教师资格认定机构指定的县级以上医院出具的体格检查合格证明

D. 普通话水平测试登记证书原件和复印件与由教师资格认定机构指定的县级以上医院出具的体格检查合格证明

124. 我国一系列法律都对学生最主要的权利进行了规定。这个最主要的权利是（　　）。

A. 身心健康权　　　　B. 人身自由权　　　　C. 受教育权　　　　D. 人身尊严权

125. 我国第一部比较完整的成文法典——（　　），是战国时期魏国的李悝于公元前 407 年编成的。

A.《开皇令》　　　　B.《法典》　　　　C.《法经》　　　　D.《法言·学行》

三、多项选择题

1. 有下列哪种情形之一的，依照有关法律、行政法规的规定予以处罚？（　　）

A. 胁迫或者诱骗应当接受义务教育的适龄儿童、少年失学、辍学的

B. 非法招用应当接受义务教育的适龄儿童、少年的

C. 出版未经依法审定的教科书的

D. 推荐学生买课外辅导书的

2.《中华人民共和国教育法》规定的学生的义务包括（　　）。

A. 遵守法律、法规

B. 遵守学生行为规范，尊敬师长，养成良好的思想和行为习惯

C. 努力学习，完成规定的学习任务

D. 完成学校布置的各项任务

3. 学校及其他教育机构的设置实行审批制度，审批程序一般包括（　　）。

A. 审核　　　　B. 注册　　　　C. 批准　　　　D. 登记

4.《中华人民共和国教育法》规定的在校学生的权利有（　　）。

A. 参加教育教学活动权　　　　　　B. 获得资助权

C. 获得公正评价权　　　　　　　　D. 申诉、诉讼权

5. 2006 年 6 月修订的《中华人民共和国义务教育法》明确了义务教育的公益性和（　　）。

A. 普及性　　　　B. 强制性　　　　C. 统一性　　　　D. 普惠性

6. 根据《中华人民共和国义务教育法》的规定，义务教育（　　）。

A. 不收学费　　　　B. 不收书本费　　　　C. 不收杂费　　　　D. 不收住宿费

7. 根据《中华人民共和国教师法》的规定，教师具有（　　）行为，由所在学校、其他教育机构或者教育行政部门给予行政处分或者解聘。

A. 故意不完成教育教学任务给教育教学工作造成损失的

B. 体罚学生，经教育不改的

C. 品行不良、侮辱学生，影响恶劣的

D. 在未成年人集中活动的场所吸烟、饮酒的

8. 在中国，获得教师资格的条件必须包括以下哪些条件？（　　）

A. 必须是中国公民

B. 必须具有良好的思想道德

C. 必须具有规定的学历或经国家教师资格考试合格

D. 必须具有教育教学能力

9. 关于教师资格认定的说法，以下表述正确的是（　　　）。

A. 取得教师资格的人员首次任教时，应当有试用期

B. 中小学教师资格由县级以上地方人民政府教育行政部门认定

C. 中等专业学校的教师资格由县级以上地方人民政府教育行政部门组织有关主管部门认定

D. 经国家教师资格考试合格的公民，要求有关部门认定其教师资格的，有关部门应当依照《中华人民共和国教师法》规定的条件予以认定

10. 《国家中长期教育改革和发展规划纲要（2010—2020年）》中强调，巩固和提高我国义务教育水平，特别要做到（　　　）。

A. 提高城乡教师特别是农村教师水平和质量

B. 适应城乡发展需要，合理规划学校布局，方便学生就近入学

C. 确保进城务工人员子女、留守儿童、贫困家庭儿童顺利接受义务教育

D. 加大教育投入，改善办学条件特别是农村办学条件

11. 《国家中长期教育改革和发展规划纲要（2010—2020年）》提出的创新人才培养模式，主要包括（　　　）。

A. 注重学思结合　　　　　　　　　　B. 注重知行统一

C. 注重教学相长　　　　　　　　　　D. 注重因材施教

12. 《国家中长期教育改革和发展规划纲要（2010—2020年）》提出的"构建体系完备的终身教育"的战略目标包括（　　　）。

A. 学历教育和非学历教育协调发展

B. 职业教育和普通教育分轨实施

C. 职前教育和职后教育有效衔接

D. 从业人员继续教育年参与率达到50%

13. 《国家中长期教育改革和发展规划纲要（2010—2020年）》提出的"坚持能力为重"是指（　　　）。

A. 优化知识结构，丰富社会实践，强化能力培养

B. 着力提高学生的学习能力、实践能力、创新能力

C. 教育学生学会知识技能，学会动手动脑，学会生存生活，学会做人做事

D. 促进学生主动适应社会，开创美好未来

14. 《教育部关于加强和改进普通高中学生综合素质评价的意见》规定了普通高中学生综合素质评价的内容，包括思想品德和（　　　）。

A. 学业水平　　　　B. 身心健康　　　　C. 艺术素养　　　　D. 社会实践

15. 教职工代表大会是学校民主管理的基本形式，其职责是（　　　）。

A. 听取校长工作报告，审议学校重大问题，提出意见和建议

B. 听取和反馈教职工对学校工作的意见，团结教职工支持校长正确行使职权

C. 决定有关教职工福利的重要事项，监督校长和其他负责人的工作

D. 罢免校长

16. 某职高班主任刘老师班上的学生李某，因交朋友不当参与了聚众斗殴案，被公安局拘留。刘老师将这件事写成了一篇通讯报道，文中采用李某的真实姓名详细描述了他走上犯罪道路的经

过，并在当地的晚报上发表。刘老师的文章（　　　）。

A. 能够体现报道内容的真实性，能更好地发挥对未成年学生的教育作用

B. 表现了教师的社会责任感，通过社会热点问题引起大家对教育的思考

C. 违反了法律要求的报道未成年人的犯罪案件不得披露未成年人姓名的规定

D. 侵犯了未成年人的隐私权

17. 父母或者其他监护人不依法履行监护职责，或者侵犯未成年人合法权益的，由其所在单位或者居民委员会、村民委员会给予（　　　）。

A. 管教　　　　　　B. 劝诫　　　　　　C. 制止　　　　　　D. 惩罚

18. 对未成年人的监护人的设定包括（　　　）。

A. 法定监护　　　　B. 指定监护　　　　C. 委托监护　　　　D. 代理监护

19.《中华人民共和国未成年人保护法》中明确了保护未成年人的工作应遵循的原则是（　　　）。

A. 学校、家庭、社会各尽其责　　　　　　B. 教育与保护相结合

C. 适应未成年人身心发展的规律和特点　　D. 尊重未成年人的人格尊严

20. 根据《中华人民共和国未成年人保护法》的规定，属于对未成年人免费开放的是（　　　）。

A. 爱国主义教育基地　　　　　　　　　　B. 图书馆

C. 体育场馆　　　　　　　　　　　　　　D. 儿童活动中心

21. 我国法律规定，教职工代表大会是教职工依法参与学校民主管理和监督的基本形式，学校应当建立和完善教职工代表大会制度。教职工代表大会的主要职权包括（　　　）等。

A. 按照有关工作规定和安排任免和罢免学校领导干部

B. 听取学校章程草案的制定和修订情况报告，提出修改意见和建议

C. 听取学校发展规划、教职工队伍建设、教育教学改革、校园建设以及其他重大改革和重大问题解决方案的报告，提出意见和建议

D. 讨论通过学校提出的与教职工利益直接相关的福利、校内分配实施方案以及相应的教职工聘任、考核、奖惩办法

22. 学校事故作为一种侵权行为具有的特征是（　　　）。

A. 学校或教师侵害了学生合法权益　　　　B. 侵害了学生的人身权或物权

C. 学校或教师基于过错而实施的行为　　　D. 受害人过错承担与加害人的责任共同分担

23. 推进义务教育均衡发展的主要举措有（　　　）。

A. 保障特殊群体平等接受义务教育

B. 提高教师准入门槛，取消教师配置倾斜政策

C. 均衡配置办学资源，推动优质教育资源共享

D. 优化督导评估，逐步减少对教师的事务性要求

24. 教育法具有（　　　）。

A. 规范功能　　　　B. 标准功能　　　　C. 预示功能　　　　D. 强制功能

25. 教育法律规范的结构是由（　　　）构成的。

A. 法定条件　　　　B. 行为准则　　　　C. 法律制裁　　　　D. 法律后果

26. 教育法律法规一般具有两个特征，即（　　　）。

A. 强制性　　　　　B. 民主性　　　　　C. 规范性　　　　　D. 概括性

27. 我国法律规定对特殊学生群体实行特别保护，这些特殊保护的学生具体有（　　　）。

A. 残疾人学生　　　B. 优秀学生　　　　C. 女学生　　　　　D. 家庭经济困难学生

28. 中共中央、国务院颁布的《关于深化教育改革全面推进素质教育的决定》进一步强调指出全面推进素质教育，根本上要（　　　）保障。

A. 靠教师　　　　　B. 靠社会　　　　　C. 靠法制　　　　　D. 靠制度

29. 教师的合法权益包括《中华人民共和国教师法》规定的教师在从事教学活动中的一切权利，其中有（　　）等权利。

A. 科学研究与学术交流　　　　　　　B. 指导学生

C. 评定学生　　　　　　　　　　　　D. 获取报酬

E. 民主管理

四、不定项选择题

1. 某校五年级学生小童把父亲的集邮册带到学校向同学们炫耀。上科学课时同学小钟偷偷翻看被老师发现并没收。下课后，科学课老师把没收的集邮册交给了班主任阳老师，而阳老师随手将集邮册放在自己办公室的书架上就将此事忘了。小童的父亲在发现集邮册不见后向小童问明集邮册的去向，之后赶到学校，一是向老师道歉，二是要求归还集邮册。但是阳老师怎么找都找不着集邮册。小童的父亲认为，自己的集邮册收藏了很多有价值的东西，要求赔偿，而阳老师认为此事是小童违反校规在先，否则也不会出这样的事。

关于本案例中集邮册丢失的赔偿责任，以下说法正确的是（　　）。

A. 阳老师没有保管好没收的集邮册，致其丢失，应当承担赔偿责任

B. 家长疏于管教，致小童将集邮册带到学校丢失，家长应该负主要责任

C. 教师在课堂上没收学生的物品是职务行为，学校应承担赔偿责任

D. 集邮册被没收是同学小钟引起的，小钟应承担一定的赔偿责任

E. 小童违反校规将与学习无关的物品带进学校，应当自行负责

2. 针对上述案例以下说法正确的是（　　）。

A. 学生上课时玩与学习无关的物品，教师应当制止，但教师不应该没收

B. 学生将与学习无关的物品带到学校，影响学习，教师应该没收

C. 学生违反校规校纪而被没收的物品，学校没有保管的责任

D. 教师没收学生违规带入的物品，应当妥善保管

E. 教师没收学生物品后，应当及时通知家长来领取

3. 初二（3）班上体育课，体育老师布置了学生自行踢球的活动，自己则在操场旁边玩手机。踢球过程中，学生孙刚和吴军为抢球发生争吵、扭打，孙刚被重重地打倒在地，造成手臂折断。旁边的同学赶紧向体育老师汇报，几名男同学协助体育老师将孙刚送往医院，学校则立即通知孙刚父母，医院检查后通知说孙刚需要手术治疗。依据相关教育法律法规，在这起事故中关于责任承担说法正确的是（　　）。

A. 学生孙刚负次要责任，由其监护人负责赔偿

B. 学生吴军负主要责任，由其监护人负责赔偿

C. 学校负次要责任，应进行相应赔偿

D. 学校承担经济赔偿后，可向体育老师进行全部或部分追偿

4. 某初三学生住校，睡上铺。一天晚上熄灯以后，他违反学校规定和宿舍同学一起看流星雨，不小心跌下床，摔成了植物人。家长和学校因为巨额医疗费发生了争执，双方协商不成，学生家长将学校告上法庭。法院调查发现学生床铺的护栏高度只有16.5厘米，不符合国家不低于20厘米的标准。法院最终判决学校负主要责任。学校对该生的班主任也做了承担部分医疗费的处理。

针对本案例，学校的做法错误的是（　　）。

A. 学校购买的床不符合国家标准，要追究采购人员的责任

B. 班主任对学生管理教育不力，应承担学生治疗费用的 30%

C. 给予同宿舍其他同学纪律处分

D. 加强对全校学生的安全教育和管理

E. 把不符合标准的床护栏全部换掉

5. 关于上述这起学生意外伤害事故，以下说法正确的是（　　）。

A. 学校在这起事故中有过错，应当承担主要责任

B. 学生不遵守学校的管理规定，自己应当承担一定责任

C. 学生床不符合国家标准，学校可以向生产厂商索赔

D. 班主任对学生管理不到位，应该承担赔偿责任

E. 班主任在该事件中没有直接过错，学校的处理不恰当

6. 近年来，某市教育局多次下发通知，明确规定小学和初中不得分设重点班和非重点班，不得举办以应试为目的的提高班、实验班，也明确规定双休日和寒暑假不得补课或办补习班。然而，该市某初中"重点班"与"非重点班"现象依然存在，假期补课也一直在进行。依据相关教育法律法规，此材料中的（　　）。

A. 教育局的要求是正确的，符合《中华人民共和国义务教育法》的规定

B. 教育局的要求是不正确的，违反了《中华人民共和国义务教育法》的规定

C. 某初中的做法是正确的，没有违反《中华人民共和国义务教育法》的规定

D. 某初中的做法是错误的，违反了《中华人民共和国义务教育法》的规定

五、案例分析题

1. 李老师是某小学二年级三班的体育老师。一次上课时，李老师的手机响了，她让学生自由活动，自己去一边接电话。该班学生小博在玩单杠的时候，被他的同学小方恶作剧地从后面推了一下，从单杠上摔了下来，摔伤了头部，在医院治疗一个多月才得以恢复。

请运用教育法律法规相关知识对该案例进行评析。

2. 初二学生李某不喜欢物理。一次物理课上，他趁班主任王老师不注意，溜出教室。年老体弱的门卫无力阻拦李某，于是他跑出校门。李某进入与学校一巷之隔的网吧，受社会不良青年柯某的教唆，在网上参与赌博。王老师对此非常气愤，向学校建议开除李某。校方没有同意，要求班主任对李某进行耐心教育。

（1）除学校、王老师和李某外，该案例涉及的法律关系主体还有哪些？

（2）运用相关教育法规分析学校和王老师的行为。

3. 某中学学生人数严重超标，每班超出 30 人。全体学生集中在一栋教学楼内上课，教学楼本来有两个楼梯供师生使用，但为了方便管理，其中一个楼梯被长期封闭，楼道里也没有应急灯。有

天晚上突然停电，当下晚自习的学生走到二楼时，一名学生恶作剧地喊了一声"地震了"，结果造成严重拥挤，有些学生被挤倒受到踩压，多名学生受伤。

请用教育法律法规分析这个事件中的相关法律责任。

4. 林某 12 岁的女儿在农村上小学 5 年级。林某认为女儿迟早要嫁人，读再多书也没用，还不如早早让她去赚钱，于是在暑假的时候将女儿送到镇上一个个体户家打工。新学期开学，学校领导多次登门家访，但林某拒送女儿返校。

（1）列出案例中违法的主体，并指出违反了什么法。

（2）违法主体应承担什么法律责任？

答案与解析

模块一　教育学

第一章　教育与教育学

一、判断题（正确的填 A，错误的填 B）

1.【答案】B。良师解析：本题考查的是教育的内涵。广义的教育是泛指一切能增进人的知识和技能、发展人的智力和体力、影响人的思想观念的活动，包括家庭教育、社会教育和学校教育。因此本题说法错误。

2.【答案】B。良师解析：本题考查的是广义教育的内涵。狭义的教育主要指学校教育，是教育者根据一定的社会要求，有目的、有计划、有组织地对受教育者施加影响，促使他们朝着所期望的方向发展的活动。广义的教育：凡是增进人的知识和技能、发展人的智力和体力、影响人的思想和品德的活动都是教育。它包括社会教育、学校教育和家庭教育。因此本题说法错误。

3.【答案】B。良师解析：本题考查的是教育的概念。教育是一种有目的培养人的社会活动，是人类社会才存在的一种现象。因此本题说法错误。

4.【答案】A。良师解析：本题考查的是教育的本质。教育是有目的的培养人的社会活动，是一种社会实践。而动物界不存在教育。因此本题说法正确。

5.【答案】B。良师解析：本题考查的是教育的基本要素。教育的基本要素主要包括教育者、受教育者和教育影响。教育者是教育活动中的主导因素。因此本题说法错误。

6.【答案】A。良师解析：本题考查的是教育的社会属性。阶级社会的教育都具有阶级性的特征，不存在超阶级的教育。因此本题说法正确。

7.【答案】B。良师解析：本题考查的是教育的概念。教育的概念有广义与狭义之分。上课听讲是狭义的学校教育，师傅带徒弟是广义教育中的社会教育，母鸡带小鸡不是教育现象。因此本题说法错误。

8.【答案】A。良师解析：本题考查的是教育的生态功能。教育除具有经济功能、政治功能、文化功能以及人口功能之外，还具有生态功能。因此本题说法正确。

9.【答案】A。良师解析：本题考查的是苏格拉底的教育思想。孔子和苏格拉底两位著名的教育家因生活的年代相近，在世界教育史上的地位相似，因而时常被拿来比较。因此本题说法正确。

10.【答案】A。良师解析：本题考查的是《普通教育学》的地位。赫尔巴特 1806 年的《普通教育学》标志着教育学作为一门规范的、独立的学科正式诞生。因此本题说法正确。

11.【答案】A。良师解析：本题考查的是《学记》的地位和作用。《学记》是世界上最早的一部教育著作。因此本题说法正确。

12.【答案】A。良师解析：本题考查的是夸美纽斯的教育思想。夸美纽斯的《大教学论》是教育学建立的开端。同时，他也是班级授课制的提出者。因此本题说法正确。

13.【答案】A。良师解析：本题考查的是杜威的教育思想。"以儿童为中心"和"从做中学"是其重要的教育观点。因此本题说法正确。

14.【答案】B。良师解析：本题考查的是教育学的发展。"道而弗牵，强而弗抑，开而弗达"是《学记》（现被收入《礼记》）中的内容，体现了启发性原则，因此本题说法错误。

15.【答案】B。良师解析：本题考查的是终身教育的知识，终身教育思想强调职前教育与职后教育的一体化、青少年教育与成人教育的一体化、学校教育与社会教育的一体化、把终身教育等同于成人教育是片面的。因此本题说法错误。

16.【答案】A。良师解析：本题考查的是促进教育公平的相关措施。在我国，促进教育公平的重点在于促进教育机会的公平，即要将教育公平落实到义务教育发展上面。因此本题说法正确。

二、填空题

1.【答案】影响人的身心发展　学校教育

2.【答案】人类　社会

3.【答案】学校系统　制度化教育　前制度化教育　非制度化教育

4.【答案】学校与社会教育机构

5.【答案】学校教育系统

6.【答案】正规教育

7.【答案】清朝末年　1902　壬寅　1903　癸卯

8.【答案】构建学习化社会

9.【答案】19

10.【答案】升学　就业

11.【答案】职业　普通

12.【答案】阶级性　道统性　专制性

13.【答案】礼　乐　射　御　书　数

14.【答案】私学

15.【答案】罢黜百家、独尊儒术

16.【答案】科举

17.【答案】四书五经

18.【答案】培养有文化修养和多种才能的政治家和商人　培养忠于统治阶级的强悍的军人军事体育训练

19.【答案】培养僧侣人才的教育　骑士教育

三、单项选择题

1.【答案】B。良师解析：本题考查的是教育的概念。"教育"在日常中的用法大致可分为三种：一是作为一种过程的"教育"，表明一种深刻的思想转变过程，如"我从电影中受到了教育"；二是作为一种方法的"教育"，如"你是怎么教育孩子的"；三是作为一种社会制度的"教育"，如"教育是振兴经济的基础"。因此本题选 B。

2.【答案】B。良师解析：本题考查的是教育这一概念最早的出处。题干所述出自孟子的《孟子·尽心上》。因此本题选B。

3.【答案】B。良师解析：本题考查的是教育的内涵。教育是有目的、有计划地培养人的社会活动。初生儿吸奶属于吸吮反射，是不需要学习就会的本能动作。其他三项均属于教育现象。因此本题选B。

4.【答案】C。良师解析：本题考查的是广义的教育。教育分狭义和广义两种，"生活的磨难教育了我们"中的"教育"是广义的教育。因此本题选C。

5.【答案】B。良师解析：本题考查的是教育的概念。广义的教育指的是有目的地增进人的知识和技能、影响人的思想观念的活动；狭义的教育指学校教育，是教育者根据一定的社会要求，有目的、有计划、有组织地对受教育者施加影响，期望他们发生某种变化的活动。二者的根本区别在于狭义的教育比广义的教育更具计划性。因此本题选B。

6.【答案】C。良师解析：本题考查的是教育的含义。教育的本质是一种社会实践活动。因此本题选C。

7.【答案】B。良师解析：本题考查的是教育规律的特征。或然性即不确定性，教育系统中各种活动的多样性和不确定性说明了教育规律具有不确定性，也叫或然性。因此本题选B。

8.【答案】A。良师解析：本题考查的是教育的特性。教育是人类特有的一种社会活动。因此本题选A。

9.【答案】A。良师解析：本题考查的是教育的永恒性。教育不会随国家的消亡而消亡。因此本题选A。

10.【答案】B。良师解析：本题考查的是教育的功能。教育的正功能是指其对社会的进步和发展、人的成长与发展起着积极的促进作用；教育的负功能是指其对社会的进步和发展、人的成长与发展起着消极的阻碍功能。题干中的观点反映的正是教育的正功能和负功能。因此本题选B。

11.【答案】A。良师解析：本题考查的是教育的政治功能。教育通过培养人才实现对政治经济制度的影响，是教育作用于政治经济制度的主要途径。因此本题选A。

12.【答案】B。良师解析：本题考查的是教育的功能。教育的个体个性化发展功能主要体现在：(1)教育促进人的主体意识的形成和主体能力的发展；(2)教育促进个体差异的充分发展，形成人的独特性；(3)教育开发人的创造性，促进个体价值的实现。B项属于教育的个体社会化功能。因此本题选B。

13.【答案】D。良师解析：本题考查的是如何克服教育对个体发展的负向功能。克服教育对个体发展的负向功能，关键是进行教育的内部改革，首先是树立"以人为本"的理念；其次，要改革不合理的教育制度；最后，要纠正教育活动和过程中的失当行为。因此本题选D。

14.【答案】A。良师解析：本题考查的是教育的心理起源说。心理起源说认为教育源于儿童对成人的无意识的模仿，其缺陷在于否认了教育的社会属性，否认了教育是一种自觉有意识的活动，把动物本能和儿童无意识的模仿同有意识的教育混为一谈。因此本题选A。

15.【答案】C。良师解析：本题考查的是教育起源说中的生物起源说。法国社会学家利托尔诺和英国教育学家沛西·能是生物起源说的代表人物。因此本题选C。

16.【答案】D。良师解析：本题考查的是教育的劳动起源说。马克思主义认为教育起源于人类所特有的生产劳动。因此本题选D。

17.【答案】A。良师解析：本题考查的是教育的心理起源说。心理起源说认为教育起源于原始社会中儿童对成人本能的、无意识的模仿。因此本题选A。

18.【答案】C。良师解析：本题考查的是教育相对独立形态形成的标志。有了固定的场所、有了专门从事教育的人，由此产生了学校。学校的出现是教育相对独立形态形成的标志。因此本题选C。

19.【答案】B。良师解析：本题考查的是教育的发展，进入奴隶社会后，人类出现了专门的教育形式即学习。因此本题选B。

20.【答案】B。良师解析：本题考查的是教育的发展。学校教育产生于奴隶社会，因此本题选B。

21.【答案】B。良师解析：本题考查的是古代教育的特点。进入奴隶社会，体力劳动和脑力劳动的分离与对立，反映在教育上便表现为学校教育与生产劳动的脱离。在奴隶社会只有奴隶主的子弟才能进学校，奴隶没有上学的权利，当时的学校教育不仅与生产劳动脱离，而且极端鄙视生产劳动。因此本题选B。

22.【答案】D。良师解析：本题考查的是学校的起源。我国在夏朝已有学校教育的形态。《孟子·滕文公上》："设为庠序学校以教之。庠者，养也。校者，教也。序者，射也。夏曰校，殷曰序，周曰庠；学则三代共之，皆所以明人伦也。"因此本题选D。

23.【答案】B。良师解析：本题考查的是奴隶社会教育的特征。奴隶社会具有阶级性，相应地，奴隶社会的教育也具有阶级性。因此本题选B。

24.【答案】B。良师解析：本题考查的是教育的发展。"万般皆下品，唯有读书高"反映了科举制强调唯有读书高，引导人们轻视社会各行业，轻视生产实践，使知识分子严重脱离社会实际生活。因此本题选B。

25.【答案】A。良师解析：本题考查的是教育的发展。春秋时期孔子是中国最早办私立学校的人，因此，我国最早的私学出现在春秋时期。因此本题选A。

26.【答案】B。良师解析：本题考查的是古代社会教育的特点，"学在官府"是西周教育的特点，是对西周教育制度的高度概括，也是我国奴隶社会教育制度的重要特征，体现了教育的阶级性特点。因此本题选B。

27.【答案】B。良师解析：我国封建社会教育的主要内容是"四书五经"，其中"四书"包括《大学》《中庸》《论语》《孟子》，"五经"包括《诗经》《尚书》《礼记》《周易》《春秋》。因此本题选B。

28.【答案】A。良师解析：本题考查的是教育的发展。"六艺"是西周各级各类学校教育的基本学科，具体指礼、乐、射、御、书、数。因此本题选A。

29.【答案】A。良师解析：本题考查的是中国古代教育。宋代以后，表现儒家思想的"四书"和"五经"成为学校教育的基本内容。"四书"是《大学》《中庸》《论语》《孟子》，"五经"是《诗经》《尚书》《礼记》《周易》《春秋》；"六艺"是指礼、乐、射、御、书、数，是古代社会的主要教育内容；"三科"是文法、修辞、辩证法，"四学"是算术、几何、天文、音乐，"三科四学"是欧洲中世纪教会教育的主要内容，统称为"七艺"。因此本题选A。

30.【答案】C。良师解析：本题考查的是教育的特性。封建社会的学校教育较之奴隶社会的学校教育，在规模上逐渐扩大，在类型上逐渐增多，在内容上也日益丰富，并且具有等级性、专制性和保守性。因此本题选C。

31.【答案】C。良师解析：本题考查的是京师同文馆。京师同文馆是近代中国创办的最早的一所新式学堂。因此本题选C。

32.【答案】D。良师解析：本题考查的是古代教育的发展。古代埃及设置最多的是文士学校。文士精通文字，善书能写，任官治事，所以文士通常也称书吏。文士学校主要的目的不是培养雄辩家，而是起着缓和阶级矛盾的作用。因此本题选D。

33.【答案】C。良师解析：本题考查的是教育平等的理念。"学不躐等"是指要顺应学生的身心发展顺序来进行教学，不能拔苗助长，不能体现教育公平的观念，因此本题选C。

34.【答案】D。良师解析：本题考查的是教育的产生和发展。古代埃及的教育较为发达，主要的学校类型包括宫廷学校、僧侣学校、职官学校和文士学校。教师为官吏或僧侣。"以僧为师""以（书）吏为师"遂成为古埃及教育的特征。因此本题选D。

35.【答案】A。良师解析：本题考查的是西方教育的发展。雅典教育要求学生在体力、智力、美感和品德方面得到和谐发展，注重学生的全面发展；斯巴达教育强调的是军事教育；世俗教育比较重视文化科学知识；骑士教育以军事知识和技术为主。因此本题选A。

36.【答案】B。良师解析：本题考查的是古代西方的教育。古代希腊中的雅典教育形式强调德、智、体、美和谐发展，其主要特征是培养有文化修养和多种才能的政治家和商人。因此本题选B。

37.【答案】D。良师解析：本题考查的是教育的宗旨。提高全民族的素质是我国当今社会发展赋予教育的根本宗旨，也是我国当代教育的重要使命。因此本题选D。

38.【答案】C。良师解析：本题考查的是现代教育理念。C项以书本为中心、以教师为中心是传统的教育理念，新课改后我们课堂教学是以学生为中心的。因此本题选C。

39.【答案】B。良师解析：本题考查的是终身教育思想。"吾十有五而志于学，三十而立，四十而不惑，五十而知天命，六十而耳顺，七十而从心所欲，不逾矩。"是孔子对自己一生的概括："我十五岁开始立志学习，三十岁能自立于世，四十岁遇事就不迷惑，五十岁懂得了什么是天命，六十岁对听到的一切都深明其义，到七十岁才能达到随心所欲，想怎么做便怎么做，也不会超出规矩。"体现的教育思想就是终身教育。

40.【答案】B。良师解析：本题考查的是现代教育的特征。20世纪以后世界教育的特征是教育的终身化、教育的全民化、教育的民主化、教育的多元化、教育技术的现代化。因此本题选B。

41.【答案】D。良师解析：保罗·朗格朗提出的"终身教育"是20世纪60年代以来，世界上最有影响的教育思潮。因此本题选D。

42.【答案】C。良师解析：本题考查的是回归教育。根据题干的描述，只有C项符合题意。因此本题选C。

43.【答案】D。良师解析：本题考查的是"教育社会化"。家庭教育与学校教育相结合，并不意味着教师要对学生的活动严加管理。因此本题选D。

44.【答案】D。良师解析：本题考查的是现代教育的发展趋势。"既追求让所有人都受到同样的教育，又追求教育的自由化"体现的教育特点是教育的民主化。因此本题选D。

45.【答案】A。良师解析：本题考查的是现代教育的特点。终身教育是20世纪60年代形成和发展的一种国际教育思想，自联合国教科文组织成人教育局局长法国的保罗·朗格朗正式提出以来，短短数年，已经在世界各国广泛传播，被誉为"可以和哥白尼日心说带来的革命相媲美的教育历史事件"。终身教育思潮虽出现不久，却表现出强大的生命力、渗透力和影响力，成为世界教育发展趋势中不可逆转的洪流。因此本题选A。

46.【答案】B。良师解析：本题考查的是终身教育的思想。终身教育是人们在一生各阶段当中所受各种教育的总和，是人所受不同类型教育的统一综合，包括教育体系的各个阶段和各种方式。既有学校教育，又有社会教育；既有正规教育，也有非正规教育。主张在每一个人需要的时刻以最好的方式提供必要的知识和技能，终身教育思想成为很多国家教育改革的指导方针。因此，建设学习化社会的关键在于实施终身教育。因此本题选B。

47.【答案】A。良师解析：本题考查的是大众教育。题干的描述体现了大众教育的内涵。因此本题选A。

48.【答案】D。良师解析：本题考查的是教育学的根本任务。教育学的根本任务是揭示教育规律。因此本题选D。

49【答案】A。**良师解析**：本题考查的是教育学的概念。教育学是研究教育现象和教育问题，揭示教育规律的一门科学，其根本任务是揭示教育规律，推动其发展的内在动力是教育问题。因此本题选A。

50.【答案】C。**良师解析**：本题考查的是《学记》的教育思想。"师严然后道尊，道尊然后民知敬学。"译为：老师受到尊敬，然后道才会受到尊重；道受到尊重，然后人民才知道认真学习。因此本题选C。

51.【答案】A。**良师解析**：本题考查的是古代中国的教育思想。《论语》是我国最早的教育文献，它是语录体，不是专著，成书于春秋时期。而《学记》是中国也是世界教育史上的第一部教育专著，成文大约在战国末期，因此本题选A。

52.【答案】A。**良师解析**：本题考查的是《学记》中的教育思想。《学记》是我国最早的教育学专著，其中蕴含了许多优秀的教学思想，教学相长、循序渐进等都出自其中。《论语》是我国最早的教育文献，是孔子及其弟子所著。《孟子》是"四书"之一，记录的孟子的言行。《尚书》，又称《书》或《书经》，是中华民族第一部古典文集和最早的历史文献。它以记言为主，自尧舜到夏商周，跨越 2 000 年历史。因此本题选A。

53.【答案】B。**良师解析**：本题考查的是《学记》。题干的描述出自《学记》。因此本题选B。

54.【答案】D。**良师解析**：本题考查的是《学记》。《学记》是中国也是世界教育史上的第一部教育专著，成文大约在战国末期。因此本题选D。

55.【答案】D。**良师解析**："不愤不启，不悱不发"出自《论语·述而》，意思是不到学生努力想弄明白，但仍然想不透时，先不要去开导他；不到学生心里明白，却又不能完善表达出来的程度时，也不要去启发他。经常用来说明对学生要严格要求，先让学生积极思考，再进行适时启发。因此本题选D。

56.【答案】C。**良师解析**：本题考查的是杜威的教育思想，杜威认为"教育即生长""教育即生活""学校即社会"。

57.【答案】C。**良师解析**：本题考查的是洛克的教育思想。洛克代表作《教育漫话》，提出了白板说。夸美纽斯的《大教学论》标志着教育学开始成为一门独立的学科，卢梭的《爱弥儿》，提倡自然主义教育，马卡连柯提出了平行教育思想。因此本题选C。

58.【答案】C。**良师解析**：本题考查的是康德的教育思想。康德首次在大学里开设教育学讲座。因此本题选C。

59.【答案】C。**良师解析**：本题考查的是孙敬修的教育思想。孙敬修提出："教师的职责是'传道、授业、解惑'。为'师'者要有知识，为'表'者要有美德，这样才能为人师表。"因此本题选C。

60.【答案】C。**良师解析**：本题考查的是亚里士多德的教育思想。亚里士多德注意到了儿童心理发展的自然特点，主张按照儿童心理发展的规律对儿童进行分阶段教育。这是强调教育要注重人的发展的思想渊源。因此本题选C。

61.【答案】C。**良师解析**：本题考查的是中国古代的教育思想。古代的"八目"之说（格物、致知、诚意、正心、修身、齐家、治国、平天下）出自《礼记·大学》。（"八目"出自《大学》篇，《大学》原本是《礼记》中的一篇。宋代人把它从《礼记》中抽出来，与《论语》《孟子》《中庸》相配合，到朱熹撰《四书章句集注》时，便成了"四书"之一。）因此本题选C。

62.【答案】B。**良师解析**：本题考查的是孟子的教育思想。"人之所不学而能者，其良能也；所不虑而知者，其良知也。"出自孟子的《孟子·尽心上》，因此本题选B。

63.【答案】B。**良师解析**：本题考查的是墨子的教育思想。"三表法"出自《墨子·非命上》，是墨子提出的判断言谈是非的三条标准。因此本题选B。

64.【答案】C。良师解析：本题考查的是蔡元培的教育思想。蔡元培在1912年发表《对教育方针之意见》，提出了"五育"教育。因此本题选C。

65.【答案】C。良师解析：本题考查的是朱熹的教育思想。"君子如欲化民成俗，其必由学乎。"出自《学记》，不是朱熹的教育主张，因此本题选C。

66.【答案】C。良师解析：本题考查的是教育家及其教育思想。实验教育学之父是梅依曼。因此本题选C。

67.【答案】B。良师解析：本题考查的是孔子的教育思想。启发性教学源于我国古代教育家孔子最早提出的主张"不愤不启，不悱不发"，因此本题选B。

68.【答案】C。良师解析：本题考查的是裴斯泰洛齐的教育思想。裴斯泰洛齐最早提出教育心理学化的主张，主张教育遵循自然，使儿童自然发展，被誉为慈爱的儿童之父。因此本题选C。

69.【答案】A。良师解析：本题考查的是教育家及其教育思想。这话是著名教育家苏霍姆林斯基在《给教师的100条建议》中提出的。因此本题选A。

70.【答案】A。良师解析：本题考查的是教育学的发展状况。1971年，以激进改革派人物伊凡·伊里奇为代表发起的"贬抑学校教育"运动，提出了废除现行学校制度的口号。因此本题选A。

71.【答案】A。良师解析：本题考查的是孔子的教育思想。孔子是我国古代最有名的教育家，他的学生从贵族到平民无所不包，用实际行动践行了"有教无类"的教育思想。因此本题选A。

72.【答案】A。良师解析：本题考查的是教育家及其教育思想。孔子认为，教师要有"学而不厌，诲人不倦"的工作态度。因此本题选A。

73.【答案】D。良师解析：本题考查的是教育学流派。题干描述的是杜威的观点，属于实用主义教育学派的观点。赫尔巴特是传统教育学派的代表人物，提倡"课堂中心、课程中心、教师中心"的老三中心。AB为混淆视听的选项。因此本题选D。

74.【答案】B。良师解析：本题考查的是现代教育学理论的发展。苏联教育家苏霍姆林斯基在其著作《给教师的100条建议》和《把整个心灵献给孩子》中阐述了他的和谐教育思想，他认为学校教育的理想是培养全面和谐发展的人。认知结构教育理论的代表人物是布鲁纳，范例教学理论的代表人物是瓦·根舍因，教学最优化教育理论的代表人物是巴班斯基。因此本题选B。

75.【答案】C。良师解析：本题考查的是现代教育学理论的发展。教学最优化教育理论的代表人物是巴班斯基，认知结构教育理论的代表人物是布鲁纳，范例教学理论的代表人物是瓦·根舍因，发展性教学理论的代表人物是赞可夫。因此本题选C。

76.【答案】B。良师解析：本题考查的是夸美纽斯的教育思想。17世纪，捷克教育家夸美纽斯提出了泛智教育思想，主张把一切知识教授给一切人和教育要适应自然的思想，提出了统一的学制系统以及新颖的教学原则、教学方法。因此本题选B。

77.【答案】C。良师解析：本题考查的是教育的发展历程。赫尔巴特被称为"现代教育学之父"。因此本题选C。

78.【答案】B。良师解析：本题考查的是苏格拉底的教育思想。苏格拉底以其雄辩和与青年智者的问答法著名。因此本题选B。

79.【答案】C。良师解析：本题考查的是杜威的教育思想。杜威是20世纪美国著名的实用主义哲学家、教育家，其所著的《民主主义与教育》全面地阐述了实用主义教育理论。因此本题选C。

80.【答案】C。良师解析：本题考查的是杨贤江的教育思想。杨贤江的《新教育大纲》是我国第一本马克思主义教育学著作。故本题选C。

81.【答案】A。良师解析：本题考查的是孔子的教育思想。爱人是孔子"仁"的中心。教育要坚持以人为本，作为教师要关心爱护全体学生。因此本题选 A。

82.【答案】B。良师解析：本题考查的是赫尔巴特的教育思想。赫尔巴特在《普通教育学》中首次明确提出将心理学作为教育学的理论基础。故本题选 B。

83.【答案】B。良师解析：本题考查的是蒙台梭利的教育思想。蒙台梭利这话强调教育要以学生为主体，充分挖掘学生的主观能动性，与人本主义教育思想相支持。故本题选 B。

84.【答案】D。良师解析：本题考查的是赞科夫的教育思想。"一般发展"是赞科夫"教学与发展"基本思想的中心概念，指发展学生的"智力、情感、意志、品质、性格和集体主义思想"。因此本题选 D。

85.【答案】D。良师解析：本题考查的是老子的教育思想。道家主张回归自然，"复归"人的自然本性，一切任其自然便是最好的教育。老子和庄子是道家的代表人物。因此本题选 D。

86.【答案】B。良师解析：本题考查的是夸美纽斯的教育思想。班级授课制产生于近代资本主义兴起的时代，是应普及教育、扩大教育教学规模、提高教学质量和效率的要求，批判否定分散的小农经济和封建隔绝状态下长期实行的个别教学组织形式而产生的。捷克教育家夸美纽斯从理论上对班级授课制加以总结和论证，使其基本确定下来。因此本题选 B。

87.【答案】B。良师解析：本题考查的是昆体良的教育思想。昆体良是西方第一个专门论述教育问题的教育家，他的《论演说家的教育》（也称《雄辩术原理》）是西方第一本教育专著。因此本题选 B。

88.【答案】B。良师解析：本题考查的是教育的发展历程。赫尔巴特是康德哲学教育的继承者，近代德国著名的心理学家和教育学家，在世界教育史上被认为是"现代教育学之父"或"科学教育学的奠基人"。他的《普通教育学》的出版（1806 年）标志着规范教育学的建立，同时，这本书也被认为是第二本现代教育学著作。因此本题选 B。

89.【答案】B。良师解析：本题考查的是教育家及其思想。17 世纪英国教育家洛克在《教育漫话》一书中认为，我们日常所见的人中，他们之所以或好或坏，或有用或无用，十分之九都是由他们的教育所决定的。他的这一观点认为人的发展完全是由教育决定的，是教育万能论的观点。因此本题选 B。

90.【答案】D。良师解析：本题考查的是教育学的发展中孔子的教育思想。ABC 项都是需要向老师学习。D 项符合题干要求，强调的是教师的示范与榜样作用。因此本题选 D。

91.【答案】B。良师解析：本题考查的是教育家及其思想。在我国，"趣味教育的概念"是梁启超在《趣味教育与教育趣味》中首次提出的。因此本题选 B。

92.【答案】D。良师解析：本题考查的是教育家及其思想。《爱弥儿》的作者是卢梭。因此本题选 D。

93.【答案】A。良师解析：本题考查的是孔子的教育思想。早在约公元前 6 世纪，我国伟大的教育家孔子在丰富的教学实践基础上，把学习过程概括为"学—思—行"的统一过程。因此本题选 A。

94.【答案】D。良师解析：本题考查的是西方教育的发展。古罗马教育家昆体良的《论演说家的教育》被誉为"欧洲古代教育理论发展的最高成就"，也是西方的第一部教育著作。因此本题选 D。

95.【答案】A。良师解析：本题考查的是西方教育家的思想。柏拉图认为，教育应为国家培养哲学家和军人。他提出，一个完美的、理想的国家，必须由三部分组成：哲学家、军人和劳动者（指农民和手工业者），而培养这些人并达到理想国的目的，主要通过教育来实施。教育的最终目的，就是要培养和选拔出统治国家的哲学家——最高统治者，他们是"深谋远虑，真正有智慧的"人。因此本题选 A。

96.【答案】C。良师解析：本题考查的是杜威的教育思想。以赫尔巴特为代表的传统三中心论是：课堂中心、书本中心和教师中心，故可以排除 ABD 三项；以杜威为代表的现代三中心论是：

以现实化、生活化的教学取代传统的课堂讲授，以儿童的亲身经验代替书本知识，以学生主动活动代替教师的主导。因此本题选C。

97.【答案】A。良师解析：本题考查的是教育学的发展。教育学作为一门独立形态的学科的标志是夸美纽斯《大教学论》的出版，而这一时期处于资本主义社会的早期。因此本题选A。

98.【答案】A。良师解析：本题考查的是教育家的思想。孔子提倡"不愤不启，不悱不发"，苏格拉底是"产婆术"的提出者。因此本题选A。

99.【答案】B。良师解析：本题考查的是培根的教育思想。培根在《论科学的价值和发展》一文中首次指出应该把"教育学"作为一门独立学科从学科分类中提出来。因此本题选B。

100.【答案】C。良师解析：本题考查的是孔子的教育思想。孔子的言行主要记载在《论语》里面，《论语》由其弟子所记录。因此本题选C。

101.【答案】B。良师解析：本题考查的是赫尔巴特的教育思想。赫尔巴特的教育思想：（1）将伦理学和心理学作为教育学的理论基础。（2）强调教师的权威作用，强调教师的中心地位，形成了传统教育教师中心、书本中心、课堂中心的特点。（3）提出"四阶段教学"理论。将教学过程分为明了、联想、系统和方法四个阶段。后由他的学生齐勒修改为预备、提示、比较、总括、应用五段，称"五段教学法"。（4）教育性教学原则："我想不到有任何无教学的教育，正如相反方面，我不承认有任何无教育的教学。"（5）教育的目的：培养良好的社会公民。因此本题选B。

102.【答案】B。良师解析：本题考查的是教育学的发展历史。以赫尔巴特为代表的传统教育学建立在心理学和伦理学的基础上。因此本题选B。

103.【答案】D。良师解析：本题考查的是教育家及其教育思想。题干描述的是杜威的教育观点。苏格拉底以"问答法"而闻名；柏拉图的代表作是《理想国》，指出要培养"哲学王"；夸美纽斯的《大教学论》是教育学开始成为一门独立学科的标志。因此本题选D。

104.【答案】C。良师解析：本题考查的是教育家的教学思想。苏格拉底的"产婆术"体现的是启发式教学思想，C项的观点出自孔子，是启发式教学思想的典型论断。因此本题选C。

105.【答案】D。良师解析：本题考查的是杜威的教育思想，杜威是现代教育派的代表人物，被认为是现代教育代言人，因此本题选D。

106.【答案】C。良师解析：本题考查的是教育的发展——王充的教育思想。王充的教学思想是学知与闻见、问难与距师、思考与求是。因此本题选C。

107.【答案】A。良师解析：本题考查的是赫尔巴特的教育理论。赫尔巴特著名的四段教学法，即明了、联想、系统、方法。因此本题选A。

108.【答案】B。良师解析：教育活动的基本要素是教育者、受教育者、教育影响。教育影响是教育实践活动的手段，是教育活动中教育者和学习者相互作用的全部信息，既包括信息的内容，也包括信息选择、传递和反馈的形式，是内容和形式的统一。教育影响包括教育内容和教育措施等方面。教育内容是教育者根据教育目的，经过选择和加工，用来作用于受教育者的影响物。教育措施是教育活动中所采取的方式和方法，既包括教育者和受教育者在教育活动中所采用的教和学的方式与方法，如讲、读、讨论等，也包括开展教育活动时所运用的一切物质手段，如教具、实验药品和仪器等。D选项教学媒介属于教育措施，B选项不符合。因此本题选B。

109.【答案】A。良师解析：原始社会的教育没有阶级性，和生产劳动密切相连，教材内容主要也是为生活服务。而到了奴隶社会，教育开始具有等级性、阶级性，教育与生产劳动相分离。因此本题选A。

110.【答案】C。良师解析：题干强调教育与社会共始终，体现了教育的永恒性。因此本题选C。

111.【答案】B。良师解析：人的发展是社会发展的产物，社会发展也是人的发展的结果，人的社会实践是人的发展与社会发展发生关系和形成互动的中介，是二者获得一致性的链条。因此本题选B。

112.【答案】C。良师解析：教育民主化首先是指教育机会均等，包括入学机会的均等、教育过程中享有教育资源机会的均等和教育结果的均等；其次是指师生关系的民主化；最后是指教育活动、教育方式、教材内容等的民主化。为学生提供更多自由选择的机会，是对教育的等级化、特权化和专制化的否定。故选项C正确。A教育终身化是法国成人教育家保罗·朗格朗提出，他认为教育应贯穿人的一生。B教育多元化指办学主体、教育功能、教育文化环境等的多元化。D教育全民化指教育面向所有人，全民教育体系包括正规教育、非正规教育和不定型教育。因此本题选C。

113.【答案】B。良师解析：教育史上第一个正式提出教育起源的学说是生物起源说，人类历史上第一次出现的有关教育的起源学说才是神话起源说。因此本题选B。

114.【答案】C。良师解析：儒家思想概括来说有仁、义、礼、智、信、恕、忠、孝、悌。"仁"，爱人，是孔子思想理论的核心；"礼"是中国封建社会的道德规范和生活准则；"义"是评判人们的思想、行为的道德原则。因此本题选C。

115.【答案】C。良师解析："不愤不启，不悱不发"的教育思想出自《论语》，《论语》中记载了孔子及其弟子的教育思想。宋代学者朱熹把儒家经典缩减为四书五经。孟子是中国古代著名思想家、教育家，战国时期儒家代表人物，其学说出发点为性善论，提出"仁政""王道"，主张德治。荀子是中国古代性恶论的代表人物。因此本题选C。

116.【答案】B。良师解析：法国思想家卢梭的《爱弥儿》（1762年），深刻地表达了资产阶级的教育思想。其教育的核心是自然教育理论，自然教育的目的是培养自然天性得到充分发展的自然人。绅士教育是洛克的思想，和谐教育是苏霍姆林斯基的主张，武士教育是日本的思想。因此本题选B。

117.【答案】A。良师解析：教育学就是研究教育现象和教育问题，揭示教育规律的科学。教育学的根本任务是解释教育规律，教育学的根本动力是研究教育问题。因此本题选A。

118.【答案】B。良师解析：杜威的代表作是《民主主义与教育》，赫尔巴特的代表作是《普通教育学》，罗素的代表作是《教育目的》，夸美纽斯的代表作是《大教学论》。因此本题选B。

119.【答案】D。良师解析：因材施教是指教师要从学生的实际情况、个别差异出发，有的放矢地进行有差别的教学，使每个学生都能扬长避短，获得最佳的发展。可以针对学生的不同阶段特点采取不同的教育方式进行教育教学。维果茨基提出"最近发展区"。他认为至少要确定两种发展的水平。第一种水平是现有发展水平，这是指由一定的已经完成的发展系统的结果而形成的心理机能的发展水平。第二种是在有指导的情况下借别人的帮助所达到的解决问题的水平，也是通过教学所获得的潜力。这样在智力活动中，对所要解决的问题和原有的独立活动之间可能存在差异，这就是"最近发展区"。关键期最早由奥地利动物习性学家洛伦茨在研究小鸭的习性时发现，动物追随行为——印刻现象，只在特定的时期即关键期出现。关键期的基本特点是它只发生在生命中一个固定的短暂时期。敏感期是由蒙台梭利提出的。因此本题选D。

四、多项选择题

1.【答案】ABC。良师解析：本题考查的是广义的教育的内涵。广义的教育是泛指一切能增进人的知识技能、发展人的智力和体力、影响人的思想观念的活动，包括学校教育、家庭教育、社会教育。因此本题选ABC。

2.【答案】ABCD。良师解析：本题考查的是教育的构成要素。教育者、受教育者（学习者）和教育媒介（教育影响）是构成教育活动的基本要素。其中，教育媒介从内容上说，主要就是教育内容、教育材料或教科书；从形式上说，主要是教育手段、教育方法和教育组织形式。因此本题选ABCD。

3.【答案】ABCE。**良师解析**：教育的社会属性包括永恒性、历史性、阶级性、继承性、长期性、相对独立性、生产性、民族性。因此本题选 ABCE。

4.【答案】ABC。**良师解析**：本题考查的是学校教育的主导作用。学校教育在人身心发展中起主导作用的原因包括：（1）学校教育是有目的、有计划、有组织地培养人的活动；（2）学校有专门负责教育工作的教师，相对而言效果较好；（3）学校教育能有效地控制和协调影响学生发展的各种因素。因此本题选 ABC。

5.【答案】ABCD。**良师解析**：本题考查的是近代教育的特征，主要包括：国家加强了对教育的重视和干预，公立教育崛起；初等义务教育的普遍实施（义务教育最早起源于 16 世纪的德国）；教育的世俗化；重视教育立法，倡导以法治教；出现了双轨制；形成了较系统的近代学校教育制度。因此本题选 ABCD。

6.【答案】ABC。**良师解析**：本题考查的是我国近代教育的发展。洋务教育中西文主要是指外国语言文字，西艺主要指西方科学技术知识。因此本题选 ABC。

7.【答案】ABD。**良师解析**：本题考查的是我国近现代教育思想。"大职业教育主义"是黄炎培提倡的。蔡元培主持了北京大学的改革。因此本题选 ABD。

8.【答案】BCD。**良师解析**：本题考查的是奴隶社会教育的特点。奴隶社会教育的特点包括：出现专门的教育机构，即学校和专门的执教人员；教育具有鲜明的阶级性和严格的等级性；教育与生产劳动分离；教育目的是为统治阶级培养人才。因此本题选 BCD。

9.【答案】ABC。**良师解析**：本题考查的是中国古代教育的发展。西周国学、汉代太学、唐代国子学均属于官学体系，宋代书院属于官学体系之外的地方性私人教育组织。因此本题选 ABC。

10.【答案】ABCD。**良师解析**：本题考查的是中国古代学校名称。庠、序、校、塾都属于中国古代学校教育体系。因此本题选 ABCD。

11.【答案】ACD。**良师解析**：本题考查的是现代教育的特征。现代教育的特征包括公共性和生产性、科学性、国际性、终身性和未来性。因此本题选 ACD。

12.【答案】ABCD。**良师解析**：本题考查的是信息化教育的特征。从技术层面看，信息化教学的特征可以归结为数字化、智能化、多媒体化、网络化、即时化五个方面。因此本题选 ABCD。

13.【答案】CD。**良师解析**：本题考查的是现代教育的特点。A 项属于近代教育的特点，B 项说法错误。因此本题选 CD。

14.【答案】AC。**良师解析**：本题考查的是夸美纽斯的教育思想，夸美纽斯提出了教育适应自然的原则；在教学思想上，提出了泛智教育，提倡把一切事物教给一切人，而不是普及初级教育；在教学制度上，系统论述了班级授课制。教育心理学化是裴斯泰洛齐的思想。因此本题选 AC。

15.【答案】CD。**良师解析**：本题考查的是我国古代教育思想。荀子主张"性恶论"，孟子主张"性善论"，AB 错误。因此本题选 CD。

16.【答案】ABC。**良师解析**：本题考查杜威的教育思想。杜威就教育的本质提出了自己的观点，他认为教育即生活，教育即生长，教育即经验改组或改造，由此提出了学校即社会的理论和从做中学的教学方式。因此本题选 ABC。

17.【答案】ABCD。**良师解析**：本题考查的是近代著名的教育家。ABCD 四项都是我国近代著名的教育家。因此本题选 ABCD。

18.【答案】ABC。**良师解析**：本题考查的是陶行知的"生活教育"理论。"生活教育"理论是陶行知教育思想的核心，包括三个基本观点：生活即教育，社会即学校，教学做合一。因此本题选 ABC。

19.【答案】ABD。**良师解析**：本题考查的是杜威的"新三中心"论。区别于传统教育的"课堂中心""书本中心""教师中心"的"旧三中心"论，现代教育提出了"儿童中心（学生中心）"

"活动中心""经验中心"的"新三中心"论。因此本题选ABD。

20.【答案】ABC。良师解析：本题考查的是批判教育学的代表人物。代表人物有美国的鲍尔斯、金蒂斯、阿普尔、吉鲁，法国的布厄迪尔等。因此本题选ABC。

21.【答案】ACD。良师解析：本题考查的是杜威的教育理论。杜威的理论是现代教育理论的代表，他认为教育即生活，教育即生长，学校即社会，强调"从做中学"，要求以活动性、经验性的主动作业取代传统的书本式教材的统治地位，因此本题选ACD。

五、不定项选择题

1.【答案】ABD。良师解析：本题考查的是教育的发展。六艺是奴隶社会的教育内容；四书五经是封建社会的教育内容。七艺是西方教会教育的内容。因此本题选ABD。

2.【答案】ABC。良师解析：本题考查的是教育民主化。一方面，教育民主化追求让所有人都受到同样的教育，包括教育起点的机会均等、教育过程中享受教育资源的机会均等、教育结果的均等，这就意味着对处于社会不利地位的学生应予以特别照顾。另一方面，教育民主化追求教育的自由化，包括教育自主权的扩大，根据社会要求设置课程、编写教材的灵活性，价值观念的多样性等。因此本题选ABC。

3.【答案】AB。良师解析：本题考查的是教育学的概念。教育学是研究教育现象和教育问题，揭示教育规律的一门科学。因此本题选AB。

六、简答题

1.【答案】（1）教育的终身化；（2）教育的全民化；（3）教育的民主化；（4）教育的多元化；（5）教育技术的现代化。

2.【答案】（1）加强学前教育并重视与小学教育的衔接。（2）强化普及义务教育，延长义务教育年限。（3）普通教育与职业教育朝着相互渗透的方向发展。（4）高等教育的类型日益多样化。（5）学历教育与非学历教育的界限逐渐淡化。（6）教育制度有利于国际交流。

七、案例分析题

1.【答案】A。良师解析：本题考查的是教育起源。生物起源说的代表人物有利托尔诺、桑代克和沛西·能。因此本题选A。

2.【答案】C。良师解析：本题考查的是教育起源。生物起源说认为人类的教育起源于动物界的生存本能活动。因此本题选C。

3.【答案】A。良师解析：本题考查的是生物起源说的主要观点。B选项为心理起源说的主张，C选项为劳动起源说的主张。因此本题选A。

4.【答案】C。良师解析：本题考查的是生物起源说的局限。生物起源说的局限是没有区别人和动物，否认了教育的社会性。因此本题选C。

5.【答案】B。良师解析：本题考查的是劳动起源说。马克思关于教育起源的观点是劳动起源说。因此本题选B。

第二章　教育科学研究

一、判断题

1.【答案】B。良师解析：本题考查的是教育研究方法。行动研究的基本过程包括计划—行动—观察—反思四个相互联系、相互依赖的基本环节。因此本题说法错误。

2.【答案】A。良师解析：本题考查的是效度的概念。效度即测验的有效性，表示测验效度的一种方法是将测量的结果与随后的行为进行对照，如果一种测验能预测后来的行为，则说明这种测验的效度比较高，反之，则说明测验的效度较低。因此本题说法正确。

3.【答案】A。良师解析：本题考查的是教育研究的过程。文献的影响力和时代性是其准确性的体现。因此本题说法正确。

4.【答案】B。良师解析：本题考查的是教育研究方法。观察法是教育科学研究中广泛使用的基本的研究方法。实验法是心理学研究的基本方法。因此本题说法错误。

二、单项选择题

1.【答案】B。良师解析：本题考查的是教育心理学的研究原则。教育性原则是指在教育心理学的研究过程中，所采用的研究手段与方法应能促进被试心理的良性发展，这是所有关于人的心理学研究中都应遵从的一个基本伦理道德原则。因此本题选B。

2.【答案】D。良师解析：本题考查的是教育研究的过程。研究设计是根据研究目的、所选课题性质来确定研究的类型，选择研究方法。问题确定就是选择确定所要研究的中心问题。题干要求是教师确定研究问题的设计和行动，故为研究设计。因此本题选D。

3.【答案】C。良师解析：本题考查的是教育研究原则。题干的描述符合发展性原则的要求。因此本题选C。

4.【答案】C。良师解析：本题考查的是教育研究方法。教育行动研究，亦称教师行动研究，是指教师在现实教育教学情境中自主进行反思性探索，并以解决工作情境中特定的实际问题为主要目的，强调研究与活动一体化。

5.【答案】B。良师解析：本题考查的是行动研究法。题干为行动研究法的定义。因此本题选B。

6.【答案】B。良师解析：本题考查的是教育研究。行动研究是指在自然、真实的教育环境中，教育实际工作者按照一定的操作程序，综合运用多种研究方法与技术，以解决教育实际问题为首要目标的一种研究模式。题干描述符合行动研究法。因此本题选B。

7.【答案】C。良师解析：本题考查常用的教育科学研究方法。实验法是研究者按照研究目的，合理地控制或创设一定的条件，人为地影响研究对象，从而验证假设，探讨条件和教育现象之间的因果关系的一种研究方法。题目中该教师在两个班级采用不同方法进行教学，然后对结果进行对比，符合实验法。因此本题选C。

8.【答案】D。良师解析：本题考查的是行动研究法。题干描述的是行动研究法的内涵。因此本题选D。

9.【答案】A。良师解析：本题考查的是观察研究。参与式观察指研究者亲身投入所需要观察的教育活动和教育情景中去，作为其中的一员，不暴露研究者真正身份进行观察，其观察的内容与结果比较细致具体和深入。因此本题选A。

10.【答案】C。良师解析：本题考查的是调查研究。调查研究应选取有典型代表意义的对象，这样才能保证研究的效度。因此本题选C。

11.【答案】B。良师解析：本题考查的是行动研究。所谓行动研究，就是教育工作者在实践中通过行动与研究的结合，创造性地应用教育理论去研究与解决不断变化的教育实践中的具体问题，从而提高教育教学质量以及自身专业化水平的一种研究活动。题干所述的"以解决实际问题为目标"正是教育行动研究法。因此本题选B。

12.【答案】B。良师解析：本题考查的是教育行动研究。教育行动研究是教育工作者或学校的一线教师针对自己在教育领域、学科教学和班级管理过程中遇到的种种问题，在专业教育研究者的指导下，对问题进行科学的定位、诊断、制订解决的计划及具体的实施步骤，来解决实际问题，从而提高研究者自身的教育水平，改善教学质量的行动。行动研究的特点：以提高行动质量、解决实际问题为首要目标；以行动过程与研究过程的结合为主要表现形式。因此本题选 B。

13.【答案】A。良师解析：本题考查的是教育研究方法。观察法是指研究者通过感官或借助于科学仪器，有目的、有计划地对自然状态下的教育现象进行感知、记录、分析，从而获得事实资料的一种研究方法。因此本题选 A。

14.【答案】D。良师解析：本题考查的是教育研究方法。叙事法是教师（即研究者）以叙事或讲故事的方式对教育教学事件进行描述、分析、论证和反思的研究方法。因此本题选 D。

15.【答案】B。良师解析：本题考查的是教育研究方法中的调查法。调查法是在教育理论的指导下，通过问卷、访谈、测验等方法，了解教育事实，揭示教育规律的教育研究方法。因此本题选 B。

16.【答案】D。良师解析：本题考查的是教育研究方法。文献研究法是指收集、鉴别、整理文献，并通过对文献的研究形成对事实的科学认识方法。题干描述的是文献研究法的概念。因此本题选 D。

17.【答案】C。良师解析：本题考查的是教育研究方法。调查研究法是研究者通过亲自接触和广泛了解教育现状，对取得的第一手资料进行分析和研究，以发现某些规律或倾向性问题的研究方法。因此本题选 C。

18.【答案】D。良师解析：本题考查的是教育研究方法。个案法是针对某一个体的研究方法，显然从题干中无法得出教师是针对某一学生的行为而进行的研究。实验法需要严格控制或创设实验条件，题干中也无法体现出来。调查法主要包括谈话法、问卷法和作品分析法，题干中所体现的方法不属于任何一种调查法。观察法是在自然条件下，有目的、有计划地通过被试者的外部表现（如言语、表情、行为）去了解其心理的方法。题干所述是教师对自然条件下学生的攻击行为进行的研究，符合观察法的定义。因此本题选 D。

19.【答案】D。良师解析：本题考查的是教育研究的基本方法。个案调查法是指采用各种方法，收集有效、完整的资料，对单一对象进行深入细致研究的方法。题干所述符合个案调查法的定义。因此本题选 D。

20.【答案】C。良师解析：本题考查的是教育研究的基本方法。题干所述是教育研究方法中历史法的概念。因此本题选 C。

21.【答案】B。良师解析：本题考查的是教育研究的基本方法。实验法是研究者按照研究目的，合理地控制或创设一定的条件，人为地影响研究对象，从而验证假设，探讨条件和教育现象之间的因果关系的一种研究。因此本题选 B。

三、多项选择题

1.【答案】ABCD。良师解析：本题考查的是教育实验的特征。教育实验共同具备的基本特征是有变革、可重复操作、有理论假说和变量控制四个方面。因此本题选 ABCD。

2.【答案】BD。良师解析：本题考查的是质性研究和量化研究。质性研究是研究者参与到自然情境之中，而非人工控制的实验环境，充分地收集资料，对社会现象进行整体性的探究，采用归纳而非演绎的思路来分析资料和形成理论，通过与研究对象的实际互动来理解他们的行为。因此本题选 BD。

3.【答案】ABCD。良师解析：本题考查的是测验的质量指标。测验的质量指标有：信度、效度、区分度、难度。信度是指测验的可靠程度与稳定性，它以反复测验时能否提供相同的结果来说明。效度即测验能测量到所需要测的东西，即测验的有效性。区分度是指一道题能在多大程度上把不同水平的人区分开来，即题目的鉴别力。难度即测试题目的难易程度。因此本题选ABCD。

第三章　教育与社会的发展

一、判断题（正确的填A，错误的填B）

1.【答案】B。良师解析：本题考查的是教育与社会的关系。教育的发展会推动社会的发展，也会阻碍社会的发展。因此本题说法错误。

2.【答案】B。良师解析：本题考查的是生产力与教育的关系。教育具有相对独立性，生产力水平低不意味着教育发展水平一定低。因此本题说法错误。

3.【答案】B。良师解析：本题考查的是教育与政治经济制度的关系。政治制度决定着社会成员的受教育权利。因此本题说法错误。

4.【答案】B。良师解析：本题考查的是教育对生产力的反作用。教育虽然不直接生产物质财富，但它通过开发人力资本，提高和改善人力品质，从而提高生产力，取得比物质资本更明显的经济效益。所以，教育不仅是消费，也是一种生产性投资。因此本题说法错误。

5.【答案】A。良师解析：本题考查的是教育的文化功能。教育既有正向功能也有负向功能，因此对文化的影响也会既有推动作用也有阻碍作用。因此本题说法正确。

6.【答案】A。良师解析：本题考查的是人力资本理论。20世纪60年代，美国经济学家舒尔茨和贝克尔创立人力资本理论，开辟了关于人类生产能力的崭新思路。该理论认为物质资本指物质产品上的资本，包括厂房、机器、设备、原材料、土地、货币和其他有价证券等；而人力资本则是体现在人身上的资本，即对生产者进行教育、职业培训等支出及其在接受教育时的机会成本等总和，表现为蕴含于人身上的各种生产知识、劳动与管理技能以及健康素质的存量总和。因此本题说法正确。

7.【答案】B。良师解析：本题考查的是教育与文化的关系。教育对文化的选择是按照一定社会的要求以及教育自身的需要进行的，教育对文化的选择既有直接的选择，也有间接的选择。直接的选择表现为教育对教育内容、教育方式和方法的精心选择；间接的选择表现为教育对教师的精心选择。因此本题说法错误。

8.【答案】A。良师解析：本题考查的是学校文化的特性。学校文化的特性有：学校文化是一种组织文化，是一种特殊文化，是一种整合性较强的文化，是有着深厚积淀的文化，是文化的"容器"。因此本题说法正确。

9.【答案】A。良师解析：本题考查的是教育与社会发展的关系。教育与社会发展的关系主要表现在政治、经济、科学技术、文化、人口和生态的相互作用与相互依存上。同时，教育又有相对独立性，即指教育具有自身的规律，对政治、经济制度和生产力具有能动作用。因此本题说法正确。

二、填空题

1.【答案】培养人

2.【答案】培养人才

3.【答案】政治经济制度

4.【答案】生产力水平

5.【答案】教育再生产劳动力和教育再生产科学知识

6.【答案】人力资本

三、单项选择题

1.【答案】B。良师解析：本题考查的是教育与社会的关系。社会发展主要包括两个方面：生产力的发展和社会政治经济的发展，因此教育与社会发展之间的相互制约也主要表现在教育与这两者之间的关系上。因此本题选B。

2.【答案】B。良师解析：本题考查的是教育功能的概念。教育功能包括两个方面：教育的社会功能以及教育的个体发展功能。因此本题选B。

3.【答案】D。良师解析：本题考查的是教育与生产力的关系。生产力水平是教育发展的最终决定力量。因此本题选D。

4.【答案】D。良师解析：本题考查的教育与生产力的关系。生产力决定教育的规模和速度，并制约着教育结构的变化。因此本题选D。

5.【答案】B。良师解析：本题考查的是教育对经济发展的促进作用。教育对经济发展（生产力）的促进作用表现在：（1）教育再生产劳动力；（2）教育再生产科学技术知识。因此本题选B。

6.【答案】D。良师解析：本题考查的是教育与社会的关系。题干描述的是生产力水平对教育发展的决定作用的体现。因此本题选D。

7.【答案】D。良师解析：本题考查的是教育与政治的关系。教育无法做到化解社会矛盾和冲突。因此本题选D。

8.【答案】B。良师解析：本题考查的是《学记》中的教育思想。"建国君民，教学为先"是指治国安民，第一要务就是推行教育，体现的是教育与政治的关系。因此本题选B。

9.【答案】D。良师解析：本题考查的是教育与社会政治经济制度的关系。政治经济制度决定着教育的领导权、受教育的权利、教育目的的性质和思想品德教育的内容。因此本题选D。

10.【答案】B。良师解析：本题考查的是学校文化的功能。学校文化传递文化传统的特征突出地表现在它所使用的教材或传递的教学内容上。教学思想、教学方法和教学手段也是学校传递文化的载体但不是主要的载体。因此本题选B。

11.【答案】B。良师解析：本题考查的是教育与文化的关系。学校教育的内容是有选择的，说明了教育能够选择文化。因此本题选B。

12.【答案】A。良师解析：本题考查的是学校文化的组成部分。学校的精神文化是学校文化的核心部分。因此本题选A。

13.【答案】B。良师解析：本题考查的是学校文化。校风是学校中物质文化、制度文化、精神文化的统一体，是经过长期实践形成的。因此本题选B。

14.【答案】D。良师解析：本题考查的是教育优先发展的内涵。教育优先发展有两个内涵：一是社会用于发展教育的投资要适当超越于现有生产力和经济发展水平而超前投入；二是教育发展要先于或优于社会上其他行业和部门而先行发展。因此本题选D。

15.【答案】C。良师解析：本题考查的是教育与社会发展的关系。政治经济的发展制约着教育的发展状况，但是二者的发展常常并不平衡，教育有时超前于社会政治经济的发展，有时又滞后于社会政治经济的发展。因此本题选C。

16.【答案】D。良师解析：教育的文化功能包括传承、选择、融合和创新。教育的文化选择功能是指教育对文化的选择不仅关系到文化自身的发展和进步，更重要的是它将极大地影响到社会的发展与进步。学校教育选择文化的精华，编成教材，提供适应社会发展变化需要的观念、态度与知识、技能，并通过教育评价手段进一步保证和强化这种选择的方向性。学校教育的本质就是一种文化价值的引导工作。教育的文化传承功能表现为文化在时间上的延续，同时还有文化在空间上的流动。教育的文化融合功能是文化交流的产物，表现为不同文化的相互吸收、结合而趋于一体的过程。教育的文化创新功能是指教育不仅仅是传递固有的文化，而且要随着时代的发展和社会的变迁，在人类已有的旧文化中力求更新与创新，使之适应新的社会环境。因此本题选 D。

17.【答案】A。良师解析：受政治经济制度决定的主要有教育领导权、受教育权以及教育目的，教育的方法与手段主要受经济的制约而不是政治经济制度的制约。因此本题选 A。

18.【答案】C。良师解析：教育功能是指教育活动和系统对社会与个体发展所产生的各种影响和作用。它往往指教育活动已经产生或者将会产生的结果，尤其是指教育活动所引起的变化、产生的作用。AB 选项只考虑教育对社会的影响，D 选项只考虑教育对个人的影响，都不完善。因此本题选 C。

四、多项选择题

1.【答案】ABCD。良师解析：本题考查的是教育的社会功能。教育的社会功能主要包括人口功能、政治功能、经济功能、文化功能。因此本题选 ABCD。

2.【答案】ACD。良师解析：本题考查的是教育与社会和人的关系。教育应该适应社会与人的发展的需要，因此 B 项说法太绝对。因此本题选 ACD。

3.【答案】ACD。良师解析：本题考查的是学校文化的内容。学校文化包括物质文化、精神文化和校园组织与制度文化。其中，精神文化是校园文化的核心内容。因此本题选 ACD。

4.【答案】ABCD。良师解析：本题考查的是教育与文化的关系。教育对文化发展的促进作用（教育的文化功能）表现为：（1）教育具有筛选、整理、传递和保存文化的作用；（2）教育具有传播和交流文化的作用；（3）教育具有选择、提升文化的作用；（4）教育具有更新和创造文化的作用。因此本题选 ABCD。

5.【答案】AC。良师解析：本题考查的是教育与生产力的关系。生产力决定教育的规模和速度，也制约着人才的培养规格和教育的结构。因此本题选 AC。

五、不定项选择题

【答案】AD。良师解析：本题考查的是人力资本理论。材料中并未提及"人口社会的积极变动"和"生产效率"同教育的关系。因此本题选 AD。

六、简答题

1.【答案】（1）生产力水平决定教育的规模和速度；（2）生产力水平制约着教育结构的变化；（3）生产力发展水平制约着教育的内容和手段；（4）教育相对独立于生产力的发展水平。

2.【答案】（1）政治经济制度决定教育的领导权；（2）政治经济制度决定着受教育的权利；（3）政治经济制度决定着教育目的；（4）教育相对独立于政治经济制度。

3.【答案】（1）教育为政治经济制度培养所需要的人才；（2）教育是一种影响政治经济的舆论力量；（3）教育可以促进民主。

第四章　教育与人的发展

一、判断题（正确的填 A，错误的填 B）

1.【答案】B。良师解析：本题考查的是个体身心发展的影响因素。遗传与环境是影响心理发展过程的两大因素，不可混为一谈。遗传素质是指个体从上代继承下来的一些天赋特点。遗传素质为人的身心发展提供了可能性，是人的身心发展的生理前提。环境是直接或间接地影响个体身心发展的全部外在因素的总和。因此本题说法错误。

2.【答案】B。良师解析：本题考查的是学校教育的内涵。学校教育是教育者根据一定的社会

教综经典真题解析

要求，有目的、有计划、有组织地对受教育者的身心施加影响，促使他们朝着期望的方向变化发展的活动。题干所述是广义的教育，包括家庭教育、社会教育和学校教育。因此本题说法错误。

3.【答案】B。良师解析：本题考查的是影响个体身心发展的因素。教育在人的身心发展中起主导作用。个体主观能动性是促进个体发展从潜在的可能状态转向现实状态的决定因素。因此本题说法错误。

4.【答案】B。良师解析：本题考查的是个体身心发展的影响因素。遗传素质是个体发展的物质前提，教育在人的身心发展中起主导作用。因此本题说法错误。

5.【答案】B。良师解析：本题考查的是影响人的身心发展的因素。"近朱者赤，近墨者黑"体现的是环境对人发展的影响。因此本题说法错误。

6.【答案】A。良师解析：本题考查的是个体身心发展的规律。题干阐述的是关键期的概念。因此本题说法正确。

7.【答案】B。良师解析：本题考查的是个体身心发展的规律。个体发展的顺序性要求遵循循序渐进的教育原则。抓住发展的关键期是因为个体发展的不平衡性。因此本题说法错误。

二、填空题

1.【答案】新生儿　青春期
2.【答案】遗传素质　环境
3.【答案】华生
4.【答案】格塞尔　成熟机制

三、单项选择题

1.【答案】A。良师解析：本题考查的是个体身心发展的动因。内发论强调人的身心发展的力量主要源于人自身的内在需要。精神分析学派认为性本能冲动是人一切心理活动的内在动力，故题干所述为内发论的观点。因此本题选A。

2.【答案】B。良师解析：本题考查的是个体身心发展的动因。外铄论认为人的发展主要依靠外在的力量；内发论认为人身心发展的力量主要源于人自身的内在需要；环境决定论认为环境能够决定人的发展；多因素相互作用论认为人的发展是个体内在因素与外部环境在个体活动中相互作用的结果。因此本题选B。

3.【答案】B。良师解析：本题考查的是个体身心发展的动因。外铄论认为个体心理发展的实质是环境影响的结果，其代表人物有荀子、洛克、华生。因此本题选B。

4.【答案】B。良师解析：本题考查的是个体身心发展规律。由于每个个体在遗传、环境、教育等方面所获得的条件不同，其身心发展的实际面貌总会表现出一定的个别差异性。这种个别差异性首先表现为不同学生在同一方面的发展速度和水平各不相同。其次，不同学生在不同方面的发展速度与水平也不尽相同。最后，不同的学生所具有的个性倾向性也不同。因此本题选B。

5.【答案】C。良师解析：本题考查的是个体身心发展的动因。外铄论的基本观点是人的发展主要依靠外在的力量诸如环境的刺激和要求、他人的影响和学校的教育等。代表人物有荀子、洛克和华生。因此本题选C。

6.【答案】C。良师解析：本题考查的是个体身心发展规律。狼孩的教育之所以会出现这样的现象是由于错过了学习语言的关键期，这反映了个体身心发展具有不平衡性。因此本题选C。

7.【答案】A。良师解析：本题考查的是关键期。奥地利生态学家劳伦兹在发现幼禽的印刻现象时提出"关键期"的概念。因此本题选A。

8.【答案】B。良师解析：本题考查的是个体身心发展的规律。教育工作要遵循个体身心发

186

的顺序性，循序渐进地促进人的发展，不能"揠苗助长""陵节而施"。因此本题选B。

9.【答案】D。良师解析：本题考查的是个体身心发展的规律。互补性反映个体身心发展各组成部分的相互关系，机体某一方面的机能受损甚至缺失后，可通过其他方面的超常发展得到部分补偿。如失明者通过听觉、触觉、嗅觉等方面的超常发展得到补偿。题干描述的是个体身心发展互补性规律的体现。因此本题选D。

10.【答案】D。良师解析：本题考查的是个体身心发展规律。针对学生的个别差异，教育工作者必须充分发挥每个学生的潜能和积极因素，因材施教，使每个学生都能得到最大的发展。因此本题选D。

11.【答案】D。良师解析：本题考查的是人身心发展的特征对教育的影响。人的发展随年龄增长而呈现出一定的顺序性，其中生理素质和机能的发展顺序又制约着人的心理发展顺序。这就决定了教育工作的进行，要按照人的身心发展顺序来安排，循序渐进。因此本题选D。

12.【答案】D。良师解析：本题考查的是个体身心发展规律。顺序性表现在身体发展按照首尾方向和中心外周方向发展、思维从具体向抽象发展等。个别差异性表现在每个阶段内，每个儿童间发展的差异性。不平衡性表现在发展速度不均衡，如身高、体重的两个高峰期。阶段性表现为不同年龄阶段有不同的共性。题干中小学阶段的教学多运用直观形象的方式，中学以后可进行抽象讲解，体现了儿童身心发展的阶段性。因此本题选D。

13.【答案】A。良师解析：本题考查的是个体身心发展规律。《学记》中这话是说当人身心发展的某一方面在某个时期处于加速发展时，如果这个时候不进行教育和学习，那么错过了这一时期，这一方面的发展空间就很小。比如2～3岁是孩子口语发展的加速时期，如果在这一时期孩子处于封闭、缺乏交流的环境中，即使后来再努力学习表达，也很难取得高的水平。这说明人的身心发展存在关键期的现象。因此本题选A。

14.【答案】C。良师解析：本题考查的是个体身心发展规律。互补性表现在机体某一方面的机能受损甚至缺失后，可通过其他方面的超常发展得到部分补偿，也表现在心理机能与生理机能之间。人的精神力量、意志、情绪状态对整个机体起到调节作用，帮助人战胜疾病和残缺，使身心依然得到发展。因此本题选C。

15.【答案】D。良师解析：本题考查的是影响个体心理发展的因素。印度狼孩卡玛拉的事例表明，社会存在是人的心理内容的决定部分。人的心理是客观现实的反映，而社会环境和社会生活条件对人的心理起着决定性的作用。因此本题选D。

16.【答案】A。良师解析：本题考查的是人的发展的含义。人的发展包括身体的发展和心理的发展。身体的发展包括机体的发育和体质的增强；心理的发展包括认知和意向两方面的发展。因此本题选A。

17.【答案】A。良师解析：本题考查的是个体身心发展的规律。人的身心发展的顺序性决定了教育活动要注意由浅入深，由简单到复杂，由具体到抽象，由低级到高级。因此本题选A。

18.【答案】B。良师解析：本题考查的是个体身心发展的规律。在教育教学的细节中，教师可以通过以下方式尊重学生的个别差异：(1)对因材施教有正确、恰当的理解；(2)公正的前提是有利于每一个学生的健康成长；(3)在教育教学工作中，尽量缩小由社会不公正给学生带来的差异，辩证地看待学生的优缺点，不绝对化；(4)不同的学生犯了同样的错误，要考虑不同的动机与原因进行处理。因此本题选B。

19.【答案】B。良师解析：本题考查的是环境决定论。题干描述的是华生的说法，强调环境对个体身心发展的决定因素，是典型的环境决定论。因此本题选B。

20.【答案】C。良师解析：本题考查的是影响个体身心发展的因素。个体主观能动性是促进个体发展从潜在的可能状态转向现实状态的决定性因素。因此本题选C。

21.【答案】D。良师解析：本题考查的是个体身心发展的影响因素。遗传素质为人的身心发展提供了可能性，它是人的身心发展的生理前提。因此本题选 D。

22.【答案】B。良师解析：本题考查的是影响个体身心发展的因素。人在发展的过程中，不是消极被动地接受环境的影响，而是积极主动的实践过程。因此本题选 B。

23.【答案】B。良师解析：本题考查的是格赛尔的双生子爬楼梯实验。格赛尔有关双生子爬楼梯的比较实验，说明了成熟的因素对人的发展的影响，启示我们，教育要尊重孩子的实际水平，在孩子尚未成熟之前，要耐心地等待，不要违背孩子发展的自然规律，不要违背孩子发展的内在"时间表"，不要人为地通过训练加速孩子的发展。因此本题选 B。

24.【答案】B。良师解析：本题考查的是学校教育在人的身心发展中的作用。影响人的身心发展的因素主要有四个：遗传、环境、教育和人的主观能动性。其中，遗传为人的发展提供了可能性，环境为人的身心发展提供了多种可能，学校教育起主导作用，人的主观能动性是人的发展的内在动力。因此本题选 B。

25.【答案】D。良师解析：本题考查的是影响个体身心发展的因素。"龙生龙，凤生凤，老鼠生来会打洞。"片面强调遗传对个体身心发展的影响，属于遗传决定论。因此本题选 D。

26.【答案】B。良师解析：本题考查的是个体身心发展的影响因素。题干描述的是环境因素对人身心发展的影响的典型体现。因此本题选 B。

27.【答案】A。良师解析：发展关键期是指身体或心理的某一方面机能和能力最适宜于形成的时期。因此本题选 A。

28.【答案】D。良师解析：美国当代生物社会学家威尔逊把"基因复制"看作决定人的一切行为的本质力量。因此本题选 D。

29.【答案】C。良师解析：个体在身心发展过程中，存在着自然性上的差异和发展能力等的差异，因此，应当注重因材施教的原则。因此本题选 C。

30.【答案】A。良师解析：内发论强调人的身心发展是由自身的需要决定的，身心发展的顺序也是由人的生理机制决定的。内发论者强调人的内在因素具有不可替代的作用，忽略了外在因素对人的影响，忽略了环境、人的能动性以及教育等的作用。主要代表人物为孟子、弗洛伊德、威尔逊、格赛尔。孟子认为，人的本性中就有恻隐、羞恶、辞让、是非四端，这是仁、义、礼、智四种基本品性的根源，人只要善于修身养性，向内寻求，这些品性就能得到发展。荀子、洛克、华生均是外铄论的代表。因此本题选 A。

31.【答案】C。良师解析：人具有主观能动性，不完全被动地接受外在的影响。环境对于人来说是外部因素，外部因素要通过内部因素才能起作用，主观能动性是外部影响转化为内部发展要素的根据。因此本题选 C。

四、多项选择题

1.【答案】ABD。良师解析：本题考查的是个体身心发展的动因。外铄论的典型代表人物是荀子、洛克以及华生。孟子是内发论的代表人物。因此本题选 ABD。

2.【答案】AC。良师解析：本题考查的是环境决定论。"环境决定论"的代表人物是华生、荀子、洛克。因此本题选 AC。

3.【答案】BC。良师解析：本题考查的是关键期。A 选项是指成熟机制的重要作用；D 选项无法体现出关键期思想。B 项狼孩错过了语言发展的关键期，C 项小燕的父母正是抓住了其学习语言的关键期。因此本题选 BC。

4.【答案】CD。良师解析：身心发展的能动性，环境不能决定人的发展，AB 两项没有体现。因此本题选 CD。

5.【答案】ABC。**良师解析**：人的主观能动性包括人的创造性、积极性、自觉性。因此本题选 ABC。

6.【答案】ACD。**良师解析**：本题考查的是个体身心发展的影响因素。影响人类身心发展的因素有遗传、环境、人的主观能动性、学校教育，其中遗传、环境、学校教育属于客观因素。因此本题选 ACD。

7.【答案】ACD。**良师解析**：本题考查的是个体身心发展的特点。个体的发展具有不平衡的特点，主要表现为发展速度不均衡。它体现在两个方面：（1）个体在不同年龄阶段某一方面发展不均衡；（2）个体在不同年龄阶段不同方面发展不均衡。ACD 均属于不平衡性的表现，B 项属于个别差异性的体现。因此本题选 ACD。

8.【答案】ABC。**良师解析**：本题考查的是个体身心发展的动因论。"染于苍则苍，染于黄则黄。所入者变，其色亦变。"强调的是环境因素对个体身心发展的影响，ABC 项均强调环境对个体身心发展的影响。"龙生龙，凤生凤"，强调的是遗传因素。因此本题选 ABC。

五、不定项选择题

【答案】BCD。**良师解析**：本题考查的是学生身心发展的影响因素。A 项是遗传决定论的观点，是错误的。因此本题选 BCD。

六、案例分析题

【参考答案】主要围绕以下几个方面进行分析：第一，教育是社会环境的一部分，但它是影响人的发展的自觉因素，是可控制的因素。第二，个体主观能动性是影响人的身心发展的内在动力。第三，学校教育的特殊性。第四，学校教育的独特功能。

第五章　教育目的

一、判断题（正确的填 A，错误的填 B)

1.【答案】A。**良师解析**：本题考查的是教育方针。教育方针是教育工作的宏观指导思想，通常由政府或政党提出，对教育实践具有强制性。因此本题说法正确。

2.【答案】B。**良师解析**：本题考查的是教育目的论。社会本位论认为，教育目的不应该从人的本性需要出发，应该从社会需要出发，社会需要是确定教育目的的唯一依据。因此本题说法错误。

3.【答案】A。**良师解析**：本题考查的是马克思关于人的全面发展的学说。马克思在《资本论》中指出：未来教育对所有已满一定年龄的儿童来说，就是生产劳动同智育和体育相结合，它不仅是提高社会生产的一种方法，而且是造就全面发展的人的唯一方法。因此本题说法正确。

4.【答案】B。**良师解析**：本题考查的是全面发展的内涵。德育、智育、体育、美育、劳动技术教育关系密切，互为条件，互相促进，相辅相成，构成一个有机的整体，在人的全面发展中缺一不可。因此本题说法错误。

5.【答案】A。**良师解析**：本题考查的是我国全面发展教育的构成。我国全面发展教育包括德育、智育、体育、美育和劳动技术教育。因此本题说法正确。

6.【答案】B。**良师解析**：本题考查的是我国的教育目的。我国教育的根本使命是培养学生的创新精神和实践能力，造就"有理想、有道德、有文化、有纪律"的、德智体美劳全面发展的社会主义建设者和接班人。因此本题说法错误。

7.【答案】A。**良师解析**：本题考查全面发展教育的构成及其关系。在"五育"中，德育是方向、灵魂，对其他各育起着导向和推动作用；知识是中心，是主体，为其他各育的实施提供了知识和智力基础，是实施各育不可缺少的手段；体育为其他各育的实施提供了健康基础，是各育得以实施的物质保证；美育和劳动技术教育渗透到全面发展教育的各个方面，起着辅德、益智、促体的作用。题干中的说法体现了"五育"各自的价值。因此本题说法正确。

8. 【答案】B。良师解析：本题考查的是素质教育的基本内涵。题干所述体现了素质教育的全体性，而全面性是指素质教育要通过实现全面发展教育，促进学生个体的最优发展。因此本题说法错误。

9. 【答案】B。良师解析：本题考查的是教育现代化。确立和形成现代化的教育观念是保证教育现代化实现的一个重要的前提；教师素质的现代化是教育现代化的核心；教育现代化的最高目的是实现人的现代化。因此本题说法错误。

10. 【答案】A。良师解析：本题考查的是素质教育。素质教育是面向全体学生的教育，是促进学生全面发展的教育，是以培养创新精神和实践能力为重点的教育。因此本题说法正确。

11. 【答案】B。良师解析：本题考查的是我国的教育目的。全面发展是要求学生在德智体美劳等方面都能得到发展，但并不要求均衡发展。因此本题说法错误。

二、填空题

1. 【答案】马克思主义关于人的全面发展

2. 【答案】教育目的

3. 【答案】全面发展

4. 【答案】教育与生产劳动相结合

5. 【答案】国家的教育目的　各级各类学校的培养目标　教师的教学目标

三、单项选择题

1. 【答案】A。良师解析：本题考查的是神学的教育目的论。神学的教学目的论代表人物有夸美纽斯、雅克·马里坦，他们关注人的内在、灵魂和今生来世。夸美纽斯认为"今生只是为永生做准备"。雅克·马里坦认为教育的根本目的是使个体获得内在的和精神的自由。因此本题选A。

2. 【答案】D。良师解析：本题考查的是教育目的的内涵。教育目的贯穿教育活动的全过程，对一切教育活动都具有指导意义，也是确定教育内容、选择教育方法和评价教育效果的根本依据。因此本题选D。

3. 【答案】C。良师解析：本题考查的是教育目的。教育目的规定了把受教育者培养成什么样的人，是培养人的质量规格标准，是对受教育者提出的总的要求。因此本题选C。

4. 【答案】A。良师解析：本题考查的是教育目的的社会本位论。社会本位论强调个人的一切发展都有赖于社会，主张教育目的应当根据社会的要求来确定，教育的根本目的在于使受教育者掌握社会的知识和规范，实现个体社会化，并为社会服务。代表人物有荀子、柏拉图、赫尔巴特、涂尔干、巴格莱、郡托普、凯兴斯泰纳等。因此本题选A。

5. 【答案】B。良师解析：本题考查的是教育目的理论。个人本位论主张使人的本性得到最完善的发展，教育目的应当根据人的本性需要来确定。题干描述的是典型的社会本位论。因此本题选B。

6. 【答案】B。良师解析：本题考查的是教育目的。教育的最高理想是通过教育目的来体现的。因此本题选B。

7. 【答案】C。良师解析：本题考查的是杜威的教育无目的论。教育无目的论是由杜威提出来的。他在《民主主义与教育》中指出"教育的过程，在它自身以外没有目的，它就是它自己的目的。"杜威所否定的是教育的一般的、抽象的目的，强调的是教育过程内有的目的，即每一次教育活动的具体目的，并非主张教育完全无目的。因此本题选 C。

8. 【答案】C。良师解析：本题考查的是教育目的的基本类型。终极性教育目的，也称理想的教育目的，是指具有终极结果的教育目的，表示各种教育及其活动在人的培养上最终要实现的结果。因此本题选 C。

9. 【答案】A。良师解析：本题考查的是社会本位论。社会本位论的基本观点是：个人的一切发展都有赖于社会，主张教育目的应当根据社会的要求来确定，教育的根本目的在于使受教育者掌握社会的知识和规范，实现个体社会化，并为社会服务。"是故古之王者建国君民，教学为先"强调教育对国家发展的作用，是社会本位论的观点。因此本题选 A。

10. 【答案】B。良师解析：本题考查的是教育目的论。题干所述说明教育目的的制定要根据个人的需要，反映了教育目的的个人本位论思想。因此本题选 B。

11. 【答案】B。良师解析：本题考查的是教育目的的价值取向。选择和确立教育目的时，在基本价值取向方面，长期存在的对立是个人本位和社会本位。因此本题选 B。

12. 【答案】A。良师解析：本题考查的是教育目的的价值取向。涂尔干是社会本位论的代表，他基于人的社会化，适应社会要求来主张社会本位的价值取向。在他看来，教育要造就社会化的人，就应按照社会需要来培养人。因此本题选 A。

13. 【答案】B。良师解析：本题考查的是素质教育与应试教育的区别。从教育对象上来说，应试教育重视高分学生，忽视大多数学生和差生。素质教育面向全体学生，面向每一个有差异的学生，即素质教育要求平等，要求尊重每一个学生。因此本题选 B。

14. 【答案】D。良师解析：本题考查的是教育目的确立的依据。马克思主义关于人的全面发展学说是我国教育目的的理论基础。因此本题选 D。

15. 【答案】C。良师解析：本题考查的是应试教育和素质教育的区别。能否培养学生的创新精神和实践能力是应试教育和素质教育的本质区别。因此本题选 C。

16. 【答案】D。良师解析：本题考查的是我国教育发展总目标。20 世纪，我国提出教育发展总目标的"两基"指的是基本普及九年义务教育和基本扫除青壮年文盲。因此本题选 D。

17. 【答案】A。良师解析：本题考查的是智力的构成。智育的任务之一是发展学生的智力，智力是指保证人们有效地进行认识活动的、比较稳定的心理特征的综合，它包括观察力、想象力、思维力、记忆力和注意力，其中思维力是决定性的因素。因此本题选 A。

18. 【答案】D。良师解析：本题考查的是我国的教育目的。现阶段我国教育目的及其精神实质的表述是：实施素质教育，就是全面贯彻党的教育方针，以提高国民素质为根本宗旨，以培养学生创新精神和实践能力为重点，造就"有理想、有道德、有文化、有纪律"的，德智体美劳等全面发展的社会主义事业建设者和接班人。因此本题选 D。

19. 【答案】B。良师解析：本题考查的是素质教育。素质教育实质上是一种新的教育价值取向、一种理想的教育模式。换句话说，素质教育是着眼于开发人的潜能，以完善和提高人的素质为根本目的的教育，也就是主体性教育。因此本题选 B。

20. 【答案】C。良师解析：本题考查的是师范教育的历史发展。世界上最早的独立师范教育机构产生于法国。1681 年法国天主教神父拉萨尔创立了第一所师资训练学校，成为世界上独立师范教育的开始。因此本题选 C。

21. 【答案】A。良师解析：本题考查的是教育目的的个人本位论。A 为个人本位论的观点。B 和 D 为社会本位论的观点。因此本题选 A。

22. 【答案】A。良师解析：本题考查的是我国的教育目的。德育是实施各育的思想基础，为其他各育起着保证方向和保持动力的作用，在全面发展教育中处于最优先的地位。因此本题选 A。

23. 【答案】A。良师解析：本题考查的是美育的相关知识。美育是指培养学生健康的审美观，发展学生鉴赏美和创造美的能力的教育，也称审美教育或美感教育。因此本题选 A。

24.【答案】D。良师解析：培养目标的具体化是课程目标与教学目标，教育目的的具体化是培养目标，教育方针涵括教育目的。因此本题选 D。

25.【答案】C。良师解析：此题考查的是教育目的的功能。教育目的的激励功能是对受教育者未来发展结果的一种设想，具有理想性的特点，这就决定了它具有激励教育行为的作用。教育目的具有一定的价值，会激励人们朝着价值去努力，这体现的是激励性。A 导向作用主要是教育目的为个体的发展指明的方向。B 评价作用是指对教师和学生成绩的一种衡量和评价。D 指导作用是指对教师工作及学生学习的一种指导和帮助。因此本题选 C。

四、多项选择题

1.【答案】BCD。良师解析：本题考查的是科学主义教育目的观。科学主义教育目的观的基本特征主要体现在三个方面：第一，重视教育目的的社会适应性。教育应尽可能适应社会变化，为社会的改造和发展作出贡献，只有把教育同社会变化联系起来，才能消除旧教育与社会隔离的弊端。第二，重视教育目的的社会功利性。科学主义教育目的观所重视的是现实的人，而非抽象的人。第三，重视科学教育。科学教育反对一般地强调基础知识的掌握，更反对去掌握烦琐的事实材料，而是更加重视让学生掌握比较抽象的基础理论和科学原理。因此本题选 BCD。

2.【答案】AB。良师解析：本题考查的是我国教育目的的精神实质。我国教育目的的精神实质是：（1）我们要求培养的人是社会主义事业的建设者和接班人，因此要坚持思想政治道德素质与科学文化知识能力的统一。（2）我们要求学生在德、智、体、美、劳等方面全面发展，要求坚持脑力劳动与体力劳动两方面的和谐发展。（3）适应时代发展的要求，强调学生个性的发展，培养学生创造精神和实践能力。因此本题选 AB。

3.【答案】AC。良师解析：本题考查的是素质教育的保障机制。建立素质教育的保障机制包括：（1）充分发挥政府作用；（2）加大教育督导力度；（3）提高教育评价的科学性；（4）加强各级各类教育之间的沟通和衔接。因此本题选 AC。

4.【答案】ABCD。良师解析：本题考查的是人的全面发展的内涵。人的全面发展的基本内涵是指人的"完整发展""和谐发展""多方面发展"和"自由发展"。"完整发展"是指人的各种最基本或最基础的素质必须得到完整的发展。"和谐发展"即人的各种基本素质必须获得协调的发展。"多方面发展"即人的各种基本素质中的各素质要素和具体能力在主客观条件允许的范围内应力求尽可能多方面地发展。"自由发展"即人自主的、具有独特性和富有个性的发展。因此本题选 ABCD。

5.【答案】AC。良师解析：本题考查的是教学与智育的关系。教学与智育两者既有联系又有区别。智育即向学生传授系统的科学文化知识和发展学生的智力，主要是通过教学进行的。智育是教学活动所要达到的目的之一，但不能把两者等同。一方面，教学也是德育、美育、体育、劳动技术教育的途径；另一方面，智育也需要通过课外活动等才能全面实现。因此本题选 AC。

6.【答案】ABCDE。良师解析：本题考查的是素质教育的特征，ABCDE 项所述均包括在内。因此本题选 ABCDE。

7.【答案】BCD。良师解析：本题考查的是我国的教育目的。我国教育目的的精神实质是：（1）我们要求培养的人是社会主义事业的建设者和接班人，因此要坚持思想政治道德素质与科学文化知识能力的统一。（2）我们要求学生在德、智、体、美、劳等方面全面发展，要求坚持脑力劳动与体力劳动两方面的和谐发展。（3）适应时代发展的要求，强调学生个性的发展，培养学生创造精神和实践能力。因此本题选 BCD。

8.【答案】ACD。良师解析：教育目的的作用有导向作用、激励作用、评价作用、选择作用、调控作用。BE 两项属于干扰项，排除。因此本题选 ACD。

9.【答案】ABC。良师解析：个人价值与社会价值体现了个人与社会利益的矛盾关系。两者起冲突的可能性有两点。第一，当个人过度地看重个人价值时，比如自我中心主义、独善其身主义，就会损害到社会价值；第二，当社会或者国家过度地看重社会价值时，比如专制主义重于国家社会利益，此时二者就无法达成一个和谐的状态，也就引起了冲突。唯有 D 选项中的民主主义社会，才能协调个人与社会价值的平衡。因此本题选 ABC。

10.【答案】ABCD。良师解析：教育目的的功能有导向、激励、评价、调控、选择。(1) 导向功能。教育目的为教育对象指明了发展方向，预定了发展结果，也为教育者指明了工作方向和奋斗目标。(2) 选择和调控功能。人类社会发展至今，可供学生学习的知识经验繁多复杂，需要培养的技能技巧多种多样，需要发展的智力能力方方面面。有了教育目的，就为教育内容的选择确定了基本规范，保证了教育能够科学地对人类丰富的文化作出有价值的取舍。同时，教育目的也为选择相应的教育途径、方法和形式提供了依据。(3) 激励功能。教育目的是对受教育者未来发展结果的一种设想，具有理想性的特点，这就决定了它具有激励教育行为的作用。(4) 评价功能。教育目的既为教育活动指明了方向，又为检查和评价教育活动的质量提供了衡量尺度和根本标准。因此本题选ABCD。

11.【答案】BCD。良师解析：教育目的的层次包括：(1) 国家的教育目的；(2) 各级各类学校的培养目标；(3) 教师的教学目标。因此本题选 BCD。

12.【答案】ABCDE。良师解析：素质教育是一种全新而深刻的教育哲学理念、一种进步的教育价值取向，体现了时代发展的特征，使受教育者在教育活动中处于主体教育的基点之上，使教育不再是简单的社会工具，只承担选拔与分配人力资源、促进社会政治经济发展等功能。它还体现了马克思全面发展的观点，体现了学校、家庭、社会的需要。因此本题选 ABCDE。

五、不定项选择题

1.【答案】AC。良师解析：本题考查的是我国教育目的存在的问题。根据题干可知，钱学森所说的意思是目前中国大学办学过于强调社会本位，而对专业型、创新型人才的培养领域不够重视，缺少对学生个性的培养。B 项表述过于绝对，而 D 项并非存在的问题。因此本题选 AC。

2.【答案】ABCD。良师解析：本题考查的是教育目的的功能。教育目的对教育活动的定向功能具体体现为：一是对教育社会性质的定向作用，对教育"为谁培养人"具有明确的规定。二是对人培养的定向作用。三是对课程选择及其建设的定向作用。四是对教师教学方向的定向作用。因此本题选 ABCD。

六、简答题

1.【答案】教育目的是一切教育工作的出发点。它贯穿教育活动的全过程，是教育的根本性问题（或者说是核心问题）。教育目的的实现则是教育活动的归宿，对一切教育工作具有指导意义。

(1) 导向功能。

教育目的为教育对象指明了发展方向，预定了发展结果，也为教育者指明了工作方向和奋斗目标。

(2) 选择和调控功能。

人类社会发展至今，可供学生学习的知识经验繁多复杂，需要培养的技能技巧多种多样，需要发展的智力能力方方面面。有了教育目的，就为教育内容的选择确定了基本范围，保证了教育能够科学地对人类丰富的文化作出有价值的取舍。同时，教育目的也为选择相应的教育途径、方法和形式提供了依据。

（3）激励功能。

教育目的是对受教育者未来发展结果的一种设想，具有理想性的特点，这就决定了它具有激励教育行为的作用。

（4）评价功能。

教育目的既为教育活动指明了方向，是衡量和评价教育实施效果的根本依据和标准，又为检查和评价教育活动的质量提供了衡量尺度和根本标准。

2.【答案】（1）素质教育是面向全体学生的教育；

（2）素质教育是德育、智育、体育、美育、劳动技术教育全面发展的教育；

（3）素质教育是学生个性发展的教育；

（4）素质教育是以培养创新精神为重点的教育。

3.【答案】（1）美育能促进智力发展，扩大和加深学生对客观现实的认识；

（2）美育能促进学生科学世界观和良好道德品质的形成；

（3）美育能促进体育，具有怡情健身的作用；

（4）美育能促进劳动教育，使学生体验到劳动创造带来的喜悦。

七、案例分析题
【参考答案】

（1）从教育学观点看，这位班主任虽然做到了尊重个体差异、因材施教，但方法却不得当。素质教育的出发点是学生德、智、体、美、劳的全面发展，尤其是学生创新精神和实践能力的培养。案例中该班主任只注重学生劳动技能的培养，而没有能针对学生智力的缺陷进行专门的辅导，不符合素质教育的要义。

（2）从教育法规来看，《中华人民共和国义务教育法》对教师和学生的权利与义务做了明确规定，这位班主任的做法违法了有关规定。教师要更多地关心学生，尊重学生的人格，促进其品德、智力等全面发展。学校方面，要关注每一位学生，做好教学管理工作。作为家长应及时与学校沟通，帮助孩子健康成长。

第六章　学校教育制度

一、判断题
1.【答案】A。良师解析：本题考查的是学校教育制度。学校教育制度简称学制，是一个国家各级各类学校的总体系，具体规定各级各类学校的性质、任务、目的、要求、入学条件、修业年限及它们之间的相互关系。因此本题说法正确。

2.【答案】B。良师解析：本题考查的是双轨制。双轨制主要存在于19世纪的欧洲国家。因此本题说法错误。

3.【答案】A。良师解析：本题考查的是学制的定义。学校教育制度是教育制度的主体。学校教育制度简称学制，是指一个国家各级各类的学校系统，具体规定着学校的性质、任务、入学条件、修业年限及彼此之间的关系。因此本题说法正确。

4.【答案】B。良师解析：本题考查的是我国学制的发展。我国第一个正式颁布的现代学制是1902年的《钦定学堂章程》。因此本题说法错误。

5.【答案】A。良师解析：本题考查的是学制的发展。"癸卯学制"标志着封建传统教育的结束，标志着"中国教育近代化"的开始。因此本题说法正确。

6.【答案】B。良师解析：本题考查的是学生的权利。《中华人民共和国义务教育法》第二十七条规定，对违反学校管理制度的学生，学校应当予以批评教育，不得开除。因此本题说法错误。

7.【答案】A。良师解析：本题考查的是义务教育阶段教学计划的特点。义务教育阶段的教学计划具有强制性、基础性、普遍性的特点。因此本题说法正确。

8.【答案】B。良师解析：本题考查的是终身教育。终身教育是适应科学知识的加速增长和人的持续发展要求而逐渐形成的一种教育思想和教育制度，包括各个年龄阶段各种方式的教育。把终身教育等同于成人教育或职业教育是片面的。因此本题说法错误。

9.【答案】A。良师解析：本题考查的是现代教育制度的内容。学校教育制度是国民教育制度的核心，是国民教育制度中最重要的组成部分，体现了一个国家国民教育制度的实质。因此本题说法正确。

10.【答案】A。良师解析：本题考查的是癸卯学制。在我国，采用真正意义的班级授课制，始自新型学校的产生和新式教育制度的萌发。癸卯学制颁发之后，班级组织便逐渐开始成为我国学校中普遍的教育教学组织形式。因此本题说法正确。

二、单项选择题

1.【答案】C。良师解析：本题考查的是学制确立的依据。学生智力发展存在差异是普遍现象，允许智力超常学生跳级、实行特殊招生等表明学生身心发展规律制约着学制的设立。因此本题选C。

2.【答案】C。良师解析：本题考查的是学制的影响因素。影响学制设置的因素有：社会生产力发展水平和科学技术发展状况；社会的政治经济制度；人的身心发展规律；民族文化传统。每个国家的政治、经济、文化特征各有不同，但人的身心发展规律是相同的，故学制在入学年龄方面，许多国家是一致的。因此本题选C。

3.【答案】B。良师解析：本题考查的是学制的发展。学制的建立是制度化教育建立的典型表征。因此本题选B。

4.【答案】B。良师解析：本题考查的是单轨制的特点。美国的单轨制开创了从小学直至大学，形式上任何儿童都可以学的单轨制，在很大程度上促进了教育的普及。因此本题选B。

5.【答案】B。良师解析：本题考查的是我国学制发展的历史。春秋战国时期，官学衰落，私学大兴，涌现了以孔子为代表的教育家兴办私学。因此本题选B。

6.【答案】B。良师解析：本题考查的是中国近现代学制的沿革。中国近代学制首次实施的是癸卯学制。因此本题选B。

7.【答案】B。良师解析：本题考查的是我国学制的发展。壬戌学制借鉴的是美国的六三三制。因此本题选B。

8.【答案】C。良师解析：本题考查的是现代学制的类型。现代学制有三种类型：一种是纵向划分的学校系统，叫双轨制；一种是横向划分的学校系统，叫单轨制；介于上述两种学制之间的学制结构，属中间型，叫分支型。多轨制不属于现代学制。因此本题选C。

9.【答案】C。良师解析：本题考查的是我国的学制。现存的学制形态主要有双轨、单轨制、分支型学制。单轨制的代表国家是美国，双轨制的代表国家是英国和法国等欧洲国家，我国和苏联是分支型学制的代表。因此本题选C。

10.【答案】A。良师解析：本题考查的是我国学制改革和发展的基本方向。我国现行学制是从单轨学制发展而来的分支型学制。因此本题选A。

11.【答案】C。良师解析：本题考查的是义务教育的特征。义务教育是国家依法统一实施，所有适龄儿童少年必须接受的教育，具有强制性、免费性和普及性，是教育工作的重中之重。因此本题选C。

12.【答案】D。良师解析：本题考查的是义务教育的有关内容。普及教育与以法律规定强制实施的义务教育有所不同。普及义务教育是一个国家的能力，每个国家的能力不同，从而导致每个国家普及义务教育的程度不同；但是许多国家为有效地实行普及教育，通常也都以法律形式规定其义务性质，称为普及义务教育。因此本题选 D。

13.【答案】B。良师解析：本题考查的是义务教育的相关内容。均衡发展是义务教育的战略性任务。因此本题选 B。

14.【答案】A。良师解析：本题考查的是现代教育学制。学校教育是制度化程度最高的教育形式，被称作正规教育，是现代教育的主体部分。学校教育制度是现代教育制度的核心。因此本题选 A。

15.【答案】B。良师解析：本题考查的是学制在形式上的发展。前制度化教育始于与社会统一的人类早期教育，终于定型的形式化教育，即实体化教育。制度化教育主要指的是正规教育，也就是指具有层次结构的、按年龄分级的教育制度。它从初等学校延伸到大学，并且除了普通的学术性学习以外，还包括适合于全日制职业技术训练的许许多多专业课程和机构。非制度化教育相对于制度化教育而言，它针对制度化教育的弊端，但又不是对制度化教育的全盘否定，非制度化教育所推崇的理想是"教育不应再限于学校的围墙之内"。义务教育是以法律形式规定的，对一定年龄阶段的儿童实施确定年限的学校教育。因此本题选 B。

16.【答案】C。良师解析：本题考查的是终身教育的相关知识。法国教育家保罗·朗格朗最早系统论述了终身教育。因此本题选 C。

17.【答案】B。良师解析：本题考查的是终身教育的特征。终身教育的特性主要有自主性、连贯性、民主性和形式多样性。因此本题选 B。

18.【答案】A。良师解析：本题考查的是终身教育，终身教育主张在每一个人需要的时刻以最好的方式提供必要的知识和技能。终身教育思想成为很多国家教育改革的指导思想。终身教育是为适应科学知识的加速增长和人的持续发展要求而逐渐形成的教育思想和教育制度。因此本题选 A。

19.【答案】C。良师解析：本题考查的是终身教育思想的发展。《教育——财富蕴藏其中》在第五章全面论述了终身教育的问题。因此本题选 C。

20.【答案】C。良师解析：本题考查的是我国现阶段中小学的管理体制。1985 年 5 月 27 日，中共中央在充分征求意见的基础上发布了《中共中央关于教育体制改革的决定》（简称《决定》）。《决定》要求："学校逐步实行校长负责制，有条件的学校要设立由校长主持的、人数不多的、有威信的校务委员会，作为审议机构。"因此本题选 C。

21.【答案】C。良师解析：单轨制的代表国家是美国，双轨制的代表国家是欧洲，以英国、法国为主；分支型学制的代表国家是苏联和中国。因此本题选 C。

三、多项选择题

1.【答案】ABCD。良师解析：本题考查的是教育基本制度的知识。我国实行的教育基本制度有国家教育考试制度、学业证书制度、学位制度、教育督导制度等。因此本题选 ABCD。

2.【答案】ABD。良师解析：本题考查的是学制的知识。现代学制类型主要有双轨制、单轨制和分支型学制（中间型学制）。因此本题选 ABD。

3.【答案】ABC。良师解析：本题考查的是义务教育的相关知识。义务教育是国家依法统一实施、所有适龄少年必须接受的教育，具有强制性、免费性和普及性，故选项 D 错误。因此本题选 ABC。

4.【答案】ABCD。良师解析：学校教育制度简称学制。我国现行的学制改革包括四点内容，即重视发展学前教育、全面普及义务教育、继续调整中等教育和大力发展高等教育。因此本题选 ABCD。

第七章　教师与学生

一、判断题（正确的填 A，错误的填 B）

1.【答案】B。**良师解析**：本题考查的是教师的权利。教师享有的最基本的权利是教育教学权。因此本题说法错误。

2.【答案】B。**良师解析**：本题考查的是教师的含义及地位。教师在教育过程中起主导作用，而不是决定性作用。因此本题说法错误。

3.【答案】B。**良师解析**：本题考查的是教师劳动的特点。在教育实践中，"身教"重于"言教"。要做到"身教"最基本的要求是凡是要求学生去做的，教师一定要身体力行，做到言行一致，发挥表率作用。因此本题说法错误。

4.【答案】A。**良师解析**：本题考查的是教师职业的性质。教师是履行教育教学职责的专业人员，因此本题说法正确。

5.【答案】B。**良师解析**：本题考查的是教师的职业素养。具有一定的研究能力属于教师的教育专业素养。因此本题说法错误。

6.【答案】B。**良师解析**：本题考查的是教师专业发展。教师知识水平是教师专业发展内容中的一部分，教师知识水平与教师专业发展水平不一定一致。因此本题说法错误。

7.【答案】B。**良师解析**：本题考查的是人的权利。生存权是儿童最基本的人权，是受教育权的基础。因此本题说法错误。

8.【答案】B。**良师解析**：本题考查的是教学过程的基本规律。教学中要重视学生的主体地位，激发学生学习的主动性，让学生参与到学习中来。在这个过程中，教师充分发挥主导作用，给学生指明方向，保证学生学习的方向性。教师的主导作用与学生的主体地位是相互依存、缺一不可的。因此本题说法错误。

9.【答案】A。**良师解析**：本题考查的是教师专业自我的形成。专业自我的形成指教师在职业生活中创造并体现符合自己志趣、能力与个性的独特的教育教学生活方式以及个体自身在职业生活中形成的知识、观念、价值体系与教学风格的总和。因此本题说法正确。

10.【答案】B。**良师解析**：本题考查的是教师专业发展的概念。教师专业发展即由一个专业新手发展成为专家型教师或教育家型教师的过程。优秀教师并不一定是专家型教师。因此本题说法错误。

二、填空题

1.【答案】专门　专业

2.【答案】促进个体社会化

3.【答案】职业角色的多样化

4.【答案】教师的专业素养

5.【答案】培养人　人的集合　学生和教师

6.【答案】个体与环境的相互作用

7.【答案】培养人　主导

8.【答案】师生关系

三、单项选择题

1.【答案】B。**良师解析**：本题考查的是教师的任务。学生是自我教育和发展的主体，教师是促进个体社会化的职业，教师对学生指导、引导的目的是促进学生的自主发展。因此本题选 B。

2. 【答案】B。良师解析：本题考查的是教师职业角色。学生模仿老师的言行体现了教师示范者的角色。因此本题选 B。

3. 【答案】B。良师解析：本题考查的是教师的角色。教师职业的最大特点在于职业角色的多样化，其担任的角色包括传道者角色、授业解惑者角色、管理者角色、示范者角色、父母与朋友的角色、研究者的角色等。因此本题选 B。

4. 【答案】D。良师解析：本题考查的是教师的职业角色。教师的示范者角色是说学生具有可塑性和向师性的特点，教师的言谈举止、行为方式、为人之道和处事态度等都会对学生产生耳濡目染、潜移默化的影响。因此本题选 D。

5. 【答案】A。良师解析：本题考查的是教师的根本任务。教师作为专业人员，是学校教育工作的主要实施者，根本任务是教书育人。因此本题选 A。

6. 【答案】C。良师解析：本题考查的是教师的职业角色。为适应现代社会的发展，教师必须完成自身角色的转变，教师要从知识的传授者转变为学生学习的引导者和学生发展的促进者。题干所述重在要求教师应推动学生个性的和谐、健康发展，这属于教师的促进者角色。因此本题选 C。

7. 【答案】B。良师解析：本题考查的是教师劳动的特点。身正为范体现的是教师劳动的示范性。因此本题选 B。

8. 【答案】D。良师解析：本题考查的是教师劳动的特点。"学为人师，行为世范"意思是所学要为世人之师，所行应为世人之范，体现了教师劳动的主体性和示范性。因此本题选 D。

9. 【答案】A。良师解析：本题考查的是教师劳动的特点。孩子有一百种语言，有一百种思考方式、游戏方式及说话方式说明教师劳动的对象是千差万别的。孩子们有着不同的经历、不同的兴趣和能力，使其发展具有不同的水平和特点，因此教师劳动具有复杂性。因此本题选 A。

10. 【答案】D。良师解析：本题考查的是教师劳动的特点。教师劳动的创造性表现在因材施教、教学上的不断更新和教育机智等方面。因此本题选 D。

11. 【答案】B。良师解析：本题考查的是教师劳动的特点。题中内容体现的是教师劳动的创造性。因此本题选 B。

12. 【答案】B。良师解析：本题考查的是教师劳动的特点。"十年树木，百年树人"这话说明教育是一种长期性的劳动，体现了教师劳动的长期性。因此本题选 B。

13. 【答案】B。良师解析：本题考查的是教师劳动的特点。走上讲台，课程该如何演绎都取决于老师。这体现了教师劳动的创造性。因此本题选 B。

14. 【答案】B。良师解析：本题考查的是教师劳动的特点。题干的描述体现了教师劳动的示范性特点。因此本题选 B。

15. 【答案】C。良师解析：本题考查的是教师劳动的特点。教师劳动的创造性体现在：因材施教、教学上不断更新、教育机智。因此本题选 C。

16. 【答案】B。良师解析：本题考查的是教师劳动的特点。"教学有法，教无定法"的意思是说教育有一定的方法可以让你去遵循，但这个方法是活的，而不是唯一的，教育的方法因人而异，只有根据不同的人、不同的资质用不同的方法去教育才可能教出好学生。这体现了教师劳动的创造性。因此本题选 B。

17. 【答案】D。良师解析：本题考查的是教师劳动的特点。题干的描述体现了教师劳动的示范性特点。因此本题选 D。

18. 【答案】C。良师解析：本题考查的是教师的能力素养。学科教学知识作为教师个人独一无二的教学经验，是教师在特定时刻、特定情景中利用可能的条件对各种知识的特殊整合，是教师知识结构中的核心部分。学科教学知识之所以成为最核心的教师知识，是因为它与课堂教学的密切关系。作为教师的学科知识与教学知识、教学理论与教学实践知识的一种高度融合，学科教学知识是教师在特定课堂环境中对学生所需知识内容的选择和教学形式的创造。因此本题选C。

19.【答案】C。良师解析：本题考查的是教师的教育专业素养。教师的教育专业素养不仅要求教师具有先进的教育理念、良好的教育能力，而且要求教师具有一定的研究能力。其他能力均为教师应该具备的其他辅助能力。因此本题选C。

20.【答案】B。良师解析：本题考查的是教师的移情技能。教师的移情是教师将自身的情绪或情感投射到学生身上，感受到学生的情感体验，并引起与学生相似的情绪性反应，由此产生和谐的心理互动。因此本题选B。

21.【答案】C。良师解析：本题考查的是教师的专业素养。教师的专业素养是指教师在教育教学活动中表现出来的，决定其教育教学效果，对学生身心发展有直接而显著影响的心理品质的总和，包括知识、能力、信念等。习总书记提出的"四好老师"体现的是对教师专业素养的要求。因此本题选C。

22.【答案】D。良师解析：本题考查的是教师的专业能力。教师的专业能力是教师顺利地从事教育教学工作的一种效能特点，它主要包括：（1）教学能力；（2）表达能力；（3）组织能力；（4）教育智慧；（5）科研能力；（6）信息获取能力。因此本题选D。

23.【答案】A。良师解析：本题考查的是教师的知识素养。教师的本体性知识是教师所具有的特定学科的知识。从一般意义上说，教师要对学科的基础知识有广泛而准确的理解，同时教师还要了解与所教学科相关的知识点、相关性质以及逻辑关系。因此本题选A。

24.【答案】B。良师解析：本题考查的是教师的知识掌握。《小学教师专业标准》关于教育教学知识的内容主要有：（1）掌握小学教育教学基本理论；（2）掌握小学生品行养成的特点和规律；（3）掌握不同年龄小学生的认知规律；（4）掌握所教学科的课程标准和教学知识。因此本题选B。

25.【答案】D。良师解析：本题考查的是教学监控能力的定义。自我认识和自我反思属于教师的自我监控过程。因此本题选D。

26.【答案】C。良师解析：本题考查的是教师的能力素养。该教师在面对无人应答这种预期外的状况时及时转换内容与问题，引导学生讨论是一种教育机智的表现，说明教师需要教学应变能力。因此本题选C。

27.【答案】A。良师解析：本题考查的是教师的专业素养。题干的描述表明教师要具备广博的专业知识。因此本题选A。

28.【答案】A。良师解析：本题考查的是教师的职业素养。学生的年级越高，教师的威信越取决于其本体性知识的水平。本体性知识即精深的学科专业知识。因此本题选A。

29.【答案】A。良师解析：本题考查的是教师的义务。教师义务的实质是教师的职责在行为上的体现。因此本题选A。

30.【答案】D。良师解析：本题考查的是教师的权利。根据性质不同，教师的权利可以分为一般权利和职业权利。一般权利是教师作为公民依法享有的权利。职业权利是教师作为教育者依据教育法规享有的权利。学术自由权利、教育教学权利、培训进修权利、获取工资报酬权利均属于教师的职业权利，故排除ABC三项。因此本题选D。

31.【答案】C。良师解析：本题考查的是现代教育教学理念。现代教育教学理念强调学生主体，教师主导。因此本题选C。

32.【答案】D。良师解析：本题考查的是学生的心理特点。学生具有向师性表现在学生入学后，会自然地亲近、信赖、尊敬甚至崇拜教师，把教师作为获取知识的智囊、解决问题的顾问、行为举止的楷模。因此本题选D。

33.【答案】D。良师解析：本题考查的是学生的权利。受教育权是宪法规定的公民的一项基本权利，《中华人民共和国宪法》第四十六条规定，中华人民共和国公民有受教育的权利和义务。对中小学生来说，受教育权是其在学校各项权利中最主要、最基本的一项权利。因此本题选D。

34.【答案】B。良师解析：本题考查的是教师的权利。教育教学权是指教师进行教育教学活动，开展教育教学改革和实验的权利，这是教师的最基本权利。因此本题选B。

35.【答案】D。良师解析：本题考查的是学生的权利。教师在对学生的教育中，要以不侵犯学生的权利为前提。教师要尊重学生的权利和人格尊严，校长对王老师行为的看法均是正确的。因此本题选D。

36.【答案】C。良师解析：本题考查的是学生的权利。该班主任对A同学进行强行搜身的行为是不尊重学生人格尊严的表现。学校和教师必须尊重学生的人格尊严，严禁对学生实施体罚、变相体罚或其他侮辱人格尊严的行为。因此本题选C。

37.【答案】B。良师解析：本题考查的是学生的受教育权。受教育权是指公民所享有的并由国家保障实现的接受教育的权利，其内容包括受教育机会权、受教育条件权和公正评价权三个方面。因此本题选B。

38.【答案】C。良师解析：本题考查的是教师的权利。进行教育教学活动，开展教育教学改革和实验是教师最基本、最神圣的权利。因此本题选C。

39.【答案】A。良师解析：本题考查是儿童的权利。婴儿安全岛的建立是儿童福利机构保护弃婴生存权利的一次尝试与探索。建立婴儿安全岛的目的是延长婴儿存活期，防止弃婴在野外受到不良环境的侵害。因此本题选A。

40.【答案】D。良师解析：本题考查的是师生关系。"对话、互动"式的教学过程中，教师和学生都是教学过程的主体，他们在人格上是平等的。因此本题选D。

41.【答案】D。良师解析：本题考查的是师生关系。心理相容是指教师与学生之间、学生与学生之间，在心理上彼此协调一致、相互接纳，在教学实施过程中表现为师生关系密切、情感融洽、平等合作。因此本题选D。

42.【答案】A。良师解析：本题考查的是教师的教学类型。专制型的教师表现为包办学生的一切学习活动，全凭个人的好恶对学生进行赞誉、贬损。学生则表现为情绪紧张、冷漠、具有攻击性、自制力弱。因此本题选A。

43.【答案】B。良师解析：本题考查的是教学活动中的人际关系。师生关系是教育活动中最基本的人际关系。因此本题选B。

44.【答案】C。良师解析：本题考查的是师生关系。题干中的教师充分听取学生的意见，发扬教学民主，反映的师生关系是民主平等，因此本题选C。

45.【答案】C。良师解析：本题考查的是学生的权利。常见的学校和教师侵犯学生财产权的表现有：没收或损毁学生的私人物品；罚款；乱收费；推销各种商品；等等。因此本题选C。

46.【答案】B。良师解析：本题考查的是学生的权利。将考试成绩后5名的学生安排在教室最后一排，说明教师没能公平公正地看待每一位学生，该做法侵犯了学生的人格尊严。因此本题选B。

47.【答案】C。良师解析：本题考查的是终身学习。终身学习是时代发展的要求，也是由教师职业特点所决定的。教师必须树立终身学习理念，拓宽知识视野。因此本题选C。

48.【答案】C。良师解析：本题考查的是教师专业发展的阶段。生存关注阶段是指入职初期阶段，是教师专业发展的一个关键时期，这一阶段的突出特点是骤变与适应。这种环境的骤变从反面激起了初任教师强烈的自我专业发展的忧患意识，迫使他们特别关注专业发展结构中的最低要求和专业活动中的生存技能。因此本题选C。

49.【答案】D。良师解析：本题考查的是教师专业发展过程。教师专业发展的创造期，是教师开始由固定的常规自动化的工作进入开始探索进而形成自己的独到见解和教学风格的时期。因此本题选D。

50.【答案】B。良师解析：本题考查的是学生的权利。学生的隐私权是指学生作为自然人享有的私人生活安宁与私人信息秘密依法受到保护，不被他人非法侵扰、知悉、收集、利用和公开的一种人格权，而且权利主体对他人在何种程度上可以介入自己的私生活、对自己的隐私是否向他人公开以及公开的人群范围和程度等具有决定权。尿床之疾属于李某的隐私，王某在同学中广而告之，侵犯了李某的隐私权。因此本题选B。

51.【答案】C。良师解析：本题考查的是教师的自我完善。严谨治学是教师必备的素质，是教师自我完善的重要途径，是教师适应时代发展的需要。因此本题选C。

52.【答案】D。良师解析：本题考查的是教师专业自我。教师的专业自我就是教师在职业生活中创造并体现符合自己志趣、能力与个性的独特的教育教学生活方式以及个体自身在职业生活中形成的知识、观念、价值体系与教学风格的综合。显然，题干的描述体现了这一内涵。因此本题选D。

53.【答案】C。良师解析：本题考查的是教师职业发展阶段。费斯勒将教师发展过程分为八个阶段：（1）职前期；（2）职初期；（3）能力建构期；（4）热情与成长期；（5）职业挫折期；（6）职业稳定期；（7）职业消退期；（8）职业离岗期。题干描述的是职业稳定期的教师表现出的特点。因此本题选C。

54.【答案】A。良师解析：本题考查的是师生关系的影响因素。教师在教育活动中处于主导的地位，因此，教师的素质是影响师生关系的核心因素。因此本题选A。

四、多项选择题

1.【答案】ABCD。良师解析：本题考查的是教师职业角色。教师所扮演的职业角色包括授业、解惑者角色，示范者角色，管理者角色，朋友角色，研究者角色。因此本题选ABCD。

2.【答案】ABCD。良师解析：本题考查的是师生关系。我国新型师生关系的特点表现为尊师爱生、民主平等、教学相长、心理相容。因此本题选ABCD。

3.【答案】ABC。良师解析：本题考查的是教师的职业特征。教师职业特征有两条：（1）教师是专业人员，教师职业是一种专门的职业；（2）教师是教育者，教师职业是以教书育人为目的的职业。因此本题选ABC。

4.【答案】ACD。良师解析：本题考查的是学生本质属性的内涵。学生的本质属性包括：（1）学生是人，表现在学生具有主观能动性、具有各自的思想感情、具有独特的个性；（2）学生是发展中的人，表现为学生具有身心发展的全面性、具有发展的潜在可能、具有获得成人教育关怀的需要；（3）学生是以学习为主要任务的人，表现为学生以学习为主要任务，学生在教师指导下学习，学生所参加的是一种规范化的学习。因此本题选ACD。

5.【答案】ABD。良师解析：本题考查的是新型师生关系。素质教育倡导建立民主、和谐、平等的师生关系，确立教师的实践主体地位和学生的发展地位。因此本题选ABD。

6.【答案】AB。良师解析：本题考查的是教师的知识素养。题干的描述体现了教师具备的专业知识和文化。因此本题选AB。

7.【答案】ABCDE。良师解析：本题考查的是学生观。新型学生观指出，学生是发展中的人，学生是独特的人，学生是具有独立意义的人。学生的身心发展是有规律的，学生具有巨大的发展潜能。因此本题选ABCDE。

8.【答案】ABCD。良师解析：本题考查的是教师职业的专业化特征。教师专业化的特征包括从业人员需要经受长期的专门训练，具有专精化的知识和技能，有自己的专业团体和明确的职业道德，工作上具有权威性及独立自主性，具有高度的自律性和自我提高的精神。因此本题选 ABCD。

9.【答案】ABCD。**良师解析：**本题考查的是教师职业素养——"严慈相济"。"严慈相济"中"严"的具体表现为：（1）严而有理；（2）严而有度；（3）严而有恒；（4）严而有方；（5）严而有情。因此本题选 ABCD。

10.【答案】ABCD。**良师解析：**本题考查的是教师专业发展的途径。从总体、宏观的角度看，教师专业发展的途径主要有师范教育、新教师入职辅导、在职培训、自我教育。因此本题选 ABCD。

11.【答案】AD。**良师解析：**本题考查的是影响教师威信形成的客观因素。影响教师威信形成的客观因素中，最为主要的是社会对待教师职业的态度和教师职业的社会地位。影响教师威信的主观因素包括教师的教育教学技能和心理素质、良好的道德品质，教师的仪表作风和习惯，师生平等交往，教师给学生的第一印象。因此本题选 AD。

五、不定项选择题

1.【答案】AD。**良师解析：**本题考查的是教师的教学机智。材料描述了该教师在处理课堂突发情况时善于因势利导、随机应变，能快速运用教育机智处理问题。因此本题选 AD。

2.【答案】AC。**良师解析：**本题考查的是师生关系。材料中老师的做法不会威胁到他的权威，并且案例中并未体现教学相长。因此本题选 AC。

六、简答题

1.【答案】（1）遵守法律、法规；（2）遵守学生行为规范，尊敬师长，养成良好的思想品德和行为习惯；（3）努力学习，完成规定的学习任务；（4）遵守所在学校或者其他教育机构的管理制度。

2.【答案】（1）精通所教学科的基础性知识和技能；

（2）了解与该学科相关的知识；

（3）了解学科的发展脉络；

（4）了解该学科领域的思维方式和方法论。

3.【答案】（1）具有先进的教育理念；

（2）具有良好的教育能力；

（3）具有一定的研究能力。

4.【答案】（1）师生在教育内容的教学上构成授受关系；

（2）师生关系在人格上是民主平等的关系；

（3）师生关系在社会道德上是相互促进的关系。

七、案例分析题

【参考答案】教师与学生在教学上是授受、人格上是平等、社会道德上是相互促进的关系。良好的师生关系是教育教学活动顺利进行的保障，是构建和谐校园的基础；良好的师生关系是实现教学相长的催化剂；良好的师生关系能够满足学生的多种需要。新型的师生关系应表现为尊师爱生、民主平等、教学相长、心理相容。材料中张老师过去受师道尊严观念影响，严格要求学生，缺乏与学生沟通、交流，与学生之间的关系紧张，影响教学任务的完成，难以实现教学相长，难以满足学生的需要，进而影响和谐校园的建设。通过学校组织的师生心里话活动，张老师重视与学生之间的情感交流，相互配合与合作，顺利开展教育活动。创设民主平等的氛围，需要教师理解学生，发挥非权力性影响，一视同仁地与所有的学生交往，善于倾听不同意见，同时也要求学生正确表达自己的思想和行为，学会合作和共同学习。

第八章　课程

一、判断题

1.【答案】B。良师解析：本题考查的是课程的概念。题干所述是传统课程观的误区，认为课程是封闭的、固定的，这样的课程观没有把学生从特定的教学活动方式中实际获得的学习经验也看作课程。因此本题说法错误。

2.【答案】B。良师解析：本题考查的是课程的定义。课程是指学校学生所应学习的学科总和及其进程安排。广义的课程是指学生在校期间所学内容的总和及进程安排。狭义的课程是指学校开设的教学科目的总和以及它们之间的开设顺序和时间的比例关系。课程与课的含义不同，不能混淆。因此本题说法错误。

3.【答案】A。良师解析：本题考查的是课程的类型。必修课体现的是一般发展的要求，而选修课体现的是个性发展的要求。因此本题说法正确。

4.【答案】A。良师解析：本题考查的是校本课程的内容。校本课程是学校自行研究开发的课程。它设置的目的在于尽可能适应社区、学校、学生的差异性。学校课程通常是由校长领导、教师参与研制开发的，通常以选修课的形式出现。因此本题说法正确。

5.【答案】A。良师解析：本题考查的是课程的含义。题干所述是新课程改革下的课程观。因此本题说法正确。

6.【答案】B。良师解析：本题考查的是课程类型。研究型课程注重培养学生的探究态度和能力。因此本题说法错误。

7.【答案】B。良师解析：本题考查的是课程类型。所谓国家课程，是由中央教育行政机构编制、审定、实施和评价的课程，其管理权属中央级教育机关。国家课程是一级课程，它编订的宗旨是保证国家确定的普通教育的培养目标和普通教育的先进水平，规定学生应掌握的基础知识和基本能力。这类课程计划、课程标准和教材由国家统一审定，未经批准，地方不得随意变动。因此本题说法错误。

8.【答案】B。良师解析：本题考查的是儿童中心课程论。儿童中心课程主张依据儿童的兴趣和动机，通过儿童的主动活动和探究获得经验，教师从中发挥协助作用。因此本题说法错误。

9.【答案】A。良师解析：本题考查的是课程标准。课程标准是编写教科书和教师进行教学的直接依据，也是衡量各科教学质量的重要标准。基础教育的各科课程标准都由国家统一制定。因此本题说法正确。

10.【答案】A。良师解析：本题考查的是必修课的特点。必修课是为保证所有学生的基本学力而开设的，所有学生必须修习的课程。因此本题说法正确。

11.【答案】B。良师解析：本题考查的是课程资源。课程资源包括教材以及学生家庭、学校和社会生活中一切有助于学生发展的各种资源。教材是课程资源的核心和主要组成部分。广义的课程资源包括形成课程的直接要素来源和实施课程的必要而直接的条件。前者如知识、技能、经验、活动方式与方法、情感态度和价值观等方面的要素，后者包括直接决定课程实施范围和水平的人力、物力与财力、时间、场地、媒介、设备及环境等。因此本题说法错误。

12.【答案】B。良师解析：本题考查的是课程编制。课程编制是指为了完成一项课程计划而进行的整个过程，它包括课程目标的确定、课程内容的选择与组织、课程实施和课程评价等阶段。因此本题说法错误。

13.【答案】B。良师解析：本题考查的是教学目标与课程目标。题干描述的是教学目标的概念，课程目标是某一教育阶段的学生通过课程学习后，在发展品德、智力、体质等方面期望实现的程度。因此本题说法错误。

14.【答案】A。良师解析：本题考查的是新课程改革的课程结构。新课程结构明确小学阶段以综合课程为主。小学低年级开设品德与生活、语文、数学、体育、艺术（或音乐、美术）等课程。中高年级开设品德与社会、语文、数学、科学、外语、综合实践活动、体育、艺术（或音乐、美术）等课程。因此本题说法正确。

15.【答案】A。良师解析：本题考查的是研究性学习。研究性学习既是一种全新的课程形态，也是一种崭新的学习形式，即学生在教师指导下，以类似科学研究的方式去获取知识和应用知识的学习方式。因此本题说法正确。

16.【答案】B。良师解析：本题考查的是研究性学习。在研究性学习中，教师是学生学习的组织者、支持者以及指导者。因此本题说法错误。

17.【答案】B。良师解析：本题考查的是综合性实践活动。综合性实践活动的根本特点为整体性、实践性、开放性、生成性、自主性。因此本题说法错误。

18.【答案】A。良师解析：本题考查的是课程的类型。《中共中央国务院关于深化教育改革全面推进素质教育的决定》中指出，要"试行国家课程、地方课程和学校课程"三级管理的课程政策，这是我国基础教育对课程政策和管理体制的重大改革，是现代课程理论与我国现实国情相结合的合乎逻辑的发展方向和必然选择。三级管理的课程政策顺应世界各国课程管理既相对统一，又相对分散的发展趋势，中央集权与地方分权的课程管理体制各有利弊，然而长时间里多数国家却走了极端。因此本题说法正确。

19.【答案】A。良师解析：本题考查的是新课程改革的课程结构。从小学三年级开始开设的课程有外语和科学。因此本题说法正确。

20.【答案】B。良师解析：本题考查的是课程标准。课程标准是国家制定的基础教育课程的基本规范和质量要求，是课程计划中每门学科以纲要的形式编写的、有关学科教学内容的指导性文件。学校没有制定课程标准的权限。因此本题说法错误。

21.【答案】B。良师解析：本题考查的是新课程标准。语文素养重在综合，它以语文能力（识字、写字、阅读、写作、口语交际）为核心。因此本题说法错误。

22.【答案】A。良师解析：本题考查的是教育评价手段。实行多元化的教育评价形式和手段，从多方面、多角度地发现和培养人才。因此本题说法正确。

23.【答案】B。良师解析：本题考查的是新课改的教学观。新课改所倡导的教学观认为教师和学生是课程的有机构成部分，是课程的创造者和主体，他们共同参与课程开发的过程。因此本题说法错误。

24.【答案】A。良师解析：后现代主义课程的代表人物之一威廉姆·多尔把教师的作用界定为"平等中的首席"。对于课堂教学中的教师，首席的含义正如乐队中的"第一提琴手"，既是乐队中平等的一员，又起着独特的作用。作为学习活动的"组织者和引导者"的教师，是平等中对话的"首席"，而"指导""引导"就是这个"首席"必须承担的责任和必须履行的义务。因此本题说法正确。

25.【答案】A。良师解析：本题考查的是新课改教材观的相关知识。题干描述的是新课改倡导的教材观。因此本题说法正确。

26.【答案】A。良师解析：本题考查的是新课程改革的教学目标。新课改强调的三维目标包括知识与技能、过程与方法、情感态度价值观三个方面，三位一体，是三个不同方面，互相联系，缺一不可。因此本题说法正确。

27.【答案】A。良师解析：本题考查的是课程改革的重点。我国基础教育课程改革的重点是改变甄别与选拔的评价功能，注重学生的发展。因此本题说法正确。

28.【答案】A。良师解析：本题考查的是新课改的理念。新课改提倡改变学生的学习方式，以培养学生的创新精神和实践能力为重点。因此本题说法正确。

29.【答案】A。良师解析：综合实践活动课程是一种与各学科课程领域有本质区别的新的课程领域，是我国基础教育课程体系的结构性突破。因此本题说法正确。

30.【答案】B。良师解析：本题考查的是新课程标准的地位。新课程标准是新课改后各科教学的指导性文件。教育目的是一切教育工作的出发点和归宿，它贯穿教育活动的全过程，对一切教育工作具有指导意义。因此本题说法错误。

31.【答案】A。良师解析：本题考查的是新课程改革的理念。新课程方式改革包括教师教学方式的改革和学生学习方式的改革。因此本题说法正确。

32.【答案】B。良师解析：本题考查的是课程改革的核心。基础教育改革的核心环节是课程改革，课程改革的核心环节是课堂教学改革。因此本题说法错误。

33.【答案】A。良师解析：本题考查的是新课改的教学观。新课改的教学观强调对话和交流沟通，对话是教学活动的重要特点。因此本题说法正确。

二、填空题

1.【答案】斯宾塞

2.【答案】教学计划　教学大纲　教科书

3.【答案】课程的组织方式或设计课程的种类

4.【答案】基础型课程

5.【答案】拓展型课程　选修课

6.【答案】基础型课程　拓展型课程

7.【答案】社会　知识　儿童

8.【答案】教育目的

9.【答案】培养目标

10.【答案】教学计划

11.【答案】开设哪些科目

12.【答案】强制性　普遍性　基础性

13.【答案】学科课程标准

14.【答案】独特性　稳定性　发展性　灵活性

15.【答案】基础因素　内部因素　外部因素

16.【答案】课程评价

17.【答案】目标评价模式

18.【答案】目的游离评价模式

19.【答案】背景评价　输入评价　过程评价　成果评价

三、单项选择题

1.【答案】B。良师解析：本题考查的是隐性课程。根据课程的呈现方式，分为显性课程与隐性课程。显性课程也称为公开课程，是指学校情景中以直接的、明显的方式呈现的课程。隐性课程也称为潜在课程、隐蔽课程，是指学校情景中以间接的、内隐的方式呈现的课程，它常体现在学校、班级的情景之中，包括物质情景（如建筑、设备）、文化情景（如教室布置、校园文化、各种仪式活动）、人际情景（如师生关系、同学关系、校风、校纪、学风、班风）。因此本题选B。

2.【答案】C。良师解析：本题考查的是课程理论流派。题干所述是鲍尔斯和金蒂斯的观点。

在他们看来，任何社会文化中的课程，事实上都是该种社会文化的反映，学校教育的职责是要再生产对下一代有用的知识和价值。课程就是从一定社会的文化里选择出来的材料，即课程就是文化再生产。因此本题选C。

3.【答案】B。良师解析：本题考查的是课程的概念。课程是指学校学生所应学习的学科总和及其进程与安排。因此本题选B。

4.【答案】A。良师解析：本题考查的是影响课程制定的因素。制约课程的主要因素包括：(1)社会需求，即一定历史时期社会发展的要求及提供的可能；(2)学科知识水平，即一定时代人类文化及科学技术发展水平；(3)学习者身心发展的需求，即学生的年龄特征、知识与技能的基础及其可接受性。此外，课程理论也是制约课程的因素。因此本题选A。

5.【答案】A。良师解析：本题考查的是课程的内涵。唐朝孔颖达为《诗经·小雅·巧言》中"奕奕寝庙，君子作之。"一句注疏："维护课程，必君子监之，乃依法治。"这里课程的含义是"伟业"，含义很广，与我们现代意义上的课程含义最不接近。因此本题选A。

6.【答案】C。良师解析：本题考查的是隐性课程的表现形式。隐性课程的表现形式主要有：(1)观念性隐性课程（包括隐藏于显性课程之中的意识形态，学校的校风、学风，有关领导与教师的教育理念、价值观、知识观、教学风格、教学指导思想等）；(2)物质性隐性课程（包括学校建筑、教室的设置、校园环境等）；(3)制度性隐性课程（包括学校管理体制、学校组织机构、班级管理方式、班级运行方式）；(4)心理性隐性课程（主要包括学校人际关系状况，师生特有的心态、行为方式）。因此本题选C。

7.【答案】B。良师解析：本题考查的是活动课程的含义。活动课程也叫经验课程、儿童中心课程，主张一切学习来自直接经验，学习必须从学习者已有的经验出发；强调在活动中学习，教师发挥协助作用。因此本题选B。

8.【答案】C。良师解析：本题考查的是课程的类型。按课程内容的组织方式，课程可分为分科课程与综合课程；按课程的设计形式，课程可分为学科课程和活动课程；按课程的呈现方式，课程可分为显性课程和隐性课程；按学生选择课程的自主性和对学习的要求，以及课程计划对课程实施的要求，分为必修课程和选修课程。因此本题选C。

9.【答案】C。良师解析：本题考查的是课程类型。从课程制定者或管理者的角度，可将课程分为国家课程、地方课程和学校课程。因此本题选C。

10.【答案】B。良师解析：本题考查的是校本课程的开发。校本课程实质上是以学校为基地进行课程开发的民主决策的过程，开发主体为专家、教师、校长、家长、社区人员等。因此本题选B。

11.【答案】D。良师解析：本题考查的是课程类型。研究型课程以"培养学生具有永不满足、追求卓越的态度，培养学生发现问题、提出问题、从而解决问题的能力"为基本目标，注重培养学生探究精神与能力。因此本题选D。

12.【答案】B。良师解析：本题考查的是地方课程。新课程改革改变了课程管理过于集中的状况，实行国家、地方、学校三级课程管理，增强课程对地方、学校及学生的适应性，其中，国家课程是一级课程，地方课程是二级课程，学校课程是三级课程。因此本题选B。

13.【答案】D。良师解析：本题考查的是校本课程的含义，校本课程是指由学生所在学校的教师编制、实施和评价的课程，学校的古诗词选修课符合校本课程所包含的范围。因此本题选D。

14.【答案】C。良师解析：本题考查的是课程的类型。分科课程是一种单学科的课程组织模式，它强调不同学科门类之间的相对独立性，强调学科逻辑体系的完整性。优点在于有利于学生在较短时间内快速、便捷地了解学科的基本内容，同时也便于组织教学与评价，有助于教学效率的提高。因此本题选C。

15.【答案】A。良师解析：本题考查的是综合课程的含义。综合课程又称统整课程，是指把若干相邻学科内容加以筛选、充实后按照新的体系合而为一的课程形态。因此本题选A。

16.【答案】A。良师解析：本题考查的是课程的类型。学科课程的主导价值在于传承人类文明，使学生掌握人类积累下来的文化遗产。因此本题选A。

17.【答案】B。良师解析：本题考查的是综合课程的分类。根据综合的程度不同，综合课程可分为三种：(1)简单相加式综合，是将两种或两种以上的课程合并为一门课程，在这门课程中原有的分科课程仍旧保持相对独立性，彼此之间的界限依旧存在，这种"拼盘式"课程的综合程度比较低。(2)相关课程的综合(广域课程)，是将两门或更多的分科课程根据内容的相关性联系起来，很多时候并不是完全取消原有的分科课程，只是在某些主题和领域内进行。(3)一体化课程(融合课程)，是把不同学科统合于范围较广的新学科，打破了各学科的框架，把内容按照新的逻辑重新建立、组织，使之成为一门新的学科。因此本题选B。

18.【答案】B。良师解析：本题考查的是经验主义课程理论。经验主义课程理论的代表人物是杜威，他主张打破传统的学科逻辑界限，应该满足儿童的兴趣和需要，以活动开展课程。因此本题选B。

19.【答案】A。良师解析：本题考查的是学科中心课程理论的不足。学科中心课程理论强调学科门类之间的相对独立性，强调学科体系的完整性。因此易造成学科门类过多，加重学生负担的现象，忽视理论知识与实际生活的联系。因此本题选A。

20.【答案】B。良师解析：本题考查的是学生中心课程理论。学生中心课程理论的代表人物主要是杜威和罗杰斯。因此本题选B。

21.【答案】C。良师解析：本题考查的是儿童中心课程理论。儿童中心课程理论又称学生中心课程理论，强调儿童在活动中获得直接经验，要求调动学生的主动性和积极性。因此本题选C。

22.【答案】B。良师解析：本题考查的是儿童中心课程理论的主要观点。儿童中心课程理论认为，学校课程应以活动课程为基础。因此本题选B。

23.【答案】D。良师解析：本题考查的是课程理论流派。布鲁纳是结构主义课程理论的代表人物，他强调通过学习学科的基本结构来主动建立认知结构。杜威是实用主义课程理论流派的代表人物，夸美纽斯被看作百科全书式课程理论流派的代表人物。因此本题选D。

24.【答案】B。良师解析：本题考查的是课程组织形式。纵向组织是按照一定准则以先后顺序排列课程内容，横向组织就是要求打破学科的界限和传统的知识体系，以便让学生有机会更好地探索社会和个人最关心的问题。相比较而言，纵向组织注重课程内容的独立体系和知识的深度，而横向组织强调课程内容的综合性和知识的广度。因此本题选B。

25.【答案】B。良师解析：本题考查的是课程目标的分类。普遍性目标是依据一定的哲学或伦理观、意识形态、社会政治需要而引出的对课程进行原则性规范或总括性指导的目标，具有模糊性、普遍性、规范性的特点。行为性目标是以设计课程行为结果的方式对课程进行规范与指导的目标，它指明了课程结束后学生自身所发生的行为变化。生成性目标是在教育过程中生成的课程目标，关注的不是由外部事先规定的目标，而是强调教师根据活动的实际进展提出的相应的目标。表现性目标是指学生在从事某种活动后所获得的结果。它关注的是学生活动中表现出来的某种程度上首创性的反应形式，而不是事先规定的结果。题干所描述的是经过一段时间后学生应获得的经验、技能和情感态度，是预先规定好的目标，属于行为性目标。因此本题选B。

26.【答案】D。良师解析：本题考查的是影响课程目标的因素。影响课程目标制定的因素包括：(1)学习者的需要，学习者的需要是确定课程目标的基本依据；(2)当代社会生活的需求，学校课程要反映社会政治、经济、文化发展的需要；(3)学科的发展，课程目标的实现必须要以学科为依托。因此本题选D。

27.【答案】C。良师解析：本题考查的是课程编制模式。基于对传统的"理论"探究的批判，施瓦布提出了实践的课程探究模式。他的基本观点是依据一种理论建立起来的课程是不适宜的，是站不住脚的，应该通过平衡和协调教师、学生、内容与环境四个要素之间关系，对所有的理论进行"择宜"或"折中"，使其成为确定课程的理论依据。实践的课程探究模式的运作方式是实践—准实践—择宜。因此本题选C。

28.【答案】B。良师解析：本题考查的是课程组织形式。课程组织形式包括：（1）纵向组织与横向组织。纵向组织是按照一定准则以先后顺序排列课程内容。横向组织就是要求打破学科的界限和传统的知识体系，以便让学生有机会更好地探索社会和个人最关心的问题。（2）逻辑组织与心理组织。逻辑组织就是按照学科本身的系统和内在的逻辑结构来组织课程内容。心理组织就是按照学生心理发展的特点来组织课程内容。（3）直线式组织与螺旋式组织。直线式组织就是把一门课程的内容组织成一条逻辑上相互联系的直线，前后内容基本上不重复。螺旋式组织是指用某一学科知识结构的概念结构配合学生的认知结构，以促进学生的认知能力发展的一种课程组织形式。因此本题选B。

29.【答案】C。良师解析：本题考查的是课程编制。泰勒提出的课程编制包括四个方面，目标、内容、方法和评价，其中最主要的问题是设置课程目标。因此本题选C。

30.【答案】C。良师解析：本题考查的是课程论的研究对象。课程论侧重研究"教什么"，教学论侧重研究"如何教"。或者说，课程论侧重研究选择哪些教育内容、怎样有效地组织这些内容，教学论侧重研究如何有效地教这些内容。因此本题选C。

31.【答案】B。良师解析：本题考查的是课程资源。课程资源的载体是指素材性课程资源所依存的物化表现形式。按照课程资源与人的关系来看，可以把课程资源的载体划分为生命载体和非生命载体两种形式。课程资源的非生命载体泛指素材性课程资源所依存的非生命物化形式，非生命载体主要表现为各种各样课程、教学材料的实物形式。课程资源的生命载体主要是指掌握了课程素材，具有教育、教学素养的教师，教育管理者和学科专家，课程专家等教育研究人员。生命载体形式的课程资源具有内生性，即它可以能动地产生出比自身价值更大的教育价值。因此本题选B。

32.【答案】C。良师解析：本题考查的是课程资源。教材（主要是教科书）是课程资源的核心和主要组成部分。因此本题选C。

33.【答案】D。良师解析：本题考查的是课程资源的概念。题干所述即为课程资源的概念。因此本题选D。

34.【答案】C。良师解析：本题考查的是课程资源。课程资源涉及学生学习与生活环境中一切有利于达成课程目标的资源，它弥散于学校内外的方方面面，因而课程资源具有广泛多样的特点。因此本题选C。

35.【答案】C。良师解析：本题考查的是课程资源的开发。潜在性是开发课程资源的基础和前提，开发是前提，利用是目的，两者之间相互包含。因此本题选C。

36.【答案】C。良师解析：本题考查的是课程理论。泰勒是美国著名教育学家、课程理论专家、评价理论专家。由于对教育评价理论、课程理论的卓越贡献，泰勒被誉为"当代教育评价之父""现代课程理论之父"。因此本题选C。

37.【答案】A。良师解析：本题考查的是课程计划的构成。课程计划具体规定了教学科目的设置（课程设置）、学科顺序（课程开设顺序）、课时分配（教学时数）、学年编制和学周安排。其中，开设哪些科目（课程设置）是课程计划的中心和首要问题。因此本题选A。

38.【答案】A。良师解析：本题考查的是课程标准。课程标准是国家制定的基础教育课程的基本规范和质量要求，是课程计划中每门学科以纲要的形式编写的、有关学科教学内容的指导性文件。"一纲多本"中的"纲"指的就是课程标准。因此本题选A。

39.【答案】A。良师解析：本题考查的是课程设计与实施过程。虽然课程与教材编制、课程与教学实施、课程与教学评价的实施主体不同，但教师要关注每一个环节，三者之间是相互联系的。因此本题选A。

40.【答案】A。良师解析：本题考查的是课程计划。课程计划是课程安排的整体规划，是根据教育目的以及不同层次和类型的学校的培养目标，由教育主管部门制定的有关学校教学教育工作的指导性文件。其基本内容有学科设置、学科顺序、课时分配、学年编制和学周安排。因此本题选A。

41.【答案】B。良师解析：本题考查的是课程标准。课程标准是教材编写、教学评估和考试命题的依据，是国家管理和评价课程的基础。因此本题选B。

42.【答案】B。良师解析：本题考查的是课程计划的含义。课程计划是依据一定的教育目的和培养目标，由教育行政部门制定的有关学校教育和教学工作的指导性文件，是课程的总体规划。因此本题选B。

43.【答案】C。良师解析：本题考查的是课程标准。课程标准是编写教科书的直接依据，也是国家衡量各科教学的主要标准。因此本题选C。

44.【答案】B。良师解析：本题考查的是课程标准。课程标准是编写教科书和教师教育教学的主要依据，也是衡量各科教学质量的重要标准。因此本题选B。

45.【答案】D。良师解析：本题考查的是课程设计。总的来说，课程设计是一个有目的、有计划、有结构的产生课程计划、课程标准以及教科书等的系列化活动。其中，课程计划、课程标准、教科书也是课程文件的三个层次（课程文件是根据课程设计的原理与方法而制定出的指导教学的各种规定）。因此本题选D。

46.【答案】D。良师解析：本题考查的是课程实施的基本取向。课程实施有三种取向：忠实取向、相互适应取向、课程创生取向。忠实取向认为课程实施过程即是忠实地执行课程计划的过程。相互适应取向认为课程实施过程是课程计划与班级或学校实践情境在课程目标、内容、方法、组织模式诸方面相互调整、改变与适应的过程。课程创生取向认为真正的课程是教师与学生联合创造的教育经验，课程实施本质上是在具体教育情境中创生新的教育经验的过程，既有的课程计划只是供这个经验创生过程选择的工具而已。题干的描述体现了课程实施的创生取向。因此本题选D。

47.【答案】D。良师解析：本题考查的是课程实施。课程实施即是将已经编定好的课程付诸实践的过程，是达到预期的课程目标的基本途径。因此本题选D。

48.【答案】B。良师解析：本题考查的是课程实施。课程实施的过程包括：（1）安排课程表；（2）分析教学任务；（3）研究学生的学习特点；（4）选择并确定教学模式；（5）规定教学单元和课；（6）组织教学活动；（7）评价教学活动的过程与结果。因此本题选B。

49.【答案】C。良师解析：本题考查的是综合实践活动。综合实践活动包括信息技术教育、研究性学习、社区服务与社会实践、劳动与技术教育，主要目的是发展学生的创新精神和实践能力。因此本题选C。

50.【答案】B。良师解析：本题考查的是新课程改革的内容。在新课程改革的课程结构中，小学阶段以综合课程为主，初中阶段设置分科与综合相结合的课程，高中以分科课程为主。因此本题选B。

51.【答案】C。良师解析：本题考查的是综合实践活动课程。综合实践活动课程是基于学生的直接经验，密切联系学生自身生活和社会生活，体现对知识的综合运用的课程形态。综合实践活动课程是一种以学生的经验和生活为核心的实践性课程。因此本题选C。

52.【答案】A。良师解析：本题考查的是综合实践活动课程。综合实践活动课程在义务教育阶段课时占6%～8%。因此本题选A。

53.【答案】A。良师解析：本题考查综合实践活动课程。综合实践活动课程的内容主要包括信息技术教育、研究性学习、社区服务与社会实践、劳动技术教育。因此本题选A。

54.【答案】A。良师解析：本题考查的是新课程改革的内容。综合实践活动课程从小学三年级以上开设。因此本题选A。

55.【答案】D。良师解析：本题考查的是新课改课程结构的特点。新课改明确提出课程设置必须体现课程结构的均衡性、综合性和选择性。综合性是指新课程结构重视了学科知识、社会生活和学生经验的整合，加强了学科之间的相互渗透，从而改变了现行课程过分强调学科本位的现象。因此本题选D。

56.【答案】B。良师解析：本题考查的是异质分组的作用。异质分组的目的是力求小组成员在性别、成绩、能力、背景等方面具有一定的差异，使之具有一定的互补性，以使小组有更多的合作性思维、更多的信息输出和输入，产生更多的观点，提高学生理解问题的深度和推理的质量。因此本题选B。

57.【答案】C。良师解析：本题考查的是新课程改革。新课改倡导实行国家、地方和学校三级课程管理体制，新增加了校本课程和地方课程。因此本题选C。

58.【答案】B。良师解析：本题考查的是合作学习。根据合作学习理论，小组最好要异质分组，最佳人数在4~6人。因此本题选B。

59.【答案】A。良师解析：本题考查的是新课改的理论依据。建构学习论可促进课堂教学形成有助于学生思维发展的具体教学方法，主要有研究性学习、合作学习、教学对话、认知师徒法和互惠教学法等。因此本题选A。

60.【答案】C。良师解析：本题考查的是新课改的教学观。新课改要求教师把教学理解为教与学的交往和互动，师生双方相互交流、相互沟通、相互理解、相互启发、相互补充。因此本题选C。

61.【答案】C。良师解析：本题考查的是新课改的学习评价。新课改强调对教师和学生的评价，要重视发展，淡化甄别与选拔，实现评价功能的转变。因此本题选C。

62.【答案】B。良师解析：本题考查的是新课改的教学观。新课改倡导的教学观要求重结果的同时更重过程。因此本题选B。

63.【答案】A。良师解析：本题考查的是新课改后教学行为的变化。新课改要求教师提高素质、更新观念、转变角色，教师的教学行为也就要产生变化：（1）在对待师生关系上，新课改强调尊重、赞赏；（2）在对待教学关系上，新课改强调帮助、引导；（3）在对待自我上，新课改强调反思；（4）在对待与其他教育者的关系上，新课改强调合作。因此本题选A。

64.【答案】A。良师解析：本题考查的是新课改后的教学理念。新课程的教学改革要求我们首先确立起与新课改相适应的、体现素质教育精神的教学观念。因此本题选A。

65.【答案】D。良师解析：本题考查的是新课程改革的理念。新课程改革中要改革的不仅仅是课程的表现形式，而是包括涉及学生学习的所有课程因素。因此本题选D。

66.【答案】A。良师解析：本题考查的是新的教学观。新课改倡导的教学过程应该是课程创生与开发的过程，是"变课程的预定性和封闭性为课程的生成性和开放性"。因此本题选A。

67.【答案】D。良师解析：本题考查的是新课程改革的教师角色。新课程改革要求教师作为学生学习的促进者和引导者，发挥教师的主导作用。因此本题选D。

68.【答案】D。良师解析：本题考查的是合作学习的组织形式。合作学习是以小组为基本形式的一种教学活动。因此本题选D。

69.【答案】C。良师解析：本题考查的是新课程改革的教育理念。"以人为本"是新课程改革的教育理念之一，其基本内涵是"人类社会的任何活动都要以满足人的生存和发展为目的，它强调人是自然、社会、自身的主体"。贯彻新课改"以人为本"的教育理念首先应该做到尊重学生人格，关注个体差异。因此本题选C。

70.【答案】D。良师解析：本题考查的是研究性教学。研究性教学具有三个特点：（1）研究性教学是开放性的、非标准答案的。（2）研究性教学常常需要综合运用知识。（3）研究性教学常常与生活密切联系，鼓励协作性学习。因此本题选D。

71.【答案】D。良师解析：本题考查的是新课改后的教学观。"以问题为纽带的教育"就是以问题贯穿课堂始终，学生带着问题走进教室，在老师的指导下，以研究性或探究性的学习方式，主动地获取知识、解决问题，再带着更多的新问题走出教室，教师不以传授知识为目的，而是以"激发学生的问题意识，加深问题的深度，探求解决问题的方法，特别是形成自己对解决问题的独立见解"为目的。因此本题选D。

72.【答案】B。良师解析：本题考查的是新课改的理念。新课改倡导教学过程的开放性，反对教学过程的封闭与专制。因此本题选B。

73.【答案】B。良师解析：本题考查的是课程评价。课程评价的对象不仅仅是课程内容，应是多元的，③的说法错误。因此本题选B。

74.【答案】D。良师解析：本题考查的是新课改倡导的教学观。新课改倡导以人为本的教学观。因此本题选D。

75.【答案】B。良师解析：本题考查的是新课改后的师生关系。在对待师生关系上，新课改强调尊重、赞赏；在对待教学关系上，新课改强调帮助、引导；在对待自我上，新课改强调反思；在对待与其他教育者的关系上，新课改强调合作。因此本题选B。

76.【答案】A。良师解析：本题考查的是新课程改革的基本理念。培养学生的环保意识和减轻学生的学业负担，不属于新课改的理念。因此本题选A。

77.【答案】D。良师解析：本题考查的是新课改倡导的教学观。新课改倡导教学是课程创生和开发的过程。因此本题选D。

78.【答案】A。良师解析：1963年美国的教育心理学家布鲁纳发表了他的《教育过程》这本著作，他主张"无论选教何种学科，务必使学生理解该学科的基本结构"。克伯屈提倡的是设计教学法，赞科夫编著了《教育与发展》，怀特海编了《教育目的》，BCD在此均不合题意。因此本题选A。

79.【答案】C。良师解析：研究型课程注重培养学生探究的精神和能力。基础型课程注重学生作为一个公民所必需的基础能力的培养。拓展型课程重点在于拓展学生的知识与能力，开阔学生的知识视野，发展学生的特殊能力，并迁移到其他方面的学习上。因此本题选C。

80.【答案】D。良师解析：学科标准（课程标准）是指课程计划中每门学科以纲要的形式编写的、有关学科教学内容的指导性文件，也称教学大纲。A项教学目的是教学所要求学生达到的水平；B项教学计划又称课程计划，是根据一定的教育目的和培养目标，由教育行政部门制定的有关学校教育和教学工作的指导性文件；C项教学课程是教学的内容。因此本题选D。

81.【答案】C。良师解析："课程"指课业及其进程。在我国，"课程"一词始见于唐朝，宋朝朱熹所说的"宽著期限，紧著课程"中的"课程"一词就含有学习的范围和进程的意思。在西方，"课程"一词最早出自拉丁语"currere"，意为"跑道"，指学生要沿着学习的"跑道"进行学习。把课程用于教育科学的专门术语，始于英国教育家斯宾塞（Herbert Spencer，1820—1903）。作为教育科学的重要倡导者，他把课程解释为教学内容的系统组成部分。因此本题选C。

四、多项选择题

1.【答案】AD。良师解析：本题考查的是文化发展对课程的影响。文化发展对学校课程产生的影响主要体现在内容的丰富和课程结构的更新上。因此本题选 AD。

2.【答案】ABD。良师解析：本题考查的是综合课程的类型。综合课程是有意识地运用两种或两种以上学科的知识观和方法论去考察与探究一个中心主题或问题的课程。如果这个中心主题或问题源于学科知识，那么这种综合课程即是"学科本位综合课程"（或"综合学科课程"）；如果这个中心主题或问题源于社会生活现实，那么这种综合课程即是"社会本位综合课程"；如果这个中心主题或问题源于学生自身的需要、动机、兴趣、经验，那么这种综合课程即是"经验本位综合课程"（或"综合经验课程"或"儿童本位综合课程"）。这三种综合课程即是综合课程的基本类型。因此本题选 ABD。

3.【答案】ABCD。良师解析：本题考查的是综合课程。题干中四个选项都是综合课程的特点。因此本题选 ABCD。

4.【答案】ADE。良师解析：本题考查的是课程的类型。根据课程任务，可将课程分为基础课程、拓展课程和研究课程。因此本题选 ADE。

5.【答案】ACD。良师解析：本题考查的是经验主义课程理论。经验主义课程理论的代表人物是杜威，主要观点为课程应以儿童活动为中心，课程的组织应心理学化，考虑儿童现有的经验和能力。B 项是学科主义课程理论的观点。因此本题选 ACD。

6.【答案】ACD。良师解析：本题考查的是隐性课程。隐性课程亦称潜在课程、自发课程，是学校情境中以间接的、内隐的方式呈现的课程。隐性课程的主要表现形式有：（1）观念性隐性课程。包括隐藏于显性课程之中的意识形态，学校的校风、学风，有关领导与教师的教育理念、价值观、知识观、教学风格、教学指导思想等。（2）物质性隐性课程。包括学校建筑、教室的设置、校园环境等。（3）制度性隐性课程。包括学校管理体制、学校组织机构、班级管理方式、班级运行方式。（4）心理性隐性课程。主要包括学校人际关系状况、师生特有的心态、行为方式等。因此本题选 ACD。

7.【答案】BCD。良师解析：本题考查的是课程类型。语文、数学等属于学科课程。因此本题选 BCD。

8.【答案】ABCD。良师解析：本题考查的是泰勒原理。题干中四个选项都是泰勒原理回应的问题。因此本题选 ABCD。

9.【答案】ABD。良师解析：本题考查的是课程模式的主要因素。课程模式的主要因素包括课程目标、课程内容和课程评价。因此本题选 ABD。

10.【答案】ABCD。良师解析：本题考查的是课程资源的开发与利用。课程资源开发与利用的策略主要有：敏于发现校内外可利用的课程资源；勤于研究，研究学生情况；善于捕捉，捕捉在学生活动中可获得的各种课程资源；敢于质疑所得到的课程素材的实用性和科学性，不断完善。因此本题选 ABCD。

11.【答案】AB。良师解析：本题考查的是课程观。学科中心课程观包括要素主义、永恒主义、结构主义等。因此本题选 AB。

12.【答案】ABD。良师解析：本题考查课程的表现形式。在我国，课程主要表现为教学计划、课程标准和教科书三种形式。因此本题选 ABD。

13.【答案】AB。良师解析：本题考查的是教材概括的概念。教材概括包括感性概括和理性概括。感性概括是一种低级的概括形式，往往是在直观的基础上进行的。理性概括是通过对感性经验的加工改造来揭示事物的本质特征与联系的过程。因此本题选 AB。

14.【答案】BCD。良师解析：本题考查的是课程计划。由国家教育主管部门制定的有关教学和教育工作的指导性文件为课程计划。因此本题选 BCD。

15.【答案】ABCDE。良师解析：本题考查的是我国新课程改革的目标。以上选项都属于新课改的具体目标。因此本题选 ABCDE。

16.【答案】ABCD。良师解析：本题考查的是新课程改革。当代世界各国的课程改革，存在着一些共同的发展趋势：（1）重视课程内容的现代化、综合化。（2）重视基础学科和知识的结构化。（3）重视能力的培养。（4）重视个别差异。因此本题选 ABCD。

17.【答案】ABCDE。良师解析：本题考查的是新课程改革倡导的教师角色。新课程中教师角色发生的转变有：（1）从教师与学生的关系来看，新课改要求教师应该是学生学习的促进者。（2）从教学与研究的关系看，新课改要求教师应该是教育教学的研究者。（3）从教学与课程的关系看，新课改要求教师应该是课程的建设者和开发者。（4）从学校与社区的关系来看，新课改要求教师应该是社区型开放型教师。因此本题选 ABCDE。

18.【答案】ACDE。良师解析：本题考查的是探究性学习。探究性学习是指学生在学科领域内或现实生活情境中选取某个问题作为突破点，通过质疑、发现问题、调查研究、分析研讨、解决问题、表达与交流等探究学习活动，获得知识，激发情趣，掌握程序与方法。其特点主要有自主性、过程性、实践性和开放性。因此本题选 ACDE。

19.【答案】ACD。良师解析：本题考查课程标准的内涵。课程标准包括以下内涵：（1）它是按门类制定的；（2）它规定本门课程的性质、目标、内容框架；（3）它提出了指导性的教学原则和评价建议；（4）它不包括教学重点、难点、时间分配等具体内容；（5）它规定了不同阶段学生在知识与技能、过程与方法、情感态度与价值观等方面所应达到的基本要求。因此本题选 ACD。

20.【答案】BD。良师解析：本题考查的是新课改的教师角色。从教师与学生的关系看，新课改要求教师应该是学生学习的促进者；从教学与研究的关系看，新课改要求教师应该是教育教学的研究者；从教学与课程的关系看，新课改要求教师应该是课程的建设者和开发者；从学校与社区的关系来看，新课改要求教师应该是社区型开放型教师。故本题选 BD。

21.【答案】ABD。良师解析：本题考查的是新课改的理念。新课改中学习方式的基本特点主要有主动性、独立性、独特性、体验性、问题性、交往性与创新性。其中，主动性是现代学习方式的首要特征，独立性是现代学习方式的核心特征，体验性是现代学习方式的突出特征。因此本题选 ABD。

22.【答案】ABC。良师解析：本题考查的是新课改的学习方式。新课改倡导的学习方式是合作学习、探究学习和自主学习。因此本题选 ABC。

23.【答案】ABCD。良师解析：本题考查的是新课改的教师角色。新课改倡导学生是学习的主人，教师不再是课堂的主宰者、知识的垄断者、教材的机械传播者，而应该是学生学习的指导者、合作者、帮助者、支持者。因此本题选 ABCD。

24.【答案】CD。良师解析：本题考查的是新课改的教学观。新课改背景下的教学观：（1）教学过程是课程创生和开发的过程；（2）教学过程是师生交往、积极互动、共同发展的过程；（3）教学要重过程；（4）注重学生的发展而不是注重学科。因此本题选 CD。

25.【答案】BD。良师解析：本题考查的是新课程改革理念。课程改革不是单一的教材改革或教学方法改革，而是涉及课程理念乃至整个教育观念更新的系统变革。其基本理念有：（1）倡导在教师的启发引导下学生主动参与的知识生成方式和自主学习方式；（2）增强课程内容的生活化、综合性。因此本题选 BD。

26.【答案】BCE。良师解析：本题考查的是教师教学行为的相关知识。在对待师生关系上，新课改强调尊重、赞赏，在对待教学上，新课改强调帮助、指导。新课改强调家校合作是一种平等的双向互动活动，家庭教育和学校教育应相互配合、相互支持、相互促进。因此本题选 BCE。

五、不定项选择题

1.【答案】ABCD。良师解析：本题考查的是学生的本质特征。学生的本质特征有：（1）学生是人，学生是发展中的人。第一，学生是能动的主体。第二，学生是具有思想感情的个体。第三，学生具有独特的创造价值。(2) 学生是儿童，具有发展的可能性和发展的需要。第一，学生具有与成人不同的身心特点。第二，学生具有发展的可能性与可塑性。第三，学生是具有发展需要的人。(3) 学生是学生，是教育的对象。第一，学生以学习为主要任务。第二，学生的学习是在教师的指导下进行的。第三，学生所参加是一种规范化的学习。因此本题选 ABCD。

2.【答案】ACD。良师解析：本题考查的是现代教育的发展趋势。现代教育的发展趋势有：(1) 教育普及化程度越来越高；(2) 教育逐渐走向民主化；(3) 教育内容更趋丰富与合理；(4) 教学组织形式、方式、手段越来越多样化、有效化；(5) 从阶段性教育走向终身教育。故 A 项说法恰当。题干所述健全的培训机制、教师休闲能力的提高促进了教师的成长，也提高了学校的教育质量，说明了培训机制、娱乐休闲与人的学习关系密切，故 C 项说法恰当。利用网络等现代技术对教师进行培训，说明现代教育技术促进了教育的发展。B 项中的说法在题干中没有体现。因此本题选 ACD。

3.【答案】BCD。良师解析：本题考查的是新课程改革的理念。该校在新课改中倡导由"礼仪操""写字姿势操""书法操"构成的大课间，融文化、身体锻炼于一体，体现了教育应使学生全面发展，故 B 项正确。"超级考试"由学生自己出题并批改、辅导，体现了教育要培养学生的实践能力，故 C 项正确。要实现教学目的的方式不仅仅是课堂教学，题干所述的"超级考试"活动也能达到检验学生的学业水平、巩固所学知识的目的，故 D 项正确。减轻学业负担不等于不给学生留家庭作业，而是应该布置适量的家庭作业，故 A 项错误。因此本题选 BCD。

4.【答案】ACD。良师解析：本题考查的是综合实践活动课。综合实践活动课程的意义有：(1) 综合实践活动课程是一种经验性课程；(2) 综合实践活动课程是一种实践性课程；(3) 综合实践活动是一种向学生生活领域延伸的综合性课程；(4) 综合实践活动课程是最能体现学校特色、满足学生个性差异的发展型课程。因此本题选 ACD。

5.【答案】BCD。良师解析：在自主学习过程中，学生要发挥自己的能动性和独立性，摆脱对教师的依赖，独立自主地开展学习活动。在自主学习的模式中，教师的主导作用并没有被淡化和削弱。故本题选择 BCD。

6.【答案】ACD。良师解析：本题考查的是新课改理念。小学阶段以综合课程为主，初中阶段设置分科与综合相结合的课程，高中以分科课程为主。因此本题选 ACD。

7.【答案】AC。良师解析：本题考查的是新课改的理论背景。新课改的主要理论基础是建构主义的学习理论和多元智能理论。因此本题选 AC。

六、简答题

1.【答案】(1) 了解学生身心发展的现状，并把它与理想的常模加以比较，确认其中存在的差距；(2) 了解学生个体的需要；(3) 了解学生的兴趣和个性差异。

2.【答案】(1) 教科书是学生在学校获得系统知识、进行学习的主要材料，它可帮助学生掌握教师讲授的内容，同时也便于学生预习、复习和做作业。

(2) 教科书也是教师进行教学的主要依据。

(3) 根据教学计划对本学科提出的要求，分析本学科的教学目标、内容范围和教学任务。

(4) 根据本学科在整个学校课程中的地位，研究本学科与其他学科的关系。

3.【答案】(1) 安排课程表；(2) 分析教学任务；(3) 研究学生的学习特点；(4) 选择并确定教学模式；(5) 规划教学单元和课；(6) 组织教学活动；(7) 评价教学活动的过程与结果。

4.【答案】(1) 学生所要掌握的基础知识和基本技能；

(2) 学生所要形成和发展的智力、能力与体力；

（3）学生所要养成的情感、态度、品德和个性心理品质。

5.【答案】（1）把焦点集中在所要研究的课程现象上；（2）收集信息；（3）组织材料；（4）分析资料；（5）报告结果。

七、案例分析题

1.【参考答案】（1）第一，这段话指出了当前中国教育的弊端，当前中国教育趋向于分数教育（即应试教育），以分数来衡量一个学生的好坏，学生已经变成读书的机器，而失去了本身拥有的天赋，没有自我了。第二，实施全面发展教育是社会主义教育目的的必然要求，全面发展教育由德育、智育、体育、美育和劳动技术教育等部分组成。为了迎接新世纪的挑战，中国教育已经开始由应试教育转向素质教育，注重促进学生的个性发展，注重培养学生的创新精神和实践能力。

（2）新课程改革的核心理念是"一切为了每一位学生的发展"。案例中的学生因为老师讲课无趣而看课外书，班主任在了解情况后对学生进行了批评。显然，这种做法仍属于传统教学观理念下的行为。作为一名具有新课程理念的老师，在遇到这种情况时，首先，作为李老师来说，要反思自己的教学，并从引起学生兴趣着手，让学生喜欢自己的课。其次，作为班主任来说，了解清楚学生上课看课外书的原因后，不应一味批评，而应进行耐心教导，引导学生遵守课堂纪律。最后，作为家长来说，在了解情况后，不应打孩子，而应与孩子进行有效的沟通，教会孩子尊重老师，同时家长要与学校老师、班主任进行沟通，为促进学生的发展而努力。

2.【参考答案】（1）新课程改革的核心理念是"一切为了每一位学生的发展"，即学生是学习的主体。这就要求我们在教育教学中要适当地放手，让学生自己去创造、去实践。案例中的李老师开始为学生选择并编写课本剧，这在一定程度上束缚了学生的创造力，让孩子按教师的思维、想法去行事，体现了传统的教学理念。

（2）在对待教学关系上，新课程强调帮助、引导。教师"教"的职责在于帮助学生检视和反思自我，明了自己想要学习什么和获得什么，确立能够达成的目标，帮助学生寻找、收集和利用学习资源，帮助学生设计恰当的学习活动并形成有效的学习方式。案例中的李老师，开始的时候是学生活动和行为的决定者，而后来放手让学生去做，自己做参谋，这体现了他向帮助者和引导者的转变。

（3）新课程改革认为，要让孩子自己去行动，做一个智能人，开发潜能，追求独特。案例中的李老师在听取学生的意见之后，放手让学生去选择，最后取得了成功。

第九章　教学

一、判断题（正确的填 A，错误的填 B）

1.【答案】B。良师解析：本题考查的是备课。备课是指教师根据学科课程标准的要求和本门课程的特点，结合学生的具体情况，选择最合适的表达方法和顺序，以保证学生有效地学习。备课包括三项工作：钻研教材，了解学生和设计教学法。因此本题说法错误。

2.【答案】A。良师解析：本题考查的是教学评价的原则。教学评价要坚持全面性原则。全面性原则包括三个方面的含义。第一，现代教学评价是发展性评价，关注的是学生主体的全面发展，而不仅是知识的传递；第二，课堂教学评价不仅要重视教学目标中认识目标的完成，还要重视情感目标等的完成；第三，在课堂教学时要坚持促进全体学生发展的观点。因此本题说法正确。

3.【答案】B。良师解析：本题考查的是教学评价。诊断性评价是在学期教学开始或者一个单元教学开始时对学生现有发展水平进行的评价。目的是弄清学生已有的知识基础和能力水平，以便更好地组织教学内容，选择教学方法，做到因材施教。而命题中所描述的是形成性评价。因此本题说法错误。

4.【答案】B。良师解析：本题考查的是课外教育与课堂教学的关系。课外辅导是上课的必要补充，但不是上课的延续。因此本题说法错误。

5.【答案】A。良师解析：本题考查的是教师导入方法的相关知识。复习导入是一种从已有知识入手，由已知引向未知的导入方法，使新旧知识的衔接十分自然、贴切，不仅使学生巩固了旧知识，也为接受新知识做好了铺垫。因此本题说法正确。

6.【答案】A。良师解析：本题考查的是教学过程的基本规律。教师主导作用与学生主体作用相结合的规律，要求教师在教学中既要充分发挥主导作用，承担起历史赋予的培养人的使命和促进学生发展的责任，又要承认学生作为学习主体的地位，充分发挥学生参与教学的主动作用。教师主导和学生主体相结合，才会产生积极有效的教学活动。因此本题说法正确。

7.【答案】A。良师解析：本题考查的是教学过程。教师除了要教给学生知识、技能，还应教给学生独立获取知识的方法和能力。教会学生学习，使他们能够不断地获取新知识，使他们离开了老师，离开了课堂还能自主地学习、成长，满足自身的发展需要。所以说教是为了不教。因此本题说法正确。

8.【答案】B。良师解析：本题考查的是教学的任务。传授系统的科学基础知识和基本技能是教学的首要任务，我国现阶段的教学任务除了传授系统的科学基础知识和基本技能外，还要发展学生的智力、体力和创造才能，培养学生的社会主义品德和审美情趣，奠定学生科学世界观的基础，关注学生的个性发展。因此本题说法错误。

9.【答案】A。良师解析：本题考查的是学业成绩评价的主要方法。纸笔测验是我国学生学业成就评价的主要方式。因此本题说法正确。

10.【答案】B。良师解析：本题考查的是教学评价的含义。教学评价是指以教学目标为依据，通过一定的标准和手段，对教学活动及其结果给予价值上的判断，即对教学活动及其结果进行测量、分析和评定的过程。主要包括对学生学习结果的评价和对教师教学工作的评价。因此本题说法错误。

11.【答案】B。良师解析：本题考查的是教学目标。教学目标是评价教学结果的最客观和可靠的标准，教学结果的测量必须依据教学目标。因此本题说法错误。

12.【答案】B。良师解析：本题考查的是翻转课堂的概念。翻转课堂式教学模式是指学生在家完成知识的学习，而课堂变成了老师学生之间和学生与学生之间互动的场所，包括答疑解惑、知识的运用等，从而达到更好的教育效果。虽然在该模式下，学生在家完成知识的学习，但并不是根据自己的兴趣想学什么就学什么，而是学习规定的内容。因此本题说法错误。

13.【答案】B。良师解析：本题考查的是班级授课制的内涵。班级授课制的特殊形式是复式教学，小班化教学就是指一种教学班学生数量较少的班级授课制。因此本题说法错误。

14.【答案】B。良师解析：本题考查的是教学环境。教学环境包括物质环境和社会环境两个方面，前者涉及课堂自然条件（如温度和照明等）、教学设施（如桌椅、黑板和投影机等）以及空间布置（如座位的排列等）等，后者涉及课堂纪律、课堂氛围、师生关系、同学关系、校风以及社会文化背景等。因此本题说法错误。

15.【答案】B。良师解析：本题考查的是教学方法。选择与运用教学方法的基本依据包括：(1)教学目的和任务的要求；(2)课程性质和特点；(3)每节课的重点、难点；(4)学生年龄特征；(5)教学时间、设备、条件；(6)教师业务水平、实际经验及个性特点。此外，教学方法的选择与运用还受教学手段、教学环境等因素的制约，这就要求我们全面、具体、综合地考虑各种相关因素，进行权衡取舍。因此本题说法错误。

16.【答案】B。良师解析：本题考查的是教学过程。教学过程必须遵守教师主导作用与学生主体作用相统一的双边性规律。教师的教依赖于学生的学，学生的学离不开教师的教，教与学是辩证统一的。因此本题说法错误。

17.【答案】A。**良师解析**：本题考查的是教学设计。教学设计的依据有：（1）理论依据：1）现代教学理论、学习理论与传播理论；2）系统的原理和方法。（2）现实依据：1）教学的实际需要；2）教师的教学经验；3）学生的需要和特点。因此本题说法正确。

18.【答案】B。**良师解析**：启发式教学不是一种具体的教学方法，而是一种教学原则，是教学中应该遵循的教育指导思想。因此本题说法错误。

19.【答案】B。**良师解析**：本题考查的是教学评价。"注重的是学生学习成绩的等次"体现了相对性评价的内涵。形成性评价可能是相对性评价，也可能是绝对性评价。因此本题说法错误。

20.【答案】B。**良师解析**：本题考查的是教学原则。题干描述过于绝对化，教学中应提倡鼓励的原则，但不是所有的表扬都能够激发学生信心，有利于他们的成长，鼓励要适时适度。因此本题说法错误。

21.【答案】A。**良师解析**：本题考查的是教学过程的本质。教学过程是一种特殊的认识过程，它包含两方面的意义：其一，教学过程本质是一种认识过程；其二，这种认识又不同于一般认识或其他形式的认识，有其特殊性。因此本题说法正确。

二、填空题

1.【答案】上课

2.【答案】备课

3.【答案】学期教学进度计划　课题计划　课时计划

4.【答案】上好课　上课

5.【答案】课外辅导

6.【答案】供答型　选答型

7.【答案】简答式试题　陈述式试题　填充题　论文式试题

8.【答案】是非题　多项选择题　组配式试题

9.【答案】效度　信度　难度　区分度

10.【答案】个别教学

11.【答案】因材施教

12.【答案】班级授课制

13.【答案】大教学论

14.【答案】19世纪

15.【答案】1862　京师同文馆　1902

16.【答案】外部分组　内部分组

17.【答案】道尔顿制

18.【答案】内部分组

19.【答案】设计教学法

20.【答案】教学策略

21.【答案】综合性　可操作性　灵活性

22.【答案】内容型　形式型　方法型　综合型

23.【答案】如何有效地提供学习内容

三、单项选择题

1.【答案】B。**良师解析**：本题考查的是效度。效度即测验能测量到所需要测量的事物的程度，即测验的有效性。表示测验效度的一种方法是将测量的结果与随后的行为进行对照，如果一种测验能预测后来的行为，则说明这种测验的效度比较高，反之，则说明测验的效度较低。因此，选用某种测验时，必须首先考虑的质量指标是效度。因此本题选B。

2.【答案】C。良师解析：本题考查的是教学原则。量力性原则又称可接受性原则，要求教学的具体任务、教学内容、方法和组织形式要符合学生一定年龄阶段的身心发展水平和知识水平，同时又鼓励学生，通过一定的努力，不断提高知识水平和能力。"语知而不知，虽舍之可也"是说如果老师开导了还是不懂，暂时放弃开导，也是可以的，体现的是量力性原则。因此本题选C。

3.【答案】A。良师解析：本题考查的是教学原则。"不积跬步，无以致千里；不积小流，无以成江海"强调的是点滴积累，按部就班，不能"揠苗助长"，体现了循序渐进原则。因此本题选A。

4.【答案】B。良师解析：本题考查的是教学原则。题海战术、时间战术等都是急于求成，违背了循序渐进原则。因此本题选B。

5.【答案】D。良师解析：本题考查的是形式教育论。形式教育论强调教育的目的在于发展学生的各种官能或能力。A项是实质教育论的观点。因此本题选D。

6.【答案】B。良师解析：本题考查的是教学组织形式。题干描述的是设计教学法的内涵。导生制由英国人贝尔和兰卡斯特创设。这种教学组织形式仍以班级为基础，但教师不直接面向全体学生，教师先把教学内容教给年龄较大的学生，而后由他们中的佼佼者，即导生去教年幼的或成绩较差的学生。特朗普制由美国教育学教授劳伊德·特朗普提出，又称为"灵活的课程表"。这种教学形式把大班教学、小班研究和个别教学三种教学形式结合起来。20世纪20年代，美国教育家帕克赫斯特在马萨诸塞州的道尔顿中学创建了道尔顿制。运用这种教学组织形式时，教师上课不再向学生系统讲授教材，而只为学生分别指定自学参考书，布置作业，由学生自学和独立作业，学生有疑难时才请教师辅导。学生完成一定阶段的学习任务后，向教师汇报学习情况和接受考查。因此本题选B。

7.【答案】C。良师解析：本题考查的是掌握学习的内涵。掌握学习是由美国心理学家布卢姆提出来的一种适应学习者个别差异的教学方法，该方法将学习内容分成小的单元，学生每次学习一个小的单元并参加单元考试，直到学生以80%～100%的掌握水平通过考试，才能进入下一个单元的学习。它假设只要给予足够的学习时间和相应的教学，大多数学生都能够学会学校里的科目，代表一种非常乐观的教学方法。因此本题选C。

8.【答案】B。良师解析：本题考查的是教学过程最优化的教学思想。教学过程最优化是由苏联教育家巴班斯基提出的教育理论。20世纪70年代为了克服学生普遍留级和学习成绩不佳的现象，巴班斯基提出要对学校进行整体优化。所谓的教学过程最优化就是指在一定教学条件下寻求合理的教学方案，使教师花最少的时间和精力获得最好的教学效果，促进学生的最佳发展。因此本题选B。

9.【答案】C。良师解析：本题考查的是启发性原则的教学要求。ABD三项都是启发性原则的教学要求。C项不能直接体现启发性原则的贯彻要求。因此本题选C。

10.【答案】B。良师解析：本题考查的是教学原则。直接把真理告诉学生不如引导学生去发现真理，这是启发性原则的典型体现。因此本题选B。

11.【答案】B。良师解析：本题考查的是教学评价的类型。形成性评价是在教学过程中进行的评价，是为引导教学过程正确前进而对学生学习结果和教师教学效果采取的评价。形成性评价的主要目的不是选拔少数优秀学生，而是为了发现每个学生的潜质，强化、改进学生的学习，并为教师提供反馈。题干中李老师的评语属于形成性评价，因此本题选B。

12.【答案】B。良师解析：本题考查的是教学评价的类型。题干的描述体现了总结性评价的内涵。形成性评价发生在教学过程之中，而总结性评价发生在一个阶段的教学结束之后。因此本题选B。

13. 【答案】A。良师解析：本题考查的是因材施教原则。题干描述的泥鳅、老鹰都是在自己的优势项目上才能取得好成绩，体现了教学要遵循因材施教原则。因此本题选A。

14. 【答案】B。良师解析：本题考查的是教学评价。老师要了解学生的动手操作技能、绘画技能和道德水平，最适宜的方法是根据学生在任务完成中的表现，根据具体表现进行评价，因此本题选B。

15. 【答案】A。良师解析：本题考查的是教学策略的特性。教学过程是一个彼此之间相互联系、相互作用的整体，其中的任何一个子过程都会牵涉其他过程。因此，在选择和制定教学策略时，必须统观教学的全过程，综合考虑其中的各要素。在此基础上对教学进程和师生相互作用的方式做全面的安排，并能在实施过程中及时地反馈、调整。也就是说，教学策略不是某一单方面的教学谋划或措施，而是某一范畴内具体教学方式、措施等的优化组合，合理构建，和谐协同。新手教师模仿专家教师很难达到同样理想的效果，原因就在于教学策略具有综合性。因此本题选A。

16. 【答案】C。良师解析：本题考查的是信度和效度。信度是效度的必要条件，但不是充分条件。一个测量工具要有效度必须有信度，没有信度就没有效度；但是有了信度不一定有效度。信度低，效度不可能高。因为如果测量的数据不准确，也并不能有效地说明所研究的对象。效度低，信度可能高，也可能低。因此本题选C。

17. 【答案】A。良师解析：本题考查的是教学方法。讲授法是传授系统知识和理论最有效的方法，也是当今中小学校最常用的方法，因此本题选A。

18. 【答案】B。良师解析：本题考查的是教学方法。学生观察养的蚕宝宝是演示法，讨论交流是讨论法，因此本题选B。

19. 【答案】B。良师解析：本题考查的是教学原则中的巩固性原则。贯彻巩固性原则的要求包括：(1)要在教学的全过程中加强知识的巩固；(2)组织好学生的复习工作，教会学生记忆的方法；(3)通过扩充、改组和运用知识过程来巩固知识。题干中的描述体现了对知识的运用，这符合巩固性原则的第三条贯彻要求。因此本题选B。

20. 【答案】D。良师解析：本题考查的是教学评价。相对性评价根据个人在成绩序列中所处的位置来评价成绩优劣；绝对性评价是根据是否达到教学目标来进行，会考是达标式考试，属于绝对性评价。因此本题选D。

21. 【答案】B。良师解析：本题考查的是教学反思。"反躬自省"指回过头来检查自己的言行得失，切合反思的意思，因此本题选B。

22. 【答案】A。良师解析：本题考查的是课堂导入方法。直接导入是最简单和最常用的一种导入方法。复习导入是一种从已有知识入手，由已知引向未知的导入方法。情境导入是指教师通过音乐、图画、动画、录像以及满怀激情的语言创设新奇、生动、有趣的学习情境，使学生展开丰富的想象，产生如闻其声、如见其形、置身其中、身临其境的感受，从而唤起学生情感上的共鸣，使学生情不自禁地进入学习情境的一种导入方法。问题导入是指教师提出富有挑战性的问题，使学生顿生疑惑，从而产生进一步思考和学习欲望的一种导入方法。因此本题选A。

23. 【答案】B。良师解析：本题考查的是教学技能。由于教学技能关系到教师完成教学任务的技巧与能力，所以教师的课堂教学技能构成了教师教学技能的核心。因此本题选B。

24. 【答案】C。良师解析：本题考查的是课堂教学结构设计。学习新教材是课堂教学结构设计的重点环节。因此本题选C。

25. 【答案】C。良师解析：本题考查的是教学过程的基本规律。这话意在强调，传授给人既有知识，不如传授给人学习知识的方法。因此，相较于知识传授而言，更应该发展学生的智力、能力。因此本题选C。

26.【答案】A。良师解析：本题考查的是情境教学法。情境教学法的核心在于激发学生的情感。这种方法是指教师根据教材特点，创设一个有关的情境，以激发学生的学习兴趣和积极性，使学生生动活泼地掌握知识、发展智力。因此本题选A。

27.【答案】A。良师解析：本题考查的是教学的本质。教学从本质上说是一种特殊的认识活动。因此本题选A。

28.【答案】C。良师解析：本题考查的是演示法的基本要求。教师在对教具和实验进行演示操作的同时，最重要的是引导学生对实验现象进行观察、记录。因此本题选C。

29.【答案】A。良师解析：本题考查的是教学原则。"读万卷书，行万里路"比喻要努力读书，让自己的才识过人，并让自己的所学能在生活中体现，同时增长见识，理论结合实际，学以致用。因此本题选A。

30.【答案】A。良师解析：本题考查的是教学设计。教学设计的过程，实际上也就是教师在深入钻研教材的基础上，根据不同的教学目标、不同学生的特点，创造性地思考、设计教学实施方案的过程。创造性是教学设计的一个基本特点，同时也是它的最高表现。因此本题选A。

31.【答案】A。良师解析：本题考查的是教学方法。讲授法是教师通过口头语言，系统、连贯地向学生传授知识的方法。讲授法的优点是教师容易控制教学进程，能够使学生在较短时间内获得大量系统的科学知识。因而，对于概念性较强的内容，用讲授法效果较好。因此本题选A。

32.【答案】A。良师解析：本题考查的是教学工作的基本环节。讲授内容有科学性和思想性是确保讲授质量的首要条件。因此本题选A。

33.【答案】C。良师解析：本题考查的是个别化教学。个别化教学是为了适应个别学生的需求、兴趣、能力和学习进度而设计的教学方法。其中程序教学是个别化教学的典型代表，它将要学习的大问题分解为一系列的小问题，并将其按一定的程序编排和呈现给学生，要求学生学习并回答问题后及时得到反馈信息。因此本题选C。

34.【答案】B。良师解析：本题考查的是讲授法。讲授法是教师通过口头语言，系统、连贯地向学生传授知识的方法。这种方法主要是通过教师系统的叙述、描绘、解释、论证来传授知识，引导学生分析和认识问题，从而促进学生的智力和品德发展。因此本题选B。

35.【答案】C。良师解析：本题考查的是教学过程的本质。教学过程作为一种特殊的认识过程，其特殊性表现在：（1）认识对象的间接性与概括性；（2）认识方式的简捷性与高效性；（3）教师的引导性、指导性与传授性（有指导的认识）；（4）认识的交往性与实践性；（5）认识的教育性与发展性。因此本题选C。

36.【答案】C。良师解析：本题考查的是教师的地位与作用。教师在教学活动中发挥主导作用，以此带动学生发挥他们的主体作用。因此本题选C。

37.【答案】B。良师解析：本题考查的是赫尔巴特的教育思想。赫尔巴特是第一个试图按照心理活动的规律来分析教学过程的人，他提出了"明了、联想、系统、方法"的教学过程四阶段说。因此本题选B。

38.【答案】B。良师解析：本题考查的是讨论法。讨论法是学生在教师指导下为解决某个问题而进行探讨、辨明是非真伪，以获取知识的方法。谈话法也叫问答法，它是教师按一定的教学要求向学生提出问题，要求学生回答，并通过问答的形式来引导学生获取或巩固知识的方法。演示法是教师通过展示实物、直观教具，进行示范性实验或利用现代化视听手段，指导学生获得知识或巩固知识的方法。讲授法是教师通过口头语言，系统、连贯地向学生传授知识的方法。题干描述的是讨论法。因此本题选B。

39.【答案】B。良师解析：本题考查的是教学原则中循序渐进的原则。"学不躐等"意思是学习需要循序渐进，不能好高骛远，期望一蹴而就。"不陵节而施"意思是不超过学生的接受能力而进行教育，故体现的教学原则是循序渐进原则。因此本题选 B。

40.【答案】A。良师解析：本题考查的是备课。备课内容包括研究教材、了解学生、设计教学法，不包含复习。因此本题选 A。

41.【答案】A。良师解析：本题考查的是教学模式。范例教学法是指教师根据教学目标的需要，采用范例进行讲解及组织学生对范例进行研讨，引导学生从实际范例中学习，理解和掌握一般规律、原则、方法及操作实验，从而有效地将理论知识和实践技能相互结合的一种教学方法。因此本题选 A。

42.【答案】C。良师解析：本题考查的是教学设计。教学设计应综合考虑教学对象、教学内容、教学目标、教学策略、教学媒体、教学评价等要素。最先要考虑的是设计教学目标。因此本题选 C。

43.【答案】A。良师解析：本题考查的是教学方法。中学阶段教学中多选用探究的方法来培养学生独立地研究问题、获得知识的能力。因此本题选 A。

44.【答案】B。良师解析：本题考查的是教学组织形式中的特朗普制。特朗普制，又称"灵活的课程表"，这是 20 世纪后半叶在美国一些学校进行实验的一种教学组织形式，由教育学教授劳伊德·特朗普提出。其基本做法是，把大班上课、小班讨论、个人独立研究三种教学组织形式结合起来。因此本题选 B。

45.【答案】A。良师解析：本题考查的是教学任务。教学的首要任务是使学生掌握系统的科学文化基础知识，形成基本技能、技巧。因此本题选 A。

46.【答案】C。良师解析：本题考查的是教学。形式教育论看到了发展学生智力的重要性，但片面强调古典学科，忽视了学科和教材的实用性，曲解了智力发展与知识掌握的关系，使学校脱离生活。实质教育论正相反，主张学校应开设现代语、历史、地理、数学、物理等具有实用意义的所谓实质学科，这种理论具有明显的功利主义性质，忽视了发展智力。形式教育论与实质教育论把掌握知识与发展智力人为地割裂开来，都是错误的。因此本题选 C。

47.【答案】B。良师解析：本题考查的是教学评价。按评价的基准不同，教学评价可分为相对评价、绝对评价和自身评价。其中，相对评价是在被评价对象的集合中选取一个或若干个个体为基准，然后把各个评价对象与基准进行比较，确定每个评价对象在集合中所处的相对位置。题干中，王老师对陈浩语文期中测试成绩的评价是以全班平均成绩为基准进行的评价，属于相对评价。因此本题选 B。

48.【答案】C。良师解析：本题考查的是教学方法。参观法是教师紧密配合教学，组织学生到校外一定场所进行直接观察、访问、调查而获得知识或验证知识的方法。题干中的老师将学生带到小区里，指导他们直接观察花和昆虫，使他们获得关于花和昆虫的知识。这属于参观法的运用。因此本题选 C。

49.【答案】D。良师解析：本题考查的是教学直观的方式。实物直观即通过直接感知要学习的实际事物而进行的一种直观方式。到工厂参观属于直接感知要学习的事物。因此本题选 D。

50.【答案】D。良师解析：本题考查的是情境教学。情境教学是指在教学过程中，教师有目的地引入或创设具有一定情绪色彩的、以形象为主体的生动具体的场景，以引起学生一定的态度体验，从而帮助学生理解教材，并使学生的心理机能得到发展的教学方法。情境教学是一种以学生为主的教学方法。因此本题选 D。

51.【答案】C。良师解析：本题考查的是教学过程的知识。教学过程包括以下环节：（1）组织教学；（2）检查复习；（3）讲授新教材；（4）巩固新教材；（5）布置课外作业。其中讲授新教材的目的在于使学生掌握新知识，是教学过程中最基本的部分。因此本题选 C。

52.【答案】B。良师解析：本题考查的是教学原则。重视组织各种复习属于贯彻巩固性原则的基本要求。因此本题选 B。

53.【答案】A。良师解析：本题考查的是教师结课方式。悬念式结课，即结课时留下疑问，诱发学生的求知欲，造成"欲知后事如何，且听下回分解"的悬念效应。因此本题选 A。

54.【答案】A。良师解析：本题考查的是确定教学目标的依据。课程标准是教材编写、教学、评估和考试命题的依据，是国家管理和评价课程的基础。因此本题选 A。

55.【答案】B。良师解析：本题考查的是布卢姆的教学目标分类。布卢姆把教学目标分为认知领域、情感领域和动作技能领域。因此本题选 B。

56.【答案】B。良师解析：本题考查的是凯洛夫的教学思想。凯洛夫认为教学过程本质上是一种认识过程，这也是马克思主义教育学对教学的认识。因此本题选 B。

57.【答案】B。良师解析：本题考查的是现代信息技术和课程教学的整合。所谓信息技术与课程教学的整合，就是通过将信息技术有效融合于各学科的教学过程来营造一种新型教学环境，实现一种以自主、探究、合作为特征的教育学方式，从而把学生的主动性、积极性、创造性充分地发挥出来，使传统的以教师为中心的教学方式发生根本性改变，从而使对学生创造精神与实践能力的培养真正落到实处。因此本题选 B。

58.【答案】A。良师解析：本题考查的是发展型评价模式。该发展模式强调的是教学以学生的发展为中心和判断标准。因此本题选 A。

59.【答案】D。良师解析：本题考查的是质性研究。质性研究是以研究者本人作为研究工具，在自然情境下，采用多种资料收集方法，对研究进行深入的、整体性的探究，从原始资料中形成结论和理论，通过与研究对象的互动，对其行为和意义进行建构来获得解释性理解的一种活动。评定量表评价法属于定量评价。因此本题选 D。

60.【答案】B。良师解析：本题考查的是我国学校教学的基本组织形式。我国采取的是班级授课制。因此本题选 B。

61.【答案】C。良师解析：本题考查的是教学目标的地位。教学目标是师生通过教学活动预期达到的结果或标准，是教学活动实施的方向，是一切教学活动的出发点和最终归宿。因此本题选 C。

62.【答案】D。良师解析：本题考查的是布卢姆的教育目标分类学。布卢姆等人把教育目标分为三大领域：认知领域、情感领域和动作技能领域。认知领域的目标分为六种，即知识、领会、运用、分析、综合和评价。评价指为了特定目的，对材料和方法的价值作出判断，是认知领域的最高层级。因此本题选 D。

63.【答案】B。良师解析：本题考查的是教学目标。学生是学习的主体，所以在陈述教学目标时必须从学生的角度出发。因此本题选择 B。

64.【答案】D。良师解析：本题考查的是教学目标的特性。生成性目标是在教学情境中随着教学过程的展开而自然生成的课堂教学目标。生成性目标不以事先预定的目标为中心，所以必须对教学目标的预测预留一定的空间。因此本题选 D。

65.【答案】C。良师解析：本题考查的是教学过程的基本规律。在赫尔巴特之前，教育学家们通常把道德教育和教学分开进行研究和阐述，教育和教学通常被赋予不同的目的和任务。赫尔巴特的"教学永远具有教育性"反映了教育与教学之间的联系，即思想品德教育与传授知识之间的关系。因此本题选 C。

66.【答案】A。良师解析：本题考查的是学生学业水平的评价方式。测验是学生学业成就评价中用的最多的评价工具。因此本题选 A。

67.【答案】A。良师解析：本题考查的是教学过程的基本规律。课堂教学是学生获得知识的主要来源，而在教学过程中学生学习的主要来源是间接经验。因此本题选 A。

68.【答案】B。良师解析：本题考查的是讲授法的基本形式。讲授法指的是教师通过口头语言直接向学生系统、连贯地传授知识的方法。讲授通常有讲述、讲解、讲读和讲演四种基本形式。因此本题选B。

69.【答案】C。良师解析：本题考查的是复式教学的概念。题干所述为复式教学的定义。因此本题选C。

70.【答案】D。良师解析：本题考查的是特殊教学组织形式。题干描述的为复式教学适用的条件。因此本题选D。

71.【答案】A。良师解析：本题考查的是教学评价的类型。相对评价是在被评价对象的群体中建立基准（通常均以该群体的平均水平作为这一基准），然后把该群体的各个对象逐一与基准进行比较，以判断该群体中每一成员的相对优劣。"矮个子里挑高个"属于相对评价。因此本题选A。

72.【答案】D。良师解析：本题考查的是教学原则中的理论联系实际原则。题干的描述体现了理论联系实际原则的贯彻要求。因此本题选D。

73.【答案】B。良师解析：本题考查的是直观教学。模像直观指观察与教材相关的模型与图像（如图片、图表、幻灯片、电影、录像、电视等），形成感知表象。因此本题选B。

74.【答案】C。良师解析：本题考查的是有效教学。有效教学就是在符合时代和个体积极价值建构的前提下，其效率在一定时空内不低于平均水准的教学。A项是有效教学的根本目的，B项是有效教学的出发点和关键，C项是有效教学的实质和核心。因此本题选C。

75.【答案】A。良师解析：本题考查的是学生学业评价方法。以测验为核心的认知学习评价是学生学业评价理论研究中最早和最成熟的部分，在现行的学生学习评价中，测验法依然居主流地位，因此本题选A。

76.【答案】B。良师解析：本题考查的是教学原则中的启发性原则。题干描述的是启发性原则的典型体现。因此本题选B。

77.【答案】B。良师解析：本题考查的是教学组织形式。个别教学是古代学校主要的教学组织形式，古代中国、埃及和希腊的学校大都采用个别教学。因此本题选B。

78.【答案】A。良师解析：本题考查的是教学工作的基本环节。一般来说，构成一节课的组成部分有组织教学、检查复习、讲授新教材、巩固新教材、布置课外作业等。而最基本的组成部分是讲授新教材。任何课型都必不可少的是组织教学。因此本题选A。

79.【答案】D。良师解析：本题考查的是班级授课制。班级授课制以班为学生人员组成的单位，以课时为教学的时间单位，以课程表为教学活动的基本周期，以课为教学活动的基本单位。因此本题选D。

80.【答案】D。良师解析：本题考查的是教学原则中的启发性原则。启发性原则是指在教学中教师要承认学生是学习的主体，应注意调动他们学习的主动性，引导他们进行独立思考，积极探索，自觉地掌握科学知识和提高分析问题与解决问题的能力。这一原则重在调动学生的主动性，引导他们逐步深入地认识事物，掌握规律，培养能力，是能够反映学生认识规律的教学原则。因此本题选D。

81.【答案】B。良师解析：本题考查的是教学。教学是学校教育的基本途径，也是学校的中心工作。因此本题选B。

82.【答案】A。良师解析：本题考查的是教学组织形式。班级授课制是将学生按年龄和知识程度编成班级，每一个班级有固定的学生和课程，由教师按照固定的教学时间表对全班学生进行上课的教学制度。班级授课制最早是由捷克教育家夸美纽斯提出的。因此本题选A。

83.【答案】B。良师解析：本题考查的是教学原则中的理论联系实际原则。校本教材即结合本校实际情况开发的教材，符合理论联系实际原则。因此本题选B。

84.【答案】D。良师解析：本题考查的是教学原则中的理论联系实际原则。本题中教师将一些容易混淆的字词与生活实际相结合，便于学生更好地记住它们，运用的教学原则是理论联系实际原则。因此本题选D。

85.【答案】B。良师解析：本题考查的是班级授课制。班级授课制是将学生按年龄和程度编成班级，使每一班级有固定的学生和课程，由教师按照固定的教学时间表对全班学生进行上课的教学制度。我国于1862年在北京的京师同文馆首先采用班级授课制这一教学组织形式。1862年是清朝的末期。因此本题选B。

86.【答案】C。良师解析：我国义务教育的教学计划应当具备三个基本特征：强制性、普遍性和基础性。ABD均不符合义务教育教学计划的特点。因此本题选C。

87.【答案】D。良师解析：CIPP是几种评价名称的英文第一个字母的缩写，包括背景评价（content evaluation）、输入评价（input evaluation）、过程评价（process evaluation）、成果评价（product evaluation）。因此本题选D。

88.【答案】C。良师解析：教学手段是师生教学相互传递信息的工具、媒体或设备。随着科学技术的发展，教学手段经历了口头语言、文字和书籍、印刷教材、电子视听设备和多媒体网络技术等五个使用阶段。教学方式是构成教学方法的细节，是运用各种教学方法的技术。任何一种教学方法都由一系列的教学方式组成。教学方法是教师和学生为了实现共同的教学目标，完成共同的教学任务，在教学过程中运用的方式与手段的总称，此定义符合题干中手段与整套方式。教学原则是根据一定的教学目的和教学任务，遵循教学过程的基本规律而制定的对教学的基本要求，是指导教学活动的一般原理。因此本题选C。

89.【答案】B。良师解析：教学评价按评价基准分类，可分为相对评价、绝对评价、自身评价。(1)相对评价是在被评价对象的集合中选取一个或若干个个体为基准，然后把各个评价对象与基准进行比较，确定每个评价对象在集合中所处的相对位置，班级成绩排名就是相对评价。(2)绝对评价是在被评价对象的集合之外确定一个标准，这个标准被称为客观标准。故题干中计算机等级考试满分100分，总分达到60分，可以获得合格证书，属于绝对评价。(3)自身评价是对被评价的个体的过去和现在相比较，或者是对他的若干侧面进行比较。因此本题选B。

90.【答案】A。良师解析：A项评定量表法是根据设计的等级评价量表对被评价者进行评价的方法。这是一种比较科学的量化考核方法。B项个案研究法是指对某个体、某群体或某组织在较长时间里连续进行调查，从而研究其行为发展变化的全过程，这种研究方法也称为案例研究法。C项成长记录袋是从国外引进的一种新兴评价方式，是根据教育教学目标，有意识地将各科有关学生表现的作品及其他证据收集起来，通过合理分析与解析，反映学生在学习与发展过程中的优势与不足、学生在达到目标的过程中付出的努力与进步，并通过学生的反思与改进，激励学生取得更高的成就。D项操行评语法是班主任在一定时期对学生的思想品德、学习纪律、劳动态度等方面的总评价。其目的在于肯定学生的优点和进步，指出学生的缺点和问题，明确今后的努力方向，使之不断进步。因此本题选A。

91.【答案】B。良师解析：从教学评价的时间和作用来看，教学评价分为诊断性评价、形成性评价和总结性评价。诊断性评价是在学期教学开始或者一个单元教学开始时对学生现有知识水平、能力发展的评价。形成性评价是在教学过程中对学生的知识掌握和能力发展的及时评价。总结性评价是在一个大的学习阶段、一个学期或者一门学科终结时对学生学习成绩的总评，也称终结性评价。诊断性评价和配置性评价的差异在于：(1)诊断性评价除了在教学开始前进行，也会在形成性评价之后进行，用以解决形成性评价没有解决的学习困难，以便对症下药、因材施教，而配置性评价（也叫准备性评价）只在教学前进行，以确定教学目标和安排教学。(2)通过配置性评价可以摸清学生情况，以便编班分组。因此本题选B。

四、多项选择题

1.【答案】AB。**良师解析**：本题考查的是循序渐进的原则。盈科而后进，是流水在前进的过程中，要填满每一个坑，然后才能继续向前，体现的教学原则是循序渐进。C项体现了启发性教学原则，D项体现了因材施教的教学原则。因此本题选AB。

2.【答案】ABC。**良师解析**：本题考查的是教学原则。思想性和科学性相统一的教学原则要求教育者不断提高自己的业务能力和思想水平。因此本题选ABC。

3.【答案】ABCD。**良师解析**：本题考查的是教学方法的选择依据。教学方法的选用必须综合考虑多种因素，如教学目的和任务的要求，课程性质和教材特点，学生特点，教学时间、设备、条件，教师业务水平、实际经验及个性特点。因此本题选ABCD。

4.【答案】BD。**良师解析**：本题考查的是课程资源。题目说明了教师不仅是课程资源的开发者，而且他本身还是最重要的课程资源，同时课程资源的开发能够激发学生的广泛兴趣，应该开发丰富、多样的课程资源。因此本题选BD。

5.【答案】ACD。**良师解析**：本题考查的是教学言语活动。教学言语活动是教师在课堂教学过程中运用语言进行的教学活动，包括提问、讨论以及倾听学生回答等。因此本题选ACD。

6.【答案】ABCD。**良师解析**：本题考查的是教案。教案的编写通常包括课题、上课时间、课的类型、教学目标、教学内容、教学重点、教学难点、教学方法、课时安排、教学过程、导言、课堂小结、布置作业、板书、课后反思等。因此本题选ABCD。

7.【答案】ABCD。**良师解析**：本题考查的是教学设计。教学设计的依据主要有现代教学理论、系统科学的原理和方法、教学的实际需要、学生的特点、教师的教学经验等。因此本题选ABCD。

8.【答案】ABCD。**良师解析**：本题考查的是教案编写的基本要求。编写教案的基本要求有五个方面：（1）端正思想，高度重视。（2）切合实际，坚持"五性"。学生是教师教的对象，又是教学中认识活动的主体。因此，教案的编写必须切合他们的实际，从而加强教学的针对性和有效性。教案的编写还要坚持"五性"，即科学性、主体性、教育性、经济性、实用性。（3）优选教法，精设课型。（4）认真备课，不要"背课"。备课不仅要求熟记教材和教案，而且要对课堂教学的各个环节认真准备。（5）既抓"正本"，又抓"附件"。"正本"即教案的主体，它通常包括教学目的、教学内容、教学重点和难点、教学程序和方法、时间分配及思考题等。"附件"指板书、板书计划和直观演示计划、物资保障计划（如挂图、图钉等）。因此本题选ABCD。

9.【答案】ABCDE。**良师解析**：本题考查的是课堂对话。课堂对话的特点主要有民主性、生成性、多边性、开放性、倾听性等特点。因此本题选ABCDE。

10.【答案】BC。**良师解析**：本题考查的是教学方法。以直观感知为主的教学方法包括参观法、实验法、演示法。以实际训练为主的教学方法包括练习法、实习法。因此本题选BC。

11.【答案】ABCD。**良师解析**：本题考查的是观课的角度。A项、B项和D项是从学生喜欢的教学过程的角度来看，C项是从负担不重的教育投入与产出的关系来看。因此本题选ABCD。

12.【答案】ABCD。**良师解析**：本题考查的是教学方法。教学方法选择的依据：（1）教学目的和任务的要求；（2）课程性质和特点；（3）学生年龄特征；（4）教学时间、设备、条件；（5）教师业务水平、实际经验及个性特点；（6）教学手段、教学环境等因素。因此本题选ABCD。

13.【答案】ABC。**良师解析**：本题考查的是教学评价。根据评价在教学过程中的作用，可分为诊断性评价、形成性评价、总结性评价。因此本题选ABC。

14.【答案】ACD。**良师解析**：本题考查的是一堂好课的基本要求。一节好课的基本要求有：（1）教学目的明确；（2）内容正确，突出重点、难点，抓住关键；（3）结构合理，上课有高度计划性、组织性，效率高，效果好；（4）方法恰当；（5）语言艺术；（6）板书有序；（7）态度从容自如。因此本题选ACD。

15.【答案】AC。良师解析：本题考查的是教学工作的基本环节。教学过程中的"吃透两头"指：一是弄清所教知识点与前后知识的衔接与结构关系，即充分理解教材；二是需要对学生学习过程中出现的错误以及深层次的原因有比较深刻的了解，即充分认识学生。因此本题选AC。

16.【答案】ABCD。良师解析：本题考查的是学习效果的评价方法。对认知学习的评价一般可以采用测验、行动观察、实验、评定的方法，对技能学习的评价一般多采用观察法、作品表现法、表演评价法等，情感学习评价一般采用观察法和问卷法。因此本题选ABCD。

17.【答案】BCD。良师解析：本题考查的是布卢姆的教学目标分类学。美国教育心理学家布卢姆将教学目标分为认知、情感和动作技能三个领域，每一个领域的目标又从低级到高级分成若干层次。因此本题选BCD。

18.【答案】ABCD。良师解析：本题考查的是传统的教学手段。传统的教学手段是教学活动赖以生存的基本教学手段，主要是以"口耳相传＋印刷教科书＋直观教具"的教学方式呈现，侧重的是人—人关系，强调师生间的交流互动。现代教学手段主要是指利用电子制作的存储和传递信息的工具与媒体作为教学的主要形式与措施，侧重的是人—机关系。A选项为教科书，B选项和D选项为专门的教具，C选项为直观教学用具，都属于传统的教学手段。因此本题选ABCD。

19.【答案】BCD。良师解析：本题考查的是教学过程的基本规律。BCD三项都是尊重学生主体性的表现。而A项反映社会发展，不能够培养学生的主体性。因此本题选BCD。

20.【答案】ABD。良师解析：本题考查的是研究性教学。研究性教学是指在教学过程中，要求学生在教师指导下，通过以"自主、探究、合作"为特征的学习方式对当前教学内容中的主要知识点进行自主学习、深入探究并进行小组合作交流，从而较好地达到课程标准中关于认知目标与情感目标要求的一种教学模式。其主要特点有开放性与综合性、与生活密切相关性。研究性教学是开放性的、非标准答案的。研究性教学常常需要综合运用知识。研究性教学常常与生活密切联系，鼓励协作性学习。作为实施研究性教学的教师应该对课程有全面深刻的理解，了解研究性学习不同于传统学习方式的特征，并在教学实践中不断提高对研究性教学的认识。因此本题选ABD。

21.【答案】BCD。良师解析：本题考查的是教学方法。以语言为主的教学方法主要有讲授法、谈话法、讨论法。因此本题选BCD。

22.【答案】ABC。良师解析：本题考查的是教学工作的基本环节。钻研教材包括钻研课程标准、教科书和阅读有关的参考书。钻研课程标准就是要弄清本学科的课程性质、课程基本理念、课程标准设计思路、课程目标、内容标准、实施建议及一些重要术语。钻研教科书是指要熟练掌握教科书的编写意图、组织结构、重点难点。广泛阅读教学参考资料是指广泛阅读与本学科相关的参考资料，以便充实教学内容。因此本题选ABC。

23.【答案】ABCD。良师解析：本题考查的是课的类型。根据教学的任务，可分为传授新知识课（新授课）、巩固新知识课（巩固课）、培养技能技巧课（技能课）和检查知识课（检查课）。因此本题选ABCD。

24.【答案】ABC。良师解析：本题考查的是教学的组织形式。教学的组织形式包括个别教学制、班级授课制、复式教学、现场教学、分组教学、设计教学法和道尔顿制、特朗普制。因此本题选ABC。

25.【答案】BCD。良师解析：谈话法也叫问答法，它是教师按一定的教学要求向学生提出问题，要求学生回答，并通过问答的形式来引导学生获取或巩固知识的方法。谈话法的基本要求是：(1)要准备好问题和谈话计划。(2)提出的问题要明确，富有挑战性和启发性。(3)要善于启发诱导。(4)要做好归纳、小结。因此本题选BCD。

五、不定项选择题

1.【答案】ABE。良师解析：本题考查的是教学过程。该教师存在以下问题：对学生"一刀切"评价（二班学生真笨）；错误理解主导性（盲目主导，忘记了主导的对象）。A选项中，老师的"一刀切"行为体现出其完全忽视学生个体差异，该老师没有因材施教。B选项中，该老师明显缺乏反思，教学出现问题，未从自身找原因，而是推卸责任。C选项中，该案例并未体现导学（自称主导但无法证明）。D选项在材料中也未体现。E选项是教师的第二点问题。因此本题选ABE。

2.【答案】ABCD。良师解析：本题考查的是教学过程。在教学过程中，教师要培养学生自主学习的能力，充分发挥学生参与教学的主体能动性。同时，教师要加强自我反思，对自己的教育教学行为进行分析，从而更好地改进教学。案例中教师讲了三遍，学生仍没有理解，如果继续采用相同的教学方法进行讲解，也不会取得良好的效果，所以E选项中的做法不能解决出现的问题。因此本题选ABCD。

3.【答案】BD。良师解析：本题考查的是教学设计。案例中教师先安排学生浏览课文，然后进入内容的教学，做了教学铺垫，但没有了解学生的准备状态。学生在浏览课文的过程中并没有真正掌握课文，这难以为后面的教学做好铺垫。教师没有预设一定的教学目标，所以整个教学过程很随意、无序，但是这个教学过程引导学生进行了一定的探究，A教师采用了浅层次的探究性策略。案例中没有体现教师根据学生的反馈及时调整教学。因此本题选BD。

4.【答案】ABCD。良师解析：本题考查的是教学设计。案例中B教师看到A教师的做法，进行了一定的改进，让学生将读到的文章内容想象成一幅幅图，然后引导学生交流探索，最后再让学生填词，这体现B教师在教学之前预设了明确的教学目标。整个教学过程既发挥了教师的主导作用，又体现了学生的主导地位，这能够激发学生的学习兴趣，提高教学的有效性。因此本题选ABCD。

六、案例分析题

1.【参考答案】(1)材料所揭示的问题是教学过程中的机会均等。教学机会均等是教育机会均等的一个重要方面，大多数教师能够意识到在教学中应该给学生提供均等的学习机会，实践中却难以做到。

(2)材料揭示了造成上述问题的一个重要原因：现行教学组织形式影响了学生在教学过程中获得均等的教育机会。由于班级授课制是一种面向学生集体的教学组织形式，如何保证学生享有均等的学习机会一直是班级教学中的一个难点。

(3)可以通过以下方式改革教学组织形式，以促进教学过程中的教学机会均等：1)适当缩小班级规模，使教学单位趋向合理化。过大的班级规模，限制了师生交往和学生参与课堂活动的机会，阻碍了课堂教学的个别化。小班可以为提高教学质量创造良好的教学环境和学习气氛。2)改进班级授课制，实现多种教学组织形式的综合运用。班级授课制与个别教学、分组教学相结合，课堂教学与课外教学相结合，传统的传习形式与现代教育技术相结合，已经成为目前发达国家教学组织形式改革的新特点。3)多样化的座位排列，加强课堂教学的交往互动。传统的课堂座位排列方式是秧田形。目前，这种封闭的排列方式得到了改进。不超过25位学生，可以采用马蹄形、圆形。25名以上学生可采取矩形、同心圆形和马蹄形。小组活动或个别学习的座位安排，可采取模块形。4)探索个别教学。现代个别化教学虽然使教师和学生结成一对一的教学关系，但并不是纯粹的个别教学，学生的学习仍然有集体活动的成分，并间接地接受教师的指导和帮助。

2.【参考答案】(1)谈话法（或问答法）。

谈话法的要求是：1)要准备好问题和谈话计划。2)提出的问题要明确，富有挑战性和启发性，问题的难易要因人而异。3)要善于启发诱导。4)要做好归纳、小结。

（2）该教师违背了下列教学原则：

1）启发性原则。材料中教师在学生回答不出问题时，不是去引导学生，而是表情严肃，通过看课本直接告诉学生答案，这违背了启发性教学原则。

2）量力性原则。材料中，教师在学生没有相关经验的基础上进行提问，同时，教师的提问超出学生可以回答的水平，很多学生都不会，甚至出现交头接耳的现象。

3.【参考答案】（1）根据评价理论结合材料，该老师存在的问题主要有：

第一，评价主体单一，该老师让阳阳只关注到老师的表扬评价，基本上没有形成教师、家长、同学等多主体共同参与、交互作用的评价模式。

第二，评价标准单一，只从表现不好、学习不好一个维度关注学生，忽略了阳阳的全面发展。

第三，评价方法单一，"我"只采取表扬和肯定的方式来评价阳阳，而没有做到尊重学生与严格要求相结合，导致阳阳把老师的表扬当作了放纵的理由。

第四，评价重心有失偏颇，"我"只看到了阳阳短期内的变化，而没有从长远的角度对他各个时期的进步状况和努力程度进行形成性评价，不能很好地发挥评价促进发展的功能。

（2）解决办法主要有：

第一，让家长、同学以及阳阳本人都作为评价的主体，让阳阳意识到不是只有老师的评价；

第二，要做到鼓励有度，奖励与惩罚相结合；

第三，结合阳阳的个人特点，发现他的优点和兴趣，通过多渠道增强他的自信心。

第十章　德育

一、判断题

1.【答案】B。良师解析：本题考查的是学校德育的内容。学校德育的主要内容有道德教育、思想教育、政治教育和心理健康教育。因此本题说法错误。

2.【答案】A。良师解析：本题考查的是学校德育的内容。学校德育的主要内容有道德教育、思想教育、政治教育和心理健康教育。因此本题说法正确。

3.【答案】A。良师解析：本题考查的是德育目标。德育目标是德育工作的出发点，它不仅决定了德育的内容、形式和方法，还制约着德育工作的基本过程。因此本题说法正确。

4.【答案】A。良师解析：本题考查的是德育的内涵。德育是教育工作者组织适合德育对象品德成长的价值环境，促进他们在道德认知、情感和实践能力等方面不断建构和提升的教育活动。简言之，德育是促进个体道德自主建构的价值引导活动。因此本题说法正确。

5.【答案】B。良师解析：本题考查的是德育过程。德育过程是教育者和受教育者双方借助德育内容和方法，进行施教传道和受教修养的统一活动过程，是促使受教育者道德认识、道德情感、道德意志和道德行为发展的过程，是个体社会化与社会规范个体化的统一过程。从活动的主体看，德育过程是教育者和受教育者的双边活动，思想品德形成过程是个体单方的自我发展；从影响因素看，德育过程接受社会道德规范的影响，思想品德形成过程是个体接受外界多种复杂因素的影响；从影响的结果看，德育过程是使受教育者形成社会所需要的思想品德，思想品德形成的结果可能与社会要求相一致，也可能不一致。因此本题说法错误。

6.【答案】A。良师解析：本题考查的是德育过程的规律。德育过程是社会道德内化为个体的思想品德的过程，又是个体思想品德外化为社会道德行为的过程。要实现德育过程的"两化"，必然伴随着一系列的思想矛盾和斗争，其关键是促进学生内部矛盾向积极方向转化。因此本题说法正确。

7.【答案】B。良师解析：本题考查的是品德的心理结构。衡量一个人道德修养水平的重要标志是道德行为。因此本题说法错误。

8.【答案】B。良师解析：本题考查的是德育的相关知识。德育要解决的矛盾主要不是求真，不是学生对事物的知与不知，以回答世界是什么的问题，而是求善、知善、行善，回答世界应该是什么的问题。德育的主旨不是要求学生把握社会实践的物的尺度，体现"知识就是力量"，而是要求学生把握社会实践的人的尺度，体现"人道就是力量"。因此本题说法错误。

9.【答案】A。良师解析：本题考查的是道德教育的内容。道德教育主要注重受教育者的良好个性培养及社会公德的教育。我们所说的道德教育，是指社会主义道德教育和共产主义道德教育。因此本题说法正确。

10.【答案】B。良师解析：本题考查的是德育的开展。在德育的具体实施过程中，有多种开端，即不一定恪守知、情、意、行的一般教育培养顺序，而是根据学生品德发展的具体情况，或从导之以行开始，或从动之以情开始，或从锻炼品德意志开始，最后达到使学生品德在知、情、意、行等方面的和谐发展。因此本题说法错误。

11.【答案】A。良师解析：本题考查的是德育的开展。德育过程的一般顺序可以概括为提高道德认识、陶冶品德情感、锻炼品德意志、形成品德行为习惯。因此本题说法正确。

12.【答案】B。良师解析：本题考查的是德育方法的运用。该题说法过于绝对，根据德育方法中的表扬奖励与批评处分法，对学生的不良思想、行为可以作出否定评价，给予适当惩罚。因此本题说法错误。

13.【答案】B。良师解析：本题考查的是德育原则。德育过程要遵循尊重信任学生与严格要求学生相结合原则，即进行德育时要把对学生个人的尊重和信赖与对他们的思想和行为的严格要求结合起来，使教育者对学生的影响与要求易于转化为学生的品德。因此本题说法错误。

14.【答案】B。良师解析：本题考查的是德育原则。正面说服教育原则是以正面引导、说服教育为主，批评教育为辅，并非不能批评。因此本题说法错误。

二、填空题

1.【答案】思想教育　政治教育　道德教育
2.【答案】家庭德育　学校德育　社会德育
3.【答案】社会性　历史性　阶级性　民族性　继承性
4.【答案】德育目标
5.【答案】德育内容
6.【答案】德育过程
7.【答案】教育者　受教育者　德育内容　德育方法
8.【答案】道德行为
9.【答案】晓之以理　动之以情　持之以恒　导之以行
10.【答案】知　行　多种开端
11.【答案】德育原则

三、单项选择题

1.【答案】D。良师解析：本题考查的是德育内容。根据1988年、1994年和1996年中共中央的有关决定，我国学校德育内容主要有政治教育、思想教育、道德教育和心理健康教育。其中心理健康教育主要有三方面的内容，即学习辅导、生活辅导和择业辅导。因此本题选D。

2.【答案】B。良师解析：本题考查的是德育的含义。狭义的德育专指学校德育，是教育者按照一定社会或阶级的要求，有目的、有计划、有系统地对受教育者施加思想、政治和道德等方面的影响，并通过受教育者积极的认识、体验与践行，使其形成一定社会与阶级所需要的品德的教育活动。简而言之，学校德育就是教师有目的地培养学生品德的活动。因此本题选B。

3.【答案】D。良师解析：本题考查的是德育内容的特点。德育内容具有社会性、历史性、阶级性、民族性、继承性和相对独立性。因此本题选D。

4.【答案】C。良师解析：本题考查的是德育内容。社会主义核心价值观教育是我国德育的主要内容之一。青少年时期，不仅是长身体的重要时期，也是人生观、世界观、价值观开始萌芽并逐步形成的关键时期。在这一时期，不加强思想道德教育，不强化价值观引导，青少年就难以明事理、辨是非，将来也难担大任。因此对小学生也要进行社会主义核心价值观教育。因此本题选C。

5.【答案】A。良师解析：本题考查的是学校德育的内容。我国中小学德育的内容是根据我国教育目的和中小学德育目标与任务确定的，体现为现实性与理想性的高度统一。因此本题选A。

6.【答案】D。良师解析：本题考查的是德育的内容。道德行为是人们在行动上对他人、社会和自然作出的反应，是人内在的道德认识和情感的外部表现，是衡量人们品德的重要标志。因此本题选D。

7.【答案】C。良师解析：本题考查的是思想品德教育。学生的思想品德教育是根据一定社会或阶级的要求，有组织、有目的地对受教育者施加社会思想道德的影响，使一定社会的思想道德转化为受教育者个体的思想品德的过程。因此本题选C。

8.【答案】D。良师解析：本题考查的是学校德育面临的时代挑战。学校德育面临的时代挑战有物质主义与市场经济的挑战、科技进步与网络时代的挑战、传统思想根深蒂固的挑战。D项错误，家庭教育功能并没有日趋弱化。因此本题选D。

9.【答案】D。良师解析：本题考查的是德育的相关知识。道德教育是对学生进行如何做人的教育。换言之，是让学生学会如何处理人与人、人与物、人与事之间的关系的教育。"诚实守信"属于道德教育。因此本题选D。

10.【答案】C。良师解析：本题考查的是德育的含义。德育有广义与狭义之分。广义的德育指所有有目的、有计划地对社会成员在政治、思想与道德等方面施加影响的活动，包括社会德育、社区德育、学校德育和家庭德育等方面。狭义的德育专指学校德育。因此本题选C。

11.【答案】A。良师解析：本题考查的是德育的作用。德育在学生的全面发展教育中，起着导向的作用。德育一方面保证学生各方面都能沿着一定的政治方向前进，另一方面贯穿学生其他方面的发展中，协调其他方面的统一发展。因此本题选A。

12.【答案】B。良师解析：本题考查的是德育的原则。疏导原则要求的是循循善诱、因势利导，颜回的话反映了德育疏导原则中的循循善诱。因此本题选B。

13.【答案】C。良师解析：本题考查的是《小学德育纲要》《中学德育大纲》。这两份文件中处于核心地位的是爱国主义教育。因此本题选C。

14.【答案】B。良师解析：本题考查的是小学阶段的德育重点。小学是学生行为习惯养成的关键期，小学生具有很强的可塑性。因此小学德育的重点是培养学生良好的道德行为习惯。因此本题选B。

15.【答案】D。良师解析：本题考查的是德育的功能。德育的个体性功能包括生存功能、发展功能和享用功能。政治功能属于德育的社会功能。因此本题选D。

16.【答案】D。良师解析：本题考查的是德育规律。活动和交往是学生思想道德形成和发展的基础与源泉。通过角色扮演活动，激发学生自觉地对外在道德要求作出能动反映，这依据的是活动和交往中形成品德的规律。因此本题选D。

17.【答案】C。良师解析：本题考查的是德育目标。德育目标是德育的出发点和归宿，它决定着德育内容的选择、德育方法的选用、德育途径的设计以及德育制度的建立，对整个德育过程具有导向、选择、协调、激励、控制和评价的作用。因此本题选C。

18.【答案】B。**良师解析**：本题考查的是德育目标。德育目标是对德育要培养学生具有何种品质所做的设想与规定，亦即通过学校德育过程，学生的道德能够提升到一个什么样的水平的问题，因此德育目标是指通过德育活动，受教育者在品德形成发展上所要达到的预期结果的质量标准。因此本题选B。

19.【答案】A。**良师解析**：本题考查的是德育过程。德育过程是以受教育者形成一定的思想品德为目的，教育者与受教育者共同参与的教育活动过程。因此本题选A。

20.【答案】C。**良师解析**：德育的个体性功能包括生存功能、发展功能和享用功能。其中个体享用功能是德育个体性功能的本质体现和最高境界。因此本题选C。

21.【答案】B。**良师解析**：本题考查的是德育过程的构成要素。在德育过程中，受教育者既是德育客体，又是德育主体。因此本题选B。

22.【答案】C。**良师解析**：本题考查的是思想品德的结构。道德意志是为实现道德行为所做的自觉努力，常常表现为用正确动机战胜错误动机、用理智战胜欲望、用果断战胜犹豫、用坚持战胜动摇，排除来自主客观的各种干扰和障碍，按照既定的目标把品德行为坚持到底。抵抗外界的诱惑的能力主要体现了个体的道德意志。因此本题选C。

23.【答案】D。**良师解析**：本题考查的是品德的结构。道德行为是人们在行动上对他人、社会和自然作出的反应，是人内在的道德认识和道德情感的外部表现，是衡量人们品德的重要标志。因此本题选D。

24.【答案】A。**良师解析**：本题考查的是道德情感的分类。道德情感的表现形式主要有三种：直觉的道德情感、想象的道德情感和伦理的道德情感。伦理的道德情感是以清楚地意识到道德概念、原理和原则为中介的情感体验。它往往是在道德理论基础上产生的自觉的、概括性的情感，具有稳定性、深刻性和持久性等特点，是最高形式的道德情感，例如爱国主义情感就属于这一类。因此本题选A。

25.【答案】B。**良师解析**：本题考查的是德育过程与品德形成过程的关系。德育过程是培养学生品德的过程，属于教育过程。品德形成是学生品德发展的过程，属于发展过程。二者属于教育与发展的关系。因此本题选B。

26.【答案】C。**良师解析**：本题考查的是道德意志。道德意志是为实现道德行为所做的自觉努力，常常表现为用正确动机战胜错误动机、用理智战胜欲望、用果断战胜犹豫、用坚持战胜动摇，排除来自主客观的各种干扰和障碍，按照既定的目标把品德行为坚持到底。针对题干中学生的情况，应该侧重培养其道德意志。因此本题选C。

27.【答案】C。**良师解析**：本题考查的是德育过程的基本规律。德育过程中学生的知、情、意、行互动发展的过程规律强调"晓之以理，动之以情，持之以恒，导之以行"。因此本题选C。

28.【答案】D。**良师解析**：本题考查的是德育过程的基本矛盾。德育过程的基本矛盾是教育者提出的德育要求与受教育者已有品德水平之间的矛盾。因此本题选D。

29.【答案】B。**良师解析**：本题考查的是德育过程。德育过程是一个促使儿童品德结构不断建构和完善的过程，而要引发和提高儿童全身心投入道德情境，关键是激发学生的道德冲突，促使学生积极体验社会角色，承担相应的道德责任。因此本题选B。

30.【答案】D。**良师解析**：本题考查的是德育过程的本质。德育过程从本质上说就是个体社会化与社会规范个体化的统一过程。因此本题选D。

31.【答案】D。**良师解析**：本题考查的是品德的结构。"路遥知马力，日久见人心"的意思是，路途遥远才能知道马的力气大小，日子长了才能看出人心的好坏。这话比喻人与人相处的时间久了，就会彼此了解，知道其性格、为人处事的作风。这表明衡量一个人品德的主要标准是道德行为，即人们在行动上对他人、社会和自然作出的反应，是人内在的道德认识和情感的外部表现。因此本题选D。

32.【答案】C。良师解析：本题考查的是道德意志。道德意志是为实现道德行为所做的自觉努力，常常表现为用正确动机战胜错误动机、用理智战胜欲望、用果断战胜犹豫、用坚持战胜动摇，排除来自主客观的各种干扰和障碍，按照既定的目标把品德行为坚持到底。针对题干中学生的情况，应该侧重培养其道德意志。题干中王小二知道自己的行为不对表明他已有道德认识，教师接下来应从道德意志入手对其进行教育。因此本题选C。

33.【答案】B。良师解析：本题考查的是品德的形成。学生的思想品德是在积极的社会活动和交往中逐步形成的，活动和交往是学生思想品德形成和发展的基础和源泉。因此本题选B。

34.【答案】B。良师解析：本题考查的是德育原则。德育原则是根据教育目的、德育目标和德育过程规律提出的，是指导德育工作的基本要求。德育原则是教师对学生进行德育必须遵循的基本要求，反映了德育过程的规律性，是对德育实践经验的概括和总结。因此本题选B。

35.【答案】A。良师解析：本题考查的是德育原则。长善救失原则，又叫依靠积极因素克服消极因素原则，是指在德育过程中，教育者要充分调动学生自我教育的积极性，依靠和发扬学生的积极因素去克服他们的消极因素，从而促进学生的道德成长。德育过程中，教师利用学生的闪光点来克服他们的消极因素，即用积极因素克服消极因素，属于长善救失原则。因此本题选A。

36.【答案】A。良师解析：本题考查的是品德的心理结构。一般认为，品德心理由道德认识、道德情感、道德意志和道德行为组成。其中，道德认识是对道德规范及其意义的理解和掌握，对是非、善恶、美丑的认识，判断和评价，以及在此基础上形成的道德辨识能力，也是人们确定对客观事物的主观态度和行为准则的内在依据。道德认识是社会的道德要求转化为个人内在品质的首要环节，是品德形成的基础和前提。因此本题选A。

37.【答案】D。良师解析：本题考查的是德育原则。疏导原则是指进行德育要循循善诱，以理服人，从提高学生认识入手，调动学生的主动性，使他们积极向上。题干中教师通过和小倩交谈，循循善诱，使其认识到了自己的缺点并加以改正，体现了疏导原则。因此本题选D。

38.【答案】A。良师解析：本题考查的是小学德育原则。中队辅导员在组织少先队员开展主题活动时，机械地宣讲学校的规章制度，单纯突出活动的教育性，缺乏趣味性，故不能吸引学生积极参与，违背了少先队活动的教育性与趣味性结合的原则。因此本题选A。

39.【答案】D。良师解析：本题考查的是德育原则。因材施教原则是指德育要从学生的思想认识和品德发展的实际出发，根据他们的年龄特征和个性差异进行不同的教育，使每个学生的品德都能得到最好的发展。"一把钥匙开一把锁"体现了因材施教的原则。因此本题选D。

40.【答案】B。良师解析：本题考查的是德育原则。长善救失原则，又叫依靠积极因素克服消极因素原则，是指在德育过程中，教育者要充分调动学生自我教育的积极性，依靠和发扬学生的积极因素去克服他们的消极因素，从而促进学生的道德成长。因此本题选B。

41.【答案】A。良师解析：本题考查的是德育原则。尊重信任学生与严格要求学生相结合的原则，是指进行德育时要把对学生个人的尊重和信赖与对他们的思想和行为的严格要求结合起来，使教育者对学生的影响与要求易于转化为学生的品德。"要尽量多要求一个人，也要尽可能尊重一个人"，体现了德育的尊重信任学生与严格要求学生相结合原则。因此本题选A。

42.【答案】D。良师解析：本题考查的是德育原则。知行统一原则是指教育者在德育过程中，既要重视对学生进行系统的思想道德的理论教育，又要重视组织学生参加实践锻炼，将提高认识和行为养成结合起来，使学生做到言行一致、表里如一。题干中的教师在给学生讲述改革开放成就的同时，也通过"我和爸爸比童年"活动让学生直观地了解改革开放以来社会的发展变化，这表明了该教师对知行统一原则的运用。因此本题选D。

43. 【答案】C。良师解析：本题考查的是德育原则。知行统一原则是指教育者在德育过程中，既要重视对学生进行系统的思想道德的理论教育，又要重视组织学生参加实践锻炼，将提高认识和行为养成结合起来，使学生做到言行一致、表里如一。因此本题选C。

44. 【答案】B。良师解析：本题考查的是德育原则。尊重信任学生与严格要求学生相结合原则，是指进行德育时要把对学生个人的尊重和信赖与对他们的思想和行为的严格要求结合起来，使教育者对学生的影响与要求易于转化为学生的品德。材料中的老师没有尊重三毛，违背了严格要求学生与尊重学生相结合原则。因此本题选B。

45. 【答案】D。良师解析：本题考查的是德育原则。教育影响的一致性与连贯性原则是指进行德育应当有目的、有计划地把来自各方面对学生的教育影响加以组织、调节，使其相互配合，协调一致，前后连贯地进行，以保障学生的品德能按教育目的的要求发展。学生品德的形成受到多方面的影响，各种影响形成一股合力，将对学生的品德发展具有积极的促进作用。教师的言行一致，家庭与学校影响的一致，文化影响和学校教育影响的一致，这些都是教育一致性的表现。因此本题选D。

46. 【答案】A。良师解析：本题考查的是德育原则。因材施教原则是指德育要从学生的思想认识和品德发展的实际出发，根据他们的年龄特征和个性差异进行不同的教育，使每个学生的品德都能得到最好的发展。孔子这句话的意思是说要从行为中去认识一个人，"视其所以"是指考察行为的动机，"观其所由"是指考察行为的途径，"察其所安"是指观察其平时的所作所为。这三步可以对人进行全面和完整的考察。它所体现的就是在德育过程中，教师要先了解学生行为的原因，根据具体的特点进行教育，也就是因材施教原则。因此本题选A。

47. 【答案】D。良师解析：本题考查的是德育原则。发扬积极因素与克服消极因素相结合的原则要求教育者用一分为二的观点，全面分析，客观地评价学生的优点和不足。在思想品德教育过程中，如果只看到学生差的地方，认为学生无可救药，就违背了该原则。因此本题选D。

48. 【答案】B。良师解析：本题考查的是德育途径。德育途径是教育者对学生进行品德教育时所选用的渠道，即德育的实施渠道或形式。学校德育的途径主要有思想品德课及其他学科教学，班级德育工作，课外活动和校外活动，劳动与社会实践活动，共青团、少先队、学生会工作，班主任工作等。因此本题选B。

49. 【答案】A。良师解析：本题考查的是德育方法的选择依据。德育方法的运用应该依据德育目标、德育内容、学生的年龄特点和个性差异。因此本题选A。

50. 【答案】B。良师解析：本题考查的是德育方法。榜样示范法是以他人的模范行为作为榜样，来影响受教育者的思想、感情、行为的方法。"其身正，不令而行；其身不正，虽令不从。"的原意是本身品行端正，就是不发命令，人民也会照着去做，本身品行不正，即使发布命令，人民也不会听从，说明了榜样的作用，体现了榜样示范法这一德育方法。因此本题选B。

51. 【答案】C。良师解析：本题考查的是德育方法。角色扮演法是通过让学生扮演处境特别的求助者或其他有异于自己的社会角色，使扮演者暂时置身于他人的位置，按照他人的处境或角色来行事，以求在体验别人的态度、方式中增进扮演者对他人及社会角色的理解和认同。题干中的描述体现了对该方法的运用。因此本题选C。

52. 【答案】B。良师解析：本题考查的是德育方法。陶冶教育法是教育者通过有目的、有计划地创设良好的情境，运用情感因素和环境因素，潜移默化地培养学生品德的一种方法，分为人格感化、环境陶冶和艺术陶冶三类。因此本题选B。

53. 【答案】D。良师解析：本题考查的是德育原则。教育影响的一致性与连贯性原则是指进行德育应当有目的、有计划地把来自各方面对学生的教育影响加以组织、调节，使其相互配合，协调一致，前后连贯地进行，以保障学生的品德能按教育目的的要求发展。题干中教师的做法体现了教育影响的一致性与连贯性原则。因此本题选 D。

54.【答案】C。良师解析：本题考查的是德育方法。说服教育法是通过摆事实、讲道理，使学生提高认识、形成正确观点的方法。运用说服教育法，教师首先要对学生以诚相待，充满师爱；其次要讲究说服教育的方式。因此本题选 C。

55.【答案】B。良师解析：本题考查的是德育方法。品德评价法又称奖励与惩罚法，是指通过对学生的思想和行为进行肯定或否定的评价以引起学生愉快或痛快的体验，进而强化或纠正学生某些行为的方法。题干的做法是通过奖励的方式，引起学生的愉快体验，从而能够强化学生好的日常行为，属于品德评价法。因此本题选 B。

56.【答案】B。良师解析：本题考查的是德育方法。榜样示范法是以他人的模范行为作为榜样，来影响受教育者的思想、感情、行为的方法。"桃李不言，下自成蹊"这句话的意思是桃树李树有芬芳的花朵、甜美的果实，虽然它们不会说话，但仍然能吸引许多人到树下赏花尝果，以致树下出现一条小路。这体现了身教重于言教，说明了榜样示范的作用。因此本题选 B。

57.【答案】A。良师解析：本题考查的是德育途径。思想品德课与其他学科教学是学校有目的、有计划、系统地对学生进行德育的基本途径。BCD 三项都是德育的途径，但不是最基本的。因此本题选 A。

58.【答案】D。良师解析：本题考查的是德育方法。陶冶教育法是教育者通过有目的、有计划地创设良好的情境，运用情感因素和环境因素，潜移默化地培养学生品德的一种方法。良好的环境、气氛对人的身心发展、品德发展有着重要的作用。陶冶教育法就是要借助特有的情境、气氛，使学生在无形中受到感染和教育。"让学校的每一面墙壁都开口说话"所体现的德育方法是陶冶教育法。因此本题选 D。

59.【答案】A。良师解析：本题考查的是德育方法。实践锻炼法是让学生参加各种实践活动，以形成一定的道德品质和行为习惯的方法。"苦其心志，劳其筋骨，饿其体肤，空乏其身"体现了实践锻炼法的内涵。因此本题选 A。

60.【答案】D。良师解析：本题考查的是德育方法。实践锻炼法是让学生参加各种实践活动，以形成一定的道德品质和行为习惯的方法。组织学生参加社区服务属于实践锻炼法。因此本题选 D。

61.【答案】C。良师解析：本题考查的是德育方法中的实践锻炼法。实践锻炼法是让学生参加各种实践活动，以形成一定的道德品质和行为习惯的方法。锻炼的方式主要是学习活动、社会活动、生产劳动和课外文体科技活动。题干中的"活动"体现了对这一德育方法的运用。因此本题选 C。

62.【答案】D。良师解析：本题考查的是德育途径。班主任工作是学校对学生进行德育的一个重要而又特殊的途径。因此本题选 D。

63.【答案】A。良师解析：本题考查的是德育方法。自我教育法作为学校德育的一种方法，要求教育者按照受教育者的身心发展阶段予以适当的指导，充分发挥他们提高思想品德的自觉性、积极性，使他们能把教育者的要求变为自己努力的目标。自我教育包括学习、立志、座右铭、自我评价、慎独等多种形式。因此本题选 A。

64.【答案】A。良师解析：本题考查的是学校的德育工作。班级是进行德育的基本单位，班主任工作是进行日常思想品德教育和指导学生健康成长的最重要途径。因此本题选 A。

65.【答案】B。良师解析：本题考查的是德育方法。榜样示范法是以他人的模范行为作为榜样，来影响受教育者的思想、感情、行为的方法。"身教胜于言教"突出的是榜样的教育效果。因此本题选 B。

66.【答案】C。良师解析：本题考查的是德育方法。陶冶教育法是教育者通过有目的、有计划地创设良好的情境，运用情感因素和环境因素，潜移默化地培养学生品德的一种方法。"孟母三迁"的故事中孟母采用的德育方法即是陶冶教育法。因此本题选C。

67.【答案】D。良师解析：本题考查的是德育模式。价值澄清理论认为社会是变化发展的，德育不能仅传授给学生固定的价值观点，还要教会学生分析不同的道德价值。因此本题选D。

68.【答案】A。良师解析：本题考查的是德育模式中的体谅模式。体谅模式假定与人友好相处是人类的基本需要，满足这种需要是教育的首要职责。它以一系列的人际和社会情境问题启发学生的人际意识与社会意识，引导学生学会关心、学会体谅。体谅模式把道德情感的培养置于中心地位。因此本题选A。

69.【答案】A。良师解析：本题考查的是德育方法。陶冶教育法是教师利用环境和自身的教育因素，对学生进行潜移默化的熏陶和感染，使其在耳濡目染中受到感化的方法，题干所述即体现了陶冶教育法。因此本题选A。

70.【答案】C。良师解析：本题考查的是德育方法。指导自我教育法，即在班主任的激发和引导下，充分发挥学生的主体作用，促使他们自觉进行行为转换和行为控制的方法。因此本题选C。

71.【答案】C。良师解析：本题考查的是德育过程的概念。德育过程是教育者与受教育者双方借助于德育内容和方法，进行施教传道和受教修养的统一活动过程，是促使受教育者道德认识、道德情感、道德意志和道德行为发展的过程，是个体社会化与社会规范个体化的统一过程。教育者在德育过程中起主导作用。因此本题选C。

72.【答案】D。良师解析：本题考查的是榜样示范法。"惩前毖后"是指批判以前所犯的错误，吸取教训，使以后谨慎些，不致再犯。"言者无罪，闻者足戒"是指提意见的人只要是善意的，即使提的不正确，也是无罪的。听取意见的人即使没有对方所提的缺点错误，也值得引以为戒。"有则改之，无则加勉"是指对别人给自己指出的缺点、错误，如果有，就改正，如果没有，就用来提醒自己不犯同样的错误。"桃李不言，下自成蹊"这句话的意思是桃树李树有芬芳的花朵、甜美的果实，虽然不会说话，但仍然能吸引许多人到树下赏花尝果，以致树下出现一条小路。能体现榜样示范法的只有D项。因此本题选D。

73.【答案】A。良师解析：本题考查的是德育原则中的导向性原则。贯彻导向性原则的基本要求包括：(1)坚定正确的政治方向；(2)德育目标必须符合新时期的方针政策和总任务的要求；(3)要把德育的理想性和现实性结合起来。解题重点之一落在题干中的"为学校的思想道德发展指明方向"。因此本题选A。

74.【答案】D。良师解析：本题考查的是德育要求。贯彻导向性原则的基本要求包括：(1)坚定正确的政治方向；(2)德育目标必须符合新时期的方针政策和总任务的要求；(3)要把德育的理想性和现实性结合起来。因此本题选D。

75.【答案】C。良师解析：本题考查的是德育模式。社会学习模式是由班杜拉根据社会学习理论创立的。因此本题选C。

76.【答案】C。良师解析：本题考查的是德育的功能。德育的个体性功能指德育对德育对象个体产生的实际影响，具体表现为在个体生存、发展和享用三方面的影响。德育的享用性功能即可使每一个个体实现某种需要、愿望，从中体验满足、快乐、幸福，获得一种精神上的享受，其实质是让个体在道德学习与生活中领会和体验道德人生的幸福、崇高、人格优越，因而具有审美的性质。享用性功能是德育个体性功能的本质体现和最高境界。因此本题选C。

77.【答案】B。良师解析：本题考查的是德育方法。陶冶教育法是教育者通过有目的、有计划地创设良好的情境，运用情感因素和环境因素，潜移默化地培养学生品德的一种方法。实践锻炼法是有目的地组织学生进行一定的实践活动，以培养他们良好品德的一种方法。榜样示范法是以他人的高尚思想、模范行为和卓越成就来影响学生品德的一种方法。因此本题选B。

78.【答案】C。良师解析：本题考查的是德育要素。"晓之以理"体现的是道德认识，"动之以情"体现的是道德情感，因此本题选C。

79.【答案】B。良师解析：本题考查的是德育过程的规律。一个人良好思想品德的提高和不良品德的克服，都要经历一个反复的培养教育和矫正训练的过程。特别是道德行为习惯的培养，是一个需要长期反复培养、实践的过程，是逐步提高的渐进过程。在德育过程中，教育者既要对受教育者的思想品德形成和变化坚持长期抓、反复抓；又要注意受教育者思想品德形成过程中的反复性，注意抓反复。因此本题选B。

80.【答案】C。良师解析：本题考查的是德育过程的基本规律。题干中抵抗外界诱惑的能力主要体现的是道德意志，因此本题选C。

81.【答案】A。良师解析：本题考查的是生命教育的相关知识。生命教育既是一切教育的前提，也是教育的最高追求。因此，生命教育应该成为指向人的终极关怀的重要教育理念。它是在充分考察人的生命本质的基础上提出来的，符合人性要求，是一种全面关照生命多层次的人本教育。因此本题选A。

82.【答案】B。良师解析：本题考查的是德育方法。榜样示范法是教育者以他人的高尚思想、模范行为和卓越成就影响学生，促使其形成优良品德的方法。题干体现的是榜样示范法。因此本题选B。

83.【答案】D。良师解析：本题考查的是品德的心理结构。道德行为，是人们在行动上对他人、社会和自然作出的反应，是人内在的道德认识和道德情感的外部表现，是衡量人们品德的重要标志，是通过练习或实践形成的。因此本题选D。

84.【答案】A。良师解析：德育过程是学生的知情意行诸因素统一发展的规律，相对应地提出了知行统一的原则。活动和交往是学生思想品德形成和发展的基础与源泉，因此强调德育要在活动中进行。德育过程是社会道德内化为个体的思想品德的过程，又是个体思想品德外化为社会道德行为的过程。学生思想品德的培养是长期反复的结果。因此本题选A。

85.【答案】C。良师解析："爹打娘护"即父母对孩子的教育出现不一致，无法形成教育的合力，违反了一致性和连贯性原则。因此本题选C。

86.【答案】C。良师解析：加减积分法主要根据学生日常的行为进行积分，如迟到扣分，助人为乐加分等。这种评价方法过于量化，且只能评价外显的品德行为，不能深入了解此行为的原因，不能很好地反映被评价者的情况，A不选。操行评语法即教育者对受教育者在学校行为表现的评定，如学期末老师的操行评语。这种评价方法主要采用定性方法进行评价，多采用描述性语言，缺失对学生品德发展的具体情况即定量评价，也不能综合评价其品德情况，B不选。评等评分评语综合测评法采用了定量和定性相结合的评价方式，能较全面地反映被评价者品德情况，且运用较广泛。模糊综合评价法是一种基于模糊数学的综合评标方法。该综合评价法根据模糊数学的隶属度理论把定性评价转化为定量评价，即用模糊数学对受到多种因素制约的事物或对象作出一个总体的评价。它具有结果清晰、系统性强的特点，能较好地解决模糊的、难以量化的问题，适合各种非确定性问题的解决，在学校中没有被广泛应用。因此本题选C。

87.【答案】A。良师解析：道德教育的认知模式是当代德育理论中流行最为广泛、占据主导地位的德育学说，由瑞士学者皮亚杰提出，而后由美国学者科尔伯格进一步深化。该模式假定人的道德判断力按照一定的阶段和顺序从低到高不断发展，道德教育的目的就在于促进儿童道德判断力的发展及其行为的发生。因此本题选A。

88.【答案】C。良师解析：题干描述的是陶冶教育法的含义，属于德育方法。AD选项明显错误。注意区分B和C选项。德育的基本途径指思想品德课和其他学科教学。因此本题选C。

89.【答案】A。良师解析：体谅模式的代表人物是麦克费尔。因此本题选A。

四、多项选择题

1.【答案】ABCD。良师解析：本题考查的是德育活动的基本要素。构成德育活动的基本要素包括教育者、受教育者、德育内容、德育方法。因此本题选 ABCD。

2.【答案】ACD。良师解析：本题考查的是学校德育的内容。我国学校德育内容主要包括政治教育、思想教育、道德教育、心理健康教育和法纪教育等。因此本题选 ACD。

3.【答案】ABCE。良师解析：本题考查的是集体主义教育。集体主义教育主要内容包括：(1) 培养集体主义思想，增强集体观念，认识到个人是集体中的一员，而集体又是由个人所组成的，要养成在集体生活中应有的习惯，自觉遵守集体纪律和行为准则；(2) 热爱集体，形成对所属集体的责任感和荣誉感；(3) 关心集体，关心集体中的其他成员，为集体、为他人做好事，尽职责；(4) 认识到集体应代表和凝聚集体所有成员的利益，正确处理个人利益和集体利益的关系；(5) 养成尊重群众、尊重每个集体成员的观念和习惯等。因此本题选 ABCE。

4.【答案】ABCD。良师解析：本题考查的是德育目标的制定依据。制定德育目标的主要依据是时代与社会发展需要，国家的教育方针和教育目的，民族文化及道德传统，受教育者思想品德形成、发展的规律及心理特征。因此本题选 ABCD。

5.【答案】ABCDE。良师解析：本题考查的是德育目标的作用。题干中五个选项都是德育目标的作用。因此本题选 ABCDE。

6.【答案】ABCDE。良师解析：本题考查的是德育的相关知识。根据对学生道德动机特征的系统研究，在对学生进行道德教育时，一是要正确估计他们道德动机的自觉主动性和独立性；二是既要看到他们的道德认识对实际行为的制约作用，又不要高估它的作用；三是要善于针对和利用不同年龄学生的道德需要。因此本题选 ABCDE。

7.【答案】AB。良师解析：本题考查的是德育原则。因此本题选 AB。

8.【答案】ACD。良师解析：本题考查的是德育的相关知识。思想品德教育过程不同于思想品德形成过程。前者是有目的地促进个体的思想品德形成的过程，而后者则是个体思想品德的知、情、意、行由低级到高级、由简单到复杂、由量变到质变的矛盾运动过程，二者属于教育与发展的关系。因此本题选 ACD。

9.【答案】ABCD。良师解析：本题考查的是德育过程的基本规律。德育过程的基本规律包括：(1) 德育过程是教师教导下学生的能动的道德活动过程。(2) 德育过程是培养学生知、情、意、行的过程。(3) 德育过程是促进学生品德发展矛盾积极转化的过程。(4) 德育过程是提高学生自我教育能力的过程。因此本题选 ABCD。

10.【答案】ABCD。良师解析：本题考查的是德育的隐性课程。同德育的显性课程（如思想品德课、政治课）相比较，德育的隐性课程在内容上没有固定性，其内容往往寓于相关主题活动中，体现出间接性、内隐性。德育隐性课程在内容上的宽泛性，决定了其在范围上的广泛性。德育隐性课程的影响是促使学生在潜移默化的过程中规范自身的行为，提高思想道德水平，所以其影响具有不确定性。在德育隐性课程中无意识起着主要作用。因此本题选 ABCD。

11.【答案】ABC。良师解析：本题考查的是《中小学德育工作规程》。《中小学德育工作规程》第五条规定中小学德育工作的基本任务是，培养学生成为热爱社会主义祖国，具有社会公德、文明行为习惯，遵纪守法的公民。在这个基础上，引导他们逐步树立正确的世界观、人生观、价值观，不断提高社会主义思想觉悟，并为使他们中的优秀分子将来能够成为坚定的共产主义者奠定基础。因此本题选 ABC。

12.【答案】ABCE。良师解析：本题考查的是德育原则。老师根据学生的实际情况肯定学生的优点，但同时又对学生提出了一定的要求，引导学生改正错误。因此本题选 ABCE。

13.【答案】AC。良师解析：本题考查的是德育原则。贯彻疏导原则的基本要求有讲明道理，疏导思想；因势利导，循循善诱；以表扬、激励为主，坚持正面教育。因此本题选AC。

14.【答案】ABC。良师解析：本题考查的是德育原则。贯彻因材施教原则，要求教师深入了解学生的个性特点和内心世界，根据学生个人特点有的放矢地进行教育，根据学生的年龄特征有计划地进行教育。因此本题选ABC。

15.【答案】ABCD。良师解析：本题考查的是德育方法中品德评价法的实施要求。品德评价法的实施要求是：(1) 明确目的，以理服人。(2) 实事求是，公正无私。(3) 重在发展，贵在辩证。(4) 因人制宜，因材施教。(5) 发扬民主，激发参与。(6) 多加肯定，少做批评。

16.【答案】ABD。良师解析：本题考查的是德育方法中的实践锻炼法。运用实践锻炼法要求坚持严格要求，调动学生的主动性，注意及时检查和总结。因此本题选ABD。

17.【答案】AD。良师解析：本题考查的是德育方法的知识。低年级的学生思维发展水平较差，不能从正反两方面考虑问题，因此要提出正面材料，而说服的任务是解决当务之急的问题时，也需要提供正面材料。BC选项应当提供正反两方面的材料。因此本题选AD。

18.【答案】ABCDE。良师解析：本题考查的是德育方法。题干中五个选项都是德育的方法。因此本题选ABCDE。

19.【答案】BCD。良师解析：本题考查的是德育方法与德育手段的关系。首先，德育方法与德育手段是相互区别和联系的一对概念。德育手段主要是指进行道德教育活动的工具、载体及其应用。德育方法之所以能够丰富多彩，原因之一就是因为德育手段的形式多样。其次，德育方法从形式上看，可以理解为一定德育方式和德育手段按照某种方式进行的有联系的组合。但这种组合不是无缘无故的，而是依据德育目的以及对一定教育思想、德育思想与方法论的认识与把握。因此本题选BCD。

20.【答案】ABCD。良师解析：本题考查的是德育的体谅模式。体谅模式的观点有：(1) 坚持性善论，主张德育必须以儿童为中心；(2) 坚持人具有一种天赋的自我实现趋向，德育的关键是人的潜能得到充分自由的发展；(3) 把培养健全人格作为德育目标；(4) 大力倡导民主的德育观，倡导平等民主的师生关系。因此本题选ABCD。

21.【答案】AC。良师解析：本题考查的是德育的教育功能。德育的教育功能是指德育具有"教育性"，它有两大含义。一是德育的"教育"或价值属性，二是指德育作为教育子系统对平行系统的作用。B项所述为德育的个体功能，D项所述为德育的社会功能。因此本题选AC。

22【答案】ABC。良师解析：实践锻炼法是有目的地组织学生进行一定的实际活动以培养他们的良好品德的方法，包括练习、委托任务和组织活动等，故选ABC。

23.【答案】ABCD。良师解析：思想品德教育过程即德育过程；培养受教育者道德品质的过程；思想教育、政治教育与道德品质教育的过程；受教育者思想品德形成和发展的过程；受教育者思想内部变化过程。因此本题选ABCD。

五、不定项选择题

1.【答案】ABCD。良师解析：本题考查的是德育过程。这次德育活动通过学生的实践活动对学生进行了教育，加深了学生的道德认识和情感体验，同时把这种认识内化为道德品质，外化为道德行为。学校要多开展相关的德育活动。因此本题选ABCD。

2.【答案】AD。良师解析：本题考查的是德育过程。题干中赵老师经常组织班级活动，体现了德育过程是组织学生活动与交往的过程。王健由不想参加活动到通过思想内部斗争认识到自身不足而积极参与班级活动，体现了德育过程是促进学生思想内部矛盾斗争的过程，是教育与自我教育的过程。题干中赵老师并未不断地说服、灌输和要求，故排除B。题干也未提及家庭、社会等方面的影响，故排除C。因此本题选AD。

3. 【答案】AD。**良师解析：**本题考查的是德育原则和德育方法。题干中汤老师通过自身的榜样示范和陶冶对学生进行教育，为学生树立了典范。因此本题选 AD。

六、案例分析题

1. 【答案】D。**良师解析：**本题考查的是德育过程的基本矛盾。德育过程的基本矛盾是社会通过教师向学生提出的道德要求与学生已有品德水平之间的矛盾。因此本题选 D。

2. 【答案】B。**良师解析：**本题考查的是德育方法中的说服教育法。说服教育法是通过摆事实、讲道理，使学生提高认识，形成正确观点的方法。材料中陈老师在教育过程中通过语言对杨朗进行鼓励并指出需要改进之处，使杨朗认识到自己的不足。因此本题选 B。

3. 【答案】D。**良师解析：**本题考查的是德育原则。陈老师在对杨朗教育过程中循循善诱，以理服人，体现了疏导原则。在教育过程中，陈老师让杨朗找出自己的长处体现了知行统一的原则。针对杨朗的性格特点，陈老师给予杨朗更多的是鼓励而不是批评体现了因材施教的原则。一致性与连贯性原则是指进行德育应当有目的、有计划地把来自各方面对学生的教育影响加以组织、调节，使其相互配合，协调一致，前后连贯地进行，以保障学生的品德能按教育目的的要求发展。这一原则在案例中并未体现。因此本题选 D。

4. 【答案】C。**良师解析：**本题考查的是德育原则中的疏导原则。C 选项，把德育的理想性与现实性结合起来属于导向性原则的基本要求。因此本题选 C。

5. 【答案】D。**良师解析：**本题考查的是德育方法的相关知识。德育方法的选择和运用必须符合学生的特点，同一种德育方法对不同性别、个性的学生，运用的具体方式和要求都是不同的，不能因为是优等生就要进行批评教育，应因材施教。因此本题选 D。

6. 【参考答案】（1）小辉是一个处在发展中的具有独特个性的人，教师应该正确看待并且教育小辉这样的孩子。

1）学生是处于身心发展变化中的人，具有巨大的发展潜能，有很强的可塑性。教师应该用发展的观点认识学生，做到悦纳错误、多宽容，认识到学生有巨大的发展潜能，做到相信学生，多期望，材料中的李老师对小辉的教育很好地体现了这一点。

2）每个学生都是独特的人，教师要用一分为二的眼光来看待学生。小辉有自己的不足和长处，李老师既看到了他的缺点也看到了他的优点，并对小辉进行恰当的引导，很好地体现了这一点。

3）学生是学习的主体，具有主观能动性，教师要调动学生接受教育的积极性和主动性。新班主任走近小辉，了解他，帮助他，引导他，促使小辉成为品学兼优的学生，很好地做到了这一点。

（2）材料中李老师主要运用了德育中的依靠积极因素克服消极因素、疏导、因材施教的德育原则。

1）依靠积极因素克服消极因素的德育原则是指在德育过程中，要充分调动学生自我教育的积极性，依靠和发扬学生的积极因素去克服他们的消极因素，促进学生的道德成长。材料中李老师认识到小辉虽然调皮，但是非常聪明，李老师找到了发挥小辉聪明才智的地方，最后在老师的正确指导下，小辉成了品学兼优的学生，后来他还成了著名企业家。

2）疏导原则是指进行德育时要循循善诱，以理服人，从提高学生认识入手，调动学生的主动性，使他们积极向上。贯彻疏导原则的基本要求之一是教师应以表扬激励为主，坚持正面教育。材料中李老师对小辉的教育坚持从优点入手，坚持正面教育，在他正确、耐心的指导下，小辉最终获得了成功。

3）因材施教的德育原则是指进行德育要从学生的思想认识和品德发展的实际出发，根据他们的年龄特征和个性差异进行不同的教育，使每个学生的品德都能得到最好的发展。案例中该老师在教学过程中根据小辉自身存在的优点和不足，进行针对性的教育，促进其向好的方向发展，体现了这一原则。

7.【参考答案】(1) 学生犯了错误并不可怕，并且学生自己也认识到了自己的错误，这时老师不应该再给他们严厉的批评和责骂，而应教育他们如何改正自己的错误，教会他们做人的道理，让他们在阳光中愈合创伤、健康成长。面对拿了别人东西的学生，霍老师深知一旦把这种行为与"偷"字联系起来，足以击碎其脆弱的心灵，使其背负终生。她用一颗爱心巧妙地维护了学生的人格尊严，呵护了学生的自尊心，在尊重学生的同时，也得到了学生的尊重。她这种别致的批评方式，在这种状态下取得了最好的效果。

(2) 1) 疏导原则。霍老师的教育循循善诱，讲明道理，以理服人，以正面教育为主，体现了德育的疏导原则。2) 尊重学生与严格要求学生相结合原则。霍老师没有责难、公开批评学生，她尊重学生，相信学生，把对学生的个人尊重和信赖与对他们的思想和行为的严格要求结合起来，使老师对学生的影响与要求易于转化为学生的品德。3) 正面教育与纪律约束相结合原则。案例中霍老师一方面对学生进行耐心细致的说理教育，另一方面对学生提出了纪律要求，体现了这一原则。

8.【参考答案】(1) 该案例体现的德育方法是榜样示范法。榜样示范法是用榜样人物的高尚思想、模范行为、优异成就来影响学生的思想、情感和行为的方法。

(2) 在学校德育中运用榜样示范法应注意以下几点：

1) 选好学习的榜样。选好榜样是学习榜样的前提。我们应根据时代要求和学生实际情况，指导他们选好学习的榜样，获得前进的明确方向和巨大动力。丁宁正是因为选择了奥运冠军张怡宁作为榜样，所以才为自己明确了学习的方向，并从张怡宁身上获得了不进则退的强大动力。

2) 激起学生对榜样的敬慕之情。要使榜样能对学生产生力量，推动他们前进，就需要引导学生了解榜样。丁宁对张怡宁的敬慕之情是在平时的一点一滴中建立的，正是基于对张怡宁最细微、最普通的了解，丁宁才有了不断前进的力量。

3) 引导学生用榜样来调节行为，提高修养。要及时地把学生的情感、冲动引导到行动上来，把敬慕之情转化为道德行为和习惯，逐步巩固、加深这种情感。丁宁对张怡宁的敬慕并不仅仅停留在情感方面，更多的是对自身的激励，时刻以张怡宁为榜样来调整自己的训练和比赛。正是这样丁宁才走向成熟，获得成功。

第十一章　教师职业道德

一、判断题（正确的填 A，错误的填 B）

1.【答案】A。良师解析：本题考查的是教师职业道德的评价。教师道德由教师职业伦理与教师个人道德组成，对教师道德的评价应该从教师职业伦理、教师个人道德及两者的相互关系入手。因此本题说法正确。

2.【答案】B。良师解析：本题考查的是教师职业道德的特点。教师职业道德区别于其他职业道德的显著标志就是为人师表。因此本题说法错误。

3.【答案】A。良师解析：本题考查的是师德的内涵。对学生的爱是师德的灵魂。因此本题说法正确。

4.【答案】B。良师解析：本题考查的是教师职业道德的要求。在《中小学教师职业道德规范》中，关爱学生要求教师做到关心爱护全体学生，尊重学生人格，平等公正对待学生。对学生严慈相济，做学生的良师益友，但不是尊重和接纳学生的所有行为。因此本题说法错误。

5.【答案】B。良师解析：本题考查的是教师职业道德。《中小学教师职业道德规范》在为人师表的要求中指出，教师应坚守高尚情操，知荣明耻，严于律己，以身作则；衣着得体，语言规范，举止文明；关心集体，团结协作，尊重同事，尊重家长；作风正派，廉洁奉公；自觉抵制有偿家教，不利用职务之便谋取私利。因此本题说法错误。

6.【答案】A。良师解析：本题考查的是教师职业道德规范的内容。教书育人的基本含义要求教师必须遵循教育规律，在学习上要做到"爱心、耐心、细心"；在教学上要孜孜不倦，积极进取，不断提高自身素质，改进教学方法，以身作则，重视学生自信心和创新能力的培养与激发。教书的同时也在育人，育人的过程也是教书的过程。因此本题说法正确。

7.【答案】B。良师解析：本题考查的是教师职业道德规范。这句话的本质是要求我们去做一个真正的人，这是教育的目的，也是我们做其他一切的基础。职业道德规范中教书育人强调教师在传授知识的同时也要关注学生人格情感的培养，真正让学生成为有用之才。因此本题说法错误。

8.【答案】A。良师解析：本题考查的是教师职业道德的范畴。广义的教师职业道德的范畴包括教师道德规范中的所有基本概念，也包括反映教师个体道德品质的基本概念（如谦虚、朴实、仁爱、乐观），还包括教师道德评价、道德修养和道德教育等方面的基本概念。因此本题说法正确。

9.【答案】B。良师解析：本题考查的是教师职业道德规范。调节功能是教师职业道德最基本、最主要的功能。因此本题说法错误。

10.【答案】A。良师解析：本题考查的是教师职业道德素养。掌握职业道德知识是教师职业道德素养的基础。因此本题说法正确。

11.【答案】A。良师解析：本题考查的是教师职业道德素养。教师在教学过程中会不断地遇到困难，发现不足，因此要不断地学习，体现了终身学习的思想。因此本题说法正确。

二、单项选择题

1.【答案】B。良师解析：本题考查的是教师职业道德规范的内容。《中小学教师职业道德规范》中提出，教师应具备的职业道德主要包括爱国守法、爱岗敬业、关爱学生、教书育人、为人师表和终身学习，并不包括舍己救人，因此本题选B。

2.【答案】D。良师解析：本题考查的是教师职业道德规范。"学为人师，行为世范"的基本含义是所学要为世人之师，所行应为世人之范。"行为世范"，就是要方方面面、时时刻刻都光明正大，能够成为社会的模范。因此本题选D。

3.【答案】A。良师解析：本题考查的是教师的职业特点。爱学生，是教师的天职，是教育的根本。没有爱，就没有教育。因此本题选A。

4.【答案】B。良师解析：本题考查的是教师职业道德规范。在教师职业道德中，"爱国守法"是教师职业的基本要求，"爱岗敬业"是教师职业的本质要求，"关爱学生"是师德的灵魂和核心，"教书育人"是教师的天职，"为人师表"是教师职业的内在要求，"终身学习"是教师专业发展不竭的动力。因此本题选B。

5.【答案】C。良师解析：本题考查的是教师职业道德规范。"好学不倦""努力精通业务""精益求精"反映的是教师要有严谨的教学态度和工作作风。因此本题选C。

6.【答案】B。良师解析：本题考查的是教师的义务。教师是履行教育教学工作的专业人员，本职工作是教书育人。因此本题选B。

7.【答案】B。良师解析：本题考查的是教师职业道德规范。题干的描述体现了终身学习的师德规范。因此本题选B。

8.【答案】A。良师解析：本题考查的是教师职业道德规范。爱与责任是教师进行教育活动的核心。因此本题选A。

9.【答案】C。良师解析：本题考查的是《中小学教师职业道德规范》。题干描述的是爱岗敬业的要求。因此本题选C。

10.【答案】D。良师解析：本题考查的是教师的职业道德。从"以教谋私"和"有偿家教"可以看出，这种行为违背了廉洁从教的职业道德。因此本题选D。

11.【答案】A。良师解析：本题考查的是教师职业道德规范。题干的描述体现了依法执教的内涵。因此本题选A。

12.【答案】A。良师解析：本题考查的是《中小学教师职业道德规范》。《中小学教师职业道德规范》中规定，不以分数作为评价学生的唯一标准。题干中张老师以考试成绩作为评价"三好"学生的标准，违反了教书育人的职业道德规范。因此本题选A。

13.【答案】A。良师解析：本题考查的是《中小学教师职业道德规范》。《中小学教师职业道德规范》规定，教师要关心爱护全体学生，尊重学生人格，平等公正对待学生。题干中刘老师没有做到公平待生。因此本题选A。

14.【答案】C。良师解析：本题考查的是教师职业道德规范。黄老师拒绝分享培训资料，体现了黄老师不能团结协作。因此本题选C。

15.【答案】C。良师解析：本题考查的是《中小学教师职业道德规范》。题干中的班主任与科任教师团结协作，共同解决班级管理中存在的问题。因此本题选C。

16.【答案】C。良师解析：本题考查的是教师职业道德。这话的意思是如果统治者本身言行正当，即使不下命令，百姓也会跟着行动；如果统治者本身言行不正当，即使三令五申，百姓也不会听从。说明教师必须以身作则，为人师表。因此本题选C。

17.【答案】B。良师解析：本题考查的是教师的职业纪律。教师职业纪律就是教师在从事教育劳动过程中应遵守的规章、条例、守则等。主要应做到以下几点：（1）要有教师意识并不断强化这种意识；（2）认真学习教师职业纪律的有关规定；（3）在教育劳动中恪守教师职业纪律；（4）从一点一滴做起；（5）虚心接受批评，勇于自我批评，善于改正错误。因此本题选B。

18.【答案】B。良师解析：本题考查的是职业道德。题干描述的是职业道德的概念。因此本题选B。

19.【答案】D。良师解析：本题考查的是教师职业道德规范。《中小学教师职业道德规范》中终身学习的具体要求是崇尚科学精神，树立终身学习理念，拓宽知识视野，更新知识结构，潜心钻研业务，勇于探索创新，不断提高专业素养和教育教学水平。D项属于为人师表的具体要求。因此本题选D。

20.【答案】D。良师解析：本题考查的是教师职业道德。陶行知"捧着一颗心来，不带半根草去"的教育信条体现了教师对学生的热爱，是职业道德的体现。因此本题选D。

21.【答案】C。良师解析：本题考查的是教师职业道德规范。教师职业道德规范是指教师在教育活动中正确处理各种利益关系应遵循的最基本的原则，是对教师行为和品质的根本要求，也是教师道德的社会本质最直接和集中的反映。教师职业道德的基础原则是乐教敬业。因此本题选C。

22.【答案】C。良师解析：本题考查的是教师职业道德的特性。教师职业道德的行为结果不产生直接的功利效益。因此本题选C。

23.【答案】D。良师解析：本题考查的是教师基本道德品质。教师个体基本道德品质包括谦虚、朴实、仁爱、乐观等。因此本题选D。

24.【答案】D。良师解析：本题考查的是教师职业道德的基本原则。教师职业道德基本原则是教师在教育职业活动中正确处理各种利益关系所应遵循的最根本的指导准则，是一定社会或阶级对教师在职业活动中提出的最根本的道德要求。忠诚于人民教育事业是我国教师职业道德的基本原则，是我国教育社会主义性质的必然要求。因此本题选D。

25.【答案】D。良师解析：本题考查的是教师职业道德的基本原则。教育人道主义，是现代教育的重要特征，是现代教育区别于维护人的依赖关系的封建教育的标志之一。其内容包括：（1）现代教育应体现尊重人权的精神；（2）现代教育应努力促进个人的全面发展。题干的描述体现了对学生的尊重和关爱，因而体现了教育人道主义原则。因此本题选D。

26.【答案】A。良师解析：本题考查的是教师职业道德原则。教师职业道德基本原则贯穿教育劳动始终，指明了教师职业实践中道德行为的总方向，体现出教师职业道德的本质属性，统率整个教师职业道德体系，是衡量和判断教师行为善恶的最高道德标准。因此本题选A。

27.【答案】A。良师解析：本题考查的是教师职业道德基本准则。忠诚于人民教育事业是我国教师职业道德基本准则，是衡量教育工作者个人行为和品质的最高道德标准。因此本题选A。

28.【答案】D。良师解析：本题考查的是师德修养。ABC项均是关于方法与态度而不是关于师德修养内容的思想。因此本题选D。

29.【答案】C。良师解析：本题考查的是教师职业道德的功能。教师职业道德的基本功能包括认识功能和实践功能，实践功能又包括教育功能、调节功能和社会促进功能。其中调节功能是指教师职业道德具有纠正人的行为和指导实际活动的作用，其不仅指向教育过程，而且指向教师本身，是教师职业道德最基本、最主要的功能。因此本题选C。

30.【答案】B。良师解析：本题考查的是教师的职业道德。这两句诗表达了教师对学生的奉献，无私、无悔，终生不渝，体现教师职业道德的无私性。因此本题选B。

31.【答案】B。良师解析：本题考查的是教师的职业道德修养。理想信念在人们的道德品质中处于主导地位，是道德认识转化为道德行为的中心环节。加强教师职业道德修养，必须以理想信念教育为核心。因此本题选B。

32.【答案】A。良师解析：本题考查的是教师职业道德的修养。知行统一原则是指教育者在进行德育时，既要重视对学生进行系统的思想道德的理论教育，又要重视组织学生参加实践锻炼，把提高认识和行为养成结合起来，使学生做到言行一致。因此本题选A。

33.【答案】C。良师解析：本题考查的是教师职业道德教育方法。题干的描述体现了榜样教育与自我教育相结合的方法。因此本题选C。

34.【答案】B。良师解析：本题考查的是教师职业道德的发展。接受和遵守师德规范阶段是师德内化的初级层次。对内化起主要作用的有两个因素。一种是"等值遵从心理"，即早期形成的基础性道德在起作用，如我拿了教师工资，就要遵守教师的职业道德规范。另一种是道德主体的内在"良心"在起作用，如题干中的描述。因此本题选B。

35.【答案】A。良师解析：本题考查的是师爱。关爱学生是教师基本的职业道德，但是高超的沟通与表达技巧也是至关重要的。因此本题选A。

36.【答案】C。良师解析：本题考查的是道德素养。"慎独"是指在独处无人注意时，自己的行为也要谨慎不苟。慎独是儒家的一个重要概念，慎独讲究个人道德水平的修养，看重个人品行的操守，是儒家风范的最高境界。因此本题选C。

37.【答案】C。良师解析：本题考查的是教师良心的特征。教师良心是发自肺腑的精神力量，具有一定的内隐性。因此本题选C。

38.【答案】C。良师解析：尊重信任学生是教师的思想品德素养之一，这样学生与教师的关系才能和谐。因此本题选C。

39.【答案】A。良师解析：师幼关系的发展顺序依次是接近、亲近、共鸣、信赖。因此本题选A。

40.【答案】B。良师解析：皮格马利翁效应暗示在本质上，人的情感和观念会不同程度地受到别人下意识的影响。人们会不自觉地接受自己喜欢、钦佩、信任和崇拜的人的影响和暗示。而这种暗示，正是让你梦想成真的基石之一，因此教师应善于赞赏学生。因此本题选B。

41.【答案】A。良师解析：教师加强职业道德修养的途径和方法概括起来有：勤学、慎独、内省、兼听、自律。作为人民教师，要加强职业道德修养，第一要勤学，不但要学政治、文化，而且要学教育学、心理学、法律，要不断用学习来充实自己，以适应新形势教育的需要。因此本题选 A。

42.【答案】C。良师解析：教书育人是教师的天职，教师要在传授知识的同时，注意实施素质教育。因此本题选 C。

43.【答案】D。良师解析：转变后进生，ABC 项的方式都比较合适，只有 D 项不合适。因此本题选 D。

44.【答案】D。良师解析：孔子这句话强调教师要以身作则。因此本题选 D。

45.【答案】C。良师解析：教师不仅要教书，更要育人。古今中外的教育家，都倡导教师要为人师表，以自己模范的品行来教育和影响学生。为人师表是社会对教师职业所赋予的特殊要求。因此本题选 C。

46.【答案】A。良师解析：教书育人是教师的基本职责。教师必须遵循教育规律，实施素质教育；循循善诱，诲人不倦，因材施教；培养学生良好品行，激发学生创新精神，促进学生全面发展。因此本题选 A。

47.【答案】B。良师解析：教师职业道德修养可以通过理论学习、实践、参考他人经验、同事沟通等多种途径实现，但是最根本的途径就是职业实践。因此本题选 B。

三、多项选择题

1.【答案】ABC。良师解析：本题考查的是教师职业道德规范。所谓廉洁从教，是指教师在整个从教生涯中都要坚持不贪学生及家长的钱物，不贪占公共和他人的钱物，不染社会上出现的一些贪、贿、欲等恶习，始终以清廉纯洁的道德品行为学生和世人作出表率。因此本题选 ABC。

2.【答案】ABCD。良师解析：本题考查的是教师职业道德。由于教师职业劳动的目的、任务、对象、成果、手段、工具不同于其他职业，因此教师职业道德具有自身的特点：（1）鲜明的继承性；（2）强烈的责任性；（3）独特的示范性；（4）严格的标准性。因此本题选 ABCD。

3.【答案】ABCD。良师解析：本题考查的是师德素养的内驱力。强化教师职业认同感、责任感，激发教师职业成就感和幸福感对提升教师职业道德素养具有重要意义。因此本题选 ABCD。

4.【答案】BCD。良师解析：本题考查的是教师职业道德修养。教师职业道德修养的基本原则有坚持知与行的统一、坚持动机和效果的统一、坚持自律与他律的统一、坚持个人与社会相结合、坚持继承与创新相结合。因此本题选 BCD。

5.【答案】ABC。良师解析：本题考查的是教师职业道德规范。根据 2008 年版本的《中小学教师职业道德规范》，爱国守法的要求是：热爱祖国，热爱人民，拥护中国共产党领导，拥护社会主义。全面贯彻国家教育方针，自觉遵守教育法律法规，依法履行教师职责权利。不得有违背党和国家方针政策的言行。因此本题选 ABC。

6.【答案】ACDE。良师解析：本题考查的是教师职业道德修养的相关知识。教师职业道德养成的具体方法包括：（1）加强理论学习，注重内省、慎独；（2）确立可行目标，坚持不懈努力；（3）勇于实践磨炼，增强情感体验；（4）虚心向他人学习，自觉与他人交流；（5）正确开展批评和自我批评。因此本题选 ACDE。

7.【答案】ACD。良师解析：本题考查的是师德的相关内容。教师的职业道德水平的检测最终要落实到行为上，仅靠纸笔测试是不可以的，因为道德认知和道德行为有可能是不一致的。因此本题选 ACD。

四、不定项选择题

【答案】BD。良师解析：本题考查的是教师职业道德规范。小王老师自学专业知识与教育理论，是钻研业务的表现。主动向老教师请教，听老教师的课，是谦虚好学的表现。但是小王老师挖苦、训斥学习落后的学生，违反了关爱学生的要求。经常给学生布置大量的作业，违反了素质教育的要求。因此本题选 BD。

五、案例分析题

1.【参考答案】（1）教师职业道德规范包括爱国守法、爱岗敬业、关爱学生、教书育人、为人师表、终身学习。材料中校长安抚了张某，还用充满慈爱的话语开导张某的行为，践行了"关爱学生""教书育人"的教师职业道德。校长了解情况后替罗老师诚恳地向家长道歉，践行了"为人师表"的教师职业道德。事后，校长又找到罗老师，就如何正确对待和处理学生问题做了充分交流，践行了"爱岗敬业"的教师职业道德。

（2）《中华人民共和国教育法》第四十三条规定，受教育者应当履行下列义务：遵守法律、法规；遵守学生行为规范，尊敬师长，养成良好的思想品德和行为习惯；努力学习，完成规定的学习任务；遵守所在学校或者其他教育机构的管理制度。材料中张某的行为，没有履行受教育者应当履行的义务，不应当在课堂上玩手机。

（3）《中华人民共和国教师法》第八条规定，教师应当履行下列义务：遵守宪法、法律和职业道德，为人师表；关心、爱护全体学生，尊重学生的人格，促进学生在品德、智力、体质等方面全面发展；制止有害于学生的行为或者其他侵犯学生合法权益的行为，批评和抵制有害于学生健康成长的现象。材料中罗老师用讽刺的言语批评学生的行为，虽然履行了批评和抵制有害于学生健康成长的现象的义务，但是没有做到尊重学生。

《中华人民共和国义务教育法》第二十九条规定，教师应当尊重学生的人格，不得歧视学生，不得对学生实施体罚、变相体罚或者其他侮辱人格尊严的行为，不得侵犯学生的合法权益。材料中罗老师强行收走手机并用讽刺的言语侮辱学生的行为，违反了《中华人民共和国义务教育法》第二十九条的相关规定。

《中华人民共和国未成年人保护法》第三十九条规定，任何组织或者个人不得披露未成年人的个人隐私。对未成年人的信件、日记、电子邮件，任何组织或者个人不得隐匿、毁弃；除因追查犯罪的需要，由公安机关或者人民检察院依法进行检查，或者对无行为能力的未成年人的信件、日记、电子邮件由其父母或者其他监护人代为开拆、查阅外，任何组织或者个人不得开拆、查阅。材料中罗老师查阅张某手机微信聊天记录的行为，侵犯了张某的隐私权。

2.【参考答案】（1）材料中李老师的做法符合教师职业道德规范中的爱岗敬业。爱岗敬业要求教师忠诚于人民的教育事业，志存高远，乐于奉献，对工作高度认真负责，认真备课上课，认真辅导学生。案例中的李老师备课非常认真，自己对课上和作业里的每道习题都事先演练，课堂上讲解清晰明确，教学效果良好，符合爱岗敬业的要求。

（2）材料中李老师的做法不符合教师职业道德规范中的关爱学生。关爱学生要求教师尊重学生人格，爱护学生，平等公正对待学生，对学生要有耐心，不讽刺、挖苦，不体罚或者变相体罚学生。而李老师发现作业上有错误就要求学生罚抄 10 遍，这属于一种变相体罚，违背了这一职业道德的要求。

（3）材料中李老师的做法不符合教师职业道德规范中的教书育人。教书育人要求教师遵循教育规律，实施素质教育，循循善诱，诲人不倦，因材施教，促进学生全面发展，不以分数作为评价学生的唯一标准。而李老师每次测试都进行细致的质量分析，及时在班上公布每位学生的成绩和排名，这些做法违背了这一职业道德的要求。

（4）材料中李老师的做法不符合教师职业道德规范中的为人师表。为人师表要求教师坚守高尚情操，知荣明耻，严于律己，以身作则，自觉抵制有偿家教，不利用职务之便谋取私利。材料中李老师利用周末时间在自己家里辅导学生，他虽然没有明确要求收费，但也没拒绝家长们的礼物，违背了这一职业道德的要求。

3.【参考答案】材料中的莫校长之所以深受学生尊敬，是因为莫校长具有崇高的教师职业道德素养，践行了关爱学生、为人师表、爱岗敬业和教书育人的职业道德规范。

（1）材料中莫校长践行了关爱学生的要求。关爱学生是师德的灵魂，其要求教师关心爱护全体学生，保护学生安全，关心学生健康，维护学生权益。材料中莫校长视学生为儿女，爱生如命，对学生的无微不至是他关爱学生的真实写照。

（2）材料中莫校长践行了为人师表的要求。为人师表要求教师坚守关心集体的高尚情操，严于律己，以身作则。材料中莫校长对全体学生关怀备至，深受学生爱戴，无疑是师德的楷模，体现了为人师表的职业道德规范。

（3）材料中莫校长践行了爱岗敬业的要求。爱岗敬业要求教师忠诚于人民教育事业，志存高远，勤恳敬业，甘为人梯，乐于奉献。材料中莫校长对工作高度负责，兢兢业业，三十五年来利用微薄的工资资助贫困学生圆大学梦，体现了甘为人梯、乐于奉献的精神，体现了其对教育事业和教师职业的热爱与奉献。

（4）材料中莫校长践行了教书育人的要求。教书育人要求教师遵循教育规律，实施素质教育，循循善诱，诲人不倦，因材施教，培养学生良好品行，促进学生全面发展。材料中莫校长不仅关心学生的生活，还关心学生的发展。他利用各种渠道筹集善款，资助了多名贫困学生圆大学梦，促进了学生的发展，体现了教书育人的要求。

4.【参考答案】（1）在实际的学习活动中，同学之间一些善意的玩笑是班集体良好组织关系的体现，但开玩笑也要注意分寸，不能对同学或老师造成人身伤害。

（2）该材料中，面对意外，这位老师的大度和幽默轻易化解了学生内心的紧张和尴尬，一下子就拉近了师生之间的距离。

（3）在教学工作中，教师应当学会采用巧妙灵活的方法化解师生之间的矛盾和尴尬，委婉地告诉学生正确的行事方法，纠正学生的不当行为，达到教书育人的目的。

5.【参考答案】这名教师的职业道德素养有些欠缺，对教育理念的理解不够深刻。幼儿的生理、心理还未完全成熟，他们很难明辨是非，所以容易打小报告。同时，幼儿对老师极为崇拜，他们渴望得到老师的表扬、肯定、赞扬与鼓励，并认为打小报告就可以获得这些。因此，作为一名教师应该积极引导幼儿明辨是非，培养幼儿正确的人生观、世界观与价值观；同时，还要引导幼儿正确地处理与同伴之间的关系。这名教师的做法严重违背了教育原则，伤害了幼儿的人格尊严，对幼儿的心理会造成一定程度的不良影响。

6.【参考答案】小王的想法和做法是错误的。小王违背了爱岗敬业和终身学习这两个教师职业的基本道德规范。爱岗敬业要求教师对工作高度负责，认真备课上课，认真批改作业，认真辅导作业。终身学习要求教师潜心钻研业务，勇于探索创新，拓宽知识视野。小王应振作精神，牢记自己的神圣职责，树立终身学习理念，更新知识结构，不断提高专业素养和教育教学水平。

7.【参考答案】这位园长的话是正确的。教师职业道德规范要求教师做到爱国守法、爱岗敬业、关爱学生、教书育人、为人师表、终身学习。正如材料中的园长所说，作为教师，要严格遵守教师职业道德规范，增强道德责任感和自我评价能力，将其贯彻在教书育人的整个过程中，做好教育这一伟大而光荣的事业。

第十二章 班主任与班级管理

一、判断题（正确的填 A，错误的填 B）

1.【答案】B。良师解析：本题考查的是问题学生的概念。问题学生是指那些与同年龄段学生相比，由于受到家庭、社会、学校等方面的不良因素的影响及自身存在的有待改进的因素，从而导致在思想、认识、心理、行为、学习等方面偏离常态，需要在他人帮助下才能解决问题的学生。首先表现在品德方面，其次表现在学习、行为、心理方面。后进生一般是指那些学习差、纪律差、行为习惯差的学生。过去人们把他们叫作差生，现在称为后进生，即"后来进步"之意。因此本题说法错误。

2. 【答案】B。良师解析：本题考查的是班主任的相关知识。班主任是学校中全面负责一个班级学生的思想、学习、生活等工作的教师，是班级的组织者、领导者和教育者，而非法人，因此本题说法错误。

3. 【答案】B。良师解析：本题考查的是班级管理中的领导方式。在我国班级管理的实践中，有两种领导方式运用得比较多：一是"教学中心"的领导方式；二是"集体中心"的领导方式。"教学中心"的领导方式是目前采用的最多的一种领导方式。因此本题说法错误。

4. 【答案】A。良师解析：本题考查的是班主任的职责。组织班级活动是班主任的工作职责之一，不能因为担心安全问题就予以取消，而应该想办法采取各种措施消除安全隐患，在保证学生人身安全的前提下组织好班级活动。因此本题说法正确。

5. 【答案】A。良师解析：本题考查的是班级管理中学生的地位。班级管理具有学生主体性。学生主体性就是指在管理过程中充分发挥学生的主体作用，而不仅仅把他们作为管理对象。因此本题说法正确。

6. 【答案】A。良师解析：本题考查的是班主任工作的相关要求。教育部印发的《中小学班主任工作规定》指出，班主任是中小学日常思想道德教育和学生管理工作的主要实施者，是中小学生健康成长的引领者，班主任要努力成为中小学生的人生导师。因此本题说法正确。

7. 【答案】B。良师解析：本题考查的是班主任在班级管理中的方法。班级管理是教师根据一定的目的、采用一定的手段措施，带领班级学生，对班级中的各种资源进行计划、组织、协调、控制，以实现教育目标的组织活动过程。班级管理的根本目的是实现教育目标，使学生得到充分的、全面的发展，而不是通过班干部和规章制度，对学生的思想和行为进行控制。因此本题说法错误。

8. 【答案】B。良师解析：本题考查的是班规的制定。制定班规需注意科学性、稳定性、群众性和严肃性。因此本题说法错误。

9. 【答案】B。良师解析：本题考查的是班级活动的相关知识。活动实施是班级活动的中心环节，是达到活动目的、完成活动要求的基本手段，是活动全过程中的关键。因此本题说法错误。

10. 【答案】A。良师解析：本题考查的是班级活动的相关知识。班级活动的多样性包含了两个方面的含义：（1）活动形式的多样化；（2）活动内容的多样化。形式多样化，就是要满足其求新、求异的心理要求，激发他们积极参与活动的兴趣。内容的多样化则是为了适应学生德、智、体、美、劳全面发展的要求，促进学生全面、和谐的发展。因此本题说法正确。

二、单项选择题

1. 【答案】C。良师解析：本题考查的是班主任工作。家长QQ群可以有效与家长联系，实现学校、家庭和社会三结合教育，因此本题选C。

2. 【答案】B。良师解析：本题考查的是班级管理的知识。组织和培养班集体是班主任工作的中心环节，是班级管理的中心工作。因此本题选B。

3. 【答案】C。良师解析：本题考查的是班级管理的相关知识。班级管理是一种有目的、有计划、有步骤的社会活动，这一活动的根本目的是实现教育目的，使学生得到充分的、全面的发展。因此本题选C。

4. 【答案】C。良师解析：本题考查的是班级管理的相关知识。班级日常管理包括：（1）班级财物管理；（2）班级信息管理；（3）操行评定；（4）班主任工作计划与总结；（5）个别教育；（6）建立学生档案。因此本题选C。

5.【答案】C。良师解析：本题考查的是良好班集体的功能。班集体的发展功能表现在班级组织能够为班级成员提供发展的机会，包括认知的发展、情感的发展、兴趣态度的发展及社会技能的发展。因此本题选C。

6.【答案】A。良师解析：本题考查的是学生自我管理的自治组织。少先队、共青团和同辈群体并非学生自治组织。因此本题选A。

7.【答案】D。良师解析：本题考查的是班级组织。中小学中与班委会平行并列的班级组织有团支部或少先队中队。因此本题选D。

8.【答案】B。良师解析：本题考查的是班集体的相关知识。班集体的组织核心是班干部，他们担负着整个班级的日常事务与领导工作，是组织、团结和凝聚全班同学的重要力量。因此本题选B。

9.【答案】D。良师解析：本题考查的是班级管理的内容。良好的班风是一个班集体舆论持久作用而形成的风气，是班集体大多数成员精神状态的共同倾向与表现，也是一个班级好坏的标志。因此本题选D。

10.【答案】D。良师解析：本题考查的是班级管理方式。所谓班级平行管理，是指班主任既通过对集体的管理去间接影响个人，又通过对个人的直接管理去影响集体，从而把对集体和个人的管理结合起来的管理方式。因此本题选D。

11.【答案】C。良师解析：本题考查的是班级管理的模式。班级民主管理是指班级成员在服从班集体的正确决定和承担责任的前提下，参与班级管理的一种管理方式。实质上就是发挥每一个学生的主人翁精神，让每个学生都成为班级的主人。班干部轮流制度属于班级民主管理制度。因此本题选C。

12.【答案】A。良师解析：本题考查的是班级组织构建的基本原则。有利于教育的原则是班级组织构建的首要原则，班级组织的所有工作都是围绕着有利于学生的教育展开的。因此本题选A。

13.【答案】A。良师解析：本题考查的是班集体的形成。班集体的形成阶段包括：（1）组建阶段；（2）形成阶段；（3）发展阶段；（4）成熟阶段。题干中的情况反映出班集体的发展处于组建阶段。因此本题选A。

14.【答案】D。良师解析：本题考查的是班集体的形成。从群体发展的水平来划分，班级群体的发展大致经历组建阶段、形成阶段、发展阶段、成熟阶段。题干所述为成熟阶段的班集体的特征。因此本题选D。

15.【答案】A。良师解析：班级管理的内容主要有四个，即班级组织建设、班级制度管理、班级教学管理和班级活动管理。班级制度管理是班级管理的基础和前提，因为制度是调节人与人之间行为的规范，是班级管理的具体体现。因此本题选A。

16.【答案】C。良师解析：本题考查的是班级管理。③⑥体现了座位编排中的互补性原则，④⑤体现了人本性原则。因此本题选C。

17.【答案】C。良师解析：本题考查的是班主任的作用。《中小学班主任工作规定》指出，班主任是中小学日常思想道德教育和学生管理工作的主要实施者，是中小学生健康成长的引领者，班主任要努力成为中小学生的人生导师。因此本题选C。

18.【答案】D。良师解析：本题考查的是班主任工作。了解学生是班主任开展教育工作的前提和基础，因此本题选D。

19.【答案】C。良师解析：本题考查的是班主任工作。班主任工作的内容主要有了解学生、组织和培养班集体、建立学生档案、班会活动、协调各种教育影响、操行评定、写好工作计划与总结。认真了解和研究学生的特点是班主任工作的开始。因此本题选C。

20.【答案】A。良师解析：班主任是受学校委派具体负责对一个班级进行管理的教师。班主任工作的主要任务包括对学生进行思想品德教育，教育学生勤奋学习、学好功课，关心学生的身心健康，组织学生参加社会实践和劳动，建设良好的班集体。其中对学生进行思想品德教育是班主任工作的重点。因此本题选A。

21.【答案】B。良师解析：本题考查的是主题班会的要素。开展一次成功的主题班会，必须把握好以下三个要素：主题、内容和形式。其中，主题是灵魂，内容和形式是展现主题的载体。因此本题选B。

22.【答案】C。良师解析：本题考查的是班级主题活动形式。题干所述是课题式班级主题活动的表现。因此本题选C。

23.【答案】B。良师解析：本题考查的是班级活动的评估。在评估班级活动时要做到全面、客观、发展这三个主要原则。因此本题选B。

24.【答案】A。良师解析：本题考查的是班主任的领导影响力。班主任在班级管理中的领导影响力主要表现在两个方面：一是班主任的权威、地位、职权，这些构成了班主任的职权影响力；二是班主任的个性条件，它构成了班主任的个性影响力。因此本题选A。

25.【答案】C。良师解析：本题考查的是班主任工作方法中的行为训练法。行为训练法一般可分为两种：一种是基本行为规范的训练，即常规训练。班主任按照《学生守则》《学生日常行为规范》及学校制定的各项规章制度对学生提出相应的行为要求，使之形成良好的行为习惯。另一种是实践锻炼，包括各种实践活动，如组织学生到工农业生产第一线参加劳动、参加社会公益活动、接受军训等。因此本题选C。

26.【答案】D。良师解析：本题考查的是班级管理中的操行评定。操行评定是以教育目的为指导思想，以《学生守则》为基本依据，对学生一个学期（或一学年）内学习、劳动、生活、品行等方面的表现进行小结与评价。评定的等级一般分优、良、中、差四个级别，但"差"等应慎用。因此本题选D。

27.【答案】D。良师解析：本题考查的是操行评定的原则。激励性原则是指操行评语重在激励，使学生感到鼓舞、振奋，调动学生的积极性，增强前进的信心。教师要用发展的眼光，通过鼓励的方式与学生交流，对学生的发展和所取得的成绩表示认同，使学生形成健康的自我认识，更好地把握自己未来的发展。题干的描述体现了激励性原则。因此本题选D。

28.【答案】C。良师解析：本题考查的是班级组织的功能。班级组织的社会化功能主要表现在：（1）传递社会价值观，指导生活目标；（2）传授科学文化知识，形成社会生活的基本技能；（3）教导社会生活规范，训练社会行为方式；（4）提供角色学习条件，培养社会角色。因此本题选C。

29.【答案】B。良师解析：本题考查的是班级文化。营造良好的人际环境是创建班级文化的内容之一。在班级建设中，班主任负有指导学生形成良好人际关系的职能。班主任指导学生交往，一是要把学生作为交往的主体，研究学生的交往需要、能力的差异性，指导学生正确地理解周围的人和事，懂得如何沟通、如何避免和解决冲突，积累积极的交往经验，正确地确立学生在班级中的角色；二是设计内容充实、频率高的交往结构；三是在与学生的交往中建立相互信任的关系。因此本题选B。

30.【答案】B。良师解析：本题考查的是班主任的概念。题干描述的是班主任的内涵。因此本题选B。

31.【答案】B。良师解析：本题考查的是班主任的工作内容。优秀班主任首先应立足于增强育人意识。因此本题选B。

三、多项选择题

1.【答案】ABCD。良师解析：本题考查的是班主任的基本素质。一个合格的班主任应该具备以下基本素质：政治素质、思想素质、道德素质、职业素质、专业素质、能力素质、心理素质、语言素质、身体素质等等。因此本题选ABCD。

2.【答案】ABC。良师解析：本题考查的是班级文化。班级文化包括班级物质文化、班级精神文化和班级制度文化。班级环境布置属于班级物质文化，班级人际关系和班风属于班级精神文化，班级制度与规范属于班级制度文化。因此本题选ABC。

3.【答案】ABCD。良师解析：本题考查的是班级管理的模式。题干四个选项均是班级管理的模式。因此本题选ABCD。

4.【答案】BDE。良师解析：本题考查的是班主任的领导方式。班主任的领导方式一般可以分为三种类型：权威型、民主型、放任型。因此本题选BDE。

5.【答案】ABCD。良师解析：本题考查的是班主任了解学生的途径。题干中四个选项均为班主任了解学生的途径。因此本题选ABCD。

6.【答案】ABCD。良师解析：本题考查的是良好班集体的培养。题干所述四个选项都是良好班级形成的因素。因此本题选ABCD。

7.【答案】ACD。良师解析：本题考查的是班会的特点。班会是以班级为单位，在班主任指导下由学生自己主持进行的全班性会务活动。班会有三个特点：集体性、自主性和针对性。因此本题选ACD。

8.【答案】ABCD。良师解析：本题考查的是班级管理的内容。班级管理的基本内容有班级教学管理、班级德育管理、班级体育卫生和课外活动管理、班级生活指导。因此本题选ABCD。

9.【答案】ABCDE。良师解析：班主任是学生健康成长的守护者，班级工作的领导者，学校教育计划的贯彻者，各科教师的协调者，学校、家庭和社会的沟通者。这些角色特点决定了他们对学生的全面发展负有教育、培养、发现、激活、夯实的责任。因此本题选ABCDE。

四、不定项选择题

1.【答案】ABD。良师解析：本题考查的是非正式群体的作用。班主任应正确对待和引导班级中的非正式群体。首先要合理利用非正式群体的某些特点，为实现班集体的目标服务，如利用成员之间情感密切的特点，引导他们互助学习，增强凝聚力。再如利用他们信息沟通渠道广、传递信息快的特点，及时收集学生的思想动态等。其次，利用非正式群体中核心人物威信高、影响大的特点，调动他们的积极性，影响群体中的其他人。因此本题选ABD。

2.【答案】ABC。良师解析：本题考查的是班主任工作的要求。班主任利用自己可以把握的时间进行语文教学，是对其作为班主任的任务和职责认识不清的表现，因此A正确。学生违纪，班主任采用的是罚学生，导致师生关系不和谐，是缺乏班级管理能力和知识的体现，因此B正确。班主任偏爱语文好的学生，是对全面发展的理解有误差，因此C正确。本题中未体现班主任与其他教师的沟通协调。因此本题选ABC。

3.【答案】BCD。良师解析：本题考查的是班主任工作的方法。教师要正确认识和处理青春期学生的早恋问题，要遵循适时、适度、适当的原则，要从理解尊重学生、关心爱护学生的角度出发，采取个别施教、严守秘密、正面疏导和自我约束的教育方法进行教育。而不能采用当场批评、通报家长、点名警告这些让学生感到不受尊重、不被信任、不被宽容和理解的教育方式。因此本题选BCD。

4.【答案】ABCD。良师解析：本题考查的是班级管理。班级管理要遵循全员激励原则，激励全班每个学生，充分发挥他们的智力、体力等各方面的潜能，实现个体的目标和班级总目标。贯彻全员激励原则，首先要求班级管理者公正无私，一视同仁，用同样的情感和尺度对待每个学生，故AB选项正确。班主任应正确引导班集体的舆论导向，培养学生明辨是非的能力，从而提倡和支持正确的行为，批评和抵制不正确的行为，故C项正确。在班级管理中应培养学生的自我教育能力，使学生形成集体意识，产生对集体的责任感。这种责任感会督促学生严格要求自己，规范自己的言行，故D项正确。因此本题选ABCD。

五、案例分析题

1.【参考答案】（1）1）针对材料中李丽的问题行为，赵老师停顿了一下，看了他们一眼，通过眼神示意和语言停顿引导其认真听课，即使用了非言语线索和细小的停顿；2）针对材料中王伟的问题行为，赵老师用眼神示意制止未果后，立即采用了言语说服教育，即使用了言语提醒手段；3）针对材料中刘鹏的问题行为，赵老师及时批评指正，即使用了执行结果。

（2）对课堂轻度问题行为处理的要求有：1）忽略小而且转瞬即逝的问题行为。许多小小的捣乱可以忽略不计，尤其是那些转瞬即逝的小捣乱。一般来说，教师对诸如此类的事情，不必作出什么反应，因为干涉可能比问题本身还具有干扰性。2）使用非言语线索和细小的停顿。当学生作出违规且无法忽略的行为时，教师可运用简单的非言语线索来使其行为终止或是转移，无须中断课堂教学进程。非语言线索包括眼神注视、摇头、运用脸部表情、走近、接触或打手势等。讲话时短暂的停顿也很有效。放慢语速、一字一句清晰地讲话、声音更轻柔或更有力、简短的停顿、环顾四周，这些动作都可以隐秘地提示学生应该调整自己的行为。3）表扬与问题行为相反的正确行为。教师对学生赞美期望行为的次数比我们预期的要少，但违规行为却总能引起注意。我们可反其道而行之，从表扬学生的正确反应入手，来减少问题行为。4）表扬其他学生。表扬其他学生的良好行为可能会使违反课堂纪律的学生表现出类似的行为。这也要求教师不去直接干涉学生的问题行为。5）言语提醒。如果不能使用非言语线索，或者间接暗示策略不能奏效时，都得通过简单的言语提醒使学生回到学习活动上来，当学生表现出问题行为时，教师马上给予提醒，但是延迟的提醒通常是无效的。如有可能，应当提醒学生做他应该做的事，而不是追究做错的事。言语提醒也可与提问结合起来使用。通过向没有专心听讲的学生提一些他能够回答的问题，可以有效地使他参与到课堂活动中。6）反复提醒。在大多数情况下，上述措施都能够消除一些轻微的问题行为。然而，有时学生故意不按教师的要求去做，或者与教师辩解、找各种借口等，想以此来试探教师的决心和忍耐力。对这种情形，根据坎特等人提出的"果断纪律"理论，可以这样来破解：教师应当先明确自己要求学生做什么，然后平静、坚定地重复要求，使学生去做该做的事情。7）执行结果。当上述所有做法都不能奏效时，最后一招就是执行结果。比如，让学生在教室外面站几分钟、剥夺学生的课间休息或某些权利、让学生放学后留下或者请学生家长等。实施惩罚后，教师要尽量避免再提及此事。

2.【参考答案】（1）态度的学习是一个从依从到认同再到内化的过程。其中，依从包括从众和服从两种。服从是指在权威命令、社会舆论或群体气氛的压力下，放弃自己的意见而采取与大多数人一致的行为。服从可能是由于自愿，也可能是被迫。本案例中，学生在学校组织的千人祭祖大典中三跪九叩，就是一种典型的服从，即处在态度习得的依从阶段。

（2）本案例的"秀孝"活动不能取得实效。

人的身心发展的规律包括顺序性、阶段性、不平衡性、个别差异性以及互补性。1）个体身心发展的阶段性要求教育要适应年青一代身心发展阶段的年龄特征和主要矛盾，对不同年龄段的学生，提出不同的具体任务，采用不同的教育内容和方法。本案例中，对中小学生的德育活动采用"一刀切"的方式，忽视了个体身心发展的阶段性，故不能取得好的效果。2）个体身心发展的差异性要求教育者必须坚持"因材施教"的原则，根据受教育者的个别差异和具体特点，采取不同的教育措施。本案例中，学校对 800 名学生采用同样的方式进行教育，违背了身心发展的差异性这一规律，因此是不可取的。建议：教育要遵循个体身心发展的一般规律，在本案例中，学校和教师可结合具体年龄段学生身心发展的一般特点以及学生的个体差异，有的放矢地进行教育。

（3）设计并组织班会要遵循的原则包括生命性原则、个性化原则、开放性原则、生成性原则。1）生命性原则是指班级活动要尊重和完善学生的生命存在。在开展"感恩父母"的主题班会中，要全面了解学生的生命特征，致力于学生的发展，使学生发展成为一个完整、和谐、健康的生命体。2）个性化原则要求班级活动的组织和开展在照顾共性的同时，要强调展现个性，既要突出班级特色、活动的意义，也要突显学生的个性，避免活动单调、枯燥、缺乏活力。在"感恩父母"的主题班会中，组织者可以有目的地了解学生及其家庭情况，以便在活动中能够照顾到个体，实现共性与个性的结合。3）开放性原则要求班级活动在保持自我独立性的基础上，在内容和形式上应该面向生活、面向社会、面向未来，具有开放精神，而不是只局限于教学、局限于课堂之内。在"感恩父母"的主题班会中，组织者可以邀请教师或家长代表参与，充分利用各种因素展开教育。4）生成性原则是指在教育教学活动中，有些结果或效果并不在预设之中，而是在过程中生成的。因此，在班级活动的组织开展中，要注重灵活性和生成性，充分发挥师生的创造性和主动性。

第十三章　课外活动

一、判断题（正确的填 A，错误的填 B）

1.【答案】B。良师解析：本题考查的是课外活动的组织形式。课外活动的基本组织形式是小组活动。因此本题说法错误。

2.【答案】B。良师解析：本题考查的是课外活动的组织者。课外活动的组织者是学校或学校外教育机构，家长不是组织者。因此本题说法错误。

3.【答案】B。良师解析：本题考查的是家校合作的问题。现实生活中，教师和家长由于社会角色的差异难免会产生矛盾和冲突。教师和家长作为两种不同的社会角色，两者之间存在不同的教育修养水平，这是很自然的事。这种差异并不必然导致两者的矛盾冲突。但如果两者之间存在不同的教育理念和教育方法，在对学生的教育过程中发生困难时，两者之间的矛盾和冲突将不可避免，故而要强调家校的沟通与合作。因此本题说法错误。

二、单项选择题

1.【答案】D。良师解析：本题考查的是学校、家庭、社会三结合教育。孩子跟父母生活在一起的时间较长，父母对子女自身品行和素质的教育，要比学校老师更有针对性。因此本题选 D。

2.【答案】D。良师解析：本题考查的是学校、家庭、社会三结合教育。学校教育对人的身心发展起主导作用。这是因为：（1）学校教育是有目的、有计划、有组织的培养人的活动。（2）学校有专门负责教育工作的教师。（3）学校教育能有效地控制和协调影响学生发展的各种因素。因此本题选 D。

3.【答案】C。良师解析：本题考查的是课外活动与课程体系之间的关系。课程体系主要由特定的课程观、课程目标、课程内容、课程结构和课程活动方式组成。课外活动只是这个体系中的一种课程活动方式。所以中小学课外活动与现行课程体系之间存在着部分与整体的关系。因此本题选 C。

4.【答案】B。良师解析：本题考查的是课外活动的基本组织形式。课外活动的基本组织形式包括群众活动、小组活动、个别活动。其中，小组活动是课外活动的基本组织形式。因此本题选 B。

5.【答案】D。良师解析：本题考查的是学校、家庭、社会三结合教育。针对题干中出现的情况，教师应与家长一起，通力合作，共同做好学生的教育工作。因此本题选D。

6.【答案】A。良师解析：本题考查的是课外活动的组织形式。群体活动又称集体活动，它是组织多数或全体学生参加的一种带有普及性质的活动。具体的活动方式有报告会、讲座、文艺主题会、墙报和黑板报、参观、访问、游览等。群体活动人数多、范围广的特点适合用大公报的形式进行组织。因此本题选A。

7.【答案】D。良师解析：本题考查的是学科活动的内涵。学科活动是一种学科性的课外学习和研究活动。活动内容主要是各学科的知识性作业和对某一学科领域中的某些专题进行比较深入的探讨和研究。外语作为一门学科，其相关兴趣活动即属学科活动。因此本题选D。

8.【答案】D。良师解析：本题考查的是课外活动的主要内容。社会活动是让学生走出学校接触社会，了解科学技术的发展，了解社会生活、经济建设的实际的教育活动。如组织学生进行社会调查、参观、考察、访问、社会服务（社会公益活动），以及远足、游览等。因此本题选D。

9.【答案】C。良师解析：本题考查的是课外活动的意义。课外活动组织管理的要求有三条：一是要有明确的目的；二是活动内容要丰富多彩，形式要多样化，要富有吸引力；三是发挥学生的积极性、主动性，并与教师的指导相结合。因此本题选C。

10.【答案】B。良师解析：本题考查的是课外活动的特点。课外活动的特点有自愿性、自主性、灵活性、综合性、开放性、实践性等。其中灵活性是指课外活动的内容不受课程计划、课程标准的限制，可以根据学校、老师的实际情况以及学生的个体意愿开展。因此本题选B。

三、多项选择题

1.【答案】ABC。良师解析：本题考查的是家校联系。教师与学生家长要坚持经常联系，双方都要采取实事求是的态度。教师与家长联系要注意孩子的心理变化，不要让孩子觉得老师和父母在密谈什么对自己不利的事情。因此本题选ABC。

2.【答案】ABCD。良师解析：本题考查的是课外活动的意义。题干中四个选项均为课外活动开展的意义。因此本题选ABCD。

3.【答案】AD。良师解析：本题考查的是家访途径。开展家访工作的策略有：（1）家访的主题要明确；（2）家访谈话要讲究方法；（3）家访要建立在尊重学生的基础上；（4）做好家访记录，及时反馈。因此本题选AD。

模块二　教育心理学

第一章　教育心理学概述

一、单项选择题

1.【答案】B。良师解析：本题考查教育心理学的发展过程中学习心理所占的地位。学习过程是教育心理学家们进行最早也是最多的一项研究内容，这些研究成果构成了学习和动机理论，各家各派学习理论之争都集中体现在对学生学习过程的不同解释上。B项正确。

A项：教育心理学的发展过程贯穿整个教育心理学的发展历程，它作为一条隐性脉络伴随着教育心理学的发展。从宏观层次上，发展过程不属于教育心理学的研究内容。与题干不符，排除。

C项：教育过程是教师根据教育目的、任务和学生身心发展的特点，通过指导学生有目的、有计划地掌握系统的文化科学知识和基本技能，发展学生的智力和体力，形成科学世界观及培养道德品质、发展个性的过程。它是教育学的研究范畴。与题干不符，排除。

D 项：教学过程是指教师把知识技能以有效的方法传授给学生，并引导学生建构自己的知识的过程。教育心理学对教学过程的研究比起对学习过程的研究起步要晚。与题干不符，排除。

故正确答案为 B。

2.【答案】A。**良师解析：** 本题考查教育心理学发展过程中的重要人物。赞可夫，苏联著名教育家、心理学家，从 1957 年至 1977 年他以"教育与发展"为课题，进行了长达 20 年的教育科研与教改实验。在《教学与发展》中提出了教学的五条原则：高难度、高速度、理论知识起指导作用、理解学习过程、使所有学生包括"差生"得到一般发展。A 项正确。

B 项：列昂节夫，苏联心理学家，提出"文化历史发展理论"，认为高级心理功能是随着人类文化历史的发展而发展起来的。与题干不符，排除。

C 项：鲁利亚，苏联心理学家，神经心理学创始人。他与维果茨基和列昂节夫一道研究并提出心理学的"文化历史发展理论"，主张心理学必须研究意识及高级心理功能（如言语思维、逻辑记忆、随意注意等），认为它是随着人类文化历史的发展而发展起来的。与题干不符，排除。

D 项：鲁宾斯坦，苏联心理学家，他对心理学的哲学问题有重大贡献，他也是许多实验研究工作的领导者。与题干不符，排除。

故正确答案为 A。

3.【答案】B。**良师解析：** 本题考查的是教育心理学的任务。教育心理学是一门研究学校教育过程中学生的学和教师的教的基本心理规律的科学，它的任务是用实证研究法对教师在教育过程中存在的问题作出有科学依据的回答。而实证研究是通过对研究对象大量的观察、实验和调查，获得客观材料，从个别到一般，归纳出事物的本质属性和发展规律的一种研究方法。主要包括观察法、谈话法、测验法、个案法、实验法等，这些方法是教育心理学研究经常采用的方法。B 项正确。

A 项：问卷调查法也称书面调查法，是一种通过向调查者发出简明扼要的征询表，请示填写对有关问题的意见和建议来间接获得材料和信息的方法。可用于对某一教育政策实施的看法征集。教师教学过程中存在的问题是一种瞬时、随机的，不能通过表的形式体现出来，所以不适合用此方法，排除。

C 项：文献研究法主要指收集、整理文献，并通过对文献的研究形成对事实的科学认识的方法。它是对历史和当前研究成果进行深入分析的方法，可以对古往今来的教育进行比较研究，从而有利于对教育现象进行历史的分析，不适合对教育过程中现时发生的问题的研究，排除。

D 项：理论分析法是在感性认识的基础上，通过理性思维认识事物的本质及其规律的一种科学分析方法。它是在思想上把事物分解为各个组成部分、特征、属性等，再从本质上加以界定和确定，进而通过综合分析，把握其规律性。可以用来研究一些物理或者化学问题，而不是研究教学过程中发生的问题的方法，排除。

故正确答案为 B。

4.【答案】D。**良师解析：** 本题考查教育心理学的研究对象。教育心理学是心理学与教育情境相结合的产物，是一门研究学校教育过程中学生的学与教师的教的基本心理规律的科学。D 项正确。故正确答案为 D

5.【答案】A。**良师解析：** 本题考查教育心理学的发展。1903 年，美国心理学家桑代克出版了《教育心理学》一书，这是西方第二本以教育心理学命名的专著。1913—1914 年，该书又发展成三卷本的《教育心理学大纲》。这一著作奠定了教育心理学发展的基础，由此确立西方教育心理学的名称和体系。桑代克被称为"教育心理学之父"。A 项正确。

B 项：斯金纳是后期行为主义心理学最具影响力的心理学家，根据小白鼠迷箱实验提出操作条件作用理论，并提出强化学说。与题干不符，排除。

C 项：美国心理学家华生是行为主义的创始人。行为主义是科学心理学历史上一个有非常重要影响的心理学流派，被称为心理学的第一大势力，与题干不符，排除。

D项：在教育心理学的成熟时期，布鲁纳发起课程改革运动，自此，美国教育心理学逐渐重视探讨教学过程、学生心理，重视教材、教学手段的改进。与题干不符，排除。

6.【答案】D。良师解析：本题考查教育心理学的基本内涵。教育心理学是研究教育教学情境中学与教的基本心理规律的科学。它拥有自身独特的研究课题，即如何学、如何教以及学与教之间的相互作用。D项正确。

A项：教学和成长主要说的是教师在自身的教学过程中的自我成长，它是教育学研究的主要内容。与题干不符，排除。

B项：学习和发展主要说的是学生在学习的过程中促进自我智力的提高过程，是学生自身方面的成长途径之一。与题干不符，排除。

C项：教学和发展主要说的是教师在日常教学过程中，通过教学不断地促进自己教学技能和教学能力的提高，体现了教学相长的教学原则，属于教育学的主要研究范畴。与题干不符，排除。

故正确答案为D。

7.【答案】D。良师解析：本题考查教育心理学基本内涵的影响因素。学生是学习的主体因素，主要从两个方面来影响学教过程：一是群体差异，包括年龄、性别和社会文化差异等；二是个体差异，包括先前知识基础、学习方式、智力水平、兴趣和需要差异等。D项正确。

A项：文化差异因素主要指的是一个国家或地区的民族特征、价值观念、生活方式、风俗习惯、宗教信仰、伦理道德、教育水平、语言文字等。与题干不符，排除。

B项：社会差异因素主要是指社会上各种事物，包括社会制度、社会群体、社会交往、道德规范、国家法律、社会舆论、风俗习惯等。与题干不符，排除。

C项：群体差异因素主要指的是年龄、性别和社会文化差异等。与题干不符，排除。

故正确答案为D。

8.【答案】D。良师解析：本题考查教育心理学的发展过程中桑代克的历史地位。桑代克从"人是一个生物的存在"这个角度建立自己的教育心理学体系，他的教育心理学分为三部分。第一部分讲人类的本性，第二部分讲学习心理，第三部分讲个别差异及其原因。D项正确。

A项：奥地利精神病学家弗洛伊德创建了精神分析流派，其理论来源于治疗精神病的临床经验。精神分析学派重视对异常行为的分析和无意识的研究，认为人的一切个体的和社会的行为都根源于心灵深处的某种欲望或动机，特别是性欲的冲动。与题干不符，排除。

B项：苏联生理学家巴甫洛夫通过狗的唾液分泌实验发现了经典条件反射。与题干不符，排除。

C项：斯金纳是后期行为主义心理学最具影响力的心理学家，他坚持了科学、客观、控制的行为主义传统，继承了刺激—反应的学习观，以动物实验来研究学习规律，在桑代克等前人的基础上，提出了对教育心理学影响巨大的操作条件作用论。与题干不符，排除。

故正确答案为D。

9.【答案】C。良师解析：本题考查教育心理学发展过程中的重要任务。1868年俄国教育家乌申斯基出版了《人是教育的对象》一书，对当时的心理学发展成果进行了总结，他因此被誉为"俄罗斯教育心理学的奠基人"。C项正确。

A项：苏联教育家马卡连柯提出了班级平行管理的理论。他认为，教师要影响个别学生，首先要影响学生所在的这个班级，然后通过这个集体与教师一起去影响这个学生，这样就会产生巨大的教育力量。与题干不符，排除。

B项：苏霍姆林斯基提出了和谐教育思想，其著作被称为"活的教育学"和"学校生活百科全书"。与题干不符，排除。

D项：谢切诺夫是俄国生理学派和心理学中的自然科学流派的奠基人。他研究和发现了中枢抑制现象。他提出新的反射学说，把反射活动推广到大脑的活动。他1863年发表《脑的反射》一书，认为一切有意识的和无意识的活动就其发生机制来说都是反射，大脑反射包含着心理的成分。与题干不符，排除。

故正确答案为C。

二、多项选择题

1.【答案】ABCD。**良师解析**：本题考查教育心理学的研究对象。教育心理学是一门研究教育教学情境中学与教的基本心理规律的科学。它拥有自身独特的研究课题，即如何学、如何教以及学与教之间的相互作用。包括教育教学过程中的心理现象和规律，学习者的心理现象和规律，学习者的学习特点、过程和规律，现代教育教学活动与变化规律等。

故正确答案为ABCD。

2.【答案】ACD。**良师解析**：本题考查对教育心理学实验研究方法的理解。一个正确的教育心理学实验通常要求研究者做到：至少操作一个自变量；随机选派被试者进行实验处理；在实验组和一个或几个控制组之间至少要比较一个因变量。

A项：在教育心理学实验中，要求实验者至少操作一个自变量是一个实验的基本要求。正确。

B项：在教育心理学实验中，我们可以根据实验要求设置一定的实验组和控制组，也可以直接设置实验组进行实验。控制组不是必需的。错误。

C项：在心理学实验中，为了保证心理实验的科学性，在被试者的选择上就需要有代表性，所以需要随机选派被试者进行实验处理。正确。

D项：教育心理学实验本身就是对事物进行因果关系研究的行为，因此，在实验组和两个或几个控制组之间至少要比较一个因变量。正确。

故正确答案为ACD。

3.【答案】ABCE。**良师解析**：本题考查的是教育心理学的原则。教育心理学需要遵循的原则主要包括：（1）客观性原则；（2）系统性原则；（3）实践性原则；（4）综合创造原则。因此本题选ABCE。

4.【答案】ABC。**良师解析**：本题考查的是教育心理学的研究方法。教育心理学的研究方法主要有实验法、观察法、调查法、测验法、个案法、教育经验总结法和产品分析法。因此本题选ABC。

5.【答案】BD。**良师解析**：本题考查的是教育研究方法中的统计学知识。AC项是描述数据离散趋势的量数，BD项是描述数据集中趋势的量数。因此本题选BD。

6.【答案】ABCD。**良师解析**：本题考查的是教育心理学调查问卷的编制。在编制调查问卷时应注意：（1）问卷题目不宜过多，对问卷题目的回答应是所需了解的内容；（2）问卷的编制应尽量生动有趣，最好能够消除被调查者的防御心理，对题目的回答应尽量简单，不需要太多的思考；（3）在问卷中应加入一些探测项目，用以了解被调查者是否真实回答了调查项目；（4）问卷在正式实施之前，应进行信度和效度分析，以保证问卷的有效性。因此本题选ABCD。

第二章　学生心理

一、判断题

1.【答案】B。**良师解析**：本题考查的是维果茨基的"最近发展区"理论。维果茨基的"最近发展区"理论认为学生的发展有两种水平：一种是学生的现有水平，指独立活动时所能达到的解决问题的水平；另一种是学生可能的发展水平，也就是通过教学所获得的潜力。二者之间的差异就是最近发展区。而题干描述的最近发展区指的是潜在水平。故表述错误。

2.【答案】B。良师解析：本题考查相关学者对学生心理发展的理解。强调心理发展连续性的学者认为人的发展是量变的过程。强调心理发展阶段性的学者认为人的发展是质变的过程。题干表述刚好相反。故表述错误。

3.【答案】B。良师解析：本题考查对思维的理解。具体形象思维是指人们利用头脑中的具体的形象来解决问题。这种思维在幼儿期（3～7岁）有明显的表现，这时期的儿童语言还没有得到充分的发展，他们主要用具体形象来思考，思维活动受具体知觉情景的影响，所以小学儿童的思维以具体形象思维为主，而不是以抽象思维为主。

4.【答案】A。良师解析：本题考查认知发展。直觉动作思维是通过实际操作解决具体直观问题时的思维过程。它往往是人们在边做边想时发生的。两三岁前的幼儿就有初级的动作思维，他们只能在动作中思考，如他们能边摆弄手指边数数。故表述正确。

5.【答案】B。良师解析：本题考查的是对认知风格的理解。认知方式也称为认知类型或认知风格。它是指个体进行信息加工时，通过知觉、记忆、思维等内在心理过程在外显行为上表现出来的习惯性特征。它表现为一个人习惯于采取什么方式对外界事物进行认知。它并没有好坏的区分，所以不能说场独立型学习风格的学生优于场依存型学习风格的学生。故表述错误。

6.【答案】A。良师解析：本题考查维果茨基的教学理论。它是维果茨基在提出"最近发展区"的理论的基础上提出的。"教学应当走在发展的前面"是他对教学与发展关系的最主要的理论。也就是说，"教学"可以定义为"人为的发展"，教学决定着智力的发展，这种决定作用既表现在智力发展的内容、水平和智力活动的特点上，也表现在智力发展的速度上。故表述正确。

二、单项选择题

1.【答案】D。良师解析：本题考查对皮亚杰认知发展理论的识记、理解情况。守恒性是指儿童认识到一个事物的知觉特征无论如何变化，它的量始终保持不变。一个苹果分成四小块，说明知觉特征发生改变，但其质量没有改变，所以是守恒。D项正确。

A项：平衡性是指个体的认知图式是通过同化和顺应而不断发展，以适应新的环境的过程。与题干不符，排除。

B项：同化性指个体把外界元素整合到一个正在形成或已经形成的结构中。与题干不符，排除。

C项：顺应性是指同化性的图式或结构受到它所同化的元素的影响而发生的改变，也就是改变主体动作以适应客观变化，也可以说改变认知结构以处理新的信息。与题干不符，排除。

故正确答案为D。

2.【答案】D。良师解析：本题考查对埃里克森心理社会发展理论的识记、理解情况。美国精神分析学家埃里克森认为，人格发展是一个逐渐形成的过程，必须经历八个顺序不变的阶段。12～18岁，处于自我同一性对角色混乱阶段。自我同一性是指个体组织自己的动机、能力、信仰及活动经验而形成的有关自我的一致性的形象。探索自己是什么样的人属于自我同一性问题。D项正确。

A项：表述有误，基本信任对不信任，自主感对羞耻感与怀疑。与题干不符，排除。

B项：主动感对内疚感（4～5岁），本阶段的发展任务是培养主动性。与题干不符，排除。

C项：勤奋感对自卑感（6～11岁），本阶段的发展任务是培养勤奋感。与题干不符，排除。

故正确答案为D。

3.【答案】B。良师解析：本题考查学生身心发展的不平衡性。学生身心发展的不平衡性是指心理的发展可以因进行的速度、到达的时间和最终到达的高度而表现出多样化的发展模式。它包括两个方面：首先，同一方面的发展速度，不同的年龄阶段发展是不均衡的。例如，人的身高体重有两个增长的高峰，第一个高峰出现在出生后的第一年，第二个高峰出现在青春发育期。在这两个高峰期内，身高体重的发展较之其他年龄阶段更为迅速。和题干表述相符。其次，不同方面发展的不均衡性。有的方面在较早的年龄阶段就已经达到较高的发展水平，有的则要到较晚的年龄阶段才能达到成熟水平。B项正确。

A项：阶段性是指个体的心理发展在某些年龄阶段会因为持续发展的积累而出现某种心理特质的突发性变化或出现新的心理特征阶段性。与题干不符，排除。

C项：个别差异性是指个体的心理发展总要经历一些共同的发展阶段，但是发展起止时间有早晚、发展速度有快慢，最终水平和优势领域也不相同。与题干不符，排除。

D项：连续性强调个体身心发展是一个持续不断的变化过程。与题干不符，排除。

故正确答案为B。

4.【答案】C。良师解析：本题考查学生认知方式差异，威特金将学生的认知方式分为场独立型和场依存型。场依存型的学生对客观事物的判断常以外部线索为依据，其态度和自我认知易受周围环境或背景的影响，往往不易独立地对事物作出判断，而是人云亦云，从他人处获得标准。行为常以社会为定向，社会敏感性强，爱好社交活动。C项正确。

A项：冲动型的学生在解决认知任务时，总是急于给出问题的答案，而不习惯对解决问题的各种可能性进行全面思考，有时问题还未弄清楚就开始解答。这种类型的学生认知问题的速度虽然很快，但错误率高，在运用低层次事实性信息的问题解决中占优势。与题干不符，排除。

B项：沉思型学生在解决认知任务时，总是谨慎、全面地检查各种假设，在确认没有问题的情况下才会给出答案。这种类型的学生认知问题的速度虽然慢，但错误率很低，在解决高层次问题中占有优势。与题干不符，排除。

D项：场独立型的学生对客观事物的判断常以自己的内部线索为依据，不易受周围环境因素的影响和干扰，倾向于对事物的独立判断，行为常是非社会定向的，社会敏感性差，不善于社交，关心抽象的概念和理论，喜欢独处。与题干不符，排除。

故正确答案为C。

5.【答案】B。良师解析：本题考查皮亚杰认知发展阶段理论。在皮亚杰认知发展阶段理论中，同化即把环境因素纳入已有的图式中，使之成为自身的一部分，从而加强和丰富原有图式。在同化的过程中图式没有发生根本性的变化。B项理解有误。

A项：图式是指个体对世界的知觉、理解和思考的方式，也即心理活动的结构和组织。图式是指有组织的思考或行动的模式，是用来了解周围世界的认知结构。与题干不符，排除。

C项：顺应即改变原有图式（认知结构），以适应环境。与题干不符，排除。

D项平衡是同化和顺应之间"均衡"的平衡过程。平衡是一种心理状态，当个体已有的认知结构能够轻松地同化环境中的新经验时，就会感到平衡，否则就会感到失衡。与题干不符，排除。

本题为选非题，故正确答案为B。

6.【答案】A。良师解析：本题考查认知发展阶段理论。认知发展阶段理论是著名的发展心理学家皮亚杰提出的，被公认为20世纪发展心理学上最权威的理论。皮亚杰认知发展阶段理论具有丰富的思想性和启迪性，极大地推动了儿童认知发展研究的进步。A项正确。

B项：柯尔伯格提出的是道德发展阶段论。与题干不符，排除。

C项：维果茨基在关于人类心理的社会起源，儿童发展对教育、教学的依赖关系等方面有很独特的论述，提出了"最近发展区"思想和儿童智力发展的内化学说。虽然维果茨基在认知发展理论方面也有研究，但与皮亚杰的理论研究的角度不同，目前是以皮亚杰的认知发展阶段理论作为发展心理学界最具权威的理论观点之一。与题干不符，排除。

D项：埃里克森提出的是人格发展阶段理论。与题干不符，排除。

故正确答案为A。

7.【答案】B。良师解析：本题考查的是教育心理学中青少年心理发展的阶段特征。少年期是个体从童年期向青年期过渡的时期，大致相当于初中阶段。有些心理学家把这一时期称为"危险期"或"心理断乳期"，意味着在这一时期，儿童将从心理上摆脱对成人的依赖，表现出追求独立的倾向。B项正确。

A项：小学阶段，又称学龄初期。这一时期学习成为儿童的主导活动。与题干不符，排除。

C项：青年初期相当于高中阶段。这是个体在生理、心理和社会性上向成人接近的时期。与题干不符，排除。

D项：大学阶段是人的青年期，是个体身心两方面逐步走向成熟的时期，也是个体从准备投入社会生活向正式投入社会生活转变的时期。与题干不符，排除。

故正确答案为B。

8.【答案】A。良师解析：本题考查口头言语发展的关键期。幼儿期是语言急速发展的阶段：1岁是儿童积极理解语言的最佳时期；2~3岁是学习口头言语的最佳时期；4~5岁是学习书面语的最佳时期。故正确答案为A。

9.【答案】A。良师解析：本题考查最近发展区。维果茨基认为，至少要确定两种发展的水平。第一种水平是现有发展水平。这是指由于一定已经完成的发展系统的结果而形成的心理机能的发展水平。第二种是在有指导的情况下借别人的帮助所达到的解决问题的水平，也是通过教学所获得的潜力。这样在智力活动中，对所要解决的问题和原有独立活动之间可能存在差异，这就是最近发展区。在最近发展区内促进儿童更快更好地发展体现了儿童发展的可能性。A项正确。BCD三项与题干不符，排除。故正确答案为A。

10.【答案】D。良师解析：本题考查皮亚杰的认知发展阶段理论。皮亚杰按照认知结构的特征把整个认知发展划分为四个依次出现的阶段，分别为感知运算阶段（0~2岁）、前运算阶段（2~7岁）、具体运算阶段（7~11岁）、形式运算阶段（11~15岁）。每一个阶段形成与前一阶段不同的认知能力，标志着儿童获得了适应环境的新方式。其中处于形式运算阶段（11~15岁）的少年最大的特点是已经摆脱了具体可感知事物对思维的束缚。D项正确。ABC三项与题干不符，排除。故正确答案为D。

11.【答案】A。良师解析：本题考查影响学生心理个别差异的因素。学生心理的个别差异包括性格的个别差异、智力的个别差异、认知方式的个别差异等。造成学生心理个别差异的原因包括遗传、社会环境和学校教育。A项正确。BCD三项与题干不符，排除。故正确答案为A。

12.【答案】C。良师解析：本题考查初中阶段学生的个性发展。初中生处于青少年初期阶段，又称"心理断乳期"或"危险期"。初中生的个性发展特点是自我意识空前发展，有了质的飞跃，这是自我意识发展的第二个阶段。自我意识的高涨使得初中生开始以一种全新的目光看待自己、看待别人、看待人际关系和价值理念。他们的内心世界越发丰富起来，在日常生活和学习中，常常将很多心智用于内省。C项正确。

A项：从小学阶段开始，学生的个性结构已经开始不断完善，因此A项并非是初中生个性结构的主要特点。与题干不符，排除。

B项：自我意识的发展经历两个飞跃期。其中一个是在1~3岁，儿童可以用代词"我"来标志自己。也就是说婴幼儿时期自我意识发展也很迅速。与题干不符，排除。

D项：自尊心、自信心是从童年期开始的，初中期反抗性是一个突出特征。与题干不符，排除。

故正确答案为C。

13.【答案】C。良师解析：本题考查皮亚杰认知发展阶段理论。皮亚杰认为认知发展是一个主动建构的过程，是个体在与环境的相互作用中实现的。他提出了认知发展的阶段理论，将个体的认知发展分为四个阶段：感知运算阶段、前运算阶段、具体运算阶段和形式运算阶段。具体运算阶段学生的特点：（1）具有了抽象概念，思维可以逆转，能够进行逻辑推理；（2）获得了长度、体积、重量和面积等方面的守恒关系；（3）能凭借具体事物或从具体事物中获得的表象进行逻辑思维（具体逻辑思维）和群集运算，但仍局限于具体事物，缺乏抽象性；（4）儿童逐渐学会从他人的角度看问题，去自我中心得到发展。C项正确。

A项：感知运算阶段的儿童认知发展的主要特征是感觉和动作的分化。儿童只能依靠自己的肌肉动作和感觉应付环境中的刺激。思维也开始萌芽，并获得"客体永久性"概念。与题干不符，排除。

B项：前运算阶段儿童认知发展的主要特征表现为：（1）早期的符号功能，随着年龄增长，儿童越来越多地使用符号来表示外部世界，如用"牛""羊"来代表真正的牛和羊等；（2）本阶段儿童的思维还具有只能前推、不能后退的不可逆性；（3）认为外界一切事物都是有生命的，即所谓的泛灵论；（4）认为其他的所有人跟自己都有相同的感受，表现为不为他人着想，一切以自我为中心；（5）本阶段儿童在注意事物的某一方面时往往忽略其他的方面，即思维具有刻板性；（6）与思维的不可逆性和刻板性等特点相联系，儿童尚未获得物体守恒的概念。守恒是指物体事物不论其形态如何变化，其物质量是恒定不变的。

故正确答案为C。

14.【答案】C。良师解析：本题考查的是认知风格的特点，认知风格根据对客观环境的依赖程度可分为场依存型和场独立型。场依存型的个体较多地依赖自己所处的周围环境为外在参照，容易受环境影响。结合题意，题干中孩子的认知风格属于场依存型。C项正确。

A项：冲动型认知方式的学生在解决问题时，往往很快形成自己的看法，在回答问题时往往根据问题的部分信息或未对问题做透彻的分析就仓促作出决定，反应速度快，但容易发生错误，而题干中并没有强调孩子反应快，容易发生错误。与题干不符，排除。

B项：沉思型认知方式的学生在碰到问题时不急于回答，而是倾向于深思熟虑，用充足的时间考虑、审视问题，权衡各种问题的解决方法，评估各种可替代的答案，然后从中选择一个满足多种条件的、较有把握的最佳答案，因而错误较少。而题干没有强调孩子深思熟虑。与题干不符，排除。

D项：场独立型的个体和场依存型刚好相反。较多依赖自己内部的参照，不易受外来因素影响和干扰，独立对事物作出判断的称为场独立性。而题干描述的是孩子容易受到周围环境的影响。与题意相违背，排除。

故正确答案为C。

15.【答案】B。良师解析：本题考查的是各年龄阶段学生的心理发展特点。小学中年级学生一般是三、四年级的学生，他们对外界事物有了自己的认识态度，开始尝试自己作出判断。但是他们意志薄弱，存在逆反心理，当他们对学校和学习的新鲜感退去，自然也就对学习兴趣不高，出现了厌学的苗头，所以需要重点监视学生是否遵守规则和程序的年龄阶段是小学中年级。B项正确。

A项：幼儿园和小学低年级学生对老师有特殊的依恋心理，几乎无条件地信任老师。他们对老师的信任超过了对家长的信任，所以他们会遵守规则和程序，不需要重点监视。与题干不符，排除。

C项：小学毕业和初中阶段的学生社会性道德感有很大发展，情感的稳定性和控制能力有所增强。行动的冲动性和受暗示性大为减少，行为的自我调节能力有了明显的进步，所以不需要重点监视他们是否遵守规则和程序。与题干不符，排除。

D 项：高中生正处在心理上脱离父母的时期，随着自我意识的加强，独立思考和处理事物能力的发展，在心理和行为上表现出强烈的自主性，会自觉遵守规则和程序，不需要重点监视。与题干不符，排除。

故正确答案为 B。

16.【答案】C。良师解析：本题考查埃里克森的人格发展阶段论。自我同一性是指个体组织自己的动机、能力、信仰及活动经验而形成的有关自我的一致性的形象。自我同一性的形成要求谨慎地选择和决策，尤其体现在职业定向、性别角色分化等方面。如果青少年不能整合这些方面和各种选择，或者根本无法在其中进行选择，就会导致角色混乱。

A 项：4~7 岁儿童的主要任务是培养主动性，儿童喜欢尝试探索环境，承担并学习掌握新的任务。

B 项：7~12 岁的儿童发展任务是培养勤奋感。如果他们能顺利地完成学习课程及获得由此带来的长辈的认可和赞许，他们就会获得勤奋感，反之，就会产生自卑感。与题干不符，排除。

D 项：0~2 岁的婴儿发展任务是发展对周围世界，尤其是对社会环境的基本态度，培养信任感。如果父母或照料者给予婴儿适当的、稳定的与不间断的关切、照顾，婴儿就会对父母产生一种信任感，认为这个世界是安全和可信赖的。与题干不符，排除。

故正确答案为 C。

三、多项选择题

1.【答案】BCD。良师解析：本题考查的是皮亚杰认知发展阶段理论的内容。皮亚杰将儿童的认知发展分为四个阶段，每个阶段的儿童的认知发展都有差异，因此教育教学应该尊重其认知发展规律。他的"三山实验"出现在前运算阶段（2~7 岁）。这一实验说明 2~7 岁的儿童一切以自我为中心，不能从对方的观点考虑问题，以为每个人看到的世界正如他自己所看到的一样。由此可见，BCD 三项正确。

A 项：2~7 岁幼儿处于前运算阶段，形式运算阶段是十一二岁以后。说法有误，排除。

故正确答案为 BCD。

2.【答案】BCD。良师解析：本题考查皮亚杰心理发展的理论。皮亚杰认为发展的实质是图式在环境影响下不断通过同化、顺应，而达到平衡状态的过程。BCD 三项正确。A 项：皮亚杰认为发展的实质是图式在环境影响下不断通过同化、顺应，而达到平衡状态的过程，没有涉及目标这一术语。为干扰选项，排除。

故正确答案为 BCD。

3.【答案】ABC。良师解析：本题考查皮亚杰认知发展的阶段论。

A 项：形式运算阶段儿童的思维是以命题形式进行的，并能发现命题之间的关系。正确。

B 项：形式运算阶段儿童能够根据逻辑推理、归纳或演绎的方式来解决问题。正确。

C 项：形式运算阶段儿童具有抽象逻辑思维，能理解符号的意义、隐喻和直喻。正确。

D 项：前运算阶段的儿童认为其他的所有人跟自己都有相同的感受，表现为不为他人着想，一切以自我为中心。此为干扰选项，排除。

故正确答案为 ABC。

4.【答案】ABD。良师解析：本题考查学生心理发展阶段。我国心理学家将个体的心理发展划分为八个阶段：乳儿期（0~1 岁）、婴儿期（1~3 岁）、幼儿期（3~6，7 岁）、童年期（6，7~11，12 岁）、少年期（11，12~14，15 岁）、青年期（14，15~25 岁）、成年期（25~65 岁）、老年期（65 岁以后）。童年期又称学龄初期，是个体一生发展的基础时期，也是生长发育最旺盛、变化最快、可塑性最强、接受教育最佳的时期。少年期大致相当于初中阶段，是个体从童年期向青年期过渡的时期，具有半成熟、半幼稚的特点。整个少年期充满独立性和依赖性、自觉性和幼稚性错综的矛盾。青年初期相当于高中时期，是个体在生理上、心理上和社会性上向成人接近的时期。这一时期的青年，智力接近成熟、抽象逻辑思维由经验型向理论型转化，开始出现辩证思维，与人生观相联系的情感占主要地位，道德感、理智感和美感有了深刻的发展。C 项说法正确，排除。

本题为选非题，故正确答案为 ABD。

5.【答案】AD。良师解析：本题考查对学生差异的识记、理解情况。

A 项：智力在性别上总体水平大致相等，但在智力分布上有显著区别。男女的智力结构存在差异，在感知觉、思维方式、注意力、言语等方面都有各自的优势领域。正确。

B 项：男女性别角色差异表现在认知、情绪、自我意识、个性特征与交往等方面。

C 项：性别差异心理主要是后天被社会文化建构的。表述错误，排除。

D 项：由于受生理因素和社会因素的影响，特别是家庭和社会文化因素的影响，男女之间存在着种种差异。这些差异在心理上主要表现为认知、情绪、自我意识、个性特征与交往等方面。性别差异心理源于社会文化环境。正确。

故正确答案为 AD。

6.【答案】BC。良师解析：本题考查的是道德。道德意义上的良心是一种道德心理现象，是指主体对自身道德责任和道德义务的一种自觉意识和情感体验，以及以此为基础而形成的对道德自我、道德活动进行评价与调控的心理机制。因此本题选 BC。

7.【答案】BCD。良师解析：本题考查的是道德情感的表现方式。道德情感的表现形式主要有三种：直觉的道德情感、想象的道德情感和伦理的道德情感。因此本题选 BCD。

8.【答案】AC。良师解析：本题考查的是品德的形成。个人品德是通过个人自觉的道德修养和社会道德教育所形成的稳定的心理状态和行为习惯。它表现为个体对某种道德要求的强烈认同、对道德情感的充分表达、对社会道德的执着践履。从概念中我们可以看出，B 项观点错误，除了道德教育外，还可以通过个人自觉的修养，即"自律"来培养道德品质；D 项观点错误，道德品质不是个人在一次两次的道德行为中表现出来的偶尔的心理特征，而是对社会道德的执着践履。AC 两项正确。因此本题选 AC。

9.【答案】BCD。良师解析：本题考查的是影响态度与品德发展的条件。认知失调、态度定式与道德认知是影响学生态度与品德发展的内部条件。同伴群体是影响态度与品德发展的外部条件。因此本题选 BCD。

10.【答案】ACD。良师解析：本题考查的是道德认识。从小学时期开始，儿童形成系统的道德及相应的道德行为习惯，但小学生的道德认识能力具有依附性，同时也缺乏原则性，但发展趋势是稳定的、和谐的。因此本题选 ACD。

11.【答案】BC。良师解析：本题考查的是科尔伯格的道德发展理论。AD 项是皮亚杰关于道德发展的理论。因此本题选 BC。

12.【答案】CD。良师解析：本题考查的是科尔伯格的道德发展理论。后习俗水平包括以下两个阶段：(1) 社会契约的道德定向阶段（又称社会法制取向或社会契约取向阶段）；(2) 普遍原则的道德定向阶段（称原则或良心定向阶段、良心或普遍原则定向、普遍伦理取向阶段）。因此本题选 CD。

13.【答案】AD。良师解析：本题考查的是学生的个别差异。有关研究表明，场独立型和场依存型与学生的学习习惯和特点有关系。一般来说，在学科兴趣上，场独立型者较倾向于喜欢自然科学，而场依存型者则喜欢人文社会科学。因此本题选 AD。

14.【答案】AB。良师解析：本题考查的是个体身心发展规律。这句话的意思是注意防备前面，后面的兵力就薄弱；注意防备后面，前面的兵力就薄弱；注意防备左翼，右翼的兵力就薄弱；

注意防备右翼，左翼的兵力就薄弱；处处防备，就处处兵力薄弱。表现在人的发展方面说明每个人都不是全能的，有自己的优势和劣势，要集中力量克服一点，不能分散精力，处处小心；在教育上我们要因材施教，不能一刀切。CD 两项与题意不符。因此本题选 AB。

15. 【答案】ABC。良师解析：本题考查的是智力差异。智力差异包括个体差异和群体差异。个体差异包括智力类型差异、智力发展水平的差异和智力表现早晚的差异。群体差异是指不同群体之间的智力差异，包括智力的性别差异、年龄差异、种族差异等。因此本题选 ABC。

16. 【答案】ACD。良师解析：本题考查的是皮亚杰的认知发展理论。处于前运算阶段的儿童思维的主要特点表现在以下几方面：（1）思维的片面性；（2）不可逆性；（3）自我中心主义。"我一走，月亮就跟我走"，体现了自我中心主义。"他们的思维只能前推不能后退"，体现了不可逆性。"对物体的认识受其形态变化的影响"，体现了思维的片面性，即尚未形成守恒的概念。因此本题选 ACD。

第三章　学习心理

一、判断题

1. 【答案】B。良师解析：本题考查的是思维定式对问题解决的影响。思维定式是指由先前的活动所形成并影响后继活动趋势的一种心理准备状态，通常表现为以最熟悉的方式作出反应或者解决问题。在环境不变的条件下，定式使人能够应用已掌握的方法迅速解决问题。而在情境发生变化时，它则会妨碍人采用新的方法。所以思维定式对有效解决问题并不是只有坏处没有好处，要根据具体情况来看。题干说得过于绝对。故表述错误。

2. 【答案】B。良师解析：本题考查的是正强化和负强化的联系与区别。正强化是呈现愉快刺激以提高反应概率的过程。负强化是取消厌恶性刺激以提高反应概率的过程。所以正强化和负强化都能增加以后反应发生的概率，题干说法不正确。故表述错误。

3. 【答案】B。良师解析：本题考查负强化和惩罚的区别。负强化是消除厌恶刺激以增加行为反应概率，而惩罚是施加厌恶刺激以降低行为反应概率。二者实质是不同的。故表述错误。

4. 【答案】B。良师解析：本题考查联结学习理论。巴甫洛夫是俄国著名的生理学家，他通过对狗的消化腺分泌变化进行研究，提出了著名的经典条件作用论。斯金纳是后期行为主义心理学最具影响力的心理学家，他坚持科学、客观、控制的行为主义传统，继承了刺激反应的学习观，以动物实验来研究学习规律。在桑代克等前人的基础上，他提出了对教育心理学影响巨大的操作条件作用论。故表述错误。

5. 【答案】A。良师解析：本题考查对学习动机的理解。动机强度与学习效率的关系并不是线性的关系，而是成倒"U"形曲线关系。也就是说，学习动机的强度有一个最佳水平，即动机水平适中，此时的学习效率最高；一旦超过了顶峰状态，动机程度过强时就会对活动的结果产生一定的阻碍作用。当然，如果动机水平过低，也不会有高效率的活动。故表述正确。

6. 【答案】B。良师解析：本题考查学习动机的分类。外在动机是在外部刺激的作用下产生的，是为了获得某种奖励而产生的动机。内在动机是由个体的内部需要所引起的动机。一般来说，内部动机支配下的行为更具有持久性。故表述错误。

7. 【答案】B。良师解析：本题考查的是学习动机与学习效果之间的关系。学习动机与学习效果的关系并不是直接的，它们之间往往以学习行为为中介。学习动机强，学习行为不够积极，也不会产生好的学习效果，所以不能说学习动机越强，学习效果越好。故表述错误。

8. 【答案】A。良师解析：本题考查学习迁移的分类。一般迁移也称非特殊迁移，是指在一种学习中所习得的一般原理、原则和态度对另一种具体内容学习的影响，即将原理、原则和态度具体化，运用到具体的事例中。故表述正确。

9.【答案】B。**良师解析**：本题考查定式。思维定式有时也称定式，是指由先前的活动所形成并影响后继活动趋势的一种心理准备状态，通常表现为以最熟悉的方式作出反应或者解决问题。定式在问题解决中有积极作用，也有消极影响。故表述错误。

10.【答案】A。**良师解析**：本题考查的是韦纳的成败归因理论。韦纳认为，人们活动成败的原因即行为责任主要归结为六个因素，即能力高低、努力程度、工作难度、运气好坏、身心状态、外界环境等。其中只有努力是可以控制的因素，所以教师引导学生做努力归因就能激发其进一步学习的动力。而其他归因因素都是不可控的因素，并不能起到这样的效果。故表述正确。

二、填空题

1.【答案】班杜拉。**良师解析**：本题考查自我效能感的提出者。自我效能感最早是美国著名心理学家班杜拉于20世纪70年代在其著作《思想和行为的社会基础》中提出的。班杜拉对自我效能感的定义是"人们对自身能否利用所拥有的技能去完成某项工作行为的自信程度"。故正确答案为班杜拉。

2.【答案】道德认知。**良师解析**：本题考查品德的构成成分。品德包含道德认知、道德情感、道德意志、道德行为等心理成分，这些成分既相互独立，又相互联系、相互影响，构成一个完整的品德结构，被称为品德的知、情、意、行结构。其中道德认知是核心，道德行为是关键。故正确答案为道德认知。

3.【答案】直接强化　替代强化。**良师解析**：本题考查班杜拉动机过程的三种强化形式。在动机过程中，观察者的模仿动机存在三种来源：直接强化、替代强化和自我强化。直接强化指在社会认知理论中，直接强化的作用并不是增强行为，而是提供了信息和诱因。替代强化指观察者因看到榜样受强化而受到的强化。自我强化指社会向个体传递某一行为标准，当个体的行为表现符合甚至超过这一标准时，他就对自己的行为进行自我奖励。故正确答案为直接强化和替代强化。

4.【答案】有意义接受学习。**良师解析**：本题考查对奥苏贝尔的有意义学习理论的理解。奥苏贝尔与布鲁纳是同一时代的美国教育心理学家，他也重视认知结构，但他强调有意义接受学习，认为学生的学习主要是有意义接受学习。并且有意义接受学习的内部心理机制是同化。故正确答案为有意义接受学习。

5.【答案】建构主义。**良师解析**：本题考查对建构主义学生观的识记与理解。当今建构主义学习理论的基本观点有知识观、学习观、学生观、教学观。其中建构主义学生观强调学生经验世界的丰富性和差异性，即强调学生并不是空着脑袋走进教室，教师不能无视学生的经验，而要将其作为新知识的生长点。故正确答案为建构主义。

6.【答案】操作。**良师解析**：本题考查对操作技能的理解。根据技能的性质和表现形式，通常把技能分为操作技能和心智技能。操作技能的特点：动作对象具有物质性、动作进行具有外显性、动作结构具有展开性。很明显，题干中开汽车、打篮球、跳健美操都属于操作技能。故正确答案为操作。

7.【答案】发现学习。**良师解析**：本题考查的是奥苏贝尔对学习的分类。奥苏贝尔根据学习材料与学习者原有知识结构的关系，将学习分为有意义学习与机械学习。根据学习的方式将学习分为接受学习和发现学习。故正确答案为发现学习。

8.【答案】道德情感。**良师解析**：本题考查品德的心理结构。品德又称道德品质，是个体依据一定的社会道德准则规范自己行动时所表现出来的稳定的心理倾向和特征。品德的心理结构包括四种相辅相成的基本心理成分：道德认知、道德情感、道德意志和道德行为，简称知、情、意、行。故正确答案为道德情感。

9.【答案】可控性。良师解析：美国心理学家韦纳对行为结果的归因进行了系统探讨，并把归因分为三个维度：内在性、稳定性和可控性。

10.【答案】言语直观。良师解析：本题考查直观教学中的三种形式。直观教学的基本形式包括实物直观、模像直观、言语直观。实物直观指在感知实际事物的基础上提供感性材料的直观教学方式。模像直观指观察与教材相关的模型与图像（如图片、图表、幻灯、电影、录像、电视等），形成感知表象。言语直观指在生动形象的言语作用下唤起学生头脑中的表象，以提供感性材料的直观方式。故正确答案为言语直观。

11.【答案】发现问题。良师解析：本题考查的是问题解决的四个阶段。问题解决的过程一般可分为发现问题、理解问题、提出假设和检验假设四个阶段。提出假设是问题解决的关键阶段。故正确答案为发现问题。

三、单项选择题

1.【答案】D。良师解析：本题考查班杜拉的观察学习理论。替代强化是指观察者因看到榜样受到强化而受到的强化。D项正确。AC两项直接强化即外部强化，在社会认知理论中，直接强化的作用并不是增强行为，而是提供了信息和诱因。与题意不符，排除。

B项：自我强化是依赖于社会传递的结果。社会向个体传递某一行为标准，当个体的行为表现符合甚至超过这一标准时，他就对自己的行为进行自我奖励。与题意不符，排除。

故正确答案为D。

2.【答案】D。良师解析：本题考查建构主义的学习观。个人建构主义的学习观最早是由心理学家提出的。个人建构主义的学习观认为，知识不是被动吸收的而是由认知主体主动建构的。建构主义学习观强调学习的情境性、社会互动性和主动建构。建构主义不强调学习的虚拟性。从根本上来说没有任何一个学习的理论流派强调学习的虚拟性。D项当选。

A项：学习的主动建构性是指学生能够主动地对已有知识经验进行综合、重组和改造，从而用以解释新信息，并最终建构属于个人意义的知识内容。与题干不符，排除。

B项：社会互动性主要表现为学习者和学习都不是孤立的，而是在一定的社会文化环境下进行的。与题干不符，排除。

C项：学习的情境性主要指学习、知识和智慧的情境性，认为知识是不可能脱离活动情境而孤立存在的。只有通过实际应用活动，知识才能真正被理解。与题干不符，排除。

本题为选非题，故正确答案为D。

3.【答案】B。良师解析：本题考查的是斯金纳的操作性条件反射。斯金纳是美国心理学家，是新行为主义学派的代表人物，他一生致力于操作性条件反射的研究。他提出了"强化论"，认为把实验中动物的行为分解为几个简单动作，然后按一定程序有步骤地进行强化，就可以使动物学会复杂的行为。斯金纳把这种按程序进行强化的原理应用到教学中去，创造了程序教学法。B项正确。

A项：结构教学是指在一定教育思想、教学理论、学习理论指导下的，在某种环境中展开的，由教师、学生、教材和教学媒体这四个要素的相互联系、相互作用而形成的教学活动进程的稳定结构形式。它的基本理论是皮亚杰的认知结构学说和布鲁纳的学科结构理论。与题干不符，排除。

C项：认知教学主张在理解语言规则的前提下，进行有意识的学习和操练。这种理论的代表人物主要是布鲁纳和奥苏贝尔。与题干不符，排除。

D项：情境教学是指在教学过程中，教师有目的地引入或创设具有一定情绪色彩的、以形象为主体的生动具体的场景，以引起学生一定的态度体验，从而帮助学生理解教材，并使学生的心理机能得到发展的教学方法。其理论基础是情感和认知相互作用、认识的直观原理、思维可循，代表人物是中国的李吉林。与题干不符，排除。

故正确答案为 B。

4.【答案】B。良师解析：本题考查的是奥苏贝尔的学习分类。奥苏贝尔依据学习方式的不同，将学习分为接受学习和发现学习；依据学习内容及其与学习者原有知识的关系，将学习分为有意义学习和机械学习。发现学习指教育者只提示有关的学习内容，学习者依靠自己的能力，通过独立发现的步骤获得知识和寻求解决问题的方法。B 项正确。

A 项：接受学习指教育者系统地向学生传授知识，学习者以接受的方式得到知识。与题干不符，排除。

C 项：有意义学习指学习者理解语言、文字所代表的知识，并能应用知识解决问题。与题干不符，排除。

D 项：机械学习指学习没有意义联系的材料，或学习者在学习中并未理解材料间的意义联系。与题干不符，排除。

故正确答案为 B。

5.【答案】A。良师解析：本题考查的是建构主义学习理论的主要观点：知识观、学习观、学生观以及教学观。（1）建构主义知识观：建构主义在一定程度上对知识的客观性和确定性提出疑问，强调知识的动态性；（2）建构主义学习观：建构主义强调学习的主动建构性、社会互动性和情境性；（3）建构主义学生观：建构主义强调学生经验世界的丰富性和差异性；（4）建构主义教学观：由于知识的动态性和相对性以及学习的建构过程，教学不再是传递客观而确定的现成知识，而是激活学生原有的相关知识经验，促进知识经验的"生长"，促进学生的知识建构活动，以实现知识经验的重新组织、转换和改造。A 项正确。

B 项：人本主义理论强调人的价值，强调人的发展潜能。与题干不符，排除。

C 项：精神分析理论属于心理动力学理论，是奥地利精神病医师、心理学家弗洛伊德于 19 世纪末 20 世纪初创立的。精神分析理论是现代心理学的奠基石，它的影响远不限于临床心理学领域，对整个心理科学乃至西方人文科学的各个领域均有深远的影响，可与达尔文的进化论相提并论。该理论主要阐述人的精神活动。与题干不符，排除。

D 项：行为主义理论重视环境和经验的作用，强调可观察的外部行为，认为行为的多次愉快或痛苦的后果改变了个体的行为。与题干不符，排除。

故正确答案为 A。

6.【答案】D。良师解析：本题考查的是对加涅的学习分类的识记与理解。著名教育心理学家和教学设计专家加涅根据学习情境由简单到复杂、学习水平由低到高的顺序对学习进行分类，是西方影响较大的一种分类方法。学生对相似的、易混淆的单词分别作出正确反应的学习，即学习一系列类似的刺激，并对每种刺激作出适当的反应，属于辨别学习。D 项正确。

A 项：信号学习指学习对某种信号刺激作出一般性和弥散性的反应。如巴甫洛夫的经典条件反射。与题干不符，排除。

B 项：系统学习完全不属于加涅的学习层次分类。与题干不符，排除。

C 项：言语联结学习指形成一系列言语单位的联结，即言语连锁化。与题干不符，排除。

故正确答案为 D。

7.【答案】D。良师解析：本题考查桑代克的联结—试误说。桑代克认为学习的过程就是形成刺激与反立之间联结的过程，而联结是通过尝试错误的过程建立的。学习的进程是一种渐进的、盲目的、尝试错误的过程。在此过程中随着错误反应的逐渐减少和正确反应的逐渐增加，而最终在刺激与反应之间形成牢固的联结。这种理论又被称为尝试—错误论，简称试误论。桑代克的联结—试误学习理论是教育心理学史上第一个较为完整的学习理论。D 项正确。

A项：格式塔心理学家认为，学习不是一个刺激和反应之间逐步形成联结的过程，而是一个顿悟的过程。与题干不符，排除。

B项：瑞士心理学家皮亚杰认为，所有生物包括人都有适应和建构的倾向。个体对环境作出的适应性变化并不是消极被动的过程，而是一种内部结构的积极建构过程。它通过两种形式实现同化和顺应。与题干不符，排除。

C项：学习的实质是主动形成认知结构。与题干不符，排除。

故正确答案为D。

8.【答案】B。良师解析：本题考查巴甫洛夫的经典条件作用理论。泛化是对相似的刺激以同样的方式作出反应。"一朝被蛇咬，十年怕井绳"就是这种现象。B项正确。

A项：刺激分化是指通过选择性强化和消退，使有机体学会对条件刺激和与条件刺激相类似的刺激作出不同的反应。即辨别对相似但不同的刺激作出不同的反应。与题干不符，排除。

C项：干扰选项，一般不做此种表述。与题干不符，排除。

D项：强化是采用适当的强化物而使机体反应频率、强度和速度增加的过程。凡是能增强行为频率的刺激或事件均叫作强化物。与题干不符，排除。

故正确答案为B。

9.【答案】A。良师解析：本题考查奥苏贝尔的"先行组织者"概念。先行组织者是美国教育心理学家奥苏贝尔提出的一个教育心理学的重要概念。所谓先行组织者，是先于学习任务本身呈现的一种引导性材料。它的抽象、概括和综合水平高于学习任务，并且与认知结构中原有的观念和新的学习任务相关联。先行组织者在学生学习较陌生的新知识，缺乏必要的背景知识准备时对学生的学习可以起到明显的促进作用，有助于学生理解不熟悉的教材内容。A项正确。

B项：杜威是美国著名的教育家，其主要贡献有：提出实用主义教育思想；论教育的本质，认为"教育即生活""教育即生长""教育即经验"的改组或改造，"学校即社会"；提出教育无目的论；提出与传统教育相对应的新三中心论——儿童中心、活动中心、经验中心，提出"从做中学"的教学原则，强调从儿童的现实生活出发，利用儿童游戏的本能，让他们在活动中学习知识。与题干不符，排除。

C项：陶行知是我国著名教育家，其最著名的教育思想是生活教育思想，简单来说，生活教育的实质就是"以生活为中心的教育"。生活教育思想包括三个有机联系的部分：生活即教育，社会即学校，教学做合一。与题干不符，排除。

D项：班杜拉提出了社会学习理论，该理论认为儿童社会行为的习得主要是通过观察、模仿现实生活中重要人物的行为来完成的。任何有机体观察学习的过程都是在个体、环境和行为三者的相互作用下发生的，行为和环境是可以通过特定的组织而加以改变，三者对儿童行为塑造产生的影响取决于当时的环境和行为的性质。与题干不符，排除。

故正确答案为A。

10.【答案】C。良师解析：本题考查班杜拉的社会学习理论。班杜拉提出了社会学习理论，该理论认为儿童社会行为的习得主要是通过观察、模仿现实生活中重要人物的行为来完成的。任何有机体观察学习的过程都是在个体、环境和行为三种相互作用下发生的，行为和环境也可以通过特定的组织而加以改变的，三者对儿童行为塑造产生的影响取决于当时的环境和行为的性质。C项正确。

A项：巴甫洛夫是俄国生理学家、心理学家、高级神经活动学说的创始人，其主要成就为创设条件反射学说、提出两个信号系统学说等。与题干不符，排除。

B项：斯金纳为美国心理学家，新行为主义学习理论的创始人，也是新行为主义的主要代表，其主要成就为提出了操作性条件反射概念、强化学说等。与题干不符，排除。

D 项：布鲁纳是美国著名的认知教育心理学家，他提出了认知—结构学习论，主张学习的目的在于以发现学习的方式，使学科的基本结构转变为学生头脑中的认知结构。与题干不符，排除。

故正确答案为 C。

11. 【答案】D。良师解析：本题考查对加涅智慧技能层次理论的识记情况。1977 年，加涅根据学生在学习后所获得的各种能力，把学习结果分为五类，即言语信息的学习、智慧技能的学习、认知策略的学习、态度的学习、运动技能的学习。其中智慧技能的学习按不同的学习水平及其所包含的心理运算的复杂程度依次分为辨别（区分事物之间的不同点）、具体概念（识别具有共同特征的同类物体，不能通过下定义，只能从具体的实际例子中学）、定义性概念（运用概念的定义特征对事物分类，能够通过下定义揭示其正确的共同本质属性的概念）、规则（运用单一规则办事）、高级规则（同时运用几条规则办事）。D 项正确。

故正确答案为 D。

12. 【答案】C。良师解析：本题考查桑代克的联结—试误说。桑代克提出的三个定律，即准备律、练习律、效果律。题中只涉及 3 000 次的练习律，被试者被蒙上眼睛无法得知自己的学习结果，没有形成联结，致使效果不好。C 项正确。

A 项：导致该结果的原因并非是缺乏学习动机，而是没有对被试者的练习效果给予反馈，没有在出现好的练习结果后给予肯定。与题干不符，排除。

B 项：过度练习确实会造成疲惫和错误定型，因此要注意练习的量，过度学习的量不超过50%。但该练习并非是过度学习所致。与题干不符，排除。

D 项：主试者未对被试者进行学习评价是一方面，更重要的是没有给予其满意的回馈，没有形成联结，致使效果不好。与题干不符，排除。

故正确答案为 C。

13. 【答案】D。良师解析：本题考查布卢姆掌握学习理论。掌握学习是由美国心理学家布卢姆提出来的一种适应学习者个别差异的教学方法，该方法将学习内容分成小的单元，学生每次学习一个小的单元并参加单元考试，直到学生以 80%～90% 的掌握水平通过考试，才能进入下一个单元的学习。D 项正确。

故正确答案为 D。

14. 【答案】A。良师解析：本题考查梅耶的学习过程特点。梅耶的学习过程模式强调新旧知识之间的相互作用。具体过程：新信息被学习者注意后，进入短时记忆，同时激活长时记忆中的相关信息也进入短时记忆。新旧信息相互作用，产生新的意义并储存于长时记忆系统，或者产生外显的反应。A 项正确。

B 项：班杜拉强调模仿的作用。班杜拉认为观察学习是人的学习最重要的形式。学习是个体通过对他人的行为及其强化性结果的观察，获得某些新的行为反应或已有的行为反应得到修正的过程。与题干不符，排除。

C 项：斯金纳强调强化的作用。他提倡运用强化手段来塑造学生行为。与题干不符，排除。

D 项：暂时神经联系是大脑皮层的功能，本来对动物有机体没有意义的刺激物作用于感受器，在大脑的相应区域引起了兴奋，同时无条件刺激物在大脑的另一区域也引起了兴奋。经过不断反复，两个兴奋中心之间形成了暂时神经联系，从而形成条件反射，这是高级神经活动的最基本的形式。与题干不符，排除。

故正确答案为 A。

15. 【答案】A。良师解析：本题考查格式塔心理学的相关观点。格式塔心理学家苛勒认为，从学习结果来看学习并不是形成刺激—反应的联结，而是形成了新的完形，也就是学会整个刺激情境的相关关系。A 项正确。

B项：行为主义刺激—反应理论，代表人物巴甫洛夫、华生，他们认为学习的实质是一种刺激取代另一种刺激建立起条件反射的过程。与题干不符，排除。

C项：桑代克的联结—试误学习理论认为学习是一种渐进、盲目的、反复尝试错误的过程。

D项：该项为干扰项，与题干不符，排除。

故正确答案为A。

16.【答案】B。良师解析：本题考查的是行为主义学习理论强化原理的应用。负强化是指撤销或减弱原来存在的消极刺激或者条件以使某些行为发生的频率提高。李明妈妈的做法目的是希望李明认真完成作业，给予的刺激是不用参加大扫除，即通过撤销不愉快刺激来提高行为反应概率。属于一种负强化，B项正确。

A项：正强化是通过呈现愉快刺激来提高行为反应的概率。而题干说的是不用参加大扫除，是撤销一个厌恶刺激。与题干不符，排除。

C项：正惩罚是通过呈现不愉快的刺激来降低行为反应的概率。即当儿童出现不适宜的行为时，家长可以施加一个坏的刺激，给予儿童处罚的一种方法。而题干中李明妈妈并没有处罚李明。与题干不符，排除。

D项：负惩罚是指儿童出现一个不适宜行为时，去掉一个好的刺激，即不给予原有的奖励，以减少儿童不适宜行为的出现概率。而题干中李明妈妈的做法是为了增加李明按时完成作业的行为概率，并不是减少。与题干不符，排除。

故正确答案为B。

17.【答案】D。良师解析：本题考查的是行为主义学习理论强化原理的应用。强化包括正强化、负强化和消退三种类型。消退又称衰减，是指对原先可接受的某种行为强化的撤销。由于在一定时间内不予强化，此行为将自然下降并逐渐消退。故题干中描述的现象为消退，D项正确。

A项：惩罚是当有机体作出某种反应后，呈现一个厌恶刺激，以消除或抑制此类反应发生的过程。而题干说的是不再有强化物相伴。与题干不符，排除。

B项：正强化是通过呈现愉快刺激来提高行为反应的概率。与题干不符，排除。

C项：负强化是通过撤销不愉快刺激来提高行为反应的概率。与题干不符，排除。

故正确答案为D。

18.【答案】D。良师解析：本题考查的是认知心理学家关于学习的观点。奥苏贝尔从两个维度对学习进行了区分，根据学习进行的方式把学习分为接受学习与发现学习，又根据学习材料与学习者原有知识结构的关系把学习分为机械学习与有意义学习，并认为在学校情境中，学生的学习主要是有意义接受学习。布鲁纳认为学习的实质是主动地形成认知结构。故结合题意，D项正确。

A项：构建一种完形是苛勒关于学习实质的观点，不是奥苏贝尔的。与题干不符，排除。

B项：主动地建构认知结构是布鲁纳的观点，形成刺激与反应的联结是行为主义学习理论的观点。与题干不符，排除。

C项：奥苏贝尔关于学习的实质的观点是有意义接受学习，并不是有意义发现学习。与题干不符，排除。

故正确答案为D。

19.【答案】A。良师解析：本题考查的是行为主义学习理论强化原理的应用。替代性惩罚是指观察者由于看到别人的某一行为受到惩罚，而减少自己同样行为的倾向，即观察到的消极后果具有减弱人们以相同或相关的方式去行事的倾向。题干中学校杀一儆百的做法理论依据是替代性惩罚，A项正确。

B项：操作性条件反射核心内容是，如果一个人作出组织所希望的行为，那么组织就与此相联系，提供强化这种行为的因素；如果作出组织所不希望的行为，组织就应该给予惩罚，据此，就让组织成员学习组织所希望的行为并促使组织成员矫正不符合组织要求的行为。而题干的做法是要对学生引以为戒。与题干不符，排除。

C项：悟性是指对事物的感知力、思考力、洞察力，主要指对事物的理解能力和分场能力。题干中学校的做法，事实已经摆在学生面前，和人的悟性没有多大关系。与题干不符，排除。

D项：经典性条件反射是指一个刺激和另一个带有奖赏或惩罚的无条件刺激多次联结，可使个体学会在单独呈现该刺激时，也能引发类似无条件反应的条件反应。题干并没有体现多个刺激相互作用。与题干不符，排除。

故正确答案为A。

20.【答案】A。良师解析：本题考查的是加涅的学习分类。识别多种刺激的异同并对其作出不同的反应，这是一种辨别学习，A项正确。

B项：连锁学习是一系列刺激—反应的联合。与题干不符、排除。

C项：概念学习是对刺激进行分类时，学会对一类刺激作出同样的反应，也就是对事物的抽象特征的反应。题干强调识别多种刺激，与题干不符，排除。

D项：规则学习即了解两个或两个以上概念之间的关系。与题干不符，排除。

故正确答案为A。

21.【答案】B。良师解析：本题考查不同流派的学习理论。人本主义倡导有意义的自由学习观：学习是学习者自我参与的过程，既包括认知参与，也包括情感参与；学习是渗透性的，它会使学生的行为、态度以及个性等发生变化。所以人本主义认为学习只有在教材同学生自身的目的发生关系，由学生认知时，才能产生，学习不是单纯的教材或是知识的学习，强调知识的学习与学生实际生活的关系，与题干表述一致。B项正确。

A项：建构主义课程理论认为，学生不是空着脑袋走进教室的。教学不能无视学生的经验，另起炉灶，从外部装进新知识，而是要把儿童现有的知识经验作为新知识的生长点引导儿童从原有的知识经验中"生长"出新的知识经验。此项为干扰选项，排除。

C项：改造主义课程理论认为课程知识应该有助于学生的社会反思。课程的价值既不能根据学科知识本身的逻辑来判断，也不能根据学生的兴趣、需要来判断，而应该有助于学生的社会反思，唤醒学生的社会意识、社会责任和社会使命。此项为干扰选项，排除。

D项：要素主义课程理论认为课程设置首先要考虑的是国家和民族的利益，学校的课程应该给学生提供分化的、有组织的经验。而学科课程是给学生提供分化的、有组织的经验的最佳方法。此项为干扰选项，排除。

故正确答案为B。

22.【答案】C。良师解析：本题考查的是心理学实验。心理学家格塞尔通过双生子爬梯实验强调成熟机制对人的发展的决定作用。他认为，人的发展受基因决定的特定的顺序支配，完成了一定顺序后机体达到成熟，教育要想通过外部训练抢在成熟的时间表前面形成某种能力是低效的甚至是徒劳的。C项正确。

A项：苛勒等人通过著名的黑猩猩实验提出学习的本质，不是形成刺激—反应的联结，而是形成了新的完形。为干扰选项，排除。

B项：教育学、心理学的学科知识体系里没有对黑箱装置实验的描述。为干扰选项，排除。

D项：行为主义认为学习是刺激—反应直接的联结。为干扰选项，排除。

故正确答案为C。

23.【答案】C。良师解析：本题考查的是社会学习理论中学习者模仿动机的来源。在动机过程中，观察者的模仿动机存在三种来源：直接强化、替代强化和自我强化。自我强化依赖于社会传递的结果。社会向个体传递某一行为标准，当个体的行为表现符合甚至超过这一标准时，他就对自己的行为进行自我奖励。结合题意，学习者根据一定的评价标准进行自我评价和自我监督来强化相应学习，这属于一种自我强化。C项正确。

A项：直接强化在社会认知理论中，它的作用并不是增强行为，而是提供了信息和诱因。观察者对强化的期望影响了他注意榜样行为，激励他并使他记住可以模仿的、有价值的行为。与题干不符，排除。

B项：间接强化是让学习者从许多模范人物身上观察和学习态度。为了使态度的学习有效，就要让学习者亲眼看到或通过电影、电视、书报等媒体观察到模范人物在产生期望行为后，得到的表扬和奖励，使他们间接感受到了对正确态度的强化，并不是靠自我评价和监督。与题干不符，排除。

D项：替代强化是观察者因看到榜样受强化而受到的强化。与题干不符，排除。

故正确答案为C。

24.【答案】D。良师解析：本题考查奥苏贝尔对有意义学习的分类。符号学习是指学习单个符号或一组符号的意义。当儿童听到"鸟"或看到文字的"鸟"，就知道代表实际的鸟，能够将抽象的符号赋予实际的生活意义，这就是符号学习。D项正确。

A项：概念学习是指掌握概念的一般意义，其实质是掌握一类事物的共同的本质属性和关键特征。概念学习强调的是事物本质特征的掌握，题干中只是认识鸟这个字，并未涉及鸟的本质特征是什么，为干扰选项，排除。

B项：命题学习是指获得由几个概念构成的命题的复合意义，实际上是学习表示若干概念之间关系的判断。题干中没有涉及几个概念之间关系的表述，为干扰选项，排除。

C项：布鲁纳认为，发现是教育儿童的主要手段，学生掌握学科的基本结构的最好方法是发现学习。发现法是指用学生自己的头脑去亲自获得知识的一种形式。与奥苏贝尔对有意义学习的分类无关，为干扰选项，排除。

故正确答案为D。

25.【答案】B。良师解析：本题考查斯金纳的强化机制。负强化是取消厌恶性刺激以提高反应概率的过程。通过撤销"挨骂"这一厌恶刺激来激励学生考出好成绩符合负强化的概念。B项正确。

A项：正强化是呈现能提高反应概率的刺激的过程。有机体自发作出某种反应，得到正强化物，那么此类反应发生的概率增加。正强化在塑造行为中具有重要的作用。如"只要考出好成绩，就发奖学金"就是正强化。为干扰选项，排除。

C项：惩罚是当有机体作出某种反应后，呈现一个厌恶刺激，以消除或抑制此类反应发生的过程。如"只要考不出好成绩，就罚站"就是惩罚。为干扰选项，排除。

D项：有机体在作出某一行为反应后，不再有强化物伴随，那么，此类反应在将来发生的概率会降低，称之为消退。为干扰选项，排除。

故正确答案为B。

26.【答案】A。良师解析：本题考查学习理论。巴甫洛夫提出经典条件作用理论，并且根据条件刺激的特点，把大脑皮层的功能分为第一信号系统活动和第二信号系统活动。用具体事物作为条件刺激而建立的条件反射系统叫作第一信号系统，是人和动物共有的；用语词作为条件刺激而建立的条件反射系统叫作第二信号系统，如"谈虎色变"，它是人类和动物的条件反射活动的根本区别。A项正确。

B项：桑代克提出联结—试误说。他认为，学习的实质就是有机体通过尝试错误，在刺激情境与反应间建立联结的过程。迷笼实验中，猫通过不断地尝试错误行为在饥饿且受困的情境与按压开关的行为间形成了联结，从而学会了开箱取食。据此，他明确指出"学习即联结，心即一个人的联结系统"。为干扰选项，排除。

C项：苛勒等人通过著名的黑猩猩实验，得出完形—顿悟说，认为学习并不是形成刺激第一反应的联结，而是形成了新的完形。为干扰选项，排除。

D项：布鲁纳提出认知—发现学习理论，他认为学习的实质在于主动形成认知结构，而非被动地形成刺激—反应联结，发现是教育儿童的主要手段，学生掌握学科的基本结构的最好方法是发现学习。为干扰选项，排除。

故正确答案为A。

27.【答案】A。良师解析：本题考查的是考生对观察学习的理解。班杜拉认为观察学习是人的学习最重要的形式。学习是个体通过对他人的行为及其强化性结果的观察，获得某些新的行为反应或已有的行为反应得到修正的过程。学生通过对教师良好行为的观察，从而习得了正确价值观和行为。A项正确。

B项：自主学习是与传统的接受学习相对应的一种现代化学习方式。学生作为学习的主体，通过独立的分析、探索、实践、质疑、创造等方法来实现学习目标。与题干不符，排除。

C项：参与式学习是强调以人为本，学生积极投入，尊重学生学习主体性及个性发展的现代教育理念。主体性、互动性、平等性以及启发性是其重要特征。与题干不符，排除。

D项：接受式学习，即学习者把以现成的、定论的形式呈现给自己的学习材料，与其已形成的认知结构联系起来，以实现对这种学习材料的掌握的学习方式。与题干不符，排除。

故正确答案为A。

28.【答案】A。良师解析：本题考查对班杜拉强化形式的理解。替代强化指观察者因看到榜样的行为受强化而受到强化。教师在学生出现错误的时候并没有批评他而是进行鼓励，目的就是在全班面前树立榜样，希望全班同学得到替代强化，在生活中也能宽容待人。A项正确。

B项：此项为干扰项，与题干不符，排除。

C项：延迟强化指通过延迟满足，控制自己的冲动，以获得更有价值的奖励。与题干不符，排除。

D项：符号强化运用在教学上，又称标志强化，指教师运用一些醒目的符号、色彩的对比来强化教学活动。与题干不符，排除。

故正确答案为A。

29.【答案】C。良师解析：本题考查对加涅按学习结果分类的理解。智慧技能，表现为使用符号与环境相互作用的能力，如何将分数转化成百分数。C项正确。

A项：言语信息指陈述观念的能力，如背诵古诗词。与题干不符，排除。

B项：认知策略表现为用来调节和控制自己的注意、学习、记忆、思维和问题解决过程的内部组织起来的能力，如采取适合自己的学习方法。与题干不符，排除。

D项：动作技能，表现为平稳而流畅、精确而适时的动作操作能力，如做广播体操、跳舞等。与题干不符，排除。

故正确答案为C。

30.【答案】A。良师解析：本题考查对班杜拉强化形式的理解。替代强化指观察者因看到榜样的行为被强化而受到强化。教师通过张贴光荣榜给表现好的学生贴"红五角星"，目的就是希望全班同学得到替代强化，向优秀同学学习。A项正确。

B项：延迟强化指通过延迟满足，控制自己的冲动，以获得更有价值的奖励。与题干不符，排除。

C项：此项为干扰项，与题干不符，排除。

D项：符号强化运用在教学上，又称标志强化，指教师运用一些醒目的符号、色彩的对比来强化教学活动。与题干不符，排除。

故正确答案为A。

31.【答案】D。良师解析：本题考查人本主义学习理论。人本主义和其他学派最大的不同是特别强调人的正面本质和价值，并非集中研究人的问题行为。它强调人的成长和发展，称其为自我实现，主要理论是马斯洛提出的需要阶段和自我实现等理论。罗杰斯提出的个人中心治疗和题干所述就是人本主义学习理论的观点，D项正确。

A项行为主义学习理论认为一切学习都是通过条件作用，在刺激和反应之间建立直接联结的过程。强化在刺激—反应联结的建立中起着重要作用。与题干不符，排除。

B项认知主义学习理论认为学习的过程是有机体获得经验的过程，是通过积极主动的内部信息加工活动形成新的认知结构的过程。与题干不符，排除。

C项建构主义认为学习过程是学生能够主动地对已有知识经验进行综合、重组和改造，从而用以解释新信息，并最终建构属于个人意义的知识内容。与题干不符，排除。

故正确答案为D。

32.【答案】D。良师解析：本题考查对学习定义的理解。学习是指个体由于经验而引起的行为和行为潜能的相对持久的变化。膝跳反应和蜘蛛结网属于本能，谈梅生津和儿童模仿成人的行为属于学习。D项正确。ABC三项与题干不符，排除。

故正确答案为D。

33.【答案】A。良师解析：本题考查对人本主义学习理论的理解情况。人本主义代表人物罗杰斯将学习分为无意义学习和有意义学习，认为有意义学习包含以下要素：学习具有个人参与的性质，即整个人（包括情感和认知）都投入学习活动；学习是自我发起的，即使在其动力或刺激来自外界时，但要求发现、获得、掌握和领会的感觉是来自内部的；学习是渗透性的，它会使学生的行为、态度乃至个性都会产生变化；学习是由学生自我评价的，因为学生最清楚这种学习是否满足自己的需要。题干中儿童通过触摸电炉知道了烫的意思，是自我发起、自我参与的，且具有渗透性，因为它引起了对电炉态度的变化，所以属于有意义学习。A项正确。

B项无意义学习是指与学习者的某个部分（如大脑）有关，而与完整的人无关，学习者是不会全身心地投入的学习。与题干不符，排除。

C项情境学习是指在要学习的知识、技能的应用情境中进行学习的方式。也就是说，你要学习的东西将实际应用在什么情境中，那么你就应该在什么样的情境中学习这些东西。与题干不符，排除。

D项无意识学习是指我们在与他人交往和社会活动中，潜移默化地从他人身上和具体实践中获取知识的过程。与题干不符，排除。

故正确答案为A。

34.【答案】C。良师解析：本题考查对班杜拉社会观察学习的理解情况。替代强化是指学习者通过观察其他人实施这种行为所得到的结果来决定自己的行为指向。题干中擅自离开座位的学生观察到别的坐着不动的学生受到表扬，从而也不擅自离开座位了，这就属于一种替代强化。C项正确。

A项直接强化是指通过外部因素对学习行为予以强化，并且这种强化为当事人所亲历。与题干不符，排除。

B项自我强化指当个体的行为表现符合甚至超过这一标准时，他就对自己的行为进行自我奖励。与题干不符，排除。

D项间隔强化与连续强化相对，指间隔一定时间或比例的强化。与题干不符，排除。

故正确答案为C。

35.【答案】B。良师解析：本题考查对经典条件作用理论的理解情况。泛化是对相似的刺激以同样的方式作出反应。题目中学生在数学课上的行为也表现在了英语课上属于泛化。B项正确。

A项分化指通过选择性强化和消退，使有机体学会对条件刺激和与条件刺激相类似的刺激作出不同的反应，即辨别对相似但不同的刺激作出不同的反应。与题干不符，排除。

C项类化是概括当前问题与原有知识的共同本质特征，将所要解决的问题纳入原有的同类知识结构中去，对问题加以解决。与题干不符，排除。

D项消退指如果条件刺激重复出现多次而没有无条件刺激相伴随，则条件反应会削弱，并最终消失。与题干不符，排除。

故正确答案为B。

36.【答案】B。良师解析：本题考查对奥苏贝尔有意义接受学习理论的理解情况。先行组织者是先于学习任务本身呈现的一种引导性材料，它的抽象、概括和综合水平高于学习任务，并且与认知结构中原有的观念和新的学习任务相关联。其目的是用来帮助学生确立意义学习的心向，在"已经知道的"与"需要知道的"知识之间架起"认知桥梁"，为新的学习内容提供观念上的固着点，起到引导和组织的作用。B项正确。

A项直观教学即利用教具作为感官传递物，通过一定的方式、方法向学生展示，达到提高学习的效率或效果的一种教学方式。与题干不符，排除。

C项学生的发现是布鲁纳所强调的，发现法要求学生在教师的认真指导下，能像科学家发现真理一样，通过自己的探索和学习，"发现"事物变化的因果关系及其内在联系，形成概念，获得原理。与题干不符，排除。

D项根据学校情境中的学业成就动机，奥苏贝尔等人将动机分为认知内驱力、自我提高内驱力和附属内驱力三个方面。学习动机和先行组织者是两个概念。与题干不符，排除。

故正确答案为B。

37.【答案】D。良师解析：本题考查对班杜拉社会观察学习的理解情况。广义的学习包含动物的学习和人类的学习，指有机体在后天生活过程中，由于练习或反复经验而产生的行为或行为性能的比较持久的变化。猴子骑自行车是通过生活经验和学习获得的行为，属于学习，D项正确。

AB两项婴儿吸奶与鸭子游水都属于先天性行为，不需要后天学习，属于生来就有的一种行为能力。与题干不符，排除。

C项学生每天做广播体操是对已学会了的动作的重复，不存在行为或行为潜能的变化。

故正确答案为D。

38.【答案】B。良师解析：本题考查对人本主义学习理论的识记、理解情况。根据罗杰斯的观点，促进学习的心理氛围的因素有三个：真诚、实在或和谐；创建一种改变环境的氛围，以期做到接纳、关怀，并达到无条件的积极关注；同理心的了解。ACD三项正确。本题为选非题，故正确答案为B。

39.【答案】C。良师解析：本题考查对建构主义学习理论的理解情况。建构主义的学生观告诉我们，学生不是空着脑袋走进教室的。教学不能无视学生的经验，另起炉灶，从外部装进新知识，而是要把儿童现有的知识经验作为新知识的生长点，引导儿童从原有的知识经验中"生长"出新的知识经验。C项正确。

A项行为主义理论的核心观点认为学习过程是有机体在一定条件下形成刺激与反应的联系从而获得新经验的过程。由于行为主义强调刺激—反应的联结，因此又称为联结派学习理论。与题干不符，排除。

B项存在主义强调个人、独立自主和主观经验。与题干不符，排除。

D项人本主义和其他学派最大的不同是特别强调人的正面本质和价值，而非集中研究人的问题行为，并强调人的成长和发展，称其为自我实现。强调有意义的自由学习观、学生中心的教学观和知情统一的教学目标观。与题干不符，排除。

故正确答案为C。

40.【答案】A。良师解析：本题考查学生学习动机的分类。根据学校情境中的学习成就动机，奥苏贝尔等人将动机分为认知内驱力、自我提高内驱力和附属内驱力三个方面。附属内驱力是为了获得长者（家长、教师等）的赞许或认可而表现出把工作做好的一种需要，属于外部动机。儿童早期以附属内驱力为主。A项正确。

B项少年期又称青少年初期，对应的是初中阶段，该阶段学生的内驱力仍以附属内驱力为主，但没有小学阶段那么突出。与题干不符，排除。

C项青年初期是高中阶段，该阶段的孩子自我提高内驱力比较强烈。与题干不符，排除。

D项该项为干扰项，与题干不符，排除。

故正确答案为A。

41.【答案】D。良师解析：本题考查韦纳的归因理论。美国心理学家韦纳把归因分为三个维度，即内部归因和外部归因、稳定性归因和非稳定性归因、可控制归因和不可控制归因，又把人们活动成败的原因即行为责任主要归结为六个因素，即能力高低、努力程度、任务难易、运气（机遇）好坏、身心状态、外界环境等。运气属于外部、不稳定、不可控的因素。D项正确。

A项根据韦纳的归因理论，工作难度属于外部、稳定、不可控的因素。与题干不符，排除。

B项根据韦纳的归因理论，能力属于内部、稳定、不可控的因素。与题干不符，排除。

C项根据韦纳的归因理论，没有因素属于外部、不稳定、可控的因素。与题干不符，排除。

故正确答案为D。

42.【答案】C。良师解析：本题考查的是影响学生学习动机的因素。学习动机是一种内部启动机制，它激发个体进行学习活动，维持已引起的学习活动，并使个体的学习活动朝向一定的学习目标。因为学习动机是一种内部的启动机制，所以最主要的影响因素应该是个体本身，个体对学习的渴望程度，决定着他会为学习付出的努力程度。C项正确。

A项教学水平是外部的条件，不是影响学习动机的关键因素，排除。

B项教学方法也是外部的条件，它会激励学生，但主要作用也是激励学生产生自主的学习意识，不是影响学习动机的关键因素，排除。

D项智力水平的高低影响学习动机的强弱，但也不是关键因素，排除。

故正确答案为C。

43.【答案】D。良师解析：本题考查的是对学习动机的分类的理解。B项为了超过同学而学习属于外部动机的理智诱因。与题干不符，排除。

C项为了赢得名次而学习属于外部动机的理智诱因。与题干不符，排除。

故正确答案为D。

44.【答案】C。良师解析：本题考查耶克斯-多德森定律。美国心理学家耶克斯和多德森认为，中等程度的动机激起水平与作业难度密切相关：任务较容易，最佳激起水平较高；任务难度中等，最佳动机激起水平适中；任务越困难，最佳激起水平越低。这便是有名的耶克斯-多德森定律，简称倒"U"形曲线。C项正确。ABD三项与题干不符，排除。故正确答案为C。

45.【答案】A。良师解析：本题考查对影响学习动机的因素的识记情况。学习动机是指引起和维持个体的活动，并使活动朝向某一目标的内在心理过程或内部动机。影响学习动机的因素有内部因素和外部因素。内部因素包括学生的自身需要与目标结构、成熟与年龄特点、学生的性格特征和个别差异、学生的志向水平和价值观及学生的焦虑程度；外部因素包括家庭环境和社会舆论、教师的榜样作用。成熟属于影响学习动机的内部因素。A项正确。

B项家庭环境属于影响学习动机的外部因素。在动机形成过程中，家庭的文化背景、精神面貌等起着极其重要的作用。如果家长注意教育，孩子就对社会上的正确舆论产生积极响应，对错误的现象会抵制，否则就会造成一种矛盾状况，影响学生学习动机的健康发展。与题干不符，排除。

C项社会舆论属于影响学习动机的外部因素。不同的社会条件对学生会有不同的要求。例如，封建社会中读书人普遍具有追求功名富贵的学习动机；工业社会人们以劳动市场的需求确定自己学什么专业。这些都反映了社会舆论对学习动机巨大的影响作用。与题干不符，排除。

D项教师的榜样作用属于影响学习动机的外部因素。教师对学生学习动机的形成影响很大。教师本人的行为和对学生的期望都会影响学生学习动机的形成。例如，教师在教学中治学严谨，热爱自己的工作，就会对学生留下极深刻的印象。相反，如果教师在工作中表现出厌烦和冷淡，同样也会影响学生。与题干不符，排除。

故正确答案为A。

46.【答案】A。良师解析：本题考查对归因理论的识记情况。美国教育心理学家韦纳对行为结果的归因进行了系统探讨，发现人们倾向于将活动成败的原因即行为责任归结为六个因素，即能力高低、努力程度、任务难易、运气好坏、身心状态、外界环境等。同时，韦纳认为这六个因素可归为三个维度，即内部归因和外部归因、稳定性归因和不稳定性归因、可控制归因和不可控制归因。其中努力属于可控的、内部的、不稳定的归因因素。A项正确。

B项能力属于不可控的、内部的、稳定的归因因素。与题干不符，排除。

C项任务难易属于不可控的、外部的、稳定的归因因素。与题干不符，排除。

D项运气属于不可控的、外部的、不稳定的归因因素。与题干不符，排除。

故正确答案为A。

47.【答案】B。良师解析：本题考查的是韦纳的归因理论。韦纳认为，人们对行为成败原因的分析可归纳为以下六个原因：能力高低、努力程度、任务难易、运气好坏、身心状态、外界环境等。他认为，教师应当指导学生把成败归因于努力，因为只有努力这个因素是可以控制的。结合题意，李某成绩忽上忽下，教师应诱导李某做努力程度归因，B项正确。

A项能力高低是内部的、稳定的、不可控的因素。如果指导学生将成败归因于能力，学生失败后会产生自卑心理，不利于以后的学习。与题干不符，排除。

C项任务难易是外部的、稳定的、不可控的因素。如果指导学生将成败归因于任务难易，学生可能不会在以后的学习中继续努力，因为他们会认为成败是由任务难易决定的，不需要努力。而题干是需要鼓励李某继续努力学习，与题干不符，排除。

D项运气是外部的、不稳定的、不可控的因素。如果学生将成败归因于运气，同样他在以后的学习中努力程度会下降，认为运气好就成功，运气差就失败，对以后的学习是不利的。与题干不符，排除。

故正确答案为B。

48.【答案】C。良师解析：本题考查对学习动机与学习效果关系的识记、理解情况。耶克斯-多德森定律表明，动机不足或过分强烈都会影响学习效率。（1）动机的最佳水平随任务性质的不同而不同。在比较容易的任务中，工作效率随动机的提高而上升，随着任务难度的增加，动机的最佳水平有逐渐下降的趋势。（2）一般来讲，最佳水平为中等强度的动机。（3）动机水平与行为效率呈倒"U"形曲线。所以②③正确。学习难度大，学习动机水平高，学习效果差，①表述错误。学习任务容易，学习动机水平低，学习效果差，④表述错误。故正确答案为C。

49.【答案】D。良师解析：本题考查耶克斯-多德森定律。美国心理学家耶克斯和多德森认为，中等程度的动机激起水平与作业难度密切相关。任务较容易，最佳激起水平较高；任务难度中等，最佳动机激起水平也适中；任务越困难，最佳激起水平越低。ABC三项与题干不符，排除。故正确答案为 D。

50.【答案】C。**良师解析**：本题考查学习动机理论中的归因理论。美国心理学家韦纳把归因分为三个维度：内部归因和外部归因，稳定性归因和非稳定性归因，可控归因和不可控归因；又把人们活动成败的原因即行为责任主要归结为六个因素，即能力高低、努力程度、任务难易、运气好坏、身心状态、外界环境等。C项正确

A项外部、不可控和不稳定的因素有运气和其他因素。与题干不符，排除。

BD两项外部因素中没有可控因素。与题干不符，排除。

故正确答案为 C。

51.【答案】C。**良师解析**：本题考查对奥苏贝尔关于学习动机分类的掌握。奥苏贝尔将学生在学校情境中的学业成就动机分为三个方面：认知内驱力、自我提高内驱力和附属内驱力。自我提高内驱力指个体因为自己的胜任或工作能力而赢得相应地位的需要。属于外部动机。C项正确。

A项认知内驱力指要求了解、理解和掌握知识以及解决问题的需要。在有意义学习中，认知内驱力是最重要而稳定的动机，认知内驱力属于内部动机。与题干不符，排除。

B项附属内驱力指为了获得长者（家长、教师等）的赞许或认可而表现出把工作做好的一种需要，属于外部动机。与题干不符，排除。

D项为干扰选项，一般不做此种表述。与题干不符，排除。

故正确答案为 C。

52.【答案】C。**良师解析**：本题考查对自我价值理论的理解情况。科温顿采用四象限模型将动机类型划分为四种，即高驱低避型、低驱高避型、高驱高避型、低驱低避型。高趋高避型的学生同时受到成功的诱惑和失败的恐惧。表面上，他们追求成功、努力学习，但实际上又严重受到紧张、冲突的精神困扰。为了成功而又掩饰自己的努力，他们就会表现出一种现象：在同学中尽量表现得贪玩、不在乎考试，但私下里偷偷地努力。这样成功时，他们的成绩更有价值，更能说明他们的能力过人，而失败时，也可以为自己的失败找到理由——没好好努力，从而不会被认为是无能。C项正确。

A项高驱低避型又被称为"成功定向者"或"掌握定向者"。他们对学习具有极高的自我卷入水平，即超越对能力状况和失败状况的考虑，学习是他们快乐的手段，是他们生命的存在方式。与题干不符，排除。

B项低趋高避型又被称为"逃避失败者"，这类学生更看重逃避失败而不是期望成功。他们看起来懒散、不爱学习的背后隐藏着他们强烈的对失败的恐惧，这种恐惧甚至让其必须采取逃避的手段。与题干不符，排除。

D项低驱低避型被称为"失败接受者"，他们不奢望成功，对失败也不感到恐惧或者羞愧。与题干不符，排除。

故正确答案为 C。

53.【答案】D。**良师解析**：本题考查学习迁移的概念。学习活动总是建立在已有的知识经验之上。利用已有的知识经验不断地获得新的知识和技能的过程，就是学习的迁移。物以类聚，将同类的东西聚在一起，指坏人彼此臭味相投，勾结在一起。不属于学习迁移，D项当选。

A项闻一知十指听到一点就能理解很多，形容善于类推。符合学习迁移的概念。与题干不符，排除。

B项触类旁通指掌握了某一事物的知识或规律，进而推知同类事物的知识或规律，符合学习迁移的概念。与题干不符，排除。

C项举一反三比喻从一件事情类推而知道其他许多事情，符合学习迁移的概念。与题干不符，排除。

本题为选非题，故正确答案为 D。

54.【答案】A。良师解析：本题主要考查的是教育心理学中对学习迁移的相关知识的掌握。学习迁移是指一种学习对另一种学习的影响，即在一种情境中知识、技能、态度的获得对另一种情境中知识、技能、态度的获得的影响。从迁移的方向来看，可将迁移分为顺向迁移和逆向迁移。顺向迁移是指先前学习对后续学习的影响，"举一反三""触类旁通""闻一知十"描述的即为顺向迁移。A 项正确。

B 项同化是指把环境因素纳入已有的图式中，使之成为自身的一部分，从而加强和丰富原有图式。与题干不符，排除。

C 项顺应是指改变原有图式（认知结构），以适应环境。与题干不符，排除。

D 项模仿是指个体自觉或不自觉地重复他人的行为的过程，是社会学习的重要形式之一，是个体反映客体的一种特殊形式。与题干不符，排除。

故正确答案为 A。

55.【答案】A。良师解析：本题考查对学习迁移分类的理解。根据迁移内容的抽象与概括水平可分为水平迁移与垂直迁移。水平迁移也称横向迁移，是指处于同一概括水平的经验之间的相互影响。电子琴和钢琴都属于键盘乐器的一种，所以学过电子琴的人，再学习弹钢琴就会比较容易，这种迁移是水平迁移，也属于正迁移。A 项正确。

B 项垂直迁移又称纵向迁移，指处于不同概括水平的经验之间的相互影响，这类迁移类似奥苏贝尔所称的上位学习和下位学习。与题干不符，排除。

C 项根据迁移发生的前后方向，可以把迁移分为顺向迁移和逆向迁移。逆向迁移是后来的学习对先前学习的影响。与题干不符，排除。

D 项根据迁移的性质和结果，可以把迁移分为正迁移、负迁移和零迁移。负迁移是一种学习对另一种学习产生的消极的影响，或者说是两种学习相互干扰，很明显，题干阐述的属于积极的影响，与题干不符，排除。

故正确答案为 A。

56.【答案】D。良师解析：本题主要考查迁移的分类，同化性迁移是指不改变原有的认知结构，直接将原有的认知经验应用到本质特征相同的一类事物中。原有认知结构在迁移过程中不发生实质性的改变，只是得到某种充实，这就是"举一反三""闻一知十"的原理，"举一反三"和"闻一知十"所列举的都是同一类事物，不改变新学习内容的实质。B 项正确。

A 项顺应性迁移指将原有认知经验应用于新情境中时，需要调整原有的经验或对新经验加以概括，形成一种能包容新旧经验的更高一级的认知结构，以适应外界的变化。与题干不符，排除。

C 项重组性迁移指重新组合原有认知系统中的某些构成要素或成分，调整各成分间的关系，建立新的联系，从而应用于新情境。与题干不符，排除。

D 项具体迁移是指将一种学习中习得的具体的、特殊的经验直接迁移到另一种学习活动中，或经过某种要素的重新组合，以迁移到新情境中去，与题干不符，排除。

故正确答案为 B。

57.【答案】D。良师解析：本题考查对学习迁移的理解，迁移是一种学习对另一种学习的影响。它广泛地存在于知识、技能、态度和行为规范的学习中。而气质是个体心理活动稳定的动力特征，不存在迁移现象。D 项错误。

A 项态度学习迁移存在于一般性迁移当中，是指一种学习中所习得的一般原理、原则和态度对另一种具体内容学习的影响，即原理、原则和态度的具体应用。如获得基本的运算技能、阅读技能后将它们运用到各种具体的学科学习中。正确。

B 项情感迁移最为常见的形式是人情迁移，即把对一个人的情感体验迁移到另外一些人的身上，如"爱屋及乌"，正确。

C 项知识迁移就是一种学习对另一种学习的影响。在学习这个连续过程中，任何学习都是在学习者已经具有的知识经验和认知结构、已获得的动作技能、习得的态度等基础上进行的。这种原有的知识结构对新的学习的影响就形成了知识的迁移。正确。

本题为选非题，故正确答案为 D。

58.【答案】D。良师解析：本题考查对柯尔伯格道德发展理论的理解，柯尔伯格关于儿童道德发展的阶段：（1）前习俗水平：服从与惩罚的定向，朴素的利己主义的定向。（2）习俗水平：社会的习俗定向，秩序和法规的定向。（3）后习俗水平：社会契约的定向，良心或普遍的道德原则的定向。

故正确答案为 D。

59.【答案】C。良师解析：本题考查对概括化理论的理解情况。贾德曾做过一个著名的水下打靶实验，提出学习迁移的概括化理论：一个人只要对自己的经验进行了概括，就可以完成从一个情境到另一个情境的迁移。他认为先前的学习之所以能迁移到后来的学习中，是因为在先前学习中获得了一般原理，对原理了解概括得越好，对新情境中学习的迁移越好。C 项正确。

A 项，此项说法是形式训练说的观点，与题干不符，排除。

B 项，此项说法是相同要素说的观点，与题干不符，排除。

D 项，此项说法是关系转换理论的观点，与题干不符，排除。

故正确答案为 C。

60.【答案】D。良师解析：本题考查有效概括的方式。有效进行概括需要做到以下几点：（1）配合运用正例和反例；（2）正确运用变式；（3）科学地进行比较；（4）启发学生进行自觉概括。所谓变式，就是用不同形式的直观材料或事例说明事物的本质属性，即变换同类事物的非本质特征，以便突出本质特征。D 项正确。

A 项课堂导入的目的是激发学习兴趣，与题干不符，排除。

B 项课堂中明确教学目标的目的是引起有意注意，与题干不符，排除。

C 项为干扰项，与题干不符，排除。

故正确答案为 D。

61.【答案】C。良师解析：本题考查知识的类型。根据反映活动的形式不同或者说根据知识的不同表征形式，知识可以分为陈述性知识和程序性知识。陈述性知识也叫描述性知识，是个人能用言语进行直接陈述的知识。这类知识主要用来回答事物是什么、为什么和怎么样的问题，可用来区别和辨别事物。陈述性知识主要以命题和命题网络的形式进行表征，表象和图式也是其表征的重要形式。程序性知识也叫操作性知识，主要反映活动的具体过程和操作步骤，主要用来解决做什么和怎么做的问题。程序性知识则主要以产生式和产生式系统进行表征。C 项正确。

A 项根据知识抽象程度的不同，可分为直觉性知识与逻辑性知识。逻辑性知识是指不能通过直接观察，只能通过定义来获取的知识。这类知识往往是从许多具体示例中概括出来的、具有普遍适用性的概念或原理，如有关道德、人性等的知识。与题干不符，排除。

B 和 D 两项，直觉性知识也称为形象性知识，指具体的、可通过直接观察而获得的。该类知识往往可以用具体的事物加以表示，如有关日期、地点、物品等方面的知识。与题干不符，排除。

故正确答案为 C。

62.【答案】A。良师解析：本题考查的是教育心理学中对知识学习加工过程三个阶段的理解。保持也称储存，已经编码的信息必须在头脑中得到保存，在一定时间后才可能被提取。但信息的保存并不都是自动的，在大多数情况下，为了日后的应用，必须想办法努力将信息保存下来。已经储存的信息还可能受到破坏，出现遗忘。A 项正确。

B项记忆编码是指对外界输入大脑的信息进行加工转化的过程，整个记忆系统中，编码有不同的层次或水平，而且以不同的形式存在。与题干不符，排除。

C项在知识的提取阶段，个体运用所获得的知识回答"是什么"和"为什么"的问题，并应用这些知识来解决实际问题，使所学知识产生广泛迁移。与题干不符，排除。

D项记忆是指经历过的事物在人脑中的反映。所经历过的事物，是指在过去的生活和活动中感知过的事物、思考过的问题、体验过的情绪、操作过的动作。与题干不符，排除。

故正确答案为A。

63.【答案】C。良师解析：本题考查的是对学习迁移各种类型的理解。一般迁移是指在一种学习中所习得的一般原理、原则和态度对另一种具体内容学习的影响，即将原理、原则和态度具体化，运用到具体的事例中。题干中描述的迁移现象属于一般迁移，C项正确。

A项正迁移，就是使两种学习之间相互促进。题干中体现的是数学的学习态度和方法会影响其他科目，并没有说相互促进，与题干不符，排除。

B项水平迁移也称横向迁移，是指处于同一概括水平的经验之间的相互影响。在这种迁移中，先后两种学习除了相似但又有不相同外，在难度和复杂程度上大体属于同一水平。题干并没有体现这一点，排除。

D项远迁移是指把学习经验迁移到与原来的学习境界极不相似的情景中。题干描述的是前后学习情境类似，与题干不符，排除。

故正确答案为C。

64.【答案】C。良师解析：本题考查的是对陈述性知识学习过程的理解。在知识的获得中，通过直观和概括两个环节来实现。在知识的概括中，变式就是用不同形式的直观材料或者事例说明事物的本质属性，即变换同类事物的非本质特征，以便突出本质特征。与题干所述一致，C项正确。

AB两项概括过程即思维过程，也就是在分析综合的基础上进行比较，在比较的基础上进行抽象概括。比较主要有两种方式：同类比较和异类比较。同类比较即关于同类事物之间的比较；异类比较即不同类但相似、相近、相关的事物之间的比较。与题干不符，排除。

D项抽象是指通过分析与综合的途径，运用概念在人脑中再现对象的质和本质的方法，分为质的抽象和本质的抽象。分析形成质的抽象，综合形成本质的抽象（也叫具体的抽象）。与题干不符，排除。

故正确答案为C。

65.【答案】A。良师解析：本题考查对奥苏贝尔有意义学习分类的理解。奥苏贝尔认为新知识的获得主要依赖认知结构中原有的适当观念，并且必须通过新旧知识的相互作用，有意义学习才能实现，这就是新旧意义的同化，进而形成更为高度分化的认知结构。根据新知识与原有认知结构的关系，同化划分为三种模式：下位学习、上位学习、并列结合学习。下位学习又称类属学习，是一种把新的观念归属于认知结构中原有观念的某一部位，并使之相互联系的过程。规则到例子的学习属于下位学习。A项正确。

B项上位学习也称总括学习，是指在认知结构中原有的几个观念的基础上学习一个包容性程度更高的命题，即原有的观念是从属观念，而新学习的观念是总括性观念。在这些原有观念的基础上学习一个概括和包容程度较高的概念或命题时，便产生上位学习。再学习"百灵鸟"这种动物相对于"鸟"的观念，属于低级概念的学习。很明显，与题干不符，排除。

C项命题学习指学习由若干概念组成的句子的复合意义，即学习若干概念之间的关系。命题是在概念的基础上形成的。例如，学习"圆的直径是它的半径的两倍"这一命题时，如果没有获得"圆""直径"和"半径"等概念，便不能获得这一命题的意义。可见，命题学习不但要以概念学习为前提，也以符号学习为基础，旨在反映事物之间的关系，这是一种更加复杂的学习。与题干不符，排除。

D项并列组合学习是在新知识与认知结构中的原有观念既非类属关系又非总括关系时产生的，学生在各门学科中对于许多新概念的学习都属于并列结合学习，如学习长度和面积、能量和体积、需求与价格等概念之间的关系。与题干不符，排除。

故正确答案为A。

66.【答案】B。良师解析：本题考查的是知识学习的类型。下位学习又称类属学习，是一种把新的观念归属于认知结构中原有观念的某一部位，并使之相互联系的过程。B项，新观念"带鱼、草鱼、黄鱼"都属于"鱼"，先学习"鱼"这个概念，再学习"鱼"的下位概念"带鱼、草鱼、黄鱼"等，这种学习属于下位学习，B项正确。A和D两项是一种上位学习，也叫总括学习，即通过综合归纳获得意义的学习。与题干不符，排除。C项是一种并列结合学习，即在新知识与认知结构中的原有观念既非类属关系又非总括关系时产生的。与题干不符，排除。故正确答案为B。

67.【答案】B。良师解析：本题考查奥苏贝尔对知识学习的分类。根据新知识与原有认知结构的关系，奥苏贝尔将知识学习分为下位学习、上位学习和并列结合学习。下位学习又称类属学习，是一种把新的观念归属于认知结构中原有观念的某一部位，并使之相互联系的过程。题干中先学习杠杆的力臂原理（原有观念），再学习定滑轮（新观念），得知定滑轮的实质是等臂原理（新观念与原有观念相联系），就属于一种下位学习。B项正确。

A项上位学习又称总括学习，是在学生掌握一个比认知结构中原有概念的概括和包容程度更高的概念或命题时产生的。与题干不符，排除。

CD两项并列结合学习是在新知识与认知结构中的原有观念既非类属关系又非总括关系时产生的。与题干不符，排除。

故正确答案为B。

68.【答案】D。良师解析：本题考查对学习分类的识记、理解情况。根据知识能否清晰地表述和有效地转移，可以把知识分为显性知识和隐性知识。这一分类是由英国科学家迈克尔·波兰尼在1958年从哲学领域提出的。隐性知识是那种我们知道但难以言述的知识。D项正确。

A项程序性知识即操作性知识，是一种经过学习后自动化了的关于行为步骤的知识，表现为在信息转换活动中进行具体操作。与题干不符，排除。

B项陈述性知识也叫描述性知识，是个人能用言语进行直接陈述的知识，主要用于区别和辨别事物。与题干不符，排除。

C项显性知识是指用书面文字、图表和数学表述的知识，通常用言语等人为方式，通过表述来实现，所以又被称为"言明的知识"。与题干不符，排除。

故正确答案为D。

69.【答案】B。良师解析：本题考查动作技能的训练要求。在技能形成的中、后期，练习的进步常常出现停滞，不再继续上升而保持在一定水平。有时甚至稍有下降，即出现了高原期。高原期的形成主要有两方面的原因：（1）练习时间过长导致兴趣降低、身体疲劳；（2）练习方法不妥当，不适宜某种技能的练习。为此，克服高原现象，既要合理安排练习时间，又要注意改变原有的练习方法，代之以新的活动方式或方法。B项正确。

A项为干扰项，排除。

C项疲劳期指从事某一行为活动一段时间后，开始出现情绪低落、热情减退的现象。该项为干扰项，排除。

D项潜伏期是指病原体侵入人体至最早出现临床症状的这段时间。该项为干扰项，排除。

故正确答案为B。

70.【答案】A。良师解析：本题考查对心智技能的理解。心智技能也称智力技能、认知技能，是通过学习而形成的合法则的心智活动方式。心智技能的特点对象具有观念性、执行具有内潜性和结构具有简缩性三个特征。写作、运算、阅读是常见的心智技能。A项正确。

B项跑步属于运动技能（操作技能），是运用知识经验，经过练习而形成的完成某种任务的动作方式。与题干不符，排除。

C项骑车属于运动技能。与题干不符，排除。

D项跳舞属于运动技能。与题干不符，排除。

故正确答案为A。

71.【答案】D。良师解析：本题考查的是操作技能形成的四个阶段。操作技能的形成分为四个阶段，包括操作定向、操作模仿、操作整合和操作熟练。动作的熟练是操作技能掌握的高级阶段。通过动作练习形成的活动方式对各种变化的条件具有高度的适应性，动作的执行达到高度的程序化、自动化和完善化。杂技演员的骑车技能已经达到了高度的自动化，因此才能够边骑车一边表演。D项正确。

A项认知阶段就是操作定向阶段，在形成之初，学习者必须了解做什么、怎么做的有关信息与要求，形成对动作的初步认识。与题干不符，排除。

B项分解阶段就是操作模仿阶段，是指个体在定向阶段了解了一些基本的动作机制之后就会尝试作出某种动作。模仿的实质是将头脑中形成的定向映象以外显的实际动作表现出来。与题干不符，排除。

C项联系定位阶段就是操作整合阶段，指把构成整体的各动作要素，依据其内在联系联结成整体，形成操作活动的序列，获得有关操作活动的完整的动觉映象的过程，还没有形成动作的高度自动化。与题干不符，排除。

故正确答案为D。

72.【答案】B。良师解析：本题考查的是操作技能各个形成阶段的特点。操作技能形成阶段包括操作定向、操作模仿、操作整合和操作熟练四个阶段。操作熟练阶段在动作结构上的特点是各个动作之间的干扰消失，衔接连贯、流畅，高度协调，多余动作消失。B项正确。

A项操作整合即把模仿阶段习得的动作固定下来，并使各动作成分相互结合，成为定型的、一体化的动作。动作可以表现出一定的稳定性、精确性和灵活性，动作的各个成分趋于分化、精确，整体动作趋于协调、连贯，各动作成分间的相互干扰减少，多余动作也有所减少。题干强调多余动作消失，与题干不符，排除。

C项操作定向即了解操作活动的结构，在头脑中建立起操作活动的定向映象的过程。只是对动作有个初步的认识，与题干不符，排除。

D项操作模仿即实际再现特定的动作方式或行为模式。这个阶段的动作特点是动作的稳定性、准确性、灵活性较差。各个动作要素之间的协调性较差，互相干扰，常有多余动作产生。与题干不符，排除。

故正确答案为B。

73.【答案】A。良师解析：本题考查对心智技能形成阶段的理解情况。对心智技能最早进行系统研究的是苏联心理学家加里培林，他将心智技能形成分为五个阶段，分别是活动定向阶段、物质或物质化活动阶段、有声的外部言语活动阶段、无声的外部言语活动阶段和内部言语活动阶段。物质活动指借助实物进行活动，物质化活动指借助实物的模型、图片、样本等代替物进行活动。儿童只能用数手指计算说明其处于物质活动阶段。A项正确。

B项有声的外部言语活动阶段的特点是心智活动不直接依赖物质或物质化的客体，而是借助出声言语的形式来完成的。与题干不符，排除。

C项无声的外部言语活动阶段指开始从出声的外部言语向内部言语转化。无声的外部言语活动与出声的外部言语活动相比，其区别并非仅仅是言语减去声音，而是增加了更多的思维成分。与题干不符，排除。

D项内部言语活动阶段是最后阶段，这一阶段的特点是心智活动完全借助内部言语完成，高度简要、自动化，是很少发生错误的熟练阶段。在这一阶段，心智活动以抽象思维为主要成分。与题干不符，排除。

故正确答案为A。

74.【答案】C。良师解析：本题考查对技能学习的识记、理解情况。王国维在《人间词话》中提到的第二境界，意思是有了目标，在追逐的道路上，求之不得之后身形消瘦却继续追逐，无怨无悔。高原阶段是指在结构比较复杂的操作技能形成过程中，练习到一定时期会出现一个明显的、暂时的停顿期，与"求之不得"相似。C项正确。ABD三项与题干不符，排除。

故正确答案为C。

75.【答案】B。良师解析：本题考查对元认知策略的理解。学习的元认知策略是指学生对自己整个学习过程的有效监视及控制的策略，包括计划策略、监控策略和调节策略。元认知计划策略包括设置学习目标、浏览阅读材料、设置思考题以及分析如何完成学习任务等。B项正确。

A项认知策略是学习者信息加工的方法和技术，包括复述策略、精细加工策略和组织策略。与题干不符，排除。

C项组织策略是整合所学新知识之间、新旧知识之间的内在联系，形成新的知识结构的策略。组织策略主要有两种：一种是归类策略；另一种是纲要策略。与题干不符，排除。

D项资源管理策略指辅助学生管理可用的环境和资源的策略，对学生的动机有重要的作用。它主要包括时间管理策略、学习环境管理策略、努力管理策略、寻求支持策略等。与题干不符，排除。

故正确答案为B。

76.【答案】C。良师解析：本题考查过度学习的含义。过度学习是指在"记得""学会"的基础上，再增加一些学习时间，使得对学习材料的掌握达到更高的程度。一般说来，学习程度以150%为佳，其效应也最大，即过度学习50%。学习程度超过150%，会因学习疲劳而发生"报酬递减"现象，学习的效果就会逐渐下降，出现注意分散、厌倦、疲劳等消极效应。C项正确。ABD三项与题干不符，排除。

故正确答案为C。

77.【答案】D。良师解析：本题考查的是对知识保持的理解。所谓精细加工是指通过对要学习的新材料增加相关的信息来达到对新材料的理解和记忆的方法，如对材料补充细节、举出例子、作出推论，或使之与其他观念形成联想。题干所述正是此类策略的具体体现。D项正确。

A项复述策略是指在工作记忆中为了保持信息，运用内部语言在大脑中重现学习材料，以便将注意力维持在学习材料上的方法。与题干不符，排除。

B项资源管理策略是指辅助学生管理可用的环境和资源的策略，它主要包括时间管理策略、学习环境管理策略、努力管理策略、寻求支持策略等。与题干不符，排除。

C项组织策略是整合所学新知识之间、新旧知识之间的内在联系，形成新的知识结构。与题干不符，排除。

故正确答案为D。

78.【答案】B。良师解析：本题考查对变式概念的理解。变式是指用不同形式的直观材料或事例说明事物的本质属性，即通过变更对象的非本质特征以突出对象的本质特征而形成的表现形式。B项正确。

故正确答案为B。

79.【答案】B。**良师解析**：本题考查学习策略的模式。完形训练就是在直接讲解策略之后，提供不同程度的完整材料促使学生练习策略的某一个成分或步骤，然后，逐步提高完整性程度，直至完全由学生自己完成所有成分或步骤。完形训练的好处就在于能够使学生有意注意每一个成分或步骤，而且每一步训练所需的心理努力都是学生能够胜任的，更为重要的是，每步训练都给学生策略应用的整体印象。B项正确。

A项程序化训练就是将活动的基本技能，如解题技能、阅读技能、记忆技能等，分解成若干有条理的小步骤，在其适宜范围内，作为固定程序，要求活动主体按此进行活动，并经过反复练习使之达到自动化程度。程序化训练的基本步骤：一是将某一活动技能，按有关原理，分解成若干操作的小步骤，而且使用简练的词语来标志每个步骤的含义；二是通过活动实例示范各个步骤，并要求学生按步骤活动；三是要求学生记忆各步骤，并坚持学习，直至使其达到自动化程度为止。

C项交互式教学模式，主要是用来帮助成绩差的学生阅读领会，它是由教师和学生一起进行的。旨在教学生这四种策略：（1）总结——总结段落内容；（2）提问——提出与要点有关的问题；（3）析疑——明确材料中的难点；（4）预测——预测下文会出现什么。在这里，教师先树立一些榜样性行为，示范四种主要策略，然后改变自己的角色，在学生不会使用策略时给予必要的帮助，起一个促进者和组织者的作用。与题干不符，排除。

D项合作学习模式，主要指两个学生一组，一节一节地彼此轮流向对方总结材料，当一个学生主讲时，另一个学生听着，纠正错误和遗漏。然后，两个学生彼此交换角色，直到学完所学材料为止。关于这种学习方法的一系列研究证明，以这种方式学习的学生比独自总结的学生或简单阅读材料的学生，其学习和保持都有效得多。而且，合作性讲解的两个参与者都能从这种学习活动中受益，而主讲者比听讲者获益更大。与题干不符，排除。

故正确答案为B。

80.【答案】B。**良师解析**：本题考查学习策略类型。一般来讲，学习策略可分为认知策略、元认知策略和资源管理策略三种。认知策略又包括复述策略、精细加工策略和组织策略。精细加工策略是指把新信息与头脑中的旧信息联系起来从而增加新信息意义的深层加工策略。它常被描述成一种理解记忆的策略，其要旨在于建立信息间的联系。编口诀就是人为地赋予信息新的意义的方式，B项正确。

A项组织策略是整合所学新知识之间、新旧知识之间的内在联系，形成新的知识结构的策略。组织策略主要有两种：一种是归类策略，用于概念、语词、规则等知识的归类整理；另一种是纲要策略，主要用于对学习材料结构的把握。与题干不符，排除。

C项复述策略是指在工作记忆中为了保持信息，运用内部语言在大脑中重现学习材料或刺激，以便将注意力维持在学习材料上的方法。与题干不符，排除。

D项元认知策略是一个人所具有的关于自己思维活动和学习活动的认知和监控，核心是对认知的认知，主要包括元认知知识、元认知监控和元认知体验。与题干不符，排除。

故正确答案为B。

81.【答案】B。**良师解析**：本题考查对学习策略分类中复述策略的理解。复述策略是指在工作记忆中为了保持信息，运用内部语言在大脑中重现学习材料或刺激，以便将注意力维持在学习材料上的方法。教师多次点名，在大脑中将信息重复呈现，达到记忆效果，属于复述策略。B项正确。

A项精细加工策略是指把新信息与头脑中的旧信息联系起来从而增加新信息意义的深层加工策略，如生成表格、使用记忆术、提问等手段。与题干不符，排除。

C项组织策略是整合所学新知识之间、新旧知识之间的内在联系，形成新的知识结构的策略。组织策略主要有两种：一种是归类策略，用于概念、语词、规则等知识的归类整理；另一种是纲要策略，主要用于对学习材料结构的把握。与题干不符，排除。

D项元认知策略是指学生对自己整个学习过程的有效监视及控制的策略，包括计划、监督、调节。与题干不符，排除。

故正确答案为B。

82.【答案】D。良师解析：本题考查的是对各种学习策略的理解。组织策略是整合所学新知识之间、新旧知识之间的内在联系，形成新的知识结构。它包括列提纲、利用图形和表格。题干所描述的是提炼材料中的观点，整合各观点之间的关系，属于组织策略，D项正确。

A项监视策略是指在认知过程中，根据认知目标及时检测认知过程，寻找二者之间的差异，并对学习过程及时进行调整，以期顺利实现有效学习的策略。重点强调监视和调整，与题干不符，排除。

B项复述策略是指在工作记忆中为了保持信息而对信息进行反复重复的过程，更多体现的是知识的简单重复，并没有进行整合，与题干不符，排除。

C项精细加工策略是指把新信息与头脑中的旧信息联系起来从而增加新信息意义的深层加工策略，强调对知识的进一步理解和加工处理，与题干不符，排除。

故正确答案为D。

83.【答案】B。良师解析：本题考查学习策略中元认知策略的概念。学习策略是指在学习过程中，学习者为了达到有效学习的目的而采用的规则、方法、技巧及调控方法的总和。它能够根据学习情境的各种变量、变量间的关系及其变化，对学习活动和学习方法的选择与使用进行调控。元认知是个体对自己的认知活动的认知。元认知策略是指学生对自己整个学习过程的有效监视及控制的策略，B项正确。

A项认知策略是指运用有关人们如何学习、记忆、思维的规则支配人的学习、记忆或认知行为，并提高其学习、记忆或认知效率的能力。认知策略是加工信息的一些方法和技术，有助于有效地从记忆中提取信息，包括复述策略、精细加工策略和组织策略。与题干不符，排除。

C项资源管理策略是指辅助学生管理可用的环境和资源的策略，对学生的动机有重要的作用。它主要包括时间管理策略、学习环境管理策略、努力管理策略、寻求支持策略等。成功地使用这些策略可以帮助学生适应环境以及调节环境以适应自己的需要。与题干不符，排除。

D项，奥克斯·福德将学习策略分为元认知策略、情感策略、社会策略、记忆与认知策略、补偿性策略。与题干不符，排除。

故正确答案为B。

84.【答案】B。良师解析：本题考查对学习策略类型的识记、理解情况。组织策略是整合所学新知识之间、新旧知识之间的内在联系，形成新的知识结构的策略。一种是归类策略，用于概念、语词、规则等知识的归类整理；另一种是纲要策略，主要用于对学习材料结构的把握。列提纲、画图形、列表格等方法都属于组织策略中的纲要策略。B项正确。

A项，学习策略没有此种说法。与题干不符，排除。

C项复述策略是指在工作记忆中为了保持信息，运用内部语言在大脑中重现学习材料，以便将注意力维持在学习材料上的方法。与题干不符，排除。

D项精细加工策略是指把新信息与头脑中的旧信息联系起来，从而增加新信息意义的深层加工策略。与题干不符，排除。

故正确答案为B。

85.【答案】B。良师解析：本题考查对学习策略的理解。认知策略是指运用有关人们如何学习、记忆、思维的规则支配人的学习、记忆或认知行为，并提高其学习、记忆或认知效率的能力。题干所述学生写不出高水平作文的原因是学生缺乏认知策略，B项正确。

A项陈述性知识也叫描述性知识，是个人能用言语进行直接陈述的知识。这类知识主要用来回答事物是什么、为什么和怎么样的问题，可用来区别和辨别事物。与题干不符，排除。

C项言语信息，表现为陈述观念的能力。与题干不符，排除。

D项动作技能，表现为平稳而流畅、精确而适时的动作操作能力。与题干不符，排除。

故正确答案为B。

86.【答案】D。良师解析：本题考查对问题解决影响因素的识记、理解情况。人们把某种功能赋予某物体的倾向称为功能固着。在功能固着的影响下，人们不易摆脱事物用途的固有观念，从而直接影响问题解决的灵活性。题干所述"只把书拿来读，想不到当凳子用"属于此种情况。D项正确。

A项学习迁移也称训练迁移，是指一种学习对另一种学习的影响，或习得的经验对完成其他活动的影响。与题干不符，排除。

B项问题表征是指根据问题所提供的信息和自身已有的知识经验，发现问题的结构，构建自己的问题空间的过程。与题干不符，排除。

C项原型启发是指从其他事物上发现解决问题的途径和方法。与题干不符，排除。

故正确答案为D。

87.【答案】A。良师解析：本题考查的是问题解决的策略。问题解决是指个人应用一系列的认知操作，从问题的起始状态到达目标状态的过程。它的心理过程：发现问题—理解问题—提出假设—检验假设。解决策略主要包括尝试策略和启发式策略。A项正确。

B项经验策略是根据以往的经验解决问题，这很容易因为思维定式而影响问题的解决，不能算是主要的解决策略，排除。

C项实践策略不是问题解决的策略，排除。

D项，对于问题的解决、分析是一部分，但不是全部，也不能作为主要的解决策略，排除。

故正确答案为A。

88.【答案】D。良师解析：本题考查对教育心理学问题解决过程中相关概念的理解。功能固着是指问题解决中只能想到某一物品的通用功能，而想不到它的特殊功能。题干描述体现了功能因素。D项正确。

A项经验指的是从多次实践中得到的知识或技能。与题干不符，排除。

B项问题表征即把握问题的性质和关键信息，摒弃无关因素，并在头脑中形成有关问题的初步印象，与题干不符，排除。

C项线索指事情可寻的端绪、路径。与题干不符，排除。

故正确答案为D。

89.【答案】A。良师解析：本题考查的是创造性思维在教学中的实际运用以及思维的分类及概念。根据思维过程中指向性的不同，分为集中思维和发散思维。发散思维是创造性思维方法之一，也是创造性思维的核心。它是指从事物的某一中心或定点出发，多路扩展，四面散射，展开联想，提出多种设想和方案。多样性、开放性和创造性是其主要特点。题干中学生列举砖头的多种用法就是发散思维的体现。A项正确。

B项形象思维，是根据个体思维的水平和凭借物的不同划分的，凭借事物的具体形象和表象的联想解决问题的思维。与题干不符，排除。

C项抽象思维，根据个体思维的水平和凭借物的不同划分，运用概念、判断和推理的形式进行的思维，是思维发展的高级阶段，是人类思维的核心形态。与题干不符，排除。

D项直观动作思维，根据个体思维的水平和凭借物的不同划分，凭借直观感知和实际行动解决问题的思维。与题干不符，排除。

故正确答案为A。

90.【答案】C。良师解析：本题考查对心理定式的理解。陆钦斯根据"量杯"实验提出心理定式的概念。心理定式是指问题解决者原有的知识经验对当前问题解决的心理准备状态。C项正确。

A项知识表征是指信息在人脑中的储存和呈现方式，它是个体知识学习的关键。陈述性知识的表征方式是图式、表象以及命题与命题网络；程序性知识的表征方式是产生式和产生式系统。与题干不符，排除。

B项原型启发是一个心理学的概念，意指根据事物的本质特征而产生新的设想和创意，如人们根据蝙蝠飞翔的原理发明了声呐和雷达。与题干不符，排除。

D项为无关选项，排除。

故正确答案为C。

91.【答案】B。良师解析：本题考查的是对问题解决的理解。问题解决指由一定的情景所引起，按一定的目标，应用各种认知活动、技能等，经过一系列心理活动阶段，使问题得以解决的活动过程。问题解决具有以下三个特点：问题情境性；目标指向性；操作序列性。B项正确。

A项记住一个人的名字属于记忆，同时没有序列性这个特点。与题干不符，排除。

C项幻想成为"蜘蛛侠"是想象，不需要序列性。与题干不符，排除。

D项荡秋千不属于问题解决，因为没有目的性，也不需要认知的参与以及序列性。与题干不符，排除。

故正确答案为B。

92.【答案】A。良师解析：本题考查的是影响创造力的因素。影响创造性的因素有智力、环境、个性。智力是创造力的必要条件，低智商不可能具有创造性，高智商可能有高创造性，也可能有低创造性。高创造性者必须有高于一般水平的智商。A项正确。

B项高智商不一定就有高的创造力，因此并非为创造力的充分条件。与题干不符，排除。

C项创造性与智力的关系并非简单的线性关系，二者既有独立性，又在某种条件下具有相关性，在整体上呈正相关趋势。与题干不符，排除。

D项高智商不一定就有高的创造力，还要考虑到人的个性，如是否独立、是否具有批判精神和环境的影响。与题干不符，排除。

故正确答案为A。

93.【答案】B。良师解析：本题考查对问题解决四阶段的理解。问题解决的过程一般可分为发现问题、理解问题、提出假设和检验假设四个阶段。理解问题就是把握问题的性质和关键信息，摒弃无关因素，并在头脑中形成有关问题的初步印象，即形成问题的表征。画图表、线路图就是表征问题的方式之一。B项正确。

A项从完整的问题解决过程来看，发现问题是首要环节。能否发现问题，与个体的活动积极性、已有知识经验等有关。与题干不符，排除。

C项提出假设就是提出解决问题的可能途径与方案，选择恰当的解决问题的操作步骤。提出假设是问题解决的关键阶段。与题干不符，排除。

D项检验假设就是通过一定的方法来确定假设是否合乎实际、是否符合科学原理。检验假设的方法有两种：一是直接检验；二是间接检验。与题干不符，排除。

故正确答案为B。

94.【答案】D。良师解析：本题考查对问题解决影响因素定式的理解。思维定式是指由先前的活动所形成并影响后继活动趋势的一种心理准备状态，通常表现为以最熟悉的方式作出反应或者解决问题。在定式的影响下，人们会以某种习惯的方式对刺激情境作出反应。D项正确。

A项感觉统合是指大脑和身体相互协调的学习过程。机体在环境内有效利用自己的感官，以不同的感觉通道（视觉、听觉、味觉、嗅觉、触觉、前庭觉和本体觉等）从环境中获得信息，输入大脑，大脑再对信息进行加工处理，并作出适应性反应的能力，简称"感统"。与题干不符，排除。

B项注意转移是根据新的任务，主动地把注意从一个对象转移到另一个对象或由一种活动转移到另一种活动的现象。与题干不符，排除。

C项记忆再现又称回忆，指过去经历过的事物不在面前，人们在头脑中把它重新呈现出来的过程。与题干不符，排除。

故正确答案为D。

95.【答案】D。良师解析：本题考查的是影响问题解决的因素。思维定式有时也称定式，是指由先前的活动所形成并影响后继活动趋势的一种心理准备状态，通常表现为以最熟悉的方式作出反应或者解决问题。本题中学生学习英语时，以之前学习汉语拼音的方式去解决，这属于一种思维定式，D项正确。

A项原型启发是指在其他事物或现象中获得的信息对解决当前问题的启发。题干中体现的是学生在解决问题时没有得到启发，而是受到了干扰，与题干不符，排除。

B项功能固着是指问题解决中只能想到某一物品的通用功能，而想不到其他的特殊功能。题干中并没有提到事物的某种功能，与题干不符，排除。

C项晕轮效应又称"光环效应"，是指当认知者对一个人的某种特征形成好或坏的印象后，他还倾向于据此推论该人其他方面的特征。本质上是一种以偏概全的认知上的偏误。与题干不符，排除。

故正确答案为D。

96.【答案】B。良师解析：本题考查创造性与智力之间的关系。创造性与智力的关系并非简单的线性关系，二者既有独立性，又在某种条件下具有相关性，其基本关系表现在以下几个方面：一是低智商不可能具有高创造性；二是高智商可能有高创造性，也可能有低创造性；三是低创造性的智商水平可能高，也可能低；四是高创造性者必须有高于一般水平的智商。因此③④说法是正确的，B项正确。ACD三项与题干不符，排除。

故正确答案为B。

97.【答案】A。良师解析：本题考查对品德的心理结构的识记、理解情况。品德的心理结构包括四种相辅相成的基本心理成分：道德认知、道德情感、道德意志和道德行为，简称知、情、意、行。道德认知是指对行为规范及其意义的认识，是人的认识过程在道德上的表现。道德认知是个体道德的基础，是道德情感、道德意志产生的依据，对道德行为具有定向的意义。A项正确。

B项道德情感是人的道德需要是否得到实现及其所引起的一种内心体验，也就是人在心理上所产生的对某种道德义务的爱憎、喜怒等情感体验。与题干不符，排除。

C项道德意志是个体自觉地调节道德行为，克服困难，以实现预定道德目标的心理过程。与题干不符，排除。

D项道德行为是道德形成的最终环节，是指个体在一定的道德意识支配下表现出来的对他人和社会的有道德意义的活动。道德行为是衡量道德品质的重要标志。与题干不符，排除。

故正确答案为A。

98.【答案】D。良师解析：本题考查衡量道德水平的重要标志。品德又称道德品质，是个体依据一定的社会道德准则规范自己行动时所表现出来的稳定的心理倾向和特征。道德行为是品德形成的最终环节，是指个体在一定的道德意识支配下表现出来的对他人和社会的有道德意义的活动。道德行为是个体道德认识的外在表现，是实现道德动机的手段，是衡量道德品质的重要标志。D项正确。

A项道德认知是指对行为规范及其意义的认识，是人的认识过程在道德上的表现。道德认知是个体道德的基础，是道德情感、道德意志产生的依据，对道德行为具有定向的意义，品德的核心是道德认知，与题干不符，排除。

B项道德情感是人的道德需要是否得到实现及其所引起的一种内心体验，也就是人在心理上所产生的对某种道德义务的爱憎、喜恶等情感体验，道德情感是激发道德动机和进行自我监督的内心力量，是从道德认知到道德行为的中间环节，与题干不符，排除。

C项道德意志是个体自觉地调节道德行为，克服困难，以实现预定道德目标的心理过程。道德意志是个体通过自己理智的权衡作用去解决道德生活中内心矛盾与支配行为的力量，这种力量表现为能够排除内部障碍和外部困难，坚决执行道德的动机所引起的行为决定。与题干不符，排除。

故正确答案为D。

99.【答案】B。良师解析：本题考查对原型启发的理解。原型启发是指在其他事物或现象中获得的信息对解决当前问题的启发。其中具有启发作用的事物或现象叫作原型。瓦特看到水蒸气能把壶盖掀起而发明蒸汽机，属于原型启发。B项正确。

A项所谓顿悟就是领会到自己的动作和情境，特别是和目的物之间的关系。与题干不符，排除。

C项观察能力是指大脑对事物的观察能力，如通过观察发现新奇的事物等，在观察过程中对声音、气味、温度等有一个新的认识。与题干不符，排除。

D项思维定式有时也称定式，是指由先前的活动所形成并影响后继活动趋势的一种心理准备状态，通常表现为以最熟悉的方式作出反应或者解决问题。定式在问题解决中有积极作用，也有消极影响，如定式使解决问题的思维刻板化。与题干不符，排除。

故正确答案为B。

100.【答案】C。良师解析：本题考查的是思想品德教育的实质。思想品德是一个多要素的综合系统，是人们在一定思想的指导下，在道德行为中表现出来的较为稳定的心理特点、思想倾向和行为习惯的总和。它与一定的经济活动、政治活动、道德风尚及风俗习惯相联系，受到社会发展水平的制约。思想品德是意识行为方面的，也是政治道德方面的。C项正确。ABD三项均是思想品德教育的具体任务，与题干不符，排除。故正确答案为C。

101.【答案】B。良师解析：本题考查对态度的理解。一般认为，态度与品德的形成过程经历依从、认同与内化三个阶段：（1）依从包括从众和服从。从众是指人们对于某种行为要求的依据或必要性缺乏认识与体验，跟随他人行动的现象。服从是指在权威命令、社会舆论或群体气氛的压力下，放弃自己的意见而采取与大多数人一致的行为。如成为中学教师后，在校长的要求下，开始关注自己的行为。（2）认同是在思想、情感、态度和行为上主动接受他人的影响，使自己的态度和行为与他人相接近。题干中，小王是自己要求自身行为与教师的角色相一致，说明他本身对于教师角色具有认同性，才使得自身行为具有自觉性和主动性。B项正确。（3）内化指在思想观点上与他人的思想观点一致，将自己所认同的思想和自己原有的观点、信念融为一体，构成一个完整的价值体系。故正确答案为B。

102.【答案】C。良师解析：本题考查对道德评价的理解。道德认知发展心理学家重视和强调道德判断和推理在道德形成中的作用，认为道德教育的首要任务应该是培养一个人学会在面临矛盾和冲突的道德情境中作出自觉的道德决策，即培养学生道德评价能力。我国儿童和青少年道德评价能力的发展，一般经过从对人到对己、从结果到动机、从片面到全面以及从他律到自律四个阶段。

（1）从对人到对己。即从偏向评价别人发展到学会评价自己。

（2）从结果到动机。即从依据行为的外部结果过渡到依据行为的动机和意向。在评价时，最初只是注意行为的结果和外部原因的分析，往往从直接后果来衡量行为的是非好坏。随着道德认知的提高和个人道德经验的丰富，才渐渐转向对行为动机和行为内部原因的分析。题干中的孩子不仅仅是看到行为后果的严重性，而是开始追查行为后果产生的动机了。C项正确。

（3）从片面到全面。即从带有较大片面性的评价发展到比较全面的评价。小学和初中学生的道德评价往往带有表面化、片面性的特点。到了高中阶段，学生评价自己或别人的行为，才开始带有全面、客观、多层次的性质。

（4）从他律到自律。即从仿效别人的评价发展到独立地进行评价。开始他们常常只是重复老师或别人的评价，以后才逐步学会独立地进行道德评价。

故正确答案为 C。

103. **【答案】** D。**良师解析：** 本题考查对皮亚杰的道德发展阶段论的识记。皮亚杰认为儿童的道德发展是一个由他律逐步向自律、由客观责任感逐步向主观责任感的转化过程。皮亚杰将儿童的道德发展划分为四个阶段：第一阶段为"自我中心阶段"或前道德阶段（2~5 岁）；第二阶段为"权威阶段"或他律道德阶段（6~8 岁）；第三阶段为"可逆性阶段"或初步自律道德阶段（8~10 岁），该阶段儿童的思维具有了守恒性和可逆性，他们已经不把规则看成一成不变的东西，逐渐从他律转入自律；第四阶段为"公正阶段"或自律道德阶段（10~12 岁），该阶段的儿童继可逆性之后，公正观念或正义感得到发展，儿童的道德观念倾向于主持公正、平等。即在 10 岁以后，儿童的判断主要是依据自己认可的内在标准，称为自律道德。D 项正确。

A 项 3 岁左右属于"自我中心阶段"，该阶段儿童缺乏按规则来规范行为的自觉性，在亲子关系、同伴关系、价值判断等方面均表现出自我中心倾向。与题干不符，排除。

B 项 6~8 岁属于他律道德阶段，该阶段儿童表现出对外在权威绝对尊重和顺从，把权威确定的规则看作绝对的、不可更改的，在评价自己和他人的行为时完全以权威的态度为依据。与题干不符，排除。

C 项 7 岁左右也属于他律道德阶段。与题干不符，排除。

故正确答案为 D。

104. **【答案】** D。**良师解析：** 本题考查对品德的心理结构的识记情况。道德行为是个体在一定的道德认知指引和道德情感激励下所表现出来的、对他人或社会具有道德意义的行为，是道德认知、道德情感、道德意志的集中表现，也是受教育者是否接受以及在何种程度上接受外部教育影响和衡量个体道德修养水平的外在标志。它在品德结构中发挥关键的作用。D 项正确。

A 项道德认知是对道德规范及其执行意义的认识。道德认知的结果是获得有关的道德观念，形成道德信念。道德认知是个体道德的基础。与题干不符，排除。

B 项道德情感是伴随着道德认知而产生的一种内心体验。它既可以表现为个体根据道德观念来评价他人或自己行为时所产生的内心体验，也可以表现为在道德观念的支配下采取行动的过程中所产生的内心体验。与题干不符，排除。

C 项道德意志是人们自觉地确定道德行为的目的，积极调节自己的活动，克服各种困难，以实现既定目的的心理过程。道德意志通常表现为一个人的信心、决心和恒心。与题干不符，排除。

故正确答案为 D。

105. **【答案】** B。**良师解析：** 本题考查品德形成的源泉和基础。品德是道德品质的简称，是社会道德在个人身上的体现，是个体依据一定的社会道德行为规范行动时表现出来的比较稳定的心理特征和倾向。学生品德的发展是在实践活动中能动地实现的。个人的成长过程是逐渐深入社会，参与各种社会实践活动，与外界社会接触和相互作用的过程，要接受来自家庭、社会、学校等各方面的影响，逐步发展自己的道德思想与行为习惯。道德实践活动是促进社会的道德需求转化为学生自身品德的源泉和基础。B 项正确。

106. **【答案】** C。**良师解析：** 本题考查的是对态度结构的识记。一般认为态度是通过学习而形成的，影响个人行为选择的内部准备状态或反应的倾向性。态度的结构包含认知成分、情感成分和行为倾向成分。（1）态度的认知成分，指个体对某对象所具有的带有评价意义的观念和信念。对于某一对象而言，不同个体的态度中所含的认知成分是不同的。（2）态度的情感成分，指伴随态度的认知成分而产生的情绪或情感体验，是态度的核心成分。研究表明，态度发生变化时，情感也会发生相应的改变。态度的行为倾向成分，指准备对某对象作出某种反应的意向或意图。ABD三项正确。C项意志是人自觉地确定目的，并支配行动，克服困难，实现目的的心理过程。其不属于态度三元论中的内容，当选。本题为选非题，故正确答案为C。

107.【答案】C。良师解析：本题考查对品德四因素的理解。一般认为，品德包含道德认知、道德情感、道德意志、道德行为等心理成分，这些成分既相互独立，又相互联系、相互影响，构成一个完整的品德结构，简称为品德的知、情、意、行结构。其中"知"为基础，"行"为关键。C项正确。

A项道德认知是指对行为规范及其意义的认识，是人的认识过程在道德上的表现。道德意志是个体自觉地调节道德行为，克服困难，以实现预定道德目标的心理过程。道德行为是衡量道德品质的重要标志。持续不断的、稳定的道德行为才是一个人的道德品质。与题干不符，排除。

B项道德认识或称道德观念，道德感是伴随着道德认知而出现的内心体验，当道德观念和道德感成为经常推动个人产生道德行为的内部动力时，它们就成了道德动机，但仍然离不开道德行为。与题干不符，排除。

D项道德感即道德情感，是人的道德需要是否得到实现及其所引起的一种内心体验，也就是人在心理上所产生的对某种道德义务的爱憎、喜恶等情感体验。道德情感是个体道德行为的内部动力之一，但必须通过道德行为来表现。与题干不符，排除。

故正确答案为C。

108.【答案】C。良师解析：本题考查对品德四因素的理解。品德包括道德认知、道德情感、道德意志和道德行为。道德意志是个体自觉地调节道德行为，克服困难，以实现预定道德目标的心理过程。道德意志实际上是道德观念的能动作用，是个体通过自己理智的权衡作用去解决道德生活中内心矛盾与支配行为的力量。这种力量表现为能够排除内部障碍和外部困难，坚决执行道德的动机所引起的行为决定。题干中这些学生的错误行为是由于没有抵制住不良诱惑，这说明其意志力不强。C项正确。

A项道德认知是指对行为规范及其意义的认识，是人的认识过程在道德上的表现。"学生虽然知道道德规范"说明其不缺乏道德认知。与题干不符，排除。

B项道德情感是人的道德需要是否得到实现及其所引起的一种内心体验，也就是人在心理上所产生的对某种道德义务的爱憎、喜恶等情感体验。"学生愿意遵守"说明他们从情感上认同道德规范，因此不缺乏良好的情感。与题干不符，排除。

D项道德行为是品德形成的最终环节，是指个体在一定的道德意识支配下表现出来的对他人和社会的有道德意义的活动。学生的不良行为最终还是由于缺乏意志力。与题干不符，排除。

故正确答案为C。

109.【答案】A。良师解析：本题考查的是道德情感的分类。道德情感按表现形式分为直觉的道德情感、想象的道德情感和伦理的道德情感。伦理的道德情感是以清楚地意识到道德概念、原理和原则为中介的情感体验。它往往是在道德理论基础上产生的自觉的、概括性的情感，具有稳定性、深刻性和持久性等特点，是最高形式的道德情感，例如爱国主义情感就属于这一类形式。A项正确。

B项想象的道德情感是通过对某种道德形象的想象而发生的情感体验，如想起岳飞、文天祥、刘胡兰等英雄人物，多半会唤起钦慕之情。而题干强调的是爱国主义情感。与题干不符，排除。

C项直觉的道德情感是由于对某种具体的道德情境的直接感知而迅速发生的情感体验。它往往是由具体情境引起的，以迅速产生为特点，对道德行为具有迅速定向的作用。比如，人们常由于莫名其妙的不安感或突如其来的荣辱感迅速制止和作出某种举动，而事后才意识到这种举动的是非曲直。与题干不符，排除。

D 项记忆的道德情感不属于道德情感的类别，是干扰项，排除。

故正确答案为 A。

110.【答案】D。良师解析：本题考查对班杜拉社会观察学习的理解情况。班杜拉的社会学习理论认为儿童社会行为的习得主要是通过观察、模仿现实生活中重要人物的行为来完成的，所以其研究重点为道德行为。D 项正确。

A 项道德认知是指对于行为规范及其意义的认识，是人的认识过程在道德上的表现，属于皮亚杰和柯尔伯格认知模式的研究重点。与题干不符，排除。

B 项道德情感是人的道德需要是否得到实现及其所引起的一种内心体验，也就是人在心理上所产生的对某种道德义务的爱憎、喜恶等情感体验，属于麦克费尔的体谅模式的研究重点。与题干不符，排除。

C 项道德意志是个体自觉地调节道德行为，克服困难，以实现预定道德目标的心理过程。与题干不符，排除。

故正确答案为 D。

111.【答案】B。良师解析：本题考查对条件反射的理解。条件反射是指在一定条件下，外界刺激与有机体反应之间建立起来的暂时神经联系。根据信号系统的性质来划分，条件反射又可分为第一信号系统的反射和第二信号系统的反射。第一信号系统是以具体事物为条件刺激建立的条件反射。第二信号系统是以词语为条件刺激建立的条件反射，是人所特有的。望梅生津属于条件反射，但 A 项并非最佳选项，望梅生津是直接可感知的，属于第一信号系统，B 项是最佳答案。如果是"谈"梅止渴便属于第二信号系统。

故正确答案为 B。

112.【答案】C。良师解析：本题考查对归因的理解。归因是指人们对他人或自己行为原因的推论过程。具体地说，就是观察者对他人的行为过程或自己的行为过程所进行的因果解释和推论。美国心理学家韦纳对行为结果的归因进行了系统探讨，并把归因分为三个维度：内部归因和外部归因、稳定性归因和非稳定性归因、可控归因和不可控归因。内因指存在于个体内部的原因，如人格、品质、动机等个人特征。外因是指行为或事件发生的外部条件，包括背景、机遇、他人影响、工作任务难度等。稳定性指当事人自认影响其成败的因素，在性质上是否稳定，在类似情境下是否具有一致性。可控性是指当事人自认影响其成败的因素，在性质上是否能由个人意愿所决定。按此标准，任务难度是外部、不可控但稳定的因素。

故正确答案为 C。

113.【答案】D。良师解析：本题考查对迁移的理解。形式训练说认为各种官能可以像肌肉一样通过练习增强力量（能力）。这种能力在各种活动中都能发挥效用。可以通俗理解为人的一般能力具备了，就可以完成很多具体的活动。一般迁移是指将一种学习中习得的一般原理、方法、策略和态度迁移到另一种学习当中去。形式训练说所涉及的迁移本质是一般迁移。D 项正确。AB 两项根据迁移的性质和结果，可以把迁移分为正迁移、负迁移和零迁移。一种学习对另一种学习产生积极的影响叫正迁移，就是使两种学习之间相互促进；一种学习对另一种学习产生消极的影响叫负迁移，也就是两种学习之间相互干扰；两种学习之间不产生影响叫零迁移。与题干不符，排除。

C 项特殊迁移也称具体迁移，是指学习迁移发生时，学习者原有的经验组成要素及其结构没有变化，只是将一种学习中习得的经验要素重新组合并移用到另一种学习中。与题干不符，排除。

故正确答案为 D。

114.【答案】B。良师解析：本题考查的是元认知。美国心理学家弗拉维尔于 1976 年在《认知发展》一书中首先提出了元认知的概念。因此本题选 B。

115.【答案】A。良师解析：本题考查的是元认知策略。B 选项属于认知策略中的组织策略，C 选项属于资源管理策略，D 选项属于认知策略中的复述策略。因此本题选 A。

116.【答案】B。良师解析：本题考查的是元认知策略。元认知策略包括计划策略、监控策略和调节策略，其中元认知计划策略是根据认知活动的特定目标，在一项认知活动之前计划各种活动、预计结果、选择策略，想出各种解决问题的方法并预估其有效性。元认知计划策略包括设置学习目标、浏览阅读材料、产生待回答的问题以及分析如何完成学习任务。因此本题选 B。

117.【答案】C。良师解析：本题考查的是元认知策略。学习的元认知策略是指学生对自己整个学习过程的有效监视及控制的策略。因此本题选 C。

118.【答案】B。良师解析：本题考查的是元认知策略，元认知策略是指学生对自己整个学习过程的有效监视及控制的策略，大致可分为以下三种：（1）计划策略（如设置目标、浏览材料、设置思考题、分析）；（2）监控策略（如阅读时对注意事项进行跟踪、对材料进行自我提问、考试时监控速度和时间）；（3）调节策略（如调整阅读速度、重新阅读、复习、使用应试策略等）。因此本题选 B。

119.【答案】C。良师解析：本题考查的是元认知策略。所谓元认知就是对认知的认知，即个体对认知活动的自我意识与调节。元认知策略就是指对自己整个学习过程的有效监视及控制的策略，包括计划策略、监控策略和调节策略。因此本题选 C。

120.【答案】A。良师解析：本题考查的是元认知。所谓元认知是对认知的认知，具体地说，是关于个人认知过程的知识和调节这些过程的能力。它具有两个相对独立但又相互联系的成分：元认知知识（即对认知过程的知识和观念）和元认知监控（即对认知行为的调节和控制）。因此本题选 A。

121.【答案】B。良师解析：本题考查的是元认知的成分。所谓元认知是对认知的认知，具体地说，是关于个人认知过程的知识和调节这些过程的能力。它具有两个相对独立但又相互联系的成分：元认知知识（即对认知过程的知识和观念）和元认知监控（即对认知行为的调节和控制）。元认知监控成分是对认知活动的监测和调控的动态过程，是元认知的核心成分。因此本题选 B。

122.【答案】C。良师解析：本题考查的是学习策略的分类。资源管理策略是辅助学生管理可用环境和资源的策略，包括时间管理策略、学习环境管理策略、努力管理策略、学业求助策略。其中时间管理策略是通过一定的方法合理安排时间，有效利用学习资源的策略。因此本题选 C。

123.【答案】A。良师解析：本题考查的是元认知策略，元认知计划是根据认知活动的特定目标，在一项认知活动之前计划各种活动，预计结果、选择策略、想出各种解决问题的方法，并预估其有效性。监控策略是指在认知活动的实际过程中，根据认知目标及评价，反馈自己认知活动的结果与不足，正确估计自己达到认知目标的程度和水平，并且根据有效性标准评价各种认知行动和策略的效果。调节策略是指在学习过程中根据对认知活动监视的结果，找出认知偏差，及时调整策略或修正目标。计划策略强调认知活动之前，监控策略强调认知活动实施过程中，调节策略强调过程中和结束时对认知活动监视结果的调节、修改。A 为计划策略，B 和 C 为监控策略，D 为调节策略。因此本题选 A。

四、多项选择题

1.【答案】ACD。良师解析：本题考查布卢姆对于知识的分类。

A 项事实性知识是学生为了掌握特定学科知识或解决问题而需要了解的基本事实，主要包括有关术语的知识，指具有特定含义的具体言语和非言语的符号，如语词、数字、符号、图片等；特定事物的要素和细节的知识，指事件、地点、人物、日期、信息源等方面的知识。学习"苹果是红色的"是事实性知识，学习的是苹果这一事物的要素和细节。错误。

B项程序性知识是指做事的方法，探究的方法，应用技能、算法、技术或方法的规范等。学习四则运算法则（先乘除，后加减，括号先算），是对于如何做事、如何解决问题的学习，是程序性知识。正确。

C项一个完整的句子由主、谓、宾三部分组成，是事实性知识，学习的是"句子"的构成要素。错误。

D项概念性知识是指一个整体结构中基本要素之间的关系，表明某一个学科领域的知识是如何组织、如何发生内在联系、如何体现出系统一致等，主要包括：（1）分类和类别的知识，如地质时期的周期、商业物权的形式等；（2）原则和规律的知识，如毕达哥拉斯定律、供给与需求的关系等；（3）理论、模型和结构的知识，如进化论、国会的结构等。"直角三角形的两条直角边长度的平方和等于斜边长度的平方"是对勾股定理这一规律的学习，学习到的是一个直角三角形中三条边之间的关系，是概念性知识。错误。

本题为选非题，故正确答案为ACD。

2.【答案】ABCD。**良师解析**：本题考查的是程序教学法的特点。程序教学法是指依靠教学机器和程序教材，呈现学习程序，包括问题的显示、学生的反应和将反应的正误情况反馈给学生的过程等，是学习者进行个别学习的方法。它的特点包括：（1）小步子前进：为了能循序渐进，由易到难地掌握学习资料，达到目标的教学序列均由小步子构成，每次只给一步；（2）积极的反应：为了提高学习的主动性，学习者要对程序教材作出积极的反应；（3）及时反馈：学习者对问题作出反应后，能及时获得有关回答正确或错误的反馈信息；（4）自定步调：在程序教学中，学习者可以根据自己的能力，按适合自己的学习进度前进；（5）低错误率：为了帮助学生减少错误，在编制学习程序时，可根据学生可能产生的错误，考虑补充性、矫正性的学习程序。ABCD四项均正确。

故正确答案为ABCD。

3.【答案】ABD。**良师解析**：本题考查建构主义学习理论。

A项建构主义认为知识并不是对现实的准确表征，也不是最终答案，而只是一种解释、一种假设，建构主义强调知识的动态性。正确。

B项建构主义强调学生经验世界的丰富性，强调学生的巨大潜能，建构主义者强调学生经验世界的差异性，每个人在自己的活动和交往中形成了自己个性化的、独特的经验，教学不能无视学生的经验，建构主义引导儿童从原有的知识经验中生长出新的知识经验，强调注重学生的先前经验。正确。

C项建构主义强调学习的主动建构性、社会互动性和情境性，不是简单"刺激—反应"的过程。"刺激—反应"的过程是行为主义学习理论的核心观点。为干扰选项，排除。

D项建构主义认为课本知识只是一种关于各种现象的较为可靠的假设，而不是解释现实的"模板"。不能把知识作为预先决定了的东西教给学生，不能用科学家、教师、课本的权威来压制学生。学生对知识的接受只能靠自己的建构来完成，以他们自己的经验、信念为背景来分析知识的合理性。正确。

故正确答案为ABD。

4.【答案】AD。**良师解析**：本题考查学习的分类。奥苏贝尔根据两个维度对认知领域的学习进行了分类。一个维度是学习进行的方式，分为接受的和发现的，另一个维度是学习材料和学习者原有知识的关系，分为机械的和有意义的。AD两项正确。BC两项与题干不符，排除。

故正确答案为AD。

5.【答案】ABD。**良师解析**：本题考查学习的概念。学习是有机体在后天生活过程中，由于练习或反复经验而产生的行为或行为潜能的比较持久的变化。

A 项通过几天的适应，幼儿从最初的害怕生人到不怕了，态度发生了转变，而且这种变化是相对持久的，属于态度的学习。正确。

B 项心理学上所说的广义的学习包含动物的学习和人类的学习，老马识途意为老马认识曾经走过的道路，这是动物通过反复的练习或经验产生的行为的改变，符合学习的概念。正确。

C 项服用兴奋剂之后，运动员的运动能力提升，虽然伴有行为的改变，但是改变是由药物兴奋剂所致，且这种变化是短暂的，不符合学习的概念。为干扰选项，排除。

D 项成年人每天阅读报纸，通过阅读获取一定的信息和知识，是学习行为。正确。故正确答案为 ABD。

6.【答案】CD。良师解析：本题考查对建构主义的理解。建构主义思想的核心知识是在主客体相互作用的活动中建构起来的。建构主义学习观强调学习的主动建构性、社会互动性和情境性。

A 项学习是自我的解放，该说法是错误的，学习是个体在特定情境下由于练习和反复经验而产生的行为或行为潜能的比较持久的变化。与题干不符，排除。

B 项学习是不断刺激与强化，这是联结主义的观点，与题干不符，排除。

C 项学习的情境性是指知识存在于具体的、情境性的、可感知的活动之中，不是一套独立于情境的知识符号，只有通过实际应用活动才能真正被人理解。人的学习应该与情境化的社会实践活动联系在一起，通过对某种社会实践的参与而逐渐掌握有关的社会规则、工具、活动程序等，形成相应的知识。正确。

D 项学习是通过对某种社会文化的参与而内化相关的知识和技能、掌握有关的工具的过程，这一过程常常要通过一个学习共同体的合作互动来完成。正确。

7.【答案】BC。良师解析：本题考查对学习类型的理解情况。机械学习，与有意义学习相反，是指符号所代表的新知识与学习者认知结构中已有的知识建立非实质性的和人为的联系，即一种单纯依靠记忆学习材料，而避免去理解其复杂内部和主题推论的学习方法。学生尝试错误走迷宫和小学生背诵乘法口诀都属于新知识与已有的知识建立非实质性的和人为的联系。BC 两项正确。AD 两项宇航员探索太空和中学生听讲座后弄清了概念之间的关系都属于有意义学习。与题干不符，排除。

故正确答案为 BC。

8.【答案】AC。良师解析：本题考查的是韦纳的归因理论。韦纳将人们活动成败的原因归结为六个因素，即能力高低、努力程度、任务难易、运气好坏、身心状态和外界环境。其中属于稳定的、不可控因素是能力高低和任务难易。AC 两项正确。

B 项努力程度属于内部的、不稳定的、可控的因素。与题干不符，排除。

D 项运气好坏属于外部的、不稳定的、不可控的因素。与题干不符，排除。

故正确答案为 AC。

9.【答案】AD。良师解析：本题考查的是学习动机的类型。近景的直接性动机是指与近期目标或学习活动直接相联系的，来源于对学习内容或学习结果的兴趣。根据题意，数学老师讲课很生动，周小明学习积极性很高，这是一种近景的直接性动机。换老师之后，周小明学习不用心，说明他的学习动机是由外界因素引起的，是一种外部动机。AD 两项正确。

B 项远景的间接性动机是与学习的社会意愿和个人的前途相连的。题干中周小明是对老师的讲课感兴趣而引起的学习动机，与题干不符，排除。

C 项内部动机是指由个体内在的需要引起的动机，例如学生的求知欲、学习兴趣、改善和提高自己能力的愿望等内部动机因素。而题干中周小明的学习动机是由外部因素引起的，与题干不符，排除。

故正确答案为 AD。

10. **【答案】ABCD。良师解析：**本题考查影响自我效能感的因素。A项个人自身行为的成败经验，这一效能信息源对自我效能感的影响最大。正确。

B项个体的许多效能期望是来源于对他人的观察，如果看到一个与自己一样或不如自己的人成功，自己的效能感就会提高，所以替代经验也是影响自我效能感的重要因素。正确。

C项他人的言语暗示能提高自己的效能感。正确。

D项班杜拉研究发现，高水平的情绪唤醒使成绩降低从而影响自我效能感。正确。

故正确答案为ABCD。

11. **【答案】ABCD。良师解析：**本题考查的是韦纳的成败归因论的习得性无助。习得性无助是指接连不断地受到挫折，便会感到自己对一切都无能为力，丧失信心的状态。

A项处于习得性无助，学生会出现消极状态，食欲不振，失眠焦虑，体重下降。正确。

B项处于习得性无助，学生在学习时毫无动力，缺乏进取心，遇到挫折时倾向于放弃，"破罐子破摔"。正确。

C项处于习得性无助，学生在学习过程中会出现懒散、怠慢的现象，面临困难的作业很快就放弃，逐渐形成对学习和生活的认知障碍。正确。

D项处于习得性无助，学生会怀疑自己的能力，经常体验到强烈的焦虑，情绪低落。正确。

故正确答案为ABCD。

12. **【答案】ABCD。良师解析：**本题考查的是影响概念转变的因素。影响概念转变的因素有：（1）学习者的形式推理能力。为克服错误概念，学习者需要理解新的科学概念，能意识到证明新概念有效性的证据，看到事实材料是如何支持科学概念，而违背原有错误概念的，这些都依赖于形式推理能力。（2）学习者的"概念生态圈"。新概念的学习总是以原有知识为背景的。（3）动机因素、目标取向、兴趣与学科态度、自我效能感、元认知能力。（4）社会情境（课堂情境）。ABCD四项均正确。

故正确答案为ABCD。

13. **【答案】BD。良师解析：**本题考查心智技能形成的阶段。我国心理学家冯忠良提出了心智技能形成的三阶段说：原型定向阶段；原型操作阶段；原型内化阶段。BD两项正确。

A项原型模仿即实际再现特定的动作方式或行为模式，其实质是将头脑中形成的定向映象以外显的实际动作表现出来，是操作技能形成的第二阶段。与题干不符，排除。

C项原型启发是指在其他事物或现象中获得的信息对解决当前问题的启发。其中具有启发作用的事物或现象叫作原型。与题干不符，排除。

故正确答案为BD。

14. **【答案】AC。良师解析：**本题考查技能的分类。操作技能也叫运动技能，是通过学习而形成的合乎法则的操作活动方式。

A项操作技能的特征包括动作对象的物质性、动作进行的外显性、动作结构的展开性。写字是需要一笔一画地进行练习，动作有外显性、展开性，属于操作技能。正确。

B项心智技能也称智力技能、认知技能，是通过学习而形成的合乎法则的心智活动方式。心智技能的特点：动作对象的观念性、动作进行的内隐性、动作结构的简缩性等。阅读的过程只需要头脑中认知参与就可以，不需要有外显的动作，属于心智技能。为干扰选项，排除。

C项绘画的过程包含外显的动作操作的过程，属于操作技能。正确。

D项运算也是一种典型的心智活动，属于心智技能。为干扰选项，排除。

故正确答案为AC。

15. **【答案】ACD。良师解析：**本题考查高原现象的原因。通常把学生在学习过程中出现一段时间的学习成绩和学习效率停滞不前，甚至学过的知识感觉模糊的现象，称为高原现象。高原现象是技能提升过程中必须经历的。产生的原因在于：（1）学习方法的固定化；（2）学习任务的复杂化；（3）学习动机减弱；（4）兴趣降低；（5）心理和生理上的疲劳；（6）意志不够顽强。ACD三项均为高原现象产生的原因，正确。

B项新颖的学习方法会减少高原现象的产生。与题干不符，排除。

故正确答案为ACD。

16.【答案】ABC。良师解析：本题考查对智慧技能的理解情况。加涅对学习结果分类包括言语信息、智慧技能、认知策略、动作技能、态度。智慧技能指运用概念和规则对外办事的能力，是解决"怎么做"的问题，以及处理外界的符号和信息。可进一步把智慧技能分成五个亚类：辨别、具体概念、定义性概念、规则、高级规则。ABC三项都属于智慧技能里的规则。

D项写字属于操作技能。与题干不符，排除。

故正确答案为ABC。

17.【答案】ACD。良师解析：本题考查学习策略的类别。精细加工策略是指把新信息与头脑中的旧信息联系起来从而增加新信息意义的深层加工策略。它常被描述成一种理解记忆的策略。

A项做笔记策略是使用较为普遍的精细加工策略。做笔记不仅可以有效地控制自己的认知加工过程，还有助于概括新的知识和建立新旧知识之间的联系。正确。

B项复述策略是指在工作记忆中为了保持信息，运用内部语言在大脑中重现学习材料，以便将注意力维持在学习材料上的方法。反复诵读属于复述策略。为干扰选项，排除。

C项创造类比是精细加工策略，适时建立类比，在新材料学习之前，温习与新材料有关的已有的背景知识，以理解和记忆新知识。正确。

D项谐音记忆术是通过谐音线索，运用视觉表象，假借意义进行人为联想。例如，把圆周率"3.141 592 653 5"编成顺口溜"山巅一寺一壶酒，尔乐苦煞吾"等。谐音记忆术是典型的精细加工策略。正确。

故正确答案为ACD。

18.【答案】AC。良师解析：本题考查对元认知策略的理解情况。元认知策略是指学习者对自己认知过程的监督和调节，包括对自己认知过程的了解、体验和控制，有助于学习者保持高效率和高质量的学习，具体包括计划、监控、调节策略等。AC两项正确，A项属于元认知监控，C项属于元认知调节。

B项属于认知策略中的复述策略。与题干不符，排除。

D项属于认知策略中的精细加工策略。与题干不符，排除。

故正确答案为AC。

19.【答案】BD。良师解析：本题考查影响问题解决的因素。

A项功能固着是人们把某种功能赋予某物体的倾向。功能固着也可以被看作一种定式，即从物体正常功能的角度来考虑问题的定式。也就是说，当一个人熟悉了某种物体的常用或典型的功能时，就很难看出该物体所具有的其他潜在的功能。而且最初看到的功能越重要，就越难看出其他的功能。当在某种情形下需要利用某一物体的潜在功能来解决问题时，功能固着可能起到阻碍的作用。为干扰选项，排除。

B项创造性思维能够帮助个体产生新奇独特的想法，创造性地解决问题。正确。

C项耶克斯-多德森定律表明，动机不足或过分强烈都会影响行为效果，一般来讲，最佳水平为中等强度的动机，并非动机越强，越能解决问题。为干扰选项，排除。

D项正迁移也叫助长性迁移，是指一种学习对另一种学习的促进作用，所以正迁移能够促进问题解决。正确。

故正确答案为BD。

20.【答案】AC。良师解析： 本题考查皮亚杰儿童道德发展阶段理论。皮亚杰早在 20 世纪 30 年代就系统地研究了儿童的道德判断。皮亚杰发现，儿童道德判断能力的发展与其认知能力的发展存在着互相对应、平衡发展的关系，这种认识能力是在与他人和社会的关系中得到发展的，从而提出儿童的道德判断是一个从他律到自律的过程。据此，他把儿童的品德发展分为三个阶段：无律阶段——前道德阶段；他律阶段；自律阶段。AC 两项正确。

B 项服从是指在权威命令、社会舆论或群体气氛的压力下，放弃自己的意见而采取与大多数人一致的行为。与题干不符，排除。

D 项内化指在思想观点上与他人的思想观点一致，将自己所认同的思想和自己原有的观点、信念融为一体，构成一个完整的价值体系。与题干不符，排除。

故正确答案为 AC。

21.【答案】BC。良师解析： 本题考查认知策略的分类。麦基奇将学习策略分为认识策略、元认知策略和资源管理策略。认知策略是指运用有关人们如何学习、记忆、思维的规则支配人的学习、记忆或认知行为，并提高其学习、记忆或认知效率的能力。认知策略是加工信息的一些方法和技术，有助于有效地从记忆中提取信息，包括复述策略、精细加工策略、组织策略。BC 两项正确。

A 项学习的元认知策略是指学生对自己整个学习过程的有效监视及控制的策略。大致分为三种：计划策略、监视策略、调节策略。与题干不符，排除。

D 项资源管理策略是指辅助学生管理可用的环境和资源的策略，对学生的动机有重要的作用。它主要包括时间管理策略、学习环境管理策略、努力管理策略、寻求支持策略等。成功地使用这些策略可以帮助学生适应环境以及调节环境适应自己的需要。与题干不符，排除。

故正确答案为 BC。

22.【答案】BCD。良师解析： 本题考查的是班杜拉的社会学习理论。按照班杜拉的理解，对于有机体行为的强化方式有三种：一是直接强化，即对学习者作出的行为反应当场予以正或负的刺激；二是替代强化，指学习者通过观察其他人实施这种行为后所得到的结果来决定自己的行为指向；三是自我强化，指学习者根据社会对他所传递的行为判断标准，结合个人的理解对自己的行为表现进行正或负的强化。因此本题选 BCD。

23.【答案】ABDE。良师解析： 本题考查的是班杜拉的社会学习理论。班杜拉的社会学习理论指出，学习的基本过程包括注意、保持、动作再现和动机四个过程。因此本题选 ABDE。

24.【答案】ABCD。良师解析： 本题考查的是布鲁纳的认知结构教学理论。布鲁纳的认知结构教学理论认为教学过程包括四个原则，即动机原则、结构原则、程序原则和强化原则。因此本题选 ABCD。

25.【答案】AB。良师解析： 本题考查的是建构主义学习理论。由于学习是在特定的情境即社会文化背景下，借助其他人的帮助，通过人际间的协作活动而实现的意义建构过程，因此建构主义学习理论认为"情境""协作""会话""意义建构"是学习环境中的四大要素或四大属性。因此本题选 AB。

26.【答案】ABD。良师解析： 本题考查的是建构主义学习理论。建构主义学习理论认为"情境""协作""会话""意义建构"是学习环境中的四大要素或四大属性。因此本题选 ABD。

27.【答案】CD。良师解析： 本题考查的是建构主义的学习观和知识观。建构主义知识观认为，知识并不能精确地概括世界的法则，而是需要针对具体情境进行再创造。建构主义学习观认为，学习并不是自我的解放；学习者和学习都不是孤立的，而是在一定的社会文化环境下进行的学习，是个体建构自己知识的过程；学习是主动的，学习者不是被动的刺激接受者，而要对外部信息做主动的选择和加工；学习不是行为主义所描述的 S-R 过程。因此本题选 CD。

28.【答案】AC。良师解析： 本题考查的是知识的应用。有人认为知识的应用主要经历了审题、联想、解析和类化这四个彼此相连又相互独立的基本环节。因此本题选 AC。

29. 【答案】ABC。良师解析：本题考查的是程序性知识的概念。程序性知识是有关"怎么办"的知识，是关于方法和应用的知识。D 属于陈述性知识，因此本题选 ABC。

30. 【答案】ACD。良师解析：本题考查的是动作技能的特点。动作技能具有与心智技能不同的一些特点。（1）就动作的对象而言，动作具有客观性。（2）就动作的进行而言，动作具有外显性。（3）就动作的结构而言，操作活动的每个动作必须切实执行，不能合并、省略，在结构上具有展开性。因此本题选 ACD。

31. 【答案】ABD。良师解析：本题考查的是原型定向。原型定向阶段的主要任务在于建立起进行活动的初步的自我调节机制，为进行实际操作提供内部控制条件。因此，对教师的教学提出了以下几点要求：（1）要使学生了解活动的结构，即了解构成活动的各个动作要素及动作之间的执行顺序，并了解动作的执行方式。（2）要使学生了解各个动作要素、动作执行顺序和动作执行方式的各种规定的必要性，提高学生学习的自觉性。（3）采取有效措施发挥学生的主动性与独立性。（4）教师的示范要准确，讲解要确切，动作指令要明确。因此本题选 ABD。

32. 【答案】ABCD。良师解析：本题考查的是操作技能的培训。操作技能的培训要求包括：（1）准确的示范与讲解。示范、讲解是技能训练的第一步，准确的示范与讲解有利于学习者在头脑中形成准确的定向映象，进而在实际操作活动中可以调节动作的执行。（2）必要而适当的练习。练习是形成各种操作技能所不可缺少的关键环节，是动作技能形成的基本条件和途径，对技能进步有促进作用。（3）充分而有效的反馈。反馈是指在学习者知道自己的学习结果后，据此对其学习方法、计划和目标作出相应的调整。反馈对技能的顺利掌握有着重要的意义，研究表明，从结果中获得的反馈越多，练习的进步就越快。（4）建立稳定清晰的动觉。动觉是由运动感觉和运动知觉构成的，是复杂的内部运动知觉，它反映的主要是身体运动时的各种肌肉活动的特性，如紧张、放松等，而不是外界事物的特性。有必要进行专门的动觉训练，以提高其稳定性和清晰性，充分发挥动觉在技能学习中的作用。因此本题选 ABCD。

33. 【答案】ABC。良师解析：本题考查的是心智技能的培养。教授心智技能或策略的主要目的就是使学生学会学习、学会解决问题，成为一个自主的、自我调控的有效学习者。因此本题选 ABC。

34. 【答案】ABCD。良师解析：本题考查的是技能的获得。练习曲线的特点有：（1）开始进步快；（2）中间有一个明显的暂时的停顿期，即高原期；（3）后期进步较慢；（4）总体趋势是进步的，但有时出现暂时的退步。因此本题选 ABCD。

35. 【答案】BD。良师解析：本题考查的是学习动机与学习效果的关系。任务较容易，动机水平应为中等偏高，并不是越高越好，A 项错误。中等强度的动机最利于学习，B 项正确。任务困难，动机水平应为中等偏低，C 项错误。学习效果受学习动机和学习积极性的影响，D 项说法正确。因此本题选 BD。

36. 【答案】BD。良师解析：本题考查的是马斯洛的需要层次理论。BD 属于缺失需要，AC 属于成长性需要。因此本题选 BD。

37. 【答案】AC。良师解析：本题考查的是成就动机。成就动机是人类所独有的，是后天获得的具有社会意义的动机，能促使个体产生成就行为，并追求在某一社会条件下人们认为重要的社会目标，是具有社会意义的动机，所以是社会性动机。追求的是人们认为重要的社会目标，而不是由自己内在需要引起的，所以是外在动机。因此本题选 AC。

38. 【答案】ABCD。良师解析：本题考查的是韦纳的成败归因理论。美国心理学家韦纳对归因理论进行了系统的研究。他把活动的成败归结为六种原因，即能力高低、努力程度、任务难易、运气好坏、身体状态和外界环境。因此本题选 ABCD。

39. 【答案】ABE。**良师解析**：本题考查的是韦纳的成败归因理论。成败归因中，内在因素有能力高低、努力程度、身心状态，任务难易和运气好坏是外在因素。因此本题选ABE。

40. 【答案】ABCD。**良师解析**：本题考查的是问题情境创设应注意的问题。创设问题情境要能够激发学生的求知欲和好奇心，同时创设问题情境要求问题要小而精，与学生实际生活经验相关，有适当的难度，富有启发性。因此本题选ABCD。

41. 【答案】ACD。**良师解析**：本题考查的是学生学习动机的激发。在教育情境中，激发学生外在学习动机常用的措施有设立明确且恰当的学习目标、及时反馈学生的学习结果、对学习结果进行适当的评价、多用正强化、慎用负强化。因此本题选ACD。

42. 【答案】AD。**良师解析**：本题考查的是学习迁移的分类。负迁移也叫"抑制性迁移"，是指一种学习对另一种学习产生的干扰、阻碍作用。逆向迁移是指后继学习对先前学习产生的影响。因此本题选AD。

43. 【答案】BC。**良师解析**：本题考查的是迁移的概念。学习迁移也称"训练迁移"，是指一种学习对另一种学习的影响，或习得的经验对完成其他活动的影响。A和D是原型启发。因此本题选BC。

44. 【答案】CD。**良师解析**：本题考查的是具体迁移的知识。具体迁移是指一种学习中习得的具体的、特殊的经验直接迁移到另一种学习中去，或经过某种要素的重新组合，以迁移到新情境中去。如在汉字学习中，当学完汉字"石"后，再学习"磊"时，即可以产生具体迁移。因此本题选CD。

45. 【答案】ABDE。**良师解析**：本题考查的是学习迁移的影响因素。可利用性、可辨别性和稳定性（包括清晰性）是影响迁移的三个关键认知结构变量。认知结构迁移理论指出，学生学习新知识时，认知结构可利用性高、可辨别性大、稳定性强，就能促进对新知识学习的迁移。因此本题选ABDE。

46. 【答案】CD。**良师解析**：本题考查的是迁移的内涵。"物以类聚""人以群分"是比喻同类的东西常常聚在一起，志同道合的人相聚成群，反之就分开。迁移是一种学习对另一种学习的影响。因此本题选CD。

47. 【答案】BCDE。**良师解析**：本题考查的是影响迁移的因素。影响迁移的主要因素包括相似性、原有认知结构、学习心向与定式、学习策略的水平等。因此本题选BCDE。

48. 【答案】ACD。**良师解析**：本题考查的是影响迁移的因素。认知结构属于影响迁移的主观因素。因此本题选ACD。

49. 【答案】ABCD。**良师解析**：本题考查的是学习迁移。学习迁移是指一种学习对另一种学习的影响，或习得的经验对完成其他活动的影响。ABCD四项均属于学习迁移。因此本题选ABCD。

五、案例分析题

1. （1）【答案】B。**良师解析**：本题考查对思维与问题解决的理解情况。功能固着是指人们把某种功能赋予某种物体的倾向，认定原有的行为就不会再去考虑其他方面的作用。很多人把装着东西的纸盒当作容器，看不出纸盒还有别的用途，这就属于一种功能固着现象，是影响此问题解决最主要的原因。B项正确。

A项反应定式（简称定式）指以最熟悉的方式作出反应的倾向。反应定式容易使问题解决的思维活动刻板化。与题干不符，排除。

C项顿悟是指顿然领悟，题干未涉及顿悟问题。与题干不符，排除。

D项认知态度是对外界事物信息加工或学习过程中表现出来的态度。与题干不符，排除。

故正确答案为B。

(2)【答案】A。良师解析：本题考查对酝酿效应的理解情况。酝酿效应指有时候学习者尽力去解决一个复杂的或者需要创造性思考的问题时，无论多么努力，还是不能解决问题。在这种时候，暂时停止对问题的积极探索，可能就会对问题解决起到关键作用，这种暂停就是酝酿效应。题干中张乐同学解决问题的现象就属于酝酿效应。A项正确。

B项詹森效应指平时表现良好，但由于缺乏应有的心理素质而导致正式比赛失败的现象。与题干不符，排除。

C项德西效应指当一个人进行一项愉快的活动时，给他提供奖励结果反而会减少这项活动对他内在的吸引力。与题干不符，排除。

D项暗示效应是指在无对抗的条件下，用含蓄、抽象诱导的间接方法对人们的心理和行为产生影响，从而诱导人们按照一定的方式去行动或接受一定的意见，使其思想、行为与暗示者期望的目标相符合。与题干不符，排除。

故正确答案为A。

(3)【答案】C。良师解析：本题考查对思维训练方法的识记、理解情况。头脑风暴是指在一定时间内，通过大脑的迅速联想，产生尽可能多的想法和建议。在采用这种方法的过程中，可以通过集体讨论，使思维相互撞击，迸发火花，达到集思广益的效果。案例中李老师的思维训练方法即为头脑风暴法。C项正确。

A项分合法主要是将原不相同亦无关联的元素加以整合，产生新的意念、面貌。分合法利用模拟与隐喻的作用，协助思考者分析问题以产生各种不同的观点。与题干不符，排除。

B项自由联想法是指思维不受限制的联想，可以从多方面、多种可能性中寻找问题的答案。与题干不符，排除。

D项自我设计法是一种灵活性较强的训练课程。教师为学生提供必要的材料与工具，让学生利用这些材料，实际动手去制作某种物品。与题干不符，排除。

故正确答案为C。

(4)【答案】ABCD。良师解析：本题考查对新手和专家解决问题方面差异的理解情况。

A项问题解决的过程一般可分为发现问题、理解问题、提出假设和检验假设四个阶段。正确。

B项善于解决问题的专家与新手的区别，就在于前者具备有关问题的大量知识并善于实际应用这些知识来解决问题。在有限的时间内，面对不断变化的情况，某个领域的专家们裁决时可以依靠经验来分辨："这种情况是不是与过去的某个情况一样？"凭着直觉，他们可以作出比较正确的决断。正确。

C项创造性思维具有新颖性，能从多角度、多侧面、多层次、多结构去思考，去寻找答案。既不受现有知识的限制，也不受传统方法的束缚，思维路线是开放性、扩散性的。其特征表现为流畅性、灵活性、新颖性。正确。

D项新手获得的知识是零散的、孤立的、片段的。新手在解决问题时不能有效组织知识，不能使零散的、片段的知识联系起来，去快速适应新的情境。新手先明确目的，从尾到头地解决问题。正确。

故正确答案为ABCD。

(5)【答案】BCD。良师解析：本题考查对学生问题解决能力培养的理解情况。在学校情境中，大部分问题解决是通过解决各个学科中的具体问题来体现的。有助于培养学生问题解决能力的措施：提高学生知识储备的数量和质量，教授与训练解决问题的方法和策略，包括结合具体学科教授思维方法，外化思路进行显性教学，帮助学生正确表征问题；提供多种练习机会，培养思考问题的习惯，包括鼓励学生主动发现问题、鼓励学生多角度提出假设、鼓励自我评价和反思。BCD三项正确。A项设置难度较低的问题并不能提高学生问题解决的能力。与题干不符，排除。故正确答案为 BCD。

2.【参考答案】上述实验说明，学习可以通过儿童观察他人的行为及其结果而实现。班杜拉认为，观察学习是人类学习的另一重要来源，即通过对他人及其强化性结果的观察获得某些新的反应，或者矫正原有的行为反应。而在这一过程中，学习者作为观察者并没有外显的操作。材料中的第一组和第二组小朋友，受到了替代强化，即小朋友因看到榜样（成年男子）的行为（攻占玩偶）被强化（表扬、奖励、惩罚），小朋友也受到了强化。

3.【参考答案】（1）这样的"保证书"是一种错误的惩罚方式。对犯错误的学生进行惩罚，能够抑制错误行为。但是惩罚的运用要慎重，因为惩罚本身也是一种侵犯，对被惩罚者起着示范作用。惩罚不是最终目的，给予惩罚时，教师应让学生认识到惩罚与错误行为的关系，使学生从心理上能接受，口服心服，同时还要给学生指明改正的方向，或提供正确的、可替代的行为。同时，教师在教育的过程中还要注意合理运用外部奖赏，有效运用表扬。教师对学生的肯定性评价具有积极的强化作用，能鼓励学生产生再接再厉、积极向上的心态，赞扬、奖励一般比批评、惩罚更具激励作用。

（2）教师在德育的过程中要贯彻尊重信任学生和严格要求学生相结合的原则，在德育过程中，教育者既要尊重信任学生，又要对学生提出严格的要求，把"严"和"爱"有机地结合起来，促使教育者的合理要求转化为学生的自觉行动。

（3）教师在德育的过程中要贯彻正面教育与纪律约束相结合的原则。德育工作既要正面引导、说服教育，启发自觉，调动学生接受教育的内在动力，又要辅之以必要的纪律约束，并使两者有机结合起来。青少年学生缺乏一定的行为自控能力，这就决定了在正面引导的同时，必须加以必要的纪律约束。

（4）关爱学生是师德的灵魂。关爱学生包括关心爱护全体学生，尊重学生人格，平等公正对待学生，对学生严慈相济，做学生良师益友，保护学生安全，关心学生健康，维护学生权益，不讽刺、挖苦、歧视学生，不体罚或变相体罚学生。而案例中的惩罚就是一种变相的体罚，违背了"关爱学生"这一职业道德规范。

4.【参考答案】（1）我会尊重学生的想法，让学生把自己的想法说清楚，让学生分组讨论该学生新颖的想法是否合理，充分发挥学生的主观能动性和创造性。

（2）教师本着"以教育者为中心"的思想，一直以教学活动中的"独奏者"自居，把教会学生知识作为目的，注重结论而轻视过程，这是由传统的教育观念所造成的。新课程改革要求，教学活动应从"以教为中心"转向"以学为中心"，从继承性学习转向创新性学习。教师在教的过程中要指导学生掌握学习的基本过程，而不是只教会学生一成不变的结论。

（3）1）教育者观念的改变。教师要改变教师全能的观念，允许学生自行探索，容纳学生的不同意见；教师要改变以教师为中心的传统，发挥学生主动性。2）教师要改变用统一的标准来要求所有学生的做法，尊重学生的创造性。3）教师要编制创造性问题和提高在教学时发问的技能；教师要改进学生作业的方式。4）教师要改进对学生学习效果的评价方式。

5.【参考答案】（1）老师肯定了张红的答案，否定了黄阳和柳丽的答案，扼杀了学生的创造性，限制了学生的创造性思维，不利于学生的发展。

（2）老师应该肯定学生创造性的回答，充分发挥学生的主体地位，创造良好、轻松的氛围，培养学生的创造性思维。

6.【参考答案】（1）定式与功能固着。启示：1）注意培养学生创造性思维和发散性思维，培养学生的创造性，提高创新能力。2）注意培养学生解决问题的能力，完善学生的知识结构，教授与训练解决问题的方法与策略，提供多种练习的机会，培养思考问题的习惯。

（2）影响问题解决的主要因素：

1）问题的特征。

问题的类型和呈现的方式影响问题的解决。学生解决抽象而不带具体情节的问题时比较容易，解决具体而接近实际的问题时比较困难。此外，由于问题的陈述方式或所给图示的不同，也会直接影响问题解决的过程，比如，有些图示直接提供了问题解决的线索。

2）人的知觉特点。

人的知觉的整体性有时会影响问题解决的能力。如果人的知觉克服了知觉先入为主的倾向，问题就不难解决了。

3）已有的知识经验。

已有经验的质与量都影响着问题解决，与问题解决有关的经验越多，解决该问题的可能性也就越大。

4）定式与功能固着。

在定式的影响下，人们会以某种习惯的方式对刺激情境作出反应。

5）原型启发。

原型启发，是指在问题解决过程中，从其他事物上发现问题解决的途径和方法。

除了上述因素外，个体的智力水平、性格特征、情绪状态、认知风格和世界观等个性心理特性也制约着问题解决的方向和效果。

第四章 教师及教学心理

一、判断题

1.【答案】A。良师解析：本题考查的是教师的个人教学效能感的作用。教师的个人教学效能感指教师认为自己能够有效地指导学生，相信自己具有教好学生的能力。效能感高的教师相信自己的教学活动能使学生成才，便会投入很大的精力来努力工作。在教学中遇到困难的时候，他也能够坚持不懈，勇于向困难挑战。效能感低的教师则认为家庭和社会对学生影响巨大，而自己的影响很小，不管如何努力，收效也不会大，因而常放弃自己的努力。因此效能感高的教师比效能感低的教师在工作中的努力程度更高。故表述正确。

2.【答案】A。良师解析：本题考查对教师的人格特征定义的识记。教师的人格特征包含多方面的内容，如教师的职业信念、教师的性格特点和教师对学生的理解等。教师的人格特征是指教师的个性、情绪、健康以及处理人际关系的品质等。故表述正确。

3.【答案】A。良师解析：本题考查的是教师心理健康对学生的影响。只有心理健康的教师，才能培养出心理健康的学生。要理解这句话：第一，必须理解什么是心理健康的教师。心理健康的教师主要是指一个教师有完整的人格、和谐的人际关系、乐观稳定的情绪、坚韧不拔的意志。第二，要理解心理健康的教师对教书育人的重要性。心理健康的教师能在教学中乐观面对一切问题，积极处理遇到的问题。这样的教师关爱学生，能根据学生的生理、心理和社会的特殊性，引导学生，用平等的心态对待各种问题，同时，使学生产生快乐的学习心境，在学习中保持强烈的好奇心和浓厚的兴趣。相反，心理不健康的教师对学生的身心、学习造成的危害，是不可估量的。第三，心理健康的教师能帮助学生树立正确的人生观、世界观。第四，心理健康的教师有益于帮助学生建立良好的人际关系。"十年树木，百年树人"，教师职业的特殊性决定了教师不仅要教书，而且要育人。因此，我们说"只有心理健康的教师，才能培养出心理健康的学生"。故表述正确。

4.【答案】A。良师解析：本题考查教师教学能力的提高方法。教师的教学过程中包含着一系列的决策，如判断自己的教学行为所引起的学生的反应是否符合期望、如何改进等。让教师或实习生进行教学决策的训练可提高教师的教学能力。故表述正确。

5.【答案】B。良师解析：本题考查职业倦怠的年龄因素。职业倦怠指个体在工作重压下产生的身心疲劳与耗竭的状态，最早由弗洛德伯格于1974年提出。他认为职业倦怠是一种最容易在助人行业中出现的情绪性耗竭的症状。研究发现，教龄越长的教师，职业倦怠感越高。故表述错误。

6.【答案】A。良师解析：本题考查课堂不良行为的产生因素。课堂不良行为最常见的强化物一般有两种：一是获得老师或同伴的注意，有些学生之所以在课堂上表现出不良行为，就是为了得到教师或同伴的注意，进而证明自己的存在感；二是逃避不愉快的状态或活动，有些学生在学习情境中会遇到一些不愉快的生活刺激，他们往往以课堂不良行为表现出来。故表述正确。

7.【答案】A。良师解析：本题考查课堂问题行为的处理方法。教师使用包括目光接触、手势、身体靠近等非言语线索，能消除学生在课堂上的许多不良行为。故表述正确。

8.【答案】A。良师解析：本题考查的是课堂的构成要素。课堂是学生学习的场所，或课堂是育人的主渠道。课堂的三大要素是学生、学习过程和学习情境。故表述正确。

二、单项选择题

1.【答案】C。良师解析：本题考查课堂纪律的类型。课堂纪律是指为保障或促进学生的学习而设置的行为标准及施加的控制。根据形成途径，课堂纪律一般可分为以下四类：教师促成的纪律、集体促成的纪律、自我促成的纪律、任务促成的纪律。其中自我促成的纪律是在个体自觉努力下由外部纪律内化而成的个体内部约束力。自我促成的纪律是课堂纪律管理的最终目标。C项正确。

A项教师促成的纪律，即在教师的指导帮助下形成的班级行为规范。与题干不符，排除。

B项集体促成的纪律，即在集体舆论和集体压力的作用下形成的群体行为规范。与题干不符，排除。

D项任务促成的纪律，即某一具体任务对学生行为提出的具体要求。在日常学习过程中，每项学习任务都有它特定的要求，或者说特定的纪律，例如课堂讨论、野外观察、制作标本等。与题干不符，排除。

故正确答案为C。

2.【答案】A。良师解析：本题考查教师编制试卷的几个标准。测验的信度又称测验的可靠度，是指一个测验经过多次测量所得结果的一致性程度，以及一次测量所得结果的准确性程度。A项正确。

B项效度是指一个测验能测出它所要测量的属性或特点的程度。学业成绩检查是要测量所学的学科基本知识技能，作为测量工具的试题就应和要检查的目标相关。与题干不符，排除。

C项测验的难度指测验包含的试题难易程度。过难或过易都不能准确地测出学生掌握知识的真实情况。与题干不符，排除。

D项测验的区分度指测验对考生的不同水平能够区分的程度，即具有区分不同水平考生的能力。区分度与难度有关，只有在试卷中包含不同难度的试题，才能提高区分度，拉开考生得分差距。与题干不符，排除。

故正确答案为A。

3.【答案】B。良师解析：本题考查的是教育测验的难度设定。难度是指测验包含的试题的难易程度。测验的目的是检查学生的知识掌握程度。试题简单，不容易测出真实的情况；试题过难，会打消学生学习的积极性。所以难度应该在0.3~0.7之间，这样既能测验出学生对知识的掌握情况，又不会打消学生学习的积极性。B项正确。

A项难度在0.1~0.3之间的测验，会造成成绩普遍很高的情况，不能全面了解学生对知识的掌握情况，排除。

C 项难度在 0.7~0.9 之间的测验，难度过大，会出现学生成绩普遍较低，测验不出学生对简单知识的掌握情况，排除。

D 项难度 0.9 以上的测验，结果会是学生的成绩很差，很容易打消学生的积极性，不仅不能达到测验的目的，而且会使学生失去信心，不利于以后的学习，排除。

故正确答案为 B。

4.【答案】B。良师解析：本题考查常用的教学评价手段。对于认知和技能领域的学业，最常用的教学评价手段是标准化成就测验和教师自编测验。学校教学评价中使用最多的是教师自编测验。传统的课堂测验通常采用纸笔考试的形式来测量学生对课程内容的掌握情况。典型的纸笔测验题包括选择题、匹配题、是非题、填空题、论文题和问题解决题。B 项正确。

A 项教师随堂评价是在教学活动进行中，对学生的表现给予反馈的形式。与题干不符，排除。

C 项随堂考试是在课程结束后，通过考试的形式随机对学生进行考查。与题干不符，排除。

D 项课堂提问测验指的是在课堂中针对知识随机进行的提问。与题干不符，排除。

故正确答案为 B。

5.【答案】B。良师解析：本题考查有效测验的特征。选用测验时必须首先考虑的是：测验测量什么？测验对测量目标的测量精确性和真实性有多大？效度是指测量的正确性，即一个测验能够测量出其所要测量的心理特质与行为特征的程度。B 项正确。

A 项信度是指测验的可靠性，指的是测量的一致性程度。既包括在时间上的一致性，也包括内容和不同评分者之间的一致性。与题干不符，排除。

C 项难度是指测验包含的试题难易程度。与题干不符，排除。

D 项区分度是指测验项目对所测量属性或品质的区分程度或鉴别能力，是指测验对考生的不同水平能够区分的程度，即具有区分不同水平考生的能力。与题干不符，排除。

故正确答案为 B。

6.【答案】B。良师解析：本题考查的是教学设计——设置教学目标的识记。美国教育家、心理学家布卢姆的《教育目标分类学》把教育目标分为认知、情感、动作技能三大目标领域。其中情感领域的教学目标根据价值内化的程度分为五个等级：接受、反应、形成价值观念、组织价值观念系统、价值体系个性化。B 项正确。

A 项认知领域的教学目标分为知识、领会、应用、分析、综合和评价等。与题干不符，排除。

C 项意志领域不是布卢姆提出的。与题干不符，排除。

D 项动作技能领域分为知觉、模仿、操作、准确、连贯、习惯化。与题干不符，排除。

故正确答案为 B。

7.【答案】B。良师解析：本题考查教学评价的分类。从教学评价的功能看，可将教学评价分为配置性评价与诊断性评价。B 项正确。

A 项根据教学评价的严谨程度，将教学评价分为正式评价与非正式评价。与题干不符，排除。

C 项根据实施教学评价的时机，将教学评价分为准备性评价、形成性评价和总结性评价。与题干不符，排除。

D 项根据教学评价资料的处理方式，将教学评价分为常模参照评价和标准参照评价。与题干不符，排除。

故正确答案为 B。

8.【答案】B。良师解析：本题考查对教学测量和评价的方法与技术的掌握。微博、QQ、BBS、E-mail 等信息技术在教育活动中都可以作为协作学习和讨论交流的工具。B 项正确。

ACD 三项与题干不符，排除。

故正确答案为 B。

9.【答案】C。良师解析：本题考查对教师成长阶段的识记、理解情况。福勒和布朗根据教师的需要和不同时期所关注的焦点问题，把教师的成长划分为关注生存、关注情境和关注学生三个阶段。在关注学生阶段教师将考虑学生的个别差异，认识到不同发展水平的学生有不同的需要，根据学生的差异采取适当的教学，促进学生发展。C项正确。

A项关注生存阶段的一般是新教师，他们非常关注自己的生存适应性。与题干不符，排除。

B项关注情境阶段的教师关心的是如何教好每一堂课的内容，以及班级大小、时间压力和备课材料是否充分等与教学情境有关的问题。与题干不符，排除。

D项不存在此阶段。与题干不符，排除。

故正确答案为C。

10.【答案】C。良师解析：本题考查教师期望效应。罗森塔尔把教师期望的预言效应称作皮格马利翁效应，也有人将之称为罗森塔尔效应。即教师对学生寄以期待，学生就会发生相应于这种期待的效应。C项正确。

A项当我们认为某人具有某种特征时，就会对他的其他特征做相似判断，这就是晕轮效应，也称光环效应。它是指在对人的某些品质、特征形成了清晰、鲜明的印象后，掩盖了其余品质、特征的知觉。与题干不符，排除。

B项近因效应是指在总体印象形成上，新近获得的信息比原来获得的信息影响更大的现象，也叫最近效应。它是指最近获得的信息给人留下深刻的印象和强烈的影响。与题干不符，排除。

D项投射效应是指与人交往时把自己具有的某些不讨人喜欢，不被人接受的观念、性格、态度或欲望转移到别人身上，认为别人也是如此，以掩盖自己不受人欢迎的特征。如"以小人之心，度君子之腹"。与题干不符，排除。

故正确答案为C。

11.【答案】B。良师解析：本题考查教师心理健康的表现。心理健康具有以下标准：（1）对现实的有效知觉；（2）自知、自尊、自我接纳；（3）自我调控能力；（4）与人建立亲密关系的能力；（5）人格结构完整；（6）生活热情与工作高效率。老师能够"冷静地处理课堂环境中的偶发事件"，说明具有很强的调控能力和应变能力。B项正确。

A项在与学生的交往中应该甘为人梯，乐于奉献，而不是斤斤计较。与题干不符，排除。

C项我们强调要有"与人建立亲密关系的能力"，将生活中的不愉快带入课堂，迁怒于学生肯定不符合心理健康的标准。与题干不符，排除。

D项在教育中我们要求平等地对待每一个学生，偏爱学生容易激发师生矛盾，因此不符合健康标准。与题干不符，排除。

故正确答案为B。

12.【答案】C。良师解析：本题考查新教师与专家型教师的比较。新教师与专家型教师的比较体现在以下几个方面：（1）课前计划差异；（2）课堂教学过程差异；（3）课后评价差异；（4）其他差异。课前计划差异：专家型教师的课前计划简洁、灵活，以学生为中心，并具有预见性，只突出课的主要步骤和教学内容，不涉及细节，修改与演练大都在正式计划时间之外。课堂教学过程差异：在课堂规则的制定与执行上，专家型教师制定的课堂规则明确，并能坚持执行，而新教师的课堂规则较为含糊，难以坚持执行。在维持学生注意上，专家型教师有一套完善的维持学生注意的方法，新教师则相对缺乏。在教学策略的运用上，专家型教师具有丰富的教学策略，并能灵活运用，新教师或缺乏或不会运用教学策略。由此ABD三项正确。

C项新教师比较关注细节，而专家型教师更关注授课的主要步骤和教学内容，C项说明错误。

本题为选非题，故正确答案为C。

13.【答案】B。良师解析：本题考查教师专业化发展阶段。福勒和布朗根据教师的需要和不同时期所关注的焦点问题，把教师的成长划分为关注生存、关注情境和关注学生三个阶段。关注生存阶段的一般是新教师，他们非常关注自己的生存适应性，最担心的问题是"学生喜欢我吗？""同事们如何看我？""领导是否觉得我干得不错？"等。因而可能会把大量的时间都花在如何与学生搞好个人关系上，想方设法控制学生，而不是更多地考虑如何让学生获得学习上的进步。B项正确。

A项关注情境阶段的教师关心的是如何教好每一堂课的内容，以及班级大小、时间压力和备课材料是否充分等与教学情境有关的问题，如"内容是否充分得当？""如何呈现教学信息？""如何掌握教学时间？"等。传统教学评价集中关注这一阶段，一般来说，老教师比新教师更关注此阶段。与题干不符，排除。

C项关注学生阶段的教师将考虑学生的个别差异，认识到不同发展水平的学生有不同的需要，根据学生的差异采取适当的教学，促进学生发展。能否自觉关注学生是衡量一个教师是否成熟的重要标志之一。与题干不符，排除。

D项自我实现是马斯洛需要层次理论的最高阶段，与题干不符，排除。

故正确答案为B。

14.【答案】D。**良师解析**：本题考查教师专业化发展的三个阶段。福勒和布朗根据教师的需要和不同时期所关注的焦点问题，把教师的成长划分为关注生存、关注情境和关注学生三个阶段。关注生存阶段的一般是新教师，他们非常关注自己的生存适应性，最担心的问题是"学生喜欢我吗？""同事们如何看我？""领导是否觉得我干得不错？"等。因而可能会把大量的时间都花在如何与学生搞好个人关系上，想方设法控制学生，而不是更多地考虑如何让学生获得学习上的进步。D项正确。

A项关注情境阶段的教师关心的是如何教好每一堂课的内容，以及班级大小、时间压力和备课材料是否充分等与教学情境有关的问题，如"内容是否充分得当？""如何呈现教学信息？""如何掌握教学时间？"等。传统教学评价集中关注这一阶段，一般来说，老教师比新教师更关注此阶段。与题干不符，排除。

B项关注学生阶段的教师将考虑学生的个别差异，认识到不同发展水平的学生有不同的需要，根据学生的差异采取适当的教学，促进学生发展。能否自觉关注学生是衡量一个教师是否成熟的重要标志之一。与题干不符，排除。

C项不存在该说法。关注待遇其实就是关注生存阶段面临的问题。与题干不符，排除。

故正确答案为D。

15.【答案】C。**良师解析**：本题考查教师职业倦怠的内容。职业倦怠指个体在工作重压下产生的身心疲劳与耗竭的状态，最早由弗洛德伯格于1974年提出。他认为职业倦怠是一种最容易在助人行业中出现的情绪性耗竭的症状。去人格化即去个性化，指刻意在自身和工作对象间保持距离，对工作对象和环境采取冷漠、忽视的态度，对工作敷衍了事，个人发展停滞，行为怪僻，提出调动申请等。C项正确。

A项挫折感即个人要求得不到满足，人际沟通受到阻滞，致使成就感、安全感荡然无存，挫折感便油然而生，因此会出现消极的情绪，万念俱灰、悲观、忧郁，甚至还会出现攻击性行为。与题干不符，排除。

B项耗竭感：情感衰竭，指没有活力，没有工作热情，感到自己的感情处于极度疲劳的状态。它被视为职业倦怠的核心维度，并具有最明显的症状表现。与题干不符，排除。

D项无力感或低个人成就感指倾向于消极地评价自己，并伴有工作能力体验和成就体验的下降，认为工作不仅不能发挥自身才能，而且枯燥无味。与题干不符，排除。

故正确答案为C。

16.【答案】B。**良师解析**：本题考查教师的成长与发展。对教学经验的反思又称反思性实践或反思性教学，这是"一种思考教育问题的方式，它是在对教学的道德责任以及技术性教学的实际效果的分析基础上发展起来的，要求教师具有作出理性选择并对这些选择承担责任的能力"。B项正确。ACD三项与题干不符，排除。

故正确答案为B。

17.【答案】C。良师解析：本题考查对教师成长途径的识记、理解情况。微格教学指以少数的学生为对象，在较短的时间内（5～20分钟）尝试做小型的课堂教学，可以把这种教学过程摄制成录像，课后再进行分析。这是训练新教师、提高教学水平的一条重要途径。C项正确。

A项磨课是指教师在集体或团队中展示教学过程或片段并反复推敲试讲过程，旨在通过集体的智慧帮助教师提高教材处理和课堂组织能力。与题干不符，排除。

B项反转课堂指打破传统的学生课上学习课下作业的模式，创造学生课下学习课上练习巩固的新的课堂模式。与题干不符，排除。

D项新教育认为儿童的学习不应该只是为将来的工作与生活做准备，教育本该是生活的基本方式，儿童今天在学校里所接受的教育，在为长远的人生与社会理想服务的同时，本身就应该是幸福的生活。与题干不符，排除。

故正确答案为C。

18.【答案】D。良师解析：本题考查对教研活动意义的理解情况。教研活动的主要目的是切实提高全体教师的专业素质，增强教师的课程实践能力。D项表述不正确。

A项主讲人缺乏实践经验可能是小周老师觉得用途不大的原因。与题干不符，排除。

B项小周老师没有想到教研活动和自己教学实际的关系，可能是她觉得用途不大的原因。与题干不符，排除。

C项一线教学教师应该利用教学原理和教育实践经验指导学生后续的学习，也可能是她觉得用途不大的原因。与题干不符，排除。

本题为选非题，故正确答案为D。

19.【答案】C。良师解析：本题考查对期望效应的理解情况。皮革马利翁效应也叫期望效应或罗森塔尔效应，指教师的期望或明或暗地传送给学生，会使学生按照教师所期望的方向来塑造自己积极的行为。C项正确。

A项南风效应指在处理人与人之间关系时，要特别注意讲究方法，温暖胜于严寒。与题干不符，排除。

B项霍桑效应是指那些意识到自己正在被别人观察的个人具有改变自己行为的倾向。与题干不符，排除。

D项巴纳姆效应指人们常常认为一种笼统的、一般性的人格描述十分准确地揭示了自己的特点，而这些描述往往十分模糊及普遍，以至于能够适用到很多人身上。与题干不符，排除。

故正确答案为C。

20.【答案】A。良师解析：本题考查对教师成长公式的识记情况。波斯纳认为，经验的反思非常重要，并提出了一个教师成长公式：经验＋反思＝成长。A项正确。故正确答案为A。

21.【答案】D。良师解析：本题考查对测验的理解。测验的效度是指一个测验能测出它所要测量的属性或特点的程度。D项正确。

A项测验的信度又称测验的可靠度，是指一个测验经过多次测量所得结果的一致性程度，以及一次测量所得结果的准确性程度。与题干不符，排除。

B项测验的难度是指测验包含的试题难易程度，并非是所要测量的属性或特点的程度。与题干不符，排除。

C项测验的区分度是指测验对考生的不同水平能够区分的程度，即具有区分不同水平考生的能力。与题干不符，排除。

故正确答案为 D。

22.【答案】D。良师解析：本题考查的是对"微课"的认识。"微课"是指按照新课程标准及教学实践要求，以视频为主要载体，记录教师在课堂内外教育教学过程中围绕某个知识点（重点、难点、疑点）或教学环节而开展的精彩教与学活动全过程。"微课"的主要特点：教学时间较短、教学内容较少、资源容量较小、资源构成情景化、主题突出、内容具体等。D 项"教师控制，标准统一"是传统课堂教学的特征。错误。

A 项相对于较宽泛的传统课堂，"微课"的问题聚集，主题突出，更适合教师的需要。属于"微课"特征。

B 项多种途径和设备制作，以实用为宗旨，随时随地都可以进行。属于"微课"特征。

C 项因为课程容量微小、用时简短，所以传播形式多样，如网上视频、手机传播、微博讨论。属于"微课"特征。

本题为选非题，故正确答案为 D。

23.【答案】C。良师解析：本题考查教师教学效能感的含义。教学效能感是指教师对自己影响学生学习活动或学习结果的能力的一种主观判断。C 项正确。

A 项教师控制点是指教师将学生的好或坏的学业表现归为外部或内部原因的倾向。一般来说，偏向于做内归因的教师会更主动地调整自己的教学行动，积极地影响学生的学习活动，在结果上也更有可能增进学生的发展。而偏向于做外归因的教师则更可能怨天尤人、听其自然，在教学结果上也更消极。与题干不符，排除。

B 项教学反思是指教师对教育教学实践的再认识、再思考，并以此来总结经验教训，进一步提高教育教学水平。与题干不符，排除。

D 项教学操作能力主要是指课堂教学的具体实施能力，也是核心能力，如教学设计能力等，也是最能体现教学艺术性的能力。与题干不符，排除。

故正确答案为 C。

24.【答案】D。良师解析：本题考查布鲁巴奇的反思阶段理论。布鲁巴奇等人于 1994 年提出四种反思方法，供教师参考，分别是反思日记、详细描述、交流讨论和行动研究。交流讨论指的是来自不同学校的教师聚集在一起，首先提出课堂上发生的问题，然后共同讨论解决办法，最后得到的方案为所有教师所共享。D 项正确。

A 项行动研究指为弄清课堂上遇到的问题的实质，探索改进教学的行动方案，教师以及研究者进行调查和实验研究。与题干不符，排除。

B 项详细描述指教师相互观摩彼此的教学，详细描述看到的情景，并对此进行讨论分析。与题干不符，排除。

C 项反思日记（教学日记）指在一天的教学工作结束后，教师写下自己的经验，并与指导教师共同分析。与题干不符，排除。

故正确答案为 D。

25.【答案】C。良师解析：本题考查对教师职业倦怠含义的理解。教师职业倦怠指教师在工作重压下产生的身心疲劳与耗竭的状态。C 项正确。

A 项教师个人压力主要指教师应对工作中、生活中各种情况时自己对自己的压力，即自我要求。与题干不符，排除。

B 项教师生活压力主要指教师日常生活中遇到的种种困难和阻碍，和教师本身的职业没有明显的相关。与题干不符，排除。

D 项教师社会压力主要指教师在亲朋好友等各个方面遭到的压力状态。与题干不符，排除。

故正确答案为C。

26.【答案】A。良师解析：本题考查对教师职业倦怠的深层次理解。美国基础临床心理学家代表人物弗洛德伯格认为，职业倦怠是工作强度过高且无视自己的个人需要所引起的疲惫不堪的状态，是过分努力去达到一些个人或社会的不切实际的期望的结果。A项正确。

B项社会心理学是研究个体和群体的社会心理现象的心理学分支。个体社会心理现象指受他人和群体制约的个人的思想、感情和行为，如人际知觉、人际吸引、社会促进和社会抑制、顺从等。群体社会心理现象指群体本身特有的心理特征，如群体凝聚力、社会心理气氛、群体决策等。与题干不符，排除。

C项工作环境的观点只强调教师工作的周边环境对教师所带来的种种影响，并且它也不能单独成为一种理论观点。与题干不符，排除。

D项社会历史学是在社会学方法影响下发展起来的一门历史学的分支学科，主要研究人民大众在历史上的社会活动。与题干不符，排除。

故正确答案为A。

27.【答案】A。良师解析：本题考查对教师职业倦怠的理解。美国基础临床心理学家代表人物弗洛德伯格认为，职业倦怠是工作强度过高且无视自己的个人需要所引起的疲惫不堪的状态，是过分努力去达到一些个人或社会的不切实际的期望的结果。研究表明，容易产生职业倦怠的是那些低自尊或外控的教师，以及具有A型人格的教师，即成就欲望较强的教师。A项正确。

B项A型人格与B型人格是对人们人格特质的一种区分方式。B型人格者比较松散、与世无争，对任何事皆处之泰然。与题干不符，排除。

C项C型人格指那种情绪受压抑的抑郁性格，表现为害怕竞争，逆来顺受，有气往肚子里咽，爱生闷气。与题干不符，排除。

D项D型人格又称为忧伤型人格，包括消极情感和社交抑制两个维度。调查表明，D型人格群体比其他人群更容易焦虑和抑郁，D型人格群体的焦虑水平和抑郁水平，都比其他人群高上一截。与题干不符，排除。

故正确答案为A。

28.【答案】D。良师解析：本题考查教学设计中教学策略的选择和运用。直接教学是以学习成绩为中心、在教师指导下使用结构化的有序材料的课堂教学策略。直接教学尤其适用于教授那些学生必须掌握的、有良好结构的信息或技能。D项正确。

A项适应性教学首先对学生的能力和学习技能，包括加工信息的技能、学会学习的技能、兴趣、态度等进行最初诊断以及阶段性诊断，然后对课堂教学作出灵活性的调整，以满足不同学生的需求和能力。与题干不符，排除。

B项掌握学习是美国心理学家和教育学家布卢姆提出的，他认为，只要用于学习的有效时间足够长，所有的学生都能达到课程目标所规定的掌握标准。掌握学习模式的提出主要是为了解决学生的学习效率问题，以大面积提高学习的质量。与题干不符，排除。

C项独立学习指的是学生在已有问题的基础上进行的自主学习。与题干不符，排除。

故正确答案为D。

29.【答案】C。良师解析：本题考查教学设计中主要教学策略的选择和运用。个别化教学是指让学生以自己的水平和速度进行学习的一种教学策略。常见的个别化教学有程序教学、计算机辅助教学、掌握学习等。C项正确。

A项情境教学指在应用知识的具体情境中进行知识的教学的一种教学策略。它是以学生为中心的教学策略。与题干不符，排除。

B项支架式教学应当为学习者建构对知识的理解提供一种概念框架。这种框架中的概念是为发展学习者对问题的进一步理解所需要的，为此，事先要把复杂的学习任务加以分解，以便于把学习者的理解逐步引向深入。与题干不符，排除。

D项复式教学是把两个或两个以上年级的儿童编在一个教室里，由一位教师在同一堂课内分别对不同年级的学生进行教学的组织形式。它是班级授课的特殊形式。与题干不符，排除。

故正确答案为C。

30.【答案】B。**良师解析**：本题考查课堂管理的四个阶段。教育心理学家布罗菲和伊伏特逊提出课堂管理的四个阶段，其中第二阶段即小学中年级的管理。这一阶段的儿童一般都已熟悉了学生这一角色，掌握了许多课堂常规。但是在进行一个特定的活动时，对具体的、新的有关规则和程序还需要直接教授。总的来说，在这个阶段，教师在监控和维持常规，而不是在直接教授规则和程序上花费更多的时间。B项正确。

A项第一阶段，小学低年级的管理。这一阶段的儿童正在学习如何"上学"，成为一名"学生"，他们对学校和课堂生活的常规一无所知或知之甚少。因此，课堂管理的方式是直接教授课堂常规，包括规则和程序。只有儿童掌握了课堂的基本规则和程序之后，才能进行学习活动。与题干不符，排除。

C项第三阶段，小学高年级和初中阶段的管理。在这一阶段，友谊以及在同伴群体中的地位在学生的心目中变得重要起来，他们不再取悦教师而是取悦同伴。进入青春期的学生开始否定权威，思想、情感都出现一定程度的混乱，当然，也一定表现在行为上的问题增多，而且不服从管理。与题干不符，排除。

D项因为在不同学习阶段学生对自身角色的认知不同，教师花较多时间在监控和维持管理系统上仅适用于小学中年级阶段，不适用于小学整个阶段。小学低年级强调教授规则和程序，小学高年级强调解决学生的行为问题和混乱。与题干不符，排除。

故正确答案为B。

31.【答案】D。**良师解析**：本题考查对课堂问题行为的管理策略。课堂管理可以用实用行为分析程序，其中，集体绩效系统是根据集体成员的行为对整个集体进行奖励的一种强化体系。被用来改善个别学生在课堂上的捣乱行为，也可用于整个捣乱班级行为矫正的最有效方法是集体绩效系统。D项正确。

A项以家庭为背景的强化是指把学生在学校的行为报告给家长，家长提供奖励。与题干不符，排除。

B项个人日志卡是要求父母参与并且强化所期望的结果的一种行为管理系统。与题干不符，排除。

C项整班代币强化是指学生能把因学习和积极的课堂行为而获得的代币，如小红星、分数等，变换成他们想要的奖品的一种强化系统。与题干不符，排除。

故正确答案为D。

32.【答案】D。**良师解析**：本题考查对教师期望效应的理解。教师期望效应也叫罗森塔尔效应或皮革马利翁效应，即教师的期望或明或暗地传送给学生，会使学生按照教师所期望的方向来塑造自己的行为。D项正确。

A项教师的知识水平影响的不是教师期望效应而是师生关系。学识渊博是学生亲近教师的重要因素之一。与题干不符，排除。

B项教师的能力会影响教师在学生心中的威信。与题干不符，排除。

C项教师的人格因素，如性格、气质、兴趣等，是影响师生关系的重要因素。与题干不符，排除。

故正确答案为D。

33.【答案】A。**良师解析**：本题考查的是对教师角色心理的理解。教师角色是指教师按照其特定的社会地位承担起相应的社会角色，并表现出符合社会期望的模式。角色认知是指角色扮演者对某一角色行为规范的认识和了解，知道哪些行为是合适的，哪些行为是不合适的。角色认知是教师角色扮演的先决条件。A项正确。

B项角色体验是角色扮演者在角色扮演过程中所受到的评价与期待而产生的情绪体验。与题干不符，排除。

C项角色期待是角色扮演者对自己和别人应该的表现所产生的想法。与题干不符，排除。

D项角色评价是教师在教育教学活动后，对自己的评价和总结。不是先决条件。与题干不符，排除。

故正确答案为A。

34.【答案】D。良师解析：本题考查的是对影响课堂气氛的主要因素的识记。由于教师在课堂教学中起着主导作用，教师的领导方式、教师对学生的期望以及教师的情绪状态是影响课堂气氛的主要因素。D项中，教师的教学水平并不是影响课堂气氛的主要因素。

本题为选非题，故正确答案为D。

35.【答案】A。良师解析：本题考查的是布卢姆等人在教育目标分类系统中认知目标的相关知识。应用指将所学材料应用于新的情境之中，包括概念、规则、方法、规律和理论的应用。应用代表较高水平的理解。A项正确。

B项领会指把握所学材料的意义。领会超越了单纯的记忆，代表最低水平的理解。与题干不符，排除。

C项分析指将整体材料分解成其构成成分并理解组织结构，包括对要素的分析、关系的分析和组织原理的分析。分析代表了比应用更高的水平，因为它既要理解材料的内容，又要理解其结构。与题干不符，排除。

D项综合指将所学的零碎知识整合为知识系统。与题干不符，排除。

故正确答案为A。

36.【答案】B。良师解析：本题考查对情感领域的教学目标的识记。情感领域的教学目标根据价值内化的程度而分为五个等级，分别为接受、反应、形成价值观念、组织价值观念系统和价值体系个性化。价值体系个性化指个体通过学习，经由前四个阶段的内化后，所学得的知识观念已成为自己统一的价值观，并融入性格结构之中。B项正确。

A项形成价值观念是指学生将特殊对象、现象或行为与一定的价值标准相联系，对所学内容在信念和态度上表示正面肯定。与题干不符，排除。

C项反应是指学生主动参与学校活动并从中得到满足。与题干不符，排除。

D项组织价值观念系统指将许多不同的价值标准组合在一起，消除它们之间的矛盾和冲突，并开始建立内在一致的价值体系。与题干不符，排除。

故正确答案为B。

37.【答案】B。良师解析：本题考查的是课堂纪律的类型。集体促成的纪律，主要指在集体舆论和集体压力的作用下形成的群体行为规范。结合题意，B项正确。

A项教师促成的纪律，主要指在教师的帮助指导下形成的班级行为规范。而题干强调按照团员的标准来规范自己的行为，与题干不符，排除。

C项任务促成的纪律，主要指某一具体任务对学生行为提出的具体要求。与题干不符，排除。

D项自我促成的纪律，简单说就是自律，它是在个体自觉努力下由外部纪律内化而成的个体内部约束力。与题干不符，排除。

故正确答案为B。

38.【答案】D。良师解析：本题考查对自我效能感的认识。自我效能感由班杜拉首次提出，是指人对自己能否成功地从事某一成就行为的主观判断。教学效能感是指教师对自己影响学生学习行为和学习成绩能力的主观判断。题中王老师坚信自己能教好学生，在教学中表现出很高的热情，反映了她具有较高的教学效能感。D项正确。

A项职业认同感是一个心理学概念，是指个体对于所从事职业的目标、社会价值及其他因素的看法，与社会对该职业的评价及期望一致，即个人对他人或群体的有关职业方面的看法、认识完全赞同或认可。与题干不符，排除。

B项职业价值感是指对自己将要从事职业的价值的自我判断，对可能取得的成就的估计，对社会回报的满意程度。与题干不符，排除。

C项操作技能也叫动作技能、运动技能，是通过学习而形成的合乎法则的操作活动方式。日常生活中的许多技能都是操作技能，如音乐方面的吹拉弹唱，体育方面的球类、体操、田径等。操作技能形成的基本途径是练习。与题干不符，排除。

三、多项选择题

1.【答案】CD。良师解析：本题考查的是课堂管理的方法。团体相倚管理是课堂管理的一种特殊技术。它是指在课堂管理中，把强化物与学生团体的行为表现联系起来，针对学生团体的行为表现来决定是否实施强化物。代币制是用象征钱币、奖状、奖品等标记物为奖励手段来强化良好行为的一种行为治疗方法。这两种方法的本质一样。根据题意，白老师是看学生的表现好坏决定是否出去郊游。CD两项正确。AB两项行为矫正技术主要用于预防和矫正课堂上学生的问题行为。与题干不符，排除。

故正确答案为CD。

2.【答案】CD。良师解析：本题考查教学测量与评价的方法与技术。

A项原始分是卷面分。按照评分标准对其作答反应直接评出来的分数，叫原始分。原始分反映了考生答对题目的个数，或作答正确的程度。与题干不符，排除。

B项算术平均数又称均值，是统计学中最基本、最常用的一种平均指标，分为简单算术平均数、加权算术平均数。它主要适用于数值型数据，不适用于品质数据。根据表现形式的不同，算术平均数有不同的计算形式和计算公式。与题干不符，排除。

C项方差，应用数学里的专有名词。在概率论和统计学中，一个随机变量的方差描述的是它的离散程度，也就是该变量离其期望值的距离。正确。

D项标准差定义为方差的算术平方根，反映组内个体间的离散程度。测量到分布程度的结果，原则上一个总量的标准差或一个随机变量的标准差，及一个子集合样品数的标准差之间，有所差别。正确。

故正确答案为CD。

3.【答案】ACD。良师解析：本题考查教师反思的成分。教师应反思以下三种重要成分：认知成分；批判成分；教师的陈述。ACD三项正确。B项与题干不符，排除。

故正确答案为ACD。

4.【答案】ABC。良师解析：本题考查教师成长的阶段。福勒和布朗根据教师的需要和不同时期所关注的焦点问题，把教师的成长划分为关注生存、关注情境和关注学生三个阶段。ABC三项正确。D项与题干不符，排除。

故正确答案为ABC。

5.【答案】ABCD。良师解析：本题考查对教师自我效能感的认识。自我效能感由班杜拉首次提出，是指人对自己能否成功从事某一成就行为的主观判断。教师的自我效能感是指教师相信自己有能力对学生的学习产生积极影响的一种知觉和信念。它影响着教师对所从事职业的主动性和积极性，对教学工作的关注和投入程度以及在遇到困难时克服困难的坚持程度。优秀教师的自我效能感表现为个人成就感、认为从事教学活动很有价值、对学生有正向的期望、对学生的学习负有责任。

A 项高效能感的教师往往愿意选择那些具有挑战性的工作任务，确立较高的教学目标，具有较高的个人成就感。正确。

B 项自我效能感较高的教师，往往表现出高度的自信，相信自己能够积极、正确地引导学生，取得好的效果，认为从事教学活动很有价值。正确。

C 项自我效能感高的教师比自我效能感低的教师在对学生的控制中更易采取民主的态度，倾向于发展学生的个性，培养学生的自律精神，对学生的期望比较高。正确。

D 项自我效能感高的教师在课堂上对教学活动的投入和关注比自我效能感低的教师要多，对学生的学习负有责任。正确。

故正确答案为 ABCD。

6.【答案】ABC。良师解析：本题考查教学目标的分类。通常可以把教学目标分为认知性目标、技能性目标、体验性目标

A 项认知性目标的水平要求原则上划分为了解、理解和应用三个基本层次。正确。

B 项技能性目标的水平要求原则上划分为模仿、独立操作和迁移三种水平。正确。

C 项体验性目标划分为经历（感受）水平、反应（认同）水平和领悟（内化）水平三个层次。正确。

D 项学习性目标是对学习者通过教学以后将达到何种状态的一种具体的、明确的表述。与认知性目标、技能性目标、体验性目标不是一个分类的维度，为干扰选项，排除。

故正确答案为 ABC。

7.【答案】ABD。良师解析：本题考查教学设计的主要环节。教学设计是指在实施教学之前由教师对教学目标、教学方法、教学评价等进行规划和组织并形成设计方案的过程。教学设计既是每位教师都要完成的一项教学的基本环节，又是教育心理学研究的基本内容之一。

A 项教学目标是指在教学活动中所期待得到的学生的学习结果。教学活动以教学目标为导向，且始终围绕实现教学目标而进行。教学目标是整个教学设计中最重要的部分。正确。

B 项教学策略指教师采取的有效达到教学目标的一切活动计划，包括教学事项的顺序安排、教学方法的选用、教学媒体的选择、教学环境的设置以及师生相互作用设计等。正确。

C 项教学计划（课程计划）是课程设置的整体规划，它规定不同课程类型相互结构的方式，也规定了不同课程在管理学习方式上的要求及所占比例，同时，对学校的教学、生产劳动、课外活动等作出全面安排，具体规定了学校应设置的学科、课程开设的顺序及课时分配，并对学期、学年、假期进行划分。不属于教学设计的内容，排除。

D 项教学评价是依据教学目标对教学过程及结果进行价值判断并为教学决策服务的活动，是对教学活动现实的或潜在的价值作出判断的过程。教学评价是研究教师的教和学生的学的价值的过程。教学评价一般包括对教学过程中教师、学生、教学内容、教学方法手段、教学环境、教学管理诸因素的评价。正确。

故正确答案为 ABD。

模块三　普通心理学

第一章　概述与感觉

一、判断题

1.【答案】A。良师解析：正常人的大脑左半球是言语优势半球，右半球是空间优势半球。

2.【答案】B。良师解析：初看起来，脑的两半球非常相似，但实际上，两半球在结构和功能

上都有明显的差异。从结构上说，人的大脑右半球略大和重于左半球，但左半球的灰质多于右半球；左右半球的颞叶具有明显的不对称性，颞叶的不对称性是和丘脑的不对称性相关的；各种神经递质的分布，左右半球也是不平衡的。从功能上说，两半球具有不同的功能，语言功能主要定位在左半球，该半球主要负责言语、阅读、书写、数学运算和逻辑推理等，而知觉物体的空间关系、情绪、欣赏音乐和艺术等则定位于右半球。

3.【答案】B。良师解析：根据引起条件反射的信号类型，条件反射可分为第一信号系统和第二信号系统。由各种视觉、触觉、味觉、嗅觉的具体信号引起的反射，叫作第一信号系统，是人和动物共有的，如看到别人吃梅子就流口水；由抽象的语言文字引起的条件反射叫作第二信号系统，是人类所特有的，如看到"梅子"二字，牙就发酸。

4.【答案】A。良师解析：反射是神经系统活动的基本方式，条件反射学说认为脑的反射活动是人的心理活动产生的基础，人的一切心理活动从产生方式来说都是反射。

5.【答案】B。良师解析：弗洛伊德认为，力比多是一种本能，是一种力量，是人的心理现象发生的驱动力。

6.【答案】B。良师解析：考查感知觉的发展。初中生的视觉敏锐度到达一生中的最高水平，或超过成人水平。

7.【答案】A。良师解析：感觉是最简单的心理现象，是一切知识和经验的基础，人通过感觉认识事物，可以说感觉是人关于世界的一切知识的源泉。

8.【答案】B。良师解析：心理学的研究对象是心理现象。心理现象是多种多样的，也是非常复杂的。心理学主要研究人的心理现象，也研究动物的心理现象；既研究个体的心理现象，也研究群体的社会心理现象。与物理、化学等现象不同，心理现象不具形体性，是人的内部世界的精神生活，他人无法直接进行观察。但是通过对行为的观察和分析，却可以客观地研究人的心理。因此，心理学还研究行为及其与心理的关系。心理学是一门学科，心理行为不能归纳为一门学科。

9.【答案】B。良师解析：大脑两半球在功能上分工明显：左半球同抽象思维、象征性关系、细节逻辑分析有关；右半球在具体思维能力、空间认识能力、对复杂关系理解能力方面比左半球优越，在计算能力和语言方面不及左半球。

10.【答案】A。良师解析：本题考查的是心理学的研究对象。题干所述即为心理学的研究对象。因此本题说法正确。

11.【答案】A。良师解析：本题考查的是心理的实质。心理学既研究动物的心理，也研究人的心理，而以人的心理现象为主要研究对象。因此本题说法正确。

12.【答案】A。良师解析：本题考查的是人本主义心理学的主要观点。题干所述即为人本主义心理学的基本原则。因此本题说法正确。

13.【答案】A。良师解析：本题考查的是精神分析心理学的观点。精神分析学派认为人性本恶，对人性充满了消极悲观的看法，认为生物学的性本能冲动决定着人的一切行为活动，把人的社会属性和人的动物属性看成不可调解的矛盾。因此本题说法正确。

14.【答案】B。良师解析：本题考的是明适应，明适应产生时个体的视觉感受性会降低，起到保护作用，因此本题说法错误。

二、单项选择题

1.【答案】D。良师解析：人本主义心理学兴起于20世纪五六十年代的美国。由马斯洛创立，以罗杰斯为代表，被称为除行为学派和精神分析以外，心理学上的第三势力。人本主义和其他学派最大的不同是特别强调人的正面本质和价值，并非集中研究人的问题行为，而是强调人的成长和发展，称为自我实现。行为主义对心理学研究的科学化有巨大的贡献，推动了心理学研究在客观研究的道路上前进。但行为主义的主张过于极端，抛弃了心理学研究的重要内容——意识，不研究心理的内部结构和过程，不研究脑的内部活动，因而被讥讽为"无脑的心理学"。精神分析学派是由奥地利精神病医生、著名心理学家弗洛伊德创立的。它具有明显的非理性主义、神秘主义的倾向，但同时精神分析论的提出开辟了潜意识心理研究新纪元，开创了人格动力学和变态心理学的研究领域，对心理学发展有着重要的贡献。

2.【答案】B。良师解析：心理是脑的机能，心理活动按其产生方式而言，是脑的反射活动。

3.【答案】C。良师解析：刚刚能引起新感觉的两个刺激的最小差别量叫差别感觉阈限。阈限对应的是数值，感受性是这种感受的能力的强弱。

4.【答案】B。良师解析：处在自动化的意识状态，有时人对自己的行为似乎有意识，但又不太清晰。自动化的意识状态是意识的第二种状态，它本身要求很少注意，并且不妨碍同时进行的其他活动。题干是对自动化的意识状态的表述，故选B。A白日梦状态是只包含很低水平的意识努力的意识状态，它介于主动意识状态与睡眠中做梦二者之间。白日梦不是真正做梦，而是意识处于一种迷糊状态，是意识的第三种状态。C可控制的意识状态。在这个状态里，人的意识最清晰，最能集中注意，能够有意识地去完成一件事情。对工作的每一步都要经过构思，在做的过程中，不时检查是否接近于目标、计划要不要修改等，是意识的第一状态。D睡眠状态。当人进入睡眠状态时，脑内神经细胞的电位仍然在变化着，只是出现了不同的波形。在睡眠的时候还是有意识活动的，这是意识的第四种状态。

5.【答案】A。良师解析：声音的掩蔽受频率和强度的影响。如果掩蔽音和被掩蔽音都是纯音，那么两个声音频率越接近，掩蔽作用越大，因此A项符合题干的表述。而本题的易混淆项是B项，掩蔽音强度提高，掩蔽作用增加，覆盖的频率范围也增加；掩蔽音强度减小，掩蔽作用覆盖的频率范围也减小，所以B项错误。而音色是心理量，故D也排除。

6.【答案】A。良师解析：大脑分为四叶，包括额叶、顶叶、枕叶、颞叶。额叶在组织有目的、有方向的活动中，有使活动服从于坚定意图和动机的作用；顶叶主要是调节机体的触、温、动感觉等；枕叶是视觉中枢；颞叶主要对听觉刺激进行加工。故选A。

7.【答案】C。良师解析：弗洛伊德把自己的心理学称为深层心理学，他构筑的心理过程包括三个组成部分：第一层次是潜意识系统，它在弗洛伊德的精神分析心理学中被翻译为"无意识"。无意识不只是察觉不到、不在意识之中的意思，更是心理的基础部分或底层。它是人的动力冲动、本能等一切冲突的根源，是构成人们心理的深层基础。弗洛伊德非常强调这部分的作用，因此精神分析心理学也被称为深层心理学。第二层次是前意识系统（下意识），是意识系统和潜意识系统之间的一个边缘部分。它在人的心理活动中执行着"检查者"的作用，是保证适合本能，又要服从现实的原则。第三层次是意识系统，是人的心理的最外层次部分，是人的心理因素构成的"家庭"中的"家长"。它统治着整个精神家庭，使之协调。

8.【答案】C。良师解析：刚刚能引起差别感觉的刺激物间的最小差异量，叫差别感觉阈限。故选C。而刚刚能引起差别感觉的刺激物间的最小差异量的感受能力，叫作差别感受性。那种刚刚能引起感觉的最小刺激量叫绝对感觉阈限。这种对最小刺激量的感受能力叫作绝对感受性。

9.【答案】A。良师解析：行为主义认为心理学只研究可观察的行为，在刺激影响有机体的情况下，只有作为反应活动的外部行为是可观察的。否认心理、意识，强调行为，认为人的一切行为都是在后天环境影响下形成的。人本主义注重人的独特性，主张人是一种自由、有理性的生物，具有个人发展的潜能，与动物本质上完全不同。人的行为主要受自我意识的支配，人们都有这种指向个人成长的基本需要。冯特用实验的方法来分析人的心理结构，主要研究意识的结构，认为意识的内容可以分解为基本的要素，因此冯特的心理学被称为构造主义心理学。精神分析主义强调内省方法，认为内省是了解人们的直接经验，要靠被试者自己对经验的观察和描述。

10.【答案】D。良师解析：心理学是对心理现象的阐述并揭露其本质和规律的科学。因此研究对象是心理现象及其规律。人的心理活动包括有紧密联系的两个方面：心理过程和个性心理。

11.【答案】D。良师解析：铁钦纳是构造主义的代表人物；詹姆斯是机能主义代表人物；韦特海默是格式塔心理学的代表人物。

12.【答案】A。良师解析：心理学是研究心理现象的科学。人的心理是以不同的形式能动地反映客观事物及其相互关系的活动。心理学是对心理现象的阐述并揭露其本质和规律的科学。

13.【答案】C。良师解析：听觉适应：指的是持续的声音刺激引起听觉感受性下降的现象。听觉疲劳：指声音较长时间（如数小时）连续作用引起听觉感受性的显著降低。听觉疲劳和听觉适应不同，它在声音停止作用后还需很长一段时间才能恢复。如果这一疲劳经常性地发生，会造成听力减退甚至耳聋。因此选C。

14.【答案】C。良师解析：维果茨基提出的是最近发展区；埃里克森提出的是人格发展八阶段；皮亚杰提出的认知发展四阶段；弗洛伊德提出人格中的自我、本我和超我。

15.【答案】D。良师解析：刚刚能引起感觉的最小刺激量，叫绝对感觉阈限；而人的感官觉察这种微弱刺激的能力叫绝对感受性。感受性与感觉阈限在数值上成反比关系。感受性高，则感觉阈限低；反之，感受性低，则感觉阈限高。

16.【答案】C。良师解析：大脑两半球在功能上分工明显：左半球同抽象思维、象征性关系、细节管理分析有关；右半球在具体思维能力、空间认识能力、对复杂关系理解能力方面比左半球优越，在计算能力和语言方面不及左半球。杏仁核，附着在海马的末端，呈杏仁状，是边缘系统的一部分。边缘系统是指高等脊椎动物中枢神经系统中由古皮层、旧皮层演化成的大脑组织以及和这些组织有密切联系的神经结构和核团的总称。

17.【答案】D。良师解析：A属于情绪情感，B是意志过程，C属于认知过程，三项都属于心理过程，故本题选D。

18.【答案】C。良师解析：心理学是对心理现象的阐述并揭露其本质和规律的科学。人的心理活动包括有紧密联系的两个方面：心理过程和个性心理。认知、情感、意志均属于心理过程。

19.【答案】A。良师解析：安静型的高级神经活动过程特征是强、平衡、不灵活；活泼型的高级神经活动过程特征是强、平衡、灵活；兴奋型的高级神经活动过程特征是强、不平衡；弱型又称抑制型的高级神经活动过程，特征是弱。

20.【答案】B。良师解析：人的心理是人脑对客观现实的主观的反映，既有主观性又有客观性。客观性是指人的意识以外的物质世界是不以个人意志为转移而存在的，主观性是指人脑对现实的反应是能动的，独特的。

21.【答案】A。良师解析：超限抑制是指当刺激物过强、过多或作用时间过久时，神经细胞不但不能引起兴奋，反而会发生抑制。它能使神经细胞免于因兴奋过度而耗尽，因而又叫保护性抑制。人在过度疲劳时的睡眠就是超限抑制的表现。外抑制是当外界新异刺激出现时，对正在进行的条件反射产生的抑制。消退抑制是由于没有得到强化而产生的抑制。分化抑制是建立条件反射时，只对条件刺激物加以强化，对近似刺激物不予强化。

22.【答案】C。良师解析：行为主义认为学习过程就是有机体在一定条件下形成刺激与反应的联结从而习得新经验的过程，强调刺激—反应的联结。故此题选C。A是格式塔学派的观点。B是人本主义学派的观点。D是认知主义学派的观点。

23.【答案】A。良师解析：1879年，德国著名心理学家冯特在莱比锡大学建立世界上第一个心理实验室，开始对心理现象进行系统的实验室研究。在心理学史上，人们把这个实验室的建立看成心理学走上独立发展道路的标志。因此，本题选择A。

24.【答案】B。良师解析：1913年，美国心理学家华生发表了《在行为主义者看来的心理学》，宣告了行为主义的诞生。由此华生被称为"行为主义心理学之父"。因此选 B。考夫卡是格式塔心理学的代表人物；荣格是精神分析心理学的代表人物；罗杰斯是人本主义心理学的代表人物。

25.【答案】D。良师解析：华生是行为主义代表人物；马斯洛是人本主义代表人物；魏太默是格式塔学派的代表人物；霍尔是遗传学的代表人物。

26.【答案】C。良师解析：感觉是人脑对当前直接作用于感觉器官的客观事物的个别属性的反映。感觉是人们认识世界的开端、知识的源泉，是一切心理活动的基础。知觉是人脑对当前直接作用于感觉器官的客观事物的整体属性的反映。感觉是知觉的基础。注意是人的心理活动对一定对象的指向与集中。其他选项均在感觉的基础之上产生。

27.【答案】D。良师解析：一种感觉兼有另一种感觉的心理现象叫联觉，如红色给人以热烈的感觉、紫色给人以高贵的感觉等。感觉对比是同一刺激因背景不同而产生的感觉差异的现象，如同一种颜色把它放在较暗的背景上看起来明亮些，放在较亮的背景上看起来暗些。刺激物对感受器的作用停止后，感觉现象并不立即消失，它能保留一个短暂的时间，这种现象为感觉后象。感觉适应是指对持续的同一刺激所产生的应激性形态，特别是感受器的适应。

28.【答案】C。良师解析：本题考查绝对阈限的定义。绝对感觉阈限指刚刚能引起某种感觉的最小刺激量，因此本题选择 C。D 选项的差异察觉能力是差别感受性。AB 选项是干扰项。

29.【答案】A。良师解析：精神分析学派的代表人物弗洛伊德认为人的一切个体的和社会的行为都根源于心灵深处的某种欲望或动机，特别是性欲的冲动。它是推动人的发展的潜在的、无意识的、最根本的动因。华生是行为主义的创始人，认为心理学应该研究行为，主张采用实验方法进行客观的研究。桑代克出版的《教育心理学》，标志着教育心理学作为一门独立的学科确立下来。巴甫洛夫是经典条件作用理论的代表人物。

30.【答案】B。良师解析：感觉阈限是指能引起感觉的持续一定时间的刺激量。感受性是指感觉器官对适宜刺激的感觉能力。二者是反比关系。答案选 B。

31.【答案】A。良师解析：感觉的适应是指相同的刺激物持续地作用于某一特定感受器而使感受性发生变化的现象，可引起感受性的提高，也可以引起感受性的降低。其中视觉适应又包括明适应和暗适应两种。如从明亮的阳光下进入正在放映的电影院内，起初感到一片漆黑，但经过一段时间就可以看清周围的轮廓了。这种由明到暗的适应叫暗适应，反之叫明适应。实验证明：人们在暗处停留一小时，对光的感受性可提高 20 万倍。需要注意的是，暗适应时间较长，全部完成大约需要 30～40 分钟；而明适应进行很快，时间很短暂，在 5 分钟左右，明适应就全部完成了。因此，暗适应是适应能力的提高，故选 A。

32.【答案】A。良师解析：心理学的产生和发展主要受近代哲学思潮和实验生理学的影响。德国著名心理学家冯特在德国莱比锡大学创建了第一个心理学实验室。在心理学史上，人们把这一事件看作心理学脱离哲学的怀抱，走上独立发展道路的标志。

33.【答案】A。良师解析：机能主义代表人物詹姆斯认为，自我涵盖两种意义：一是主体我，二是客体我。客体我即自我概念，是一个人对自己的形象及有关人格特质所持有的整合知觉与态度，具有强烈的主观色彩。Marsh 在这方面的研究具有典范性，他在一系列基于标准化自我概念量表的研究中，区分了学业自我概念和非学业自我概念，并着重考察语文和数学两种主要的学业自我概念。Marsh 等人的研究发现学业成就与学业自我概念存在着显著的正相关，但与一般自我概念的相关却不显著。语文成绩好，语文的自我概念强，说明学业成绩与学业自我概念具有一定程度的正相关关系，但是不能说明二者是因果关系，自我概念不能决定学习成绩，故排除 BCD。

34.【答案】C。良师解析：暗适应是照明停止或由亮处转入暗处时视觉感受性提高的时间过程。故答案选 C。明适应是照明开始或由暗处转入明处时视觉感受性下降的时间过程。

35.【答案】A。良师解析：颜色的基本特征或表现就是色调。B 亮度指构成颜色的全部光波的总强度；C饱和度与光的强度有关；D中和色就是指不具有色调，也叫无彩色。

36.【答案】D。良师解析：据科索的研究，成年晚期几种主要感觉衰退的一般模式中，最早开始衰退的是听觉和视觉。

37.【答案】B。良师解析：在揭示大脑皮层功能的学说中，俄国生理学家巴甫洛夫的高级神经活动学说最具影响。这个学说认为，神经系统最基本的活动方式是反射。巴甫洛夫利用实验提出无条件反射和条件反射。无条件反射是先天本能。条件反射是后天经过学习才能得到的反射，如知识、经验。在初级条件反射的基础上，还可以建立更复杂的条件反射。人的行为主要是条件反射的建立。按照巴甫洛夫的观点，条件反射是心理活动的生理基础。根据题干关键词"巴甫洛夫"，匹配选项B。

38.【答案】B。良师解析：本题考查的是心理学的发展历程。1879年，德国心理学家冯特在莱比锡大学创立了世界上第一个心理学实验室，它标志着科学心理学的诞生。因此本题选B。

39.【答案】B。良师解析：本题考查的是西方主要的心理学流派。机能主义心理学认为，意识是一个持续不断的过程，强调意识作用与功能的研究，强调意识活动在人类的需要与环境之间起重要的中介作用。因此本题选B。

40.【答案】C。良师解析：本题考查的是西方主要的心理学流派。精神分析学派亦称弗洛伊德主义，是由奥地利精神病学家弗洛伊德所创建的，这种理论主要来源于治疗精神病的临床经验。因此本题选C。

41.【答案】A。良师解析：本题考查的是西方主要的心理学流派。1913年，美国心理学家华生发表了《在行为主义者看来的心理学》，宣告了行为主义的诞生。因此本题选A。

42.【答案】C。良师解析：本题考查的是心理的实质，人的心理是客观的又是主观的，它是由具体的个体在头脑中进行的。由于人的知识经验、需要、愿望以及个性特征的不同，因而人对客观现实的反映也不同。因此本题选C。

43.【答案】D。良师解析：本题考查的是心理的神经生理机制。神经元，即神经细胞，是构成神经系统结构和功能的基本单位。脑是中枢神经系统的主要部分，所以脑的基本结构单位是神经元。因此本题选D。

44.【答案】B。良师解析：本题考查的是心理的神经生理机制。外周神经系统按所联系的器官不同，分为躯体神经系统和自主神经系统两大类。因此本题选B。

45.【答案】A。良师解析：本题考查的是心理的神经生理机制。对于一般人来说，大脑左半球言语功能占优势，右半球形象思维占优势。因此本题选A。

46.【答案】D。良师解析：视觉适应是指视觉感受性接受不同的刺激，感受性发生变化的现象。值夜班的消防员佩戴红色眼睛帮助其适应室内灯光，是视觉的适应。故本题选择D。

47.【答案】B。良师解析：本题考查的是感知规律，强度律是指对被感知的事物，必须达到一定的强度，才能感知得清晰。一般人对雷鸣电闪是容易感知的，因为它的感知强度很高，而对于昆虫的活动，如对蚂蚁行走的声音就难以觉察。因此，在实践中，要适当地提高感知对象的强度，并要注意那些强度很弱的对象。扩音设备可以增大教师讲课的声音强度，引起学生的注意。因此本题选B。

48.【答案】C。良师解析：本题考查的是感知规律。活动律指活动的对象较之静止的对象容易感知。因此本题选C。

49.【答案】A。良师解析：本题考查的是感觉的适应。在外界刺激持续作用下，感受性发生变化的现象叫感觉适应。适应现象发生在所有的感觉中。"如入芝兰之室，久而不闻其香"是嗅觉的适应。因此本题选A。

50.【答案】C。良师解析：本题考查的是感觉适应的现象。联觉是一个刺激不仅引起一种感觉，同时还引起另一种感觉的现象。感觉对比是不同刺激作用于同一感觉器官，使感受性发生变化的现象。感觉后象是刺激作用停止后暂时保留感觉的现象。题干所述为感觉适应现象。因此本题选C。

三、多项选择题

1.【答案】BD。良师解析：内部感觉是指感受内部刺激，反映机体内部变化的感觉，主要有机体觉、平衡觉和运动觉。肤觉和嗅觉属于外部感觉。

2.【答案】ABCD。良师解析：心理学的研究方法主要有观察法、实验法、测验法、调查法和个案法等。A观察法是指在教育过程中，研究者通过感官或借助于一定的科学仪器，有目的、有计划地考察和描述个体某种心理活动的表现或行为变化，从而收集相关的研究资料。B实验法是指根据研究目的，改变或控制某些条件，以引起被试者某种心理活动的变化，从而揭示特定条件与这种心理活动之间关系的方法。C测验法是用标准化的量表来测量被试者的智力、性格、态度、兴趣以及其他个性特征的方法。D调查法是通过某种途径间接了解被试者心理活动的一种研究方法。

3.【答案】ABC。良师解析：本题考查的是心理的本质。心理反映的内容是客观现实，并不总是正确的。因此本题选ABC。

第二章　知觉与记忆

一、判断题

1.【答案】A。良师解析：此题考查的是知觉的理解性这一特征。知觉的理解性即指知觉是在过去的知识和经验的基础上产生的，所以对事物的理解是知觉的必要条件。

2.【答案】A。良师解析：存储在长时记忆中的信息可分为词语和表象两类，有两种信息组织方式：言语编码和表象编码。言语编码是通过词来加工信息，按意义、语法关系、系统分类等方法把言语材料组成"组块"，帮助记忆。表象编码是利用视觉形象、声音、味觉和触觉形象组织材料，帮助记忆。两种编码方式各有其特点。信息存储的主要形式是语义信息形式。

3.【答案】A。良师解析：此题考查记忆的知识，凡是发生过的心理活动，都可以在人脑中留下不同程度的印象，有的保留时间长，在一定条件下能够复现，有的则逐渐遗忘了。对过去经验的复现就是记忆。

4.【答案】A。良师解析：曾经感知过的事物再度呈现时能辨认出来，就叫再认。回忆是根据一定的条件，在头脑中呈现过去经历过的事物的过程。再认与回忆没有本质的区别，但回忆并不只是所保持材料的机械简单地重现，而是通过联想，在许多旧知识经验甚至全部知识经验中加以筛选并有思维参与的过程。再认比回忆要容易，能再认的不一定能回忆，能回忆的一定能再认。

5.【答案】A。良师解析：依照知觉对研究对象的性质不同，可以将知觉分为对他人知觉和对物知觉。

6.【答案】A。良师解析：有意记忆是按照一定的目的、任务和需要采取积极思维活动的一种识记。题中的小丽运用记忆方法进行识记是一种有意记忆。

7.【答案】A。良师解析：本题考查的是知觉的含义。题干所述为知觉的定义。因此本题说法正确。

8.【答案】A。良师解析：本题考查的是错觉的概念，题干所述为错觉的概念。因此本题说法正确。

9.【答案】A。良师解析：本题考查的是倒摄抑制。后学习的材料对保持和回忆先学习的材料的干扰作用，称为倒摄抑制。因此本题说法正确。

10.【答案】B。良师解析：本题考查的是记忆的编码，储存在短时记忆系统的信息主要是以语音听觉编码为主。因此本题说法错误。

11.【答案】B。良师解析：本题考查的是学生记忆活动的知识。学生在做问答题时的记忆性活动主要是回忆。因此本题说法错误。

12.【答案】B。良师解析：本题考查的是技能习得的知识。专业技能的习得主要依靠练习获得而非无意记忆，因此本题说法错误。

13.【答案】A。良师解析：本题考查的是记忆的编码。编码是对信息进行转换，使之适合于记忆贮存，如在长时记忆过程中，可采取多重编码形式，提高信息加工质量，从而把识记的信息更好地纳入原有知识结构，不易遗忘，因此本题说法正确。

二、单项选择题

1.【答案】D。良师解析：曾经感知过的事物再度呈现时能辨认出来，就叫再认。回忆是根据一定的条件，在头脑中呈现过去经历过的事物的过程。它与再认最大的区别是经历过的事物不在眼前。保持是过去识记过的材料在头脑中巩固的程度。识记就是识别并且记住事物，即通过反复感知形成巩固的映像，并积累知识经验的过程。

2.【答案】C。良师解析：朱智贤等人（1964 年）研究认为儿童左右概念的发展有规律地经历三个阶段：（1）儿童比较固定化地辨认自己的左右方位（5～7 岁）；（2）儿童初步掌握左右方位的相对性（7～9 岁）；（3）儿童能比较概括地、灵活地掌握左右概念（9～11 岁）。因此，本题答案选 C。

3.【答案】B。良师解析：知识的保持是通过记忆来实现的。记忆是人对经历过的事物的反映。学习的结果是新经验的获得，而新经验的保持，就有赖于记忆。所以本题选择 B。A 选项的复述是知识从短时记忆进入长时记忆的方法。C 选项的练习是知识学习与提高的方法。D 选项的反馈是知识提高巩固的条件。

4.【答案】C。良师解析：复述以言语重复刚识记的材料，以巩固记忆的心理操作过程。学习材料在复述的作用下，保持在短时记忆中，并向长时记忆中转移。相似联想就是由某一事物或现象想到与它相似的其他事物或现象，进而产生某种新设想。接近联想指的是当一个人同时或者先后经历两件事情（某种刺激或者感觉），所经历的这两件事情会在人的思想里互相联系，互相结合。往后，当想起其中一件事情的时候，另一件事情自然会浮现在脑海中。

5.【答案】D。良师解析：首因效应是指与陌生人初次相见时给自己留下的印象。它鲜明、深刻而牢固，会给人一种固定的看法。A：当一个人被一种词语名称贴上标签时，他就会作出自我印象管理，使自己的行为与所贴的标签内容相一致。这种现象是由贴上标签后引起的，故称为标签效应。B：晕轮效应是指在对人的某些品质、特征形成了清晰、鲜明的印象后，掩盖了其余品质、特征的知觉。C：近因效应是指最近获得的信息给人留下深刻的印象和强烈的影响。

6.【答案】D。良师解析：A 项首因效应又称第一印象，它是指与陌生人初次相见时给自己留下的印象。它鲜明、深刻而牢固，会给人一种固定的看法，它影响甚至决定着今后的交往关系，在社会知觉中起着重要作用。B 项晕轮效应是指在对人的某些品质、特征形成了清晰、鲜明的印象后，掩盖了其余品质、特征的知觉。C 项刻板效应是对社会上各类人的固定看法，或是对人概括泛化的看法。D 项投射效应是在人际交往中，认知者形成对别人的印象时总是假设他人与自己有相同的倾向，即把自己的特性投射到其他人身上。因此，本题 D。符合题意。

7.【答案】B。良师解析：晕轮效应是指在对人的某些品质、特征形成了清晰、鲜明的印象后，掩盖了其余品质、特征的知觉。这是以偏概全，"一俊遮百丑""一坏百坏"。即当一个人对另一个人的主要品质、特征形成良好或不良印象后，就会影响他对这个人的其余一切不良或好的看法。本题中小张待人诚恳的优点非常突出，使得他即使有时表现得比较笨拙，也同样受到他人的好评，属于晕轮效应。

8.【答案】C。良师解析：感知觉的规律包括强度律、差异律、对比律、活动律、组合律、协同律以及观注律。强度律是指对被感知的物，必须达到一定的强度，才能感知得清晰。因此，教师在讲课时，声音要洪亮，语速要适中，课件上的字不能太小、要清晰，要让全班同学听得懂、看得见。差异律是针对感知对象与它的背景的差异而言的。凡是观察对象与背景的差别越大，对象就被感知得越清晰；相反，凡是对象与背景的差别越小，对象就被感知得越不清晰。如万绿丛中一点红，这点红就很容易被感知。活动律是指活动的物体比静止的物体容易感知。魔术师用一只手做明显的动作吸引观众的注意力，而另一只手却在耍手法以达到他的目的。组合律指凡是空间上接近、时间上连续、形式上相同、颜色上一致的观察对象容易形成整体而为我们清晰地感知。

9.【答案】D。良师解析：这道题考查社会知觉中人们常出现的几种偏差。刻板效应是对社会上各类人的固定看法，或是对人概括泛化的看法。刻板效应潜在于人的意识之中，比如人们普遍认为山东人身材魁梧、正直豪爽，能吃苦耐劳，浙江人聪明伶俐，能随机应变。这种刻板效应一旦形成后，在对人的认知中就会不自觉地、简单地把某个人归入某一群体的刻板效应中去。题干中认为北方人豪放，南方人斯文就是对北方人、南方人的笼统概括，即刻板效应。晕轮效应是指在对人的某些品质、特征形成了清晰、鲜明的印象后，会掩盖其余品质、特征的知觉，以偏概全，比如"一俊遮百丑""一坏百坏"。首因效应又称为第一印象，它是指与陌生人初次相见时给自己留下的印象。它鲜明、深刻而牢固，会给人一种固定的看法，影响甚至决定着今后的交往关系，在社会知觉中起着重要作用。投射效应是指将自己的特点归因到其他人身上的倾向，比如我们常说的以小人之心度君子之腹。

10.【答案】C。良师解析：教师在书写板书时要求尽量用白色粉笔，主要突出与黑板颜色的差异，方便学生识别，因此所依据的感知规律是差异律。(1) 强度律。直观对象必须达到一定强度才能为学习者清晰地感知，因此教师语言应抑扬顿挫。(2) 差异律。指对象和背景的差异影响人们的感知效果，对象和背景差异越大，将对象从背景中区分出来越容易，比如板书设计。(3) 活动律。指活动的对象较之静止的对象容易感知，比如通过多媒体模拟植物的生长过程。(4) 组合律。指空间上接近、时间上连续、形状上相同、颜色上一致的事物，易于构成一个整体为人们所清晰地感知，比如教材编排分段分节。

11.【答案】D。良师解析：感觉记忆的信息以视觉表象和声音表象的形式储存。图式是指主体已有的一种内部认知结构，图式是认知结构的起点和核心，或者说是人类认识事物的基础。语义可以被简单地看作符号所代表的概念的含义。语义是长时记忆主要的储存形式。概念是指反映事物本质属性和本质特征的思维形式，概念体系是由一组相关的概念构成的。

12.【答案】D。良师解析：A 时间知觉，是人脑对客观现象的延续性（时间长短）和顺序性（时间先后）、周期性的反映。B 方位知觉，是人们对自身或客体在空间的方向和位置关系的知觉。C 形状知觉，物体形状特性在人们头脑中的反映就是形状知觉。D 运动知觉，是人对物体在空间位移的知觉。

13.【答案】B。良师解析：联系上下文猜测词义，体现了知觉的理解性。知觉的特性：整体性、理解性、选择性、恒常性。(1) 人在知觉客观对象时，总是把它作为一个整体来反映，这就是知觉的整体性。(2) 知觉的理解性表现为人在感知事物时，总是根据过去的知识经验来解释它、判断它，把它归入一定的事物系统之中，从而能够更深刻地感知它。(3) 知觉的选择性在于把一些对象（或对象的一些特性、标志、性质）优先地区分出来。(4) 当知觉的条件在一定范围内发生改变时，知觉的映象仍然保持相对不变，这就是知觉的恒常性。

14.【答案】C。良师解析：时间知觉是人脑对客观现象的延续性（时间长短）和顺序性（时间先后)、周期性的反映。真动知觉是指物体按特定速度，从一处向另一处做连续的位移，由此引起的知觉。似动知觉是指在一定的条件下人们把客观静止的物体看成运动的，或把客观上不连续的位移看成连续的、运动的。胶片电影和霓虹灯并不是真的在运动，所以属于似动知觉。错觉是对客观事物不正确的知觉。错觉是知觉的一种特殊情况。

15.【答案】C。良师解析：所谓理解性是指根据已有的知识、经验，对感知的事物进行加工处理，并用言语把它揭示出来的特性。该题强调的是在知识经验的基础上把握学习内容，因此选C。A知觉的选择性：作用于人的客观事物是纷繁多样的，我们会主动而有意地选择少数事物（或事物的某一部分）作为知觉的对象，而把周围其余的事物当成知觉的背景。B知觉的恒常性：距离、角度或光线的明暗在一定范围内发生了变化时，我们的知觉印象仍然在变。D知觉的整体性：我们对客体的知觉总是以自己的过去经验来补充当时获得的感觉信息，使其形成具有一定结构的整体。

16.【答案】D。良师解析：当我们认为某人具有某种特征时，就会对他的其他特征做相似判断，这就晕轮效应，也称光环效应。"一好百好"就体现出这种认知偏差。A近因效应是指在总体印象形成上，新近获得的信息比原来获得的信息影响更大的现象，也叫最近效应。B刻板效应是对一群人的特征或动机加以概括，把概括得出的群体的特征归属团体的每一个人，认为他们每人都具有这种特征，而无视团体成员中的个体差异的现象。C首因效应是指在总体印象形成上，最初获得的信息比后来获得的信息影响更大的现象。

17.【答案】A。良师解析：刻板效应，又称定型效应，是指人们用刻印在自己头脑中的关于某人、某一类人的固定印象，以此固定印象作为判断和评价人依据的心理现象。定式效应是指有准备的心理状态能影响后继活动的趋向程度以及方式。随着定式理论的发展，我们不仅可以用定式这个概念来解释人们在感觉、知觉、记忆、思维等方面的倾向，也可用这一概念解释人们在社会态度方面的倾向。首因效应，是人与人第一次交往中给人留下的印象，在对方的头脑中形成并占据着主导地位的效应。所谓投射效应是指以己度人，认为自己具有某种特性，他人也一定会有与自己相同的特性，把自己的感情、意志、特性投射到外部世界的人、事、物上，并强加于人的一种心理。

18.【答案】C。良师解析：知觉特性包括：(1)知觉的恒常性：当距离、角度或光线的明暗在一定范围内发生了变化时，我们的知觉印象仍然不变。所以选C。(2)知觉的整体性：我们对客体的知觉总是以自己的过去经验来补充当时获得的感觉信息，使其形成具有一定结构的整体。(3)知觉的理解性：指根据已有的知识、经验，对感知的事物进行加工处理，并用言语把它揭示出来的特性。(4)知觉的选择性：人能把知觉的对象优先从背景中挑选出来。

19.【答案】D。良师解析：过度学习是指，如果把人学习某种知识掌握到当时再现不出错的程度作为100%，那么，要保持住这种知识的掌握程度，还要用一定的时间，用相同的注意水平来不断巩固这知识。一般说来，过度学习（即能够背诵之后再进行的学习）的程度达到50%，即学习的熟练程度达到150%时，记忆效果最好。题干中体现的正是过度学习的现象，故本题选D。ABC也都是知识保持的重要方法，其中A及时复习是指在学习之后立即进行复习，B记忆术是指利用歌诀等进行识记，C分散集中相结合指分散复习与集中复习相结合，知识保持最佳，但要注意，一般来说分散复习优于集中复习。

20.【答案】A。良师解析：记忆结构由三个不同的子系统构成：瞬时记忆、短时记忆和长时记忆。感觉记忆又称瞬时记忆，是感觉信息到达感官的第一次直接印象。短时记忆又称工作记忆，是信息加工系统的核心。长时记忆是信息经过充分加工，在头脑中长久保持的记忆。故选A。

21.【答案】D。良师解析：情绪记忆又叫情感记忆，以体验过的情绪、情感为内容的记忆。当某种情境或事件引起个人强烈或深刻的情绪、情感体验时，对情境、事件的感知，同由此而引发的情绪、情感结合在一起，都可保持在人的头脑中。

22.【答案】A。良师解析：动画的原理是每秒以数十幅画面连续播放，在瞬时记忆的作用下，造成一种流畅的运动效果。当客观刺激停止作用后，感觉信息在一个极短的时间内保存下来，这种保留瞬间的记忆就叫瞬时记忆，也叫感觉记忆。短时记忆也称操作记忆、工作记忆，指信息一次呈现后，保持时间大约在 20 秒左右，最多不超过 1 分钟的记忆。情景记忆是对个人亲身经历的、发生在一定时间和地点的事件（情景）的记忆。例如，对昨天在公园里会见一位朋友的记忆就是情景记忆。长时记忆是指保持时间在一分钟以上，直到许多年甚至终身保持的记忆。

23.【答案】B。良师解析：题干的意思是虽然知觉对象的外在条件改变，但我们的知觉印象仍不会改变，故说明的是知觉的恒常性。选 B。A 强调把知觉对象各个属性当作一个整体来感知。C 强调根据已有的知识、经验，对感知的事物进行加工处理，并用言语把它揭示出来的特性。D 的表述不准确。

24.【答案】B。良师解析：这题考查知觉的含义，知觉就是人脑对直接作用于感觉器官的客观事物的各个部分和属性的整体的反映。知觉是在感觉的基础上产生的，是对感觉信息的整合和解析，比如我们看到一面红旗就是知觉现象。感觉是个体对事物个别属性的直接反映，比如感觉事物的颜色、形状、声音、气味、温度、软硬度、质地等。记忆是在头脑中积累、保存和提取个体经验的心理过程，比如过去曾经感知过的事物、思考过的问题、体验过的情绪情感、练习过的动作。这些事物都会在头脑中留下一定的痕迹。想象是对头脑中已有的表象进行加工改造，形成新形象的心理过程，如人们读白居易的诗句"日出江花红胜火，春来江水绿如蓝。"头脑中浮现出祖国江南秀丽景色的形象。

25.【答案】D。良师解析：本题考查记忆的种类。题干中篮球比赛的组织、传球、上篮的过程是具体操作的过程，属于动作技能类知识。依据程序性记忆是指对如何做事情的记忆，包括对知觉技能、认知技能和运动技能的记忆，可知本题选择 D。A 选项的情景记忆是指人们根据时空关系对某个事件的记忆。这种记忆与个人的亲身经历分不开，如想起自己参加过的两个会议或曾经去过的地方。B 选项的语义记忆是指人们对一般知识和规律的记忆，与特殊的时间和地点无关。它表现在单词、符号、公式、规则、概念这样的形式中。C 选项的陈述性记忆是指对有关事实和事件的记忆，如知识和日常的生活常识。它可以通过言语传授而一次性获得。

26.【答案】B。良师解析：回忆是指过去经历过的事物不在面前，人们在头脑中把它重新呈现出来的过程。根据回忆是否有预定目的、任务，分为无意回忆和有意回忆。"自由联想""触景生情"都是无预定目的和任务的回忆，故选项 B，正确。CD 选项为干扰项。

27.【答案】B。良师解析：晕轮效应是指人们对他人的认知判断首先主要是根据个人的好恶得出，然后再从这个判断推论出认知对象的其他品质的现象。本质上是一种以偏概全、以点概面的认知上的偏误。如果认知对象被标明是"好"的，他就会被"好"的光圈笼罩着，并被赋予一切好的品质；如果认知对象被标明是"坏"的，他就会被"坏"的光环笼罩着，他所有的品质都会被认为是坏的。所以，选择 B。第一印象是指人与人第一次交往的过程中，所得到的有关对方的最初印象，强调的是第一次留下印象的重要性，类似于首因效应。题干未强调第一印象，所以排除 A。蝴蝶效应是指事物发展的结果，对初始条件具有极为敏感的依赖性，初始条件的极小偏差，将会引起结果的极大差异。蝴蝶效应强调的是牵一发而动全身，与题干的表述无关，排除 C 项。刻板效应也叫"定型化效应"，是指个人受社会影响而对某些人或事持稳定不变的看法。刻板效应强调的是对某一群体的固定的看法，题干中老师是对学生的某个特征的看法，所以不选择 D 项。

28.【答案】A。良师解析：记忆三个过程：编码、保持（储存）、提取（回忆、再认）。因此本题选 A。

29.【答案】C。良师解析：程序性记忆（技能记忆）：记忆程序性知识，如怎样做事情或如何掌握技能。题干"规则和方法"是怎么做的记忆。故选 C。陈述性记忆：处理陈述性知识，即事实类信息，包括字词、定义、人名、时间、事件、概念和观念，可以用言语表达。情景记忆：对个人亲身经历过的，在一定时间和地点发生的事件或情景的记忆。感觉记忆（感觉登记或瞬时记忆）：当客观刺激停止作用后，感觉信息在一个极短的时间内保存下来的记忆，特点是有鲜明的形象性；记忆容量较大，信息保持时间极短。

30.【答案】D。**良师解析**：内部感觉包括机体觉（内部器官所处状态，饥、渴、胃疼），肌动觉（感受身体运动与肌肉和关节的位置），平衡觉（由位于内耳的感受器传达有关身体平衡和旋转的信息）。故答案选D。A远距离感觉：包括视觉和听觉，它们提供位于身体以外具有一定距离的事物的信息。B外部感觉：指接受外部刺激，反映外部事物属性的感觉，包括视觉、听觉、嗅觉、味觉、皮肤觉等。C近距离感觉：提供位于身体表面或者接近身体的有关信息，包括味觉、嗅觉和皮肤觉。

31.【答案】B。**良师解析**：曾经感知过的事物再度呈现时能辨认出来，就叫再认。如遇到小时的朋友有熟悉感，或认出学过的单词、听出唱过的歌曲等。故本题选择B。

32.【答案】D。**良师解析**：社会知觉包括首因效应、近因效应、晕轮效应以及刻板效应。晕轮效应，又称"光环效应"，指人们对他人的认知判断首先是根据个人的好恶得出的，然后再从这个判断推论出认知对象的其他品质的现象。男女朋友之间也经常会出现光环效应。两个恩爱的人在一起，便会觉得双方身上都是优点，没有一点点缺点。这就是在刚开始喜欢上一个人的时候，其实只是喜欢上了对方表现出来的某一方面的优点，然后经过晕轮效应的扩大，才使自己觉得对方身上全是优点。刻板效应是对社会上各类人的固定看法，或是对人概括泛化的看法。

刻板效应潜藏于人的意识之中，比如人们普遍认为山东人身材魁梧、正直豪爽，能吃苦耐劳，浙江人聪明伶俐，能随机应变。首因效应是指与陌生人初次相见时给自己留下的印象。

33.【答案】D。**良师解析**：本题考查的是知觉。视崖实验证明人具有深度知觉。因此本题选D。

34.【答案】B。**良师解析**：本题考查的是感觉对比。感觉对比是同一感受器接受不同的刺激，而使感受性发生变化的现象。因此本题选B。

35.【答案】A。**良师解析**：本题考查的是知觉的选择性。知觉的选择性是指人根据当前的需要，把客观刺激物有选择地作为知觉对象进行加工的过程。题干所述是利用了知觉的选择性。因此本题选A。

36.【答案】C。**良师解析**：本题考查的是知觉的理解性。面对同一事物，由于不同人的知识经验不同，可能得出不同的结论，体现的是知觉的理解性，如"内行看门道，外行看热闹""一千个读者就有一千个哈姆雷特"。因此本题选C。

37.【答案】C。**良师解析**：本题考查的是知觉的理解性。"外行看热闹，内行看门道"说的是有相关知识经验的人在知觉当前事物时会以以往的知识经验来理解，体现了知觉的理解性。因此本题选C。

38.【答案】C。**良师解析**：本题考查的是知觉的理解性。所谓理解性是指根据已有的知识、经验，对感知的事物进行加工处理，并用言语把它揭示出来的特性，特别是知觉陌生的事物时，总是想要知道"它是什么""能干什么""有什么特性"。言语在知觉的理解中起着非常重要的作用。因此本题选C。

39.【答案】C。**良师解析**：本题考查的是错觉的相关知识。错觉是指在特定条件下对事物必然会产生的某种固有倾向的歪曲知觉，是对客观事物不正确的知觉，是知觉的一种特殊情况。研究错觉的成因有助于揭示人们正常知觉客观世界的规律。因此本题选C。

40.【答案】C。**良师解析**：本题考查的是知觉的恒常性。知觉的恒常性是指客观事物本身不变，但知觉条件在一定范围内发生变化时，人的知觉映象仍相对不变。因此本题选C。

41.【答案】B。**良师解析**：本题考查的是认知过程。知觉是人脑对直接作用于感觉器官的事物的各种不同属性、各个不同部分及其相互关系的整体反映。因此本题选 B。

42. 【答案】C。良师解析：本题考查深度知觉的线索。由于正常的瞳孔距离和注视角度不同，所以左右眼视网膜上的物象存在一定程度的水平差异。在观察立体视标的时候，两只眼由于相距约 60mm，所以会从不同角度观察。这种在双眼视网膜上出现的微小水平位差，称为双眼视差。人们知觉物体的距离与深度主要依赖于双眼视差。因此本题选 C。

43. 【答案】C。良师解析：本题考查的是观察的含义。观察是人的一种有目的、有计划的知觉，是知觉的高级形式，因此本题选 C。

44. 【答案】D。良师解析：本题考查的是记忆的品质。记忆的品质包括记忆的选择性、记忆的敏捷性、记忆的持久性、记忆的正确性和记忆的准备性。记忆的准备性是指回忆的难易程度。对知识经验的记忆，目的在于应用。这就要求被记住的东西能根据实际需要，随时回忆出来，这是记忆准备性高的表现。因此本题选 D。

45. 【答案】B。良师解析：本题考查的是工作记忆的概念。工作记忆是一种对信息进行暂时加工和贮存的、容量有限的记忆系统，在许多复杂的认知活动中起重要作用。因此本题选 B。

46. 【答案】B。良师解析：本题考查的是记忆的类型，以词语为中介、以逻辑思维成果为内容的记忆就是逻辑记忆。概念、定理、公式、观点等都属于逻辑记忆。因此本题选 B。

47. 【答案】C。良师解析：本题考查的是短时记忆。保持时间较短，记忆时间不超过一分钟的记忆即短时记忆。题干中的这个实例属于短时记忆。因此本题选 C。

48. 【答案】A。良师解析：本题考查的是短时记忆。短时记忆通过复述能够进入长时记忆，信息从而得到保持。因此本题选 A。

49. 【答案】C。良师解析：本题考查的是记忆的类型。动作记忆是以个体过去经历过的身体运动状态或动作形象为内容的记忆。动作记忆具有易保持和恢复、不易遗忘的特点。因此本题选 C。

50. 【答案】B。良师解析：本题考查的是记忆的品质。记忆的准备性是指对保持内容在提取应用时所反映出来的特征。记忆的目的在于在实际需要时，能迅速、灵活地提取信息，回忆所需的内容，加以应用。记忆的这一品质，是其他三种品质的综合体现，而其他三种品质只有与记忆的准备性结合起来，才有价值。因此本题选 B。

51. 【答案】A。良师解析：本题考查的是思维定式，所谓定式就是指由先前影响所形成的往往不被意识到的心理准备状态，支配人以同样的方式去对待同类后继活动。在定式的影响下，人们会以某种习惯的方式对刺激情境作出反应。因此本题选 A。

52. 【答案】B。良师解析：本题考查的是印象形成的效应。个体对他人往往是积极的肯定估计高于消极的否定估计，这种心理倾向叫宽大效应。晕轮效应是指当我们认为某人具有某种特征时，就会对其他特征做相似判断，题干描述的就是晕轮效应。罗森塔尔效应又称皮格马利翁效应，是指人们基于对某种情境的知觉而形成的期望或预言，会使该情境产生适应这一期望或预言的效应。人们对某个社会群体形成的一种概括而固定的看法，并以此作为判断评价其人格的依据，而忽视群体中成员的个体差异，称为刻板效应。因此本题选 B。

53. 【答案】B。良师解析：本题考查的是首因效应。首因效应指的是人们在对他人的总体印象形成过程中，最初获得的信息比后来获得的信息影响更大的现象。因此本题选 B。

54. 【答案】D。良师解析：本题考查的是晕轮效应。晕轮效应是指当我们认为某人具有某种特征时，就会对其他特征做相似判断，题干描述的就是晕轮效应，因此本题选 D。

55. 【答案】D。良师解析：本题考查的是印象形成的效应。投射效应，如"以小人之心，度君子之腹"，是指与人交往时把自己具有的某些不讨人喜欢、不为人接受的观念、性格、态度或欲望转移到别人身上，认为别人也是如此，以掩盖自己不受人欢迎的特征。第一印象又叫首因效应，是指在总体印象的形成上，最初获得的信息比后来获得的信息影响更大的现象。光环效应又称晕轮效应，是指当我们认为某人具有某种特征时，就会对其他特征做相似判断。定式就是指由先前影响所形成的往往不被意识到的心理准备状态，支配人以同样的方式去对待同类后继活动。因此本题选 D。

三、多项选择题

1.【答案】ACD。良师解析：按照记忆内容的分类，可分为：形象记忆、情境记忆、情绪记忆、语义记忆和动作记忆。

2.【答案】ACD。良师解析：用信息加工的观点看待人的认知活动，认为人的认知活动也可以被看作对信息进行加工的过程。它把记忆也看作人脑对输入的信息进行编码、存储和提取的过程，并按信息的编码、存储和提取的方式不同，以及信息存储的时间长短的不同，将记忆分为：瞬时记忆（感觉记忆）、短时记忆（工作记忆）、长时记忆三个系统。故答案选 ACD。

3.【答案】ABDE。良师解析：帮助学生很好地理解教材、对高年级学生要教会他们良好的记忆方法、适当训练学生的机械记忆能力以辅助意义记忆、引导学生对识记的内容进行分析，这些都是培养小学生意义记忆的方法。

4.【答案】ABC。良师解析：根据知觉对象的不同进行划分，知觉可分为空间知觉、时间知觉、运动知觉和社会知觉。

5.【答案】ABCE。良师解析：知觉的整体性是指在刺激不完备时，根据一些个别对象而知觉到一个有意义的整体的特性。选择性指优先选择知觉的对象的特性。理解性指人们依据已有的知识经验对感知的新事物进行加工处理，并用言语把它的特性揭示出来的特性。例如，医生依据以往的知识经验从 X 光片上能够看到不为一般人所察觉的病。恒常性指在知觉过程中，由于知识经验的参与，知觉并不因知觉的物理条件（如距离、光亮等）的变化而改变，仍然保持相对稳定和不变的特性。例如，当远处开来一辆车很小，但我们知道它的大小足以载人，这是大小的恒常性。

6.【答案】ABCD。良师解析：陈述性记忆是指对事实性信息的记忆，包括人名、地名、时间、事件、概念、定理和定律等。所以本题选 ABCD。程序性记忆是指对如何做事情的记忆，包括对知觉技能、认知技能和运动技能的记忆。怎样骑车属于程序记忆。所以 E 不符合。

7.【答案】ABC。良师解析：本题考查的是记忆的类型。瞬时记忆的特点包括时间极短、容量较大、形象鲜明。操作性强、意识清晰是短时记忆的特点。因此本题选 ABC。

8.【答案】ABCE。良师解析：本题考查的是记忆的编码，视觉编码是感觉记忆的主要信息编码方式，储存在短时记忆系统的信息主要是以语音听觉编码的方式存在的。对于人类长时记忆系统中的有意义的学习材料，人们主要是以语义编码的形式进行加工的。语音中介编码借助长时记忆中储存的语言的某些特点，如语义、发音、字形等，对当前输入的某些信息进行编码，使它成为可以储存的东西。这种编码方式在识记无意义材料和离散语言材料时经常使用。因此本题选 ABCE。

9.【答案】ABC。良师解析：本题考查的是记忆的类型。提起某个人时，就能回想起他的样子，这种记忆属于形象记忆。因此本题选 ABC。

10.【答案】ACD。良师解析：本题考查的是记忆系统，现代认知心理学把人的记忆系统分为瞬时记忆、短时记忆和长时记忆三个子系统。因此本题选 ACD。

11.【答案】BCD。良师解析：本题考查的是记忆的类型。记忆按其内容的主题分为形象记忆、情绪记忆、语义记忆和动作记忆。因此本题选 BCD。

12.【答案】AB。良师解析：本题考查的是短时记忆的特点，短时记忆中的信息不能自动转入长时记忆，复述是短时记忆信息存储的有效方法，短时记忆的保持时间为 5～20 秒，最长不超过 1

分钟。因此本题选 AB。

13.【答案】BCD。**良师解析**：本题考查的是短时记忆与长时记忆的特征。感觉记忆是无须意识参与的，短时记忆与长时记忆需要意识参与。短时记忆编码方式可以分为听觉编码和视觉编码；长时记忆是以意义编码为主，有两种方式，被称为信息的双重编码，即语义编码和表象编码。短时记忆中的信息易受干扰，容易消退；长时记忆保存时间久，容量无限，因此本题选 BCD。

14.【答案】AB。**良师解析**：本题考查的是陈述性记忆。陈述性记忆是以陈述性知识为内容的记忆，即对事实的记忆，例如人名、地名、概念、定理、定律等都属于陈述性记忆。陈述性内容可以用言语表达。骑车的技能和舞蹈表演属于程序性记忆。因此本题选 AB。

四、案例分析题

【参考答案】目的是利用知觉规律引起学生的注意。

（1）符合感觉对比规律，感觉对比是不同刺激作用于同一感觉器官，使感受性发生变化的现象。黑色和红色同时作用于视觉感受器，形成对比。

（2）符合知觉的选择性。知觉的选择性是人在知觉过程中把知觉对象从背景中区分出来优先加以清晰地反映的特性。

（3）运用无意注意规律组织教学活动，引起学生对教学内容的兴趣，使学生在课堂上轻松地集中注意。

第三章　遗忘、表象与想象

一、判断题

1.【答案】B。**良师解析**：表象是指事物不在眼前时，人们头脑中出现的关于事物的形象，人们之间的交流不能通过表象而是要借助于语言媒介进行。

2.【答案】A。**良师解析**：表象是事物不在面前时，人们在头脑中出现的关于事物的形象。表象具有可操作性的特点。想象是人脑对已储存的表象进行加工改造，形成新形象的心理过程。所以说想象是以表象为基础的，表象为想象提供素材。

3.【答案】B。**良师解析**：幻想是指向未来，并与个人愿望相联系的想象。幻想是创造想象的一种特殊形式，可以分为积极的、有益的幻想和消极的、无益的幻想两类。积极的幻想被称为理想，它符合事物发展的客观规律，有可能实现，是人们工作和活动的一种强大的推动力。因此，我们不是要求学生不要幻想，而是要引导他们进行积极的、有益的幻想，树立生活的理想。

4.【答案】B。**良师解析**：集中复习是集中在一段时间内，对所要识记的内容连续、反复地进行复习。分散复习是把要记忆的内容分在几个相隔的时间内进行复习。研究表明，一般情况下，分散复习效果优于集中复习。

5.【答案】B。**良师解析**：艾宾浩斯提出遗忘的规律是先快后慢。他的实验向我们充分证实了一个道理，学习要勤于复习，而且记忆的理解效果越好，遗忘得也越慢。因此及时复习是克服遗忘的主要措施。

6.【答案】B。**良师解析**：本题考查的是感觉。感受性越高，感觉阈限越低，二者成反比，因此本题说法错误。

7.【答案】A。**良师解析**：本题考查的是遗忘规律。心理学家艾宾浩斯等人通过实验发现，遗忘的进程是先快后慢，并提出了遗忘曲线。因此本题说法正确。

8.【答案】B。**良师解析**：本题考查的是遗忘的规律。一般来说，有意义的材料比无意义的材料遗忘的慢。形象、直观的材料比抽象的材料遗忘得慢。因此本题说法错误。

二、单项选择题

1.【答案】C。**良师解析：**小学儿童想象发展的特点：（1）小学儿童想象的有意性，随年纪增长而不断增高。（2）想象的现实性发展。想象所反映的形象越发接近现实事物，想象形象的特征数由少到多，结构配置由不合理到合理。从热衷于完全脱离现实的神话虚构，逐渐转向对现实生活的幻想。（3）想象创造性的发展。从再造想象中创造性的成分扩展到独立地进行创造性想象。（4）想象概括性的发展。想象从有很大的具体性、直观性，向有一定的概括性、逻辑性发展，表现为想象所凭借的依托物由实物向语词演变。所以此题答案为C。

2.【答案】B。**良师解析：**同化说指当我们学到了更高级的概念和规律以后，高级的观念可以替代低级的观念，使低级观念遗忘，从而简化了认识并减轻了记忆负担，符合题意，故选B；消退说认为遗忘是由于记忆痕迹得不到及时的强化，随着时间的流逝而消退造成的；干扰说认为遗忘是由于记忆中新旧经验的相互干扰造成的；许多人对快乐和正面的事情记忆得多，对痛苦和负面的事情记忆得较少，临床心理学家把这种倾向称为动机性遗忘。

3.【答案】C。**良师解析：**表象是指事物不在眼前时人头脑中出现的关于事物的形象的过程。有了表象，人们才能将过去感知的事物同先前感知的事物做比较，进行思维，因此，表象是从感知到思维的过渡环节，选C项。D项推理是属于思维过程的。感觉：脑对直接作用于感觉器官的客观事物个别属性的反映。知觉：脑对直接作用于感觉器官的客观事物整体属性的反映。

4.【答案】D。**良师解析：**系列位置效应是指记忆材料在系列中所处的位置对记忆效果发生的影响，包括首因效应和近因效应。在系列学习中，处于不同位置的记忆材料的回忆效果不同：接近开头和末尾的记忆材料的记忆效果好于中间部分的记忆效果。

5.【答案】C。**良师解析：**根据语言的表述或非语言的描绘（图样、图解、模型、符号记录等）在头脑中形成有关事物的形象的想象，就是再造想象。A项是创造想象，B项表述不明确，D项是无意想象。

6.【答案】A。**良师解析：**过度学习，是教育心理学上的术语。指达到一次完全正确再现后仍继续识记的记忆。过度学习有利于识记材料的保持，但是也要明白"过犹不及"的道理，不能一味地重复再重复。

7.【答案】A。**良师解析：**后学习的材料对保持和巩固先学习材料的干扰作用称为倒摄抑制。先学习的效果不如后学习的效果好，说明先前学习受到了后面材料的干扰。

8.【答案】A。**良师解析：**一般来说，前后所学的信息之间存在相互干扰，先前所学的信息对后面所学信息的干扰叫作前摄抑制，后面所学的信息对前面所学信息的干扰叫作倒摄抑制。而早晨背单词则是防止避免先前所学的信息对之后信息的影响，即前摄抑制，故选A。CD是干扰选项。

9.【答案】B。**良师解析：**干扰分为两种。先学习的材料对后学习的材料的识记和回忆起干扰作用称为前摄干扰。后学习的材料对先学习的材料的保持和回忆起干扰作用称为倒摄干扰。学习新信息对已有旧信息回忆的抑制作用，是后学习对先学习的干扰作用，即倒摄干扰。双重干扰指的是既受到前摄干扰作用，又受到倒摄干扰作用，比如白天读书效不如早晚好，就是受到了双重干扰。

10.【答案】D。**良师解析：**题干中列举的每两种事物之间是因果关系，因此属于因果联想。

11.【答案】A。**良师解析：**先前所学的信息对后面所学的信息的干扰叫作前摄抑制。早上最开始的学习内容只受到后面内容的干扰，没有前面的内容的干扰，学习效果会好一些。

12.【答案】A。**良师解析：**表象是人脑对从前感知过但当时不在眼前的活动的反映。表象的可操作性是指表象不仅是一个人的映象，而且是一种操作，即心理操作可以以表象的形式进行，即形象思维活动。心理旋转研究是一项有说服力的证据。在一项心理旋转的实验中，每次给被试者呈现一个旋转角度不同的字母R，呈现的字母有时是正写的（R），有时是反写的（Я）。被试者的任务是判断字母是正写的还是反写的。结果表明，从垂直方向旋转的角度越大，作出判断所需的时间越长。对这一结果的解释为：被试者首先必须把呈现的字母在头脑中进行旋转，直到它处于垂直位置，然后才能作出判断。反应时所反映的进行心理旋转——表象操作所用的时间上的差异，证明了形象思维——表象操作的存在。

13.【答案】A。良师解析：所谓过度学习就是指如果达到恰能成诵之后还继续学习的时间。实验证明，过度学习达到50%时效果最好。

14.【答案】A。良师解析：德国的心理学家艾宾浩斯第一个对遗忘的现象进行了比较系统的研究。遗忘曲线是一条指数型衰减曲线，它表明了遗忘规律：遗忘的进程是不均衡的，遗忘在识记后即开始，在识记后的短时间内遗忘得很快，随着时间的进展逐渐缓慢。概括地说遗忘的速度是先快后慢，遗忘的材料是先多后少。

15.【答案】A。良师解析：根据新形象的形成有无目的性，可以把想象分为无意想象和有意想象。对于有意想象，根据它的新形象的新颖性、独特性和创造性的不同，又可分为再造想象和创造想象。再造想象是根据词语的描述或非语言（图样、图解、符号等）的描绘，在头脑中产生有关事物新形象的过程。创造想象是不依据现成描述而独立地创造出新形象的过程。在创造新产品、新技术、新作品时，人脑所构成的新事物的形象都是创造想象。

16.【答案】A。良师解析：根据想象时有无预定目的，可以把想象分为无意想象和有意想象。无意想象是一种没有预定目的、在一定刺激的作用下不自觉地产生的想象。例如人们看见天上的浮云，想象出各种动物的形象。有意想象是指有预定目的、在一定意志努力下自觉进行的想象。在有意想象中，由于想象的新颖程度、创造水平的不同，又可分为再造想象和创造想象以及幻想。再造想象是根据语词的描述或图像的示意，在头脑中形成相应新形象的心理过程，如题干中根据设计图的描述想象出未来的样子。创造想象是根据一定的目的，不依据现成的描述而在头脑中独立地形成新形象的心理过程，如工程师设计图纸的过程。

17.【答案】D。良师解析：前摄抑制强调的是前面学习的内容对后面学习的影响，倒摄抑制强调的是后面学习的内容对前面学习的影响。遗忘的干扰说认为遗忘是由于记忆中新旧经验的相互干扰造成的，如前摄抑制和倒摄抑制的干扰，一旦干扰排除，记忆就会恢复，它导致的是暂时性遗忘，故选择D。消退说认为遗忘是由于记忆痕迹得不到及时强化，随着时间的流逝而消退造成的，如果不再进行识记，记忆绝不会恢复，它会导致永久性遗忘。动机说认为许多遗忘的发生既不是由于记忆的衰退也不是由于经验的干扰，而是因为个人常常压抑痛苦的记忆，如羞耻感、恐惧感、罪恶感的隐私总是被设法压抑而造成的遗忘。提取失败说认为人们产生遗忘是由于缺乏有效线索而不能很好地提取存储在头脑的知识。

18.【答案】C。良师解析：表象是指当前不存在的物体或事件的一种知识表征，这种表征具有鲜明的形象性。小学生的思维发展到了具体形象思维，因此小学生的典型特点就是认识事物的形象性，所以本题选C。ABD选项都是干扰项。A选项的感觉是人脑对直接作用于感觉器官的客观事物的个别属性的反映。B选项的知觉是人脑对直接作用于感觉器官的客观事物整体的反映。D选项的记忆是人脑对过去经验的保持和再现。

19.【答案】A。良师解析：遗忘的速率是先快后慢，在学习后的第一天，遗忘的效率就会达到百分之六十多，故选A。

20.【答案】D。良师解析：根据想象时有无预定目的，可以把想象分为无意想象和有意想象。无意想象是一种没有预定目的、不自觉的想象。有预定目的的，自觉产生的想象叫有意想象。在有意想象中，由于想象的新颖程度、创造水平的不同，又可分为再造想象和创造想象。再造想象是根据语词的描述或图像的示意，在头脑中形成相应形象的心理过程。创造想象是根据一定的目的在头脑中独立地形成新形象的心理过程。本题是根据语言或文字的描述进行的想象，因此是再造想象。

21.【答案】B。良师解析：创造想象是根据一定的目的在头脑中独立地形成新形象的心理过程。A 无意想象是一种没有预定目的、不自觉的想象。C 再造想象是根据语词的描述或图像的示意，在头脑中形成相应形象的心理过程。D 常规意义上不存在言语想象这种想象形式。

22.【答案】B。良师解析：艾宾浩斯的遗忘曲线表明人遗忘的特点的先快后慢，先多后少，所以 B 选项不对。遗忘规律：遗忘虽然是一种复杂的心理现象，但遗忘的发生发展也是有一定规律的。德国的心理学家艾宾浩斯第一个对遗忘的现象进行了比较系统的研究并提出遗忘曲线即是一条指数型衰减线，它表明了遗忘规律：遗忘的进程是不均衡的，遗忘在识记后立即开始，在识记后的短时间内遗忘得很快，随着时间的进展逐渐缓慢。概括地说遗忘的速度是先快后慢，遗忘的材料是先多后少。

23.【答案】D。良师解析：想象是对头脑中已有的表象进行加工改造，形成新形象的过程。想象具有形象性的特点，即想象主要处理图形信息，或者说表象，而不是词或者符号，故选 D。

24.【答案】B。良师解析：德国心理学家艾宾浩斯最早对遗忘进行了系统的研究，其研究结果被称为艾宾浩斯遗忘曲线。其结果说明遗忘在学习之后立即开始，而且遗忘的过程最初进展得很快，以后逐渐缓慢；过了相当的时间后，几乎不再遗忘，也可以说，遗忘的发展是不均衡的，其规律是先快后慢，呈负加速型。该曲线揭示了遗忘过程与时间的关系。

25.【答案】B。良师解析：本题考查想象的分类，再造想象是根据语词的描述或图像的示意，在头脑中形成相应形象的心理过程。创造想象是根据一定的目的在头脑中立体地形成新形象的心理过程。消极的幻想被称为空想。鲁迅写《狂人日记》是形成新形象的过程，故选 B。

26.【答案】A。良师解析：本题需要简单的数学运算。根据题干也可知，过度学习所用时间应该是刚学会时的 1.5 倍。据此，根据题干 12 遍是刚会的状态，那么，经过乘法运算便可得正确答案。

27.【答案】A。良师解析：小学生学习汉语拼音"t"，干扰了学习英语单词"t"，这是前摄抑制。B 项倒摄抑制指后面学习对前面学习的影响。C 项消退抑制指在条件反射形成后，如果反复应用条件刺激而不给予非条件刺激强化时，已形成的条件反射就会逐渐减弱，直至消失，这种现象称为消退抑制。D 项双向抑制指前摄抑制和倒摄抑制同时都有。因此，本题正确答案为 A。

28.【答案】D。良师解析：本题考查的是遗忘的理论，提取失败理论强调遗忘是由于缺少一种可供提取的线索。在考试中产生遗忘往往就是由于缺少线索。因此本题选 D。

29.【答案】A。良师解析：本题考查的是无意想象的概念。无意想象是一种没有预定目的、不自觉地产生的想象。它是当人们的意识减弱时，在某种刺激的作用下，不由自主地想象某种事物的过程。如人们看见天上的浮云，想象出各种动物的形象。因此本题选 A。

30.【答案】A。良师解析：本题考查的是想象的加工方式。想象的认知加工方式有四种：黏合、夸张、人格化和典型化。黏合就是把从未结合过的形象要素，结合在一起，构成新形象。例如孙悟空、猪八戒的形象就是通过黏合而形成的。在科技发明和艺术创作中，常使用黏合加工方式。夸张就是对客观事物的形象中的某一部分进行改变，突出其特点，从而产生新形象，如漫画中的人物形象，神话中的"千手观音"形象，童话中"大人国""小人国"的形象等，都是使用了夸张而形成的。人格化就是对客观事物赋予人的形象和特征，从而产生新形象。如动画片中的"米老鼠"的形象，神话中的风神、火神、雷神、电神的形象，都是通过人格化而创造出的新形象。典型化就是根据一类事物的共同特征来创造新形象，如小说中的人物形象，就是作家综合了许多人的特点后创作出来的。因此本题选 A。

31.【答案】C。良师解析：本题考查的是想象中的再造想象。再造想象是依据词语或符号的描述、示意，在头脑中形成与之相应的新形象的过程。因此本题选 C。

32.【答案】B。良师解析：本题考查的是想象的加工方式。夸张是指改变客观事物的正常特点，对某些特点加以夸大和强调，使其增大、缩小、数量增多、色彩加浓等。因此本题选B。

33.【答案】C。良师解析：本题考查的是表象的特征。心理学家通过心理旋转实验证明了表象的可操作性。因此本题选C。

三、多项选择题

1.【答案】ABCDE。良师解析：想象力的培养有四点：（1）培养和保护学生的好奇心。（2）丰富学生知识，扩大表象储备。（3）创设想象情境，引发想象。（4）利用生动活泼的教学形式唤起学生的想象。正确选项为ABCDE。A丰富初中生的表象储备即丰富学生知识，扩大表象储备。B进行想象训练即创设想象情境，引发想象。C利用形象的言语描述，D培养正确的、符合实际的想象，E通过实物、图片或参观等丰富初中生想象的内容，这三个选项都是对利用生动活泼的教学形式唤起学生的想象的展开，因此选ABCDE。

2.【答案】AD。良师解析：本题考查的是想象的分类。再造想象指的是根据语言的表述或非语言的描绘（图样、图解、模型、符号记录等）在头脑中形成有关事物形象的想象。所以只有AD属于再造想象。白日做梦属于幻想，发明家设计将要发明的工具属于创造想象。因此本题选AD。

第四章　思维

一、判断题

1.【答案】A。良师解析：顿悟主要是通过灵感来完成，就时间来说可能是瞬间。灵感指无意识中突然兴起的神妙能力，或指作家因情绪或景物所引起的创作情状。因此属于发散性思维。

2.【答案】B。良师解析：教学中用不同形式的直观材料或事例来说明事物的本质属性称为变式。比较是指在人脑中把各种事物或现象加以对比，来确定他们之间的异同点和关系的思维过程。

3.【答案】B。良师解析：这反映了思维的概括性。思维的间接性是指思维活动不直接反映作用感觉器官的事物，而是借助一定的中介和一定的知识经验对客观事物进行间接的认识。例如医生通过号脉诊断疾病。思维的概括性是指在大量感性材料的基础上，把一类事物共同的特征和规律抽取出来加以概括。

4.【答案】B。良师解析：概念是思维最基本的组成单位，是构成命题、推理的要素。所以题干表述的是错误的。

5.【答案】B。良师解析：根据思维活动探索目标方向的不同，可将思维分为集中性思维（辐合思维、求同思维）和发散性思维（辐射思维、求异思维）。集中性思维是指人们根据已知的信息，利用熟悉的规则解决问题。发散性思维是沿着各种不同的方向去思考，追求多样性的思维。

6.【答案】A。良师解析：题干表述正确。

7.【答案】A。良师解析：思维具有间接性、概括性，其间接性是指思维活动不直接反映客观事物，而是以其他事物为媒介进行的。根据题干可知，该题干正确。

8.【答案】A。良师解析：本题考查的是思维的过程，思维的过程从某种意义上讲就是发现问题和解决问题的过程。因此本题说法正确。

9.【答案】B。良师解析：本题考查的是思维的发展。动作思维、形象思维、逻辑思维是根据思维任务的性质、内容和解决问题的方法来划分的，虽然它们的出现有先后顺序，但并不能说逻辑思维比形象思维和动作思维高级。因此本题说法错误。

二、单项选择题

1.【答案】D。良师解析：根据已知条件进行分析综合找到解决问题方案的过程是辐合思维。

直觉思维是人们在面临新的问题、新的事物和现象时，能迅速理解并作出判断的思维活动。发散思维是人们沿着不同的方向思考，重新组织当前的信息和记忆系统中存储的信息，产生出大量、独特的新思维。常规思维是指人们利用已获得的知识经验，按现成的方案和程序直接解决问题。

2.【答案】D。良师解析：(1) 流畅性，指发散思维的量。单位时间内发散的量越多，流畅性越好。(2) 变通性，指思维在发散方向上表现出的变化和灵活。(3) 独创性，指思维发散的新颖、新奇、独特的程度。

3.【答案】B。良师解析：从"自以为是""人与亦云"上可以判断出是思维的独立性。思维的独立性是指善于独立思考，敢于提出自己的不同见解，不为他人的观点所左右。思维的逻辑性表现为个体在思维中遵守逻辑规律、规则和要求。思维的灵活性是指思考问题、解决问题的随机应变程度。思维的批判性是指善于批判地评价他人的思想与成果，也善于批判地对待自己的思想与成果。

4.【答案】D。良师解析：思维是以人已有的知识为中介，对客观事物的概括的、间接的反映。它借助语言、表象或动作实现，是认知活动的高级形式。想象是对头脑中已有的表象进行加工改造，形成新形象的心理过程。表象是事物不在面前时，人们在头脑中形成的关于事物的形象。联想即由一个事物想到另一个事物，是想象的过程。题干中体现的正是思维的含义，故选D。

5.【答案】D。良师解析：据思维的指向性，可分为聚合思维和发散思维。聚合思维，也叫求同思维，指人们解决问题时，思路集中到一个方向，从而形成唯一确定的答案。发散思维，也叫求异思维，是指人们解决问题时，思路朝各种可能的方向扩散，从而求得多种答案。根据思维发展水平的不同，可分为直觉动作思维、具体形象思维和抽象逻辑思维。直觉动作思维是通过实际操作解决具体直观问题时的思维过程。具体形象思维是指人们利用头脑中的具体形象（表象）进行的思维。抽象逻辑思维也叫词语逻辑思维，它是用语言符号进行的思维。曹冲称象是用新异的方法解决问题，因此是发散思维。

6.【答案】B。良师解析：思维是人脑对客观事物的本质属性与内在联系的概括的、间接的反映。直接性是错误项。思维的间接性是指我们在认识事物的过程当中，需要通过与我们认识的对象有关的信息来了解我们的认识对象。础石湿润，就要下雨，月晕出现，将要刮风，比喻从某些征兆可以推知将会发生的事情，体现了思维的间接性。思维的概括性是指在大量感性材料的基础上，把一类事物共同的特征和规律抽取出来加以概括。思维的敏捷性是指思考问题，思维主体能对客观事物作出敏锐快速的反应。

7.【答案】A。良师解析：思维的特点：间接性和概括性。(1) 间接性：指人借助于已有的知识经验，来理解和认识另一些不能被直接感知或不可能被直接感知的事物、事物之间的联系以及事物发展的进程。(2) 概括性：指思维所反映的不是个别的事物或事物的个别属性，而是一类事物所共有的本质特征以及事物所具有的普遍的或必然的联系。

8.【答案】A。良师解析：综合是在人脑中把事物或对象的个别部分或属性联合为一体。比较是指在人脑中把各种事物或现象加以对比，来确定他们之间的异同点和关系的思维过程。概括是人脑把事物间共同的、本质的特征抽象出来加以综合的过程。分析是指在头脑中把事物或对象分解成各个部分或各个属性。

9.【答案】B。良师解析：间接性指人借助于已有的知识经验，来理解和认识另一些不能被直接感知或不可能被直接感知的事物、事物之间的联系以及事物发展的进程。例如，内科医生不能直接看到病人体内各种脏器的病变，却能通过听诊、化验、切脉、量体温、量血压，以利用各种医疗器械为中介，经过思维加工间接地判断。"推开窗子发现地面全都湿了，你推断昨夜肯定下雨了"就是利用经验来进行的推理，故选B。A概括性：指思维所反映的不是个别的事物或事物的个别属性，而是一类事物所共有的本质特征以及事物所具有的普遍的或必然的联系。

10.【答案】D。良师解析：对概念的定义的考查。概念是人脑反映客观事物共同的、本质的特征的思维形式。所以，此题选 D。推理是由一个或几个相互联系的已知判断推出合乎逻辑的新判断的思维形式，是根据已有的知识推出新的结论的思维活动。判断是指认识概念与概念之间的联系。规则可指由群体成员制定的共同遵守的条例和准则，也可指大自然的变化规律。

11.【答案】C。良师解析：抽象思维是人们在认识活动中运用概念、判断、推理等思维形式，对客观现实进行间接的、概括的反映的过程。具体形象思维是运用事物的具体形象、表象以及对表象的联想所进行的思维。这里所说的表象是外部事物的形象在头脑里的保留。7 岁以后儿童逐渐表现出抽象逻辑思维的特征。小学生思维发展的基本特点是从以具体形象思维为主要形式过渡到以抽象逻辑思维为主要形式，但这种逻辑思维在很大程度上是与感性经验相联系，仍然具有很大成分的具体形象。所以 AD 选项错误。B 选项表述不正确，思维不会逆向发展，不会由抽象思维向具体思维发展，抽象思维是在具体形象思维的基础之上发展起来的，因此选 C。

12.【答案】D。良师解析：根据思维过程所凭借的中介不同，可以把思维分为：直观动作思维（又称直觉动作思维），指依据实际行动来解决具体问题的思维过程；具体形象思维，指人们利用头脑中的具体形象（表象）来解决问题的思维过程；抽象逻辑思维，指运用言语符号形成的概念来进行判断、推理，以及解决问题的思维过程。所以本题选 D。根据思维活动指向性的不同，可将思维分为聚合性思维（辐合思维、求同思维）和发散性思维（辐射思维、求异思维）。根据思维活动创新程度的不同，可将思维分为常规性思维和创造性思维。

13.【答案】A。良师解析：思维具有间接性和概括性，间接性指人借助于已有的知识经验，来理解和认识另一些不能被直接感知的事物、事物之间的联系以及事物发展的进程。概括性是指思维所反映的不是个别的事物或事物的个别属性，而是一类事物所共有的本质特征。"隔墙见角而知有牛"，隔着墙我们看不到整头牛，但我们可以根据看见的牛角间接推断出牛的存在，这属于思维的间接性，这里没有涉及本质特征，因此不是概括性。

14.【答案】C。良师解析：一般说来，小学生的知识经验还不够丰富、深刻，他们对事物进行概括时，只能利用某些已经理解了的事物的特性，而不能充分利用包括在某一概念中的所有的特性。小学生概括能力的发展，逐渐从对事物外部的感性特点的概括，转为对本质属性的概括。

15.【答案】B。良师解析：集中思维又称求同思维、聚合思维，是把问题所提供的各种信息集中起来得出一个正确的或最好的答案的思维。发散思维又称求异思维、辐射思维，是从一个目标出发，沿着各种不同途径寻求各种答案的思维。按照题中的表达，本题属于聚合思维。答案选 B。A 直觉思维也称非逻辑思维，是一种没有完整的分析过程与逻辑程序，依靠灵感或顿悟迅速理解并作出判断和结论的思维。C 抽象思维是人们在认识活动中运用概念、判断、推理等思维形式，对客观现实进行间接的、概括的反映的过程。

16.【答案】D。良师解析：再造性思维往往是根据已有的经验、已学过的方法和解决策略来解决问题。创造性思维与之不同，是个体在强烈的创新意识的指导下，把头脑中已有的信息重新组合，产生具有进步意义的新发现和新设想。形象性思维是指人们利用头脑中的具体形象进行的思维。模仿性思维则是模仿一个对象进行问题的解决。题干中高斯解决数学问题没有借助以前的经验，也没有模仿或借助具体形象，而是自己的独创性思考，所以选 D。

17.【答案】A。良师解析：直观动作思维，指依据实际行动来解决具体问题的思维过程。3 岁前的幼儿只能在动作中思考。例如幼儿利用数手指来数数就是典型的直观动作思维。具体形象思维，指人们利用头脑中的具体形象（表象）来解决问题的思维过程。例如解几何题的时候在头脑中设想出一张图做了辅助线之后会如何，这样的思维就是形象思维。抽象逻辑思维，是指运用言语符号形成的概念来进行判断、推理以解决问题的思维过程。例如科学家进行科学推理、学生学习科学文化知识等。发散思维，是指人们根据当前问题给定的信息和记忆系统中存储的信息，沿着不同的方向和角度思考，寻求答案的一种思维活动。因此选 A。

18.【答案】A。良师解析：思维的变通性，指思维灵活，触类旁通，随机应变，不受功能固着、定式的约束，故本题选A。思维的流畅性，指智力活动灵敏迅速、畅通少阻，能在较短时间内发表较多的观点，是发散思维的量的指标。思维的独创性，是指产生不寻常的反应和不落常规的一种能力，此外，还有重新定义或按新的方式对我们的所见所闻加以组织的能力。指向性不属于思维的特点。

19.【答案】B。良师解析：分析思维也叫逻辑思维，是指经过仔细研究、逐步分析，最后得出明确结论的思维方式。发散思维是指大脑在思维时呈现的一种扩散状态的思维模式，表现为思维视野广阔，思维呈现出多维发散状，如"一题多解""一事多写""一物多用"等方式。辐合思维又称求同思维。当题目只有一个正确答案，或只有一个最好的解决方案时，才会发生辐合思维。与辐合思维相对应的是发散思维。创造思维是一种新颖而有价值的、非结论的，具有高度机动性和坚持性，且能清楚地勾画和解决问题的思维活动。

20.【答案】A。良师解析：类概念的掌握基于儿童的分类能力。分类的主要依据是事物的本质属性。通过分类儿童可以逐渐掌握概念系统。据研究（王宪钿等），幼儿的分类能力可以分为如下四级水平：(1)一级水平是不能分类，即不能把握事物的某种特点。(2)二级水平是能够依据事物的感知特征进行归类，即可以概括出物体表面的、具体的特征。(3)三级水平是依据知识和经验对事物进行分类，即能够从生活情境出发，按物体功能分类。(4)四级水平是概念分类，即儿童开始依据事物的本质特征来对事物进行抽象概括。题干中的描述，儿童并不能对概念进行归类，所以说他处于一级水平。

21.【答案】B。良师解析：思维有两个特点：间接性和概括性。"夜来风雨声，花落知多少。"是作者对落花数量的疑问，是思维的间接性的反映。作者不用直观去看，就可以进行分析和推断，就像医生把脉能借助理论和经验，间接获得病人病情一样。

22.【答案】D。良师解析：A抽象思维，是人们在认识活动中运用概念、判断、推理等思维形式，对客观现实进行间接的、概括的反映的过程。B形象思维，是用直观形象和表象解决问题的思维。C逻辑思维，指的是一般性的认识过程，其中更多理性的理解，而不多用感受或体验。D直觉思维，是一种非逻辑思维，是人脑对于突然出现的新问题、新事物和新现象能迅速理解并作出判断的思维方式，也是一种直接的领悟性的思维方式。与题干中表述相符的选项是D。

23.【答案】C。良师解析：推理是指由一个或几个已知的判断（前提），推导出一个未知的结论的思维过程。此题中的过程是推理过程。想象是人脑对已储存的表象进行加工改造，形成新形象的心理过程。如人们读白居易的诗句"日出江花红胜火，春来江水绿如蓝。"头脑中浮现出祖国江南秀丽景色的形象。思维是人脑对客观事物本质特征和内在规律性联系的间接的、概括的反映。指个体借助于语言，从成人那里继承和学会包含于概念中的知识和经验的过程。

24.【答案】D。良师解析：A项分合法也称综摄法、类比思考法、类比创新法、提喻法、比拟法、举隅法、集思法、群辩法、强行结合法、科学创造法，是一种利用外部事物启发思考，开发创造潜力的方法。B项清单法应用广泛，是把所要完成的工作或项目，列出与之有关的所有因素，从而解决问题的方法。C项试误法是桑代克提出的，在解决问题过程中，我们总会经历错误和尝试，最终找到正确方法。D项头脑风暴法强调集体自由畅想，不限数量。故本题选择D。

25.【答案】C。良师解析：逻辑思维是指人们面对理论性质的任务，并运用概念、理论知识来解决问题时的一种思维。动作思维又称实践思维，面临的思维任务具有直观的形式，解决问题的方式依赖于实际的动作。形象思维是指人们利用头脑中的具体形象来解决问题。发散思维是人们沿着不同的方向思考，重新组织当前的信息和记忆系统中存储的信息，产生出大量、独特的新思想。

26.【答案】C。良师解析：思维的间接性是指思维借助一定的中介和一定的知识经验对客观事物进行间接的认识。例如，医生通过号脉诊断疾病。思维的灵活性指从不同角度思考解决问题的方

335

法。思维的概括性是指在大量感性材料的基础上，把一类事物共同的特征和规律抽取出来加以概括。很多概念的得出则是思维这一特点的体现。思维的敏捷性指快速地作出反应。根据题意，可知匹配答案为C。

27.【答案】D。**良师解析**：变通性即灵活性，指个人面对问题情境时，不墨守成规，不钻牛角尖，能随机应变，触类旁通。题干中要求学生面对同一类型的问题时，不拘泥于一个固定答案，从多个方向寻找答案，体现出一种发散思维，是变通性的体现。独创性是指个人面对问题情境时，能独具慧眼，想出不同寻常的，超越自己也超越前辈的方法。活动性是指让学生参与某种亲身的体验。目的性的培养属于旧课程思想方法，新课程不再提倡目的性。

28.【答案】D。**良师解析**：此题考查思维的品质。思维的深刻性是指能深入地思考问题，善于透过事物的表面想象，抓住事物的本质，揭示事物之间的内在联系；思维的广阔性是指思路开阔，能从各个角度、多个方面揭露事物之间的联系，全面地思考问题；批判性是思维活动中发现和批判的程度；灵活性是指思维活动的灵活程度。题干中表述"善于综合、分析，善于迁移，举一反三，触类旁通"体现的是思维的灵活性。

29.【答案】A。**良师解析**：经过前两个阶段的准备和酝酿，思维已达到一个相当成熟的阶段，在解决问题的过程中，常常会进入一种豁然开朗的状态，这就是所谓的灵感。形象思维是以形象材料起主要作用的思维活动形式，有具体形象思维、言语形象思维和形象逻辑思维三种。形象思维凭借的形式是表象、联想思维中的概念。联想是两个或两个以上表象的联络；想象是许多表象的融合；直觉就是第一感觉，是人脑对事物的第一判断，是一种基于生理、心理和过往知识与经验而对事物作出的意识形态领域的本能反应。

30.【答案】C。**良师解析**：直观动作思维是一种以实际动作为支柱的思维，也称操作思维或实践思维。其特点是以实际操作解决直观的、具体的问题。3岁前，儿童的思维常常是伴随着动作进行的，他们不能在动作之外默默思考。如儿童骑在椅子上时，会说"开汽车了""骑马了"等；但当离开椅子时，"开汽车""骑马"的思维活动也就停止了。

31.【答案】B。**良师解析**：思维是人脑对客观事物的本质属性与内在联系的概括的、间接的反映。它是借助语言实现的、能揭示事物本质特征及内部规律的理性认识过程。题干中通过月晕判断要刮风显然属于思维现象。所以选B。想象是人脑对已储存的表象进行加工改造，形成新形象的心理过程。知觉是人脑对当前直接作用于感觉器官的客观事物的整体属性的反映。遗觉象指在刺激停止作用后，脑中继续保持的异常清晰、鲜明的表象。它是表象的一种特殊形式。

32.【答案】B。**良师解析**：变通性，即灵活性，指个人面对问题情境时，不墨守成规，不钻牛角尖，能随机应变，触类旁通。对同一问题所想出不同类型的答案越多者，变通性越高。

33.【答案】A。**良师解析**：题干中的表述所体现的是思维的间接性的特点。思维是人脑对客观事物的本质属性与内在联系的概括的、间接的反映。思维的间接性是指思维活动不直接反映作用于感觉器官的事物，而是借助一定的中介和一定的知识经验对客观事物进行间接的认识。虽然没有真的看到下雨，但通过湿的墙就能推断出下雨，通过现象能看到实物的本质，就体现了思维的间接性，故选A。知觉是在感觉的基础上产生的，是人脑对直接作用于感觉器官的客观事物整体属性的反映。想象是人脑对已储存的表象进行加工改造，形成新形象的心理过程。遗觉象是在刺激停止作用后，脑中继续保持的异常清晰、鲜明的表象。它是表象的一种特殊形式，以鲜明、生动性为特征。

34.【答案】A。**良师解析**：思维定式有时也称定式，是指由先前的活动所形成并影响后继活动趋势的一种心理准备状态，通常表现为以最熟悉的方式作出反应或者解决问题。定式在问题解决中有积极作用，也有消极影响，如定式使解决问题的思维刻板化。动机是促使人解决问题的动力因素，对解决问题的思维活动有必要影响。但此题并非是个人动机影响。所谓变式，是用不同形式的直观材料或事例说明事物的本质属性，即变换同类事物的非本质特征，以便突出本质特征。迁移是指一种学习对另一种学习的影响。

35.【答案】B。良师解析：人的心理机能的高级之处在于人会思维，思维是人和动物最主要的区别。

36.【答案】D。良师解析：根据思维活动探索目标方向的不同，可将思维分为集中性思维（辐合思维、求同思维）和发散性思维（辐射思维、求异思维）。集中性思维又称为聚合思维，是指人们根据已知的信息，利用熟悉的规则解决问题。也就是把问题所提供的各种信息集中起来得出一个正确的答案（或一个最好的解决方案）。它是一种有方向、有范围、有条理的思维方式。例如 A＞B，A＜C，C＜D，其结果必然是 B＜D。发散性思维是沿着各种不同的方向去思考，追求多样性的思维。例如，警察在侦破复杂案件的过程中，往往根据案情分析，提出多种多样的假设，又如，学生在列举砖头的用途时，也需要朝着不同的方向去思考。题干中的正是发散思维的典型例子。直觉思维是指一个问题未经逐步分析，仅依据内因的感知迅速地对问题答案作出判断、猜想、设想等。灵感就是直觉思维。抽象思维是人们在认识活动中运用概念、判断、推理等思维形式，对客观现实进行间接的、概括的反映的过程。如数学定理的证明、科学假设的提出、文章中心思想的概括等，运用的都是抽象思维。因此 ABC 排除，选 D。

37.【答案】A。良师解析：思维定式有时也称定式，是指由先前的活动所形成并影响后继活动趋势的一种心理准备状态，通常表现为以最熟悉的方式作出反应或者解决问题。定式在问题解决中有积极作用，也有消极影响，如定式使解决问题的思维刻板化。习惯指长时期里逐渐养成的，一时不容易改变的行为、倾向或社会风尚。回忆，是恢复过去经验的过程，是记忆的第三环节（识记、保持、回忆与再认）。联想是由一事物想到另一事物，内容相对比较单薄，一般不出现具体的、形象化的情景描写，有的仅仅是一个简单的想法。

38.【答案】B。良师解析：发散思维也称辐散思维、求异思维，是指根据已有的信息，从不同角度思考，从多方面寻求多样性答案的一种展开性思维活动。这种思维的主要特点是求异和创新。

39.【答案】A。良师解析：本题考查的是思维的分类。直觉思维是人脑对事物整体及其本质直接领悟的思维活动，表现在对事物及其关系的敏锐、迅速地识别和整体地把握上。因此本题选 A。

40.【答案】B。良师解析：本题考查的是小学生思维的发展特点。思维的深刻性是指能深入地思考问题，善于透过事物的表面现象抓住事物的实质，揭露事物之间的内在联系。小学生思维深刻性的发展表现在间接推理能力增强，思维的抽象逻辑水平提高。因此本题选 B。

41.【答案】B。良师解析：本题考查的是思维的过程。概括是人脑把事物间共同的、本质的特征抽象出来加以综合的过程。例如，人们把那些"有羽毛的动物"统称为鸟类，这是概括的过程，因此本题选 B。

42.【答案】C。良师解析：本题考查的是思维特性中的概括性。将多次感知到的事物之间的联系和关系加以概括，得出有关事物之间的内在联系的结论，是思维的概括性。因此本题选 C。

三、多项选择题

1.【答案】CD。良师解析：发散思维也叫求异思维，是沿不同的方向去探求多种答案的思维形式。发散思维是创造性思维的核心。因此选择 CD。逻辑思维是人们在认识过程中借助于概念、判断、推理等思维形式能动地反映客观现实的理性认识过程，又称理论思维。辐合思维是将与问题有关的信息聚合起来，寻找一个正确答案的思维形式，又称求同思维。

2.【答案】ABCD。良师解析：培养学生的思维能力，首先要激发学生的学习兴趣，充分发展学生的直觉思维，鼓励学生发展求异思维和创造性思维。

3.【答案】CD。良师解析：发散思维也叫求异思维，是沿着不同的方向去探求多种答案的思维形式。发散思维是创造性思维的核心，常规性思维是创新程度不太高的思维类型。

4.【答案】ABC。良师解析：发散思维的特点是流畅性、灵活性和独创性。指向性是注意的特点。

5.【答案】BCDE。良师解析：本题考查的是认知过程。认知过程包括感觉、记忆、思维和想象。理想是想象的一种，是依据客观事物规律进行的想象。因此本题选BCDE。

第五章　注意、情绪与情感

一、判断题

1.【答案】B。良师解析："一目十行"指的是注意的广度，也就是注意的范围，指在同一时间内所能清楚把握的对象的数量。注意的分配是指在同一时间内把注意指向不同的对象和活动。题干说法错误。

2.【答案】A。良师解析：小学儿童的道德情感处于不断发展的过程之中。低年级儿童，主要是以社会反应作为自己情感体验的依据。中年级儿童，则主要是以一定的道德行为规范为依据。高年级儿童，则开始以内化的抽象道德观念作为依据。

3.【答案】A。良师解析：注意的广度又称注意的范围，是指一个人在同一时间内能够清楚地把握注意对象的数量。它反映的是注意品质的空间特征。注意的广度因注意对象特点的变化而有所不同。一般说来，注意对象的组合越集中，排列越有规律，相互之间越能成为有机联系的整体，注意的范围就越大。

4.【答案】B。良师解析：应激是在出乎意料的紧迫情况下，所引起的急速而紧张的情绪状态。

5.【答案】B。良师解析：广义的情绪包括情感，是指人对客观事物是否符合自己的需要所产生的态度体验。

6.【答案】B。良师解析：学生注意分散到其他活动上，属于注意分散，故错误。

7.【答案】A。良师解析：影响注意稳定性的因素主要有：（1）注意对象的特点。简单而无变化的对象，注意集中的时间就很短，复杂而多变化的事物，则可延长注意集中和稳定的时间。（2）个人有无坚定的目的。当人们为达到一定目的而把注意集中到对象上时，注意就可以保持相当的稳定性。注意的集中和稳定，主要取决于人们有无坚定目的。

8.【答案】B。良师解析："人逢喜事精神爽"，这种情绪状态属于心境。

9.【答案】A。良师解析：注意的范围也称注意的广度，是指在同一时间内意识能清楚地把握到的对象的数量。

10.【答案】A。良师解析：情绪智力即情商，是影响个体成功的重要因素。

11.【答案】B。良师解析：应激是指人对某种意外的环境刺激所作出的适应性反应。心境是指人比较平静而持久的情绪状态。激情是一种强烈的、爆发性的、为时短促的情绪状态。这种情绪状态通常是由对个人有重大意义的事件引起的。

12.【答案】B。良师解析：本题考查的是道德感。在一定情境中，个人责任感越强，则遵从性越低。因此本题说法错误。

13.【答案】A。良师解析：本题考查的是青少年学生的情绪特点。青少年学生的情绪特点主要有：（1）爆发性和冲动性；（2）不稳定性和两极性；（3）外露性和内隐性；（4）心境化和持久性。因此本题说法正确。

14.【答案】B。良师解析：本题考查的是注意的持续性。注意的选择性是个体在同时呈现的两种或两种以上的刺激中选择一种进行注意，而忽略另外的刺激。注意的持续性是指注意在一定时间内相对稳定地保持在某个认识的客体或活动上。因此本题说法错误。

15. 【答案】B。**良师解析：**本题考查的是学生注意分散的知识。长时间用同一种教学方法讲教材，学生的注意力将难以集中，容易分散。因此本题说法错误。

二、单项选择题

1. 【答案】D。**良师解析：**本题是考查退行的概念。退行是指人们在受到挫折或面临焦虑、应激等状态时，放弃已经学到的比较成熟的适应技巧或方式，而退行到使用早期生活阶段的某种行为方式，以满足自己的某些欲望。反向是一种类似于反向作用的防御机制，它可以把冲动从积极主动的方式变成消极被动的方式。这是因为原来采纳的行为方式是社会所不容许的，为了求得心理的平衡，人们便采取了这样一种反向作用的防御手段。转移是指个体对某个对象的情感、欲望或态度，因某种原因无法向其对象直接表现，而把它转移到一个比较安全，能为大家所接受的对象身上，以减轻自己心理上的焦虑。补偿是指个体利用某种方法来弥补其生理或心理上的缺陷，从而掩盖自己的自卑感和不安全感。

2. 【答案】B。**良师解析：**不同的人对同一事物有不同的看法，产生不同的情绪，这就反映了情绪具有独特的主观性特点。如题干所述。情绪的维度是指情绪所固有的某些特征，主要指情绪的动力性、激动性、强度和紧张度等方面。这些特征的变化幅度又具有两极性，每个特征都存在两种对立的状态。情绪的动力性有增力和减力两极。情绪的激动性有激动与平静两极。情绪还有紧张和轻松两极。生理唤醒是指情绪与情感产生的生理反应，涉及广泛的神经结构，如中央灰质、丘脑等。情绪的外部表现，称为表情，包括面部表情、姿态表情和语调表情。

3. 【答案】B。**良师解析：**注意的广度，是指在同一时间内意识能清楚地把握到的对象的数量。注意的转移是根据新的任务，有意识地、主动地把注意从一种活动转移到另一种活动上。注意的稳定性也叫注意的持久性，是指注意保持在某一对象或某一活动上的时间长短。与注意的稳定性相反的是注意的分散，即平常所说的"分心"。注意的分散是指由于无关刺激的干扰，注意不自觉地离开当前应当完成的活动任务。如有的学生表面上端坐在位置上，眼睛直视黑板，但内心却在思考其他的事情。因此，本题描述的是注意的分散。故选B。

4. 【答案】B。**良师解析：**指向性指注意使心理活动指向特定的对象和范围。注意的集中性是指心理活动停留在被选择对象上的强度或紧张度，它使心理活动离开一切无关的事物，并且抑制多余的活动。转移指根据新的任务，有意识地、主动地把注意从一种活动转移到另一种活动上。维持指注意保持在某一对象或某一活动上的时间长短。因此B正确。

5. 【答案】B。**良师解析：**心境是指强度较低且持续时间较长的情感，它是一种微弱、平静而持久的情感，如绵绵柔情、闷闷不乐、耿耿于怀等；激情是一种爆发式的、猛烈而时间短暂的情绪状态，例如，狂喜、暴怒、恐惧、绝望、剧烈的悲痛等，都是激情的表现。它往往带有特定的指向性和较明显的外部行为表现，如暴跳如雷、浑身战栗、手舞足蹈等。应激是出乎意料的紧迫情况所引起的急速而高度紧张的情绪状态。感情则是一种较为稳定的情感状态。由此可知选B。

6. 【答案】B。**良师解析：**理智感是在智力活动中表现的情感；道德感是人们根据道德标准产生的情感；美感是人们根据制定的审美标准产生的情感。题干强调的是解决疑难问题，与智力活动有关，所以选B。

7. 【答案】B。**良师解析：**理智感主要表现为好奇心、求知欲、质疑感和追求真理的强烈愿望等。在解决疑难问题时，就会产生喜悦的情感。

8. 【答案】C。**良师解析：**应激状态的产生与人面临的情境以及人对自己能力的估计有关。当情境对一个人提出了要求，而他意识到自己无力应付情境的过高要求时，就会体验到紧张从而处于应激状态。例如学生考试的时候"怯场"甚至是"晕场"。

9. 【答案】A。**良师解析：**MURDER策略是针对学习存在困难的大学生而设计的一种学习策略训练程序。这一策略的六个关键词心境、理解、回忆、觉察、精细加工和复习的英文单词首字母组成了一个缩略词 MURDER。

10.【答案】A。良师解析：华生认为婴儿出生时只有三种情绪反应：恐惧、愤怒和爱，引起这些情绪的无条件刺激一般只有一两种，但是年长的儿童可以对很多的刺激产生这些情感反应，因此对这些刺激所产生的反应一定是习得的。

11.【答案】B。良师解析：人类高级的社会性情感主要有道德感、理智感和美感。理智感是人在智力活动中产生的情感体验。解出一道难题属于智力活动范畴，所以选择理智感。道德感是根据一定的道德标准在评价人的思想、意图和行为时产生的主观体验。美感是人们根据一定的审美标准评价事物时产生的情感体验。

12.【答案】B。良师解析：投射，一般是指将自己不喜欢或不能接受的性格、态度、意念等，投射到别人身上或外部世界去，而断言别人是这样，以免除自责的痛苦。反向，指当个体的欲望和动机不为自己的意识或社会所接受时，将其压抑至潜意识，并再以相反的行为表现在外显行为上。退行，是指人们在受到挫折或面临焦虑、应激等状态时，放弃已经学到的比较成熟的适应技巧或方式，而退行到使用早期生活阶段的某种行为方式，以满足自己的某些欲望。补偿，是指个体利用某种方法来弥补其生理或心理上的缺陷，从而掩盖自己的自卑感和不安全感。根据题干描述可知选B。

13.【答案】A。良师解析：在种系发展中情绪发生早，是人和动物所共有；情感发生较晚，具有社会性，只有人类具有。故答案选A。BC不对。D只有情绪是天生的，情感是后天形成的。

14.【答案】D。良师解析：本题考查的是情绪的种类：心境、激情和应激。其中，激情是一种强烈的、爆发性的、为时短促的情绪状态。这种情绪状态通常是由对个人有重大意义的事件引起的。

15.【答案】A。良师解析：道德情感从表现形式上看主要包括三种：一是直觉的道德情感，即由于对某种具体的道德情境的直接感知而迅速发生的情感体验。由于看到他人随地吐痰这种具体的情境而产生了一种厌恶的态度体验属于直觉道德情感。二是想象的道德情感，即通过对某种道德形象的想象而发生的情感体验。三是伦理的道德情感，即以清楚地意识到道德概念、原理和原则为中介的情感体验。

16.【答案】B。良师解析：直接兴趣是由认识事物本身的需要引起的兴趣，间接兴趣是由认识事物的目的和结果而引起的。因此题干中"由于认识到有用"而产生的是间接兴趣。无意注意是没有预定目的、不需要意志努力的注意；有意注意是有预定目的，需要一定意志努力的注意。因此题干中"维持对外语学习的注意"属于有意注意。故本题的答案是间接兴趣对有意注意保持的促进作用。

17.【答案】D。良师解析：所谓自我防御机制就是自我在精神受干扰时用以避开干扰，保持心理平衡的心理机制。防御机制包括压抑、否认、置换、文饰、投射等。压抑指当一个人的某种观念、情感或冲动不能被超我接受时，下意识地将极度痛苦的经验或欲望潜抑到无意识中去。投射又称外射，是主观地将属于自身的一些不良的思绪、动机、欲望或情感等，赋予到他人或他物身上，推卸责任或把自己的过错归咎于他人，从而得到一种解脱。退行是指当人感受到严重挫折时，放弃成人的方式，而退到困难较少、较安全的时期——儿童时期，使用原先比较幼稚的方式去应付困难和满足自己的欲望。文饰，即合理化，指个人遭受挫折或无法达到所要求的目标时，给自己找一些有利的理由来解释。本题所描述的就是典型的合理化，因此本题选D。

18.【答案】A。良师解析：新鲜的事物或者是比较强烈的刺激都会吸引人们的注意，这种吸引就是无意注意，不需要意志努力，没有目的的注意。有目的，需要意志努力的注意是有意注意，比如上课听讲。有目的，却不需要意志努力的注意是有意后注意，比如对织毛衣、骑自行车等自动化程度高的注意。

19.【答案】D。良师解析：注意的稳定性也叫注意的持久性，是指注意保持在某一对象或某一活动上的时间长短。注意的转移是根据新的任务，有意识地、主动地把注意从一种活动转移到另一种活动上。注意的分配是指在同一时间内把注意分配到两种或两种以上不同的对象上。教师在教学中尤其需要注意力的分配能力，即能关注教学内容，又能关注学生状态。

20.【答案】D。良师解析：A选项中的可控制的意识状态，这个状态里人的意识最清晰、最能集中注意力，能够有意识地去做成一件事情，是意识的第一状态。B选项的自动化的意识状态，这个状态意识的参与成分相对较少，活动变成自动化，可以同时进行其他活动，是意识的第二种状态。C选项的白日梦状态是指包含很低水平意识努力的意识状态，它介于主动的意识状态与睡眠中做梦二者之间，似乎是一方面清醒着另一方面做着梦，通常在不需要集中注意的情况下自发产生。D选项的无意识心理活动，也就是睡眠，这时期潜意识在活动。弗洛伊德和荣格认为梦是潜意识过程的显现，是通向潜意识的最可靠的路径。因此本题选择D。

21.【答案】A。良师解析：心境是一种比较持久、微弱、影响人的整个精神活动的情绪状态，具有弥散性的特点，故选A。表情是情绪的主观体验的外部表现模式。人的表情主要有三种方式：面部表情、语言声调表情和身体姿态表情。激情是一种爆发式的、猛烈而时间短暂的情绪状态，它往往带有特定的指向性和较明显的外部行为表现。激情发生时，意识范围缩小，意识对行为的控制作用明显降低，理解力降低，判断力减弱，易感情用事，不考虑后果。应激是出乎意料的紧迫情况所引起的急速且高度紧张的情绪状态。

22.【答案】D。良师解析：注意的起伏是指注意在短暂时间内的起伏波动。注意的分配是指个体在同一时间对两种或两种以上的刺激进行注意或是把注意分配到不同的活动中去。注意的转移是指注意的对象从一个转移到另一个上。注意的范围又称为注意的广度，即单位时间内注意到的数量。

23.【答案】A。良师解析：情绪是一种复杂的心理现象，以需要为基础。事物总是复杂的，它与人的需要的关系也是复杂的。一种事物可能满足人的某种需要，而不能满足另一种需要。事物是否符合个人的需要也有赖于认知的评估作用。同一事物，由于人们认知上的差异，对它的评估可能也不同，因此产生的情绪也不同，例如同一杯水，不同人的情绪就不一样，这就是情绪的主观性。

24.【答案】B。良师解析：无意注意是指没有预定的目的，也不需要意志努力，自然而然发生的注意。引起无意注意的条件一方面是客观刺激物本身的特点：（1）刺激物的强度；（2）刺激物之间的对比关系；（3）刺激物的运动变化；（4）刺激物的新异性。另一方面是主体本身的状态，如需要、兴趣、情绪状态等。本题中教师声音抑扬顿挫，是一种变化的刺激，容易引起学生的无意注意。故选B。

25.【答案】A。良师解析：注意的广度也称注意的范围，是指在同一时间内意识能够清楚地把握到的对象的数量。注意的稳定性也称为注意的持久性，是指注意在同一对象或活动上所保持时间的长短。这是注意的时间特征。注意的分配是指同一时间内把注意指向不同的对象和活动。注意的分配在人的实践活动中有重要的现实意义。注意的转移是指根据活动任务的要求，主动地把注意从一个对象转移到另一个对象。注意的转移不同于注意的分散。

26.【答案】A。良师解析：快乐、愤怒、恐惧和悲哀是最基本、最原始的情结，与基本需要相关，常常具有较高的紧张性。

27.【答案】B。良师解析：否认，指对某些痛苦的现实无意识地加以否定。酗酒者认为"喝酒伤身"没有科学根据，照样喝酒，显然是否定，所以选B。投射，个体依据其需要、情绪的主观指向，将自己的特征转移到他人身上的现象。比如心地善良的人总也不相信有人会加害于他；而敏感多疑的人，则往往会认为别人不怀好意。文饰，又称合理化，是个体无意识地用似乎合理的解释来为难以接受的情感、行为、动机辩护，使其可以接受。例如，吃不着葡萄说葡萄酸，得不到的东西说是不好的。反向形成，是指人有时心中讨厌或憎恨一个人，但在表面上却又对此人十分热情和关心；有时心里喜欢一个人，表面上却异常冷淡。

28.【答案】B。良师解析："被一些外界刺激吸引，例如教室外的说话声"表明小学低年级学生的有意注意发展得不是很好，容易分心，注意稳定性较差。无意注意是指没有预定目的，也不需要意志努力的注意。有预定的目的，在必要时还需要作出一定意志努力的注意，叫作有意注意。有意后注意是指有预定目的，但不需要意志努力的注意。

29.【答案】D。良师解析：注意某一对象时，人的注意不能长时间地保持固定的状态，而是间歇地加强或减弱。注意的这种周期性变化称为注意的起伏，有时也称注意的动摇。这种注意的起伏现象可以在知觉的双关图中加以验证。在听觉方面也是如此：把一只表放在你刚刚能听到嘀嗒声的地方，即使你十分专心地听也会感到时而听得到表的声音，时而听不到表的声音。故本题选择D。

30.【答案】C。良师解析：本题考查的是情感对认知过程的影响。情感对认知过程的影响有六个方面：（1）情感可能引发、终止、加速或中断信息加工；（2）情感可能导致选择性加工，即决定环境中的哪一部分，以及用哪一种形式加工；（3）情感可以组织回忆，即情感可能会对回忆的内容加以组织并影响到有关类别是否容易提取；（4）情感可能有助于形成带有情绪色彩的图式和类别；（5）情感可能为社会认知提供输入信息；（6）情感可能会影响决策和问题解决。因此本题选C。

31.【答案】C。良师解析：本题考查的是情绪、情感的中介。情绪、情感过程反映的是客观事物与人的需要之间的关系。认知是情绪和情感产生的基础，需要是引发情绪、情感的中介。因此本题选C。

32.【答案】C。良师解析：本题考查的是情感的种类。欣赏名画《蒙娜丽莎》时，陶醉在永恒的微笑中，这种欣赏艺术时体会到的情感是美感。因此本题选C。

33.【答案】B。良师解析：本题考查的是情绪的种类。激情是一种爆发式的、猛烈而时间短暂的情绪状态，例如，狂喜、暴怒、恐惧、绝望、剧烈的悲痛等，它往往带有特定的指向性和较明显的外部行为表现。因此本题选B。

34.【答案】A。良师解析：本题考查的是情感的种类。"先天下之忧而忧，后天下之乐而乐。"的意思是在天下人忧愁之前先忧愁，在天下人快乐之后才快乐，把国家、民族的利益摆在首位，为祖国的前途、命运担忧、分愁，为天下人民的幸福出汗、流血，是道德感的表现。因此本题选A。

35.【答案】C。良师解析：本题考查的是情绪的种类。激情是一种爆发式的、强烈而持续时间短暂的情绪状态。人们在生活中的狂喜、狂怒、深重的悲痛和异常的恐惧等都是激情的表现。因此本题选C。

36.【答案】A。良师解析：本题考查的是情绪的种类。心境是一种微弱的、持续时间较长的、带有弥散性的心理状态，也就是平时所说的心情。心境的特点是，从强度看，是微弱而平稳的；从持续时间看，时间较长，少则几天，多则数年；从影响范围来看，具有非定向的弥散性，心境一经产生就不只表现在某一特定对象上，而是使人们整个生活都染上某种情感色彩。"相见时难别亦难"描述了离别时难舍难分的情绪。这种情绪是微弱而平稳的，影响的时间可以持续到离别后的很长一段时间。而"东风无力百花残"则是说恋人离别的伤感情绪使周围的景色也染上了几丝悲凉的气氛。由此可见，该诗句反映的情绪状态是心境。因此本题选A。

37.【答案】D。良师解析：本题考查的是情绪的种类。心境是一种微弱的、持续时间较长的、带有弥散性的心理状态。本题中章山长期陷于消沉状态中，情绪具有弥散和持久性。因此本题选D。

38.【答案】B。良师解析：本题考查的是情绪的种类。激情是一种强烈的、爆发式的、为时短促的情绪状态。这种情绪状态通常是由对个人有重大意义的事件引起的。重大成功之后的喜悦、惨遭失败后的绝望、亲人突然死亡引起的极度悲哀、突如其来的危险所带来的异常恐惧等，都是激情状态。因此本题选B。

39.【答案】C。良师解析：本题考查的是情绪的种类。情绪可以分为应激、激情和心境。心境是一种微弱的、持续时间较长的，带有弥散性的心理状态，也叫心情。"见花落泪，闻声伤心"属于一种心境。应激是指出乎意料的紧迫情况所引起的急速而高度紧张的情绪状态，与题干不符。激情的特征是强烈的、短暂的、爆发式的，与题干不符，因此本题选C。

40.【答案】D。良师解析：本题考查的是情绪、情感的功能。情绪和情感是动机的源泉之一，是动机系统的一个基本成分。它能够激励人的活动，提高人的活动效率。适度的情绪兴奋可以使身心处于活动的最佳状态，推动人们有效地完成任务。研究表明，适度的紧张和焦虑能促使人积极地思考和解决问题。因此本题选D。

41.【答案】D。良师解析：本题考查的是情绪的功能。情绪和情感对其他心理过程而言是一种监测系统，是心理活动的组织者。积极的情绪和情感具有调节和组织作用，消极的情绪和情感则有干扰、破坏作用。情绪和情感的组织功能表现在促成知觉选择、监视信息的移动、影响工作记忆、影响思维活动和影响人的行为表现。因此本题选D。

42.【答案】B。良师解析：本题考查的是情绪的功能。"一个小丑进城，胜过一打医生。"是英国的一句谚语，强调积极乐观的情绪对人的健康具有促进作用。因此本题选B。

43.【答案】C。良师解析：本题考查的是影响学生发展的因素。智力因素通常是指记忆力、观察力、思维力、注意力、想象力等，即认知能力的总和。非智力因素是指人在智慧活动中，不直接参与认知过程的心理因素，包括需要、兴趣、动机、情感、意志、性格等方面。理性因素是指人的理性直观、理性思维等能力。非理性因素是指人的情感、意志，包括动机、欲望、信念、信仰、习惯、本能等。以非逻辑形式出现的幻想、想象、直觉、灵感等也属于非理性因素。因此本题选C。

44.【答案】D。良师解析：本题考查的是注意分配。注意分配是指个体在同一时间内，对两种或两种以上的刺激进行注意，或将注意分配到不同的活动中。因此本题选D。

45.【答案】C。良师解析：本题考查的是注意的分类。有意后注意也称随意后注意，是注意的一种特殊形式，是指有自觉的目的，但不需要意志努力的注意。它同时具有无意注意和有意注意的某些特征，是在有意注意的基础上发展起来的，因此本题选C。

46.【答案】B。良师解析：此题考查对心理防御机制的理解。B选项文饰是指一个人为掩饰易被他人取笑的行为去寻找理由为自己辩护，或巧妙地证明事实上他不能忍受的感情和行为是他所能忍受的。例如，学生考试不及格时就说教师评分不公或试题太偏等，题干中的表述也属于文饰，故选B。A否认，有意或无意地拒绝承认那些不愉快的现实，似乎事情根本就没有发生，以此减少心灵上的痛苦。C投射，一般是指将自己不喜欢或不能接受的性格、态度、意念等，投射到别人身上或外部世界去，而断言别人是这样，以免除自责的痛苦。"以小人之心度君子之腹"就属于这种。

三、多项选择题

1.【答案】ACD。良师解析：格罗斯等人发现，忽视可以比较有效地降低厌恶感，从而有效预防或减轻抑郁，A正确。抑制快乐的表情可以降低快乐感受等，B错误。坎培斯认为，个体的动机状态，主要指个体正在追求的目标。如果外部事件与个体追求的目标有关，那么这些事件就可能引起个体的情绪。在社会信号中，他人的情绪信号，尤其是与个体关系密切的人（如母亲、教师、朋友等）发出的情绪信号对情绪调节有较大的作用，C正确。根据Salovey与Mayer的研究，情绪智力是智力的一种，D正确。

2.【答案】AB。良师解析：注意有两个明显的特点：指向性和集中性。

3.【答案】ABD。良师解析：注意的功能：（1）选择功能。（2）保持功能。（3）调节和监督功能。所以此题选 ABC。

4.【答案】ABC。**良师解析**：注意的特征也称为注意的品质。注意有一系列的品质特点，其中最重要的有广度、稳定性、转移和分配。注意的四种品质是统一的，C 项正确。一个人一定要有稳定的注意，才能使任务完成得更好；但在一定条件下，又要求注意发生迅速地转移，A 项正确。为了使注意在每一瞬间把握的对象多，就应当使注意的范围扩大；同时，在扩大注意范围的基础上还需要善于把注意分配到不同的活动上去，B 项正确。因此，注意的四种品质是不可分的，D 项错误。在这四种品质统一发展的基础上所产生的注意，才是有价值的注意。

5.【答案】ABCDE。**良师解析**：个体对压力感不同的原因有：（1）经验：面对相同事件或情境时，经验影响人们对压力的感受。（2）准备状态：对将面临的压力事件是否有心理准备也会影响压力感受。（3）认知：评估在增加压力感和缓解压力中有重要作用。（4）性格：不同性格特征的人对压力的感受不同。（5）环境：与所处的工作单位或学校及家庭有直接关系。

6.【答案】ABC。**良师解析**：根据情感的社会性内容可以把情感分为道德感、理智感和美感。（1）道德感：道德感是关于人的言行是否符合一定的社会道德标准而产生的情感体验。（2）理智感：理智感是人在智力活动中产生的情感体验。理智感主要表现为好奇心、求知欲、质疑感和追求真理的强烈愿望等。（3）美感：当人们根据审美标准来评价自然现象和社会现象以及文艺作品的时候，就会产生各种各样的美感。

7.【答案】ABC。**良师解析**：情绪多是与人的物质或生理需要相联系的态度体验。情感多与人的精神或社会需要相联系。道德感、理智感和美感就是情感。D 和 E 属于情绪体验，而不属于情感体验。A 道德感，是关于人的言行是否符合一定的社会道德标准而产生的情感体验。B 美感，当人们根据审美标准来评价自然现象和社会现象以及文艺作品的时候，就会产生各种各样的美感。C 理智感，是人在智力活动中产生的情感体验。

8.【答案】ABD。**良师解析**：情感与人的社会需要相联系。情感具有稳定性、深刻性和持久性。情感发生较晚，具有社会性，只有人类具有。情感比较内隐、含蓄，常以内心体验的形式存在。根据情感的社会性内容可以把情感分为道德感、理智感和美感。故本题选择 ABD。而 CE 属于情绪，情绪包含心境、激情和应激。

9.【答案】ABCE。**良师解析**：最原始的四种基本情绪是喜、怒、哀、惧，即快乐、愤怒、悲哀、恐惧四种。

10.【答案】ABCDE。**良师解析**：本题考查的是情绪情感的完善途径，包括确立正确的人生态度、开拓宽广的胸怀、增强对生活的适应能力、培养幽默感、培养良好的性格以及学会克服不良情绪。

11.【答案】ACD。**良师解析**：本题考查的是表情的种类。情绪、情感的外部表现称作表情，包括面部表情、语调表情和姿态表情。因此本题选 ACD。

12.【答案】ACD。**良师解析**：本题考查的是情绪、情感的关系。情绪与情感的区别主要表现在：（1）情绪的产生与有机体的自然需要有关；而情感的产生则与人的社会性需要有关。（2）情绪是人和动物所共有的心理现象，而情感则是人类特有的一种心理现象。（3）情绪产生早（产生于个体生命开始，如饥饿哭闹），情感产生晚（在社会生产实践中产生）。（4）情绪具有情境性和动摇性，而情感则具有稳定性和深刻性。（5）情绪具有外显性和冲动性，而情感则具有内隐性与持久性。因此本题选 ACD。

13.【答案】BCD。**良师解析**：本题考查的是情绪和情感的关系。首先，情绪是情感的基础，情感离不开情绪，这表现在：（1）情感是在情绪稳固的基础上发展建立起来的；（2）情感通过情绪的形式表达出来。其次，对人类而言，情绪离不开情感，是情感的具体表现；情感的深度决定着情绪表现的强度，情感的性质决定了在一定情境下情绪表现的形式。情绪发生过程中往往蕴含着情感因素，因此本题选 BCD。

14.【答案】BCDE。**良师解析**：本题考查的是注意品质，注意的品质包括注意的范围（广度）、注意的稳定性、注意的转移、注意的分配。因此本题选BCDE。

15.【答案】BCD。**良师解析**：本题考查的是无意注意。引起无意注意的是刺激物本身的特点，包括刺激物的强度、刺激物的新异性、刺激物的运动和变化、刺激物的对比度。因此本题选BCD。

四、案例分析题

【参考答案】无意注意是指事先没有预定的目的，而且也不需要任何意志努力的注意。学生容易受到无意注意的影响，因此教师要多利用无意注意规律来组织教学活动。

（1）对比的刺激可以引起学生的无意注意，刺激物之间的强度、形状、大小、颜色或持续时间等方面的差异特别显著，很容易引起人们的无意注意。案例中的校长要求教师多用彩色笔标注重点内容，就是方便学生学习，引发他们的注意。

（2）新异的刺激容易引发学生的无意注意。案例中的校长要求教师不穿奇装异服，就是避免教师的外在穿着引起学生的无意注意。

（3）活动变化的刺激容易引起人们的无意注意。案例中的校长要求教师注重声调抑扬顿挫就是为了引起学生的无意注意。

第六章　意志、需要与兴趣

一、判断题

1.【答案】B。**良师解析**：根据马斯洛的需要层次理论，生理需要、安全需要、归属与爱的需要、尊重的需要是缺失性需要，认知需要、审美需要、自我实现需要属于成长性需要。

2.【答案】B。**良师解析**：初中生战胜困难，将预定计划付诸实施的能力很有限，意志行为相对脆弱。某初中生习惯中午不休息学习英语，不能说明他意志很强，这只是他的一种习惯。因此题干不正确。

3.【答案】B。**良师解析**：优柔寡断是意志缺乏果断性的表现。

4.【答案】B。**良师解析**：马斯洛需要层次理论将人的需要分为五种。后来他又将认知需要和审美需要纳入需要层次理论，认为二者应居于尊重需要和自我实现需要之间。

5.【答案】B。**良师解析**：鱼和熊掌不能兼得体现的是双趋冲突。双趋冲突是指从自己同时都很喜爱的两个事物中仅择其一的心理状态。趋避冲突是指对同一目的兼具好恶的矛盾心理。

6.【答案】A。**良师解析**：社会心理学家舒茨提出了人际需要三维理论。该理论分为两个方面：第一个方面是三种基本的人际需要；第二个方面是根据三种基本的人际需要以及个体在表现这三种基本人际需要时的主动性和被动性将人的社会行为划分为六种人际关系的行为模式。

7.【答案】A。**良师解析**：具有自制力的人，有很强的组织纪律性，情绪稳定，注意力集中，通常被称为意志坚定的人。

8.【答案】B。**良师解析**：人的意志是在有意识、有目的的行动中，与克服困难相联系的心理过程。手遇火后迅速缩回属于正常的生理反应。题干说法错误。

二、单项选择题

1.【答案】C。**良师解析**：本题考查的是意志品质四个特征的区别。意志的自制力是在执行行动的过程中实现的，与其相反的品质是任性和怯懦，这是意志薄弱的表现。意志的自觉性是指一个人能明确行动的目的，充分认识到行动目的的正确性和重要性，并有效地支配自己行动，使之符合该目的的意志品质。意志的果断性是指一个人在行动中善于明辨是非，及时合理而坚决地采取决定和执行决定的品质。意志的坚韧（持）性是指一个人长时间地相信自己决定的合理性，并坚持不懈地克服困难，为执行决定而努力的意志品质。意志品质是构成意志力的稳定因素，也是衡量一个人意志发展水平的重要尺度。

2.【答案】A。良师解析：对挫折的认知决定着我们对待挫折的态度和反应。一个人如果对挫折的认知是积极的，那么他的挫折反应就会相对积极，相反则容易产生消极情绪。因此正确选项是A。情境、个体的性格和对结果的期望都可以影响个体对挫折的反应，但不是决定性因素。

3.【答案】D。良师解析：兴趣是人积极探究某种事物的认识倾向。它使人对某种事物给予优先的注意，并带有积极的情绪色彩和向往的心情。学习兴趣有一个发生、发展的过程，一般来说是从"有趣"开始，产生"兴趣"，然后向"志趣"发展的。（1）"有趣"——学习兴趣的初级形式。（2）兴趣——学习兴趣的中级形式。（3）志趣——学习兴趣的高级形式。志趣是学习兴趣的归宿。志趣可以决定一个人的进取方向，奠定他事业的基础。

4.【答案】D。良师解析：本题考查的是冲突的种类。接近—接近型冲突，也称双趋冲突。当两种或两种以上目标同时吸引着人们，但只能选择其中一种目标时，通常出现接近—接近型冲突，如鱼与熊掌不可兼得。回避—回避型冲突，也称双避冲突。当两种或两种以上的目标都是人们力图回避的事物，而他们又只能回避某一种目标时，就产生回避—回避型冲突，如进退维谷。接近—回避型冲突，也称趋避冲突。这种冲突是在同一物体对个体既有吸引力，又有排斥力的情况下产生的，如想去参加篮球赛是为了班级争光，但又担心耽误学习。多重接近—回避型冲突，也称多重趋避冲突。人们无法简单地选择一个目标，而回避会拒绝另一个目标，必须进行多重的选择。本题干中强调面对多个岗位选择上的利弊取舍。故选择D。

5.【答案】D。良师解析：需求、动机、态度、兴趣、理想、信念、世界观等组成个性倾向。气质、性格、能力等组成个性心理特征。所以本题选择D。

6.【答案】A。良师解析：双趋冲突，指当个体以同等程度的两个动机去追求两个有价值的目标时，因不能同时获得而产生的动机冲突。古语中"鱼与熊掌不可兼得"就是这种动机冲突的体现。在某些时候人们面临多种选择，又分身乏术，不能同时得到。双避冲突，指个体以同等程度的两个动机去躲避两个具有威胁性的事件或情境时，因不能同时避开而产生的动机冲突。所谓"前有断崖，后有追兵"就属于这种情况。趋避冲突，指个体对一个事物同时产生两种相反的态度取向时内部的动机冲突。多重趋避冲突，又称双重趋避冲突，双重正负冲突，指同时有两个或两个以上的目标，但每个目标各有所长、各有所短，分别具有吸引和排斥两个方面的作用时，使人左顾右盼、难以抉择。如择业时有两个单位可供选择，而每个单位又利弊相当，就有可能举棋不定而陷入这种冲突中。

7.【答案】D。良师解析：马斯洛的需要层次理论提出，人的需要可以分为五个层次，它们依次是：生理的需要、安全的需要、归属与爱的需要、尊重的需要和自我实现的需要。自我实现的需要是指实现个人理想、抱负、发挥个人聪明才智的需要，是最高层次的需要。后来，马斯洛拓展其理论，在尊重的需要后又提出认知需要和审美需要，将其归入自我实现的需要，所以此题最佳选项为D。

8.【答案】C。良师解析：考查意志的品质。意志的自制力是指一个人善于控制自己的情绪，约束自己言行的意志品质，故选择C。意志的果断性是指面对复杂多变的情境，能够迅速而有效地采取决定，并实现作出的决定；意志的自觉性是指个体自觉地确定行动目的，并独立自主地采取决定和执行决定；意志的坚韧（持）性是指在执行决定阶段能矢志不渝、坚持到底，遇到困难和挫折时能顽强乐观地面对和克服。

9.【答案】D。良师解析：注意题目中的关键词与重点词，如控制、克制、迫使等。这些都体现出自制力。意志品质包括自觉性、果断性、坚韧（持）性、自制力。意志的自觉性是指是否对行动目的有明确的认识，尤其是认识到行动的社会意义，主动以目的调节和支配行动方面的意志品质。意志的果断性是指一个人是否善于明辨是非，迅速而合理地采取决定和执行决定方面的意志品质。意志的自制性是指能否善于控制和支配自己行动方面的意志品质。意志的坚韧（持）性是指在意志行动中能否坚持决定，百折不挠地克服困难和障碍，完成既定目的方面的意志品质。

10.【答案】B。良师解析：马斯洛认为人的基本需要有五种，它们由低到高依次排列成一定的层次，即生理的需要、安全的需要、归属与爱的需要、尊重的需要、自我实现的需要。中学时代最需要的是自尊的需要、归属与爱的需要。

11.【答案】A。良师解析：意志品质的自制力是指一个人善于控制自己的情绪，约束自己言行的意志品质。具有意志自制力的人，善于控制不良情绪和排除外界诱惑的干扰，忍受各种痛苦和灾难。与自制力相反的意志品质是任性，其表现为不能约束自己的行动。故选项A正确。B意志的自觉性指一个人清晰地意识到自己行动的目的和意义，并且能主动地支配自己的行动，使之符合既定目的的意志品质。与自觉性相反的意志品质是盲从。C意志的果断性是一种善于辨明是非、抓住时机、迅速而合理地采取决定并执行决定的意志品质。与果断性相反的意志品质是优柔寡断。D意志的坚韧（持）性是一个人在行动中坚持决定，百折不挠地克服重重困难去达到行动目的的品质。与坚韧（持）性相反的意志品质是动摇性。

12.【答案】D。良师解析：双趋冲突（趋：归向，事情、形势朝着某个方向发展）：同时并存两种能满足需要的目标，它们具有同等的吸引力，但只能选择其中之一时所产生的动机冲突，A项属于双趋冲突。双避冲突：同时遇到两个力图回避的威胁性目标，但只能避其一所产生的冲突，C项属于双避冲突。趋避冲突：同一目标既有吸引力，又有排斥力，人既希望接近，同时又不得不回避，从而引起的冲突，D项想吃药治病又怕药苦属于此冲突，选D。B项是干扰项。

13.【答案】B。良师解析：悲痛是一种消极的情绪，"化悲痛为力量"指的是有时候消极的情绪也能促进意志的坚持。

14.【答案】A。良师解析：根据题干，本题强调的是意志的作用和影响，CD排除，B项表意与题干原意相反，排除。意志的坚韧（持）性，是指一个人长时间地相信自己决定的合理性，并且坚持不懈地克服困难，为执行决定而努力的意志品质。与题干相符，表现为意志对认知的影响。认知过程通过形象或者概念来反映客观事物，而情绪情感则通过体验来反映客观事物。情绪情感会影响人的认知过程，而人对事物的不同认知也会影响情绪情感。

15.【答案】B。良师解析：此题考查的是需要的定义。需要是有机体内部的一种缺失或不平衡状态。动机是激发和维持有机体的行动，并使该行动朝向一定目标的心理倾向或内部驱力。能够引起个体动机并满足个体需要的外在刺激，称为诱因。目标主要是指向未来的。

16.【答案】D。良师解析：趋避冲突指某一事物对个体具有利与弊的双重意义时，会使人产生一种动机态度：一方面好而趋之；另一方面恶而远之。所谓"想吃鱼又怕鱼刺"就是这种冲突的表现。双趋冲突是面临两种同样强烈的愿望而只能选择某一种时的动机冲突。双避冲突是一个人要在两个有害无益的目标之间进行选择时产生的心理冲突。双重趋避冲突又称负负冲突，是动机冲突的一种，指当个体面临两个甚至两个以上目标而每个目标都有积极和消极两方面时发生的冲突情况。是面临两种同样强烈的愿望而只能选择某一种时的动机冲突（两种吸引人的工作，只能择其一）。

17.【答案】A。良师解析：百折不挠强调的是坚持，所以选择坚韧（持）性。意志的坚韧性，又叫坚持性是指一个人长时间地相信自己决定的合理性，并坚持不懈地克服困难，为执行决定而努力的意志品质。意志的自制力是指一个人善于控制自己情绪，约束自己言行的意志品质。意志的果断性是指一个人在行动中善于明辨是非，及时合理而坚决地采取决定和执行决定的品质。意志的自觉性是指个人能明确行动的目的，充分认识到行动目的的正确性和重要性，并有效地支配自己的行动，使之符合该目的的意志品质。

18.【答案】C。良师解析：尊重的需要是在生理、安全、归属和爱的需要得到基本满足后产生的对自己社会价值追求的需要，包括自尊和受到别人的尊重两个方面。

19.【答案】A。良师解析：自我实现的需要是指实现个人理想、抱负、发挥个人聪明才智的需要，故选A。尊重的需要包括对人的价值的尊重和对地位的需要。对人的价值的尊重又包括对自我尊重、对他人尊重和他人对自己的尊重（即自尊、他尊、人尊）。其他选项均属于干扰项，排除。

20.【答案】C。良师解析：题干所指是说百姓的粮仓充足才能知道礼仪，丰衣足食才会知晓荣誉和耻辱。这句话体现了人的需要是有层次的，只有基础需要满足后才会出现高级需要。

21.【答案】B。良师解析：趋避冲突指某一事物对个体具有利与弊的双重意义时，会使人产生两种动机态度：一方面好而趋之；另一方面恶而远之。所谓"想吃鱼又怕鱼刺"就是这种冲突的表现。

22.【答案】D。良师解析：情绪情感是客观事物是否符合需要、愿望和观点而产生的态度体验，以个体愿望或需要为中介。

23.【答案】B。良师解析：挫折的含义：个体的意志行为受到无法克服的干扰或阻碍，预定目标不能实现时所产生的一种紧张状态和情绪反应。A项：困难，指处境艰难、生活穷困，亦指事情复杂、阻碍多，通常在很多励志名言中出现。C项：理想是美好愿望或抱负或宏伟的目标或指好的状态。D项：信念是情感、坚信不疑的想法、认知和意志的有机统一体，是人们在一定的认识基础上确立的对某种思想或事物坚信不疑并身体力行的心理态度和精神状态。

24.【答案】C。良师解析：双趋冲突指两种对个体都具有吸引力的目标同时出现，只能选其中的一个目标时的心理冲突，比如"鱼与熊掌不可兼得"。双避冲突指两种对个体都具有威胁性的目标同时出现，也只能选择其中的一个目标的心理冲突，比如"前遇大河，后有追兵"。多重趋避冲突是指在实际生活中，人们的趋避冲突常常表现出一种更复杂的形式，即人们面对着两个或两个以上的目标，而每个目标又分别具有吸引和排斥两方面的作用，比如毕业生择业时的矛盾心理。趋避冲突又称正负冲突，指同一目标对于个体同时具有趋近和逃避的心态。比如"想吃鱼又怕鱼刺"，题干中小斌既想得高分又不愿意努力学习正是对学习既想趋近又想逃避的矛盾表现，属于趋避冲突。故本题选C。

25.【答案】D。良师解析：在孩子的成长过程中，孩子不犯错是不可能的，D选项的表述过于绝对，正确引导和培养孩子的良好习惯、锻炼孩子的意志品质等都可以培养孩子的意志品质。

26.【答案】A。良师解析：题干中"设置目标"即明确目的，故选A。其他选项也是意志培养的方法，但不符合题意。

27.【答案】D。良师解析：需要是有机体感到某种缺乏而力求获得满足的心理倾向，是有机体自身和外部生活条件的要求在头脑中的反映。ABC分别是马斯洛需要层次理论当中的生理的需要、安全的需要、归属和爱的需要。

28.【答案】A。良师解析：根据需要出现的先后及强弱顺序，马斯洛把需要归纳为五个基本的层次，分别为：（1）生理需要；（2）安全需要；（3）归属与爱的需要；（4）尊重需要；（5）自我实现的需要。

29.【答案】C。良师解析：学生渴望得到老师的认可和关心，是一种归属与爱的需要的体现。

30.【答案】C。良师解析：双趋冲突是指从自己同时都很喜爱的两个事物中仅择其一的心理状态。例如，高考填报志愿时，有的学生既想学文科也想学理科。双避冲突是指从希望回避的两种事物中必取其一的心理状态。例如，品学均差的学生既怕学习又怕受处分的冲突。例如，大学生择业时多种选择的冲突，是这类冲突的典型实例。题目中小明的心理冲突属于趋避冲突。

31.【答案】C。良师解析：意志是有意识地支配、调节行为，通过克服困难，以实现预定目的的心理过程。动机是由目标或对象引起、激发和维持个体活动的一种内在心理过程或内部动力。情绪是个体对本身需要和客观事物之间关系的短暂而强烈的反应，是一种主观感受、生理反应、认知的互动，并表达出特定的行为。思维是借助语言、表象或动作实现的，对客观事物概括的和间接的认识，是认识的高级形式。

32.【答案】A。良师解析：本题题干中关键字是迅速而合理地作出决定，这正是意志果断性特征的典型表现。

33.【答案】D。良师解析：该题考查的是意志的概念。意志，是指人自觉地确定目的，并根据目的调节支配自身的行动，克服困难，实现预定日标的心理过程。做题时把握两个关键点：一是有明确目的；二是需要克服困难。B情绪、情感是客观事物是否符合需要、愿望和观点而产生的态度体验，是伴随着认识而产生的心理过程。C注意是人的心理活动对一定对象的指向与集中。

34.【答案】D。良师解析：所谓"锲而不舍，金石可镂"，引申义为：只要坚持不懈的努力，即使再难的事情也可以做到，是意志坚韧（持）性的表现。凡有成就的人，都有极强的意志坚持性。A意志的自觉性是指个体自觉地确定行动目的，并独立自主地采取决定和执行决定。B意志的果断性是指面对复杂多变的情境，能够迅速而有效地采取决定，并实现作出的决定。C意志的自制性是指能够完全自觉、灵活地控制自己的情绪，约束自己的言行的意志品质。D意志的坚韧（持）性是指在执行决定阶段能矢志不渝、坚持到底，遇到困难和挫折时能顽强乐观地面对和克服。

35.【答案】B。良师解析：本题考查的是人际吸引。人际吸引是指交往双方出现相互亲近的现象，它以认知协调、情感和谐及行动统一为特征。因此本题选B。

36.【答案】C。良师解析：本题考查的是人际关系。人际关系是人与人之间在相互交往过程中所形成的比较稳定的心理关系或心理距离。它的形成与变化，取决于交往双方满足需要的程度。因此本题选C。

37.【答案】A。良师解析：本题考查的是亲社会行为。亲社会行为是指任何对他人、对社会有利的行为，如帮助他人、自觉保护环境等。题干中小学生的行为属于亲社会行为。因此本题选A。

38.【答案】C。良师解析：本题考查的是自我服务偏差。自我服务偏差是指人倾向于把别人的成功和自己的失败归因于外部因素，而把别人的失败和自己的成功归因于内部因素。这一现象的产生主要是因为维护和保护自尊的需要。因此本题选C。

39.【答案】C。良师解析：本题考查的是群体的功能。认同功能是把自己放在别人的位置上，从别人的思想、观点或态度来看待事物。小玲跟她的同学在很多方面都能很好地与学校保持一致说明对学校群体表示认同，体现了群体的认同功能。因此本题选C。

40.【答案】A。良师解析：本题考查的是意志的品质。意志的坚韧（持）性是一个人在行动中坚持决定，百折不挠地克服重重困难去达到行动目的的品质。因此本题选A。

41.【答案】C。良师解析：本题考查的是意志的品质。意志的坚韧（持）性是一个人在行动中坚持决定，百折不挠地克服重重困难去达到行动目的的品质。因此本题选C。

42.【答案】C。良师解析：本题考查的是意志冲突。趋避冲突又称正负冲突，是心理冲突的一种，指个体对于同一目标同时具有趋近和逃避的心态。这一目标可以满足人的某些需求，但同时又会构成某些威胁，既有吸引力又有排斥力，使人陷入进退两难的心理困境。结婚这件事是这个男人想要的，承担责任这件事又是他不想要的，所以他面临的心理冲突是趋避冲突。因此本题选C。

43.【答案】C。良师解析：本题考查的是意志冲突。趋避冲突又称正负冲突，是心理冲突的一种，指个体对于同一目标同时具有趋近和逃避的心态。这一目标可以满足人的某些需求，但同时又会构成某些威胁，既有吸引力又有排斥力，使人陷入进退两难的心理困境。题干中的学生对于演讲比赛兼具好恶的矛盾心理即属于趋避冲突。因此本题选C。

44.【答案】D。良师解析：本题考查的是意志的品质。虎头蛇尾是意志力不强，缺乏坚韧毅力的表现，所以要培养其意志的坚韧（持）性。因此本题选D。

45.【答案】C。良师解析：本题考查的是意志的品质。意志的坚韧（持）性是一个人在行动中坚持决定，百折不挠地克服重重困难以达到行动目的的品质，具有坚韧（持）性的人，能在困难面前不退缩，在压力面前不屈服，在引诱面前不动摇，因此本题选 C。

46.【答案】B。良师解析：本题考查的是意志的品质。意志的自制力是指控制和支配自己行动方面的意志品质，与自制力相反的意志品质是任性和怯懦。因此本题选 B。

47.【答案】B。良师解析：本题考查的是学生意志品质的培养。由题干描述可知，王老师班级中的学生缺乏意志的坚韧（持）性。意志的坚韧（持）性是一个人在行动中坚持决定，百折不挠地克服重重困难去达到行动目的的品质，由此可见，王老师可在全班进行意志品质的培养。因此本题选 B。

三、多项选择题

1.【答案】ABC。良师解析：马斯洛提出了著名的需要层次理论。人的基本需要，从低级到高级，依次是生理需要、安全需要、归属与爱的需要、尊重的需要和自我实现的需要。但随着对自我实现的人的研究的深入，马斯洛也在不断完善其需要理论。他先是将需要区分为缺失性的和成长性的，前四种是缺失性的，而自我实现的人则是成长性的。

2.【答案】ABCDE。良师解析：对于小学生来说，形成良好的意志品质，有利于他们在学习过程中自觉地确定目标，有步骤地采取有效的行动方法，加强自己的主观能动性；有利于他们坚定信心，不为失败而气馁，不为各种困难所吓倒，始终以充沛的精力和坚韧的毅力投入学习；有利于他们执行已经采取的决定，并调控自己的行动，把精力集中在学习上，对那些影响学习的事物给予拒绝。因此，形成良好的意志品质，有利于促进小学生学业成功。

3.【答案】ACDE。良师解析：考查意志的品质。意志包括自觉性、自制力、果断性、坚韧（持）性四个品质。发展性不属于意志品质的范畴。

4.【答案】ABCD。良师解析：根据勒温的研究，个人的内在动机冲突形式有四种，即双趋冲突、双避冲突、趋避冲突、多重趋避冲突。

5.【答案】BC。良师解析：一般人都有一定的压力应对意识与能力，在承受一般性压力以后，人们会积累适应压力的经验，改善自身的适应能力。

6.【答案】ABCD。良师解析：要提高承受挫折的能力，就要正确认识挫折，建立一个正确的挫折观。为了提高挫折承受力就应该主动地、自觉地将自己置身于充满矛盾的、复杂的社会环境中去磨炼。同时，必须提高自身的思想修养、道德修养、知识素养，培养慎独精神，养成冷静思考的习惯，经常自我分析、自我反省、自我激励。给学生创设困难情境，在学生克服困难的过程中，教师要不断地给予鼓舞，使其具有坚定的信心和决心，同时在克服困难的方法和技术上给予适当的指导。因而可知答案为 ABCD。

7.【答案】ABCD。良师解析：本题考查的是从众的影响因素。影响从众的因素有：（1）个体的特点，包括年龄与性别、知识经验、个性特征；（2）群体因素，包括群体规模、群体凝聚力、个体在群体中的地位；（3）刺激物的因素，包括刺激物的清晰性和刺激物的内容。因此本题选 ABCD。

8.【答案】ACD。良师解析：本题考查的是人际关系的功能。协调人际关系有利于生活幸福，有利于身心健康，因此本题选 ACD。

9.【答案】ABC。良师解析：本题考查的是挫折的内涵。挫折包含三层含义：（1）挫折情境，即阻碍个体行为的情境；（2）挫折认知，个体对挫折情境的认知、态度和评价；（3）挫折反应，伴随挫折认知而产生的情绪体验和行为反应。因此本题选 ABC。

10.【答案】BCD。良师解析：本题考查的是学生抗诱惑能力的培养。培养学生的抗诱惑力的关键是培养学生的意志力，方法有：运用榜样对学生进行正面教育；创设情境，加强训练，指导学生加强自我训练；等等。如果学生的心理不够稳定，会受到外界的不良诱惑或产生不正当的需要，教师需要重点培养学生的自制力，不能完全满足学生的需要，所以 A 项错误。因此本题选 BCD。

第七章　能力与人格

一、判断题

1.【答案】A。良师解析：放任型的家长给予孩子较多的自由，对孩子的限制较少，如果外在环境好，这在一定程度上有利于孩子社会适应能力的发展，因此题干正确。

2.【答案】B。良师解析：题干中的描述的"活泼外向""积极参加"符合多血质的特点。胆汁质以精力旺盛、表里如一、刚强、易感情用事为特征。

3.【答案】B。良师解析：流体能力是指人不依赖于文化和知识背景而对新事物学习的能力，如注意力、知识整合力、思维的敏捷性等。晶体能力则是指人后天习得的能力，与文化知识、经验的积累有关，如知识的广度、判断力等。从时间上看，流体能力在人的成年期达到高峰后，就随着年龄的增大而逐步衰退，而晶体能力自成年后不但不减退，反而会上升。但两者之间并不存在此消彼长的关系。

4.【答案】B。良师解析：能力形成与发展的物质基础是遗传素质。

5.【答案】B。良师解析：巴甫洛夫用高级神经活动类型学说解释了气质的生理基础。他依据神经过程的基本特性，即兴奋过程和抑制过程的强度、平衡性和灵活性，划分了四种类型。强而不平衡的类型是胆汁质。多血质是强、平衡、灵活。

6.【答案】B。良师解析：性格的结构特征包括：（1）性格的态度特征；（2）性格的意志特征；（3）性格的情绪特征；（4）性格的理智特征。鼠目寸光、优柔寡断、固执己见体现的是性格的意志特征。故说法是错误的。

7.【答案】A。良师解析：人格包括气质、性格、自我调控系统这三类。

8.【答案】B。良师解析：与黏液质的气质类型相对应的高级神经活动类型应该是安静型。

9.【答案】B。良师解析："江山易改，禀性难移"，指的就是气质具有相对稳定性，而不是指性格的天赋性。气质受先天因素影响大，并且变化比较难；而性格的形成受社会和实践的影响较大，其变化比较容易和快些。

10.【答案】B。良师解析：该观点是片面的。自我意识是指个体对自己以及对周围事物关系的认识。自我意识由三种心理成分构成：自我认识、自我体验、自我监控，这三种成分相互联系、相互制约。自我认识，是个体对自己的心理特点、人格特征、能力及自身社会价值的自我了解与自我评价，是主观的我对客观的我的认知与评价。自我体验，是个体对自己的情感体验和态度。自尊、自信、自爱、自豪、自卑及自暴自弃等都是各种自我体验。自我监控，属于对自己的意志控制，是个体对自身行为和心理活动自觉而有目的的调整和控制，如自我检查、自我监督、自我调节、自我追求等。

二、单项选择题

1.【答案】B。良师解析：A. 理智型性格的人，通常以理智衡量周围发生的事物，并以理智支配自己的行为，他们的智力机能相对于情绪和意志来说占有优势。B 意志型性格的人，具有明确的行动目的和较强的自制能力，他们的意志明显比理智和情绪占优势。C 情绪型性格的人，行动易受情绪的左右，在他们的心理机制中情感占优势。D 混合型性格的人没有明显占优势的心理机制。题干的描述符合意志型的描述，故选 B。

2.【答案】B。良师解析：晶体智力是指人后天习得的能力，与文化知识、经验的积累有关，如知识的广度、判断力等。从时间上看，流体智力在人的成年期达到高峰后，就随着年龄的增大而逐步衰退，而晶体智力自成年后不但不减退，反而会上升。

3.【答案】C。良师解析：斯滕伯格的智力理论强调在问题解决中认知过程的重要性，他认为智力包括三个部分——成分、经验和情境，它们代表了智力操作的不同方面。他的智力理论也被称为三元智力论。

多元智力理论是美国心理学家加德纳提出的，按加德纳的解释，智力是在某种文化环境的价值标准之下，个体用以解决问题与生产创造所需的能力。他认为，智力主要由以下七种能力构成：(1) 语文能力，包括说话、阅读、书写的能力；(2) 数量能力，包括数字运算与逻辑思考的能力；(3) 空间能力，包括认识环境、辨别方向的能力；(4) 音乐能力，包括对声音的辨识与韵律表达的能力；(5) 运动能力，包括支配肢体以完成精密作业的能力；(6) 社交能力，包括与人交往且和睦相处的能力；(7) 自知能力，包括认识自己并选择自己生活方向的能力。皮亚杰的理论核心是儿童认知发展理论四阶段。格赛尔是内发论的代表之一，提倡成熟机制对个体发展的影响。

4.【答案】B。良师解析：智商公式即用智力年龄（MA）和实际年龄（CA）的比值来反应智商，其计算公式为：IQ＝（MA/CA）×100

5.【答案】A。良师解析：以再测法或复本法求信度，再次测验相隔时间越短，其信度系数越大；间隔时间越久，其他变因介入的可能性越大，受外界的影响也越大，信度系数便越低。

6.【答案】A。良师解析：一般能力是指在不同种类的活动中表现出来的能力，是从事一切活动所必备的能力的综合。ABCD 四个选项中属于一般能力的是记忆能力。B 创造能力是按从事活动时创造性程度的维度划分的，C 运动能力和 D 社交能力是以能力的功能维度划分的。

7.【答案】B。良师解析：弗洛伊德把人格分为本我、自我和超我，他认为本我是人格中最原始的部分，本我依据快乐的原则来运作，即追求快乐和回避痛苦。本我是冲动的、盲目的、非理性的。

8.【答案】C。良师解析：胆汁质相当于神经活动强而不均衡型。这种气质的人兴奋性很高，脾气暴躁，性情直率，精力旺盛，能以很高的热情埋头事业，兴奋时，决心克服一切困难，精力耗尽时，情绪又一落千丈。多血质相当于神经活动强而均衡的灵活型。这种气质的人热情、有能力，适应性强，喜欢交际，精神愉快，机智灵活；但注意力易转移，情绪易改变。黏液质相当于神经活动强而均衡的安静型。这种气质的人平静，善于克制忍让，生活有规律，不为无关事情分心，埋头苦干，有耐久力，态度持重，不卑不亢，不爱空谈，严肃认真；但不够灵活，注意力不易转移，因循守旧，对事业缺乏热情。抑郁质相当于神经活动弱型，兴奋和抑郁过程都弱。这种气质的人沉静，深含，易相处，人缘好，办事稳妥可靠，做事坚定，能克服困难；但比较敏感，易受挫折，孤僻、寡断，疲劳不容易恢复，反应缓慢，不图进取。

9.【答案】D。良师解析：积极、健康和建设性的冒险，列为 T＋型；消极、病态和破坏性的冒险如酗酒、吸毒、百里犯罪等反社会行为，归于 T－型。故答案选 D。少阴型人格：沉静、节制、稳健、嫉妒；少阳型人格：外露、机制、随和、乐观。

10.【答案】A。良师解析：信度是指一个测验量表的可靠程度（或可信程度）。它以反复测验时能否提供相同的结果来说明。如果一个人初测时分数很高，而在复测时分数很低，说明测验的信度差。戴老师担心人格测试的结果稳定性问题，这是信度概念所反映的内容。

11.【答案】D。良师解析：胆汁质的人反应速度快，具有较高的反应性与主动性。这类人情感和行为动作产生得迅速而且强烈，有极明显的外部表现。多血质的人行动具有很高的反应性。这类人情感和行为动作发生得很快，变化得也快，但较为温和；易于产生情感，但体验不深，善于结交朋友，容易适应新的环境。黏液质的人反应性低，情感和行为动作进行得迟缓、稳定、缺乏灵活性；这类人情绪不易发生，也不易外露，很少产生激情，遇到不愉快的事也不动声色；有较高的感受性。抑郁质：感受性高，耐受性低，不随意反应性低，严重内向，情绪兴奋性高且体验深，反应速度慢，具有刻板性和不灵活性。主要辨析黏液质和抑郁质。黏液质明显的特点是安静、均衡，抑郁质明显的特点是敏感、多疑、忧郁。

12.【答案】D。**良师解析**：本题考查性格的结构特征。性格的态度特征是指人对待现实的态度方面的特征。性格的意志特征是指人在调节自己的心理活动时表现出的心理特征。性格的情绪特征是指人产生情绪活动时在情绪的强度、稳定性、持续性以及主导心境等方面表现出来的心理特征。性格的理智特征是指人在认知活动中表现出来的心理特征，又称性格的认知特征，主要指人在感知、记忆、想象和思维等认识过程中表现出来的认知特点和风格的个体差异。依据题意，助人为乐、廉洁奉公这都是人对现实的态度方面的特征，所以选择D。

13.【答案】C。**良师解析**：黏液质对应的高级神经活动类型是安静型，与此对应的过程是"强—平衡—不灵活"。正确选项是C。多血质对应的是"强—平衡—灵活"；胆汁质对应的是"强—不平衡"；抑郁质对应的是"弱"。

14.【答案】C。**良师解析**：根据弗洛伊德人格理论，本我是人一出生就有的一种人格成分，遵循着快乐原则行事；自我以社会现实为原则；超我则遵循道德原则，题干中"做一个诚实的人"，承载着社会及自己的道德要求，故此题选C。

15.【答案】B。**良师解析**：人格的本质特征包括稳定性、功能性、独特性、复杂性等，其中稳定性指个人的某种人格特点一旦形成，就相对稳定下来了，要想改变它，是比较困难的事情。因此易变性不是人格的特征，故选B。

16.【答案】C。**良师解析**：人格又称个性，个性心理特征是指人在认识过程、情绪情感过程和意志过程中形成的稳定而经常表现出来的特点，是个体多种心理特点的独特结合，集中反映了一个人的心理面貌。个性心理特征主要包括能力、气质和性格。

17.【答案】D。**良师解析**：性格是人对现实的态度和行为方式中较稳定的个性心理特征，是个性的核心部分，最能表现个别差异。气质，指人的生理、心理等素质，是相当稳定的个性特点。能力，是完成一项目标或者任务所体现出来的素质。兴趣以需要为基础。需要有精神需要和物质需要，兴趣基于精神需要。

18.【答案】A。**良师解析**：智力是人的一种综合认知能力，包括学习能力、适应能力、抽象推理能力等。

19.【答案】B。**良师解析**：本题考查自我激励的定义。自我激励是指个体具有不需要外界奖励和惩罚作为激励手段，能为设定的目标自我努力工作的一种心理特征。自我评价是个体对自身及其外部世界关系的肯定或否定的判断。自我定向、自我反思为干扰项。

20.【答案】C。**良师解析**：信度依据误差大小有程度上的差异，大小介于0与1之间。通常由两个测量结果的相关系数来表示，称之为信度系数。

21.【答案】B。**良师解析**：世界观萌芽于少年期，初步形成于青年初期。世界观从萌芽到形成，是与学生对世界的全面而深刻的认识相联系的。世界观不单指理论认识，更重要的是指人的思想情感、生活态度。青年初期学生的世界观处于从萌芽到初步形成阶段，它的可塑性很大，还不很成熟，不够稳定。因此，加强政治思想教育，培养青年善于辨别是非、敢于向各种不良的思想和行为做斗争的意识，在青年初期世界观的形成上具有重大意义。

22.【答案】C。**良师解析**：A复杂性，人是极其复杂的，人的行为表现出多元性、多层次的特点。B独特性，人格的独特性。这种独特性或称人与人之间的差异性，不仅体现在各种人格特征的数量、组合方式上，还体现在每种特质的表现方式上，即便都是外向的人，表达方式也会有大差别。C功能性，人格是一个人生活成败、喜怒哀乐的根源。正如人们常说的"性格就是命运"，人格决定了一个人的生活方式，甚至有时会决定一个人的命运。故答案选C。D统合性，人格是由多种成分构成的一个有机整体，具有内在的一致性，受自我意识的控制。

23.【答案】B。良师解析：胆汁质的人，行为表现直率热情、精力旺盛、敏捷果断、反应迅速强烈，但性急暴躁、任性、容易冲动，故答案选B。多血质的人，行为表现活泼好动、反应迅速、思维敏锐、善于交际、适应性强、性格开朗、动作灵活，但往往粗心大意、情绪多变、兴趣易转移、轻率散漫等。黏液质的人，行为表现安静稳重、耐心谨慎、自信心强、善于克制、沉默寡言、反应缓慢、情绪隐蔽，但往往固执、保守、精神怠惰、缺乏生气、动作迟缓。抑郁质的人，行为表现孤僻、自卑、羞怯、动作迟缓、反应缓慢、敏感多疑、情绪隐蔽而体验深刻，但感受性高，善于观察到别人不易察觉的细节，富于同情心。

24.【答案】A。良师解析：根据奥尔波特的人格理论，人格特质分为两类：一类是共同特质，指在某一社会文化形态下，大多数人或一个群体所共有的、相同的特质；另一类是个人特质，指个体身上所独具的特质。个人特质依其在生活中的作用又分为三种：首要特质、中心特质、次要特质。首要特质是指最能代表一个人的特点的人格特质；中心特质是指能代表一个人的性格的核心成分，一个人一般有5~10个中心特质；次要特质是指个人的某种具体偏好或反应倾向，如偏好某种颜色的衣服、闲暇时喜欢收拾房间等。题干中的"北方人开朗、豪放，南方人含蓄、细腻"是一种刻板印象，这是对社会上各类人的固定看法，或是对人概括泛化的看法。一旦形成后，在对人的认知中就会不自觉地简单地把某个人归入某一群体的刻板印象中。因此题干中所述是群体所共有的特质，即共同特质。

25.【答案】B。良师解析：(1)胆汁质：精力旺盛、表里如一，但易感情用事。(2)多血质：反应迅速、有朝气、精力充沛，但情绪不稳定，缺乏耐心和毅力。(3)黏液质：稳重，但灵活性不足；沉着冷静，但缺乏生气。(4)抑郁质：敏感、多疑、孤独、行动缓慢。根据题意描述，因此选B。

26.【答案】D。良师解析：A气质，是指个体与生俱来的心理活动动力方面的特征，这种动力特征主要表现为心理过程的速度（如知觉的敏锐性、思维的灵活程度）、强度（如情绪体验的强弱、意志努力的程度）、稳定性（如注意保持的时间、心境持续的时间）、指向性（如内、外向，情绪的外露程度）等方面的特征。B需要，个体对内外环境的客观需求在脑中的反映。它常以一种"缺乏感"体现着，以意向、愿望的形式表现出来，最终成为推动人进行活动的动机。C动机，是指引起和维持个体的活动，并使活动朝向某一目标的内在心理过程或内部动力。D性格，是指个体在生活过程中形成的对现实的稳固的态度以及与之相适应的习惯化了的行为方式。依据题干，该选项入选。

27.【答案】C。良师解析：题干所述的是抑郁质的特点。A胆汁质的特点：急躁、直率、热情、情绪兴奋性高、心境变化剧烈、容易冲动；B多血质的特点：活泼、好动、反应迅速、喜欢与人交往、注意力容易转移、兴趣容易变换；D黏液质的特点：稳重、安静、反应缓慢、沉默寡言、情绪不外露、注意稳定，但不易转移，善于忍耐。

28.【答案】B。良师解析：自我意识是指作为主体的我对自己以及自己与周围事物的关系尤其是人我关系的意识。自我意识是个性和社会性发展的核心概念，是伴随个体的身心发展在与周围环境不断相互作用的过程中逐渐产生和发展起来的，是人类意识的最高形式。潜意识是指在人类心理活动中，不能认知或没有认知到的部分，是人们已经发生但并未达到意识状态的心理活动过程。弗洛伊德又将潜意识分为前意识和无意识两个部分。无意识是指那些在通常情况下根本不会进入意识层面的东西，比如，内心深处被压抑而无从意识到的欲望、秘密的想法和恐惧等。集体无意识相对于个人无意识而言，是由遗传保留的无数同类型经验在心理最深层积淀的人类普遍性精神。

29.【答案】B。良师解析：性格差异体现在四类特征上。(1)性格的态度特征：人们对自己、对他人、对集体、对事物有各自不同的态度。（2）性格的意志特征：意志是一种设定行为目标，自觉地调节自己，努力克服困难，达到目标的心理品质。（3）性格的情绪特征：情绪是人们对客观现实的一种主观体验。当人对不同的事物产生不同的态度时，在他的内心世界中会产生肯定或否定的体验。（4）性格的理智特征：在人们的认知活动中所表现出来的个人风格，如感知、记忆、思维、想象等方面的差异。题干中自觉地调节自己，努力克服困难正是意志的体现。故选 B。

三、多项选择题

1.【答案】CD。良师解析：气质受先天生物学因素影响较大，即先天因素占主要地位。气质较多地受神经系统类型的影响。个体发展的影响因素除了先天的气质以外还有后天教育和环境的影响，气质并不一定能决定什么，只是能影响一些事情。AB 选项太绝对。

2.【答案】ABCDE。良师解析：智力的成分主要有五种：记忆力、观察力、想象力、思维力、注意力。观察力是指大脑对事物的观察能力，如通过观察发现新奇的事物等，并通过观察现象，提高对事物本质认识的能力。注意力是指人的心理活动指向和集中于某种事物的能力。记忆力是识记、保持、再认识和重现客观事物所反映的内容和经验的能力。思维力是人脑对客观事物间接的、概括的反映能力。想象力是人在已有形象的基础上，在头脑中创造出新形象的能力。

3.【答案】BC。良师解析：一般认为智力因素包括注意力、观察力、想象力、记忆力、思维力。非智力因素，指与认识没有直接关系的情感、意志、兴趣、性格、需要、动机、目标、抱负、信念、世界观等方面。

4.【答案】ABC。良师解析：多血质的神经过程的特点是强、平衡且灵活，感受性低，耐受性高，不随意反应性强，可塑性强，情绪兴奋性高，外向。因而多血质的学生外表上活泼好动、不甘寂寞、善于交际；思维敏捷，容易接受新鲜事物，但注意力容易转移，缺乏耐力和毅力；情绪情感易产生也易改变，体验不深但明显表露在外面。故本题选 ABC。

5.【答案】ABCDE。良师解析：目前通用的智力测验，一般注重的是表现在认知活动中的稳定的一般能力，如言语、数学、记忆、空间知觉、推理能力等。

6.【答案】ABCD。良师解析：性格是一个复杂而完整的系统，包含各个侧面，具有各种不同的性格特征。这些性格特征在不同的个体身上，组成了独具结构的模式。一般人对性格结构的分析，着眼于性格的态度特征、性格的意志特征、性格的情绪特征、性格的理智特征四个方面。

7.【答案】ABCD。良师解析：关于性格的特征差异，我国和苏联心理学家常用描述性方法对性格的静态结构进行分析，通常情况下，从以下四个方面进行分析：一是对现实态度的性格特征（核心）：对社会、他人、集体；对劳动、工作；对自己。二是性格的理智（认知）特征：感知、记忆、思维、想象过程中的差异。三是性格的情绪特征：情绪的强度、稳定性、持续性、主导心境。四是性格的意志特征：行为的控制和调节。

8.【答案】ABCDE。良师解析：大多数学者倾向于把智力看作以抽象思维能力为中心的多种认识能力的综合，而不是一种单一的能力。智力测验是测验的编制者基于自己对智力的定义和一定的智力理论编制的，不同的智力测验只是测量了编制者所定义的智力。如美国心理测验权威瑟斯顿（L. Thurston）认为智力活动都是依靠彼此无关的许多原始因素或原始能力构成的。他从 56 种不同的测验中概括出 8 种主要因素，分别是计算能力、言语理解能力、词的流畅性、记忆能力、演绎推理能力、空间知觉能力和知觉速度。瑟斯顿为此设计了基本智力测验来测量这 8 种因素。

9.【答案】ABCDE。良师解析：一般能力又称基本能力，通常是指那些在各种活动中都必须具备的能力。例如：注意力、观察力、记忆力、思维力、想象力等。

10.【答案】CD。良师解析：本题考查的是马斯洛的需要层次理论。马斯洛的需要层次理论划分为五个层次：生理的需要、安全的需要、归属与爱的需要、尊重的需要、自我实现的需要。给予孩子好的物质环境，并不能满足孩子归属与爱、尊重、自我实现的需要。因此本题选CD。

11.【答案】ACD。**良师解析**：本题考查的是卡特尔的智力理论。流体智力的发展趋势是先提高后降低，一般在20岁后达到顶峰，30岁后随年龄的增长而降低。晶体智力在人的一生中一直在发展。因此本题选ACD。

12.【答案】ACD。**良师解析**：本题考查的是能力概述。A项，能力分为一般能力和特殊能力，一般能力即我们平时所说的能力，人要完成任何一种活动，都和这些能力的发展紧密相连。特殊能力指在某种专业活动中表现出来的能力，是顺利完成某种专业活动的心理条件。同时，不同的能力类型在不同的人身上有不同的体现，这也是能力类型的个别差异性。模仿是一种再造能力，与之对应的还有创造能力。因此本题选ACD。

13.【答案】ABD。**良师解析**：本题考查的是加德纳的多元智能理论。加德纳提出，人类至少存在八种智能，分别是语言智能、逻辑—数学智能、空间智能、音乐智能、运动智能、社交智能、自我认知智能、自然主义智能。因此本题选ABD。

14.【答案】ABC。**良师解析**：本题考查的是加德纳的多元智能理论。美国心理学家加德纳提出多元智能理论，反驳了传统智力理论的观点。他认为智力不是一个容易"被测量"的东西，智力总是以组合的方式来进行的，每个人都是具有多种能力组合的个体，而不是只拥有单一的、用纸笔测验可以测出的解答问题能力的个体。所以D项中，测智商可以确定一个人的智能水平不是多元智能理论的观点。因此本题选ABC。

15.【答案】ACD。**良师解析**：本题考查的是性格的特征。性格的态度特征包括对社会、对他人、对集体、对工作以及对待自己的态度的性格特征，认真细致是对劳动或工作的态度特征。因此本题选ACD。

16.【答案】BCD。**良师解析**：本题考查的是对不同气质类型的个体的教育方法。对不同气质类型的个体可以采取不同的教育方法，而并非教育不起作用，因此本题选BCD。

17.【答案】ABCD。**良师解析**：本题考查的是家庭教养方式对儿童人格的影响。权威型教养方式在对子女的教育中，表现为过于支配，孩子的一切都由父母控制，这种教育方式下成长起来的孩子，容易形成消极、被动、依赖、服从、懦弱，甚至不诚实的人格特征。因此本题选ABCD。

18.【答案】BD。**良师解析**：本题考查智力的理论。英国心理学家斯皮尔曼首先提出了智力结构的二因素论。他认为，智力包括两种因素：一般因素（即G因素）和特殊因素（即S因素）。G因素代表一个人普遍而概括化的能力，参与所有的智力活动。每个人拥有的G因素只有数量和高低的差别。一个人智力的高低取决于G因素的数量。G因素数量高的人被视为聪明，否则为愚笨。S因素代表一个人的特殊能力，只在某些特殊方面（如绘画、唱歌等）表现出来。S因素参与不同的智力活动，但每种智力活动中主要有一种特定的S因素存在。人在从事任何一项智力活动时都需要有G和S因素的共同参与。一般智力测验所测量的只是普通能力。AC两项为干扰选项，一般不做此种表述。与题干不符，排除。

故正确答案为BD。

四、案例分析题

1.【**参考答案**】（1）美国心理学家加德纳提出了多元智能理论，认为每个学生都在不同程度上拥有八种基本智能：语言智能；逻辑—数学智能；空间智能；音乐智能；运动智能；社交智能；自我认知智能；自然主义智能。每种智力都有其独特的问题解决方法，智能之间的不同组合表现出个体间的智能差异。在多元智能理论的基础上，加德纳提出了一种新的教育观——"以个人为中心的教育"，强调人们之间的差别主要在于人与人之间所具有的不同智能组合。

这给教育以极大的影响和启示。首先，我们必须承认并开发各式各样的智能和智能组合，必须对每个学生的认知特点都给予充分的理解并使其得到最好的发展。其次，教育的起点不在于一个人有多么聪明，而在于怎样使学生变聪明、在哪些方面变聪明。

（2）奥托·瓦拉赫的成长经历说明他在语言智能和空间智能上的水平比较低，因此他在文学上难以有所成就，绘画成绩也是倒数第一。但是他的逻辑—数学智能非常发达，他的化学老师发现了这一点并且帮助他不断挖掘这方面的潜力，使其得到了最充分的发展，最终成为一名获得诺贝尔奖的化学家。奥托·瓦拉赫的经历正印证了加德纳的多元智能理论，因此，如果我是一名教师，我会在多元智能理论的指导下，首先承认每一个学生都有这八种智能，并且去了解每一个学生在智能结构上的不同组合，发掘其优势智能。其次，我会根据每个学生的优势智能因材施教，使他们在这些优势智能方面得到充分发展。

2.【参考答案】（1）四个人的气质类型分别是：肖平胆汁质，王东多血质，高力黏液质，赵翔抑郁质。

（2）胆汁质：胆汁质以精力旺盛、表里如一、刚强、易感情用事为特征。整个心理活动笼罩着迅速而突发的色彩。

多血质：多血质以反应迅速、有朝气、活泼好动、动作敏捷、情绪不稳定、粗枝大叶为特征。

黏液质：黏液质的人稳重，但灵活性不足；踏实，但有些死板；沉着冷静，但缺乏生气。

抑郁质：抑郁质的人以敏感、稳重、体验深刻、外表温柔、怯懦、孤独、行动缓慢为特征。

（3）1）有助于教师正确对待学生的气质特征。

气质本身是没有好坏之分的，因此，教师不要试图去改变学生原有的气质，而是要帮助学生克服本身气质的缺点，发展它的优点，使学生在原有气质的基础上建立优良的个性特征。

2）有助于教师根据学生的气质选择合适的教学方式。

教师在教学中要充分调动学生气质中的积极因素，在学习的方式和方法上给予个别指导，真正做到因材施教。

3）有助于教师指导学生正确认识和调控自己的气质。

教师要指导学生善于认识和分析自身气质的长处与不足，在各种活动中，要注意充分调动学生气质的积极方面。

模块四　教育法律法规

一、判断题（正确的填 A，错误的填 B）

1.【答案】B。良师解析：本题考查的是《中华人民共和国教育法》。《中华人民共和国教育法》第六十条规定，国家鼓励境内、境外社会组织和个人捐资助学。因此本题说法错误。

2.【答案】A。良师解析：本题考查的是《中华人民共和国教育法》。该法第五十八条规定，税务机关依法足额征收教育费附加，由教育行政部门统筹管理，主要用于实施义务教育。因此本题说法正确。

3.【答案】B。良师解析：本题考查的是《中华人民共和国教育法》。《中华人民共和国教育法》第四条规定，教育是社会主义现代化建设的基础，国家保障教育事业优先发展。因此本题说法错误。

4.【答案】A。良师解析：本题考查的是《中华人民共和国教育法》。《中华人民共和国教育法》第五十四条规定，国家建立以财政拨款为主、其他多种渠道筹措教育经费为辅的体制，逐步增加对教育的投入，保证国家举办的学校教育经费的稳定来源。因此本题说法正确。

5.【答案】A。良师解析：本题考查的是《中华人民共和国教育法》。《中华人民共和国教育法》第二十七条规定，设立学校及其他教育机构，必须具备下列基本条件：有组织机构和章程；有合格

教综经典真题解析

的教师；有符合规定标准的教学场所及设施、设备等；有必备的办学资金和稳定的经费来源。因此本题说法正确。

6.【答案】A。良师解析：本题考查的是《中华人民共和国教育法》。《中华人民共和国教育法》第六十一条规定，国家财政性教育经费、社会组织和个人对教育的捐赠，必须用于教育，不得挪用、克扣。因此本题说法正确。

7.【答案】B。良师解析：本题考查的是《中华人民共和国义务教育法》。《中华人民共和国义务教育法》第十一条规定，凡年满6周岁的儿童，其父母或者其他法定监护人应当送其入学接受并完成义务教育；条件不具备的地区的儿童，可以推迟到7周岁。因此本题说法错误。

8.【答案】B。良师解析：本题考查的是《中华人民共和国义务教育法》。《中华人民共和国义务教育法》第五十七条规定，学校有下列情形之一的，由县级人民政府教育行政部门责令限期改正；情节严重的，对直接负责的主管人员和其他直接责任人员依法给予处分：拒绝接收具有接受普通教育能力的残疾适龄儿童、少年随班就读的；分设重点班和非重点班的；违反本法规定开除学生的；选用未经审定的教科书的。因此本题说法错误。

9.【答案】A。良师解析：本题考查的是《中华人民共和国义务教育法》。《中华人民共和国义务教育法》第十二条第三款规定，县级人民政府教育行政部门对本行政区域内的军人子女接受义务教育予以保障。因此本题说法正确。

10.【答案】B。良师解析：本题考查的是《中华人民共和国义务教育法》。《中华人民共和国义务教育法》第十二条第一款规定，适龄儿童、少年免试入学。地方各级人民政府应当保障适龄儿童、少年在户籍所在地学校就近入学。因此本题说法错误。

11.【答案】B。良师解析：本题考查的是《中华人民共和国义务教育法》。《中华人民共和国义务教育法》第四十二条第一款规定，国家将义务教育全面纳入财政保障范围，义务教育经费由国务院和地方各级人民政府依照本法规定予以保障。因此本题说法错误。

12.【答案】B。良师解析：本题考查的是《中华人民共和国义务教育法》。《中华人民共和国义务教育法》第二条第二款规定，义务教育是国家统一实施的所有适龄儿童、少年必须接受的教育，是国家必须予以保障的公益性事业。由此可见，义务教育具有法律强制性，让适龄儿童、少年接受义务教育是学校、家庭和社会共同的义务。即使是家长，也不能违反法律。因此本题说法错误。

13.【答案】B。良师解析：本题考查的是《中华人民共和国义务教育法》。《中华人民共和国义务教育法》第二十四条第三款规定，学校不得聘用曾经因故意犯罪被依法剥夺政治权利或者其他不适合从事义务教育工作的人担任工作人员。因此本题说法错误。

14.【答案】B。良师解析：本题考查的是《中华人民共和国义务教育法》。《中华人民共和国义务教育法》第二十九条规定，教师在教育教学中应当平等对待学生，关注学生的个体差异，因材施教，促进学生的充分发展。教师应当尊重学生的人格，不得歧视学生，不得对学生实施体罚、变相体罚或者其他侮辱人格尊严的行为，不得侵犯学生合法权益。因此本题说法错误。

15.【答案】B。良师解析：本题考查的是《学生伤害事故处理办法》。《学生伤害事故处理办法》第十九条规定，教育行政部门收到调解申请，认为必要的，可以指定专门人员进行调解，并应当在受理申请之日起60日内完成调解。因此本题说法错误。

16.【答案】B。良师解析：本题考查的是《国家中长期教育改革和发展规划纲要（2010—2020年）》。《国家中长期教育改革和发展规划纲要（2010—2020年）》提出的教师考核、聘用和评价的首要内容是师德表现。因此本题说法错误。

17.【答案】A。良师解析：本题考查的是《中华人民共和国学位条例》。《中华人民共和国学位条例》第三条规定，学位分学士、硕士、博士三级。因此本题说法正确。

18.【答案】B。良师解析：本题考查的是《中华人民共和国未成年人保护法》。《中华人民共和

358

国未成年人保护法》第二条规定，本法所称未成年人是指未满十八周岁的公民。因此本题说法错误。

19.【答案】B。良师解析：本题考查的是《中华人民共和国教师法》。《中华人民共和国教师法》第十三条规定，中小学教师资格由县级以上地方人民政府教育行政部门认定。中等专业学校、技工学校的教师资格由县级以上地方人民政府教育行政部门组织有关主管部门认定。普通高等学校的教师资格由国务院或者省、自治区、直辖市教育行政部门或者由其委托的学校认定。因此本题说法错误。

20.【答案】B。良师解析：本题考查的是《中华人民共和国义务教育法》。新中国成立后颁布的第一个教育法规是《中华人民共和国义务教育法》。因此本题说法错误。

21.【答案】B。良师解析：本题考查的是《中华人民共和国教师法》。根据《中华人民共和国教师法》第七条和第八条规定可知，教育权既是教师的权利，又是教师的义务，所以教师不能放弃教育权利。因此本题说法错误。

22.【答案】B。良师解析：本题考查的是《中华人民共和国教师法》。《中华人民共和国教师法》第十一条规定，取得高级中学教师资格和中等专业学校、技工学校、职业高中文化课、专业课教师资格，应当具备高等师范院校本科或者其他大学本科毕业及其以上学历。不具备本法规定的教师资格学历的公民，申请获取教师资格，必须通过国家教师资格考试。因此本题说法错误。

23.【答案】B。良师解析：本题考查的是《教师资格条例》。《教师资格条例》第十九条规定，被撤销教师资格的，自撤销之日起5年内不得重新申请认定教师资格，其教师资格证书由县级以上人民政府教育行政部门收缴。因此本题说法错误。

24.【答案】A。良师解析：本题考查的是《中小学幼儿园安全管理办法》。《中小学幼儿园安全管理办法》第十七条明确指出，学校应当健全门卫制度，建立校外人员入校的登记或者验证制度，禁止无关人员和校外机动车入内，禁止将非教学用易燃易爆物品、有毒物品、动物和管制器具等危险物品带入校园。将操场改为对外开放的临时停车场显然违反了此办法。因此本题说法正确。

25.【答案】B。良师解析：本题考查的是《中小学幼儿园安全管理办法》。《中小学幼儿园安全管理办法》第三十一条规定，小学、幼儿园应当建立低年级学生、幼儿上下学时接送的交接制度，不得将晚离学校的低年级学生、幼儿交与无关人员。题干中所说的"中低年级学生"错误，交接制度不包括中年级学生。因此本题说法错误。

26.【答案】A。良师解析：本题考查的是教育法律关系。在公立学校中，学校和学生及其监护人之间是监护和代理的关系。在私立学校中，学校、学生及其监护人之间是按合同而产生的民事法律关系。私立学校因经营不善无法继续办学，则学校与学生之间的教育法律关系便自动解除。因此本题说法正确。

27.【答案】A。良师解析：本题考查的是校园伤害事故归责原则。对于不满10周岁的学生在校园受到伤害，学校按照过错责任推定原则承担责任，即发生伤害事件后首先推定学校有过错，应当承担赔偿责任，但学校在证明尽到了教育、管理职责时，不承担责任。因此，10周岁以下学生发生校园伤害事件时，只需证明伤害发生在校园即可，由学校承担证明自己无过错的举证责任。因此本题说法正确。

28.【答案】B。良师解析：本题考查的是《中华人民共和国行政处罚法》。罚款属于行政处罚的一种。《中华人民共和国行政处罚法》规定，行政处罚由具有行政处罚权的行政机关在法定职权范围内实施，而学校是事业单位，不享有行政处罚权，无权对学生进行罚款。题干中的学生损坏公物，合法的做法是给予警告处分或者要求照价赔偿。因此本题说法错误。

29.【答案】A。良师解析：本题考查的是教育法律救济。教育法律救济的特征是：（1）权利受到伤害是教育法律救济存在的前提，如果权利未受到损害，就无所谓救济。（2）教育法律救济具有弥补性，它是对受损害权利的弥补。（3）教育法律救济的根本目的是实现合法权益并保证法定义务履行。因此本题说法正确。

30.【答案】B。良师解析：本题考查的是教育行政复议。行政复议决定书一经送达，即具有法律效力。只要法律未规定复议决定为终局裁决的，当事人对复议决定不服的，仍可以按行政诉讼法的规定，向人民法院提请诉讼。题干中的复议结果不一定是终局裁决，所以不具有最终的法律效力。因此本题说法错误。

31.【答案】B。良师解析：本题考查的是教育行政执法。教育行政执法是以国家的名义对教育活动进行全面管理。根据法治原则，教育行政机关只有在其法定权限范围内，依照法定程序进行执法活动，才是有效的行政执法行为。任何超越法定权限，违反法定程序的行为，不仅自始至终无效，而且违法。因此本题说法错误。

32.【答案】B。良师解析：本题考查的是教育行政执法。除另有规定的特殊情况之外，一般均可由教育行政执法主体单方依法作出处置决定，违法者必须服从。因此本题说法错误。

33.【答案】A。良师解析：本题考查的是教育法律救济。教育法律救济的特征是：（1）权利受到伤害是教育法律救济存在的前提，如果权利未受到损害，就无所谓救济。（2）教育法律救济具有弥补性，它是对受损害权利的弥补。（3）教育法律救济的根本目的是实现合法权益并保证法定义务履行。因此本题说法正确。

34.【答案】A。良师解析：本题考查的是行政主体。教育行政机关具有行政主体地位，是因为：（1）它是依法建立的行政组织；（2）它依法拥有教育行政职权；（3）它能以自己的名义行使教育行政职能；（4）它独立地承担自己行为所引起的法律责任；（5）它享有行政优益权；（6）它是用自己的名义参加行政复议或诉讼活动。因此，教育行政机关是政府领导和管理教育事业的行政主体。因此本题说法正确。

35.【答案】B。良师解析：本题考查的是教育法律责任的归责原则。根据我国教育法律关系中的无过错责任原则，在损害发生后，教育法律关系的主体即使没有过错也要承担法律责任。因此本题说法错误。

36.【答案】A。良师解析：本题考查的是教育法规与教育道德的关系。题干所述为教育法规与教育道德之间的共性表现。因此本题说法正确。

37.【答案】B。良师解析：本题考查的是法律制裁。法律制裁除了民事制裁和刑事制裁外，还包括行政制裁和违宪制裁。因此本题说法错误。

38.【答案】B。良师解析：本题考查的是教育法律监督。权力机关的监督居于我国教育法律监督体系中的主导地位。因此本题说法错误。

二、单项选择题

1.【答案】B。良师解析：本题考查的是《中华人民共和国教育法》。《中华人民共和国教育法》第十条第三款规定，国家扶持和发展残疾人教育事业。因此本题选B。

2.【答案】C。良师解析：本题考查的是《中华人民共和国未成年人保护法》。《中华人民共和国未成年人保护法》第二十一条规定，学校、幼儿园、托儿所的教职员工应当尊重未成年人的人格尊严，不得对未成年人实施体罚、变相体罚或者其他侮辱人格尊严的行为。题干中李老师打了陈某一个耳光致使其左耳失聪的行为，侵犯了学生的身体健康权，属于体罚学生的行为，违反了《中华人民共和国未成年人保护法》的有关规定。所以，李老师的行为是一种违法行为。因此本题选C。

3.【答案】B。良师解析：本题考查的是《中华人民共和国未成年人保护法》。《中华人民共和国未成年人保护法》第五十三条规定，父母或者其他监护人不履行监护职责或者侵害被监护的未成年人的合法权益，经教育不改的，人民法院可以根据有关人员或者有关单位的申请，撤销其监护人的资格，依法另行指定监护人。被撤销监护资格的父母应当依法继续负担抚养费用。因此本题选B。

4.【答案】B。**良师解析**：本题考查的是《中华人民共和国未成年人保护法》。《中华人民共和国未成年人保护法》第二十二条规定，学校、幼儿园、托儿所不得在危及未成年人人身安全、健康的校舍和其他设施、场所中进行教育教学活动。因此本题选B。

5.【答案】C。**良师解析**：本题考查的是《中华人民共和国未成年人保护法》。《中华人民共和国未成年人保护法》第五十四条第一款规定，对违法犯罪的未成年人，实行教育、感化、挽救的方针，坚持教育为主、惩罚为辅的原则。因此本题选C。

6.【答案】C。**良师解析**：本题考查的是《中华人民共和国未成年人保护法》。《中华人民共和国未成年人保护法》第六十八条规定，非法招用未满十六周岁的未成年人，或者招用已满十六周岁的未成年人从事过重、有毒、有害等危害未成年人身心健康的劳动或者危险作业的，由劳动保障部门责令改正，处以罚款；情节严重的，由工商行政管理部门吊销营业执照。因此本题选C。

7.【答案】A。**良师解析**：本题考查的是《中华人民共和国未成年人保护法》。《中华人民共和国未成年人保护法》第十条第一款规定，父母或者其他监护人应当创造良好、和睦的家庭环境，依法履行对未成年人的监护职责和抚养义务。因此本题选A。

8.【答案】B。**良师解析**：本题考查的是《中华人民共和国未成年人保护法》。《中华人民共和国未成年人保护法》第四十条规定，学校、幼儿园、托儿所和公共场所发生突发事件时，应当优先救护未成年人。因此本题选B。

9.【答案】B。**良师解析**：本题考查的是《中华人民共和国未成年人保护法》。《中华人民共和国未成年人保护法》第二十一条规定，学校、幼儿园、托儿所的教职员工应当尊重未成年人的人格尊严，不得对未成年人实施体罚、变相体罚或者其他侮辱人格尊严的行为。因此本题选B。

10.【答案】C。**良师解析**：本题考查的是《中华人民共和国未成年人保护法》。《中华人民共和国未成年人保护法》第二十一条规定，学校、幼儿园、托儿所的教职员工应当尊重未成年人的人格尊严，不得对未成年人实施体罚、变相体罚或者其他侮辱人格尊严的行为。因此本题选C。

11.【答案】A。**良师解析**：本题考查的是《中华人民共和国教育法》。《中华人民共和国教育法》是我国教育的基本法，是决定我国教育发展的根本法，是我国的教育宪法。因此本题选A。

12.【答案】A。**良师解析**：本题考查的是《中华人民共和国教育法》。《中华人民共和国教育法》第二十七条规定，设立学校及其他教育机构，必须具备下列基本条件：有组织机构和章程；有合格的教师；有符合规定标准的教学场所及设施、设备等；有必备的办学资金和稳定的经费来源。因此本题选A。

13.【答案】A。**良师解析**：本题考查的是《中华人民共和国教育法》。《中华人民共和国教育法》第三十二条规定，学校及其他教育机构具备法人条件的，自批准设立或者登记注册之日起取得法人资格。因此本题选A。

14.【答案】B。**良师解析**：本题考查的是《中华人民共和国教育法》。《中华人民共和国教育法》第七十三条规定，明知校舍或者教育教学设施有危险，而不采取措施，造成人员伤亡或者重大财产损失的，对直接负责的主管人员和其他直接责任人员，依法追究刑事责任。因此本题选B。

15.【答案】D。**良师解析**：本题考查的是《中华人民共和国教育法》。《中华人民共和国教育法》第七十二条规定，结伙斗殴、寻衅滋事，扰乱学校及其他教育机构教育教学秩序或者破坏校舍、场地及其他财产的，由公安机关给予治安管理处罚；构成犯罪的，依法追究刑事责任。因此本题选D。

16.【答案】A。**良师解析**：本题考查的是《中华人民共和国教育法》。《中华人民共和国教育法》于1995年3月18日第八届全国人民代表大会第三次会议通过，自1995年9月1日起施行。因此本题选 A。

17. 【答案】D。良师解析：本题考查的是《中华人民共和国教育法》。根据《中华人民共和国教育法》第九章法律责任的内容，该法的法律责任分为行政法律责任、民事法律责任和刑事法律责任三种。因此本题选 D。

18. 【答案】C。良师解析：本题考查的是《中华人民共和国教育法》。《中华人民共和国教育法》第七十八条规定，学校及其他教育机构违反国家有关规定向受教育者收取费用的，由教育行政部门或者其他有关行政部门责令退还所收费用，对直接负责的主管人员和其他直接责任人员，依法给予处分。因此本题选 C。（注：2015 年 12 月 27 日的修正版将本条中的"行政处分"修改为"处分"，将"教育行政部门"修改为"教育行政部门或者其他有关行政部门"。本题是 2015 年修正版。）

19. 【答案】A。良师解析：本题考查的是《中华人民共和国教育法》。《中华人民共和国教育法》第五十四条规定，国家建立以财政拨款为主、其他多种渠道筹措教育经费为辅的体制，逐步增加对教育的投入，保证国家举办的学校教育经费的稳定来源。企业事业组织、社会团体及其他社会组织和个人依法举办的学校及其他教育机构，办学经费由举办者负责筹措，各级人民政府可以给予适当支持。因此本题选 A。

20. 【答案】D。良师解析：本题考查的是《中华人民共和国教育法》。1995 年颁布的《中华人民共和国教育法》是新中国成立以来我国制定的第一部教育基本法。因此本题选 D。

21. 【答案】B。良师解析：本题考查的是《中华人民共和国教育法》。《中华人民共和国教育法》第十七条规定，国家实行学前教育、初等教育、中等教育、高等教育的学校教育制度。因此本题选 B。

22. 【答案】B。良师解析：本题考查的是《中华人民共和国义务教育法》。《中华人民共和国义务教育法》第三十六条规定，学校应当把德育放在首位，寓德育于教育教学之中，开展与学生年龄相适应的社会实践活动，形成学校、家庭、社会相互配合的思想道德教育体系，促进学生养成良好的思想品德和行为习惯。因此本题选 B。

23. 【答案】D。良师解析：本题考查的是《中华人民共和国义务教育法》。《中华人民共和国义务教育法》第二十六条规定，学校实行校长负责制。校长应当符合国家规定的任职条件。校长由县级人民政府教育行政部门依法聘任。因此本题选 D。

24. 【答案】C。良师解析：本题考查的是《中华人民共和国教育法》。《中华人民共和国教育法》第九条规定，中华人民共和国公民有受教育的权利和义务。公民不分民族、种族、性别、职业、财产状况、宗教信仰等，依法享有平等的受教育机会。该中学将年级成绩最差的三名学生除名，侵犯了学生的受教育权。因此本题选 C。

25. 【答案】C。良师解析：本题考查的是《中华人民共和国义务教育法》。《中华人民共和国义务教育法》第五十八条规定，适龄儿童、少年的父母或者其他法定监护人无正当理由未依照本法规定送适龄儿童、少年入学接受义务教育的，由当地乡镇人民政府或者县级人民政府教育行政部门给予批评教育，责令限期改正。

26. 【答案】B。良师解析：本题考查的是《中华人民共和国义务教育法实施细则》。《中华人民共和国义务教育法实施细则》第十四条规定，适龄儿童、少年到非户籍所在地接受义务教育的，经户籍所在地的县级教育主管部门或者乡级人民政府批准，可以按照居住地人民政府的有关规定申请借读。借读的适龄儿童、少年接受义务教育的年限，以其户籍所在地的规定为准。因此本题选 B。

27. 【答案】B。良师解析：本题考查的是《中华人民共和国义务教育法实施细则》。《中华人民共和国义务教育法实施细则》第十一条规定，当地基层人民政府或者其授权的实施义务教育的学校至迟在新学年始业前十五天，将应当接受义务教育的儿童、少年的入学通知发给其父母或者其他监护人。因此本题选 B。

28.【答案】B。良师解析：本题考查的是《中华人民共和国义务教育法》。《中华人民共和国义务教育法》第二十二条第二款规定，县级以上人民政府及其教育行政部门不得以任何名义改变或者变相改变公办学校的性质。因此本题选 B。

29.【答案】B。良师解析：本题考查的是《中华人民共和国义务教育法》。《中华人民共和国义务教育法》第三十一条规定，教师的平均工资水平应当不低于当地公务员的平均工资水平。因此本题选 B。

30.【答案】B。良师解析：本题考查的是《中华人民共和国义务教育法》。《中华人民共和国义务教育法》(1986 年) 第一条规定，为了发展基础教育，促进社会主义物质文明和精神文明建设，根据宪法和我国实际情况，制定本法。(2015 年修正版第一条已修改为"为了保障适龄儿童、少年接受义务教育的权利，保证义务教育的实施，提高全民族素质，根据宪法和教育法，制定本法。")因此本题选 B。

31.【答案】D。良师解析：本题考查的是《中华人民共和国义务教育法》。《中华人民共和国义务教育法》第二十五条规定，学校不得违反国家规定收取费用，不得以向学生推销或者变相推销商品、服务等方式谋取利益。张老师在所教班级推销教学辅导资料违反了此项规定。因此本题选 D。

32.【答案】D。良师解析：本题考查的是《中华人民共和国义务教育法》。《中华人民共和国义务教育法》第十一条规定，凡年满六周岁的儿童，其父母或者其他法定监护人应当送其入学接受并完成义务教育；条件不具备的地区的儿童，可以推迟到七周岁。适龄儿童、少年因身体状况需要延缓入学或者休学的，其父母或者其他法定监护人应当提出申请，由当地乡镇人民政府或者县级人民政府教育行政部门批准。因此本题选 D。

33.【答案】A。良师解析：本题考查的是《中华人民共和国义务教育法》。《中华人民共和国义务教育法》第二条第二款规定，义务教育是国家统一实施的所有适龄儿童、少年必须接受的教育，是国家必须予以保障的公益性事业。因此本题选 A。

34.【答案】B。良师解析：本题考查的是《中华人民共和国义务教育法》。《中华人民共和国义务教育法》第二十七条规定，对违反学校管理制度的学生，学校应当予以批评教育，不得开除。针对题干中小涛的情况，学校合适的做法是了解他的情况，对其进行教育。因此本题选 B。

35.【答案】B。良师解析：本题考查的是《中华人民共和国义务教育法》。《中华人民共和国义务教育法》第二十二条第一款规定，县级以上人民政府及其教育行政部门应当促进学校均衡发展，缩小学校之间办学条件的差距，不得将学校分为重点学校和非重点学校。学校不得分设重点班和非重点班。因此本题选 B。

36.【答案】C。良师解析：本题考查的是《中华人民共和国义务教育法》。《中华人民共和国义务教育法》第三条规定，义务教育必须贯彻国家的教育方针，实施素质教育，提高教育质量，使适龄儿童、少年在品德、智力、体质等方面全面发展，为培养有理想、有道德、有文化、有纪律的社会主义建设者和接班人奠定基础。因此本题选 C。

37.【答案】D。良师解析：本题考查的是《中华人民共和国义务教育法》。《中华人民共和国义务教育法》第三十四条规定，教育教学工作应当符合教育规律和学生身心发展特点，面向全体学生，教书育人，将德育、智育、体育、美育等有机统一在教育教学活动中，注重培养学生独立思考能力、创新能力和实践能力，促进学生全面发展。因此本题选 D。

38.【答案】D。良师解析：本题考查的是《中华人民共和国义务教育法》。《中华人民共和国义务教育法》第六条指出，国务院和县级以上地方人民政府应当合理配置教育资源，促进义务教育均衡发展，改善薄弱学校的办学条件，并采取措施，保障农村地区、民族地区实施义务教育，保障家庭经济困难的和残疾的适龄儿童、少年接受义务教育。国家组织和鼓励经济发达地区支援经济欠发达地区实施义务教育。可见，均衡发展教育、实现教育公平是 2006 年修订的《中华人民共和国义务教育法》为义务教育发展指明的根本方向。因此本题选 D。

39.【答案】A。良师解析：本题考查的是《中华人民共和国义务教育法》。《中华人民共和国义务教育法》第三条规定，义务教育必须贯彻国家的教育方针，实施素质教育，提高教育质量，使适龄儿童、少年在品德、智力、体质等方面全面发展，为培养有理想、有道德、有文化、有纪律的社会主义建设者和接班人奠定基础。因此本题选 A。

40.【答案】D。良师解析：本题考查的是《中华人民共和国义务教育法》。《中华人民共和国义务教育法》第二十七条规定，对违反学校管理制度的学生，学校应当予以批评教育，不得开除。因此本题选 D。

41.【答案】B。良师解析：本题考查的是《中华人民共和国义务教育法》。《中华人民共和国义务教育法》第二十九条第二款规定，教师应当尊重学生的人格，不得歧视学生，不得对学生实施体罚、变相体罚或者其他侮辱人格尊严的行为，不得侵犯学生合法权益。老师的行为是否属于体罚或者变相体罚，要根据老师对待学生的目的而定。以抄生字为例，如果是学生学习不用功，课文生疏，老师通过要求学生抄课文达到熟悉课文的目的，并且抄写的遍数适当，那么属于教学方式的问题，不属于体罚或者变相体罚。如果是学生存在学习以外的过错，而老师通过罚学生抄课文进行惩戒，那么从这种目的出发就属于变相体罚。因此本题选 B。

42.【答案】D。良师解析：本题考查的是《中华人民共和国义务教育法》。《中华人民共和国义务教育法》第三十四条规定，教育教学工作应当符合教育规律和学生身心发展特点，面向全体学生，教书育人，将德育、智育、体育、美育等有机统一在教育教学活动中，注重培养学生独立思考能力、创新能力和实践能力，促进学生全面发展。因此本题选 D。

43.【答案】D。良师解析：本题考查的是《中华人民共和国义务教育法》。《中华人民共和国义务教育法》第三十一条第三款规定，特殊教育教师享有特殊岗位补助津贴。在民族地区和边远贫困地区工作的教师享有艰苦贫困地区补助津贴。因此本题选 D。

44.【答案】B。良师解析：本题考查的是《中华人民共和国教师法》。《中华人民共和国教师法》第二十二条第一款规定，学校或者其他教育机构应当对教师的政治思想、业务水平、工作态度和工作成绩进行考核。因此本题选 B。

45.【答案】C。良师解析：本题考查的是《中华人民共和国教师法》。《中华人民共和国教师法》第三条规定，教师是履行教育教学职责的专业人员，承担教书育人、培养社会主义事业建设者和接班人、提高民族素质的使命。教师应当忠诚于人民的教育事业。因此本题选 C。

46.【答案】C。良师解析：本题考查的是《中华人民共和国教师法》。《中华人民共和国教师法》第三十七条规定："教师有下列情形之一的，由所在学校、其他教育机构或者教育行政部门给予行政处分或者解聘：（一）故意不完成教育教学任务给教育教学工作造成损失的；（二）体罚学生，经教育不改的；（三）品行不良、侮辱学生，影响恶劣的。教师有前款第（二）项、第（三）项所列情形之一，情节严重，构成犯罪的，依法追究刑事责任。"针对题干中张老师的情况，可以由所在学校、其他教育机构或者教育行政部门给予行政处分或者解聘。因此本题选 C。

47.【答案】B。良师解析：本题考查的是《中华人民共和国教师法》。《中华人民共和国教师法》第三十七条规定："教师有下列情形之一的，由所在学校、其他教育机构或者教育行政部门给予行政处分或者解聘：（一）故意不完成教育教学任务给教育教学工作造成损失的；（二）体罚学生，经教育不改的；（三）品行不良、侮辱学生，影响恶劣的。教师有前款第（二）项、第（三）项所列情形之一，情节严重，构成犯罪的，依法追究刑事责任。"因此本题选 B。

48.【答案】C。良师解析：本题考查的是《中华人民共和国教师法》。《中华人民共和国教师法》第三十九条规定，教师对学校或者其他教育机构侵犯其合法权益的，或者对学校或者其他教育机构作出的处理不服的，可以向教育行政部门提出申诉，教育行政部门应当在接到申诉的三十日内，作出处理。因此本题选C。

49. 【答案】B。良师解析：本题考查的是《中华人民共和国教师法》。《中华人民共和国教师法》第十四条规定，受到剥夺政治权利或者故意犯罪受到有期徒刑以上刑事处罚的，不能取得教师资格，已经取得教师资格的，丧失教师资格。因此本题选B。

50. 【答案】D。良师解析：本题考查的是《中华人民共和国教师法》。《中华人民共和国教师法》第二十四条规定，教师考核结果是受聘任教、晋升工资、实施奖惩的依据。因此本题选D。

51. 【答案】B。良师解析：本题考查的是《中华人民共和国教师法》。《中华人民共和国教师法》第四十三条规定，本法自1994年1月1日起施行。因此本题选B。

52. 【答案】A。良师解析：本题考查的是《中华人民共和国教师法》。《中华人民共和国教师法》第十条规定，国家实行教师资格制度。中国公民凡遵守宪法和法律，热爱教育事业，具有良好的思想品德，具备本法规定的学历或者经国家教师资格考试合格，有教育教学能力，经认定合格的，可以取得教师资格。因此本题选A。

53. 【答案】C。良师解析：本题考查的是《中华人民共和国教师法》。《中华人民共和国教师法》第二条规定，本法适用于在各级各类学校和其他教育机构中专门从事教育教学工作的教师。因此本题选C。

54. 【答案】B。良师解析：本题考查的是《中华人民共和国教师法》。《中华人民共和国教师法》第三十九条规定，教师对学校或者其他教育机构侵犯其合法权益的，或者对学校或者其他教育机构作出的处理不服的，可以向教育行政部门提出申诉，教育行政部门应当在接到申诉的三十日内，作出处理。教师认为当地人民政府有关行政部门侵犯其根据本法规定享有的权利的，可以向同级人民政府或者上一级人民政府有关部门提出申诉，同级人民政府或者上一级人民政府有关部门应当作出处理。可见，教师申诉制度是依据《中华人民共和国教师法》确定的。因此本题选B。

55. 【答案】B。良师解析：本题考查的是《中华人民共和国教师法》和《中华人民共和国未成年人保护法》。不作为侵权行为是指行为人违反对他人负有的作为义务，以一定的不作为致人损害行为。根据《中华人民共和国教师法》和《中华人民共和国未成年人保护法》的有关规定可知，学校和教师负有保护学生的法定义务。题干中教师没有履行保护学生的职责，没有阻止有害学生的行为，所以构成不作为侵权。因此本题选B。

56. 【答案】A。良师解析：本题考查的是《中华人民共和国教师法》。《中华人民共和国教师法》第三十九条规定，教师对学校或者其他教育机构侵犯其合法权益的，或者对学校或者其他教育机构作出的处理不服的，可以向教育行政部门提出申诉，教育行政部门应当在接到申诉的三十日内，作出处理。教师认为当地人民政府有关行政部门侵犯其根据本法规定享有的权利的，可以向同级人民政府或者上一级人民政府有关部门提出申诉，同级人民政府或者上一级人民政府有关部门应当作出处理。这是宪法关于公民申诉权利规定在教师身上的具体体现。因此本题选A。

57. 【答案】D。良师解析：本题考查的是《中华人民共和国教师法》。《中华人民共和国教师法》第七条规定，教师享有下列权利：(1) 进行教育教学活动，开展教育教学改革和实验；(2) 从事科学研究、学术交流，参加专业的学术团体，在学术活动中充分发表意见；(3) 指导学生的学习和发展，评定学生的品行和学业成绩；(4) 按时获取工资报酬，享受国家规定的福利待遇以及寒暑假期的带薪休假；(5) 对学校教育教学、管理工作和教育行政部门的工作提出意见和建议，通过教职工代表大会或者其他形式，参与学校的民主管理；(6) 参加进修或者其他方式的培训。D项属于教师的义务。因此本题选D。

58. 【答案】B。良师解析：本题考查的是《中华人民共和国教师法》。《中华人民共和国教师法》第十四条规定，受到剥夺政治权利或者故意犯罪受到有期徒刑以上刑事处罚的，不能取得教师资格；已经取得教师资格的，丧失教师资格。因此本题选B。

59.【答案】B。良师解析：本题考查的是《中华人民共和国教师法》。《中华人民共和国教师法》第七条规定，教师有权对学校教育教学、管理工作和教育行政部门的工作提出意见和建议，通过教职工代表大会或者其他形式，参与学校的民主管理。因此本题选B。

60.【答案】A。良师解析：本题考查的是《学生伤害事故处理办法》。《学生伤害事故处理办法》第九条规定，因下列情形之一造成的学生伤害事故，学校应当依法承担相应的责任：（1）学校的校舍、场地、其他公共设施，以及学校提供给学生使用的学具、教育教学和生活设施、设备不符合国家规定的标准，或者有明显不安全因素的；（2）学校的安全保卫、消防、设施设备管理等安全管理制度有明显疏漏，或者管理混乱，存在重大安全隐患，而未及时采取措施的。题干中A项符合上述条款，学校应当承担相应的责任。因此本题选A。

61.【答案】A。良师解析：本题考查的是《学生伤害事故处理办法》。《学生伤害事故处理办法》第九条规定，学校组织学生参加教育教学活动或者校外活动，未对学生进行相应的安全教育，并未在可预见的范围内采取必要的安全措施的情境下造成的伤害事故，学校应当依法承担相应的责任。题干中小洋受伤的情况符合上述条款，所以在此次事故中，学校应负主要责任。因此本题选A。

62.【答案】C。良师解析：本题考查的是《学生伤害事故处理办法》和《中华人民共和国未成年人保护法》。《中华人民共和国未成年人保护法》第二十二条第一款规定，学校、幼儿园、托儿所应当建立安全制度，加强对未成年人的安全教育，采取措施保障未成年人的人身安全。《学生伤害事故处理办法》第十条规定，学生行为具有危险性，学校、教师已经告诫、纠正，但学生不听劝阻、拒不改正的，造成学生伤害事故，学生或者未成年学生监护人应当依法承担相应的责任。题干中，张某不听老师劝阻是导致这次伤害事故的主要原因，应承担主要责任，校方尽管口头提醒但未采取必要措施制止，所以校方应承担次要责任。因此本题选C。

63.【答案】B。良师解析：本题考查的是《学生伤害事故处理办法》。《学生伤害事故处理办法》第二十七条规定，因学校教师或者其他工作人员在履行职务中的故意或者重大过失造成的学生伤害事故，学校予以赔偿后，可以向有关责任人员追偿。故王某的伤害由某寄宿制学校承担责任，事后学校可以向司机追偿。因此本题选B。

64.【答案】A。良师解析：本题考查的是《中华人民共和国教师法》。《中华人民共和国教师法》第三十九条规定，教师对学校或者其他教育机构侵犯其合法权益的，或者对学校或者其他教育机构作出的处理不服的，可以向教育行政部门提出申诉，教育行政部门应当在接到申诉的三十日内，作出处理。故王某应该向学校所在地的教育行政部门提出申诉，即当地县教育局。因此本题选A。

65.【答案】A。良师解析：本题考查的是《学生伤害事故处理办法》和《中华人民共和国侵权责任法》。过错责任原则也叫过失责任原则，它是以行为人主观上的过错为承担民事责任的基本条件的认定责任的准则。按过错责任原则，行为人仅在有过错的情况下，才承担民事责任。没有过错，就不承担民事责任。《学生伤害事故处理办法》第八条规定，发生学生伤害事故，造成学生人身损害的，学校应当按照《中华人民共和国侵权责任法》及相关法律、法规的规定，承担相应的事故责任。《中华人民共和国侵权责任法》第三十八条规定，无民事行为能力人在幼儿园、学校或者其他教育机构学习、生活期间受到人身损害的，幼儿园、学校或者其他教育机构应当承担责任，但能够证明尽到教育、管理职责的，不承担责任。第三十九条规定，限制民事行为能力人在学校或者其他教育机构学习、生活期间受到人身损害，学校或者其他教育机构未尽到教育、管理职责的，应当承担责任。可见，学校责任适用过错责任原则。因此本题选A。

66.【答案】B。良师解析：本题考查的是《学生伤害事故处理办法》。《学生伤害事故处理办法》第三十二条规定，发生学生伤害事故，学校负有责任且情节严重的，教育行政部门应当根据有关规定，对学校的直接负责的主管人员和其他直接责任人员，分别给予相应的行政处分；有关责任人的行为触犯刑律的，应当移送司法机关依法追究刑事责任。第三十四条规定，教育行政部门未履行相应职责，对学生伤害事故的发生负有责任的，由有关部门对直接负责的主管人员和其他直接责任人员分别给予相应的行政处分；有关责任人的行为触犯刑律的，应当移送司法机关依法追究刑事责任。因此本题选 B。

67.【答案】D。良师解析：本题考查的是《学生伤害事故处理办法》。《学生伤害事故处理办法》第十三条规定，下列情形下发生的造成学生人身损害后果的事故，学校行为并无不当的，不承担事故责任；事故责任应当按有关法律法规或者其他有关规定认定。(1) 在学生自行上学、放学、返校、离校途中发生的；(2) 在学生自行外出或者擅自离校期间发生的；(3) 在放学后、节假日或者假期等学校工作时间以外，学生自行滞留学校或者自行到校发生的；(4) 其他在学校管理职责范围外发生的。因此本题选 D。

68.【答案】A。良师解析：本题考查的是《国家中长期教育改革与发展规划纲要（2010—2020年)》。《国家中长期教育改革与发展规划纲要（2010—2020年)》明确提出，把育人为本作为教育工作的根本要求，尊重教育规律和学生身心发展规律。要以学生为主体，以教师为主导，充分调动学生学习的积极性、主动性，把促进学生成长成才作为学校一切工作的出发点和落脚点。因此本题选 A。

69.【答案】D。良师解析：本题考查的是《国家中长期教育改革和发展规划纲要（2010—2020年)》。《国家中长期教育改革和发展规划纲要（2010—2020年)》明确规定，完善教师培训制度，将教师培训经费列入政府预算，对教师实行每五年一周期的全员培训。因此本题选 D。

70.【答案】B。良师解析：本题考查的是《国家中长期教育改革和发展规划纲要（2010—2020年)》。《国家中长期教育改革和发展规划纲要（2010—2020年)》明确规定，省级教育行政部门统一组织中小学教师资格考试和资格认定，县级教育行政部门按规定履行中小学教师的招聘录用、职务（职称）评聘、培养培训和考核等管理职能。因此本题选 B。

71.【答案】D。良师解析：本题考查的是《国家中长期教育改革和发展规划纲要（2010—2020年)》。《国家中长期教育改革和发展规划纲要（2010—2020年)》提出的战略目标是到2020年，基本实现教育现代化，基本形成学习型社会，进入人力资源强国行列。具体包括：实现更高水平的普及教育；形成惠及全民的公平教育；提供更加丰富的优质教育；构建体系完备的终身教育；健全充满活力的教育体制。综上所述，D 项"教育的全面化"不属于《纲要》提出的战略目标。因此木题选 D。

72.【答案】D。良师解析：本题考查的是《国家中长期教育改革和发展规划纲要（2010—2020年)》。《国家中长期教育改革和发展规划纲要（2010—2020年)》指出，坚持德育为先。立德树人，把社会主义核心价值体系融入国民教育全过程。因此本题选 D。

73.【答案】C。良师解析：本题考查的是《国家中长期教育改革和发展规划纲要（2010—2020年)》。《国家中长期教育改革和发展规划纲要（2010—2020年)》指出，到2020年，基本实现教育现代化，基本形成学习型社会，进入人力资源强国行列。因此本题选 C。

74.【答案】B。良师解析：本题考查的是《国家中长期教育改革和发展规划纲要（2010—2020年)》。《国家中长期教育改革和发展规划纲要（2010—2020年)》指出，改革的工作方针是优先发展、育人为本、改革创新、促进公平、提高质量。要把教育摆在优先发展的战略地位；把育人为本作为教育工作的根本要求；把改革创新作为教育发展的强大动力；把促进公平作为国家基本教育政策；把提高质量作为教育改革发展的核心任务。因此本题选 B。

75.【答案】A。良师解析：本题考查的是《中小学教师专业标准》。《中小学教师专业标准》提出的基本理念是师德为先，学生为本，能力为重，终身学习。因此本题选A。

76.【答案】D。良师解析：本题考查的是《国家中长期教育改革与发展规划纲要（2010—2020年）》。《国家中长期教育改革与发展规划纲要（2010—2020年）》明确指出，教育公平的关键是机会公平，基本要求是保障公民依法享有受教育的权利，重点是促进义务教育均衡发展和扶持困难群体，根本措施是合理配置教育资源，向农村地区、边远贫困地区和民族地区倾斜，加快缩小教育差距。因此本题选D。

77.【答案】D。良师解析：本题考查的是《小学教师专业标准（试行）》和《中学教师专业标准（试行）》。《小学教师专业标准（试行）》和《中学教师专业标准（试行）》都明确指出，这两个标准是国家对小学和中学合格教师专业素质的基本要求，是教师开展教育教学活动的基本规范，是引领教师专业发展的基本准则，是教师培养、准入、培训、考核等工作的重要依据。因此本题选D。

78.【答案】A。良师解析：本题考查的是《中小学教师资格定期注册暂行办法》。《中小学教师资格定期注册暂行办法》第二条规定，教师资格定期注册是对教师入职后从教资格的定期核查。中小学教师资格实行5年一周期的定期注册。定期注册不合格或逾期不注册的人员，不得从事教育教学工作。因此本题选A。

79.【答案】D。良师解析：本题考查的是《教师资格条例》。《教师资格条例》第十九条规定，有下列情形之一的，由县级以上人民政府教育行政部门撤销其教师资格：（1）弄虚作假、骗取教师资格的；（2）品行不良、侮辱学生，影响恶劣的。被撤销教师资格的，自撤销之日起5年内不得重新申请认定教师资格，其教师资格证书由县级以上人民政府教育行政部门收缴。因此本题选D。

80.【答案】B。良师解析：本题考查的是《教师资格条例》。《教师资格条例》第十四条规定，教育行政部门和受委托的高等学校每年春季、秋季各受理一次教师资格认定申请。因此本题选B。

81.【答案】D。良师解析：本题考查的是《教师资格条例》。《教师资格条例》第十六条第三款规定，教师资格证书在全国范围内适用。教师资格证书由国务院教育行政部门统一印制。因此本题选D。

82.【答案】D。良师解析：本题考查的是《中小学教师职业道德规范》。教师职业道德规范体现了教师时代特征和对师德的本质要求，其中的核心是关爱学生，其实质就是对学生的关爱与责任。因此本题选D。

83.【答案】B。良师解析：本题考查的是《中小学班主任工作暂行规定》。《中小学班主任工作暂行规定》明确规定，班主任是中小学日常思想道德教育和学生管理工作的主要实施者，是中小学生健康成长的引领者，班主任要努力成为中小学生的人生导师。因此本题选B。

84.【答案】D。良师解析：本题考查的是《国务院关于深化考试招生制度改革的实施意见》。《国务院关于深化考试招生制度改革的实施意见》明确提出，2014年启动考试招生制度改革试点，2017年全面推进，到2020年基本建立中国特色现代教育考试招生制度，形成分类考试、综合评价、多元录取的考试招生模式，健全促进公平、科学选才、监督有力的体制机制，构建衔接沟通各级各类教育、认可多种学习成果的终身学习"立交桥"。其中并未提出全国统考的政策。因此本题选D。

85.【答案】D。良师解析：本题考查的是《基础教育课程改革纲要（试行）》。《基础教育课程改革纲要（试行）》提出的基础教育课程改革的具体目标中需要改变的几个现状包括：（1）改变课程过于注重知识传授的倾向；（2）改变课程结构过于强调学科本位、科目过多和缺乏整合的现状；（3）改变课程内容"难、繁、偏、旧"和过于注重书本知识的现状；（4）改变课程实施过于强调接受学习、死记硬背、机械训练的现状；（5）改变课程评价过分强调甄别与选拔的功能；（6）改变课程管理过于集中的状况。这其中不包括改变课程实施过于封闭的现状。因此本题选D。

86.【答案】B。良师解析：本题考查的是《中华人民共和国宪法》。1982年12月，第五届全国人民代表大会第五次会议通过的《中华人民共和国宪法》第十九条规定："国家举办各种学校，普及初等义务教育，发展中等教育、职业教育和高等教育，并且发展学前教育。"这是中华人民共和国成立以来首次以法律形式确定在我国普及初等义务教育。因此本题选B。

87. 【答案】C。良师解析：本题考查的是《教育部关于建立中小学幼儿园家长委员会的指导意见》。《教育部关于建立中小学幼儿园家长委员会的指导意见》规定，家长委员会应在学校的指导下履行参与学校管理、参与教育工作、沟通学校与家庭的职责。因此本题选C。

88. 【答案】D。良师解析：本题考查的是《国务院关于深化考试招生制度改革的实施意见》。《国务院关于深化考试招生制度改革的实施意见》提出了改革的总体目标，2014年启动考试招生制度改革试点，2017年全面推进，到2020年基本建立中国特色现代教育考试招生制度，形成分类考试、综合评价、多元录取的考试招生模式，健全促进公平、科学选才、监督有力的体制机制，构建衔接沟通各级各类教育、认可多种学习成果的终身学习"立交桥"。因此这次改革的总体定位是促进公平、科学选才。因此本题选D。

89. 【答案】C。良师解析：本题考查的是《国务院关于深化考试招生制度改革的实施意见》。《国务院关于深化考试招生制度改革的实施意见》提出，保持统一高考的语文、数学、外语科目不变、分值不变，不分文理科，外语科目提供两次考试机会。因此本题选C。

90. 【答案】B。良师解析：本题考查的是《中学教师职务试行条例》和《小学教师职务试行条例》。根据《中学教师职务试行条例》和《小学教师职务试行条例》的规定，聘任或任命教师担任职务应有一定的任期，每一任期一般为三至五年，可以续聘或连任。因此本题选B。

91. 【答案】D。良师解析：本题考查的是《中华人民共和国民办教育促进法》。《中华人民共和国民办教育促进法》第二十二条规定，学校理事会或者董事会行使下列职权：（1）聘任和解聘校长；（2）修改学校章程和制定学校的规章制度；（3）制定发展规划，批准年度工作计划；（4）筹集办学经费，审核预算、决算；（5）决定教职工的编制定额和工资标准；（6）决定学校的分立、合并、终止；（7）决定其他重大事项。可见，学校董事会是学校的决策机构，对学校重大问题拥有决策权。因此本题选D。

92. 【答案】B。良师解析：本题考查的是《校车安全管理条例》。《校车安全管理条例》第三条规定，对确实难以保障就近入学，并且公共交通不能满足学生上下学需要的农村地区，县级以上地方人民政府应当采取措施，保障接受义务教育的学生获得校车服务。接受义务教育的学生为小学生和初中生，因此本题选B。

93. 【答案】D。良师解析：本题考查的是《中华人民共和国宪法》。《中华人民共和国宪法》第四十六条第一款规定，中华人民共和国公民有受教育的权利和义务。因此本题选D。

94. 【答案】D。良师解析：本题考查的是《中华人民共和国预防未成年人犯罪法》。该法第四十五条第二款规定，对于审判的时候被告人不满十八周岁的刑事案件，不公开审理。因此本题选D。

95. 【答案】B。良师解析：本题考查的是《教育行政处罚暂行实施办法》。《教育行政处罚暂行实施办法》第四条第一款规定，实施教育行政处罚的机关，除法律、法规另有规定的外，必须是县级以上人民政府的教育行政部门。因此本题选B。

96. 【答案】A。良师解析：本题考查的是《中华人民共和国宪法》。根据《中华人民共和国宪法》第八十九条规定，国务院有"根据宪法和法律，规定行政措施，制定行政法规，发布决定和命令"的职权。因此本题选A。

97. 【答案】D。良师解析：本题考查的是《中国教育改革与发展纲要》。《中国教育改革与发展纲要》中提出，中小学要由"应试教育"转向全面提高国民素质的轨道，面向全体学生，全面提高学生的思想道德、文化科学、劳动技能和身体心理素质，促进学生生动活泼地发展。因此本题选 D。

98.【答案】A。良师解析：本题考查的是《中华人民共和国职业教育法》。《中华人民共和国职业教育法》第三十七条第二款规定，企业、事业组织应当接纳职业学校和职业培训机构的学生和教师实习；对上岗实习的，应当给予适当的劳动报酬。因此本题选A。

99.【答案】C。良师解析：本题考查的是《关于深化教育改革全面推进素质教育的决定》。《关于深化教育改革全面推进素质教育的决定》的出台，标志着我国新一轮课改正式启动。因此本题选C。

100.【答案】A。良师解析：本题考查的是教育法律救济。教育法律救济的渠道有四种，即行政渠道、司法渠道、仲裁渠道和调解渠道。行政复议是教育法律救济的主要方式。因此本题选A。

101.【答案】C。良师解析：本题考查的是教育法律原理。教育者和受教育者是教育法律关系中两个最重要的主体。因此本题选C。

102.【答案】D。良师解析：本题考查的是教育法律关系。教育法律关系是根据法律规范产生，以主体之间的权利与义务关系的形式表现出来的特殊的社会关系，是社会内容与法律形式的统一，受到国家强制力的保障。因此本题选D。

103.【答案】D。良师解析：本题考查的是教育法的本质特点。教育法的本质特点是国家意志性、强制性、规范性和普遍性。因此本题选D。

104.【答案】A。良师解析：本题考查的是《互联网上网服务营业场所管理条例》。《互联网上网服务营业场所管理条例》第九条规定，中学、小学校园周围200米范围内和居民住宅楼（院）内不得设立互联网上网服务营业场所。因此本题选A。

105.【答案】A。良师解析：《中华人民共和国教育法》第四十九条规定未成年人的父母或者其他监护人应当为其未成年子女或者其他被监护人受教育提供必要条件。未成年人的父母或者其他监护人应当配合学校及其他教育机构，对其未成年子女或者其他被监护人进行教育。学校、教师可以对学生家长提供家庭教育指导。

106.【答案】A。良师解析：《中华人民共和国教育法》第七十二条规定结伙斗殴、寻衅滋事，扰乱学校及其他教育机构教育教学秩序或者破坏校舍、场地及其他财产的，由公安机关给予治安管理处罚；构成犯罪的，依法追究刑事责任。侵占学校及其他教育机构的校舍、场地及其他财产的，依法承担民事责任。

107.【答案】C。良师解析：《中华人民共和国义务教育法》第三十一条规定特殊教育教师享有特殊岗位补助津贴。在民族地区和边远贫困地区工作的教师享有艰苦贫困地区补助津贴。

108.【答案】D。良师解析：《中华人民共和国义务教育法》第十四条禁止用人单位招用应当接受义务教育的适龄儿童、少年。根据国家有关规定经批准招收适龄儿童、少年进行文艺、体育等专业训练的社会组织，应当保证所招收的适龄儿童、少年接受义务教育；自行实施义务教育的，应当经县级人民政府教育行政部门批准。

109.【答案】C。良师解析：《中华人民共和国义务教育法》第十二条规定适龄儿童、少年免试入学。地方各级人民政府应当保障适龄儿童、少年在户籍所在地学校就近入学。

110.【答案】B。良师解析：识记题，1994年1月1日实施《中华人民共和国教师法》，2006年9月1日实施修订的《中华人民共和国义务教育法》，故选B。

111.【答案】B。良师解析：中国政府发布了三个关于中国民族政策的白皮书。1999年《中国的少数民族政策及其实践》，2005年《中国的民族区域自治》，2009年《中国的民族政策与各民族共同繁荣发展》。

112.【答案】D。良师解析：《中华人民共和国未成年人保护法》第三条规定未成年人享有生存权、发展权、受保护权、参与权等权利，国家根据未成年人身心发展特点给予特殊、优先保护，保障未成年人的合法权益不受侵犯。

113.【答案】D。良师解析：《中华人民共和国预防未成年人犯罪法》第六条规定对未成年人应当加强理想、道德、法制和爱国主义、集体主义、社会主义教育。对于达到义务教育年龄的未成年人，在进行上述教育的同时，应当进行预防犯罪的教育。

114.【答案】C。良师解析：《中华人民共和国预防未成年人犯罪法》第三十五条规定对未成年人实施本法规定的严重不良行为的，应当及时予以制止。对有本法规定严重不良行为的未成年人，其父母或者其他监护人和学校应当相互配合，采取措施严加管教，也可以送工读学校进行矫治和接受教育。对未成年人送工读学校进行矫治和接受教育，应当由其父母或者其他监护人，或者原所在学校提出申请，经教育行政部门批准。

115.【答案】A。良师解析：根据《学生伤害事故处理办法》第九条的规定，因下列情形之一造成的学生伤害事故，学校应当依法承担相应的责任：（1）学校的校舍、场地、其他公共设施，以及学校提供给学生使用的学具、教育教学和生活设施、设备不符合国家规定的标准，或者有明显不安全因素的；（2）学校的安全保卫、消防、设施设备管理等安全管理制度有明显疏漏，或者管理混乱，存在重大安全隐患，而未及时采取措施的；（3）学校向学生提供的药品、食品、饮用水等不符合国家或者行业的有关标准、要求的；（4）学校组织学生参加教育教学活动或者校外活动，未对学生进行相应的安全教育，并未在可预见的范围内采取必要的安全措施的；（5）学校知道教师或者其他工作人员患有不适宜担任教育教学工作的疾病，但未采取必要措施的；（6）学校违反有关规定，组织或者安排未成年学生从事不宜未成年人参加的劳动、体育运动或者其他活动的；（7）学生有特异体质或者特定疾病，不宜参加某种教育教学活动，学校知道或者应当知道，但未予以必要的注意的；（8）学生在校期间突发疾病或者受到伤害，学校发现，但未根据实际情况及时采取相应措施，导致不良后果加重的；（9）学校教师或者其他工作人员体罚或者变相体罚学生，或者在履行职责过程中违反工作要求、操作规程、职业道德或者其他有关规定的；（10）学校教师或者其他工作人员在负有组织、管理未成年学生的职责期间，发现学生行为具有危险性，但未进行必要的管理、告诫或者制止的；（11）对未成年学生擅自离校等与学生人身安全直接相关的信息，学校发现或者知道，但未及时告知未成年学生的监护人，导致未成年学生因脱离监护人的保护而发生伤害的；（12）学校有未依法履行职责的其他情形。该项是概括性规定，指上述所列举情形之外与之类似情形的，学校应承担责任。学校对事故的发生有过错的应由学校承担责任，不包含BCD三项。

116.【答案】A。良师解析：在学生伤害事故处理办法中无此条规定。

117.【答案】A。良师解析：预防未成年人犯罪，应当立足于教育和保护，从小抓起，对未成年人的不良行为应当及时预防和矫治。

118.【答案】A。良师解析：把促进公平作为国家基本教育政策。教育公平是社会公平的重要基础。教育公平的关键是机会公平，基本要求是保障公民依法享有受教育的权利，重点是促进义务教育均衡发展和扶持困难群体，根本措施是合理配置教育资源，向农村地区、边远贫困地区和民族地区倾斜，加快缩小教育差距。教育公平的主要责任在政府，全社会要共同促进教育公平。

119.【答案】D。良师解析：《学生伤害事故处理办法》第十五条规定发生学生伤害事故，学校应当及时救助受伤害学生，并应当及时告知未成年学生的监护人；有条件的，应当采取紧急救援等方式救助。根据《学生伤害事故处理办法》第十六条的规定，发生学生伤害事故，情形严重的，学校应当及时向主管教育行政部门及有关部门报告；属于重大伤亡事故的，教育行政部门应当按照有关规定及时向同级人民政府和上一级教育行政部门报告。

120.【答案】B。良师解析：第四个的"与学生年龄接近"明显不符合实际情况。

121.【答案】B。良师解析：世界上最早的、成体系的教育法学著作是德国国际教育大学法律系的汉斯·赫克尔与西普教授于1957年合著的《学校法学》一书。该书的主旨是倡导教师在教育上的自由。《学校法学》一书由三编构成：第一编探讨学校制度方面的法律；第二编研究教员的法律关系；第三编研究学生和学校的关系。美国较早成体系的教育法学著作是诺尔特和林恩于 1963 年编写出版的《学校法——教师手册》。《教职员许可证法》确立了教职员许可证制度。

122.【答案】C。良师解析：《中华人民共和国教育法》第四十三条规定受教育者享有下列权利：在学业成绩和品行上获得公正评价，完成规定的学业后获得相应的学业证书、学位证书。

123.【答案】D。良师解析：《〈教师资格条例〉实施办法》第十二条规定申请认定教师资格者应当在规定时间向教师资格认定机构或者依法接受委托的高等学校提交下列基本材料：(1) 由本人填写的教师资格认定申请表一式两份；(2) 身份证原件和复印件；(3) 学历证书原件和复印件；(4) 由教师资格认定机构指定的县级以上医院出具的体格检查合格证明；(5) 普通话水平测试等级证书原件和复印件；(6) 思想品德情况的鉴定或者证明材料。

124.【答案】C。良师解析：学生的权利：(1) 学生的受教育权。受教育权是学生最主要的权利。(2) 学生的人身权。人身权是公民权利中最基本、最重要、内涵最为丰富的一项权利。选项 B 人身自由权是指公民在法律范围内有独立行为而不受他人干涉，不受非法逮捕、拘禁，不被非法剥夺、限制自由及非法搜查身体的自由权利。

125.【答案】C。良师解析：战国时期魏相李悝于公元前 407 年编成的《法经》是我国历史上第一部比较系统的成文法典。隋朝创《开皇律》，共计十二篇，五百条，可谓总结了秦国以来的刑事立法，将五刑规定为死、流、徒、杖、笞，取代了墨、劓、刖、宫等割裂肌肤、残害肢体的肉刑。五刑的规范，一直贯彻到清代。《法典》是同一门类的各种法规经过整理编订而形成的系统的法律，源于古巴比伦王国。汉代扬雄《法言·学行》中有"师者人之模范也"。《开皇令》是隋朝时期的专门法典。

三、多项选择题

1.【答案】ABC。良师解析：本题考查的是《中华人民共和国义务教育法》。《中华人民共和国义务教育法》第五十九条规定，有下列情形之一的，依照有关法律、行政法规的规定予以处罚：(1) 胁迫或者诱骗应当接受义务教育的适龄儿童、少年失学、辍学的；(2) 非法招用应当接受义务教育的适龄儿童、少年的；(3) 出版未经依法审定的教科书的。因此本题选 ABC。

2.【答案】ABC。良师解析：本题考查的是《中华人民共和国教育法》。《中华人民共和国教育法》第四十四条规定，受教育者应当履行下列义务：(1) 遵守法律、法规；(2) 遵守学生行为规范，尊敬师长，养成良好的思想品德和行为习惯；(3) 努力学习，完成规定的学习任务；(4) 遵守所在学校或者其他教育机构的管理制度。因此本题选 ABC。

3.【答案】ABC。良师解析：本题考查的是《中华人民共和国教育法》。《中华人民共和国教育法》第二十八条规定，学校及其他教育机构的设立、变更和终止，应当按照国家有关规定办理审核、批准、注册或者备案手续。因此本题选 ABC。

4.【答案】ABCD。良师解析：本题考查的是《中华人民共和国教育法》。《中华人民共和国教育法》第四十三条规定，受教育者享有下列权利：(1) 参加教育教学计划安排的各种活动，使用教育教学设施、设备、图书资料；(2) 按照国家有关规定获得奖学金、贷学金、助学金；(3) 在学业成绩和品行上获得公正评价，完成规定的学业后获得相应的学业证书、学位证书；(4) 对学校给予的处分不服向有关部门提出申诉，对学校、教师侵犯其人身权、财产权等合法权益，提出申诉或者依法提起诉讼；(5) 法律、法规规定的其他权利。因此本题选 ABCD。

5.【答案】BC。良师解析：本题考查的是《中华人民共和国义务教育法》。《中华人民共和国义务教育法》第二条第二款规定，义务教育是国家统一实施的所有适龄儿童、少年必须接受的教育，是国家必须予以保障的公益性事业。这一规定明确了我国义务教育的公益性、统一性和强制性（义务性）。这是义务教育的三个基本性质。因此本题选 BC。

6.【答案】AC。良师解析：本题考查的是《中华人民共和国义务教育法》。《中华人民共和国义务教育法》第二条第三款规定，实施义务教育，不收学费、杂费。因此本题选 AC。

7.【答案】ABC。良师解析：本题考查的是《中华人民共和国教师法》。《中华人民共和国教师法》第三十七条规定，教师有下列情形之一的，由所在学校、其他教育机构或者教育行政部门给予行政处分或者解聘：（1）故意不完成教育教学任务给教育教学工作造成损失的；（2）体罚学生，经教育不改的；（3）品行不良、侮辱学生，影响恶劣的。ABC 项符合《中华人民共和国教师法》规定的情形，D 项属于《中华人民共和国未成年人保护法》中规定的社会保护的内容。因此本题选 ABC。

8.【答案】ABCD。良师解析：本题考查的是《中华人民共和国教师法》。《中华人民共和国教师法》第十条规定，国家实行教师资格制度。中国公民凡遵守宪法和法律，热爱教育事业，具有良好的思想品德，具备本法规定的学历或者经国家教师资格考试合格，有教育教学能力，经认定合格的，可以取得教师资格。因此本题选 ABCD。

9.【答案】ABCD。良师解析：本题考查的是《中华人民共和国教师法》。《中华人民共和国教师法》第十三条规定，中小学教师资格由县级以上地方人民政府教育行政部门认定。中等专业学校、技工学校的教师资格由县级以上地方人民政府教育行政部门组织有关主管部门认定。普通高等学校的教师资格由国务院或者省、自治区、直辖市教育行政部门或者由其委托的学校认定。具备本法规定的学历或者经国家教师资格考试合格的公民，要求有关部门认定其教师资格的，有关部门应当依照本法规定的条件予以认定。取得教师资格的人员首次任教时，应当有试用期。因此本题选 ABCD。

10.【答案】BCD。良师解析：本题考查的是《国家中长期教育改革和发展规划纲要（2010—2020 年）》。《国家中长期教育改革和发展规划纲要（2010—2020 年）》指出，巩固和提高我国义务教育水平要做到适应城乡发展需要，合理规划学校布局，办好必要的教学点，方便学生就近入学。故 B 项正确。坚持以输入地政府管理为主、以全日制公办中小学为主，确保进城务工人员随迁子女平等接受义务教育，研究制定进城务工人员随迁子女接受义务教育后在当地参加升学考试的办法。建立健全政府主导、社会参与的农村留守儿童关爱服务体系和动态监测机制。加快农村寄宿制学校建设，优先满足留守儿童住宿需求。采取必要措施，确保适龄儿童不因家庭经济困难、就学困难、学习困难等原因而失学，努力消除辍学现象。故 C 项正确。建立城乡一体化义务教育发展机制，在财政拨款、学校建设、教师配置等方面向农村倾斜。故 D 项正确。A 项在巩固和提高九年义务教育水平的做法中没有体现。因此本题选 BCD。

11.【答案】ABD。良师解析：本题考查的是《国家中长期教育改革和发展规划纲要（2010—2020 年）》。《国家中长期教育改革和发展规划纲要（2010—2020 年）》第三十二条指出了创新人才培养模式，即要注重学思结合、注重知行统一、注重因材施教。因此本题选 ABD。

12.【答案】ACD。良师解析：本题考查的是《国家中长期教育改革和发展规划纲要（2010—2020 年）》。《国家中长期教育改革和发展规划纲要（2010—2020 年）》指出，要构建体系完备的终身教育。学历教育和非学历教育协调发展，职业教育和普通教育相互沟通，职前教育和职后教育有效衔接。继续教育参与率大幅提升，从业人员继续教育年参与率达到 50%。现代国民教育体系更加完善，终身教育体系基本形成，促进全体人民学有所教、学有所成、学有所用。因此本题选 ACD。

13.【答案】ABCD。良师解析：本题考查的是《国家中长期教育改革和发展规划纲要（2010—2020 年）》。《国家中长期教育改革和发展规划纲要（2010—2020 年）》指出，坚持能力为重。优化知识结构，丰富社会实践，强化能力培养。着力提高学生的学习能力、实践能力、创新能力，教育学生学会知识技能，学会动手动脑，学会生存生活，学会做人做事，促进学生主动适应社会，开创美好未来。因此本题选 ABCD。

14.【答案】ABCD。**良师解析**：本题考查的是《教育部关于加强和改进普通高中学生综合素质评价的意见》。《教育部关于加强和改进普通高中学生综合素质评价的意见》规定了普通高中学生综合素质评价的内容，包括思想品德、学业水平、身心健康、艺术素养和社会实践。因此本题选 ABCD。

15.【答案】ABC。**良师解析**：本题考查的是《学校教职工代表大会规定》。《学校教职工代表大会规定》第七条规定，教职工代表大会的职权是：（1）听取学校章程草案的制定和修订情况报告，提出修改意见和建议；（2）听取学校发展规划、教职工队伍建设、教育教学改革、校园建设以及其他重大改革和重大问题解决方案的报告，提出意见和建议；（3）听取学校年度工作、财务工作、工会工作报告以及其他专项工作报告，提出意见和建议；（4）讨论通过学校提出的与教职工利益直接相关的福利、校内分配实施方案以及相应的教职工聘任、考核、奖惩办法；（5）审议学校上一届（次）教职工代表大会提案的办理情况报告；（6）按照有关工作规定和安排评议学校领导干部；（7）通过多种方式对学校工作提出意见和建议，监督学校章程、规章制度和决策的落实，提出整改意见和建议；（8）讨论法律法规规章规定的以及学校与学校工会商定的其他事项。因此本题选 ABC。

16.【答案】CD。**良师解析**：本题考查的是《中华人民共和国未成年人保护法》。《中华人民共和国未成年人保护法》第五十八条规定，对未成年人犯罪案件，新闻报道、影视节目、公开出版物、网络等不得披露该未成年人的姓名、住所、照片、图像以及可能推断出该未成年人的资料。刘老师的做法违反了《中华人民共和国未成年人保护法》的相关规定，侵犯了未成年人的隐私权。因此本题选 CD。

17.【答案】BC。**良师解析**：本题考查的是《中华人民共和国未成年人保护法》。《中华人民共和国未成年人保护法》第六十二条规定：父母或者其他监护人不依法履行监护职责，或者侵害未成年人合法权益的，由其所在单位或者居民委员会、村民委员会予以劝诫、制止；构成违反治安管理行为的，由公安机关依法给予行政处罚。因此本题选 BC。

18.【答案】ABC。**良师解析**：本题考查的是教育法律法规的相关内容。监护人产生的方式有两种：法定和指定。另外，根据《中华人民共和国未成年人保护法》第十六条的规定，父母因外出务工或者其他原因不能履行对未成年人监护职责的，应当委托有监护能力的其他成年人代为监护。因此本题选 ABC。

19.【答案】BCD。**良师解析**：本题考查的是《中华人民共和国未成年人保护法》。《中华人民共和国未成年人保护法》第五条规定，保护未成年人的工作，应当遵循下列原则：（1）尊重未成年人的人格尊严；（2）适应未成年人身心发展的规律和特点；（3）教育与保护相结合。因此本题选 BCD。

20.【答案】ABD。**良师解析**：本题考查的是《中华人民共和国未成年人保护法》。《中华人民共和国未成年人保护法》第三十条规定：爱国主义教育基地、图书馆、青少年宫、儿童活动中心应当对未成年人免费开放；博物馆、纪念馆、科技馆、展览馆、美术馆、文化馆以及影剧院、体育场馆、动物园、公园等场所，应当按照有关规定对未成年人免费或者优惠开放。因此本题选 ABD。

21.【答案】BCD。**良师解析**：本题考查的是《学校教职工代表大会规定》。《学校教职工代表大会规定》第七条规定，教职工代表大会的职权是：（1）听取学校章程草案的制定和修订情况报告，提出修改意见和建议；（2）听取学校发展规划、教职工队伍建设、教育教学改革、校园建设以及其他重大改革和重大问题解决方案的报告，提出意见和建议；（3）听取学校年度工作、财务工作、工会工作报告以及其他专项工作报告，提出意见和建议；（4）讨论通过学校提出的与教职工利益直接相关的福利、校内分配实施方案以及相应的教职工聘任、考核、奖惩办法；（5）审议学校上一届（次）教职工代表大会提案的办理情况报告；（6）按照有关工作规定和安排评议学校领导干部；（7）通过多种方式对学校工作提出意见和建议，监督学校章程、规章制度和决策的落实，提出整改意见和建议；（8）讨论法律法规规章规定的以及学校与学校工会商定的其他事项。教职工代表大会的意见和建议，以会议决议的方式作出。因此本题选BCD。

22.【答案】ABC。**良师解析：**本题考查的是学校侵权行为的特征。学校事故作为一种侵权行为具有的特征有：学校或教师侵害了学生合法权益；侵害了学生的人身权和物权；学校或教师基于过错而实施的行为。因此本题选ABC。

23.【答案】AC。**良师解析：**本题考查的是《国务院关于深入推进义务教育均衡发展的意见》。《国务院关于深入推进义务教育均衡发展的意见》指出，推进义务教育均衡发展的主要举措有推动优质教育资源共享，加强和改进学校管理，加强组织领导和督导评估。B项提高教师准入门槛有利于提升我国基本教育质量，但是不直接影响义务教育均衡发展。D项说法错误。因此本题选AC。

24.【答案】ABCD。**良师解析：**本题考查的是教育法的功能。教育法的功能包括：（1）规范功能；（2）标准功能；（3）预示功能；（4）强制功能。因此本题选ABCD。

25.【答案】ABD。**良师解析：**本题考查的是教育法律规范的结构。从逻辑结构上看，教育法律规范通常由法定条件、行为准则和法律后果三个要素组成。因此本题选ABD。

26.【答案】AC。**良师解析：**本题考查的是教育法律法规的特征。教育法律是国家立法机构根据宪法制定的对教育活动进行规范的文件。教育法规是指国务院和地方权力机关制定的教育行政法规和地方教育法规；同时，国家教育行政部门制定的规范性文件也纳入了教育法规范围。教育法律法规均具有强制性和规范性的特征。因此本题选AC。

27.【答案】ACD。**良师解析：**本题考查的是特殊学生的类型。特殊学生群体是指由于生理、经济或其他客观原因而在享有和行使受教育权利时处于不利境地、需要特别保护的那些学生，主要包括残疾人、女子和家庭经济困难的学生等。因此本题选ACD。

28.【答案】CD。**良师解析：**本题考查的是中共中央、国务院颁布的《关于深化教育改革全面推进素质教育的决定》。《关于深化教育改革全面推进素质教育的决定》第二十三条指出全面推进素质教育，根本上要靠法制、靠制度保障。因此本题选CD。

29.【答案】ABCDE。**良师解析：**《中华人民共和国教师法》第七条规定教师享有下列权利：（1）进行教育教学活动，开展教育教学改革和实验；（2）从事科学研究、学术交流，参加专业的学术团体，在学术活动中充分发表意见；（3）指导学生的学习和发展，评定学生的品行和学业成绩；（4）按时获取工资报酬，享受国家规定的福利待遇以及寒暑假期的带薪休假；（5）对学校教育教学、管理工作和教育行政部门的工作提出意见和建议，通过教职工代表大会或者其他形式，参与学校的民主管理；（6）参加进修或者其他方式的培训。故本题全选。

四、不定项选择题

1.【答案】AC。**良师解析：**本题考查的是学生的权利。本案例中，科学课老师没收学生集邮册的行为是教师为维持纪律而采取的一种管理措施，是合法的。科学课老师在下课后应及时将集邮册归还给学生，但科学课老师却将集邮册交给了班主任阳老师。阳老师在得知情况后不仅没有归还反而将集邮册丢失，对此阳老师是存在过错的，其行为已构成侵权。由于这种侵权行为的后果是因履行管理职责造成的，属于职务行为，所以应由阳老师所在的学校承担赔偿责任，学校在赔偿后可向阳老师追偿。因此本题选AC。

2.【答案】BDE。**良师解析：**本题考查的是教师的权利。对于学生携带进入学校的不具有正当性的物品，教师有权没收；对于正当性的物品，一般情况下教师不得没收。但是，即使是具有正当性的物品，如果学生在不适当的时间和场合下使用，影响了正常的教育教学秩序，那么教师也有权没收。本案例中学生在课堂上不认真听课，偷看集邮册，教师发现后可以没收。但是事后学校或老师对违规学生进行批评教育后，应妥善保管，并将没收的财物如数归还给学生或移交学生家长。因此本题选BDE。

3. 【答案】BCD。良师解析：本题考查的是《学生伤害事故处理办法》。《学生伤害事故处理办法》第八条规定，发生学生伤害事故，造成学生人身损害的，学校应当按照《中华人民共和国侵权责任法》及相关法律、法规的规定，承担相应的事故责任。《学生伤害事故处理办法》第十条规定，学生违反法律法规的规定，违反社会公共行为准则、学校的规章制度或者纪律，实施按其年龄和认知能力应当知道具有危险或者可能危及他人的行为的，造成学生伤害事故，学生或未成年学生监护人应当依法承担相应的责任。《中华人民共和国侵权责任法》第三十八条规定，无民事行为能力人在幼儿园、学校或者其他教育机构学习、生活期间受到人身损害的，幼儿园、学校或者其他教育机构应当承担责任，但能够证明尽到教育、管理职责的，不承担责任。学生吴军把孙刚重重地打倒在地，造成孙刚手臂折断，应该负主要责任。事故在学校发生，是由于体育老师监管不力造成的，故学校应该负次要责任，负责相应赔偿。《学生伤害事故处理办法》第二十八条规定，未成年学生对学生伤害事故负有责任的，由其监护人依法承担相应的赔偿责任。吴军是未成年人，应由其监护人负责赔偿。故BC正确。《学生伤害事故处理办法》第二十七条规定，因学校教师或者其他工作人员在履行职务中的故意或者重大过失造成的学生伤害事故，学校予以赔偿后，可以向有关责任人员追偿。故D项正确。因此本题选BCD。

4. 【答案】B。良师解析：本题考查的是《学生伤害事故处理办法》。《学生伤害事故处理办法》第九条规定，因学校的校舍、场地、其他公共设施，以及学校提供给学生使用的学具、教育教学和生活设施、设备不符合国家规定的标准，或者有明显不安全因素的，造成的学生伤害事故，学校应当依法承担相应的责任。《学生伤害事故处理办法》第十条规定，学生违反法律法规的规定，违反社会公共行为准则、学校的规章制度或者纪律，实施按其年龄和认知能力应当知道具有危险或者可能危及他人的行为的，造成学生伤害事故，学生或者未成年学生监护人应当依法承担相应的责任。在该事件中，学生是由于学校采购的床的护栏高度不符合国家标准，违反学校规定和宿舍同学在熄灯之后没有正常就寝而导致的事故，因此学校需要承担责任，学生本人也应该承担责任。由材料可知，班主任在此次事故中没有直接过错，不应承担赔偿责任。因此本题选B。

5. 【答案】ABCE。良师解析：本题考查的是《学生伤害事故处理办法》。《学生伤害事故处理办法》第八条规定，发生学生伤害事故，造成学生人身损害的，学校应当按照《中华人民共和国侵权责任法》及相关法律、法规的规定，承担相应的事故责任。《学生伤害事故处理办法》第九条规定，因学校的校舍、场地、其他公共设施，以及学校提供给学生使用的学具、教育教学和生活设施、设备不符合国家规定的标准，或者有明显不安全因素的，造成的学生伤害事故，学校应当依法承担相应的责任。《中华人民共和国侵权责任法》第四十三条规定，因产品存在缺陷造成损害的，被侵权人可以向产品的生产者请求赔偿，也可以向产品的销售者请求赔偿。产品缺陷由生产者造成的，销售者赔偿后，有权向生产者追偿。因销售者的过错使产品存在缺陷的，生产者赔偿后，有权向销售者追偿。学校由于采购的学生床不符合国家规格，应承担主要责任，A项正确。学生没有按时就寝也是导致事故发生的原因，违反了学校规定，所以学生也应承担一定的责任，B项正确。学生床不符合国家标准，学校可以向生产厂商索赔，C项正确。班主任在此次事故中没有直接过错，不应承担赔偿责任，D项错误，E项正确。因此本题选ABCE。

6. 【答案】AD。良师解析：本题考查的是《中华人民共和国义务教育法》。《中华人民共和国义务教育法》第二十二条第一款规定，县级以上人民政府及其教育行政部门应当促进学校均衡发展，缩小学校之间办学条件的差距，不得将学校分为重点学校和非重点学校。学校不得分设重点班和非重点班。题干中教育局的做法正确，符合《中华人民共和国义务教育法》的规定；某初中的做法是错误的，违背了《中华人民共和国义务教育法》。因此本题选AD。

五、案例分析题

1.【参考答案】上述案例由小博所在学校承担相应责任，学校可以向体育老师李老师追偿。《学生伤害事故处理办法》第九条规定：学校组织学生参加教育教学活动或者校外活动，未对学生进行相应的安全教育，并未在可预见的范围内采取必要的安全措施的，造成学生伤害事故，学校应当依法承担相应的责任；学校教师或者其他工作人员体罚或者变相体罚学生，或者在履行职责过程中违反工作要求、操作规程、职业道德或者其他有关规定的，造成学生伤害事故，学校应当依法承担相应的责任。《学生伤害事故处理办法》第二十七条规定，因学校教师或者其他工作人员在履行职务中的故意或者重大过失造成的学生伤害事故，学校予以赔偿后，可以向有关责任人员追偿。材料中，李老师在上课期间接听电话，擅离职守，导致学生受伤，符合《学生伤害事故处理办法》的相关规定，因此其所在学校及其个人需要承担相应责任。

2.【参考答案】(1) 网吧经营者、不良青年柯某、门卫或文化部门（政府部门、工商行政管理部门）。

(2) 依据相关教育法律法规，对学校和王老师行为的分析如下：

1)《中小学幼儿园安全管理办法》第十七条规定，学校应当健全门卫制度，学校门卫应当由专职保安或者其他能够切实履行职责的人员担任。材料中学校聘用的门卫年老体弱，不能很好地履行职责，学校的做法违反了该法律规定。

2)《中华人民共和国未成年人保护法》规定，学校应当尊重未成年学生受教育的权利，关心、爱护学生，对品行有缺点、学习有困难的学生，应当耐心教育、帮助，不得歧视，不得违反法律和国家规定开除未成年学生。材料中学校要求班主任对李某进行耐心教育，没有开除李某，符合法律要求。

3)《中华人民共和国教师法》规定，教师应当关心、爱护全体学生，尊重学生人格，促进学生在品德、智力、体质等方面全面发展。材料中的王老师建议开除学生李某的行为违反了上述法律规定。

3.【参考答案】学校违反了《中华人民共和国教育法》《中华人民共和国义务教育法》《中华人民共和国未成年人保护法》等有关学校标准和安全管理的有关规定，没有履行保护未成年学生不受人身损害的责任和义务，侵犯了学生的生命健康权。因此，学校应承担对受伤学生的民事赔偿责任，教育行政部门应依法给予学校负责人和事故直接责任人员行政处分。喊"地震了"的学生也应负有一定的法律责任，学校应对其进行批评教育，并予以相应的纪律处分。

4.【参考答案】(1) 此案例中的违法主体是林某和个体户。他们违反了《中华人民共和国义务教育法》和《中华人民共和国未成年人保护法》。《中华人民共和国义务教育法》第五条第二款规定，适龄儿童、少年的父母或者其他法定监护人应当依法保证其按时入学接受并完成义务教育。该法第十四条第一款规定，禁止用人单位招用应当接受义务教育的适龄儿童、少年。《中华人民共和国未成年人保护法》第十三条规定，父母或者其他监护人应当尊重未成年人受教育的权利，必须使适龄未成年人依法入学接受并完成义务教育，不得使接受义务教育的未成年人辍学。该法第三十八条第一款规定，任何组织或者个人不得招用未满十六周岁的未成年人，国家另有规定的除外。

(2) 林某要承担的法律责任：《中华人民共和国义务教育法》第五十八条规定，适龄儿童、少年的父母或者其他法定监护人无正当理由未依照本法规定送适龄儿童、少年入学接受义务教育的，由当地乡镇人民政府或者县级人民政府教育行政部门给予批评教育，责令限期改正。林某应该受到当地乡镇人民政府或者县级人民政府教育行政部门给予的批评教育，同时其要及时将女儿送回学校就读。个体户应承担的责任：《中华人民共和国义务教育法》第五十九条规定，有下列情形之一的，依照有关法律、行政法规的规定予以处罚：1) 胁迫或者诱骗应当接受义务教育的适龄儿童、少年失学、辍学的；2) 非法招用应当接受义务教育的适龄儿童、少年的；3) 出版未经依法审定的教科书的。

《中华人民共和国未成年人保护法》第六十八条规定：非法招用未满十六周岁的未成年人，或者招用已满十六周岁的未成年人从事过重、有毒、有害等危害未成年人身心健康的劳动或者危险作业的，由劳动保障部门责令改正，处以罚款；情节严重的，由工商行政管理部门吊销营业执照。故个体户应受到相应的罚款处罚，并应及时改正其行为，让林某女儿返回学校继续接受教育。